南城年鉴

NANCHENG 2021 NIANJIAN

南城县委党史和地方志研究中心 编

方志出版社
Publishing House of Local Records

图书在版编目（CIP）数据

南城年鉴 . 2021 / 南城县委党史和地方志研究中心编 .—北京 : 方志出版社 , 2021.12
ISBN 978-7-5144-5236-5

Ⅰ . ①南⋯ Ⅱ . ①南⋯ Ⅲ . ①南城县— 2021 —年鉴 Ⅳ . ① Z525.64

中国版本图书馆 CIP 数据核字（2021）第 270709 号

责任编辑：张健
责任校对：刘玉霞
责任印制：梅中英
出 版 者：方志出版社
地　　址：北京市朝阳区潘家园东里 9 号（国家方志馆 4 层）
邮　　编：100021
网　　址：http://www.zgfzcb.cn
发　　行：方志出版社图书营销中心（010-67110500）
印　　刷：湖南省越来越好印务有限公司
开　　本：889 毫米 ×1194 毫米　1/16
印　　张：21.5
字　　数：680 千字
版　　次：2021 年 12 月第 1 版
印　　次：2021 年 12 月第 1 次印刷
定　　价：288.00 元

《南城年鉴（2021）》编纂委员会

主　　　任： 彭银贵

常务副主任： 颜　萍　王三平　王春斐

副　主　任： 尧庆良　李子明　吴云华

委　　　员： 程踊泉　邱云飞　叶　俊　游安辉
吴文华　饶晓洁　周伟民　李雄标
廖希平　王水平　孙国安　李明生
邓华良　陈玉欣　廖建成　吴文龙

《南城年鉴（2021）》编辑部

总　　　编： 吴云华

副　总　编： 吴文龙

编　　　辑： 邓　迅　余淑平

编 辑 说 明

一、《南城年鉴》以马克思列宁主义、毛泽东思想、邓小平理论、“三个代表”重要思想、科学发展观、习近平新时代中国特色社会主义思想为指导，坚持辩证唯物主义和历史唯物主义的立场、观点和方法，坚持存真求实，全面、客观、系统地记述南城一年发展情况。

二、《南城年鉴（2021）》是由中共南城县委员会、南城县人民政府主办，南城县委党史和地方志研究中心编纂的年度资料性文献。该年鉴全面、系统、翔实地记载2020年度南城县人民在县委、县政府的正确领导下，在社会主义政治文明、物质文明、精神文明、生态文明建设中取得的成就；记载全县各领域、各行业、各部门、各乡镇村街道及工业园区的基本情况和重要事件；汇集全县自然、政治、经济、文化、社会发展的基本情况和重要信息；为各级党政机关和社会各界了解南城、研究南城提供系统的信息资料，旨在发挥“存史、资政、育人”的作用。

三、《南城年鉴（2021）》设类目、分目和条目三个层次。条目为基本记述单元。

四、《南城年鉴（2021）》基本内容由综合情况、动态信息和辅助资料三大部分组成。综合情况设专记、南城概览2个栏目；动态信息涵盖中国共产党南城县委员会、南城县人民代表大会、南城县人民政府、政协南城县委员会、中共南城县纪律检查委员会南城县监察委员会、军事、法治、群众团体、工业和信息产业、生态旅游、农·林·水、交通·运输、招商引资·贸易、工业园区、物流·个体私营经济、财政·税收、金融·保险、经济管理与监督、城乡建设与管理、环境保护·自然观测、教育·体育、文化·传媒、科技·卫生、民政、居民生活·计划生育、乡镇等方面，图片由编辑部统一提供。

五、《南城年鉴（2021）》内容层次设置仅为方便分类编辑和读者系统阅读，不反映严格的科学分类体系，机关、企事业单位排序和层次并不代表其地位和规格。科级以上领导人名录均作为条目分别列于相关栏（分）目内，便于查找。

六、《南城年鉴（2021）》各单位负责人任职起止中的“至今”表示截至2020年12月31日仍在职。

党的建设

全县围绕“好人主义之害”开展解放思想大讨论活动动员大会（2020 年 5 月 22 日）

全市“好人主义之害”解放思想大讨论活动专题宣讲南城报告会（2020 年 7 月 16 日）

县委理论学习中心组专题读书班第一组研讨活动（2020 年 7 月 20 日）

县委理论学习中心组专题读书班第二组研讨活动（2020 年 8 月 22 日）

党的建设

社区党建提升工程

社区党建阵地

社区开展理论学习

党员先锋示范岗

社区党员办事大厅

▶脱贫攻坚

南城县全面脱贫攻坚业务培训班（1）

南城县全面脱贫攻坚业务培训班（2）

决胜全面小康 决战脱贫攻坚文艺采风组开展采风活动

省脱贫攻坚文艺采风第八组深入南城采风活动座谈会举行

决胜全面小康 决战脱贫攻坚文艺采风组参观扶贫车间

生态

治理后的盱江生态

民生工程

菜篮子工程

得心农贸九鼎市场

孔家岭商贸中心

民生工程

智慧养老综合服务中心

民生工程

行政服务中心一站式便民服务

农业

科技农业

现代农业示范园

农业

科技农业

徐家镇高标准农田基地

天井源乡高标准农田基地

▶ 工业发展

AR/VR 产业园

电子产业园

工业发展

电子商务

百望电商中心

▶ 工业发展

江西联谊电子科技有限公司

工业发展

校具产业园

城市建设

道路改造

山水大道

泰伯路

迎宾大道

山水大道延伸段

南城东高速口

▶疫情防控

南城蓝天救援队驰援湖北疫情防控

目　录

专　记

南城概览

中国共产党南城县委员会

南城县人民代表大会

南城县人民政府

政协南城县委员会

中共南城县纪律检查委员会 南城县监察委员会

军　事

法　治

群众团体

工业和信息产业

生态旅游

农·林·水

交通・运输

招商引资·贸易

工业园区

物流·个体私营经济

财政·税收

金融·保险

经济管理与监督

城乡建设与管理

环境保护·自然观测

教育·体育

文化・传媒

科技・卫生

民　政

居民生活・计划生育

乡　镇

专 记

脱贫攻坚工作

产业扶贫。强化扶贫产业带贫益贫，扶持贫困户能直接参与、直接受益、稳定增收的种植、养殖、农产品加工、服务行业项目，以及产业扶贫基地配套的基础设施建设项目及其他贫困户能够增收的产业项目。引导经营主体与贫困户建立紧密的利益联结关系，完善产业扶贫奖补方案，提高贫困户自身发展种养业、经营主体带动贫困发展种养业的奖补标准。2020年发放奖补资金220万元，630户贫困户受益。县级层面由麻姑集团等县级龙头企业带动，274户贫困户受益，户均增收3050元，

南城县86个农民专业合作社吸纳1407户贫困户进行分红务工，户均要求增收不低于2000元。加大对贫困户的技能培训，发布农业扶贫产业发展指导员名单，安排12名技术专家负责指导12个乡镇产业发展，10名综合站长指导10个贫困村，共落实产业发展指导员22名。共举办培训班38场，实地指导贫困户72户。将光伏扶贫电站收益80%用于贫困人口承担公益岗位任务的工资和参加村级公益事业建设的劳务费用支出，2020年共安置公益性岗位人员110人，发放工资共33.7690万元，发放村级公益性事业建设临时劳务工资15.5448万元。

就业扶贫。围绕就业扶贫车间、组织劳务输出、返乡创业带动就业及公益性岗位四类就业扶贫重点渠道，创新服务手段，搭建包括就业扶贫园区、龙头企业扶贫基地、乡村就业扶贫车间、新型农村合作社、非正规就业组织和就业扶贫专岗六类平台，重点推动培训补贴、社保补贴、交通补贴、一次性求职补贴、一次性创业补贴、就业扶贫车间补贴等政策落实落地。全面强化贫困人口稳岗就业、稳定增收帮扶措施，疫情防控期间，扎实做好贫困劳动力外出转移就业服务工作，发挥工业园区、产业基地等承接返乡贫困人口稳岗就业作用，对已外出务工、本地园区务工的贫困户，提前发放交通补贴。同时，加强公益性岗位开发设置，原则上每个村再增加设置1—2个临时性扶贫专岗，2020年新增244个公益性岗位。开展专场送岗下乡暨就业扶贫专场流动招聘会，为未就业贫困劳动力较多且就近就地难以解决就业的乡镇送去就业岗位520余个。印制《招聘信息》1300余份，发送招工信息900余条，为385位贫困劳动力开展了专项类培训。截至年底，全县现有4170个贫困劳力，已外出务工人数3473人，占2019年底总数的110.85%。2020年发放交通补贴1284人，补助金额624400元；培训387位贫困劳动力；建设扶贫车间11家，吸纳贫困劳动力55人。已外出务工人数3473人，占2019年年底总数的110.85%。

基础设施。将脱贫攻坚与秀美乡村建设紧密结合，统筹整合新农村建设资金，重点用于贫困村基础设施建设。2018年，在贫困村安排18个省建点，整合专项资金540万。2019年，全县投入2200万元用于村庄整治，全县所有自然村实现“村村通”水泥路，通水、通电、通4G网络、通光纤宽带，社会主义新农村发生翻天覆地的变化。

安居扶贫。全面摸清贫困户住房安全情况，分类制定措施，着力加强贫困户“眼球上贫困”的治理工作，对非建档

立卡四类重点对象的危房进行改造，倒排工期，确保按时完成。2020年实施农村危房改造42户，按贫困类型分，农村分散供养五保户6户、低保户36户。按改造形式分，新建户28户（其中“交钥匙工程”5户）、维修户14户。42户改造户已全部竣工，补助资金81.85万元也全部拨付到农户“一卡通”或第三方银行账号中。2020年，全面完成所有建档立卡贫困户住房安全有保障核验工作，均达安全级别。

易地搬迁。“十三五”规划2016年易地搬迁任务数为200人、计划安置点21个，实际安排安置点23个，建设住房82套、安置213人。全面落实易地搬迁户后期帮扶措施，对所有搬迁户落实产业扶持项目，并逐户记录收入来源，建立产业就业扶持项目台账，安置点管理人员工作制度。做到每户群众搬迁后就业有门路、增收有渠道、脱贫有保障。

教育扶贫。持续强化义务教育学校校长、乡镇属地管理双负责制，全面落实教育扶贫各项资助政策，重点关注异地就读建档立卡学生资助的发放工作，不断强化和完善控辍保学措施，确保建档立卡贫困家庭学生无失学辍学现象。强化精准识别“411”工作法，加强数据比对和信息共享，严格按照“不漏一村、不漏一校、不漏一户、不漏一人”的工作要求，采取进村入户、入校等方式，逐一核实采集建档立卡贫困家庭子女在校就读信息，做到信息精准到乡、到村、到户、到校、到班、到人。2020年春季学期，南城县累计向各类建档立卡贫困家庭学生1356人发放资助金70.125万元。2020年秋季学期，累计向1337人发放资助金97.86万元。

健康扶贫。严格落实贫困患者县域范围内住院“先诊疗、后付费”和“一站式”结算，住院医疗费报销补偿比例达到90%，截至2020年10月底，南城县建档立卡贫困户住院报销累计为4796人次，住院总费用为2238.05万元，自付比例为9.3%。全面排查贫困户慢性病证办理情况并落实门诊特殊慢性病患者“长处方”政策，办理慢性病人数共计2067人，2020年新增办理人数356人，“长处方”报销共计573人次，报销金额（含各道保障线）共计368727.34元。每个村卫健室均已制作坐诊与巡诊制度公示牌并进行张贴。

保障扶贫。深入推进农村低保与扶贫开发两项制度有效衔接，编密织牢特殊贫困人口基本生活兜底保障网，2020年南城县现有建档立卡低保户4829人，发放救助金额2002.56万元；五保户121人，发放救助金额96.12万元。对残疾人救助、“两补”政策落实情况进行全面排查，严格执行按月发放要求，确保补贴资金及时足额发放到位。2020年，发放建档立卡残疾人两项补贴1276人，发放资金111.06万元。

金融扶贫。进一步加大小额信贷宣传力度，在县农商银行、县农业银行、县中国银行相继开通“扶贫小额信贷”业务，为贫困群众发展生产、扩大产业就业增收渠道提供强大的资金保障。年底，南城县小额信贷累计贷款988户，贷款金额1541.81万元，获贷比42.94%。疫情防控期间，坚持把“产业扶贫信贷通”作为扶贫产业发展的强心剂。为带贫减贫合作组织推出“赣合贷”产品服务，明确疫情防控期间发放的600万元产业扶贫贷款贴息全部由县财政负担，新注入扶贫风险缓释金75万元，发放“赣合贷”产业扶贫贷款500万元，为10家带贫益贫产业合作社复工复产提供了强大助力。

电商扶贫。通过电商服务站点，构建贫困镇村电商综合服务体系，延伸服务触角。全县总共建设电商服务站点117个，其中10个贫困村有5个设立有电商服务站点，其他5个贫困村通过周边村电商站点进行服务辐射，共帮带贫困户40户57人。开设爱心扶贫小店助农，以向东公司为载体开设线上扶贫小店帮助销售贫困户农产品，通过当下流行的网红直播推销南城县滞销农产品，疫情防控期间已销售南城县土鸡蛋26340枚，销售额68484元；茶树菇销售720公斤，销售额97920元；香菇干358.5公斤，销售额27246元；洪门鱼干销售1784元。累计销售近20万元。2020年3月9日下午，在南城县电子商务产业园共同举行“赣品网上行——抚州（南城）直播助农活动”，浏览量最高达13万观看人次，直播订单1156量，销售额52011元。

精神扶贫。不断加大扶贫与扶志、扶智、扶勤、扶德结合力度，积极开展“四大感恩行动”“三讲一评”颂党恩活动、公民道德“红黑榜”等活动，大力宣传和推广扶贫扶志典型做法，引导脱贫群众感党恩、听党话、跟党走，自觉树立脱贫发展斗志。广泛开展“脱贫奋进之星”评议评选，广泛宣传身边的脱贫奋进典型，大讲贫困群众的脱贫故事，用扶贫成效和脱贫典型教育贫困户树立勤劳致富、脱贫光荣的思想，激发贫困户脱贫信心和内生动力，促进自立自强和自主脱贫。同时，一方面建立脱贫攻坚正向激励机制，组织全县结对帮扶干部上门入户与贫困户签订增收激励协议，激发贫困人口内生动力，营造精神扶贫良好氛围，一方面实行反向约束措施，对“因懒致贫、因赌致贫、因婚致贫、因子女不赡养老人致贫”等精神贫困问题，加强教育惩戒，促其精神脱贫，克服“等、靠、要”。

消费扶贫。加大扶贫产品政府采购力度，优化采购平台，助力扶贫产品推销，规范扶贫产品认定，丰富扶贫产品目录，积极开展消费扶贫月活动，提高消费扶贫助力脱贫攻坚的精准性和实效性。全县认定扶贫产品45个、供应商15个，商品总价值5844万元。全县扶贫产品累计销售金额5113.5万元，机关事业单位采购扶贫产品金额累计420万元，消费扶贫江西馆累计销售金额14.67万元。

项目管理。健全扶贫项目管理意见和操作流程，完善项目申报审批制度，建立脱贫攻坚项目库，做到项目前置审核、提前论证、储备充分、动态调整，确保项目安排和资金使用精准。全面实行公示公告制度，按照“两个一律”要求，对所有用于脱贫攻坚的资金项目进行公告公示，确保每年的项目、资金均在南城县人民政府网站公示公告，脱贫攻坚资金的下达和批复情况在乡（镇）、村委会公示。所有项目完工经验收合格后做好公示牌并立在项目实施处，接受群众监督，实现扶贫资金项目运行全过程阳光化操作。

数据比对。牢固树立“一盘棋”思想，进一步压实脱贫责任，高标准、高质量扎实推进大数据核查工作，组织相关行业部门开展大规模的数据比对行动，实现基础数据更加完整、真实、对称。相关行业部门信息系统与扶贫信息系统之间通过加强对接，对存疑数据进行全面核实核准和比对衔接，同步修订了关联数据，联动修订县、乡、村关联档案材料，各项精准扶贫政策到户到人落实情况已准确反映和掌握。

问题整改。对照中央巡视对脱贫攻坚工作监督检查情况通报的问题、国务院脱贫攻坚督查组发现反馈的问题，坚持整改永远在路上，始终以问题为导向，切实加大举一反三工作力度，进一步排查摸底，深挖细找、逐条对照，把中央专项巡视“回头看”问题整改、脱贫攻坚“十大清零”行动、省成效考核发现问题整改、国家普查清查摸底查漏补缺、省市督察组督查发现反馈问题、县级审计和各乡镇交叉检查发现的问题统筹起来一体整改，把个性问题与共性问题结合起来解决，把解决“两不愁三保障”突出问题与脱贫目标任务结合起来完成，做到一体谋划部署、一体推进落实，全面深入地持续整改、落实整改、巩固提升，全力推动整改措施落地落细、见责见效。在巡视“回头看”整改方面，中央专项巡视“回头看”“不忘初心、牢记使命”、2019年度中央脱贫攻坚成效考核、“举一反三”和2019年度省对县区成效考核反馈问题整改共210项，已全部完成整改。在“十大清零”整改方面，通过多轮次逐户逐人过筛排查，全面查找漏洞缺项，一项一项整改清零，一户一户对账销号，教育扶贫、健康扶贫、住房安全、饮水安全、易地扶贫搬迁、产业扶贫、就业扶贫、内生动力不足、绝对贫困、积压滞销扶贫农产品销售等10个方面的问题清零工作已全部完成，全县“两不愁三保障”问题全部解决，所有贫困群众已达到脱贫标准。在脱贫攻坚国家普查方面，对照建档立卡贫困户基本信息、“两不愁三保障”政策落实及稳定实现、产业发展、就业增收、享受扶贫政策和家庭收入等清查摸底主要内容，在全县范围内扎实开展脱贫攻坚第一轮和第二轮清查摸底工作，结合大排查工作，对脱贫攻坚工作进行全面细致的“回头看”，对发现的问题和短板及时销号清零，切实做到账账相符、账实相符，确保了数据真实准确。

队伍建设。坚持“实际、实用、实效”的原则，制定培训计划、拓宽培训思路，注重培训质量，创新培训形式，多层次、多渠道开展干部教育培训工作，高度重视新选派驻村干部和新上任乡村干部统计培训工作，为确保实现脱贫攻坚目标任务提供了有力支撑。2020 年共培训 8 期、2067 人。

宣传工作。多高度、多渠道、主体化开展重大主题外宣，在人民网、新华网、《经济日报》《江西日报》等主流媒体刊发工作亮点重点稿件，大力推介全县脱贫攻坚工作的成效经验。全年，稿件登上国家级报刊的 11 篇，省级主要媒体刊发 12 篇，市级媒体刊发 15 篇，网络媒体刊发 12 篇。

扶贫移民。南城县切实增强责任意识、使命意识和担当意识，认真贯彻落实中央、省、市关于脱贫攻坚工作的各项部署，怀揣美丽梦想，绷紧思想之弦，压实脱贫之责，创新发展举措，紧紧围绕产业就业、问题整改、贫困户抗疫增收和两类人群监测帮扶等方面积极开展工作，思路清晰、措施得当，脱贫任务如期完成，实现圆满收官。2020 年年底登记在册建档立卡贫困户共 2299 户 6736 人，脱贫不稳定户 6 户 18 人，边缘易致贫户 36 户 107 人，通过有效帮扶，“两不愁三保障”饮水安全等问题全部解决，所有贫困人口实现清零，全县 10 个“十三五”贫困村全部实现退出，贫困户人均收入由纳入时不足 2300 元到人均 15076 元。

南城概览

综述

南城县是江西省委、省政府规划的抚州市副中心城市，是省直管试点县，位于抚州市中部，介于北纬27° 18′ — 27° 47′ 、东经 116° 24′ — 116° 57′ 。汉高帝五年（前 202 年）建县，迄今已有 2220 余年，是江西省建县最早的 18 个古县之一，素有“赣地名府、抚郡望县”之称。辖 10 个镇、2 个乡，总面积 1698 平方千米，其中城区建成面积 15.2 平方千米（城区绿化覆盖率 45.6%），耕地面积 2.2 万公顷，有林面积 9.34 万公顷，森林覆盖率 62.5%。总人口 35 万人，城市人口 18.4 万人，城镇化率 57.3%。人口自然增长率 6.85‰，有蒙古族、回族、壮族、苗族、满族等 5 个少数民族共计 219 人。

2020 年，全县生产总值达 152.97 亿元，同比增长 3.9%；财政总收入 17.57 亿元、同比增长 1.7%，一般公共预算收入 10.37 亿元，同比增长 0.9%；规模以上工业增加值同比增长 4.8%，固定资产投资同比增长 8.3%；社会消费品零售总额 40.75 亿元，同比增长 3.7%。城镇居民人均可支配收入 39009 元，同比增长 5.9%；农村居民人均可支配收入 19646 元，同比增长 7.13%。

主要矿产资源有金、铁、硫铁、花岗石、煤、稀土、紫砂陶土、铀等。地方特产有麻姑米、麻姑米粉、麻姑茶、麻姑酒、麻姑仙枣、麻姑茶油、池蝶蚌、五黑鸡、南城黑猪、鳜鱼、淮山系列产品等。主要旅游景区（点）有醉仙湖、麻姑山、从姑山、毕姑山、祥岗山、登高公园、滨水公园、双江公园、盱江书院、麻源三谷、太平湖、沸珠泉（天下第三泉）、潮音洞、明益王府遗址、明益王墓葬群、唐代宝方寺、南宋太平桥、活水亭桥、明代万年桥、聚星塔等，其中麻源三谷被水利部评为“国家第四批水利风景区”。境内 206、316 国道，昌厦一级公路，福银、鹰瑞高速公路交会贯穿，向莆铁路南城站建成通车，规划中的阜鹰汕铁路及吉武铁路与向莆铁路在南城接轨，形成了四通八达的交通网络。

历史概况

【政区沿革】 南城早在新石器时代晚期，域内就有人类聚居。汉高帝五年（前 202 年）建县，因地处豫章郡之南，故称南城，是江西建县最早的 18 个县之一。古属扬州，春秋战国时期先后属吴、越、楚，秦属九江郡，两汉属豫章郡，三国、晋、南北朝时属临川郡，隋、唐属抚州，五代十国时先后属昭武军、抚州、建武军，北宋太平兴国三年（978 年）设建昌军，军治设南城，从这时开始，又有“建昌”的别称。明洪武二年（1369 年），设建昌府，领南城、新城（今黎川）、广昌、南丰四县，府治设南城。建昌府的建置沿至清末已有 500 余年。南城建县之初，县境几乎包括今天抚州地区全境，其后临川、南丰、黎川等县先后划出，境域范围逐渐缩小。明万历六年（1578 年），划出东北境第 56 至第 73 都设为泸溪县（今资溪县），境域始基本固定。民国 21 年（1932 年），江西省第八行政督察区专员公署署治设南城，民国 24 年（1935 年）后改为第七行政区，辖南城、南丰、黎川、光泽、资溪、金溪、东乡、临川、崇仁、宜黄、乐安等 11 个县。中华人民共和国成立后，南城属抚州地区（专区）。2000年10月，抚州撤地设市，南城县隶属抚州市。南城县名除西晋太康元年（280）至建兴四年（316）曾易名新南城外，建县2000余年以来均称南城县。

【历史述要】 南城历史悠久，在武岗山发现的石斧、石锛等磨制石器表明，远在新石器时代，这块土地上就有人类在此劳作、生息、繁衍。“据五岭之咽喉，控三吴之襟带”的南城，从古至今地理优势十分明显。这里土地肥沃，物产丰饶。在帝国主义、封建主义、官僚资本主义“三座大山”压迫人民的历史时期，南城县经济十分落后，广大人民生活在水深火热之中。整个民国时期，战乱频繁，灾连祸接。“镰刀挂上壁，农民冇饭吃”是占全县人口90%的农民悲惨生活的真实写照。民国31年（1942年）6月，侵华日军焚毁县城，劫后瘟疫流行；据统计，民国17年（1928年）全县人口229759人（民国25年《江西年鉴》载），1949年为113735人（据《南城统计》），21年间全县人口不仅没有增长，反而减少了一半。南城是块红色的土地，1927年1月，中国共产党南城县第一个党小组建立，同年2月，建立第一个党支部。土地革命战争时期，毛泽东、周恩来、朱德、彭德怀等老一辈无产阶级革命家曾率领红军主力转战南城，取得“南城战役”（即渭水桥战斗）和黄狮渡、长源庙等战斗的重大胜利；第五次反围剿中著名的“硝石战斗”就发生在南城的硝石镇。苏区时期，南城属于游击区，党发动群众一度在县境的东北、东南边缘地带开辟金南、建东两块革命根据地，分别建立县一级的党组织和苏维埃政府。1949年5月10日，南城解放，7月1日成立南城县政府，县治设盱南镇。南城人民在中国共产党和人民政府的领导下进行社会主义革命和社会主义建设，国民经济有了很大发展。特别是1978年中共十一届三中全会以来，系统地进行拨乱反正，纠正“左”的错误，明确把工作重心转移到经济建设上来，从农村到城镇逐步推行经济体制改革，南城的国民经济得到持续、稳定、协调和较大幅度的增长。

自然环境

【地理区域位置】 南城县位于江西省东部，抚州市中部，居盱江下游。地处北纬27°18′—27°47′，东经116°24′—116°57′。东邻资溪、黎川，南连南丰、黎川，西毗宜黄、临川，北靠临川、金溪。全县总面积1713平方千米，辖10镇、2乡，22个居委会、150个行政村。县委、县政府驻建昌镇。其中城区建成面积16.9平方千米。耕地面积2.51万公顷、林地面积11.17万公顷，森林覆盖率62.5%、城区绿化率53.5%。

【地质地貌】 南城县县内地层分布广泛，占全县面积的90%以上。各地层时代的年龄相差悬殊，最老地层的历史可追溯到6亿年以前。分别出露的有震旦系、石炭系、三叠系、侏罗系、白垩系、第三系和第四系等各个地质时代的沉积。地处武夷山西翼地带，丘陵起伏，山峦连绵，地势大致为东西高南北低。中部是中间宽、南北狭的抚河及支流冲淤的河谷小平原；河谷平原主要分布于抚河两岸，多属河谷型冲淤平原，地势平坦，海拔高度在66—100米之间，土壤多为冲积土，间有第四纪红黏土，零星分布于岗地，土地肥沃，灌溉条件良好。山地分布在东西两侧边缘，并自东西两侧依南北轴并自南至北渐次徐徐倾斜形成丘陵；县域分为东西两部。境内丘陵占77%，山地占18%，河谷平原占5%，境内最高点芙蓉山主峰海拔1176米，最低点盱江洑牛段海拔56.13米，平均海拔约307米。

【河流】 南城属长江流域，抚河水系，主要河流有盱江、黎滩河、芦河，此外有大支流18条、小溪河58条。绝大多数支流从东西两面汇入，贯穿县境中部的盱江，形成叶脉状水系。河流总长550.79千米。盱江（包括黎滩河）和芦河的汇水面积，分别占全县土地面积的94.2%、5.8%。

【土地资源】 南城县土地资源丰富。全县耕地面积为35.85万亩，其中水田16.48万亩、旱地19.37万亩。土壤多为冲积土和红黏土，土质肥沃，灌溉条件好，适宜种植水稻和柑橘、大豆、西瓜等作物。

【矿产资源】 境内主要矿产资

源有铁、硫铁、金、铜、石灰石、萤石、煤、瓷土、稀土、铀等。硫铁矿主要分布在麻姑山排上、丹霞等地，硫的品位平均在25%以上；石灰石储量在一亿吨以上，主要分布在上唐、洪门等乡镇；黄金矿在万坊镇（原岳口乡）。

【水资源】 县境内雨量充沛，水系发达，河川纵横，地表水较为丰富，年平均径流量952.3毫米，多年平均来水量66.22亿立方米，其中，境内地表径流量16.42亿立方米，境外过境径流量49.8亿立方米；地下水资源较贫乏，从地形地貌看，四周低山区属补给区，丘陵区属径流区，中部洼平属排滞区，县内地下水多属浅层水，径流途径甚短，地下水动态变化受大气降水制约明显，抚河和盱江、黎滩河两岸岩性结构是松散堆积层孔隙水，水位埋深3—6米。水资源的丰枯主要受降水影响，故水资源在时间上的分布几乎与降水同步。在空间分布，地表水也受降雨影响，东西部略高于南北部，地下水量河谷两侧和低丘区明显高于高丘区和山地区。南城县县内盱江、黎滩河、芦河三条主要河流和18条支流及55条溪流，构成叶脉状水系。水域资源丰富，池塘水库星罗棋布，抚河南城段盱江自南至北贯穿全境，流程52.8公里，全县有70条大小河流自东向西流入盱江。小（2）型以上水库119座，水域面积151948亩。其中，水库面积115948亩（洪门水库5.6万亩、廖坊水库3万亩），占76.3%；河流约15562亩，占10.2%；池塘20438亩，占13.5%。至2018年年底，已开发养殖水域面积105908亩，其中水库面积85470亩，池塘面积20438亩。

2020年，全县已建成大小水利蓄水工程1675座（处），其中大型水库1座(洪门水库)，中型水库2座（麻源水库、徐坊水库),小(1)型水库18座，小（2）型水库97座，山塘水库1511座，窑池46处。水库总库容133585.41万立方米。其中，大型水库121400万立方米，中型水库4864万立方米，小（1）型水库4781万立方米，小（2）型水库2540.41万立方米。水利工程年供水总量为20401万立方米。其中，水库工程11526万立方米、山塘和窑池工程2580万立方米，河湖引水闸工程2886万立方米，河湖提水泵站工程2409万立方米，机电井300万立方米，其他700万立方米。全县已建成水电站21座，泵站248座，水闸22处，机电井166处。全县堤防长度77.84公里。其中，万亩圩堤3条（胜利堤、河西联堤、八堡堤），全长23.71公里，保护耕地3.46万亩，保护人口3.68万人；千亩圩堤3条（新桥堤、新丰堤、渔良堤），全长11.14公里，保护耕地1.61万亩，保护人口1.78万人。

【植物资源】 县内植物资源丰富，种类繁多，包含谷物类、豆类、蔬菜类、瓜果类、经济作物、竹类、木类、花卉类、药物类等。

竹类：毛竹、斑竹、紫竹、苦竹、篁竹、佛手竹、实竹、箭竹、观音竹、刺竹、慈竹、千年竹、方竹、白竹、黄竹、水竹、金竹、桃竹等。

木类：有珍贵树种龙须柏、香柏、银杏、水杉、金钱松、罗汉松、鹅掌楸和花榈木等，还有杉、松、槐、柏、柳、榆、椿、枫、栗、棕榈、铁栗、苦楝、黄杨木、榕、冬青等。

花卉类：牡丹、芍药、梅、夹竹桃、蜡梅、桂花、紫荆、杜鹃、女贞、茉莉、海棠、木槿、芙蓉、山茶、望春、栀子、月季、菊花、凤仙、水仙、丁香、玫瑰、夜来香、百合、兰、蔷薇、美人蕉、凤尾蕉、仙人掌、仙人球、万年青、金盏、牵牛、大丽花、葵、狮子草等。

药物类：黄精、姜黄、前胡、白芍、麦冬、牛夕、金交剪、紫苏、菖蒲、益母草、木贼、车前、旱莲、杜衡、艾、小茴香、兰草、泽兰、天南星、何首乌、关公须、夏枯草、半夏、千里光、谷精草、五加皮、苍耳子、白鸡冠、冬葵子、淡竹叶、枸杞、灵芝、骨碎补、蒲公英、黄连、土人参、南沙参、山慈菇、橘皮、枳壳、乌药、木瓜、杏仁、桔梗、使君子、淮山、钩藤、香附子、金银花、山栀子、白花蛇舌草、茯苓、干葛、青木香、八角莲、穿心莲、七叶一枝花、金钱草、红花、芦根、土三七、半边莲、生地、冬瓜子、党参等。

【动物资源】 县内生态条件为野生动物提供了良好的栖息地。

野生禽类：猫头鹰、啄木鸟、画眉、白鹤、锦鸡、竹鸡、雁、鸬鹚、白鹭、水鸭、鸥、鸳鸯、翡翠、鹰、鹳、斑鸠、黄莺、燕、鹧鸪、百灵、八哥、白头翁、杜鹃、喜鹊、黄雀、麻雀等。

野生兽类：水獭、穿山甲、野牛、金钱豹、苏门羚、狼、豪猪、野猪、山羊、獐、狐、野兔、刺猬、黄鼠狼、松鼠、老鼠、田鼠、蝙蝠等。

鱼类：草鱼、鳙、鲢、鲤、鲭、鲇、鳇、鳜、鳊、鲫、枪鱼、鳗、鳝、鳅、蛇鱼等。

两栖类：青蛙、雨蛙、棘蛙、乌蛤蟆、蟾蜍等。

爬行类：眼镜蛇、金环蛇、银环蛇、蝮蛇、青竹蛇、水蛇、蜥蜴、壁虎、龟、鳖等。

节肢类：虾、蟹等。

【旅游资源】 南城县旅游资源丰富，悠久的历史为南城旅游提供丰富的人文景观；境内众多的山川河流、古桥名洞，使南城独具引人入胜的自然景观。南城"地气殊异，江山炳灵"，名胜古迹遍布全县。位于县城西南十里的麻姑山，据《道书》《名山志》等古籍记载：天下名山有"三十六洞天""七十二福地"，麻姑山"洞天""福地"兼而有之，是中国东南名山。该山峰峦奇秀，泉石清绝，飞瀑削岩，景色迷人。历史名人华子期、谢灵运、颜真卿、白居易、刘禹锡、晏殊、陆游、杨万里、徐霞客等都曾来此登临题咏。主要的游览点有景区入景门楼、游客集散中心、读书林、麻姑庙、半山亭、仙都观、玉练双飞、龙门桥、神功泉、邓紫阳墓等。与麻姑山隔江对峙的从姑山，奇峰突兀，临江耸立，别有一番情趣，有"一线天"、"天桥"、罗汝芳作书的摩崖石刻、"油洞""米洞"等胜景可资观赏。1958年兴建的洪门水库，是江西第三大水库，位于南城县东部16公里处。其水域面积70余平方公里，总库容量12.16亿立方米，大小岛屿千余个，有赣东"千岛湖"之称。库内曾是西汉南城县治所在地，文化底蕴深厚；数万亩丹霞地貌，各具特色。既有硝石战役遗址，又有明代益藩王墓区，更有神秘莫测的圣地洪门，是集度假、休闲、观赏、娱乐为一体的旅游胜地。县境内其他著名名胜古迹有毕姑山、祥岗山、凤岗公园、滨水公园、盱江书院、麻源三谷、太平桥、万年桥、聚星塔、潮音洞、沸珠泉（天下第三泉）、明益王府遗址、明益王墓葬群、唐代宝方寺、南宋太平桥、活水亭桥、渭水桥战斗遗址、黄狮渡战斗遗址、长源庙战斗遗址等。其中麻源三谷被水利部评为"国家第四批水利风景区"，主要的古遗迹有武岗山商周文化遗址和云市宋代古窑址。县境内明益藩王墓地、万年桥、聚星塔等被列为国家级文物保护单位。

著名土特产有洪门鳙鱼、麻姑米粉、麻姑米、麻姑茶、麻姑酒、南城淮山、南城黑猪、南城五黑鸡等。

【工业】 2020年，全县实现工业总值291.92亿元、工业主营业务收入291.04亿元、利税7.74亿元。2020年，南城县立足"一核中心区"定位，以工业园区为主阵地，继续围绕机械电子、中医药、教育装备三大产业定向发力，确定机械电子为首位产业，中医药和教育装备为主导产业。大力发展农副食品加工、高档轻纺、五金建材传统优势产业，构筑起多点支撑工业发展新格局。全县共有1154家工业企业，其中规模以上企业93家。2020年，完成工业投资79.3亿元，同比增长10.9%；实际利用外资5206万美元，同比增长8.5%。全县工业实现工业总产值292亿元，主营业务收入291亿万元，上缴税金7.15亿元。2020年新增规模以上工业企业21户，总数达93户，规模以上工业企业主要指标保持了高位增长，全年实现主营业务收入168.9亿元，增长8.2%，销售收入过亿元的有34户，工业发展质量逐步提高，完成工业增加值37.88亿元，增长9.1%，实现利税16.6亿元，增长21%，高新技术产业增加值8.9亿元，占规模以上工业比例23.5%，同比增加6.08个百分点，装备制造业增加值3.4亿元，占规模以上工业比例9%，同比增加0.47个百分点。教育装备产业、农副食品加工产业被省工信厅授予省级新型工业化产业基地，机械电子产业被省发改委授予省级特色产业基地，江西南城"建昌帮"中医药振兴发展实施方案已经省政府批复下发，8户企业被纳入2020年全市重点工业企业。机械电子、中医药和教育装备三大产业发展迅速，集聚步伐加快，2020年三大主导产业的规模以上企业完成主营业务收入75.96亿元，占全县规模以上工业企业总量的44.97%。

2020年，制定下发《2019年南城县工业企业高质量发展奖励办法》，为企业科技创新提供各方面支持。规模以上工业企业研发机构有36个，省级企业技术中心3家，研发投入1.3972亿元，所有规模以上工业企业均签订校企、院企科技合作协议，江西百神昌诺制药有限公司与中国工程院院士、天津药物研究学术研究会主任和名誉院长刘昌寿院士的中药大品种活血止痛胶囊二次开发院士工作站，江西豪普高科有限公司与清华大学长三角研究院合作的实验室落地南城。江西赣亮医药原料有限公司省级企业技术中心通过复评，南城校具商会主导制订课桌产品行业标准，江西博君生态农业开发有限公司与江西农业大学合作，主导制定江西省地方标准《麻姑鲜枣栽培技术规程》，新增国家高新技术企业13家，累计达31家，新增国家科技型中小企业35家，累计达55家，新增“专精特新”企业4家，累计13家，新增“小巨人”企业2家，累计3家，新增国家知识产权优势企业2家，发明专利12件，实用新型专利422件，外观设计专利24件，博君生态农业科技实施的“猕猴桃种质创新及特色新品种选育与应用”被评为省政府科技进步二等奖。

【农业】 南城县历史上素有赣抚粮仓、鱼米之乡之称，中华人民共和国成立后，先后被列为全国商品粮基地县、农村能源建设和长江中下游防护工程重点县，全省瘦肉型商品猪、池塘养鱼与大型水库库汊养鱼、柑橘生产、农业综合开发、红壤开发先进县，又是江西省第一个“吨粮田县”。至2020年年底，农业总产值31.47亿元，同比增长3.3%。粮食总产量26.96万吨。主要农产品有：水产品产量3.92万吨、水果总产量11.03万吨、柑橘产量10.82万吨、稻谷总产量25.52万吨、家禽产量442.99万羽、禽蛋总产量203万吨、生猪（出栏）24.03万头。已开发养殖水域面积105908亩，其中水库面积85470亩，池塘面积20438亩。水产品总产量达39488吨，特种水产品产量达10496吨，渔业产值达8.3亿元，渔业生产养殖面积规模不断扩大，水产品产量质量明显提高，渔业产业已成为南城县的支柱产业之一。全县共有鱼类有15科72种，其中鲤科鱼类56种，主要经济鱼类有青、草、鲢、鳙、鲤、鲫、鳊、鲴等。注重品牌创建，江西省南城县益仙养殖有限公司的鳙鱼获国家农产品地理标志，并获得江西省著名商标称号。江西省映虹水产集团有限公司的鳜鱼和黄颡鱼获江西省名牌农产品称号。传统农业不断朝着现代农业迈进。“南城麻姑仙枣”“南城淮山”“洪门鳙鱼”“洪门鸡蛋”4个农产品取得农业农村部农产品地理标志登记保护认证产品证书。洪门集团、麻姑集团、万年米业等通过绿色食品认证。2020年，南城县加强麻姑米品牌培育工作力度，设立麻姑米品牌建设工作领导小组，形成各职能部门共同参与的工作协调机制。发挥第三方机构的专业优势，制定《南城县中长期麻姑米品牌发展规划》，合理实施品牌扩张和延伸。引导企业加大科技创新力度，加快开发核心技术，努力形成自主知识产权和自主品牌。积极推行质量、环境、职业健康与安全等体系认证。同时，抓住当前国家大力扶持现代农业发展、推进新农村建设的良好机遇，认真研究政策，积极主动与上级业务主管部门沟通配合，争取更多的优惠政策和项目支持。不断完善产业区供水、供电、道路、通信、仓储物流、垃圾污水处理等基础设施，建设标准高、带动能力强的优质麻姑米生产基地。麻姑米又名“冷水白”，古称“银珠米”，产于南城县麻姑山，已有1000多年的种植历史，宋时即为贡米。作为全国名贵大米，麻姑米1959年被选为展品，在印度举办的世界农业博览会上展出。包括麻姑米种植在内的麻姑文化，底蕴深厚，特色鲜明。麻姑山自古以来就是一处避暑游览胜地，以神话传说“麻姑献寿”“沧海桑田”和唐代大书法家颜真卿的“天下第一楷书”——《麻姑山仙坛记》闻名于世。近年来，经过快速发展，南城县麻姑米种植、加工产业发展规模越来越大，产业链条越来越完备，形成麻姑大米、麻姑米粉、淀粉糖浆等产业链延伸产品。形成以麻姑米粉为龙头、以南源米粉等为龙身龙尾的产业集群，高、中、低档以及特色米粉都有生产，全县米粉年产值近10亿元。全县有7个乡镇建设和培育绿色稻谷种植基地

4 万余亩。

【商贸】 1953 年成立南城县商业局，2002 年 9 月，更名为南城县商业企业转制办公室（以下简称商转办），至 2018 年年底，全系统共有干部职工 370 人，其中在职 172 人，离退休 198 人。2017—2018 年，县商转办切实把农贸市场建设改造工作摆上更加突出的位置，加大资金和项目争取力度，促进农贸市场的建设和改造。2017 年农贸市场改造项目为龙湖镇农贸市场改建，主要改造内容为改造翻新原有的市场设施，2017 年 8 月开始改造，2018 年 1 月改造完成，项目投资总额为 27.9 万元，其中省级财政支持资金 20 万元；2018 年农贸市场改造项目为城西农贸市场，建设性质属于新建农贸市场，2017 年 12 月开始建设，2018 年 12 月建设完成，项目总投资额约 3300 万元，其中省级财政支持 24.5 万元。2017 年 8 月，成功申报 2017 年国家电子商务进农村综合示范县项目。截至 2018 年年底，全县从事电商的企业和个体工商户有 660 户，年交易额超千万的电商企业 17 家。电商从业人员达 6600 余人，本地网购人数 6.9 万人。2018 年实现网上销售总额 5.25 亿元，同比增长 52.8%。

【城乡建设】 2020 年以来，南城县住建局全面贯彻落实中共十九大和十九届三中、四中全会精神，紧紧围绕县委、县政府全力建设抚州副中心城市总方向，以项目带动为总抓手，积极推进工业园区、中心城区、文化旅游景区、现代农业示范区“四区建设”，着力深化改革创新、着力振兴实体经济、着力培育新兴业态、着力推进生态文明、着力实施脱贫攻坚、推动经济平稳健康发展和社会和谐稳定。全面加强干部队伍建设，创新工作机制，不断提高城乡规划建设与管理水平，大力推进城乡建设工作进程，全年的工作业绩上了一个新的台阶。至 2020 年，县城污水处理厂污水处理能力达 3.5 万吨 / 日，污水收集率达到 85% 以上，污水处理率达到 83.5%。县城燃气普及率达 100%。

【药业】 中药业建昌帮，是中国南方的古药帮和中药炮制的主要流派之一，与樟树帮合称江西帮，为全国 13 大药帮之一。传统的建昌帮中药业，建昌药业源于东晋，至今已有 1700 多年的历史。宋朝时，建昌镇已成为江西药材的重要集散地，官府在当地设立“建昌军药局”，规范成药配方、管理药材市场。明清两代，建昌镇和樟树镇同为江南药业都会，镇内加工药业的作坊鳞次栉比，药摊、药铺、药行、药栈遍布街市。

如今，建昌帮药业是发展南城经济的潜在优势之一。南城中药业历史悠久，并以其独特精良的炮制技术而驰名。从清代中叶至民国初期，建昌帮中药业进入鼎盛时期。它的销售范围包括江西、福建、广东、湖北数省，还远及东南亚和港澳地区。“南城客、建昌帮，人参鹿茸用船装”这句民谣，反映了当时南城中药业兴旺的景象。

气候状况

南城地属亚热带季风性湿润气候，气候温和，雨量丰沛，季风显著，四季分明。年平均气温 17.8℃，最冷月 1 月平均气温 5.6℃，极端最低气温 -7.8℃；最热月 7 月平均气温 29.1℃，最高气温 41.5℃。日照 1807 小时，无霜期 277 天左右。年降水量约 1642 毫米，4—6 月为汛期，雨量约占全年的 50%。冬季风向多偏北，夏季多偏南，春秋两季为交替期。灾害性天气有暴雨、寒潮、冰雹、大风等。

表 1　　2020 年极端气温记录表

单位：℃

年份	7 月平均气温	最高气温	出现日期	1 月平均气温	最低气温	出现日期	年较差	备注
2020	28.3	38.3	8 月 28 日	6.9	0.2	1 月 1 日 1 月 23 日	23.7	2019 年 8 月 平均气温 30.6

表 2　　2020 年各月平均气温记录表

单位：℃

月份	1 月	2 月	3 月	4 月	5 月	6 月	7 月	8 月	9 月	10 月	11 月	12 月
气温	6.9	7.2	13.6	19.5	22.7	26.4	28.3	30.6	26.9	21.7	15.3	10.1

表 3　　2020 年各月降水量一览表

单位：毫米

月份	1 月	2 月	3 月	4 月	5 月	6 月	7 月	8 月	9 月	10 月	11 月	12 月
降水量	128.6	188.1	199.5	262.2	259.5	317.7	463.0	7.7	9.7	19.9	8.5	40.9

表 4　　2020 年各月日照时数一览表

单位：小时

月份	1 月	2 月	3 月	4 月	5 月	6 月	7 月	8 月	9 月	10 月	11 月	12 月
日照时长	64.6	17.0	76.5	111.7	84.4	122.1	166.4	260.6	268.0	187.5	182.8	166.4

表 5　　2020 年各月蒸发量（E601B 型）一览表

单位：毫米

月份	1 月	2 月	3 月	4 月	5 月	6 月	7 月	8 月	9 月	10 月	11 月	12 月
蒸发量	27.0	18.6	38.6	54.6	72.6	82.6	104.8	187.3	167.1	123.3	84.2	57.8

表 6　　2020 年各月风速一览表

单位：米 / 秒

月份	1 月	2 月	3 月	4 月	5 月	6 月	7 月	8 月	9 月	10 月	11 月	12 月
风速	2.4	2.7	2.5	2.3	2.2	2.3	2.4	2.4	2.6	2.5	2.4	2.3

表 7　　2020 年各月平均地面温度记录表

单位：℃

月份	1 月	2 月	3 月	4 月	5 月	6 月	7 月	8 月	9 月	10 月	11 月	12 月
地面温度	7.9	8.2	14.2	20.8	23.9	27.7	31.0	36.4	32.6	25.8	18.2	11.5

2020 年，年平均气温 19.1℃，较历年偏高 1.1℃，年总降水量 1905.3 毫米，较历年平均值偏多 168.9 毫米，且分布不均。本年总日照数为 1708.0 小时，较历年平均值偏多 103.0 小时。7 月上旬赣抚大地迎来第三次集中降水期。南城先后出现 3 次暴雨，其中一次大暴雨即 8 日 13 时至 9 日 13 时全县平均降水量 104.2 毫米，龙湖镇 168.5 毫米（最大）、上唐镇 147.0 毫米，全县十个乡镇降水量超过 100.0 毫米，全县出现大范围内涝。针对第三次集中降水期，南城气象人众志成城，密切监督天气变化，科学研判。采取“递进式预报、渐进式预警、跟进式服务”新举措，实现了“服务全覆盖，预警无死角、信息零失误”宗旨目标。

汛期结束后，南城进入高温少雨干旱天气。从 7 月 17 日至 10 月 10 日，日平均气温 29.4℃，较常年同期偏高 2.9℃，日最高气温 ≥ 35℃，日数为 48 天，较常年同期偏多 25.3 天；累计降水量仅 20.5 毫米，较常年同期偏少 269.2 毫米，此三项气象要素破历史纪录出现重度以上气候干旱。南城县气象局在开展第二批“不忘初心、牢记使命”主题教育期间与南城新闻主媒体联合开展灾情大调查和抗旱救灾工作。同时先后人工增雨作业9次，发射人影炮弹20枚，全县普遍增加降水15%—20%，有效缓解旱情降低森林火险等级。

全县年平均降雪日数4天，最早初雪1月22日，最迟终雪日2月19日，年平均积雪日数1天，年最大积雪深度为4厘米。年平均霜期85天，最长霜期91天，最短霜期69天；无霜期最长285天，无霜期最短227天；平均蒸发量923.1毫米；平均相对湿度81%，极端最低湿度10%。

环境质量状况

【空气质量】 2020年，PM10平均浓度38微克每立方米；PM2.5平均浓度14微克每立方米；O_3的8小时平均浓度96微克每立方米；NO_2平均浓度23微克每立方米；SO_2平均浓度7微克每立方米；CO平均浓度0.8毫克每立方米。环境空气年均值均符合《环境空气质量标准》（GB 3095—2012）一级标准。特别是PM2.5较2018年17微克每立方米下降17.6%.其中4月、5月和8月、9月、10月累计5个月全省排名第一，年均值全省排名第二。

【水环境质量】 2020年，南城县2个省控地表水21项考核因子月平均浓度全部达到省政府下达的三类水以上目标要求；地表水水质均稳定在四类水质标准内，水质达标率为100%。城市集中式饮用水水源地水质达到二类标准要求，取水水质达标率继续保持100%，群众饮水安全得到有效保障。地下水水质良好，考核点位水质级别保持稳定。全县水环境质量继续得到改善，水环境攻坚成效初步显现。

【土壤环境质量】 根据全国土壤环境监测要求，南城县2019年完成土壤环境质量监测点位取样工作。按时完成江西南城鑫业环保处置有限公司、江西赣亮医药原药料有限公司等重点企业的土壤环境自行监测。自行监测和监督性监测报告结果无超标，均达到国家二级标准要求。

【环境监测】 2020年，完成南城县饮用水源地麻源水库水质监测、乡镇万人千吨以上集中式饮用水源地水质监测工作，其中湖库型饮用水源地4个，河流型饮用水源地5个。并对第二水厂水质进行一次水质全分析。完成2020年1—12月省控地表水断面万年桥和黎滩河河口断面的例行监测任务及洪门水库水质例行监测工作。顺利完成南城县小（2）型以上117座水库及廖坊水库5个库汉水质进行专项监测。完成2020年度农村环境质量例行监测的采样和分析工作，包括饮用水、环境空气和土壤。完成南城县3家造纸厂、2家污水处理厂及江西南城南方水泥有限公司的重点污染源监督性监测。完成南城县2个入河排污口（南城污水处理厂入河排污口、南城县工业园区污水处理厂入河排污口）的监督性监测工作。完成对南城县日处理能力20吨及以上的24个农村生活污水处理设施出水口和2020年竣工的12个农村生活污水处理设施水质的例行监测分析工作。2020年环境监测站协助环境监察执法、监督管理检查及例行监测60多次，提供有效监测数据400多组。以上数据的提供为有关单位环境执法和环境管理提供有效的数据支撑和技术保障。对逾期未办理辐射安全许可证的南城县五家乡镇卫生院下发通知，督促其提交申请办理延续的相关材料或申请注销辐射安全许可证。根据环境信息公开管理办法，将省控断面（万年桥和黎滩河河口）水质情况、饮用水水源地（麻源水库）水质情况、南城县环境空气质量情况、农村环境质量和省级重点监控污染源企业（南城县污水处理厂、南城县工业园区污水处理厂）有关监测信息在相关网站予以公开。

【环境保护】 2020年，有11个乡镇创建为省级生态乡镇，15个行政村创建为省级生态村，135个行政村创建为市级生态村，省级生态乡镇命名数达到92%，市级以上生态村比例达到90%，为创建省级生态县打下坚实的基础。积极开展有机化工、医药、表面涂装、塑料制品和包装印刷等五大行业挥发性有机物治理。制订VOC专项整治方案，对五大行业挥发性有机物进行整治。对20家未达到VOC治理要求的表面涂装行业企业（主要是家具企业）下达了限期整改通知，20家企业全部完成整改。

2020年度实施的洪门水库生态保护项目（三期）项目总投资约800万元，项目主要涉及龙湖镇王坪、小竺、竺由三个行政村生活污水治理和洪门水库、麻源水库2个水质自动监测站建设。年底麻源水库自动监测站已基本完成建设，暂未联网；3个村庄生活污水治理已完工；洪门水库坝前水质自动监测站完成招投标。开展饮用水水源地保护区划分。年底完成第二水厂、2个千吨以上和29个千吨以下乡镇饮用水水源地保护区划分技术报告的编制，其中第二水厂水源地保护区划分技术报告已经组织专家评审，其余划分技术报告正在等待市局统一安排专家评审。完成建设项目环评审批63个（其中报告书8个、报告表55个）。完善环评审批联网报送制度。将联网报送工作纳入环境影响评价管理日常工作，全部环评审批资料均做到当天出文当天报送。

2020年，在各类环保检查中累计出动执法人员近900余人次，检查企业近500家次，共计立案查处环境违法行为19件，其中移送公安部门行政拘留案件2件，累计行政处罚金额65.16万元。县河东工业园区建成的空气自动监测站于2020年10月与生态环境局水质和空气自动监控系统联网，南城县9家重点排污单位自动监控数据在省重点污染源自动监控系统平台的传输有效率为98.12%，均达90%以上。深入开展环境专项行动。县级以下地表水和地下水型饮用水水源地环境保护专项行动。在进一步巩固县级以上集中式饮用水水源地整治成果基础上，生态环境局开展县级以下地表水和地下水型饮用水水源地环境保护专项行动，全面摸清县级以下万人千吨级集中式饮用水水源底数工作、县级以下集中式饮用水水源环境基础信息调查工作，同时正在组织开展农村饮用水水源保护区划定工作。截至年底，共排查乡镇级万人千吨水源地8家，其中，已完成水源保护区划定6家，未完成2家，未完成划定的2个水源已完成保护区划分报告编制，待市生态环境局统一安排专家评审；边界标志设立6家，未完成2家，待保护区批复后，完成保护区边界标志设立。化工园区整治专项行动。南城县化工园区整治专项行动的排查阶段已于2020年3月完成，此次专项排查工作南城县对辖区内化工集中区（本县内无化工园区，仅有化工集中区1个）及化工企业进行全面排查。南城县工业园区化工集中区已取得规划环评批复（赣环评函〔2013〕28号），已建成集中式污水处理厂并正式投入运营，化工集中区所在的南城县河东工业园区已投入150余万元完成空气自动站建设，并且配套建设了智慧平台。工业企业达标排放专项行动。本次专项行动的排查阶段南城县共对25家企业的污染物种类、污染物排放情况、在线监控设施运行情况等方面进行全面排查。散乱污企业整治专项行动。制定《南城县污染防治攻坚战“散乱污”企业整治专项行动实施方案》，在全县开展对“散乱污”企业专项整治工作。共排查“散乱污”企业39家，下一步将根据问题清单对“散乱污”企业分类整治。拟对23家不符合产业政策或治理后仍不达标排放企业按照“两断三清”标准进行关停取缔，拟对1家经过整改可以达到相关管理要求的企业整合搬迁，拟对15家达不到法律规定应停产、停业、关闭情节且未列入整合搬迁计划，符合国家和省产业政策，符合本地区产业布局规划，依法补办相关审批或登记手续，纳入日常监管范围。砖瓦窑企业整治工作。2020年，在全县范围内启动了关停取缔规范砖瓦窑生产企业专项整治行动。按照淘汰关闭一批、保留规范一批并规范新建项目的原则，共计排查砖瓦窑企业22家，对其中13家砖瓦窑企业下达责令限期整改通知书，对6家砖厂、3家瓦厂实施强制关停（已有4家砖厂、2家瓦厂关停到位）。VOC专项整治工作。为打好大气污染防治攻坚战，全面加强VOC废气监管工作，生态环境局监察执法大队于2020年3月在全面开展VOC专项整治工作。对辖区内20家家具行业企业进行了全面排查，共计对20家家具行业企业下达限期整改通知。现19家企业已对废气污染防治设施进行完善，基本完成整改工作，另1家企业未能在期限内完成整改，已进行立案查处。积极做好中央环保督察“回头看”工作。2018年6月1日至7月1日，2018中央环保督察“回头看”工作开始后，南城县共接收督查组交办信访件9件（含2个重复件），其中8件属实，1件不属实，涉及环保领域信访件7件。在办理信访件的过程中，对每个信访件均做到认真梳理分析，即时查处、限时反馈、及时公开，认真回应社会关切。针对交办的信访件，共计下达责令整改8份、立案处罚3家、行政处罚金额39.12万元，行政拘留1人。9个信访件均已办结。

长江经济带“共抓大保护”工作。按照《关于开展2018年长江经济带“共抓大保护”专项执法检查的通知》（抚府办电〔2018〕75号）要求，切实提高政治站位，把做好长江经济带“共抓大保护”专项执法检查作为贯彻落实中央、省委、省政府和市委、市政府决策部署的重要举措，高度重视，积极配合。对专项执法检查发现的33个问题严格按照“条条要整改、件件有着落”的原则，制定了交办问题整改进度表，按时报送进度，不折不扣将问题整改落实到位，并依法查处各类环境违法行为，现已整改完成问题31个，2个正在整改中。省委第五环境保护督察组督察工作。自2018年11月29日，省第五环境保护督察组进驻南城以来，南城县共接收信访件52件，至2020年年底，已办结42件（涉及环保31件，含重复件10件），正在办理10件（其中7件属环保部门，含4个重复件）。

人口发展状况

2018年年底，全县总人口数34.4人，中心城区城镇人口18.7万，人口自然增长率6.7‰。辖10个镇、2个乡、13个居民委员会、150个村、1565个村民小组。其中已婚育龄妇女6.56万人。年度出生总数3428人，其中：男孩1833人，女孩1595人，符合政策生育人数3174人，计划外多孩254人，人口出生率10.14‰，政策符合率92.59%。政策外多孩率为7.41%；出生人口性别比呈上升趋势，性别比为114.92；死亡1418人，死亡率4.19‰；自增2010人，人口自然增长率5.95‰。

国民经济和社会发展状况

【经济总量快速增长】 2020年实现国内生产总值148.39亿元，同比增长8.3%。其中，第一产业增加值18.69亿元，同比增长3.3%；第二产业增加值54.38亿元，同比增长9.6%；第三产业增加值75.32亿元，同比增长8.8%。一、二、三产业比为12.6 ∶ 36.6 ∶ 50.8。财政总收入17.27亿元，增长5.0%，税收收入15.12亿元，同比增长5.0%。占财政总收入的比例87.55%；地方财政收入10.28亿元，同比增长4.1%。工业增加值44.69亿元，同比增长8.9%。社会消费品零售总额55.42亿元，同比增长11.6%；实际利用外资3564万美元，同比增长5.3%；出口总额16.75亿元，同比增长16.2%。主要工业产品有水泥9.87万吨、果汁和蔬菜汁类饮料1.6万吨。农业总产值31.47亿元，同比增长3.3%。粮食总产量26.96万吨。主要农产品中：水产品产量3.92万吨、水果总产量11.03万吨、柑橘产量10.82万吨、稻谷总产量25.52万吨、家禽产量442.99万羽、禽蛋总产量203万吨、生猪（出栏）24.03万头。城镇居民人均可支配收入36836元，同比增长8.1%；农村居民人均可支配收入1833.8元，同比增长9.3%。城乡居民年末储蓄余额110.83亿元，同比增长13.2%。

【三大攻坚战役成效明显】 2020年实现581户、1774人脱贫，贫困发生率降至0.2%，省级成效考核获评“好”的等次。风险化解有序推进。大力压减一般性支出，压缩办公经费10%、“三公”经费5%；严控新增隐性债务，有序化解存量债务，首季即完成年度化债任务，债务率处偏低水平。污染防治成效明显。深入推进各项大气及企业排污专项整治，2019年城区PM2.5平均浓度14微克每立方米，全省综合排名第二。河长巡河实现常态化，拆除廖坊水库潭江等5座库汊，集中式饮用水水源地水质达到二类标准。

【产业集群集聚势头强劲】 全力打造产业发展平台。建设生产性平台，推进校具产业园、电子信息产业园标准厂房建设，新建标准厂房70余万平方米；建设功能性平台，完善电子产业园生活配套设施，新建了可容纳2000人食宿的职工食堂和员工宿舍；建设服务型平台，加快180亩校具产业科创园建设进度，利用“互联网+”，助推校具走出校门、走出国门。聚力产业招商。实行委托招商、产业招商，与深圳方舟智略、上海东方龙等专业招商机构合作，2020年通过委托招商引进企业25家，其中：引进电子信息产业上下游企业12家、校具产业1家，项目总投资113.8亿元，同比增长35%。南城“委托招商”工作受到市政府嘉奖，并在全市得到推广。主导产业逐步形成。电子信息产业实现产值119.4亿元、税收3.2亿元；校具产业实现产值106.5亿元、税收1.12亿元；中医药产业实现产值23.78亿元、税收0.2亿元，三大主导产业产值占比达88.2%。现代农业稳步发展。以“米、渔、药、菜”为重点，举办“麻姑米”区域品牌暨系列产品招商推介会，获评2019年地理标志产品。建成高标准农田5.4万亩，发展稻渔综合种养1.25万亩，培育种养经营主体50余个。打造白花蛇舌草、枳壳、黄精、重楼等4个种植示范基地，大棚蔬菜产业基地总面积达8200余亩。第三产业蓬勃发展。举办“2020南城麻姑文化节（周）”系列活动，完成麻姑山旅游总体规划以及麻姑山旅游环山公路、文化广场等项目设计，启动200余亩汽车服务中心工程建设，积极筹建铁路货运物流园。

【城乡统筹发展优势凸显】 编制完成《南城县总体规划修编（2016—2035年）》《南城县中心城区控制性详细规划》，改造提升无物业老旧小区20个，新建城区公厕23个，打通山水大道、体育西路（建昌大道至山水大道路段）等“断头路”，完成银福高速南城收费站扩建升级、山水大道改造、建昌大道人行道改造。建立以乡镇为单位、第三方治理为主体的“一级管护、四级管理”农村环境长效管护模式，精致打造了徐家、龙湖两个美丽宜居试点乡镇，全县25户以上宜居村庄整治建设覆盖率达100%。

【改革开放创新后劲充足】 开展“以照含证、集约办理”试点，颁发了全省首本“以照含证”营业执照。全面实行错时、延时、预约、上门等便民服务，完成“一窗受理、集成服务”改革，“赣服通”南城分厅、“12345”政务服务热线等平台建成上线。完成150个村清产核资和债权债务清理，徐家镇下弓村、上唐镇上舍村被定为市级产权制度改革试点村。建成35个城乡公益性墓地，民营殡仪馆改造搬迁完成，遗体火化率达100%。对接“一带一路”倡议，搭乘抚州开通中欧木材进境班列的“东风”，有效满足南城校具企业木材需求，实现降本增效；外贸“两转”力度持续加大，8家企业实现异地出口转本地出口，“两转”出口额达1930万美元。全年新增高新技术企业13家、科技型中小企业35家、“专精特新”企业4家，获省政府科技进步二等奖，国家绿色工厂、省级绿色工厂均实现零的突破。

【民生福祉增进成果显著】 开展“春风行动”、送岗位下乡等招聘活动，新增就业4429人，发放创业贷款8811万元。推进农科所、食品公司、河东洪门片区等棚户区改造，完成房屋征收430户、面积达7.2万平方米，安置2396人。全面推行保障农民工工资支付“两金三制度”，开展农民工工资支付大排查大清欠专项行动。老年人免费乘公交年龄放宽到65岁以上。稳步推进县中医院二期建设，大力推广热敏灸技术，推动中医诊疗、智慧医疗、公共卫生一体化进社区、进镇村、进养老机构。泰伯学校建成投用，新一中工程基本竣工，建成3个居家养老服务中心和10个幸福之家。深入开展扫黑除恶专项斗争，打掉黑社会性质组织1个、恶势力犯罪集团5个、恶势力犯罪团伙7个，公众安全感指数不断提升。持续深化安全生产九大专项整治工作，深入开展安全生产“打非治违”百日行动、安全生产“三项整治”工作，促进安全生产形势持续好转。

【“五型”政府建设扎实推进】 扎实开展“不忘初心、牢记使命”主题教育，做好基层减负工作，清理规范了微信工作群、基层挂牌、考核评价、一票否决、签订责任状等一批事项，积极推动“三减三强两倡导”，大力倡导和推行“一线工作法”，会议和文件数量较上年精简10%以上。加快法治政府建设，进一步完善依法决策机制，深化行政执法体制改革，持续推进“减证便民”机制，创新社会治理能力。自觉接受人大法律监督、工作监督和政协民主监督，办理县人大代表建议42件（含闭会期间3件），政协提案70件，办复率和满意率均达100%。

【生态文明建设显成效】 南城县24小时实时监控重点企业“三废”排放，坚决对环保不达标的企业进行关闭整顿处理。建立12个空气自动监测站，实现园区内空气污染物监控全覆盖。重点开展鄱阳库汊综合治理工程，关闭辖区内沿河所有排污口，拆除、关闭了盱江、抚河、黎滩河沿岸100米范围内59户养殖场。对39座水质不达标水库全部退租退养，78座达标水库实行人放天养。改造升级鸡舍116家，涉及蛋鸡100多万羽。重点整治乡村“乱搭乱建”“乱种乱养”“乱堆乱放”等，共拆除空心房、破旧房2.79万平方米，拆除砖瓦厂3个共计面积6800平方米，拆除高炮广告牌5个；拆除和改造养殖场3.3万平方米。对全县城镇规划区外的行政村及交通沿线48个村庄进行规划修编，编制《南城县农村建房图集》，完善农民建房审批程序。稳步实施“秀美乡村、和谐宜居”新农村建设，全面启动328个新农村点建设工作。全县先后关停20多家企业，重新布局10多家投资上亿元的环保节能型大项目。

【建昌药业发展谱新篇】 以改革促发展，用创新添动力。南城县认真贯彻落实省委十四届六次全会精神，抓住“六大突破、三大提升”关键环节和战略重点，因地制宜，围绕打造“十亿企业、百亿产业”的中医药产业目标，着力实施“建昌帮”中医药重振计划，推动中医药产业实现高质量、跨越式发展。科学施策谋划新思路。规划建设中医药产业园、中药材专业交易市场、中药材电子商务交易中心和区域性中药材检测中心，打造中药材种植基地、中药饮片生产基地和中成药制造基地。透过这些出自《中医药产业发展实施意见》的具体内容，南城县充分发挥中医药特色资源优势，科学施策的发展新思路清晰可见。专业化推进、项目化带动、科研化引领。成立中医药产业发展推进领导小组，全面统筹协调中医药产业发展工作。成功引进一批中医药企业，可生产各类中药饮片和中成药产品600余种，拥有活血止痛胶囊、蛇胆川贝液等具有独立知识产权的畅销中成药品牌。充分发挥中医药企业在科技创新中的主体作用，鼓励和引导企业对接高等院校、科研机构，深入开展产学研合作，加快科研成果转化。同时，该县着力在技术扶持、人才培养等方面加大力度，促进中医药产业朝着现代化、标准化“快车道”前行。2020年1—6月，全县中医学产业实现主营业务收入9亿元，同比增长16%。转型升级构筑新格局。企业不断增长的网络销售额，得益于南城中药材线下交易和线上交易的并驾齐驱。该县正在规划建设40万平方米的中药材专业市场，为南城及抚州的中药材加工上下游企业提供大宗商品网上交易、网上资金结算、线下仓储服务、物流服务，并提供质检、交易担保、金融融资等各项增值服务，打造极具地方特色的中医药产品电子商务示范基地。同步进行的还有从零散到规模的种植方式转变、由简单到精深的加工方式转变，一系列转型升级战略的实施，使南城中医药产业发展有了明显成效。中药材种植面积成倍增长，麦冬、半夏、枳壳等道地药材的栽种面积达3.1万余亩。拥有规模以上中药材加工企业14家，形成龙头企业引领，集种植、生产、加工、销售、科研一体化的中医药产业发展新格局。产业融合探索新模式。“企业能赚钱、农户能脱贫、风险能防范。”位于该县徐家镇排头村的白花蛇舌草种植基地，是润邦药业白花蛇舌草产业融合发展项目的一部分。该项目总投资8.5亿元，包括规范化种植白花蛇舌草1.5万亩、优质种苗培育基地2000亩、白花蛇舌草生态工厂等。将中医药产业与脱贫攻坚相融合，让贫困户尝到甜头。该县采取“政府（合作社）+龙头企业+贫困户”模式，通过土地流转、企业经营、多方受益的方式运作。受益于中药材种植的贫困户有2671户、8085人，分别占全县贫困户、贫困人数的93.3%、93.2%，每户贫困家庭在中药材种植方面纯收入可达3000元。以中医药文化为核心内容，依托“建昌帮”文化资源优势，促进“建昌帮”文化与麻姑长寿文化、洪门养生文化深度融合，打造中医药文化创意产品。同时，在麻姑山入景公路、武冈山公园、丰德线等处集中连片种植中药材，形成一批既有经济效益，又有旅游价值的中药材景观带。进一步凸显“洞天福地，养生南城”的理念，开辟“建昌帮”特色小镇、麻姑山、洪门湖一体化的特色养生旅游线路。深厚的中医药产业基础和文化根基，历史悠久的“建昌帮”药业传承，南城县重振建昌药业的脚步愈发坚定。

【做活旅游文章】 南城县以抚州召开全省旅游产业大会为契机，着力提升麻姑山旅游景区功能，抓好相关配套项目建设，全力建好山下区域的入景公路、生态停车场、景区门楼、游客服务中心、麻姑酒展示馆、“建昌帮”中药展示馆、盱江医学馆等项目；山上区域的双龙湖、仙都广场、麻姑塑像等项目，以及西外环线沥青路面改造、上山公路沿线观景亭、游步道等项目，景区硬件得到很大提升，并荣获承办全省旅游产业发展大会突出贡献集体奖。在硬件设施提升的同时，麻姑山旅游景区积极顺应旅游市场需求，于5月19日正式开始走上市场化运营模式。麻姑酒展示馆、“建昌帮”中药展示馆、盱江医学馆以及游客景区上山换乘车站进入市场化运营。每个双休日，在仙都广场都有采茶戏《麻姑献寿》演出活动，吸引众多游客前来观赏。南城县政府与粤港创投集团控股有限公司成功签署麻姑山旅游景区投资合作协议，粤港创投集团将在未来四年内，投资12亿元打造麻姑山旅游景区，为麻姑山旅游景区的转型升级和创新发展注入新动力。麻姑山旅游景区开发如火如荼，洪门湖景区开发也迎来了新的契机。针对洪门湖景区原开发商投入不足，开发滞后的情况，南城县依法依规从原开发商手中收回了洪门湖景区经营权，于2018年1月与新开发商正式签订协议，终止景区长达十年的粗放式经营管理，从而盘活闲置旅游资源。此外，该县累计投入1.5亿元，用于洪门湖水面渔网拆除及湖区渔业生态环境治理和周边流域畜禽粪便资源化利用项目，为洪门湖的招商引资及开发打下坚实基础。该县围绕全域旅游的发展理念，按照“洞天福地、养生南城”的目标定位，以“两河”（盱江河、黎滩河）为主轴，以“一山一水”（麻姑山、洪门湖）为两翼，以聚星塔、万年桥、名镇名村、古村古迹为重要补充，将县内分散的景区、景点，串点成线，连线成片，着力打造多主题、分时段的精品线路。同时，借助交通区位优势，着力与武夷山、龙虎山、大觉山等周边知名旅游景点对接，推动“一日游”向“多日游”延伸、“单次游”向“多次游”转变，不断提高全县旅游的知名度和美誉度，带动旅游人气快速提升。已规划以麻姑山旅游景区、麻岭下生态示范村、王府古城等景点为主的两条精品旅游线路。为进一步突出“养生南城”的旅游理念，该县正在着力推动将麻姑山旅游景区、建昌帮医药展示馆、盱江医学馆、盱江书院等景点，融入抚州生态休闲二日游、国学禅养二日游和才子研学二日游等旅游线路中来。“山呼水应’做活旅游文章。2020年，南城县接待国内外游客量达256万人次，同比增长30.2%；旅游综合收入达22.4亿元，同比增长31.6%。

【获评“农业农村部渔业健康养殖示范县”】 南城县顺利通过农业农村部验收组考核验收，成为抚州市首个“农业农村部渔业健康养殖示范县”。近年来，南城县大力推广健康养殖新技术、新方式，推进现代渔业园区和渔业生产组织化建设，渔业健康养殖成效显著。2017年，全县水产养殖面积已达11.42万亩，水产品产量4.54万吨，其中特种水产品1.13万吨，产值7.38亿元，渔业产值占农业总产值的23.8%，渔民人均纯收入达12483元。该县拥有认定有机、绿色、无公害水产品产地面积共6647.46公顷，认证有机、绿色、无公害水产品共15个，年产量4017吨。

【工业转型卓有成效】 2020年实现工业税收5.54亿元，同比增长8%，尤其是常规工业税收占税收收入比例由2019年同期的20.7%上升到22.5%。突出主导产业集群效应。出台机械电子、中医药、校具三大主导产业系列政策，集中优势资源推动产业集群发展，三大产业主营业务收入同比增长15.9%。联益电子完成二期产能扩建，投入1.7亿元新上3条生产线，被认定为省级企业技术中心，总数达3家；格雷特压缩机上海总部搬迁南城，新增设备1.2亿元，年产值达5亿元；先后引进抚州盈硕电子、虹汇智能科技、橙果智能科技等一批关联度大的电子配套项目，虹汇智能科技实现当年引进、当年投产，机械电子产业呈全产业链发展格局。成功引进同善堂、润邦药业、中合三农集团等医药企业，同善堂已建成厂房9栋、面积2.9万平方米；润邦药业投资8.5亿元建设白花蛇舌草一、二、三产融合项目，已种植白花蛇舌草3000余亩；中药材大宗商品交易中心正在积极申报；百神昌诺生产的“大黄总蒽醌”获省政府科技进步三等奖。着力引导校具企业抱团发展，26家校具企业组建7家集团公司，有3家进驻校具产业园，1家已正式投产；推进“互联网+校具”，引进江西第一枪信息技术有限公司，规划打造180亩校具产业科创园，校具产业线上线下共同发力局面正在形成。突出园区主战场地位。大力实施“筑巢引凤”和“腾笼换鸟”战略，建成4.2万平方米电子产业孵化园，已承接12家电子及配套企业落户；成立“两园”推进工作组，实行驻点办公模式，专项负责推进电子产业园、校具产业园建设，育佳集团、江西润华等教育装备企业签约入驻校具产业园；采取“依法收回一批、嫁接盘活一批、依法拍卖一批、依法破产一批”模式，积极推进“僵尸企业”处置和闲置低效工业用地盘活，清理僵尸企业11户，盘活闲置厂房和土地538.07亩，580.86亩批而未用土地投入建设。突出服务实体经济。加大降成本、优环境力度，纵深推进“放管服”改革，不断优化营商环境，支持民营经济发展。通过县工创投运营，全年为民营企业周转“过桥”79笔，资金5.2亿元，节约企业融资成本1200万元；在原1200万资本金基础上，注入3800万元，组建南城县创新融资担保有限公司，解决中小企业融资难、融资贵问题；引导企业加大R&D经费投入，规模以上工业企业研发投入达9229万元，占南城县生产总值比例为0.71%，全市排名第3；新增省、市科技创新平台载体6个，新增高新技术企业8家，同比增长72.7%。实施产值税收“三年倍增”计划，重点培育25家“工业小巨人”，帮助企业做强做大。联益电子、百神昌诺、赣亮医药、润华工贸等四家企业进入江西省产融合作主导产业重点企业名单。

【农业结构优化升级】 高效农业扩面增效。4万亩的2017年高标准农田项目顺利竣工验收，5.46万亩的2018年高标准农田项目全面开工建设。依托徐家镇万亩高标准农田，重点打造稻渔综合种养产业示范基地，发展莲渔、稻蛙、稻鳖蚌等综合种养模式，取得良好经济效益。设施农业稳步推进。加快麻姑山生态农业示范园功能完善提升，出口大棚蔬菜种植基地初具雏形。品牌创建扎实有力。加快质量追溯信息平台建设，在农业产业龙头企业率先使用溯农二维码农产品溯源系统。大力推进“三品一标”建设，获得国家认证的“三品一标”企业、合作社39家，通过国家“三品一标”论证产品10个，获证产品61个，在全省名列前茅。成功争取江西省“麻姑米”区域公用品牌建设项目，着力打造麻姑绿色大米产业园。国家级渔业健康养殖示范场增至10家，获全省唯一“全国畜牧技术推广示范站”称号。

【第三产业加速发展】 全域旅游全面开启。着力构建“核心景区+乡村旅游”发展模式。麻姑山景区建成游客综合服务中心、非遗展示馆、入景公路、仙都广场等一批配套设施，被评为江西省第二批低碳旅游示范景区。洪门湖景区成功收回经营权，集中开展水上非法营运专项整治。麻岭下田园综合体成功创评江西省4A级乡村旅游点。电子商务亮点纷呈。以百望电商产业园为载体，带动电商产业全方位发展，入驻的企业、商家达到108家，引进江西淘鑫电子商务有限公司建立县级电子商务公共服务中心，全年电子商务交易额达39.5亿元。现代物流稳步壮大。全县现有物流企业248家，货运车辆5600余辆，总运力10.8万吨，实现物流税收1.8亿元，同比增长9%。

【城区功能日臻完善】 城市布局进一步优化。完成《南城县总体规划修编（2016—2035年）》成果评审，启动《控制性详细规划》编制工作，山水大道、河东新片区城市设计及43个城建项目建筑规划设计方案通过审查。城市功能进一步完善。积极打通山水大道南延伸段、王府大街北延伸段、河东工业大道北延伸段等“断头路”，完成西外环及206国道沥青路面改造、河西规划八路、五里庄八组还建地通道建设，在富民路、江南汽车城、王府大街等路段铺设污水管网11公里，东外环汽车综合服务中心开工建设；城区增加6.5万吨应急水源，第二水厂建成并供水；30亩生猪标准化屠宰场开工建设，正在平整土地；开展厕所革命，新建环保公厕11座，有效解决城区群众“如厕难”问题。

【农村环境大为改观】 环境整治持续发力。以全省旅发大会为契机，全面排查整治高速公路、铁路、国省道和县乡主干道沿线环境，累计拆除破旧房屋72.1万平方米，拆改猪牛栏及蛋鸡养殖场55.8万平方米，整治农村“两违”41处4930平方米，外立面改造3479栋。引入第三方永昊环卫公司，实现城乡环卫市场化运作。农村生活垃圾专项治理顺利通过国家第三方验收考核。村庄整治全面铺开。将环境整治与村集体经济发展有机结合，通过村庄整治、空心村拆除腾出土地，土地收益用于充实村集体，不断壮大村集体经济，成功争取省扶持村集体经济建设美丽乡村试点县项目资金1500万元。安排新农村建设点328个，村点建设进度达98%以上，全县25户以上宜居村庄整治建设覆盖率达73%以上，完成贫困村村庄整治以及7个生态文明示范村镇建设。乡风民风明显好转。推进移风易俗树文明新风行动，全县150个行政村全部建立“道德红黑榜”。绿色殡葬改革稳妥有序推进，公益性墓地陆续开工建设，实现遗体火化率100%目标，倡导厚养薄葬、文明节俭办丧事的新风尚。

【管理水平逐步提升】 试点改造怡和园、西苑小区2个老旧小区，并在此基础上，全面启动小区环境整治工作，严格落实无物业小区属地社区监管责任，引导小区自治管理。开展城区市容秩序专项整治行动，对盱江大道、建昌大道等城市主干道进行7次集中整治，清理乱挂乱晒、乱堆乱放、出店经营等行为；对城区大型高炮、楼顶商业广告设施进行拆除，拆除面积约4800平方米，有效消除城区高空户外广告安全隐患；对城区露天烧烤进行综合整治，将67户露天烧烤户引导入室，并督促安装符合环保要求的油烟净化装置，整改率达100%，有效减少烧烤油烟造成的污染；对九鼎商贸城进行地毯式整治，彻底解决商城内部“脏乱差”环境问题；采取合理疏导与划线经营等方式，对天一山、胜利西路露天市场及银三角农贸市场周边进行集中整治，规范经营秩序，还路于民。全面开展“大棚房”问题专项清理整治行动，坚决遏制农地非农化。加强村庄规划建设和农民建房管理，编制完成《南城县农村建房图集》，确保农民建房有规可循。

【重点改革有序实施】“放管服”改革持续深化。继续推进“互联网+政务服务”和“一次不跑”改革，公布“一次不跑”事项56项，“只跑一次”事项467项。多证合一改革由“24证合一”迈向“39证合一”。推进服务事项标准化建设，制定统一政务服务标准，录入4972项服务事项。“一单两库一细则”编制工作全部完成。群众办事百项堵点基本解决落实到位。加强政府债务管理，开展债务清理清查，摸清底数，抓好了问题整改，合理制定了债务还款计划，坚决遏制增量、化存量。积极推进政府投融资管理职能转变，在全市率先整合现有融资平台公司组建金创集团，积极推进集团走实体化之路，全面启动资产审计、合并财务报表、资产评估等工作。农村综合改革稳步推开。株良经济发达镇改革方案获省委、省政府批复，18家单位签订授权书，承接县级115项审批权限；农村集体产权制度改革被列入全国试点，清产核资工作结束，完成徐家镇严家村一组产权制度改革试点工作；自然资源统一确权登记试点工作全面完成；农村土地承包经营权确权登记颁证工作通过省、市核查验收。

【对外开放成果丰硕】 全力开展招商引资。在6个招商团队、7个产业招商团队基础上，组建3支驻点招商小分队，实施“南下东进”战略，以深圳、上海、泉州为基点，大力开展驻点招商、产业招商；2019年新签3000万元以上项目34个，合同固定资产总投资92.25亿元,其中10亿元以上项目3个，5亿—10亿元项目4个。“双返双创”取得可喜成绩。成功引进46家返乡企业落户，承办全市“双返双创”活动现场推进会，并作典型发言。积极扩大对外贸易。对接国家“一带一路”倡议，即将开通从俄罗斯进口木材“中欧班列”，打造校具木材集散基地；鼓励企业开拓国外市场，电子产业成为新增长点，迈赛特电子出口超2000万美元，联益电子、凯美电子出口超1000万美元；积极做好外贸企业“两转”工作，引进江西金控集团“一干通”公司，为南城县中小微外贸企业打造综合服务平台；全年新增生产型自营出口企业5家，总数达25家。

【营商环境日益优化】 落实惠企减负政策。积极贯彻省降成本优环境有关政策，并相继出台《开放型经济发展的工作意见》《工业企业奖励办法》《工业企业纳税奖励暂行办法》等综合性扶持政策,初步构建“省级政策+县级举措”政策体系，完善了企业激励机制。全年财政扶持企业资金1.28亿元，10个项目争取到江西省中国制造2025专项资金扶助。推进企业注册便利化。认真落实登记认缴制、“多证合一”、证照分离、简易注销等多项改革，前置审批由133项减少到28项，企业注册开办仅需3个工作日。

【污染治理成效明显】 打赢蓝天保卫战。关停整顿、改造提升了一批环保不达标企业，在建工程全部签订扬尘治理承诺书，淘汰黄标车1675辆，完成加油站油气回收治理11座，关闭取缔企业16家，在镇、村建立秸秆露天禁烧网格化管理体系。打好碧水保卫战。关闭拆除盱江、抚河、黎滩河沿岸100米范围内养殖场，改造升级150家鸡舍;117座小（2）型以上水库退出承包养殖，实行“人放天养”，投入960余万元对万坊镇鄱阳库汊进行综合治理，水库水质明显改善；加强饮用水水源地保护，完成县级集中式饮用水水源地和6个农村日供水1000吨以上饮用水水源地保护区的划定。环保项目有序推进，2017年农村水环境污染连片治理示范项目、洪门水库生态治理一期项目全部完工。打好净土保卫战。全面落实长江经济带“共抓大保护”政策，积极开展“清废行动2018”、“散乱污”企业专项整治，清理固废垃圾1.2万吨，查处“散乱污”企业18家。减少农业面源污染，开展化肥使用量零增长行动，推广作物测土配方施肥技术89.32万亩。

【环保执法保障有力】 扎实做好中央环保督察“回头看”、长江经济带“共抓大保护”等反馈问题的整改。大力开展河道采砂集中整治，严厉打击非法采砂、贩砂、囤砂等违法行为，处置非法采砂案件16件，收缴囤砂4000余立方米。深入开展工业污染源全面达标排放、工业园区环保违法违规专项排查、集中式饮用水水源地保护专项检查、“散乱污”专项排查整治、矿山企业专项整治、秸秆禁烧专项检查等系列行动,查处环境违法案件29件，行政拘留5人。

【脱贫攻坚善作善成】 将脱贫攻坚列为第一民生工程，扎实推进“春季攻势”“夏季整改”“秋冬会战”行动，实现昆塘、德溪、太坪3个贫困村退出，862人脱贫的目标。开展精准识别数据比对，严格排查“八类重点人员”，确保贫困户识别精准、退出精准，新增68户226人。大力推进产业扶贫等十大扶贫工程，产业直补政策惠及贫困户573户，兑现奖补资金42万元，实施“一领办三参与”利益联结模式，通过合作社带动贫困户2027户，覆盖率85.74%；综合就业扶贫车间、组织劳务输出、返乡创业带动就业、公益性岗位等四种方式，推动就业扶贫政策落实落地，贫困劳动力就业率提升至79.57%。创新扶贫项目管理机制。将50万元以下扶贫项目管理权限下放至乡镇，验收审批时间压缩一半。启动城镇贫困群众脱贫解困工作。全面摸清底数，健全工作机制，制定完善脱贫解困政策措施。

【民生短板补齐补强】 教育资源扩容增质。南城一中实验综合楼，南城二中实验综合楼、学术报告厅，实验中学综合楼建成并投入使用；在全市率先完成“一乡一园”建设任务。医疗服务全面优化。进一步推进公立医院改革，分年度化解公立医院债务，引导优质医疗资源下沉；推进乡镇卫生院和村卫计室联办一体化管理模式，开通了“一站式”医保结算平台。棚改任务圆满完成。启动河东棚户区（三、四期）和原农科所棚户区及洪门镇棚户区改造，征收房屋11.8万平方米，安置3164人。文化事业繁荣向好。启动全国第二次可移动文物普查工作，上唐村、源头村等9个村落入选第五批中国传统村落名录，投资1040万元修缮尧坊船形屋，12个乡镇综合文化站和100个村综合文化服务中心硬件设施全部更新到位。社会保障不断完善。持续扩大养老、失业、医疗、工伤、生育保险覆盖面，做到应保尽保；大力促进就业创业，发放创业担保贷款8200万元，实现城镇新增就业人数3925人。开展农民工实名制、信息化管理工作，农民工工资得到有效保障，南城县工业园区荣获省模范劳动关系和谐工业园区。

【社会治理有力有效】 着力推进“平安南城、基层基础、法治南城”三项建设。深入开展扫黑除恶专项斗争，破获涉黑涉恶类刑事案件86起，打掉恶势力犯罪集团5个，恶势力团伙7个，破获全省首例武装制造冰毒案。开展“六车”专项整治，依法打击非法营运、无牌无证、交通违法等行为，回收105辆残疾人代步车，城区道路交通状况明显改观。深入推进安全生产九大专项整治行动，开展“地条钢”排查，责令停产整顿企业21家，约谈单位28家，通报单位20家，有效遏制重特大安全事故发生。

中国共产党南城县委员会

综　述

2020年，县委以习近平新时代中国特色社会主义思想为指导，深入贯彻中共十九大和十九届二中、三中、四中、五中全会及习近平总书记视察江西重要讲话精神，践行新发展理念，落实高质量发展要求，团结带领全县干部群众统筹抗疫情、促发展，锐意进取、担当实干，推动经济社会发展和党的建设各项事业取得新成效。

旗帜鲜明讲政治，坚决做到“两个维护”。县委始终把旗帜鲜明讲政治摆在首位，严守党的政治纪律和政治规矩，做到思想上对标对表、政治上坚定坚决、行动上紧跟紧随。把学习贯彻习近平总书记重要讲话重要指示精神作为县委常委会的首要议题，召开县委常委会24次、县委理论学习中心组学习12次，及时跟进学习习近平总书记关于统筹推进疫情防控和经济社会发展的重要论述、《习近平谈治国理政》第三卷、习近平总书记关于“六稳”“六保”指示批示精神等重要内容，确保方向明确、行动迅速。深入学习党的十九届五中全会精神，召开县委常委会、全县领导干部会议、县委理论中心组集体学习会传达学习，推动中共十九届五中全会精神入脑入心、落实落地。深入实施习近平新时代中国特色社会主义思想教育培训计划，举办科级干部学习贯彻中共十九届四中全会精神专题培训班、县委理论中心组集中（扩大）会议暨全县科级主要领导干部专题读书班、基层党组织书记培训班，引导广大干部群众在思想上政治上行动上同以习近平同志为核心的党中央保持高度一致。组织广大党员干部收听收看中央宣讲团、省委宣讲团宣讲中共十九届五中全会精神报告会，做好市委宣讲团在南城县的宣讲工作；组建学习贯彻中共十九届五中全会精神县委宣讲团，县委常委带头深入基层一线，开展形式多样的宣传宣讲活动，迅速掀起了学习宣传贯彻中共十九届五中全会精神的热潮。深入落实《关于深入学习贯彻习近平总书记视察江西重要讲话精神奋力谱写好新时代江西改革发展“南城篇章”的决定》，抓好省委、省政府综合督查发现问题整改，对中共十八大以来习近平总书记对江西工作重要指示批示贯彻落实情况进行全面梳理“回头看”，有力推动中央和省、市委决策部署在南城落地落实。制定《关于认真学习宣传贯彻党的十九届五中全会精神的通知》和《全县学习宣传贯彻党的十九届五中全会精神总体安排》，扎实推动全会精神取得实效。对标中央和省委、市委精神，紧密结合南城实际，认真抓好全县“十四五”规划编制工作，引领全县上下跟上节奏、踩稳脚步、谋划发展。

精准施策抓防控，大战大考应对有方。县委坚持人民至上、生命至上，坚决贯彻习近平总书记提出的“坚定信心、同舟共济、科学防治、精准施策”总要求，全力以赴打好打赢疫情防控人民战争、总体战、阻击战，切实维护人民生命安全和身体健康。全省启动重大突发公共卫生事件Ⅰ级响应后，县委立即召开专题会议，把压实责任作为战“疫”根本，成立应对疫情工作领导小组和指挥部，建立疫情联防联控工作机制，围绕“外防输入、内防扩散”，落实人员、资金、物资三项保障，并在大年初二，及时果断作出关闭影院、KTV、网吧等公共集聚性场所，实行交通检疫等一系列决定，为后续疫情防控大大减轻压力。针对早期出现的两例病例，在疑似阶段就立即启动流行病学调查，第一时间筛选出有感染可能的人群，进行集中医学观察，快速有效阻断病毒传播。按照“早发现、早报告、早隔离、早治疗”的防控要求，督促指导各地各单位对来自中高风险地区的人员实行过筛式排查、网格化管理。注重发挥中医药独特作用，拟定“盱江医学”“建昌帮”新冠肺炎治疗方2个、预防方剂12个，推动疫情防控取得良好效果。同时，按照集中调配、按需供给原则，全力确保疫情防控物资供应。特别是与疫情防控保障相关的企业，全力帮助恢复产能。按照习近平总书记“统筹疫情防控和经济社会发展，既是一次大战，也是一次大考”的要求，在常态化疫情防控中做好“六稳”工作、落实“六保”任务，稳妥有序推动复工复产复建、复商复市复学，并率先在全市开展“屏上洽谈、线上签约”模式，规上工业企业、省大中型工业项目、重点商贸物流企业、重点农业企业复工率和产能恢复率均达100%，超全省、全市平均水平。按照“外防输入、内防反弹”的要求，抓好重点地区和境外返城人员“闭环”管理，扎实做好秋冬疫情防控工作，疫情防控形势持续向好。

强力攻坚补短板，全面小康成色更足。县委坚持把打好三大攻坚战作为破解瓶颈制约、建成小康社会的硬任务，合力攻坚，务求必胜，全面夯实高质量发展基础。坚决打好防范和化解重大风险攻坚战。严厉打击传销和非法集资。积极稳妥化解存量隐性债务，综合债务等级为绿色。按照“自主经营、自负盈亏、自担风险、自我发展”的市场化运营模式，加快推动融资平台公司整合转型，全面提高国有资本运营效率。紧抓中央提高赤字率和扩大专项债券发行规模的政策“窗口期”，做好项目库建设和债券项目申报，争取新增债券资金近8亿元。坚决打赢精准脱贫攻坚战，实现剩余贫困人口184户434人全部脱贫，绝对贫困问题成为南城的历史记忆。作为江西省六个非贫困县之一，接受国家脱贫攻坚普查并高质量通过，全县贫困户“两不愁三保障”和饮水安全达标率均为100%。扎实推进城镇贫困群众脱贫解困工作，完成1660户2313名城镇贫困对象脱贫解困任务，并以全县城镇居民人口数的5%为基数，为城镇贫困群众购买防贫保险，切实巩固提升脱贫解困成果。坚决打响污染防治攻坚战。扎实推进中央环保督察“回头看”和省环保督察反馈问题整改，完成抚河流域南城段全面禁捕退捕工作，认真落实“河长制”“湖长制”“林长制”等责任体系，深入开展野生动物保护专项整治行动，持续实施八大标志性战役、推进30个专项行动，PM2.5年均值为12微克每立方米，并列全省第一，年优良率为98%。

靶向发力提质效，产业升级华丽转身。县委坚持以新发展理念为引领，聚焦产业升级这个关键，持续强工、稳农、兴三产，加快推进高质量跨越式发展。工业竞放异彩。电子信息产业向高端化迈进，投资25亿元的AR/VR产业园、30亿元的电子智能终端项目相继落户，以“一板一池一屏”为基础，以AR/VR、5G为主导的特色电子信息产业集群加快形成。教育装备（校具）产业向智能化拓展，教育装备（校具）科创城建设快速推进，工业设计平台、模科展示、VR课堂齐头并进，打造了“十大校具标杆产品”，成功承办2020首届江西省教育装备（抚州）展示会，2020年实现三营业务收入161.2亿元，同比增长51.4%；创税1.69亿元，同比增长50.9%。中医药产业向数字化进军，打造600亩中药材良种繁育基地，中药材种植面积稳定在5万亩以上。突出“互联网+药事服务”，先行先试打造智慧中药房，深度融合中医药领域一、二、三产业。农业行稳致远。突出做好“米、渔、菜”三篇文章，扛稳粮食安全重任，总产量27.31万吨，粮食生产再获丰收。新建高标准农田4.6万亩，落实“麻姑米”订单面积28万余亩；打造82个百亩以上稻渔综养示范点，新建1个国家级水产健康养殖示范场；蔬菜产量24万吨、新增50亩以上规模蔬菜基地面积3206亩，农业特色产业发展壮大，并被农业农村部确定为全国农民合作社质量提升试点县。三产蓬勃发展。

麻姑山景区建设和市场化进程稳步推进。成功申报“中国麻姑文化之乡”，麻岭下田园综合体成为2020年全市唯一的江西省5A级乡村旅游点。开通铁路货运，筹建抚州（南城）铁路物流园。1008亩的通用航空产业园项目顺利落地并有序推进。总部经济、数字经济、电子商务、网络经济蓬勃发展，新经济、新业态不断萌发。

深化改革勇创新，发展动能有效激发。县委坚持把改革创新作为破解发展难题的关键之举，着力向创新要动力、向改革要活力、向开放要潜力。深化改革多点突破。部署推进改革事项160项，新争取国家级改革试点1个，省级改革试点4个。株良镇经济发达镇行政管理体制、“建昌帮”古法炮制综合标准化试点等改革持续深化。中医药改革工作获省、市深改委充分肯定，《中医药产业链向中高端迈进的南城探索》被列入全省改革亮点进行宣传推广，在市深改委会议上作典型发言。“放管服”改革不断深化，“一链办理”事项实现全覆盖。获评全省全面深化改革工作先进县，并代表抚州市迎接省委改革办改革工作调研。创新驱动成果丰硕。与北京洛可可公司“联姻”，以高水平的工业设计，助推教育装备（校具）走进校门、走出国门。引导企业加大研发投入，深化校企合作，加大科技成果转移转化力度。入库国家科研型中小企业54家，新增国家高新技术企业18家。拥有省级以上创新平台4家，其中国家级创新平台1家；省级专家科技特派团4个。开放战略深入实施。持续推进“三请三回”“双返双创”活动，扎实开展委托招商、驻点招商、基金招商、以商招商，率先在全市开展“屏上洽谈、线上签约”，“委托招商”模式在全市得到推广，全年新签3000万元以上工业项目31个，其中20亿元以上重大项目2个。同时，围绕“稳外贸、稳外资”要求，积极帮助外贸企业解难题、促发展，外贸出口和实际利用外资均列全市第一名。

统筹协调促融合，城乡面貌焕然一新。县委坚决贯彻协调发展理念，积极在统筹上下功夫，在重点上求突破，全力推动城乡互联互通、融合发展。聚焦“难点”强功能。按照“四精”要求和“做精河西、做靓河东、做美河岸、做强产业”的城市发展思想，深入推进城市功能和品质提升三年行动计划，聚焦“买菜难”“停车难”“就学难”“行路难”等民生痛点，实施孔家岭农贸市场、汽车综合服务中心、城西幼儿园等民生项目49个，城市功能和品质进一步提升。聚焦“热点”优环境。围绕“脏、乱、堵”等群众反映强烈的热点问题，加大投入启动污水处理厂提标改造、污水管网八期、生活垃圾填埋场、餐厨垃圾处理等工程，实施老旧小区改造、保障性小区排水系统改造、厕所革命等项目，下大力气强化占道经营、交通违法等专项治理，开展爱国卫生清扫活动，城市环境更加干净、整洁、有序。推进160个省级新农村建设村点及11个村庄、1100户庭院美丽宜居试点建设，建立“五定包干”村庄环境常态化长效管护机制，12个乡镇全部建成建筑垃圾消纳场所并投入使用。聚焦“重点”兴乡村。以发展村级集体经济为主抓手，全面完成“脱壳消薄”行动，村级集体经济年经营性收入10万元以上的村达125个，占比83.3%。龙湖山地、徐家平原、上唐水稻制种和新丰街“一村一品”等产业模式得到推广，并获抚州市委、抚州市政府主要领导肯定。

以人为本惠民生，群众福祉持续增进。县委始终牢固树立以人民为中心的发展理念，不断满足人民群众对美好生活的向往。繁荣社会事业。新建东方红幼儿园、东方红小学、城西幼儿园，全面完成南城一中、实验中学搬迁和建昌小学组建，新增学位5000个，有效化解城区学校“大班额”问题。高考一本上线率连续五年大提升，再创新佳绩。深入实施医药卫生体制改革，完成新中医院整体搬迁，加强基层医疗队伍建设，为群众提供全方位全周期的健康服务。全面完成城乡公交一体化改革，在全市县（区）率先实现所有建制村通客车。夯实社会保障。扎实开展社会救助、就业创业等行动，针对疫情导致家庭特殊困难的家庭，全力实施临时救助；举办复工企业春季大型网络招聘会、扶贫就业专场招聘会等17次线上线下招聘会，累计为2.9万余人次提供就业服务，帮扶2218名建档立卡贫困户外出务工人员实现就近转移就业。加快久久祥和养老中心建设，有序推进县社会福利中心、乡镇敬老院“公建民营”，全面铺开城乡居家养老服务站点建设，取得良好社会效益。强化社会治理。深入实施平安创建和市域社会治理现代化试点，大力推进新型治安防控体系建设，加快综治中心实体化运行，“雪亮工程”全面启动建设，纵深开展扫黑除恶专项斗争，打掉涉恶犯罪团伙1个，进京访、进省访、集体访人数大幅下降，社会大局保持和谐稳定。

从严治党强作风，党的建设不断加强。县委始终坚持党要管党、全面从严治党，认真贯彻新时代党的建设总要求，严格落实全面从严治党主体责任，推动全面从严治党向纵深发展。强化基层党建。173个村（社区）都配备一名35岁以下、大专学历以上的人员进入“两委”班子，并担任专职党建宣传员。探索实施“1+N”工程，“1”即以党建为引领；“N”即以基层党建“三化”为载体，以“柜台式”办公为契机，全面完成村（社区）党群服务中心、综治中心、文化活动中心、智慧医疗中心等资源整合，解决了“为了谁、服务谁、谁服务”的问题，被列为全省党的基层阵地资源整合工作试点县。建强干部队伍。坚持政治标准、以德为先、群众公认、注重实绩的“四个导向”，选优配强机构改革部门和乡镇领导班子，注重在抗疫一线、脱贫攻坚、环境整治、信访维稳、“四区”建设等一线工作中选拔干部。稳步推进公务员（参公）职级套转和职级晋升工作，全面推行乡镇绩效考核，开展公务员招录、从“三方面人员”中选拔乡镇机关领导干部和从村（社区）干部中选聘事业编制人员工作。抓好意识形态工作。扎实抓好省委意识形态专项巡视整改和农村意识形态典型问题整改，加强对民族宗教工作的依法管理和服务，“四进”宗教活动场所实现全覆盖。突出抓好新时代文明实践中心建设，基层站（所）和志愿服务队全覆盖，农村阵地有效夯实。县级融媒体中心建设在全省综合验收工作中取得前十的佳绩。深化作风建设。扎实开展“好人主义”之害解放思想大讨论活动、“五察五治”专项行动，大力整治“怕、慢、假、庸、散”作风顽疾和形式主义、官僚主义问题。发挥巡察利剑作用，完成县委第七轮巡察和巡察“回头看”工作。深入抓好省委第七巡视组巡视反馈问题整改，坚决扛起巡视整改政治责任。保持惩治腐败高压态势，立案163件，给予党纪政务处分126人，移送司法机关1人，政治生态进一步巩固。凝聚各方力量。坚持党对一切工作的领导，支持人大、政府、政协以及法院、检察院依法履责，充分发挥工商联和无党派人士作用，巩固和发展最广泛的爱国统一战线。积极做好工会、共青团、文联、社联、残联、科协、红十字会等群团工作，县红十字会圆满召开第一次会员代表大会。切实履行党管武装责任，推进双拥共建、军民融合深度发展，党管武装和双拥工作水平明显提升，全县上下形成凝心聚力、和衷共济的可喜局面。

2020年，县委领导班子高度重视加强自身建设，带头深学笃行习近平新时代中国特色社会主义思想，增强“四个意识”、坚定“四个自信”、做到“两个维护”。带头严肃党内政治生活，严守党的政治纪律和政治规矩，认真贯彻执行民主集中制，主动接受各方面监督，共同维护坚持党性原则基础上的团结。带头贯彻落实中央八项规定精神，严格遵守廉洁自律准则，切实当好全县干部群众干事创业的主心骨和带头人。

取得来之不易的成绩，得益于习近平新时代中国特色社会主义思想的领航定向，得益于省委、市委的正确领导，得益于全县广大干部群众的团结拼搏。在看到成绩的同时，县委分析了当前面临的困难和存在的不足，主要是：主导产业龙头企业较少，支撑能力还不强，产业层次整体不高，产业配套链条还不完善；新冠肺炎疫情暴露公共卫生服务体系存在不少短板，教育、医疗、养老等公共服务供给不足，与群众日益增长的美好生活需要相比，尚有较大差距；新旧矛盾相互交织，各类群众诉求日趋多样，维稳压力较大；少数干部干事创业劲头和能力不足，“怕、慢、假、庸、散”等作风顽疾依然存在，整治形式主义、官僚主义仍需深化拓展；一些单位管党治党责任落实不到位，政治生态建设还存在薄弱环节，党的建设还需持续加强，等等。县委将团结带领全县广大干部群众，牢记初心使命，强化政治担当，努力把各项工作做得更好，奋力开启全面建设社会主义现代化新征程、描绘好新时代南城改革发展新画卷。

县委常委会

2020年1月3日下午，县委书记王小林在县行政中心七楼常委会议室主持召开了2020年县委常委会第1次会议。会议审议了《南城县2019年度乡镇招工工作考核实施办法》《2019年度推进乡（镇）、县直单位和省、市驻县单位绩效管理工作方案》《南城县2020年新开工重点项目安排计划表》《南城县2020年国民经济和社会发展主要指标安排建议》《南城县2020年跑项争资工作实施意见》《关于召开南城县第十七届人民代表大会第五次会议有关问题的请示》《关于召开南城县政协十五届五次全会的请示》；研究了2020年元旦春节前后县四套班子重大集体活动预安排，县委编委关于乡镇职能配置、机构设置和人员编制及县红十字会增设专职副监事长（副科级）等相关事宜；研究增选南城县第十七届人大代表提名人选名单和补选南城县第十七届人大常委会委员提名人选名单；研究干部人事问题。

2月3日上午，县委书记王小林在县行政中心十一楼会议室主持召开了2020年县委常委会第4次会议。会议传达学习了习近平总书记近期就疫情防控工作作出的系列重要讲话、重要指示批示精神，中共中央政治局常务委员会会议精神，中共中央《关于加强党的领导 为打赢疫情防控阻击战提供坚强的政治保证的通知》，以及省疫情防控工作调度会、省委常委会、市委常委会会议精神；审议了《中共南城县委关于坚持党的领导 为坚决打赢疫情防控阻击战提供坚强政治保证的通知》；听取了南城县新型冠状病毒感染的肺炎疫情防控工作情况汇报，并研究部署当前疫情防控有关工作。

3月12日上午，县委书记王小林在县行政中心七楼常委会议室主持召开了县委常委会第5次会议。会议传达学习了中共中央办公厅、国务院办公厅《领导干部报告个人有关事项规定》和《领导干部个人有关事项报告查核结果处理办法》，中共中央组织部《关于认真做好2020年领导干部报告个人有关事项工作的通知》文件精神，并学习了全省、全市领导干部个人有关事项集中填报工作专题部署（视频）会议精神；传达学习了近期中央重要会议和习近平总书记重要讲话精神；审议了《2020年南城县财政总预算及部门预算编制情况》；传达学习了中央、省委、市委决战决胜脱贫攻坚视频会议精神，审议了《南城县2020年脱贫攻坚实施意见》，并听取南城县2020年脱贫攻坚形势任务分析及重点工作汇报；传达学习了中央、省委、市委农村工作会议精神，学习了习近平对全国春季农业生产工作重要指示和李克强作出的批示指示精神，学习了《中国共产党农村工作条例》文件精神，并研究了贯彻意见；审议了《南城县基层党建“三化”建设工作领导小组成员名单》《中共南城县委中心组2020年度理论学习计划》《南城县委常委会2020年工作要点》《中共南城县委常委班子“不忘初心、牢记使命”专题民主生活会整改方案》《南城县森林公安机关管理体制调整工作实施方案》《关于调整南城县森林公安机关管理体制有关事项》，研究了调整县委政法委等15个党政机构内设机构有关事项、有关科级干部结案事项和干部人事问题。

3月27日上午，县委书记王小林在县行政中心七楼常委会议室主持召开了县委常委会第8次会议。会议传达学习了国家脱贫攻坚普查领导小组第一次全体会议和全国脱贫攻坚普查工作电视电话会议精神，研究贯彻落实意见；审议了《关于2019—2020年南城境内普通国省道公路养护工程项目采用EPC总承包模式公开招标及实施方案予以明确的请示》《关于同意联益电子向县工创投公司借款归还到期的高新产业基金的请示》《南城县人民政府与上海东方龙商务咨询集团有限公司政府招商外包服务协议》《关于评选2020年南城县劳动模范的请示》；研究了2019年工业企业奖励事项。

4月23日上午，县委副书记、县长汪华辉在县行政中心七楼常委会议室主持召开了县委常委会第9次会议。会议传达学习了省委书记刘奇、市委书记肖毅在南城调研时的讲话精神，全面深化改革中央第十二次会议、省委第八、第九次会议、市委第五、第六次会议精神；听取了南城县脱贫攻坚交叉考核情况汇报，并研究部署了下一步工作；通报了2019年全面深化改革工作考评情况；审议了《县委全面深化改革委员会2020年工作要点》《南城县委常委班子脱贫攻坚专项巡视“回头看”整改专题民主生活会方案》《南城县委常委班子脱贫攻坚专项巡视“回头看”整改专题民主生活会对照检查材料》《中共南城县委关于围绕“好人主义之害”开展解放思想大讨论活动的实施意见》。

4月28日上午，县委副书记、县长汪华辉在县行政中心七楼常委会议室主持召开了县委常委会第10次会议。会议审议了建设抚州（南城）通用航空产业园有关事项和开通南城铁路货运场有关事项，研究了干部人事问题。

5月13日上午，县委副书记、县长汪华辉在县行政中心七楼常委会议室主持召开了县委常委会第11次会议。会议传达学习了抚州市委副书记、市长张鸿星“两会”期间参加南城代表团审议时的讲话精神及市长张鸿星来南城调研重点项目建设指示精神；审议了《南城县重点项目建设评比考核奖惩办法》《中共南城县委常委会班子脱贫攻坚专项巡视“回头看”反馈意见整改专题民主生活会整改方案》《南城县城市功能与品质提升三年行动2020年工作方案》《南城县“爱国卫生清扫·巩固抗疫战果·助力省卫创建”活动方案》《南城县乡村振兴战略规划任务分工方案》《关于抓好“三农”领域重点工作 确保如期实现全面小康的实施意见》《南城“建昌帮”中医药振兴发展2020年度行动方案》《南城县关于打好“组合拳”提振旅游消费的通知》；传达学习了全省、全市统战部长会议精神，并研究了贯彻落实意见；审议了《南城县2020年统战工作要点》；传达学习了全省、全市组织部长会议精神，并研究了贯彻落实意见；传达学习了全国扫黑除恶专项斗争视频会议暨领导小组第8次会议精神、全省扫黑除恶专项斗争视频会议精神、全国扫黑办第9次主任会议精神和全省扫黑除恶重点行业整治推进视频会上尹建业同志讲话精神；审议了《十四届县委2020年度巡察工作要点》《关于围绕“好人主义之害”开展解放思想大讨论活动的工作方案》《关于成立全县围绕“好人主义之害”开展解放思想大讨论活动领导小组的通知》《县委围绕“好人主义之害”开展解放思想大讨论活动领导小组办公室组成人员及工作职责》；研究了召开全县围绕“好人主义之害”开展解放思想大讨论活动暨“爱国卫生清扫”活动动员大会有关事项；审议了《关于进一步做好根治拖欠农民工工资工作的通知》；听取了南城县融资平台转型整合工作情况汇报，并研究了相关事项；审议了《南城县2020年生态文明建设工作要点》《2020年南城县推动长江经济带发展工作要点》；研究了科级干部试用期满转正事项。

6月9日下午，县委副书记、县长汪华辉在县行政中心七楼常委会议室主持召开了县委常委会第13次会议。会议传达学习了全市对台工作会会议精神，研究了贯彻落实意见；传达学习了全市基层党建“三化”建设现场推进会议和中央全面深化改革委员会第十三次会议、江西省全面深化改革委员会第十次会议以及抚州市全面深化改革委员会第七次会议精神；传达学习了赵乐际同志在全国巡视工作会议暨十九届中央第五轮巡视动员部署会上的讲话，刘奇同志、马森述同志在全省巡视工作会议暨十四届省委第八轮巡视动员部署会上的讲话，全省党校校长会议暨学习贯彻习近平总书记关于党校工作重要论述和《中国共产党党校工作条例》专题研讨班等讲话精神；审议了《南城县2020年开放型经济工作意见》《南城县农村“两权”抵押贷款工作方案》《关于成立南城县“两权”抵押贷款试点工作领导小组和工作专班的通知》《关于成立平安南城建设领导小组、市域社会治理现代化试点工作领导小组的通知》《南城县市域社会治理现代化试点工作实施方案》《南城县2020年度干部培训工作的实施意见》《南城县2020年意识形态和宣传思想文化工作要点》《南城县人大常委会2020年监督工作计划》；研究了科级干部结案事项和干部人事问题。

7月1日下午，县委副书

记、县长汪华辉在县行政中心七楼县委常委会议室主持召开了县委常委会第14次会议。会议听取了2020年上半年全县基层党建、经济运行暨“六稳”“六保”工作、脱贫攻坚等方面情况汇报；听取了关于津贴、补贴、绩效工资、企业薪酬奖金、福利等专项清理整治整改纠错阶段的工作情况汇报；传达学习了中央全面深化改革委员会第十四次会议精神，审议了《县领导领衔推进落实2020年重点改革项目实施方案》；传达学习了长江流域重点水域禁捕和退捕渔民安置保障工作推进电视电话会议精神，研究了贯彻落实意见；传达学习了省第五生态环境保护督察组对抚州市开展“回头看”工作动员会会议精神；审议了《南城县重点招商引资项目跟踪服务工作实施意见》；传达学习了全国“两会”和习近平总书记在陕西省考察时的重要讲话精神，研究了召开县“两会”相关事宜；传达学习了省委、市委人大工作会议精神；传达学习了市委书记肖毅、市政协主席黄晓波在市委政协工作会议上的讲话精神，审议了《中共南城县委关于新时代加强和改进人民政协工作的实施意见》；传达学习了市委书记肖毅在市委第89次常委会上关于开展好“好人主义之害”解放思想大讨论活动的讲话精神，中纪委常委、监委委员、中巡办主任王鸿津在全国市（县）巡察办主任提级培训班上的讲话精神，关于市生态环境局原局长邓长明、原副局长丁文“好人主义之害”典型案例的通报，全省公务员工作推进视频会议精神；研究了增补政协南城县第十五届委员会委员推荐人选和干部人事问题。

8月5日上午，县委副书记、县长汪华辉在县行政中心七楼常委会议室主持召开了县委常委会第16次会议。会议传达学习了省委十四届十一次全体（扩大）会议和市委四届九次全体（扩大）会议精神，研究了县委十四届十五次全体（扩大）会议有关事宜，并审议了《县委常委会工作报告》；研究了全县2019年度乡镇、县直单位高质量发展综合考核评价结果（含2019年度银行业金融机构支持县域经济发展考评奖有关事项）；传达学习了张鸿星市长在南城调研时的讲话精神，研究贯彻落实意见；传达学习了《江西省人民政府关于做好“六稳”工作落实“六保”任务的实施意见》《抚州市人民政府关于做好“六稳”工作 落实“六保”任务的实施意见》文件精神，并研究贯彻落实意见；传达学习了《中共中央办公厅关于党委（党组）落实全面从严治党主体责任规定》，审议了《2020年南城县落实全面从严治党主体责任任务分解表》；传达学习了中共江西省委《关于贯彻〈中国共产党政法工作条例〉实施细则》；审议了《县委常委会“以案为鉴”查摆会工作方案》；研究了2020年上半年项目评比有关事宜；听取了南城县智慧中药房项目建设情况汇报；审议了《关于同意设立株良镇株良村党委的请示》。

9月29日下午，县委副书记、县长汪华辉在县行政中心七楼县委常委会议室主持召开了县委常委会第19次会议。会议研究了2019年度县直单位、乡（镇）、省市驻县单位绩效管理考核档次及政府性奖励和绩效发放事项；传达学习了习近平总书记在全国抗击新冠肺炎疫情表彰大会上的讲话精神、习近平总书记对新时代民营经济统战工作的重要指示精神，中央、省、市关于制止餐饮浪费行为的相关精神；审议了《关于成立2020年首届江西教育装备（抚州）展示会筹备工作领导小组有关事项的请示》《关于提请召开南城县红十字会第一次会员代表大会的请示》《关于抚州市政务云南城县分节点项目建设的请示》《南城县绿色产业基金方案》《南城县关于加强退出领导岗位干部管理暂行办法》；通报了原飞达企业土地处置情况。

10月29日上午，县委副书记、县长汪华辉在县行政中心七楼常委会议室主持召开了县委常委会第20次会议。会议审议了《南城县工商联(总商会)2020年换届工作方案》；研究了《关于召开党外知联会五届一次会议的请示》；传达学习了中央全面深化改革委员会第十五次会议、省委全面深化改革委员会第十一、第十二次会议、市委全面深化改革委员会第八次会议精神；传达学习了全省、全市深化事业单位改革试点工作动员部署会议精神，研究了贯彻落实意见；传达学习了全省扫黑除恶专项斗争第三次推进会会议精神；审议了

《关于开展集中治理重复信访、化解信访积案专项工作的实施细则》《关于撤销共青团南城县委员会党组的通知》《南城县基层党建工作指导站制度》；研究了有关科级干部立案事项；研究了干部人事问题。

12 月 11 日上午，县委副书记、县长汪华辉在县行政中心七楼县委常委会议室主持召开了县委常委会第 23 次会议。会议传达学习了习近平总书记近期重要讲话精神；传达学习了中共十九届五中全会精神和省委十四届十二次全体会议、市委四届十次全体会议精神，并研究贯彻落实意见；传达学习了副省长陈小平来南城调研指示精神，并研究贯彻落实意见；审议了《2020 年度南城县高质量发展综合考核评价工作方案》《中共南城县委关于制定全县国民经济和社会发展第十四个五年规划和二〇三五年远景目标的建议》；传达学习了全市扫黑除恶专项斗争第三次推进会精神，并研究贯彻落实意见；审议了《南城县生态环境保护工作责任规定》；传达学习了《中共中央办公厅关于印发〈党委（党组）意识形态工作责任制实施办法〉的通知》（中办发〔2020〕22 号）和《中共江西省委关于贯彻〈党委（党组）意识形态工作责任制实施办法〉的实施细则》（赣发〔2020〕23 号），并研究贯彻落实意见；研究了智慧监督平台建设事宜；传达学习了十四届省委第十轮巡视工作动员部署会会议精神；研究了关于“一事一议”津贴补贴发放有关事项，审议了《2020 年度推进南城县乡（镇）、县直单位和省市驻县单位绩效管理工作方案》《关于进一步规范津贴补贴、绩效工资、企业薪酬、奖金福利发放方案》；审议了《2020 年县委常委会工作报告》；审议了《南城县贯彻落实〈关于巩固深化“不忘初心、牢记使命”主题教育成果的意见〉任务分工方案》《关于设立中共南城县红十字会党组的请示》。

12 月 30 日下午，县委副书记、县长汪华辉在县行政中心七楼常委会议室主持召开了县委常委会第 24 次会议。会议传达学习了习近平总书记关于国防和军队建设的重要论述和省委常委议军会议、市党管武装暨国防动员工作会议精神，全省平安江西建设暨市域社会治理现代化试点工作推进会议精神，市委书记肖毅来南城调研时的指示精神，市生态环境保护委员会 2020 年度第三次会议暨省环保督察“回头看”反馈问题整改推进会精神，全市园区党建工作现场推进会会议精神，并研究了有关贯彻落实意见；审议了《关于成立南城县村（社区）“两委”换届选举工作领导小组的通知》《南城县村（社区）党组织和第十一届村（居）民委员会选举工作实施方案》《关于配齐配强村（社区）专职党建宣传员的实施方案》《南城县工业企业纳税奖励暂行办法》《南城县工业企业高质量发展奖励办法》；听取了十四届县委第七轮巡察综合情况汇报；研究了 2021 年元旦春节前后县四套班子重大集体活动预安排、软弱涣散村整顿验收工作、机构编制有关事宜和干部人事问题。

县委重大决策发展思路和奋斗目标

以习近平新时代中国特色社会主义思想为指导，全面贯彻中共十九大和十九届二中、三中、四中、五中全会以及中央经济工作会议精神，深入贯彻习近平总书记视察江西重要讲话精神，认真贯彻落实省委十四届十二次全会、省委经济工作会议和市委四届十次全会、市委经济工作会议精神，聚焦“作示范、勇争先”的目标定位和“五个推进”的重要要求，以“提速进位、争创一流、三年倍增”大会战为抓手，在适应新发展阶段中找准定位，在贯彻新发展理念中乘势而上，在融入构建新发展格局中彰显特色，全力推动换道超车、高质量跨越式发展，确保“十四五”开好局，以优异成绩庆祝建党 100 周年。

【深入学习贯彻落实习近平新时代中国特色社会主义思想，坚决贯彻落实党中央和省委、市委决策部署】 坚决做到“两个维护”。坚持把习近平新时代中国特色社会主义思想作为一切工作的根本遵循，深化习近平新时代中国特色社会主义思想学习教育，增强“四个意识”、坚定“四个自信”、坚决做到“两个维护”，确保全县上下在谋划重大战略、制定重大政策、部署重大任务、推进重大工作时，始终与以习近平同志为核心的党中央保持高度一致。深入开展党史学习教育，在全县认真组织学习党史、中国史、改革开放史、社会主义发展史。根据党中央和省委、市委统一部署，组织中国共产党成立100周年系列庆祝活动。

持续强化党的创新理论武装。坚持把学习贯彻习近平新时代中国特色社会主义思想和中共十九大精神作为首要政治任务。开展好党的十九届五中全会精神学习宣传、教育培训、理论研究等学习宣讲活动。把学习中共十九届五中全会精神作为县委党校主课。举办科级主要领导干部学习贯彻中共十九届五中全会精神专题研讨班，对科级以上领导干部进行集中轮训，分批分期对党员干部进行系统培训。

全面贯彻落实中央和省委、市委决策部署。深刻领会中央和省委、市委精神，认清形势，把握大势，认真落实中央和省委、市委的政策和规划。全面贯彻新发展理念，扎实做好“六稳”“六保”工作，坚决落实好常态化疫情防控工作，稳步推进新冠疫苗接种工作。聚焦抚州副中心城市这一定位，瞄准撤县设市这一目标，全力开展“提速进位、争创一流、三年倍增”大会战，力争用三年时间实现工业翻番，全县生产总值 、财政总收入等主要经济指标在全省进位赶超，撤县设市相关指标基本达到，努力实现全省高质量发展先进县位次前移。

【以“提速进位、争创一流、三年倍增”大会战为抓手，全力推进高质量发展三年赶超倍增】 强力推进工业大会战。紧抓产业发展这一核心，深耕细作电子信息、教育装备（校具）、中医药三大主导产业，推动工业迈向中高端。电子信息产业以数字经济为引领，瞄准AR/VR、5G通信两大领域，做精做细线路板、锂电池、显示屏三篇文章，壮大“教育电子、通信电子、AR/VR新兴电子、家具电子”四大终端产品，加快完善产业链条和功能配套。推进AR/VR终端智能制造、硕码集成电路封装、黄江大顺线路板、戴氏印刷高端机械设备等一批重大工业项目，以龙头企业引领电子信息产业提档升级，力争主营业务收入达到135亿元，增长8.9%。教育装备（校具）产业按照“生产标准化、经营集团化、产品智能化、产业集群化”思路，积极推广以教育装备（校具）产业园为中心，株良、新丰街、里塔、天井源、徐家、上唐等乡镇为校具聚集区的发展模式，助推产业向高端化、智能化转型升级。办好第二届江西教育装备展示会，将设计大赛纳入展示，进一步提升影响力。引进工业设计公司、全牌照龙头企业、国内知名销售公司，提供高质量的校园整体解决方案，抓好教育装备（校具）产业集群区域品牌创建，力争主营业务收入达到200亿元，增长24.1%。中医药产业突出养生养老主题，以数字经济为驱动力，围绕“做响品牌、做精种植、做强产业、做实平台、做活康养”，链接产业链各环节，着力在食字号、健字号、消字号、械字号、妆字号上有突破，在医养、文养、康养上有发展。深化与中国中医科学院等大院大所合作，推动政府、企业、院所良性互动，加快中药材良种繁育基地正式投产。将数字经济与中医药深度融合，整合线上线下中药资源，做实“智慧中药房”，以高标准的终端制剂，倒逼前端中药饮片、中药材标准提升，推动中医药领域一、二、三产业融合发展，力争主营业务收入达到50亿元，增长57.8%。

紧抓平台建设这一关键，推进园区扩区调区，加快完成河东工业园240亩土地平整，抓好河东园区东七路、西七路及创业大道东六路至东七路段新建工程和电力线路迁改，完善园区基础设施建设。以社区化理念打造产业平台，加快推进电子产业园二期东区10万平方米标准厂房、地下停车场建设；全面启动三期30万平方米标准厂房及相关市政配套工程建设。高标准打造邻里中心，逐步健全吃住行、游娱购、教文卫等各方面配套功能，满足园区企业基本生产生活服务需求，推动产城深度融合。加快教育装备（校具）产业园三期13万平方米标准厂房和教育装备（校具）科创城及相关市政配套工程建设，推动产业园沿江景观带建设。完善科创园功能，形成“1+N”发展模式，助推教育装备（校具）产业向智能化转型升级。加强与长天集团、祥能集团等知名企业合作，高标准打造“建昌帮”中医药产业园、区域性中药材线上线下交易中心和中药材检测中心，促进人才、资金、技术、资源集聚。

紧抓招大引强这一关键，围绕电子信息（空压机）、教育装备（校具）、中医药、文化旅游、现代农业、数字经济、建筑业（总部经济）、商贸物流等重点产业，聚焦粤港澳、长三角等重点区域，紧盯产业上下游、国内大循环和知名企业一级供应商，深化委托招商，创新基金招商，探索算力应用招商，引进一批强链、补链、延链的龙头型、旗舰型项目，加强与中金寰华5G通信等重大项目的跟踪对接，力争引进单体“5020”项目3个以上。

紧抓环境优化这一保障，按照“一个产业、一支队伍、一套机制、一以贯之”的要求，全面实施产业链链长制，研究制定支持各产业链发展的政策措施，建立产业链发展日常调度通报机制，协调解决发展中的重大困难问题。按照“扶优扶强一批、达产达标一批、新增规上一批”企业类别，党政班子成员各挂点帮扶三家企业，做到每月一会商、每月一调度。推进降成本优环境专项行动，深入开展影响发展环境突出问题专项整治，全力营造“四最”营商环境。坚持招大引强与扶优扶强并重，积极实施优质企业倍增计划，加快打造一批行业细分市场的“单打冠军”。大力推进企业上市“映山红”行动，积极推动联益电子股改上市。新增工业规上企业20户。

强力推进农业农村大会战。围绕“农业高质高效、乡村宜居宜业、农民富裕富足”目标，坚持“稳粮保猪、增菜调桔、清水养鱼、深山种药”的思路，建设新时代“五美”乡村。牢牢把住粮食安全，坚决遏制耕地“非农化”、防止“非粮化”，完成粮食种植面积56.9万亩、总产量2.54亿公斤目标任务。完成4.34万亩高标准农田建设，大力发展杂交水稻制种产业，力争制种面积达3.2万亩，保持水稻制种种植面积全省前列；深入实施“麻姑米”区域公用品牌建设，全力创建全国绿色食品原料（水稻）标准化生产基地和全省首批农产品质量“双认证”示范县。聚力发展特色农业，以农产品地理标志“洪门鳙鱼”为区域品牌，深化与深圳市益尔康农业的合作，加快退养水库高质量生态有机鱼的发展，推进农产品冷链、加工、储运及检测中心建设，全力推动南城农产品在沿海大型超市的对接上市，开通从水塘到餐桌的“直通车”。大力实施生猪复产增养行动，严禁审批小而散的养殖主体。突出安蔬农业千亩蔬菜基地龙头带动作用，着力推进番茄、黄瓜、辣椒等设施蔬菜发展，并持续做大做强淮山、食用菌、槟榔芋等地方特色品牌，建设一批面向东南沿海、港澳蔬菜供应的蔬菜基地。按照“水果常年化、品种多样化、品质优良化”的思路，积极推进南丰蜜橘高接换种，大力发展红美人、沃柑、砂糖橘等替代品种，高标准打造有机肥资源化利用果园。

强力推进文旅大会战。围绕“洞天福地、养生南城”的定位，以“两河”（盱江河、黎滩河）为主轴，以“一山一水”（麻姑山、洪门湖）为两翼，加快推进两河三岸的岸线治理、生态修复和景观提升，麻姑山、麻岭下、建昌里等项目。围绕建党100周年重要时间节点，整合黄狮渡大捷纪念碑和指挥部、赵博生烈士陵园和纪念馆、毛泽东旧居等红色资源，全力打造红色文化旅游景点。引导粤港控股集团找准景区“文＋娱”的融合点，督促加快旅游小镇、旅游环山公路、民宿酒店等服务设施以及麻姑庙装饰装修、读书林布展、颜真卿博物馆等人文景观建设，重点开工建设模科乐园、模科研学游基地等体验类项目，打造景区“留住人”的引爆点。以“中国麻姑文化之乡”品牌为依托，持续办好麻姑文化节、麻姑文化研讨会、麻姑山全国颜体书法等活动，常态化开展麻姑主题文艺汇演，确保麻姑山景区2020年10月对外试运营。以麻岭下田园综合体获评省AAAAA级乡村旅游点为契机，不断丰富旅游业态，打造艺术写生、亲子休闲项目，积极创评“江西省书法之乡”。积极引入市场主体，全面启动建昌里建设，让历史文化乡愁记忆再现。

强力推进城市建设大会战。按照“四精”的要求和“做精河西、做靓河东、做美河岸、做强产业”的思路，持续开展城市功能与品质提升行动。深入实施“东拓南进、辐射乡镇”发展战略，高起点规划、高标准建设、高品质打造河东新区，大力实施城南工业带“退城进园”行动。以盱江河为主轴，加快盱江河东岸城区与河东工业区沿河融通。以建设“交通强县”为契机“辐射乡镇”，进一步完善城乡路网。加快河东污水处理厂及配套管网、餐厨垃圾处理项目建设，提升城市治污净化能力。扎实推进天一山片区、体育西路片区老旧小区改造工程，全力做好河东新区安置房、河西棚户区改造（洪卫片区）安置房建设。打通体育西路、站前横路等“断头路”，启动王府大街北延伸段、创业路等前期建设工作，完成迎宾大道、山水大道、泰伯东路等城区道路“白改黑”工作。持续整治占道经营、乱停乱放等行为，大力治理背街小巷、老旧小区环境，巩固提升城乡环境综合整治成果。加快推进智慧城管建设，强化大数据运用，以智能化手段提升城市治理体系和治理能力现代化水平。

强力推进服务业大会战。深入实施商贸消费升级三年行动，分类打造南城核心商圈、商业中心、商业街区、乡村（社区）商业网点，完善县级、乡镇、行政村（社区）三级商业网点功能，加快形成层级分明、布局合理的现代化商业网点体系。利用社会资本参与特色夜市街区开发建设，鼓励银行推动消费贷发展，不断丰富“夜经济”业态。深入推进国家电子商务进农村示范县项目建设，依托南城特色优势产品，加大与阿里巴巴、京东等第三方电商平台的合作，加速培育一批本地电商市场主体，加快引进一批省内外知名电商企业来南城设立区域总部。鼓励传统零售企业拓展线上业务，以信息化平台为基础，积极探索“互联网＋会展”线上展示展销新业态。鼓励和支持直播电商、社交电商、社群电商等新业态发展，打造直播电商产业集群。以实施交通强省战略为契机，完善汽车综合服务中心建设，加快推进铁路综合物流园、进口木材交易中心项目落地，大力发展网络运输平台、冷链物流等现代物流业，推动传统物流大县向现代物流强县转型升级。加快构建以县城为中心，连通到乡镇、重要农产品基地的冷链网络体系，促进智慧物流“由虚向实”。

【持续保障和改善民生，不断满足人民日益增长的美好生活需要】 全力提升民生保障水平。开展就业服务落地专项行动，强化区域劳务协作，促进就地就近就业。落实创业担保贷款扶持政策，增强稳就业的针对性和实效性。建立覆盖范围、筹资政策、待遇水平、基金管理、经办流程、信息系统“六统一”的医疗保险市级统筹制度，让城乡居民享受市级统筹待遇。健全劳动关系风险隐患预警报告制度，加强企业劳动用工指导服务，强化拖欠农民工工资“黑名单”管理。深化双拥共建，做好退役军人服务管理保障工作，进一步健全退役军人服务保障体系，推进村（社区）退役军人服务站建设，全面落实村（社区）退役军人服务专干购买服务。提升公共服务能力，推进教育重点工程实施，优化城区学校布局，进一步化解“大班额”问题。健全完善公共卫生管理、重大传染病疫情防控体系，深入开展爱国卫生和全民健身运动，不断提升基层诊疗水平和服务能力。持续推进公共文化服务体系建设，促进城乡公共文化服务均等化发展。用好居家养老建设政府专项债券资金，实现城乡居家养老设施全覆盖。

持续巩固生态环境质量。坚持“绿水青山就是金山银山”的理念，持续开展长江经济带“共抓大保护”攻坚行动，坚决抓好中央和省、市各类环保督察检查反馈问题整改落实。以更大力度打好蓝天、碧水、净土保卫战，长效推动工业企业废气、机动车尾气、建筑工地扬尘、城区餐饮油烟、秸秆露天焚烧等系列空气污染防治，确保空气质量稳居全省前列；加大农村生活污水治理、沿河排污口整治、农村黑臭水体整治力度，持续巩固抚河流域禁捕退捕成效，保持地表水断面水质优良比例达到100%；扎实开展工业企业土壤污染、农业面源污染等土壤污染防治工作，确保土壤环境质量总体保持稳定。

推动巩固拓展脱贫攻坚成果同乡村振兴有效衔接。坚决稳住“三农”工作的基本盘，推动新时代“五美”乡村建设不断取得新成效，推动巩固拓展脱贫攻坚成果同乡村振兴有效衔接。保持帮扶政策总体稳定，促进脱贫人口稳定脱贫。大力培育立体化、多层次的乡村振兴主体，鼓励回乡定居的乡贤发挥余热，支持乡村能人创业致富。持续做活农村资产资源的文章，通过发展农业产业、加快土地流转、集体资产出租、招商引资税收返还、双返双创等多种渠道，增加村集体经济收入，确保所有村集体经济收入过10万元，培育一批过100万元的经济强村。完善乡村治理，巩固农村文化阵地建设，发挥新时代文明实践中心资源整合优势，促进城乡公共文化服务均等化发展，着力培育文明乡风、良好家风、殡葬新风、淳朴民风，焕发乡村文明新气象。抓好村庄公共基础设施建设补短板，继续提升农村人居环境。巩固拓展农村人居环境整治全面覆盖成果，完善乡村水电路气网等基础设施，健全“村收集、乡（镇）转运、县处理”的城乡环卫一体化第三方治理体系，重点解决公厕建设、垃圾、污水处理问题，全面实现农村卫生保洁常态化。

创新社会治理。深入贯彻落实党委（党组）国家安全责任制。全面推进新时代文明实践中心“两整合一经常”机制，不断强化基层意识形态阵地服务功能。高标准高质量开展政法队伍教育整顿，努力打造一支党和人民信得过、靠得住、能放心的政法铁军。扎实推进市域社会治理现代化试点，完善更高水平的平安南城、法治南城建设机制。加快建设立体化、智能化社会治安防控体系，巩固拓展扫黑除恶专项斗争成果。深入开展“听党话、感党恩、跟党走，撸起袖子加油干”感恩奋进主题教育。坚持和发展新时代“枫桥经验”，完善城镇、农村网格化管理，深化“法律明白人”等品牌建设，推广矛盾纠纷多元化解e平台，构建社会矛盾纠纷预防化解综合体系。

【发展社会主义民主政治，凝聚加快高质量跨越式发展的强大合力】 加强党对人大、政协工作的领导。健全党领导人大工作制度，坚持和完善人民代表大会制度，全面加强县乡人大建设，支持人民代表大会及其常委会依法行使职权，更好发挥人大代表作用。坚持和完善中国共产党领导的多党合作和政治协商制度，支持政协履行政治协商、民主监督、参政议政职能。加强政协系统党的建设，推动党的工作对政协委员的全覆盖。积极探索网络议政、远程协商新模式。

推进统战工作深入开展。深入学习贯彻习近平总书记关于加强和改进统一战线工作的重要思想，持续开展系列学习宣传活动，按照中共十九大关于统一战线的最新要求开展各项工作实践，抓好中央、省、市委关于统一战线重大决策部署的贯彻落实。发挥政治协商作用，加快党外代表人士队伍建设。搭建参政议政平台，引导党外人士积极建言献策。进一步推进党外代表人士的政治安排，充实和加强党外干部梯队建设。围绕促进“两个健康”，加快非公企业发展步伐。做好民族、宗教、侨务和新的社会阶层人士统战工作。

【全面加强党的建设，推动全面从严治党向纵深推进】 加强党的政治建设。深入落实《中共中央关于加强党的政治建设的意见》和省委、市委若干措施，强化思想政治引领，不断提高政治判断力、政治领悟力、政治执行力。突出抓好“关键少数”和年轻干部理想信念宗旨教育，深化政治机关意识教育。贯彻落实《党委（党组）落实全面从严治党主体责任规定》，压实各级党委（党组）管党治党政治责任。全面落实政治谈话制度。做深做实政治素质考察，建立健全政治素质考察识别评价机制。深入贯彻新形势下党内政治生活若干准则，发展积极健康的党内政治文化，认真落实“三会一课”、党员领导干部双重组织生活、谈心谈话、民主评议党员等制度，推进“一回顾三对照”。筹备和开好县第十五次党代会。

加强意识形态建设。防范化解重大风险隐患。开展防范打击各类非法宗教和邪教组织专项行动，推动宗教管理制度化规范化。严格落实意识形态工作责任制，建立健全党委统一领导、部门齐抓共管的工作运行机制，把意识形态工作纳入党建工作责任制和巡察重要内容。健全网上重大风险防范和化解机制，净化社会和网络舆论阵地。巩固拓展诵读《红色家书》、观看红色教育片等活动成果，组织开展好“永远跟党走”群众性主题宣传教育活动，传承红色基因、讲好红色故事，进一步激发和汇聚起南城人民爱党爱国爱社会主义的强大精神力量。积极培育和践行社会主义核心价值观。深入推进移风易俗和群众性精神文明创建活动，广泛开展道德模范、劳动模范、“时代楷模”等典型人物学习宣传。

*加强干部队伍建设。*抓好换届工作，树立正确用人导向，优化班子结构，严明换届纪律。全面完成事业单位改革。深化干部日常管理监督，抓好选人用人专项检查工作。加大年轻干部培养选拔使用力度，合理配备女干部、少数民族干部和党外干部。强化实干导向，落实担当作为激励机制和容错纠错、澄清正名机制，完善考核评价机制，健全及时奖励制度，落实提高乡镇干部待遇等关心关爱机制。实施人才强县战略，牢固树立“人才优先、科技优先、企业优先”战略思维，全面落实人才服务机制和优惠政策，把人才培育培养与产业发展、公共服务体系建设、招商引资等有机结合起来。抓好领导干部个人有关事项报告工作。加强党内激励关怀帮扶，组织好正常的党团、工会活动。

*加强基层组织建设。*推进基层党建标准化、规范化、信息化建设，完善上下贯通、执行有力的组织体系。抓好村（社区）“两委”换届选举工作。推动软弱涣散基层党组织整顿常态化长效化。推动“四进四联四帮”“五必到五必访”“党员社区报到”制度化常态化，把群众紧紧团结在党组织周围。推动传统领域和新兴领域基层党建均衡发展，加强农村、社区、机关、国有企业、高校和中小学校等传统领域基层党建工作，加大“两新”组织和新兴业态、互联网等党建工作力度。抓好村级集体经济发展，增强村级组织的服务功能。改进和完善基层党建述职评议考核工作。推动群团改革向基层延伸，健全联系广泛、服务群众的群团工作体系。

*加强党风廉政建设和反腐败斗争。*做好中央巡视和省委巡视“回头看”反馈问题整改落实工作，压紧压实整改责任，推动巡视反馈问题整改到位。深化政治巡察，健全完善巡察上下联动的具体举措，抓好巡视巡察整改和成果运用，推动纪律监督、监察监督、派驻监督、巡视监督统筹衔接。着力破解对“一把手”监督和同级监督难题。始终保持惩治腐败高压态势，巩固发展反腐败斗争压倒性胜利。紧紧围绕重大工程、重点领域、关键岗位，坚决纠正和查处侵害群众利益的不正之风和腐败问题，整治民生等领域漠视群众利益问题，严肃查处涉黑涉恶腐败和“保护伞”。完善“三会一书两公开”警示教育制度，构建一体推进不敢腐、不能腐、不想腐体制机制。推进清廉建设，推动构建亲清政商关系。

【加强县委常委会自身建设，发挥以上率下的示范引领作用】 *加强学习，全面提升常委班子领导水平。*以习近平新时代中国特色社会主义思想为指导，深入学习习近平总书记重要讲话重要指示批示精神，自觉在思想上政治上行动上同以习近平同志为核心的党中央保持高度一致，不断提高政治判断力、政治领悟力、政治执行力。按照“干什么学什么、缺什么补什么”的要求，扎实开展业务学习，提高专业化能力，努力解决业务能力不强和本领恐慌问题。健全完善常委分工负责制，坚持和完善民主集中制，不断提高科学决策、民主决策、依法决策水平。严格执行向市委请示报告工作制度。

*常委同志率先垂范。*坚持县四套班子领导定期汇报工作和“工作交办单”制度。在团结协作上作表率，带头遵守党内政治生活若干准则，发扬党内民主，悉心维护团结。深入改进作风，带头艰苦奋斗，加强调查研究，密切联系群众。在廉洁自律上作表率，加强党性修养，管好亲属和身边工作人员。高质量开好县委常委会议、县委常委班子民主生活会、县委全会。

县委办公室

【概况】 2020年，在县委的坚强领导下，县委办公室坚持以习近平新时代中国特色社会主义思想为指导，深入学习习近平总书记视察江西重要讲话精神，认真贯彻中共十九大、十九届二中、三中、四中、五中全会精神以及省市会议文件要求，紧扣县委决策部署和中心工作，自觉践行“五个坚持”重大要求，认真参与政务，扎实办理事务，细心搞好服务，全面完成了年度各项目标和任务，为推进县委各项工作高效运转发挥了应有的作用。

【紧扣中心服务大局，参谋辅政贡献智慧】 紧紧围绕服务中心大局任务，充分发挥领导的“耳目”“外脑”作用，悉心调研，精心办文，周密办会，统筹协调，确保县委各项工作高效运行。调查研究深入扎实。紧紧围绕全县大局和中心工作，紧扣县委领导的关切和民生关注的热点，开展解剖“麻雀”式的调研工作，准确反映客观真实情况，提出许多有质量、有见地、有价值的意见建议，为县委决策提供了有益参考。严格督查倒逼落实。注重协调解决县委决策落实的热点、难点问题，重点对项目建设、产业发展、脱贫攻坚工作以及中央、省市委决策部署落实情况开展专项督查，做到件件有着落，事事有回音。2020年跟踪督办省、市领导批示核办件19件，完成了省、市交办的10个方面重点督查任务，办结民声通道转办件50件，人民网反映件15条，问政抚州办理件90条。信息服务务实求真。拓宽信息收集渠道，加强信息综合研判，广泛收集全县各级工作的新动态、新情况、新经验、新成绩，使县委的重大决策、重大活动情况得到及时上报，制约南城县经济社会发展的一些问题及时得到反映，工作中的好做法、新经验及时得到推广。2020年，共上报省市办公厅（室）信息600余条，被省委办采用信息8条，被市委办采用信息207条。改革工作开拓进取。精心谋划部署，起草了《县领导领衔推进改革项目方案》，制定了2020年度全面深化改革工作要点和各类改革文件40多个，围绕经济、生态文明、民主法治、文化、社会、党的建设和纪律检查等领域，重点推出8大类160项改革任务，开展改革督察2次，改革调研3次，深入推进省级以上试点6个，其中国家级1个，获评全省全面深化改革工作先进县。此外，国安、档案、台办、主体责任等工作扎实有序开展。

【主动作为开拓进取，后勤保障到位有力】 不断强化“三服务”意识，坚持贴近县委领导思路、把握工作规律、突出工作重点，充分发挥总揽全局、承内联外、协调各方职责作用。综合协调高效顺畅。始终把综合协调工作贯穿于各个方面，充分发挥主观能动性，坚持勤请示、多汇报，确保工作准备充分，衔接紧密。加强与上级部门的沟通，主动请示，接受指导，了解需求，结合实际加以贯彻落实；切实抓好领导之间的协调，做到及时汇报，统筹安排；协调处理好部门之间关系，及时做好上传下达工作，有力推动南城县团结一致求发展、齐心协力抓落实的良好氛围。办文办会规范有序。持续巩固“基层减负年”成果，大力倡导“短实新”的会风文风，进一步规范公文审核、处理、传阅制度，严控会议规模和数量。全年累计收文315件，累计发文82件，达到发文较少30%的要求，下发会议纪要15件，发电68件，工作专报12件，筹备重要会议（活动）70余场，达到会议减少20%的要求。文稿服务精益求精。坚持从讲政治的高度、领导意图的角度和南城发展的实际做好文稿起草撰写工作，带头践行吃苦耐劳、担当奉献精神，不断提高文稿质量和水平，使其更有政治性、思想性、实用性，更好地发挥以文辅政、服务县委决策作用，2020年累计完成各类综合性文字材料150余篇。机要保密安全畅通。坚持“密码电报管理制度”“24小时值班制度”“面对面交接班制度”，严格执行机要文件登记、规定时限送达等要求，确保了机要通信的安全畅通。严格按照保密法要求，开展保密普查和保密宣传教育，督促涉密单位落实保密工作责任制。2020年未发生一起失密泄密事件。

【真情实意为民解困，精准帮扶成果丰硕】 始终将人民至上的理念贯穿工作始终，全面落实中央省市县委脱贫攻坚决策部署，积极克服疫情影响，扎实有效推进办公室挂点帮扶工作。疫情防控担当作为。年初，面对突如其来的疫情，班子成员放弃春节休假，带头履行工作职责，全面做好组织协调、防控督查、上传下达、服务保障等工作，确保县委各项工作在疫情的特殊时期平稳有序进行。疫情防控转为常态化后，班子成员坚持以身作则，严格出省报备，不宴请不聚集，逢会必制订防控方案，协助县疫情防控指挥部做好了各项防控工作。脱贫攻坚用心用情。坚持疫情防控和脱贫攻坚两手抓、两不误、两促进，重点突出产业就业帮扶，因户因人精准施策，重点从产业、就业、消费扶贫等方面创新作为，切实减轻疫情带给贫困户的影响。做好中央脱贫攻坚成效考核和省脱贫攻坚成效考核。反馈问题整改文章，加强协调配合，协助做好脱贫攻坚国家普查工作，结合大排查工作，对脱贫攻坚工作进行“回头看”，对发现的问题和短板及时销号清零，扎实推进问题整改，持续巩固脱贫成果。

【建强筑牢组织堡垒，队伍建设全面过硬】 高度重视办公室支部组织建设，狠抓党员干部队伍培训教育，努力打造政治强、业务精、敢担当、作风硬的党员干部队伍。规范政治生活。认真落实“三会一课”民主生活会、组织生活会等制度，将主题党日与集中学习、卫生清扫、爱心捐赠、脱贫攻坚、支部共建等工作紧密结合，2020 年，开展脱贫攻坚专项巡视回头看民主生活会、年度民主生活会各 1 次，组织生活会民主评议党员 1 次，集中学习 17 次。加强引导教育。通过廉政党课、收看警示教育片等形式，组织干部职工深入学习《中国共产党党和国家机关基层组织工作条例》《中国共产党党员领导干部廉洁从政若干准则》，及时传达学习纪委各类通报，以党规法纪进一步筑牢思想防线。严格干部管理。严格控制“三公”消费，杜绝公车私用，规范公务接待，规范采购程序，带头严格执行中央八项规定及其实施细则精神，深入开展“五察五治”，重要节假日期间对遵守“十个严禁”纪律情况开展自查自纠，开展办公室干部作风建设调研，通过一系列的举措筑牢党员干部廉洁自律的防线。

县委办班子紧紧围绕县委“提速进位、争创一流、三年倍增”要求，努力在提高工作水平和服务质量上下功夫，做到高水平参谋辅政、高效率统筹协调、高质量督促检查、高标准保障运行、确保政令畅通、决策部署落地生根，在全县各项工作中争一流，走前列、做表率，为“三年倍增”目标贡献积极力量。

【县委办公室主要领导名单】

主任：

李东德（2019.1 至今）

副主任：

张胜辉（2012.12—2019.1）
　　兼机要局局长
　　（2019.1—2021.6）

邓华良（2016.12—2019.1）
　　兼保密局局长
　　（2019.1 至今）

邹新民（2018.6—2019.1）
　　兼政策研究室主任
　　（2019.1 至今）

组　织

【概况】 2020 年，在县委的正确领导和市委组织部的指导下，南城县委组织部深入学习贯彻习近平新时代中国特色社会主义思想和习近平总书记视察江西重要讲话精神，全面贯彻落实十九届四中、五中全会，全国、全省组织工作重点任务部署会议，全市组织部长会议精神，在积极抗疫、克服疫情影响的同时紧紧围绕中心工作和重点工作，统筹推进全县领导班子和干部队伍建设、基层党组织和党员队伍建设、人才队伍建设，狠抓工作落实，各项工作稳步推进，为加快建设抚州副中心城市、决胜全面小康新南城提供组织保证。

【党建工作】 深入实施基层党建三年行动计划，制定下发了《县委党建工作领导小组 2020 年工作要点》和《南城县 2020 年党建工作计划》，切实抓好基层党建工作重点任务落实。把“三化”建设作为 2020 年基层党建“一号工程”，成立了以县委主要领导为组长、县委常委领衔推进的领导小组和工作专班，建立了专班推进、挂图作战、定期汇报、协调推进等工作落实机制，确保基层党建“三化”建设试点工作有力有序推进。南城县基层党建“三化”建设顺利通过市里验收。从严夯实各级党组织书记抓基层党建第一责任人职责，把基层党建工作纳入县委重点工程、纳入年度综合考评、纳入述职评议重要事项，每季度开展基层党建工作督查，对 3 个排名靠后的基层党（工）委进行黄牌警示。坚持开展“四进四联四帮”活动，深入推进抓党建促脱贫攻坚，切实抓好中央脱贫攻坚专项巡视“回头看”整改工作，进一步保持驻村队伍整体稳定，强化小分队管理培训。大力发展壮大村级集体经济，制定《南城县村级集体经济发展工作 2020 年度计划》，积极实施“脱壳消薄”行动，推广土地流转、盘活资产资源、产业带动发展、乡村旅游带动、发展物业经济等模式，多渠道加快村级集体经济发展。截至2020年年底，全县150个村集体经济经营性收入均达5万元以上，其中125个村达10万元以上。扎实开展扫黑除恶专项斗争组织建设工作，持续排查整顿软弱涣散村党组织，全面推行村书记、主任“一肩挑”，严格开展村“两委”干部联审。2020年共排查软弱涣散村党组织5个，已全部整改到位；全面完成村党组织书记、主任“一肩挑”，率先完成村党组织书记、主任县级组织部门备案管理，开展村“两委”干部联审6次，取消13名候选人资格。在新冠肺炎疫情蔓延的紧要关头，县委组织部迅速部署、履行职责、靠前指挥，先后下发了《“不忘初心、牢记使命”坚决打赢疫情防控阻击战——致全县党员的一封信》《关于在新型冠状病毒感染的肺炎疫情防控中充分发挥各级党组织战斗堡垒作用和广大党员先锋模范作用的通知》《致南城县城市小区在职党员的倡议书》等，向全县各基层党组织和广大党员吹响了抗疫集结号。全县各基层党组织和广大党员积极响应号召，踊跃参与疫情防控，让党旗始终飘扬在一线，共建立临时党支部45个，设立党员先锋岗236个，组建党员先锋队41个，1.1万名党员干部坚守在疫情防控一线，广大党员踊跃捐款170多万元，为坚决打赢疫情防控阻击战提供了坚强组织保障。持续把学习贯彻习近平新时代中国特色社会主义思想作为首要政治任务，深入开展党的十九届四中、五中全会精神宣讲，扎实开展“好人主义之害”解放思想大讨论活动，以抓好自学和理论中心组研讨相结合、集中培训和在线学习相结合的方式，推动学习贯彻往深里走、往心里走、往实里走。2020年，全县各级共举办基层党组织书记和党员培训80余次，培训党员17000余人次。如：举办了5期基层党组织书记培训班、2期新发展党员及入党积极分子培训班、1期第一书记及驻村工作队示范培训班、1期村（社区）党组织书记培训班和2期党的十九届四中全会科级干部专题轮训班。大力实施“传承红色基因教育培训计划”，坚持开展党员过政治生日和朗读红色家书活动，用好南城县丰富红色资源，积极推进县委党校主体班学员接受红色教育常态化和党员干部红色教育。2020年，全县各基层党组织累计开展红色基因传承系列活动120余次。

【干部工作】 加强干部思想政治建设，坚持以理论教育和党性教育为主，分2期开展了全县科级干部学习贯彻党的十九届四中全会精神轮训班，配合省、市调训县级干部11人、科级干部17人。进一步加强年轻干部的培养力度，注重在抗疫一线选拔使用干部，配齐配全南城县红十字会领导班子，开展了公务员招录、从“三方面人员”中选拔乡镇机关领导干部和从村（社区）干部中选聘事业编制人员工作，全年提拔干部17人。认真贯彻执行《关于进一步激励广大干部新时代新担当新作为着力提速全面建成小康新南城的实施办法》，全面推行乡镇绩效考核工作，各乡镇已全部制定本乡镇绩效考核方案，日常考核工作已全部入轨运行，县财政初步安排了780万元作为考核奖金。深入推进公务员职务与职级并行制度，对符合晋升条件人员进行了全面摸底，完成了县直机关借用乡镇机关职级职数开展职级晋升分析报告。完成了森林公安局划转到公安局人员的警务套改和法院、检察院司法辅助人员的套转工作。出台了《南城县关于加强退出领导岗位干部管理暂行办法》。以组织部门“五个年”活动为抓手，开展组工干部“双覆盖”培训工作，以每周一为固定学习日，开设“组工讲坛”10期，着力培养既坚定理想信念、又精通组工业务的“新时代”组工干部。2020年全市组工干部“对答如流”大比武活动获全市一等奖、网络答题“学习标兵”人数均列省、市第一，选派人员代表全市参加全省组工干部“对答如流”大比武活动获全省三等奖。加大信息宣传力度，在中组部《组工信息》内参、《江西组工信息》等刊物上稿多篇，2020年度组工信息、网评工作均获全市第一。组织组工干部赴弋阳方志敏纪念馆等教育基地参观学习，不断增强党性修养。同时，将开展“五个年”活动与爱国卫生清扫活动相结合，组工干部带头对环境卫生整治责任路段进行清扫，发挥先锋模范作用。完善了《部机关管理制度》，从学习制度、议事决策、言行举止等方面对组工干部的日常行为进行了规范，做到了用制度管理干部。带头开展“四进四联四帮”活动，组织部驻上唐村“连心”小分队积极为村里跑项争资，帮助争取维修沟渠、环境整治、新农村建设等项目7个、140多万元。积极开展结对贫困户活动，10名部机关干部每人结对一户贫困户，切实帮助贫困户排忧解难。同时，积极参与疫情防控工作，部机关干部全部以志愿者身份参与到社区防控，帮助社区开展卡点值守、上门摸排、信息登记等工作。

【人才工作】 不断深化人才体制机制改革，出台了《南城“建昌帮”中医药振兴发展2020年度行动方案》，将人才工作纳入领导班子和领导干部年度考核，开展2019年度人才工作专项述职（书面述职为主）。深入实施人才重大项目，定期组团赴省外开展“双招双引”（招商引资、招才引智）活动，重点引进南城籍在外人才和高层次人才，促进引才链与产业链深度融合。适应疫情防控需要，积极创新招商引资方式，由“面对面”改为“屏对屏”招商，积极组织学校、医院、企业参与专场引才对接活动，刚性引进高层次人才3名，柔性引进高层次人才6名，各类急需人才上千名。深化“双返双创”“三请三回”活动，吸引了一大批南城籍人才返乡创新创业。深化产学研合作，先行先试“智慧药房＋中医院”的合作营运模式，建立“建昌帮”药业研究室、名医名师工作室；成功创建江西“海智计划”博君生态农业开发有限公司工作站、东华理工大学南城研究院、中药材良种繁育基地等。组织号召全县人才共抗疫情，凝聚了抗疫的强劲力量。开展定期走访联系各类高层次人才，组织专家人才参加健康体检，加强与各大媒体对接，积极做好人才宣传，2020年，在《江西日报》《抚州日报》等省、市级媒体发表人才相关报道20余篇，营造了敬才爱才的良好社会氛围。

【党风廉政建设取得新成果】 为了切实抓好党风廉政建设，成立了以常委部长任组长，常务副部长为副组长，班子成员和各科室负责人为成员的党风廉政建设责任制工作领导小组。明确组织部长为党风廉政建设第一责任人，其他班子成员实行“一岗双责”，把党风廉政建设作为重大政治任务，与业务工作同研究、同部署、同落实。确保党风廉政建设有人抓、有人管、有人落实。组织部机关全体干部认真学习《中共中央关于加强和改进党的作风建设的决定》《中国共产党廉洁自律准则》《中国共产党纪律处分条例》，让全体干部在思想上充分认识廉洁自律的重要性，自觉保持廉洁自律。

【意识形态工作取得新进展】 把意识形态工作纳入重要议事日程，认真落实意识形态工作“一岗双责”，定期研究部署意识形态工作，层层传导压力，把落实意识形态工作责任的具体要求落实到各部门。切实做到工作有部署，任务有落实。坚持以县委党校为意识形态工作主阵地，将意识形态教育纳入全县科干班、青干班、村（居）书记主任等专题培训内容，严格各级党组织执行“三会一课”制度，充实“主题党日”活动，统一学习主题内容，促进广大党员干部坚定理想信念，增强政治意识和责任意识。在干部考察、入党积极分子考察、评优评先和“两代表一委员”推荐等工作中，注重对意识形态的考察，把政治清醒坚定、品德修养良好、意识形态端正作为重要标准。同时积极拓展组织工作宣传渠道，加强南城组工公众号的日常管理，定期推送内容，不断扩大组织工作的影响力。《共产党员网》、《江西组工信息》、《江西组工微讯》等中央、省、市媒体发布多篇稿件，信息、网评工作均获全市第一，在网络报刊做到零负面新闻。

【县委组织部主要领导名单】
县委常委、组织部部长：
朱文泉（2020.1—2020.8）
章燕萍 （2020.8—2020.12）
县委组织部常务副部长：
何　莉（2020.1—2020.12）
县委组织部副部长：
程涌泉（2020.1—2020.12）

宣　传

【概况】 中共南城县委宣传部是县委主管意识形态和宣传思想工作的职能部门，人员编制 18 人，其中，行政编 12 人，事业编 6 人。至 2020 年，在职人员 14 人，退休人员 6 人，设有办公室、理论股、新闻外宣股、网络宣传和管理股、文化教育股等 5 个科室。2020 年，南城县宣传思想工作坚持以习近平新时代中国特色社会主义思想为指导，深入贯彻落实中共十九大和十九届二中、三中、四中、五中全会精神，认真贯彻落实《中国共产党宣传工作条例》，严格落实意识形态工作责任制，从更高层次贯彻落实习近平总书记对江西工作的重要要求，意识形态和宣传思想文化工作取得一定成效，理论武装、新闻舆论宣传、精神文明创建、文化事业等各方面都迈上新台阶。

【强化理论武装，筑牢共同思想基础】 理论学习提档拓面。把握学习重点，改进学习方式，把理论学习作为指导实践、推动工作的重要方法，不断增强理论学习的实效。以习近平新时代中国特色社会主义思想为主线，以县委中心组学习为龙头，推进学习型党组织建设，带动激发全县党员干部理论学习热情。研究制定了《中共南城县委中心组 2020 年度理论学习计划》，坚持一月一专题，通过专题辅导、个人自学、集中研讨等方式，共组织县委中心组学习 12 次，开展交流研讨 10 次。积极邀请省市专家、学者来县辅导授课，2020 年先后邀请省司法厅普法与依法治理处处长、省普法办副主任陈欢欢同志和省级民法典普法讲师团成员许龙江律师作《中华人民共和国民法典》专题辅导报告，邀请省司法厅律师工作处处长、江西省普法讲师团成员唐锋来南城县作《中华人民共和国宪法》专题普法讲座，邀请市委宣讲团成员、讲师团团长余晟华同志和市委党校副教授何兵兵同志围绕“好人主义之害”开展解放思想大讨论活动进行理论专题辅导并开展了专题学习研讨。在全市率先完成由县委统一为全县所有科级干部征订《中国制度面对面》和《习近平谈治国理政》第三卷工作，积极组织全县各级党委（党组）中心组重点学习宣传贯彻《习近平谈治国理政》第三卷和中共十九届五中全会精神。宣传教育扎实深入。围绕“决胜全面小康、决战脱贫攻坚”“好人主义之害”“感恩奋进”等主题，依托新时代文明实践中心（所、站），发挥理论宣讲小分队和理论宣讲志愿服务队力量，通过用群众语言、用身边人和事等群众喜闻乐见的形式，常态化开展形式多样的宣讲活动。以乡镇为单位，在全县广泛开展了感恩奋进理论宣讲竞赛活动，推荐 3 名选手参加市级竞赛，荣获三等奖和优秀奖各一名。选拔 6 名选手组建县脱贫攻坚政策理论宣讲团，赴各乡镇进行巡回宣讲活动。积极推进“好人主义之害”解放思想大讨论活动学习教育，制定了《围绕“好人主义之害”开展解放思想大讨论学习目录》《南城县围绕“好人主义之害”开展解放思想大讨论活动学习教育指导意见》，收集了必学目录以及选学目录相关资料并整理制册，做到了先学一步、先行一步，确保活动高起点启动、高质量开展。坚持学习宣传贯彻好中共十九届五中全会精神，组织县委宣讲团分赴各乡镇、工业园区、南城二中开展中共十九届五中全会精神宣讲，在全县迅速掀起学习和贯彻中共十九届五中全会精神的热潮。持续推动党的创新理论进机关、进乡（镇）、进村（社区）、进学校、进园区企业，深入推进意识形态阵地管理向非公有制企业和新经济组织、新社会组织延伸覆盖。学习交流不断深化。注重理论学习交流，持续加强“学习强国”学习平台推广使用，坚持完善制度建设。同时，创新工作机制，制定“学习强国”学习平台供稿奖励制度，明确专人负责，优化推送选题，积极做好“学习强国”学习平台稿件推送工作。2020 年共推送 276 篇，采用稿件 127 篇，其中《江西南城：洪门湖碧水丹霞如诗如画》一稿被“学习强国”学习平台选用。持续抓好理论刊物《福地南城》的编辑与发行工作，编印刊物四期，刊发理论研讨文章及县委、县政府重大政策，免费发放到村一级。

【强化宣传引导，营造良好舆论环境】 社会宣传氛围良好。充分利用宣传栏、大型户外公益广告牌、灯杆、围挡（墙）、电子屏以及广播电视、微信微博、手机客户端、政府门户网站等宣传载体，开展立体式全方位主题宣传。特别是围绕疫情防控工作，研究制定《关于扎实做好新型冠状病毒感染的肺炎疫情防控工作的宣传方案》，通过宣传车播报、发放宣传单、村使用广播喇叭循环播放、易拉宝、微信群、公众号等方式，及时广泛地宣传新型冠状病毒肺炎的危害性、预防措施及相关信息，积极营造万众一心、众志成城的良好氛围。在全县范围内张贴通告7350张，入户宣传并发放宣传单26万张，利用横幅、电子屏幕滚动播放宣传标语2300余条，出动宣传车668辆（次），利用微信公众号宣传信息300余条。

新闻宣传再上台阶。充分利用县内媒体平台，突出抓好学习宣传贯彻习近平新时代中国特色社会主义思想、习近平总书记视察江西重要讲话精神、党的十九大和十九届四中、五中全会精神等内容的宣传。围绕县委、县政府重大决策、重大活动和重点工程，在南城电视台、南城融媒APP和南城发布微信公众号先后开设了《疫情防控　我们在行动》《“好人主义之害”解放思想大讨论》《重点项目建设专栏》《决战决胜 脱贫攻坚》等专题专栏节目。特别是在疫情防控期间，第一时间推出专栏《疫情防控　我们在行动》，根据疫情发展随时播报新动向、新政策。组织记者编辑深入一线采写编发大量内容生动、形式活泼的新闻作品，创作推出抖音、快闪、短视频、H5等一批富有感召力的融媒体作品，创作抖音作品360条，上省榜爆款产品8条，其中《春暖花开终会来临》直接观看视频达3784万；创作H5作品10余条，其中《南城县“新冠肺炎疫情防控”主题书法微展》H5入围省榜。大力宣传南城县在疫情防控、项目建设、脱贫攻坚、“好人主义之害”解放思想大讨论等重点工作中的举措、亮点和成效。同时，围绕上大报大台、上头条要稿的目标，加大部署、策划、调度力度，加强与中央、省市级以上主流媒体通联，积极推送优质稿件。2020年，共在省级以上主流媒体发稿378篇，其中中央级媒体发稿10篇，上稿总积分位列全市前列。扎实抓好县级融媒体中心建设，在全省县级融媒体中心综合验收工作中取得全省前10名的佳绩。网络舆情管控有力。建立健全网络安全管理制度，不断提高南城县网络安全保障能力和防护水平，研究制定了《关于进一步规范网络检查工作的通知》《关于开展全县网络安全自查和宣传教育的通知》《关于贯彻落实〈网络信息内容生态治理规定〉的通知》等文件；加强网络信息清理整治，在全县范围深入开展“清朗”专项行动；加强属地网站巡查力度，对全县296家属地网站进行巡查，营造了良好的网络生态；加强网上舆情监测，实行24小时网上舆情监测和舆情信息零报告、日报告制度，第一时间发现，第一时间报告，并按照属地原则第一时间处置。2020年，南城县未发生一起重大舆情事件。倾力打造网络正能量铁军，举办了南城县首届网红大赛，推出一批“网络正能量大V”。

【强化精神文明建设，提升全民思想道德素养】 大力开展全民创建活动。以“好人文化”引领公民道德思想建设，深入开展群众性精神文明创建活动和评选表彰活动。3月，在全县范围内全面启动了“南城县2020年文明家庭”“新时代好乡贤”等先进典型评选表彰活动，充分发挥好先进典型在公民思想道德建设中的示范带动作用。开展了“巾帼脱贫攻坚模范”“脱贫奋进之星”评选活动，为全县打赢脱贫攻坚战营造了积极向上的社会风气。持续深化文明城市、文明村镇、文明单位、文明家庭、文明校园“五大创建”活动，开展文明村镇，文明单位和第十五届省级文明单位年度复查的迎检工作，开展第十六届县级文明单位、第一届文明村镇以及第一届文明校园年度复查工作。突出打好疫情防控阻击战，组织全县各乡镇、部门单位利用LED显示屏及户外广告电子屏滚动播放“文明健康，有你有我”公益广告，广泛宣传“使用公筷、健康就餐”，营造良好社会氛围。以“环境卫生再优化、社会秩序再优良、抗疫战果再优异”为目标，以城区为重点，以乡镇为延伸，广泛动员广大党员干部群众在全县范围深入开展“爱国卫生清扫·巩固抗疫战果·助力省卫创建”活动，不断整治城市卫生秩序，优化城乡人居环境，为常态化疫情防控营造良好社会环境。围绕提升城市文明程度和公民文明素质，认真贯彻落实《抚州市文明行为促进条例》有关要求，积极开展各类文明行为促进活动，在融媒体中心设立了不文明行为曝光平台。扎实推进农村移风易俗工作，常态化开展道德红黑榜发布工作，2020年，在全县150个行政村，发布道德红黑榜450期，共发布1278榜。倾力打造大爱南城。大力培育和扶持民间志愿服务组织，发展壮大志愿服务队伍，精心培育红十字蓝天救援、青年志愿者协会、爱心志愿者协会三个志愿服务品牌。以培育和践行社会主义核心价值观为根本，以“为奉献者奉献”为主题，积极组织全县12000余名志愿者和各志愿服务队参与到卫生防疫、心理服务、救助救护等疫情防控志愿服务工作中。积极开展了进校园关爱贫困留守儿童（学生）送温暖、进敬老院关爱老人送温暖、党员干部志愿者带头义务献血等系列学雷锋志愿服务活动，营造全社会关心、支持和参与志愿服务的良好氛围，形成志愿服务人人参与、时时能为、处处可为的生动局面。全面推进新时代文明实践中心建设。按照中央和省市委安排部署，高起点、高标准、高水平地推进新时代文明实践中心建设，推进基层新时代文明实践所（站）建设全覆盖。统筹整合各方力量，出台了《关于推动全县党的基层阵地资源整合的试点方案》，大力推进全县12个乡镇55个行政村（社区）深入开展党的基层阵地资源整合试点工作。加强和改进乡村治理，着眼于强化基层党组织政治功能，更好服务党员群众，以“党建+”和“文化+”为引领，按照建设标准化、服务高效化、功能多样化、管理科学化的要求，推动现有党群服务中心、新时代文明实践站、综合文化服务中心、农家书屋、村史馆、村广播室以及养老服务、青少年活动、科普活动设施等阵地整合、资源整合、功能整合、力量整合，打造“党群服务+文明实践”综合体。建立健全督查机制，组织开展巡查、暗访活动，推动文明实践工作落地见效。到2020年年底，55个村（社区）已按要求全面完成试点建设，其他村（社区）整体推进，实现基层阵地设施和服务资源有效整合。

【强化文化建设，不断繁荣文化事业】 群众性文化活动丰富多彩。充分发挥摄影、美协、书协、作协、诗词楹联等协会作用，深入一线开展“‘我们的中国梦，摄影文化进万家’公益服务活动”“南城县2020年谷雨诗会诗歌征文比赛”“决胜全面小康 决战脱贫攻坚”“破除好人主义 优化发展环境”专题摄影展、书法展、诗词比赛、文艺巡演等各类群众性文化活动。在2020年社科普及宣传周期间，举办了“摄影进新时代文明实践中心”摄影展、“文艺进新时代文明实践中心”活动。持续开展“文化三下乡”文化惠民活动，精心设计扫黑除恶、脱贫攻坚、疫情防控等题材节目，丰富基层文化生活。特别是疫情防控期间各演出团队以道情、快板、歌舞等形式创作抗疫题材作37件，其中《最傲的花 是我中华》在“学习强国”江西学习平台、西瓜视频、腾讯视频、网易新闻、优酷视频、方舱之声广为传唱。2020年以来，送戏下乡及自办文体节目350多场；送电影下乡2697场，送图书3000余册。公共文化服务稳步提升。积极实施文化惠民工程，扎实推进全县村级综合文化服务中心提质提升，有效运用基层公共文化建设专项资金，对综合文化服务中心建设予以倾斜。持续推进公共文化服务建设，进一步推进图、文、博三馆免费开放，切实加强公共数字文化服务建设，完成电视转播台基础设施改造，完成无线覆盖工程和公共图书馆、少儿阅览室、图书借阅系统升级改造，服务功能更加健全，服务质量得到的高质量提升。加大县内文物古迹保护力度，大力实施万年桥、潮音洞、株良磁圭村红色标语建筑等文物古迹维修工程。深入开展“扫黄打非”新风、正道等专项行动；深入开展打击非法卫星广播电视地面接收设施专项整治行动。积极做好版权管理工作，集中开展了景区景点和校园周边出版物市场集中清理整治行动。从严查处侵权盗版出版物及打击“假媒体、假记者站、假记者”非法从事新闻采编活动等突出问题，有效维护了南城县文化市场管理秩序。文旅产业持续壮大。大力实施文化强县战略，认真贯彻落实省委宣传部《关于进一步支持文化产业发展的若干意见》，研究出台了《南城县旅游产业发展奖补办法（试行）》《南城县振兴建昌帮、弘扬“盱江医学”三年行动计划》《江西省南城县“建昌帮”中医药振兴发展实施方案》等政策措施。培养发展新业态，积极推动校具产品创新设计项目纳入文化类项目范畴，2020年新增规上文化企业4家。深度推进文产融合发展，以2020江西文化发展巡礼展在抚州举办为契机，积极组织建昌帮药业、盱江医学、南城校具、麻姑酒等赴抚州参展,配合做好以南城“建昌帮”、盱江医学文化为主的中医药展馆和南城县文化特色的“南城馆”两个馆的相关布展工作。同时，做活文旅融合文章，整合旅游资源，打造推出“赵博生烈士纪念馆—麻岭下毛泽东旧居—南城红色展览馆”等由红色场馆串联成红色教育游线路，加快旅游与其他产业融合进程。加快推进建昌帮炮制技艺申报国家级非遗进程和麻岭下田园综合体创评5A乡村旅游景点工作，推进麻姑山景区市场化运营。2020年11月，南城县成功获评“中国麻姑文化之乡”。

【提高政治站位，落实落细意识形态责任制】 坚持党管宣传、党管意识形态的原则，严格落实意识形态工作“五纳入”（纳入领导班子、领导干部目标管理、纳入全县目标管理综合考评体系、纳入党建工作责任制、纳入县委巡察和干部考核重要内容）。2020年4月，结合年度干部考核，对全县县管领导班子落实意识形态工作责任制开展了民主测评，对县管领导干部落实意识形态工作责任制进行了考核，同时对全县各乡镇、各部门、各单位党委（党组）落实意识形态工作责任制进行了量化考评、打分排名，考核考评结果作为干部评先评优和选拔任用的重要依据。2020年，县委组织部共对30名拟提拔对象向县委宣传部征求了意见。建立和完善意识形态领域风险防控机制，5月29日由县委常委、宣传部长主持召开意识形态形势分析研判会，及时总结和通报南城县意识形态领域情况，有效防范化解可能出现的意识形态风险。严格落实《党委（党组）意识形态工作责任制实施细则》要求，6月30日县委向市委报告意识形态工作责任制落实情况，并抄送市委宣传部。结合县委第七轮巡察工作，9月抽调干部开展为期两个半月的意识形态工作常规巡察和巡察“回头看”。2020年，县委常委会先后4次研究意识形态工作，在制度、人才、经费等方面给予倾斜。县委宣传部机关从乡镇调入1人；面向社会公开招聘3人，从事新时代文明实践中心建设工作，进一步充实宣传思想文化系统工作队伍。

【县委宣传部主要领导名单】
县委常委、部长：
黄晓俊（2014.1至今）
常务副部长：
邱云飞（2019.5至今）
副部长：
刘国蓉（2010.12至今）
黄初春（2011.11至今）

统　战

【概况】 中共南城县委统战部是县委主管统一战线工作的职能部门，为正科级。对外加挂县民族宗教事务局、县政府侨务办公室牌子。2020年，内设两个职能股室，有行政编制7名，有事业编制5名，在编行政干部5名，事业干部4名。

2020年，县委统战部在县委的正确领导和市委统战部的精心指导下，以习近平新时代中国特色社会主义思想为指导，紧紧围绕“四个全面”战略布局，坚持“大团结大联合”主题，坚持正确处理一致性和多样性关系的方针，深入学习贯彻总书记关于加强和改进统一战线工作的重要思想；认真贯彻落实中央、省委、市委统战工作会议精神，组织统一战线各领域开展学习贯彻中共十九大及十九届五中全会精神；认真学习贯彻执行新修订的《中国共产党统一战线工作条例》；认真开展党员固定活动日活动、围绕“好人主义之害”开展解放思想大讨论活动；做好党外人大代表、政协委员的考察、培养工作；做好向上级和县委推荐党外后备干部工作；充分发挥职能作用，开展经济统战，大力开展“三请三回（双返双创）”活动，倡议动员广大在外南城籍工商企业界人士和各类人才返乡创新创业，引导支持他们充分发挥自身资源优势和聪明才智，参与家乡建设、共享发展成果，不断让项目回迁、资金回流、人才回归，实现智力、财力“两种资源”的可持续发展；扎实做好港澳台侨工作；加强统战干部队伍建设，完善统一战线工作格局；加强对党外人士引领，充分发挥党外人士作用；推进统战品牌和创新工作；坚持中国宗教中国化方向，坚持以“导”的态度对待宗教，深入学习贯彻习近平总书记关于民族宗教工作的重要论述，全面落实中央、省委、市委、县委关于宗教工作的基本方针，积极引导宗教与社会主义社会相适应，积极开展宗教场所规范化管理，着力提升全县宗教工作法治水平，着力维护宗教领域正常秩序；以铸牢中华民族共同体意识为主线，加强完善党对民族工作的领导，着力巩固和发展平等团结的社会主义民族关系，全县民族宗教工作呈现全面加强的良好局面。

【深化思想政治共识】 坚持把增进和凝聚共识作为重大政治任务来抓，引导广大统战成员和统战干部深刻理解新时代、主动投身新时代、努力不负新时代。一是组织统战成员学习中共十九届四中、五中全会精神和全国两会精神，认真贯彻执行《中国共产党统一战线工作条例》和省委实施细则，引导统一战线广大成员坚决做到“两个维护”、牢固树立“四个意识”、始终坚定“四个自信”，不断增进共识、扩大共识，以凝聚政治共识引领统一战线广大成员。二是先后组织30余名党外代表人士参加省、市社会主义学院的教育培训和行业主管部门开展的政治业务培训，引导统一战线成员自觉增强“四个意识”，树牢“四个自信”，做到“两个维护”，着力画好同心圆。三是在部机关内部通过“学习日”学习制度，及时传达学习上级有关工作精神和工作指示，交流工作经验，提高部机关干部工作能力，突出承上启下作用。高质量推动“好人主义之害”解放思想大讨论活动开展，加强部机关干部队伍思想建设，积极探索创新统战工作方法，发挥好部机关工作职能。

【发挥党外人士作用】 统一战线工作的主要任务是凝聚社会各方面的力量，2020年，南城县委统战部围绕“大团结大联合”主题，进一步加强与党外人士的沟通与联系，发挥党外人士在南城县经济社会发展中的作用。发挥民主协商作用。召开党外人士情况通报会，向党外人士通报政府工作报告的起草过程及内容和公、检、法工作报告，并积极征求党外人士的意见建议，在城市建设、产业发展、民生保障、项目推进、减费降税、环境卫生、文体教育、居民消费、志愿服务等方面共征集到对《2020年县政府工作报告（征求意见稿）》的意见建议31条，在维护社会稳定、多元化化解矛盾等方面征集到对法院工作意见建议5条，在巩固司法改革等方面征集到对检察院工作意见建议2条，让党外人士建言献策渠道更加畅通，有力地凝聚起推动全县高质量发展的强大力量。开展调查研究。对准农业产业发展，组织技术人员对全县油茶产业进行了一次全面的调查摸底，形成《南城县油茶产业基本情况汇报》；关注社区养老问题,组织会员围绕“城乡社区居家养老服务”的主题深入有关县直单位、乡镇、社区、企业等进行调研，形成《关于城乡社区居家养老服务情况的调研报告》。通过调研考察，把所思所想融入参政议政、献计出力的实际工作中去，为加快南城经济腾飞做出切实的努力。培训提升能力。6月28—30日，在县委党校成功举办党外干部培训班，全县共90余名党外干部参加此次培训。通过对学员进行政治理论、理想信念、法规政策等方面的培训，进一步提升党外干部政治理论素养和把握新使命、展现新作为、开创新局面的能力。红色教育引领。及时向党外知识分子和新阶层人士宣传党的新思想、新精神、新理论、新政策，着力提升他们的政治素养和政策把握力度，组织代表人士赴方志敏纪念馆、赵博生烈士纪念馆和毛泽东旧居开展红色教育活动，用红色旗帜引领党外知识分子和新的社会阶层人士与党同心同行。扶贫济困展作为。新联会积极开展“十企帮十村”精准扶贫行动，帮助贫困村出思路、谋规划，搞项目、树典型，建制度、定章法；参与公益事业，走进敬老院慰问孤寡老人，走进社区看望留守儿童，走进学校开展捐资助学。知联会端午走进凤凰路社区走访贫困家庭，了解贫困家庭的生活状态，为贫困家庭带去慰问物资，并送去党和政府的关心；深入新丰街镇，为受洪灾影响生产的贫困群众送上农资物品化肥，帮助他们积极恢复生产。

【非公经济行稳致远】 2020年，县委统战部发挥促进非公有制经济发展领导小组及办公室的作用，整合各部门资源，围绕促进非公有制经济健康发展、促进非公有制经济人士健康成长“两个健康”目标，加强对民营经济转型升级的支持引导，服务推动民营经济高质量发展。开展理想信念教育。深入学习贯彻习近平总书记在企业家座谈会上的重要讲话精神，进一步深化全县中青年民营企业家理想信念教育，引导广大民营企业激发市场主体活力，助力“六稳”“六保”。组织30余中青年民营企业家到井冈山开展爱国信念教育，重温党的光辉历史、感受革命斗争精神，接受了伟大的井冈山精神对心灵的洗礼和震撼，使企业家们更加坚定了听党话、跟党走、感党恩的信念。开展“三请三回”（双返双创）工作。邀请30余名南城籍企业家、在外乡贤代表在中秋节来临之际举行座谈会，共叙乡情，共谋发展，建言献策。同时，严格按照相关要求做好“三请三回”（双返双创）日常工作，截至年底，共外出走访30余次，南城县“三请三回”项目已签约20个，其中两千万元以上的项目5个。助力企业复工复产。通过调研了解企业面临的主要困难，印发《省市县有效应对疫情稳定经济增长政策宣传资料汇编》，推动《南城县有效应对疫情稳定经济增长实施意见》落地，免费向企业发放180余把红外线测温枪、6吨消毒液和10多万个口罩。开展企业大走访。县委统战部于6月3—10日开展企业走访活动，与民营企业负责人进行深入交流，详细了解企业当前产能、用工、产品销售、原材料采购等方面受疫情影响情况，了解企业当前存在的主要问题及对相关部门的意见建议，并协调联动有关方面，认真研究分析，着力帮助解决落实。

【维护民族宗教和顺】 2020年，坚持党的宗教工作基本方针为根本遵循，通过创新工作方式，深入开展宗教场所规范化管理建设，扎实做好宗教领域风险隐患的排查化解工作，积极推动突出问题的标本兼治，有效应对突如其来的新冠疫情影响，不断完善宗教中国化方向举措，加强宗教团体建设和宗教界爱国人士队伍建设，有效地将广大信教群众团结在党和政府周围，努力做到政治上团结合作、信仰上相互尊重，画好同心圆，共筑中国梦，全县宗教事务治理能力和水平稳步提升。

深入开展宗教场所规范化管理建设。创新开展活动场所财务审计工作。深入学习《江西省宗教事务条例》中关于宗教财产的相关规定，统一认识，破除“不想管”的思想；依托统战优势，挑选审计经验丰富、责任心强的专业审计公司，解决“不会管”的问题。全年共审核五处重点宗教场所，以审促改，推动宗教场所健全财务管理制度，确保宗教活动健康开展。稳步推动宗教场所规范化管理。制定了宗教活动场所规范化管理工作软硬件清单，完成了五个宗教活动场所规范化管理示范点创建工作，并以点带面向全县所有宗教活动场所铺开，高标准打造仙都观规范化管理示范点，顺利承接全省宗教活动场所规范化管理暨佛道教商业化治理工作推进会仙都观现场观摩工作；根据省、市要求，对全县21处宗教活动场所开展赋码换证，完成率达90.4%，顺利完成目标任务。扎实做好宗教领域风险隐患的排查化解工作。进一步合理场所布局。改善基督教临时活动点过多过密的问题。按照“尊重历史、正视现实、区别对待、分类处理”的原则，在全面摸底、充分调研的基础上，根据宗教界事务条例等相关规定，采取关闭一批、改造一批的办法，撤销基督教临时活动点26处，全县基督教临时活动点数量归零，使南城县基督教场所管理更加完善。健全矛盾排查化解机制。将宗教工作纳入网格化管理，把问题的管理预防和化解处置控制在源头；开展“法律明白人”进宗教活动场所工作，采用“滴灌式”管理方式，做到人员精干、培训精准、管理精细。切实提升加强宗教团体建设水平。落实宗教团体考核述职制度，对全县三个宗教团体进行年度考核，通过年度述职、民主测评，帮助宗教团体发现和改进自身存在的问题短板，促使宗教团体进一步加强自身建设，更好发挥桥梁纽带作用。不断完善中国宗教中国化方向举措。坚持中国宗教中国化方向，着重在“导”字上下功夫，抓思想引领。用社会主义核心价值观引领和教育宗教界人士，促进宗教界与党同心同行，疫情防控期间，南城县宗教界积极响应号召，觉群念佛林向遭受新冠肺炎疫情突袭的武汉捐款10万元。疫情发生以来，县委统战部领导班子成员深入宗教场所，做到宣传指导，落实防控措施。坚决执行“双暂停”。全年严格落实疫情防控“日报告”“零报告”制度。三级网络全员响应。依托宗教工作三级网络两级责任制，开展常态化宗教场所疫情防控督查，做到责任到人，工作到岗。全面落实疫情防控常态化。推动落实防疫物资储备要求，做到有备无患。强化宗教工作管理力度。推行“清单化”管理。通过建立“一本、一册、一台账”（宗教工作日常巡查记录本、基层宗教工作业务指导手册、日常宗教工作台账），明确乡村两级“责任清单”和“负面清单”，实现宗教工作责任“清单化”、工作具体化。常态化开展联合执法。共开展了3次大规模联合执法行动，与应急管理、消防等部门共同开展安全隐患排查行动，明确整改标准，确保安全问题找得准，改得好；联合文化部门开展宗教类非法出版物清查行动，结合普法教育，净化宗教场所文化空间；联合公安及有关乡镇，深入摸排非法宗教活动，及时消除风险隐患。

【侨务工作取得实效】 2020年，南城县委统战部深入学习贯彻习近平总书记关于侨务工作的重要论述，深入分析侨务工作面临的新形势新任务新要求，务实工作举措，推动全县侨务工作实现新发展。开展侨资企业服务年活动。对南城县侨资企业进出口和投资情况进行摸底调查，组织人员对全县重点侨资企业进行了走访调研。“点对点联系，面对面服务”，认真倾听企业提出的意见和建议，积极帮助企业解决发展中的困难和问题，帮助企业应对疫情带来的影响，真正在侨企与政府之间架起了一座“连心桥”。做好“三侨生”身份认定。按照省侨办下发的《关于进一步规范“三侨生”高考加分身份认定工作》的要求，指派专人负责，以高度负责的态度做好此项工作，确保符合条件的“三侨生”都能够享受政策优惠，全年办理“三侨生”身份认定1名。因地制宜地开展纪念《中华人民共和国归侨侨眷权益保护法》颁布30周年宣传活动。扩大该法在社会各界的知晓度和影响力，努力营造社会知侨、爱侨、护侨的良好氛围。抓好基层侨胞之家示范点建设。在建昌镇邱坊村建立了农村侨胞之家示范点，进一步完善了农村侨务工作网络，扩大了服务侨胞的覆盖面，提升了服务侨胞的水平。

【统战品牌工作再上台阶】 推进统战品牌建设方面。立足新时代对统战工作的新要求，扎实开展统战品牌建设活动。发挥“统战人士工作室”作用，引领他们在做好企业发展和自身建设的前提下，把个体优势转化为团体合力，实现团结一个、凝聚一帮，引领一个、带动一片；在建昌镇麻岭下村建立“同心圆”实践创新基地，并将实践创新基地建设与社会治理创新相结合、与行业和企业发展相结合、与新的社会阶层人士的需求相结合，引领新的社会阶层人士围绕中心、服务大局、贡献智慧；创建株良镇株良村、建昌镇邱坊村等2个村级统战工作室，不断将统战工作向更基层延伸；创建建昌镇邱坊村基层侨胞之家示范点，进一步完善了农村侨务工作网络，扩大了服务侨胞的覆盖面，提升了服务侨胞的水平；成功举办第四届“孝心杯”表彰活动，县乡两级评选表彰“最美孝心儿女”“最美孝心媳妇”“最美爱心人士”“最美孝心少年”“最美恩爱夫妻”120名，持续营造崇德向善的浓厚氛围、弘扬“尊老爱幼”传统美德、传播“孝”“爱”社会正能量。强化创新意识方面。积极开展统战实践创新和理论创新，不断创新工作思路和工作方法，实践创新以人为中心，不断创新工作方法。《以室画圆 凝心聚力——南城县创建“统战人士工作室”的实践探索》获2020年度全省、全市统战工作实践创新成果奖。

【疫情防控统战聚力】 2020年新冠肺炎疫情突如其来，全县统一战线广大成员认真贯彻习近平总书记的重要讲话和指示批示精神，紧紧围绕县委、县政府的统一部署，发挥优势、勇于担当、积极作为，为取得疫情阻击战和经济发展推进战的最终胜利发挥了应有的作用。党外干部余琳娜，从大年三十开始，带领志愿者们开展各类抗疫志愿服务活动，累计动员志愿者740人次，志愿服务时长达8240小时；新联会理事章太阳主动投身支援武汉承担物资仓库接收、转运、配送工作等。党外干部和无党派人士在关键时刻用实际行动体现了同心同德跟党走的政治本色。还有大批的民营企业家、在外乡贤、海外侨胞尽管自身生产经营受到疫情影响，仍倾尽所能、慷慨解囊、捐款捐物，共捐款260多万元，用大爱谱写抗疫之歌。

【县委统战部领导名单】
县委常委、部长：
章燕萍（2016.8—2020.8）
胡旗中（2020.8至今）
常务副部长：
李献红（2019.5至今）
副部长：
崔进兵（2019.5至今）
侨联副主席：
余 斌（2019.5至今）

信 访

【概况】 南城县委信访局是县委、县政府负责接待群众来访，受理群众来信来电来访的正科级行政机构。根据省委办公厅、省政府办公厅《关于印发抚州市市县机构改革方案的通知》（赣厅字〔2018〕92号）、《市委办公室、市政府办公室关于印发〈南城县机构改革方案〉的通知》（抚办字〔2019〕7号）和《县委办公室、县政府办公室关于印发〈南城县机构改革实施方案〉的通知》（城办发〔2019〕1号）精神，中共南城县委、南城县人民政府信访局更名为中共南城县委信访局，县委信访局作为县委工作机关，为正科级。对外加挂南城县人民政府信访局牌子。内设综合办公室和督查室两股室，县委信访局机关设行政编制5名。其中，领导职数：局长1名，副局长2名。股级职数2名。2020年，县本级共接待群众来访880批3334人次，其中集体访153批1831人次，办理群众网上信访、来信、来电1228件次。2020年，南城县被评为全市综合先进单位及全省信访工作“三无”县和全国信访工作“三无”县。

【完善信访工作制度】 为便于群众有针对性地向县领导同志反映问题，对信访局工作人员工作情况进行监督，县信访局不断完善工作制度，制定县领导接访制度，对来信访局接待群众的县领导姓名、职务、分管工作提前向社会公布，便于群众有选择性地找县领导对口接待；制作群众信访流程图、县信访局工作职责、群众诉求中心职责等，使广大群众对信访工作一目了然；县信访局所有工作人员的姓名、职务、电话号码向群众公开，便于广大群众进行有效监督。

【畅通信访渠道】 开通了网上信访业务，实现网上接收、办理、回复、查询一体化工作流程，确保网上信访业务回复率达100%，让群众不出家门就能解决自己的合理诉求。

【信访督查督办】 为及时有效化解信访疑难问题，成立信访督查督办室，配齐1名正科级督查专员和工作人员，对基层单位的信访问题处理情况，信访制度落实情况，信访设施配置情况进行专项督查督办。2020年共督查各类信访问题170余件，其中停访息诉136件，息诉率达80%。

【信访依法终结】 为进一步推广和应用信访条例，根据省、市印发信访事项办理、复查、复核的规定，县信访工作联席会议依照信访事项复查复核工作程序，对信访申请复查复核事项认真进行审核，2020年收到信访事项复查申请9件，其中，经审核按程序启动信访复查1件，8件均不属于复查范围，引导信访人走司法途径解决。

【信访救助】 为妥善解决特殊

疑难信访问题，生活又确有困难信访人员的问题，南城县委、县政府积极筹备配套资金，启动信访救助程序，2020年共救助信访对象7人，救助资金24.3万元。7例信访救助对象全部停访息诉。

【实行县领导接访制度】 2020年，南城县委、县政府将县领导接访作为一项长效机制抓落实，坚持县委、县政府主要领导每月安排接访日，每日安排2名县四套班子领导到信访局坐班接访，1名相关职能部门主要领导每天陪同接访，乡镇领导随时接访。重要敏感时期，加大接访密度，周末也安排县领导接访。各基层单位参照县里的做法，成立矛盾纠纷排查调处中心，认真组织班子成员到信访接待室接待群众来访。同时，村（居）委会设立接待室，每天安排专门人员随访随接，做到“小事不出村，大事不出乡，难事不出县”。县信访局每天将领导接访件进行梳理，及时交办，并明确工作人员跟踪督办，要求责任单位在规定时间内将调处情况报告接访领导和书面回复上访人。县联席办不定期进行抽查、督办，对落实领导接访制度和办访情况进行通报。最大限度地减少越级上访的发生。

【信访专项活动】 为了进一步化解社会矛盾，南城县以开展全国、全省“三无县”创建活动为抓手，2020年开展了信访矛盾化解攻坚活动，活动期间，市、县排查交办的13件重要信访问题全部得到化解，化解率达100%。为切实解决信访积案，减少信访增量，县联席办先后共排查了排查了两批121件重要信访问题，全部按照“属地管理、分级负责”“谁主管、谁负责”和“一岗双责”的原则，对责任单位进行了集中交办，办结121件，办结率100%，其中停访息诉97件，息诉率达80%。

【信访工作改进】 南城县委、县政府制定下发《关于进一步加强信访工作的实施意见》，提出明确的工作目标，规范各部门各单位工作责任，制定强有力的保障措施，从信访排查，领导包案，带案下访，定期调度和责任追究等方面加大力度，尽全力解决群众的合理诉求。

【县信访局主要领导名单】
局长：
程志辉（2019.2 至今）
副局长：
杨国福（2019.7 至今）
严风兰（2018.7 至今）

史　志

【概况】 南城县委党史工作办公室与县地方志办公室合署办公（以下简称史志办），实行两块牌子一套人员，为参公管理的事业单位，2020年度共有人员4名，其中领导班子2名，为一正一副。主要负责县域内党史的研究；负责党史资料的征集和编纂；负责党史的宣传、教育工作；围绕全党工作大局，抓好党史研究成果的转化，通过各种方式和渠道，对领导干部和青少年进行党史宣传教育，充分发挥党史工作资政育人、以史育人的社会功能，同时负责地方志的编纂。

2020年，南城县党史办（地方志办）在县委、县政府的直接领导下，在省、市史志部门的关心指导下，党史办领导班子立足岗位、奋发进取、开拓创新、勇于奉献，班子成员率先垂范、勤政务实，带领全办干部共同努力，坚持以习近平新时代中国特色社会主义思想为指导，以科学发展观统领全局，紧紧围绕南城赶超发展战略和全面建成小康社会、构建和谐社会的总体要求，充分发挥史志工作“存史、资政、育人”的职能，逐步拓展史志工作的新领域，不断探索史志工作为现实服务的新途径，努力提高党史资料征集、研究和地方志编纂水平，以严谨务实的作风认真工作。班子成员吴云华和熊春玲分别被省、市党史部门评为2020年度省、市史志工作先进个人，南城县党史办也被评为全市史志工作综合第一名。

【全力做好新冠肺炎疫情防控工作】 2020年新冠肺炎疫情突如其来，史志办严格按照县疫情防控指挥中心的部署，认真做好单位和驻点社区、农村的防控工作。疫情防控期间，组织单位人员及时上报体温、外出动向，做好个人防护。组织干部赴所驻村和社区宣传疫情防控，赠送一批口罩和消毒水等物品，组织人员帮助贫困户和村委会开展卫生大扫除。同时做好复工复产工作。

【编纂出版《南城年鉴（2020）》】 2020年年初，史志办正式启动《南城年鉴2020》编纂出版工作。经过资料征集整理、编写、校对和送审，于10月份送至出版社审核定稿，11月份进厂印刷，12月份出版发行。

【开展党史正本（三卷）编纂工作】 地方党史正本是党史工作为加强党的执政能力建设服务的重要举措，也是发挥党史资政育人作用的重要体现。2020年，已完成初稿编纂工作，进入校对和送审阶段。

【完成省市两级年鉴（南城部分）的组稿工作】 省市两级年鉴工作是地方志工作中的重要组成部分，史志办领导班子高度重视，及时向县有关领导汇报，成立年鉴编纂工作领导小组，认真开展资料征集，明确专人组稿，2020年3月底和5月底分别完成省级和市级年鉴的供稿任务。

【完成《南城县革命老区发展史》的编纂工作】 2019年下半年启动《南城县革命老区发展史》编纂工作，史志办组织人员征集大量资料，2020年上半年开始资料编写工作，12月份完成初稿的编纂工作，正进入校对和资料补充阶段，拟于2021年出版发行。

【大力开展党史宣传教育工作】 2020年以来，史志办组织干部大力开展党史宣教工作。充分利用现有的红色基地，开展宣传工作。主要是配合全县各单位开展系列党性教育活动和固定活动节日，安排专人现场义务讲解。受邀到各单位上专题党史课。开展各类党史地方书籍的发行工作。

【做好脱贫攻坚工作】 2020年是脱贫攻坚工作的关键年，史志办同时承担农村扶贫和城镇扶贫两项工作，按照县委组织部的工作部署，选派一名干部和团县委干部驻天井源乡河垅村扶贫。同时，作为城镇扶贫牵头单位，史志办认真按照县民政局安排部署，及时召集成员单位认真做好所挂点的龙湖镇社区帮扶工作。

【协助开展创国卫大清理工作】 2020年，史志办严格按照县里相关部门要求，多次组织人员针对卫生区、居住区开展卫生大扫除、大清理工作。主要是清除墙面牛皮癣、地面杂草、室内外卫生死角等。同时，组织本办志愿者多次到赵博生烈士纪念馆和黄狮渡大捷指挥部开展卫生清理工作。

【开展围绕"好人主义之害"开展解放思想大讨论活动】 全县围绕"好人主义之害"开展解放思想大讨论活动动员大会召开之后，史志办及时召开领导班子会议，研究制定活动实施方案、成立活动领导小组、召开党史办围绕"好人主义之害"开展解放思想大讨论活动动员大会、组织全体党员干部集中学习。严格按照县活动办工作部署，做好每个阶段的学习、调研和问题检视及整改工作。

【进行"两馆"管理员培训工作】 为了进一步提升赵博生烈士纪念馆和黄狮渡大捷指挥部两个馆的管理水平，史志办组织专家集中对2个馆的工作人员专题培训。主要是针对日常管理和来访人员讲解方面的培训，通过培训后，2个馆的工作人员讲解水平得到提高，现在能独立完成接待和讲解工作任务。

【发行系列书籍】 2020年以来，史志办积极开展《南城县志（1985—2013）》《南城年鉴（2014—2016）》《南城年鉴（2017—2018）》《中共南城县历史（一、二卷）》《南城抗战史》等书籍的发行工作。

【完成各项中心工作】 2020年以来，史志办加强工作领导，落实好县委、县政府各项中心工作。主要是认真抓好综治维稳、意识形态、计生、节能、志愿者服务、脱贫攻坚、统战、党建和党风廉政建设等。通过努力，圆满完成各项工作任务。

【抓好干部队伍建设】 以"好人主义"为契机，确实抓好党史办干部管理和作风转变工作。

【县委党史办主要领导名单】
主任：
熊春玲（2009.6—2021.2）

副主任：
吴云华（2003.9 至今）

党 校

【概况】 中共南城县委党校（南城县行政学校）主要工作职责是培训县属党政领导干部、公务员；进行马克思主义基本理论研究，研究宣传习近平新时代中国特色社会主义思想；开展重大理论和现实问题研究，承担党委和政府决策咨询服务等职责。2020 年年底，全校干部职工 13 人，退休人员 10 人，下设办公室、教研室、组教室、图书资料室等 4 个职能科室。

【主要工作】 2020 年共举办干部培训主体班次 6 期，其中 2 期全县科级干部学习贯彻中共十九届四中全会精神轮训班、2 期入党积极分子培训班、1 期村（居）党支部书记培训班和 1 期党外干部培训班，培训总人数约 1100 人次，主要培训内容是习近平新时代中国特色社会主义思想、中共十九届四中全会精神、农村党建三化建设、农村基层党组织工作条例、脱贫攻坚、中国共产党问责条例等。

【理论宣教】 2020 年 7—8 月，组织骨干教师组成县委宣讲团，赴乡镇及县直机关进行围绕“好人主义之害”解放思想大讨论活动理论宣讲。11 月在全县开展中共十九届五中全会精神专题宣讲。2020 年，共外请 10 多人次领导专家来党校授课，县级领导到同级党校讲课制度得到贯彻落实。同期派出骨干教师参加抚州市党校系统决胜全面建成小康社会理论研讨会，获得研讨会三等奖。

（付云根 肖永明）

【县委党校主要领导名单】
党校校长：
周国平（2016.11—2020.12.30）
（县委副书记兼）
行政学校校长：
张沥泉（2016.8—2020.3）
（常务副县长兼）
万国辉（2020.3 至今）
（常务副县长兼）
负责人：
徐国斌（2019.1 至今）

档 案

【概况】 南城县档案局是南城县委县政府管理全县档案工作的直属部门。2020 年年底有干部职工 8 人，其中离退休人员 4 人，在职 4 人。辖事业性质档案馆 1 个，局长兼馆长。档案馆馆藏档案有 109 个全宗，共 94159 卷 37278 件，照片档案 3081 张，实物档案 209 件，资料 14729 册，主要为县直机关、乡镇文书档案，涵盖声像、会计、科技、人事、移民、案件、婚姻、知青、山林、税收、土地确权、普查、基建、户籍、工程等 10 多种档案类别。2020 年，县档案局在南城县委、县政府的正确领导和上级档案部门精心指导下，档案局严格按照《中华人民共和国档案法》及省、市档案管理有关规定，进一步规范和完善档案管理工作，提高档案管理服务能力和水平。

【积极宣传新档案法】 在县委办支持和组织下，全县各乡镇、各部门单位档案人员共 136 人在南城二中学术报告厅集中收听收看国家档案局干部教育中心在线举办的“新修订档案法公益大讲堂”培训直播。通过这次培训，全县档案工作者更加体会到做好档案工作的重要性，以新修订的档案法为从业遵循，认真执行新修订的档案法规，切实提高档案工作能力和水平，努力把档案工作做得更好。

【接收多门类档案进馆】 档案馆接收了五类专业档案共 26749 卷进馆，其中：民政局婚姻档案 3386 卷，纪委案件档案 594 卷，扶贫和移民局移民工程档案 705 卷，财政局税收档案 110 卷，土地确权登记档案 21954 卷。接收各部门重要资料 300 册。

【农村档案规范化管理工作取得新进展】 南城县的村级档案室建设得到了有效的改进，2020 年南城县有 2 个村达到档案规范化管理省三级，有 12 个村达到档案规范化管理市优秀，有 8 个村达到档案规范化管理合格。

【扎实推进档案信息化建设】 县档案馆建立了知青档案、山林档案、婚姻档案等 7 种民生档案专题目录数据库；并全面完成馆藏档案的目录数据库的建设，加强了档案信息安全的管理，健全并执行了档案数据安全管理制度，确保档案信息资源公开共享安全。

【县档案局主要领导名单】
副局长：
范建英（2003.8—2020.10）
吴 燕（2018.6—2020.11）

接 待

【概况】 中共南城县委、县政府接待办公室（以下简称县接待办）成立于1990年5月，正科级事业单位，编制4人，设副主任1名。县接待办是县委、县政府执行公务接待任务的办事机构，全面负责上级领导至南城县进行公务活动的接待工作，并具有综合协调、指导各乡镇、社区、县委各部门、县直各单位公务接待工作的职能。2020—2021年，县接待办共接待客人1923批次、53217人次。

【推进制度抓接待】 推进制度建设。先后制定《南城县公务接待工作暂行管理办法》《接待办财务管理制度》《接待办采购管理制度》《接待办物品出库管理制度》《县接待办干部职工绩效工资考核方案》等制度，既注重制度的全面性，又突出制度的实效性，保证了各项工作有章可循、有据可依，为做好接待工作提供了有力的制度保障。加强过程和程序管理。按照接待工作要点，定期召开主任办公会研究布置工作，同时加强对平时工作的督促，对重要工作的调度，通过抓过程、问绩效，每项工作都能善始善终，全程管理。做好档案资料管理工作。将日常文件及专题活动资料分门别类，专人负责管理，特别是密级文件，确保文件查阅有条目，档案管理不遗失，做到系统、规范、科学。完整的一次接待工作资料包含接待方案、接待手册、座位席、菜单、接待小结等，每次接待任务完成后，及时进行整理归档，针对重要来宾，接待人员将收集来宾个人信息，及时进行记录分析并建档。

【创新特色抓接待】 按照“重要会议、重大活动、重点接待”的思路，积极转变观念，彻底改变接待工作只是管吃管住和迎来送往的传统认识，创新接待方式方法，坚持“精细化”“个性化”“特色化”标准，努力打造具有南城特色的接待服务品牌。创新接待模式。坚持以人为本的模式，在接待中推行“五个一”，即一份微笑、一份《接待手册》、一路热情讲解、一张特色桌签和一本宣传画册，始终让客人感到宾至如归的脉脉温情。彰显接待个性。充分发挥南城县丰富的资源优势，注重开发饮食文化，结合来客的地方生活习惯和特点，提供个性化饮食服务。在接待中，积极推出符合各地饮食特色的接待食谱，打造包装接待服务产品，形成各类礼品套件，同时做到每次宴请都用本地土特名优产品，以“土”胜“洋”。完善接待流程。从接待方案的制定到接待客人的离开，坚持向每一项接待环节要质量，在每一个接待细节中体现服务的优质高效。在历次重大接待中没有出现任何纰漏。

【整体联动抓接待】 积极构织“领导高度重视，部门通力配合，上下协作联动”的接待网络上下功夫。加强与上级业务单位之间的协作配合，达到获取各类信息准时、畅通，较好地确保了各类重大接待活动“准确、到位、合理、规范”。加强与同级职能部门之间的协作与配合。特别是与公安、交通和卫生等部门之间的协作与配合，进一步优化政务接待环境，接待档次不断提升。加强与酒店、宾馆、景点等之间的协作与配合。宾馆、酒店、景点、企业单位是具体承担政务接待活动的重要组成部分，接待办平时注重与它们之间的协作配合，并利用各种时机对其进行相关的业务指导、培训，确保了政务接待取得良好的效果。

【紧扣中心任务抓接待】 县接待办坚持向接待要效益，在接待中不忘经济发展的中心任务，坚持通过高质量的接待服务赢得政策、赢得朋友、赢得支持、赢得信息和投资，推动南城县经济社会又好又快发展。当好优势资源的宣传员。要求每一位接待人员必须熟悉南城基本县情，懂历史、晓文化、知名人，更需了解南城各方面的建设情况，以便在工作中更好地推介南城。在接待工作中，利用接待客人参观的机会，广泛宣传南城丰富的历史文化和得天独厚的自然生态资源，将南城麻姑文化，洪门湖文化、益王文化、建昌帮文化融入接待工作中，更加充分地体现南城接待工作的独特风格和品位。当好招商引资的服务员，围绕南城县发展目标，及时领会县委、县政府的工作思路和要求，努力尝试将工作横向延伸到相关的各个方面，积极参与到决策、推介等活动中去。通过周密细致的安排、热情周到的服务，向所有来宾展现南城的人文环境和办事风格，吸引大客商，引进大项目，为所有来宾打开一扇了解南城的门，使接待工作真正为县委、县政府的决策服务。

【2020—2021 年重要接待活动】 2020 年 8 月 31 日—2020 年 12 月 15 日，负责全省经济发展环境审计组接待工作；2020 年 11 月 20 日，负责国家脱贫攻坚考核组接待工作；2021 年 4 月 12 日，负责麻姑山文化节接待工作。

【县委、县政府接待办主要领导名单】

接待办副主任：

饶　星（2017.9 至今）

南城县人民代表大会

综　述

南城县人民代表大会常务委员会（以下简称县人大常委会）是南城县人民代表大会的常设机关，对县人民代表大会负责并报告工作。它行使的职权是：保证宪法、法律、法规和上级人大及其常委会决议在南城县的遵守和执行；主持县人大代表的选举；召集县人大会议；讨论、决定南城县的政治、经济、教育、科学、文化、卫生、环境和资源保护、民政、民族等工作的重大事项；根据县政府的建议，决定对南城县国民经济和社会发展计划、预算的制定与变更；监督南城县“一府一委两院”的工作，联系县人大代表，受理人民群众对“一府一委两院”及其国家工作人员的申诉和意见；撤销乡（镇）人大不适当的决议；撤销县政府不适当的决定和命令；在县人大闭会期间，决定对县长的个别任免；在“一府一委两院”正职因故不能担任职务时，从副职中决定代理人选；根据县长提名，决定局长（主任）的任免（报上一级人民政府备案）；按照“两院”组织法的规定进行人事任免；在县人大会闭会期间，补选上一级人大会出缺的代表和罢免个别代表；决定授予地方荣誉的称号。其内设机构有：常委会办公室、选任联工作委员会、预算审查工作委员会、农业和环境资源保护工作委员会、监察和司法工作委员会、教育科学文化卫生工作委员会、备案审查工作委员会。在编人员 26 人，退休人员 12 人。2020 年是全面建成小康社会和“十三五”规划的收官之年，是极不平凡、极不寻常、极为不易的一年。面对错综复杂的发展形势，特别是新冠肺炎疫情的严重冲击，在中共南城县委的坚强领导下，县人大常委会坚持以习近平新时代中国特色社会主义思想为指导，深入贯彻落实中共十九大和十九届二中、三中、四中、五中全会精神，认真学习贯彻习近平总书记关于坚持和完善人民代表大会制度的重要思想，紧紧围绕县委的决策部署，依法履职、积极工作，圆满完成了县十七届人大五次会议确定的各项任务，有效发挥了地方国家权力机关的职能作用，为推进南城高质量跨越式发展，奋力谱写新时代江西改革发展南城新篇章作出了积极贡献。

【县人大常委会领导名单】

县十七届人大常委会领导人
主任：
陈胜堂（2016.10 至今）
党组书记：
陈胜堂（2016.8 至今）
副主任：
张晨曦（2012.7 至今）
游庆龙（2014.1 至今）
朱小明（2016.10 至今）
周青林（2019.3 至今）

【县人大常委会工作部门领导名单】

常委会办公室主任：
余国军（2016.3 至今）
监察和司法工作委员会主任：
赵小琴（2019.1 至今）
预算审查工作委员会主任：
卢志强（2016.3 至今）
教科文卫工作委员会主任：
汪细根（2019.2 至今）
选任联工作委员会主任：
章兴平（2019.1 至今）
农业和环保工作委员会主任：
邹军龙（2019.1 至今）
备案审查工作委员会主任：
王　娟（2019.2 至今）

人民代表大会会议及人民代表大会常务委员会会议

【县十七届人大五次会议】 2020年7月13—15日，在县会展中心召开南城县第十七届人民代表大会第五次会议，出席会议应到代表177人，实到159人，符合法定人数。会议听取和审议南城县人大常委会工作报告以及南城县人民政府、南城县人民法院、南城县人民检察院工作报告；审查和批准南城县2019年国民经济和社会发展计划执行情况与2020年国民经济和社会发展计划草案的报告；批准南城县2020年国民经济和社会发展计划；审查和批准南城县2019年县级总预算执行情况与2020年县级总预算草案的报告；批准南城县2020年县本级预算。

【县第十七届人大常委会第二十三次会议】 2020年3月9日，县人大常委会主任陈胜堂在行政中心五楼县人大常委会会议室召开南城县第十七届人大常委会第二十三次会议。会议听取和审议了南城县人大常委会工作报告（讨论稿）；听取和审议了县人民政府有关人事任免议案；听取和审议南城县第十七届人民代表大会常务委员会代表资格审查委员会关于选举和补选的代表资格审查报告；审议关于2019年度规范性文件备案审查工作情况的书面报告。

【县第十七届人大常委会第二十四次会议】 2020年4月28日，县人大常委会主任陈胜堂在行政中心五楼县人大常委会会议室召开南城县第十七届人大常委会第二十四次会议。会议听取和审议县人民政府关于南城县2019年生态环境质量状况和环境保护工作目标任务完成情况的报告；听取和审议南城县第十七届人民代表大会常务委员会代表资格审查委员会关于补选的代表资格审查报告；表决关于接受刘凯同志辞去南城县人民政府副县长职务请求的决定（草案）；听取和审议县人民政府关于提请周爱花同志任职的议案；听取和审议县人民法院关于提请任命许东波同志法律职务的议案；听取和审议县人民法院关于重新提请确定南城县人民法院人民陪审员名额的议案；听取和审议县人民法院关于提请邱国平等同志任南城县人民法院人民陪审员的议案。

【县第十七届人大常委会第二十五次会议】 2020年7月6日，县人大常委会主任陈胜堂在行政中心五楼县人大常委会会议室召开南城县第十七届人大常委会第二十五次会议。会议听取和审议县人民政府关于南城县2019年生态环境质量状况和环境保护工作目标任务完成情况的报告；听取和审议关于南城县城乡社区居家养老服务体系建设情况的报告；听取和审议县人大常委会关于开展《抚州市文明行为促进条例》执法检查情况的报告；审议政府工作报告（讨论稿）；审议南城县2019年国民经济和社会发展计划执行情况与2020年国民经济和社会发展计划草案的报告；审议南城县2019年县级总预算执行情况与2020年县级总预算草案的报告；听取和审议县人民政府人事任职议案；审议召开南城县第十七届人民代表大会第五次会议的决定（草案）；审议县十七届人大五次会议议程（草案），决定提请县十七届人大五次会议预备会议通过；审议县十七届人大五次会议主席团和秘书长名单（草案），决定提请县十七届人大五次会议预备会议通过；审议县十七届人大五次会议日程及有关名单（草案）；审议关于落实县人大常委会《〈南城县脱贫攻坚工作情况报告〉审议意见》的书面报告；审议关于落实县人大常委会《关于〈南城县人民政府关于招商引资工作情况的报告〉的审议意见交办函》的书面报告；审议县人民政府关于县十七届人大四次会议及闭会期间代表意见建议办理情况的书面报告；审议县人大常委会选任联工委关于县十七届人大四次会议及闭会期间代表建议、批评批评和意见督办情况的书面报告。

【县第十七届人大常委会第二十六次会议】 2020年9月9日，县人大常委会主任陈胜堂在行政中心五楼县人大常委会会议室召开南城县第十七届人大常委会第二十六次会议。会议听取和审议县人民政府关于2020年上半年国民经济和社会发展计划执行情况的报告；听取和审议县人民政府关于2019年县本级决算和2020年上半年预算执行情况的报告，审查和批准2019年县本级决算；听取和审议县人民政府关于2019年度县本级预算执行和其他财政收支的审计工作报告；听取和审议南城县人民政府关于提请审议《2020年县本级一般公共预算和政府性基金预算调整方案（草案）及2020年地方政府债务限额》的议案；听取和审议县人大常委会关于开展《中华人民共和国公证法》执法检查情况的报告；听取和审议南城县人民法院服务保障营商环境优化工作情况的报告；表决关于接受范亚平同志辞去南城县监察委员会主任职务请求的决定以及人事任免事项。

【县第十七届人大常委会第二十七次会议】 2020年11月27日，县人大常委会主任陈胜堂在行政中心五楼县人大常委会会议室召开南城县第十七届人大常委会第二十七次会议。会议听取和审议南城县人民政府关于办理县十七届人大五次会议期间代表建议情况的报告；听取和审议南城县人民政府关于2019年度企业国有资产管理情况的专项报告；听取和审议南城县人民政府关于2019年度国有资产管理情况的综合报告；听取和审议县人民政府关于全县文化旅游工作情况报告；听取和审议南城县人民检察院关于适用认罪认罚从宽制度工作情况的报告；听取和审议县人大常委会关于开展《全国人民代表大会常务委员会关于全面禁止非法野生动物交易、革除滥食野生动物陋习、切实保障人民群众生命健康安全的决定》实施情况检查的报告和执法检查情况的报告；审议县人民政府关于落实县人大常委会《关于〈南城县城乡社区居家养老建设发展情况的报告〉审议意见》的书面报告；审议县人民政府关于《县人大常委会对县政府〈南城县2019年全县环境状况和目标保护完成情况报告〉审议意见》落实情况的书面报告；审议南城县人民法院关于落实县人大常委会《关于〈南城县人民法院服务保障营商环境优化工作情况报告〉审议意见》的书面报告以及人事任免事项。

【县第十七届人大常委会第二十八次会议】 2020年12月30日，县人大常委会主任陈胜堂在行政中心五楼县人大常委会会议室召开南城县第十七届人大常委会第二十八次会议。会议听取和审议县人民政府关于提请审议《2020年县本级财政预算调整》议案；听取和审议县人民政府关于建立脱贫成果巩固提升长效机制工作情况的报告；听取和审议县人民政府关于2019年度县本级预算执行和其他财政收支审计查出问题整改情况的报告，并对审计查出问题整改情况开展满意度测评；听取和审议县人大常委会关于开展2020年环保抚河行活动情况的报告；审议县人民政府关于落实县人大常委会《开展〈抚州市文明行为促进条例〉执法检查情况的报告》的书面报告。

监督工作

【听取和审议专项工作报告】 县人大常委会每年选择若干关系改革稳定发展和群众切身利益、社会普遍关注的重大问题，有计划地安排听取和审议县政府、县法院和县检察院（以下简称“一府两院”）的专项工作报告。2020年，先后听取和审议县人民政府关于南城县2019年度环境状况和环境保护目标完成情况的报告；听取和审议县人民法院关于服务保障营商环境优化工作情况的报告；听取和审议县人民检察院关于落实认罪认罚从宽制度工作情况的报告；听取和审议县人民政府关于办理县十七届人大五次会议期间代表建议情况的报告；听取和审议县人民政府关于文化旅游发展工作情况的报告；听取和审议县人民政府关于建立稳定脱贫长效机制的专项工作报告；听取和审议县人民政府关于养老服务工作情况专项工作报告；审议县人民政府关于2019年度国有资产管理情况的书面综合报告，听取和审议县人民政府关于2019年度企业国有资产管理情况的专项报告；听取和审议县人民政府关于南城县“十三五”规划纲要实施情况和“十四五”规划纲要编制情况的报告。坚持常委会会议审议后向“一府两院”发送书面审议意见制度，并跟踪问效，督促审议意见办理落实、整改到位。对一些难度大、办理落实不够到位的重点工作，常委会采取连续多年听取和审议该专项工作报告的方式，切实推进“一府两院”改进工作。

【财政预算审查】突出监督重点，围绕计划和预算的执行或调整、国有资产和企业国有资产管理等情况进行监督；注重发挥审计监督的作用，听取和审议了县政府关于2020年上半年国民经济和社会发展计划执行情况的报告；听取和审议县人民政府关于2019年县本级决算和2020年上半年预算执行情况的报告，审查和批准2019年县本级决算；听取和审议县人民政府关于2019年度县本级预算执行和其他财政收支的审计工作报告；听取和审议县人民政府关于2019年度县本级预算执行和其他财政收支审计查出问题整改情况的报告，并对审计查出问题整改情况开展满意度测评；听取和审议县人民政府关于2019年度预算调整方案的报告等。并对审计所发现问题的整改情况进行监督检查，促进了预算管理的科学化、精细化，强化了预算约束力。

【开展执法检查】2020年，结合南城县实际，先后对《全国人大常委会关于全面禁止非法野生动物交易、革除滥食野生动物陋习、切实保障人民群众生命健康安全的决定》《中华人民共和国野生动物保护法》《中华人民共和国公证法》《抚州市文明行为促进条例》和《中华人民共和国森林法》等法律法规实施情况进行执法检查。对在执法检查中发现存在的主要问题及时向县政府及有关部门提出建议和意见，并采取听取汇报、组织视察等多种形式，跟踪督促相关部门整改落实，促进法律法规的贯彻实施。

【组织开展视察调研】2020年，县人大常委会开展了全县道路交通安全工作调研、封山育林工作调研、全县应急管理体系和能力建设情况专题调研、生猪养殖有关问题的整改落实情况调研，并对南城县“大班额”化解工作情况进行视察。同时配合市人大调研组赴南城县开展脱贫攻坚成果巩固提升长效机制工作视察、配合市人大调研组赴南城县调研封山育林工作、配合市人大在南城县召开《抚州市门前三包管理规定》立法调研座谈会；配合省人大调研组赴南城县开展助推乡村振兴人大代表视察和新闻媒体集中采访报道活动、配合省人大调研组赴南城县调研农产品加工业和生猪生产情况。通过听取汇报、实地察看、座谈交流等形式，掌握了解有关情况，并形成书面视察调研材料，以专刊形式报送县委、县政府，提供决策参考，推进工作开展。

【大力开展司法监督】注重从群众信访集中反映的司法问题，通过听取专题报告、座谈走访、督办重点信访件等形式，督促司法机关依法办案、公正司法。以维护司法公正为主题，组织部分县人大常委会组成人员和县人大代表对县人民法院案件的开庭审理进行旁听，增强案件审理透明度，提升法院的司法公信力和群众满意度；为加大普法监督力度，对“七五”普法规划目标任务完成情况进行跟踪督促，推动“一府一委两院”提升普法实效，为依法治县奠定坚实基础；根据监督法、立法法和省、市人大常委会关于规范性文件备案审查工作的办法，进一步完善备案审查工作机制，做好规范性文件备案审查工作，确保规范性文件的合法性，做到有件必备、有备必审、有错必纠，维护国家法制统一。同时对县十七届人大五次会议期间代表提出的建议在法定时限内统一交办，并从交办时间开始计算办理期限。同时，从县十七届人大五次会议期间代表提出的建议中，确定重点督办建议，由常委会领导和各工委分别领衔督办。

【保护饮水安全，开展“环保抚河行”活动】围绕“共治水源周边污染，保障农村饮水安全”主题，继续开展2020年环保抚河行活动。深入贯彻落实习近平生态文明思想，大力宣传环境保护法、水污染防治法及土壤污染防治法的有关内容，不断增强各级领导干部和广大人民群众生活饮用水安全保护意识。依法重点检查严重影响和威胁农村饮用水水源地安全的周边生活垃圾和生产生活污水等污染问题，着力解决因土壤、地表水及地下水污染造成的饮用水安全问题。检查监督“万人千吨”“千人百吨”农饮工程的建设、运行、维护及综合效益情况，因地制宜推动城乡供水一体化；检查监测乡村农户龙头水、手压井水等水质状况，推动建立定期检测制度，切实保障农村居民饮用水安全。跟踪监督2019年环保抚河行活动发现的重点问题及典型案例的整改情况。

选举任免工作

【严格法定程序做好人事任免工作】 严格依照法定程序依法行使人事任免权，主动加强与相关部门沟通联系，对提请任免干部的有关材料认真细致审核，坚持对拟任职人员进行任前法律知识考试、表态发言、颁发任命书和向宪法宣誓等必要程序，确保常委会人事任免工作的顺利进行。2020年，县人大常委会任免国家机关工作人员共38人次，其中任命33人次（县人民政府副县长4人次，县监察委员会副主任及代理主任2人次，县法院法律职务1人次，县法院人民陪审员26人次）、免职5人次。接受辞去县人民政府副县长2人次、县监察委员会主任1人次。

【做好县第十七届人大代表选举工作】 及时了解代表变动情况，提出代表选举补选的建议，经常委会党组同意后报县委批准，及时向选举单位下发选举通知，明确选举法定日期，精心指导乡镇做好选举补选工作。2020年，因工作调动，依法终止县十七届人大代表资格4名，选举补选县十七届人大代表9名。

办理人大代表意见和建议

【概况】 2020年，南城县第十七届人民代表大会第五次会议及闭会期间，全体代表深入调查研究、广泛听取民意，“不忘初心、牢记使命”，紧紧围绕民生实事，结合“一府两院”及其他工作报告积极建言献策，依法履职，共向大会提交建议、批评、意见76件。县政府各承办单位按照代表建议办理工作要求和程序，在法定时间内办理完毕并答复代表，办复率及代表满意（含基本满意）率均达到100%。

【切实加强和改进代表建议办理机制】 严格落实代表建议办理机制。认真对照《南城县关于加强和改进人大代表建议办理工作意见》，进一步落实承办责任制、办理“三见面”制、成效落实制、跟踪督办制和考核奖惩制，确保在建议办理过程中定任务、定时限、定标准，对办理进度、答复率、见面率、满意率进行量化考核，切实提高代表建议办理质量和效率。抓好重点建议督办。从代表提出的建议中精选8件代表反映强烈、人民群众普遍关心、具有一定代表性的建议作为重点建议，实行常委会领导领衔督办，突出建议办理的面商、答复、反馈等环节及时跟踪办理进度，逐件查摆问题不足，进一步明确办理期限和质量要求。抓好分组集中督办。县人大常委会成立了以常委会组成人员、常委会机关工作人员和部分县代表为成员的若干督办小组，深入各承办单位上门督查代表建议办理情况，通过听汇报、查资料、看现场，及时发现建议办理过程中存在的问题，做到早发现早整改，督促问题尽快解决。结合代表意见督办。通过与部分代表电话联系沟通，侧面了解承办单位办理建议情况，针对代表不满意的方面，督促承办单位改进方式方法，妥善解决问题，促进建议所提问题落实到位。

人大代表工作

【概况】 南城县人大代表名额为184名，乡镇人大代表名额为680名。实际情况：建昌镇县代表35名、镇代表97名，万坊镇县代表17名、镇代表55名，上唐镇县代表16名、镇代表60名，株良镇县代表20名、镇代表62名，里塔镇县代表12名、镇代表49名，新丰街镇县代表11名、镇代表44名，徐家镇县代表13名、镇代表51名，龙湖镇县代表12名、镇代表54名，洪门镇县代表10名、镇代表47名，沙洲镇县代表10名、镇代表49名、天井源乡县代表13名、乡代表51名，浔溪乡县代表8名、乡代表45名。

【确保履职平台常态化运行】 坚持常态化运行，充分发挥代表联络站的载体平台作用。着力健全了长效机制，坚持“三服务一报告”工作机制（即服务选民、服务代表、服务发展，代表述职报告工作），有力发挥了代表联络站窗口平台作用。大力推动星级创建工作。成立“五星级”争创考评工作领导小组，综合协调、组织指导、稳步推进全县争创“五星级”代表联络工作站活动，有效促进各乡镇人大进一步强化赶超进位意识，主动把争创“五星级”代表联络工作站作为提升乡镇人大工作整体水平的重要抓手，切实强化措施，确保取得实效。坚持“三个一”活动制度。每月固定一天为代表接待选民日、每月组织一次代表进站集中学习交流、每季组织一次代表调研视察活动。严格落实意见建议办理。全县16个代表联络工作站及时将群众反映的意见建议收集、办理和反馈登记造册，逐一销号落实，确保群众反映问题真正得到妥善解决。坚持月调度制度。各代表联络站开展活动后，在县人大工作联络微信群中上传有关活动图文资料，及时掌握全县各代表联络站有关情况，督促及时开展活动，保证了代表活动的常态化、制度化、规范化。2020年，全县代表联络工作站共组织代表学习交流100余次，进站参加活动的各级人大代表共计540余人次，接待群众800余人次，收集意见建议300多条，均转交相关部门落实到位。

【优化代表履职环境】 确保资金保障到位。严格落实省人大常委会关于代表活动经费的标准和要求，县乡两级的人大代表活动经费全部列入同级财政预算，实行专款专用，并列入乡镇人大工作目标检查评比内容之一。2020年，每个代表联络工作站县财政安排了运行经费2万元。确保依法保障到位。代表依法参加活动，所在单位都给予时间、工资和其他福利待遇保障；对侵害代表人身权利、打击报复等严重影响和干扰人大代表执行职务的违法活动严查严办，维护人大代表的合法权益。

【脱贫攻坚代表在行动】 持续开展“脱贫攻坚人大代表在行动”活动，着力助推脱贫帮扶工作。加大“三访三扶”结对帮扶工作机制落实，认真做好“生病住院必访、春节年关必访、子女升学必访”“扶生活、扶生产、扶就业”。抓住“两不愁三保障”这个关键，组织全县各级人大代表集中走访结对帮扶贫困户，着力为结对帮扶贫困户解决了一些实际困难和问题。各乡镇代表联络站为每位结对帮扶代表建立了结对帮扶台账，并将脱贫攻坚工作内容列入代表履职档案，作为评选优秀代表的重要依据。2020年，全县共有433人次各级人大代表参与脱贫攻坚活动，帮扶困难群众837人次，为民办实事251件。

乡镇人大工作

【乡镇人大代表作用得到充分发挥】 乡镇人大是最基层的地方国家权力机关，是人大代表履职的根基与落脚点，也是衡量人大代表发挥作用的主阵地。试点开展乡镇民生实事项目代表票决制工作。根据县人大常委会工作安排，组织洪门、株良等5个乡镇人大主席到金溪县陆坊乡等地实地学习调研乡镇民生实事项目代表票决制工作，制定印发了《关于在乡镇开展民生实事项目人大代表票决制试点工作的通知》，分别在洪门镇、株良镇、上唐镇、徐家镇、沙洲镇推行民生实事项目人大代表票决制试点工作。明确了指导思想和工作原则及实施内容，围绕乡镇民生实事项目征集、票决、推进、监督等关键环节，精心指导各乡镇人大细化工作内容，确保民生实事项目集民智、体民意、聚民力、赢民心，使民生实事项目真正成为造福于民、群众满意的民生工程。扎实指导乡镇开好人代会。为开好2020年的乡镇人代会，尤其是乡镇年中人代会，下发了关于召开2020年年中乡镇人民代表大会的工作提示，明确了2020年乡镇年中人代会召开的时间节点，并就大会议程提出指导性意见，在2020年乡镇年中人代会上全面开展了对乡镇属单位工作评议并进行满意度测评的工作，提高乡镇人大监督水平，充分发挥乡镇人大代表作用，有效推动政府更好地依法行政。抓实乡镇人大开展闭会期间活动。在坚持常委会领导及各工作机构分片联系指导乡镇人大工作制度外，县人大常委会选任联工委根据年初工作安排，分时间段及时督促检查各乡镇人大完成工作情况，收集有关数据，及时发现问题，有针对性地给予指导。同时，有针对性地组织部分乡镇人大主席、副主席等参加全省人大举办的业务培训班，邀请乡镇人大主席列席县人大常委会会议，以会代训等形式，提高乡镇人大干部的业务水平和工作能力，推动乡镇人大工作的开展。

表 8　　抚州市第四届人民代表大会代表名单（南城县）

姓　名	所在单位及职务	性别	出生年月	民族	籍贯	文化程度	党派	代表界别	备注
汪华辉	南城县委书记	男	1969.12	汉	江西临川	大学	中共党员	干部	省人大代表
邹　俊	南城县委副书记、县政府县长	男	1983.8	汉	江西高安	研究生	中共党员	干部	—
陈胜堂	南城县人大常委会党组书记、主任	男	1963.10	汉	江西临川	大学	中共党员	干部	省人大代表
张金辉	南城县委政法委副书记（正科）	男	1974.1	汉	江西南城	大学	中共党员	干部	—
邓　胜	南城县政协副主席、财政局党组局长	男	1968.10	汉	江西南城	大学	中共党员	干部	—
范亚平	南城县委二级巡视员	男	1963.1	汉	安徽太和	研究生	中共党员	干部	—
邱　春	南城县工商联主席	女	1978.1	汉	江西南城	大学	—	知识分子	—
占少安	南城一中高级教师	男	1974.8	汉	江西南城	大学	—	知识分子	—
杨丽萍	南城县人民医院副院长、副主任医师	女	1965.1	汉	江西临川	大专	—	知识分子	—
黄冬彪	江西真诚校具实业有限公司经理、株良校具商会会长	男	1969.10	汉	江西南城	初中	中共党员	工人	—
彭贞红	江西洪门实业有限公司董事长	女	1967.12	汉	江西南丰	大专	—	工人	—
毛海军	江西天城一品电子商务有限公司董事长	男	1979.2	汉	江西南城	高中	—	工人	—
孙　辉	南城县建昌镇五里庄村党支部书记	男	1969.11	汉	江西南城	大专	中共党员	农民	—
曾子辉	南城县里塔镇都军村农民	男	1959.11	汉	江西南城	初中	中共党员	农民	—
李志勇	南城县株良镇泷油村农民	男	1981.3	汉	江西南城	初中	—	农民	—
丁冬华	南城县天井源乡南源村农民	女	1979.10	汉	江西南城	初中	—	农民	省人大代表
徐红英	南城县龙湖镇蔡坊村妇女主任、计生专干	女	1968.11	汉	江西南城	中专	—	农民	—

南城县人民政府

综 述

2020年是全面建成小康社会和“十三五”规划收官之年。一年来，在市委、市政府和县委的坚强领导下，南城县政府坚持以习近平新时代中国特色社会主义思想为指导，坚定不移落实新发展理念和高质量发展要求，统筹推进疫情防控和经济社会发展，扎实做好“六稳”工作，全面落实“六保”任务，决胜全面建成小康社会，交出了一份优异答卷。全县生产总值152.97亿元，同比增长3.9%；财政总收入17.57亿元，同比增长1.7%；规模以上工业增加值同比增长4.8%；固定资产投资同比增长8.3%。荣获2019年度江西省高质量发展先进县。

坚持生命至上，众志成城抗疫情。闻令而动抢先机。在全省启动重大突发公共卫生事件Ⅰ级响应后，南城县立即召开专题会议，围绕“外防输入、内防扩散”要求，成立应对疫情工作领导小组和指挥部，建立疫情联防联控工作机制，在大年初二，就及时果断作出关闭公共集聚性场所、实行交通检疫等一系列决定，为后续疫情防控大大减轻压力。针对早期出现的两例病例，在疑似阶段就立即启动流行病学调查，第一时间筛选出有感染可能的人群，进行集中医学观察，快速有效阻断病毒传播。常态防控防反弹。根据国内外疫情形势变化，及时调整防控策略，落实“外防输入、内防反弹”策略，坚决克服麻痹思想、厌战情绪、侥幸心理、松劲心态，压实“五方责任”，坚持人物同防，抓实抓细人员摸排、闭环管理、社区监测、重点场所防控、冷链食品检测等常态化疫情防控措施，巩固来之不易的疫情防控成果。千方百计促复苏。大力落实纾困惠企政策，因地制宜出台19条实体经济帮扶措施，派出117名特派员深入重点企业实施驻企帮扶，率先启动复工复产；制定《关于打好“组合拳”提振旅游消费的通知》《南城县有效应对疫情促进房地产市场平稳健康发展实施意见》等系列文件，促进消费市场加速转暖，不断巩固稳增长基础。

坚持底线思维，坚定不移强攻坚。脱贫攻坚成绩斐然。紧盯“两不愁三保障”，持续筑牢义务教育、基本医疗、住房安全三项保障，强化就业扶贫、产业扶贫、消费扶贫、易地扶贫搬迁后续帮扶，总结推广上唐水稻制种、新丰街“一村一品”产业扶贫模式，建立返贫预警监测及“脱贫不稳定户、边缘易致贫户”两类人群帮扶监测机制，为建档立卡贫困户及易致贫农村人口购买防贫险，有效预防返贫现象发生。作为江西省六个非贫困县之一，接受国家脱贫攻坚普查并高质量通过，全县剩余贫困人口184户、434人全部摘帽退出，1660户2313名城镇贫困对象全部脱贫解困，绝对贫困问题成为南城历史。污染防治成果丰硕。围绕“蓝天、碧水、净土”目标，认真落实“河长制”“湖长制”“林长制”“路长制”等责任体系，深入开展野生动物保护专项整治行动，持续实施八大标志性战役、推进30个专项行动，尤其是妥善做好退捕渔民转产安置工作，禁捕退捕工作圆满验收，生态环境质量持续改善。2020年PM2.5年均值为12微克每立方米，并列全省第一，空气质量优良率为98%。风险防范成效明显。积极稳妥化解存量隐性债务，2020年按时序化解隐性债务1.92亿元，完成了全年化债计划，风险等级为绿等级。扎实推进融资平台市场化运营，全面完成金创集团、工创投平台整合转型，有效提高国有资本运营效率。

坚持转型赋能，凝心聚力兴产业。工业产业提升集聚。紧紧抓住电子信息、教育装备（校具）、中医药三大主导产业，久久为功、持续发力。2020年，三大主导产业总产值突破300亿元，占工业总产值比例达到88.2%。电子信息产业以数字经济为统领，围绕AR/VR、5G智能制造两大领域，深耕细作“一板一池一屏”三篇文章，2020年主营业务收入124亿元，增长32.8%。高标准规划建设1500亩电子信息产业园，建成并投入使用标准厂房40万平方米，入驻企业19家，总投资90余亿元；打造了8000平方米的邻里中心和2万平方米公租房及食堂，计划新建一个卫生院，二期东区标准厂房和投资20亿元的线路板、25亿元的AR/VR产业园也在加快推进，产业承载能力显著提高。教育装备（校具）产业按照“生产标准化、经营集团化、产品智能化、产业集聚化”发展思路，突出数字赋能，紧盯教育装备、智能家居领域，向高端化、智能化转型升级，2020年主营业务收入161.2亿元，增长51.4%。规划建设1500亩教育装备（校具）产业园，利用市场化手段，向银行融资13.2亿元推进100万平方米标准厂房建设，已建成并投入使用60万平方米；筹集社会资本3亿元，打造了集融数字化产业服务、VR模科应用展示、全牌照检测检验、研发设计、金融服务、仓储物流等功能为一体的180亩教育装备（校具）科创城。筹建江西省校具产品质量监督检验中心，填补抚州教育装备产品检测检验空白，成功承办2020首届江西教育装备（抚州）展示会，极大地提高了南城教育装备（校具）知名度。中医药产业按照“做响品牌、做精种植、做实平台、做强产业、做活康养”的思路，突出数字赋能，实现破题发展，2020年主营业务收入31.68亿元，增长33.2%。与中国中医科学院深入合作，打造600亩中药材良种繁育基地，中药材种植面积稳定在5万亩以上。先行先试打造智慧中药房，从源头上提供解决中药材种源“卡脖子”问题技术方案，推动中医药一、二、三产融合发展。现代农业提质增效。整乡整村推进高标准农田4.6万亩，新增耕地680亩，高标准农田全部实现流转，流转土地全部集中在种粮大户手中。2020年粮食播种面积56.95万亩，总产量27.31万吨。持续推进麻姑米区域公用品牌创建，引进深圳益尔康农业，打造集种养殖、生产加工、冷藏储运及电商平台于一体的全产业链农业产业种养基地。完成蔬菜种植面积13.5万亩、产量24万吨，新增50亩以上规模蔬菜基地面积3206亩，在里塔、徐家、龙湖、天井源等乡镇形成竹荪菇、赤松茸、淮山、槟榔芋等特色蔬菜种植。“米、渔、菜”特色优势更加明显。被评为全国农民合作社质量提升试点县。第三产业提档加速。麻姑山景区市场化进程稳步推进，精心举办第二届全国麻姑文化研讨会和筹备第二届全国麻姑颜体书法展，成功获评“中国麻姑文化之乡”；麻姑酒制作技艺被列入省级非遗名录，麻姑米粉、麻姑茶制作技艺被列入市级非遗名录。引入武汉云创旅科技有限公司开发建设麻岭下田园综合体，麻岭下田园综合体成功创评江西省5A级乡村旅游点。开通铁路货运，筹建抚州（南城）铁路物流园。通用航空产业园项目顺利落地并有序推进。总部经济、数字经济、电子商务、网络经济蓬勃发展，新经济、新业态不断萌发。

坚持动力蓄能，蹄疾步稳促改革。深化改革有维度。部署推进改革事项160项，新争取国家级改革试点1个、省级4个。“放管服”改革不断深化，实现“一门式”服务,开展“好差评”服务，完善延时错时预约服务，推动惠企政策落实，“一件事一次办”得到实施。积极打通“两山”转换通道，全年金融支持生态产品价值实现机制试点贷款22.58亿元，“两权”抵押贷款达11.58亿元。《中医药产业链向中高端迈进的南城探索》被列入全省改革亮点，得到宣传推广，智慧中药房改革项目得到省委改革办高度赞扬。获评全省全面深化改革工作先进县。开放战略有深度。加大与上海东方龙的对接力度，通过定产业方向、定投资规模、定项目个数、定优惠政策、定考核评估的“五定”

模式，强化委托招商成效，率先在全市开展“屏上洽谈、线上签约”，“委托招商”模式在全市得到推广。2020年共新签2000万元以上工业项目59个、投资额86.8亿元，亿元以上工业项目29个、投资额65.39亿元，其中委托招商项目16个、投资额42.5亿元。创新发展有力度。与北京洛可可公司联姻，以高水平的工业设计，助推教育装备（校具）走进校门、走出国门，走进“寻常百姓家”。引导企业加大研发投入，深化校企合作，加大科技成果转移转化力度，新增国家高新技术企业18家，入库国家科研型中小企业54家；拥有省级以上创新平台4家，其中国家级1家；省级专家科技特派团4个。

坚持以人为本，奋楫笃行惠民生。民生实事办好办成。以开展城市功能与品质提升三年行动为抓手，有效化解了一大批群众“急、难、愁、盼”问题。破解“买菜难”，孔家岭农贸市场、生猪屠宰场建成并投入运营；破解“停车难”，改造提升万坊教办宿舍、凤凰路小区、登高名门小区等9处老旧小区，新增了一批公共停车场，汽车综合服务中心正式建成运营，引导货车集中有序停放；破解“行路难”，打通站前横路、体育西路二期延伸段“断头路”，完成福银高速南城连接线路面“白改黑”。社会保障兜准兜牢。开展社会救助、就业创业等行动，为2.9万人次提供就业服务；有序推进县社会福利中心、乡镇敬老院“公建民营”，城乡居家养老服务站点建设全面铺开。抓紧抓实“四好农村路”建设工作，实现了100%建制村通客车和100%乡镇通城乡公交目标；教育短板加快补齐，完成南城一中、实验中学搬迁，建昌小学顺利开学，同时启动东方红幼儿园、城西幼儿园新建工程和职业中专、东方红小学整体迁建工程，有效化解城区学校“大班额”问题，教育质量在全市继续保持领先；大力推进医联体建设和智慧乡村医疗服务工程，县乡村三级医疗机构移动物联服务管理平台全面建成，公有产权村卫健室智慧小屋实现全覆盖。公共卫生投入力度加大，完成新中医院整体搬迁，两处核酸检测实验室以及红十字生命健康安全体验馆建成投用。民生支出完成31.58亿元，增长6.2%，占一般公共预算支出的84.57%。社会治理提质提效。深入实施平安创建和市域社会治理现代化试点，大力推进新型治安防控体系建设，加快综治中心实体化运行，“雪亮工程”全面启动建设。压实安全生产责任，持续开展安全生产专项整治三年行动，全力保障食品药品、特种设备和产品质量“三大安全”。纵深推进扫黑除恶专项斗争，打掉涉恶犯罪团伙1个。坚持矛盾纠纷早排查、早发现、早解决，进京访、赴省访、集体访人数大幅下降，社会大局保持和谐稳定，再次获评全国信访“三无”县。

坚持“五型”导向，持之以恒抓创建。夯实政治建设“地基”。坚持以党的政治建设为统领，锤炼绝对忠诚的政治品格，牢固树立“四个意识”，坚定“四个自信”，做到“两个维护”，不断提高政治判断力、政治领悟力、政治执行力。巩固深化“不忘初心、牢记使命”主题教育成果，以实际行动践行对党忠诚，坚定不移推动党中央各项决策部署在南城落地生根。竖起依法行政“大梁”。做好“七五”普法收官工作，积极谋划“八五”普法，按照学法计划集中学习民法典、保障农民工工资支付条例等法律法规。自觉接受人大法律监督和政协民主监督，办好人大建议和政协提案，76件人大建议、69件政协提案全部办复完毕，满意率100%。垒好作风整治“铁壁”。纵深推进“五型”政府建设，扎实开展“五察五治”专项行动，大力整治“怕、慢、假、庸、散”和形式主义、官僚主义等“四风”突出问题。坚持厉行节约、反对浪费，创新推出一系列制止餐饮浪费、推动公共机构节能减排举措。进一步实施精文减会、督查“瘦身”等基层减负举措，政府系统担当实干氛围更加浓厚，为打造“四最”营商环境夯实了基础。扎牢廉政建设“门户”。坚决扛起政府系统从严治党主体责任，政府领导定期开展党风廉政建设监督检查及专项调研，廉政责任层层压实。坚持打铁还须自身硬，结合“好人主义之害”解放思想大讨论活动，通过以案促学、警示教育，强化党员干部廉政意识。

施政纪略

【政府工作总体要求】 坚持以

习近平新时代中国特色社会主义思想为指导，全面贯彻中共十九大和十九届二中、三中、四中、五中全会以及中央经济工作会议精神，深入贯彻习近平总书记视察江西重要讲话精神，认真贯彻落实省委十四届十二次全会、省委经济工作会议和市委四届十次全会、市委经济工作会议精神，聚焦“作示范、勇争先”的目标定位和“五个推进”的重要要求，以“提速进位、争创一流、三年倍增”行动为抓手，在适应新发展阶段中找准定位，在贯彻新发展理念中乘势而上，在融入构建新发展格局中彰显特色，全力推动换道超车、高质量跨越式发展，确保“十四五”开好局，以优异成绩庆祝建党100周年。

【主要预期目标】 全县生产总值增长 8.8%；财政总收入增长 8%；固定资产投资增长 8.5%；规模以上工业增加值增长 9%；社会消费品零售总额增长 10%；出口实现稳中提质；实际利用外资增长 6%；城镇居民人均可支配收入增长 8.1%；农村居民人均可支配收入增长 8.5%。

【打赢疫情防控阻击战】 全面贯彻“坚定信心、同舟共济、科学防治、精准施策”总要求，秉持“外防输入、内防扩散”原则，压实属地、部门、单位、社区、个人“五方责任”，抓紧抓实常态化疫情防控工作，坚决打赢疫情防控阻击战。严防疫情输入。发挥火车站、汽车站、医院、药店等重要哨点作用，及时发现、上报排查信息，通过部门信息共享机制及时传递处置。成立转运工作专班，对涉外及疫情高风险地区返城人员，落实专人专车转运，实现全程“闭环”管理。由市监、园区、运输办、邮政等部门牵头，加强对冷链食品、进口货物、境外和中高风险地区快递邮件以及相关从业人员的检查检测力度，做到“批批必检、人物同查”。严控人员集聚。加强聚集场所人流量管控，对景区景点、交通站场、商超市场、酒店宾馆、农贸市场、政务大厅、养老机构等各类重点场所从严落实测温扫码、佩戴口罩、消毒通风等防控措施。强化社区（村）网格化管理，严禁聚众打牌、赌博等聚集行为，积极倡导“红事”缓办、“白事”简办、宴会不办。严管防疫战备。按照“三区两通道”要求，选定南城商城宾馆作为集中留观点，备用房间 103 间，将南城宾馆作为应急备用点。完成县人民医院和疾控中心 PCR 核酸检测实验室建设，与第三方签订核酸检测协议，核酸检测能力单检可达每日 1 万人份左右，混检可达 10 万人次。制定新冠肺炎疫情快速响应应急预案和疫情防控物资保障制度，组织开展了疫情防控应急演练，储备有 30 天用量的防疫物资。结合南城中医药特色产业建立中西医协作平台，拟定“盱江医学”“建昌帮”新冠肺炎治疗药方 2 个、预防方剂 12 个，推动疫情防控取得良好效果。

【决战决胜全面小康】 打赢脱贫攻坚“收官战”。聚焦“两不愁三保障”，持续筑牢义务教育、基本医疗、住房安全、饮水安全四项保障，强化就业扶贫、产业扶贫、易地扶贫搬迁后续帮扶、消费扶贫，总结推广上唐水稻制种产业扶贫模式、新丰街“一村一品”产业扶贫模式，实现剩余贫困人口 184 户 434 人全部退出。建立返贫预警监测及“脱贫不稳定户、边缘易致贫户”两类人群帮扶监测机制，为全县建档立卡贫困户及易致贫的农村人口购买防贫险，有效防止返贫现象发生。打赢绿水青山“保卫战”。围绕“蓝天、碧水、净土”目标，认真落实“河长制”“湖长制”“林长制”“路长制”等责任体系，深入开展野生动物保护专项整治行动，持续实施八大标志性战役、推进 30 个专项行动，尤其是妥善做好退捕渔民转产安置，禁捕退捕工作圆满验收，生态环境质量持续改善。2020 年 PM2.5 年均值为 12 微克每立方米，并列全省第一，空气质量优良率为 98%。打赢风险防控“争先战”。牢固树立过紧日子思想，集中财力保工资、保运转、保基本民生，积极稳妥化解存量隐性债务，2020 年按时序化解隐性债务 1.92 亿元，完成全年化债计划，风险等级为绿等级。扎实推进融资平台市场化运营，全面完成金创集团、工创投平台整合转型，有效提高国有资本运营效率。

【聚力做强三大主导工业】 电子信息产业以数字经济为引领，围绕 AR/VR、5G 智能制造两大领域，深耕细作“一板一池一屏”三篇文章。电子产业园二期25万平方米标准厂房全面竣工，打造了8000平方米的邻里中心和2万平方米公租房及食堂，投资25亿元的AR/VR产业园、30亿元的电子智能终端、20亿元的线路板相继落户，产业实现量质齐升。教育装备（校具）产业突出数字赋能，高标准打造融数字化产业服务平台、VR模科应用展示平台、全牌照检测检验平台、研发设计平台、金融服务平台、仓储物流平台等“六大平台”一体的科创城，筹建江西省校具产品质量监督检验中心，成功承办2020首届江西教育装备（抚州）展示会，高端化、智能化进程不断加快。中医药产业先行先试打造智慧中药房，从源头上提供解决中药材种源“卡脖子”问题技术方案，一、二、三产业加速融合；突出与中国中医科学院等大院、大所合作，打造600亩中药材良种繁育基地，中药材种植面积稳定在5万亩以上，产业实现破题发展。

【做好“六稳”“六保”工作】 积极应对疫情影响，统筹推进疫情防控和经济社会发展，全面落实“六稳”工作，扎实做好“六保”任务，精准实施惠企、援企、稳企政策举措为市场主体纾困解难，制定19条实体经济帮扶措施，深入开展“两宣一帮”活动，举办2020年复工企业春季大型网络招聘会等招聘行动，派出117名驻企特派员助力重点企业复工复产，落实金融支持稳企业保就业工作，通过银企高效累计发放贷款21.77亿元。实施商贸消费升级行动，出台《关于打好“组合拳”提振旅游消费的通知》《南城县有效应对疫情促进房地产市场平稳健康发展实施意见》等系列文件，积极扩大消费，不断巩固稳增长的基础。

【推行委托招商新模式】 积极创新招商引资方式，打好委托招商、驻点招商、基金招商、以商招商等招商“组合拳”，通过定产业方向、定投资规模、定项目个数、定优惠政策、定考核评估的“五定”模式，强化委托招商成效，率先在全市开展“屏上洽谈、线上签约”。2020年共新签2000万元以上工业项目59个、投资额86.8亿元，其中委托招商项目16个、投资额42.5亿元。2020年6月，全市委托招商现场推进会在南城县召开。

【做精“米、渔、菜”文章】 扛稳粮食安全重任，2020年粮食播种面积56.95万亩，总产量27.31万吨；整乡整村推进高标准农田4.6万亩，深入实施“麻姑米”区域公用品牌建设。结合高标准农田建设，调优水产产业结构，大力推进整县稻渔综合种养，累计发展稻渔种养1.25万亩。完成蔬菜种植面积13.5万亩、产量24万吨，新增50亩以上规模蔬菜基地面积3206亩，在里塔、徐家、龙湖、天井源等乡镇形成竹荪菇、赤松茸、淮山、槟榔芋等特色蔬菜种植。

【多元培育第三产业】 稳步推进麻姑山景区建设和市场化进程，精心举办第二届全国麻姑文化研讨会和筹备第二届全国麻姑颜体书法展，成功获评“中国麻姑文化之乡”；麻姑酒制作技艺被列入省级非遗名录，麻姑米粉、麻姑茶制作技艺被列入市级非遗名录。引入武汉云创旅科技有限公司开发建设麻岭下田园综合体，成功创评江西省5A级乡村旅游点。开通铁路货运，积极筹建南城铁路物流园。推进航空服务产业发展，通用航空产业园项目顺利落地并有序推进，现代物流、总部经济、数字经济、网络经济蓬勃发展，新经济、新业态不断萌发。

【实施惠民利民项目】 以城市功能与品质提升三年行动为抓手，围绕“做精河西、做靓河东”目标，紧扣“上学难”“买菜难”“停车难”“行路难”等群众“急难愁盼”问题，大力实施了一批惠民利民项目。破解“上学难”，完成南城一中、实验中学搬迁，启动东方红幼儿园、城西幼儿园新建工程和职业中专、东方红小学整体迁建工程；破解“买菜难”，孔家岭农贸市场、生猪屠宰场建成并投入运营；破解“停车难”，改造提升万坊教办宿舍、凤凰路小区、登高名门小区等9处老旧小区，新增了一批公共停车场，汽车综合服务中心正式建成运营，引导货车集中有序停放；破解“行路难”，打通站前横路、体育西路二期延伸段“断头路”，完成福银高速南城连接线路面“白改黑”，实现150个建制村通客车。

【持续优化政务服务】 聚焦办事省心。全面改造升级政务服务大厅，43个审批服务单位和1159项事项应进尽进，实现“只进一扇门、办成所有事”；推进“一窗受理、集成服务”改革工作，“一件事一次办”得到实施。聚焦办事贴心。开设24小时自助服务区，全天候为企业和群众提供了居民身份证申领、执照申报等20余项免费自助服务；完善延时错时预约服务，2020年新增延时错时服务101项，预约服务379项，事项总数达743项。聚焦办事随心。梳理公布第三批“只跑一次”事项574项、“一次不跑”事项73项，事项办理率增至95.62%；进一步拓展“赣服通”功能，“赣服通”南城分厅上线事项总数突破300项，其中无证办理事项达6项。聚焦办事舒心。全面开展政务服务“好差评”工作，完成“好差评”系统上线，实现服务事项全覆盖、评价对象全覆盖、服务渠道全覆盖、差评整改反馈全覆盖。

【加强和创新社会治理】 纵深推进扫黑除恶专项斗争，积极开展市域社会治理现代化试点工作，大力构建新型治安防控体系，加快综治中心实体化运行，“雪亮工程”全面启动建设。扎实推进安全生产专项整治三年行动，持续发力非煤矿山、危险化学品、烟花爆竹、工贸企业等重点领域和关键部位，狠抓风险隐患排查、整治、监管，坚决把各类隐患消灭在萌芽状态。坚持矛盾纠纷早排查、早发现、早解决，打好“重点领域、重点群体、重点问题、重点人员”四大领域信访矛盾化解攻坚战，进京访、赴省访、集体访人数大幅下降，获评全国信访“三无”县。

【县政府办主要领导名单】
主任：
尧国强（2019.3 至今）
副主任：
李子明（2016.4 至今）
李雪芳（女）
（2017.12 至今）
艾　佺（2018.7 至今）
姚　振（2017.12 至今）

行政服务中心

【概况】 南城县行政服务中心成立于2007年7月，其前身为南城县集中办事大厅。2012年7月经县委、县政府同意：将“南城县人民政府行政服务中心”更名为“南城县人民政府行政服务中心管理委员会”，为正科级全额事业单位，隶属南城县人民政府管理，核定财政全额拨款事业编制7名。主要是执行县委、县政府关于实行行政审批事项集中办理的意见；负责研究制定落实公共行政审批服务中心运行机制和各项规章制度；组织协调44个入驻部门、单位办理行政审批服务事项等工作；负责入驻部门、单位窗口工作人员的督查考核及管理工作。2020年，南城县行政服务中心全面贯彻落实“放管服”改革、建设“五型政府”和做好“六稳”工作、落实“六保”任务有关工作要求，以致力打造“四最”营商环境为目标，以深化行政审批制度改革为抓手，不断深化“不忘初心，牢记使命”主题教育成果，认真扎实开展各项政务服务工作，优质高效地服务全县企业和广大人民群众。2020年全年疫情防控工作常抓不懈，“好人主义之害”解放思想大讨论活动扎实开展，基层党建“三化”建设得到领导肯定，中心各项业务工作成效显著，全年共接待办事群众36余万人次，税费收入21.59亿元，办理政务服务事项582743件，同比2019年增长63.6%，其中线上办理286977件，延时服务办理36730件，预约服务办理5525件，邮寄办理14371件，办结率100%，满意率100%。

【大力推进“放管服”改革】 紧紧围绕“五型”政府建设和打造“四最”营商环境目标要求，纵深推进“放管服”改革，以“一网通办”“只进一扇门，最多跑一次”改革为抓手，着力解决企业和群众办事创业的“痛点”“堵点”“难点”，努力建设企业和群众满意的政务服务，助力实现南城经济社会发展。严格落实“三集中、三到位”工作，实现“一门式”服务。中心按照县政府《南城县政务服务推行“一门式”改革实施方案》（城府办字〔2020〕20号）文件要求，结合机构改革，进行窗口布局、人员调整、事项规范、流程再造等标准化建设。除对网络安全和场地有特殊要求的公安出入境、交警车管所事项外，其他各类政务服务事项全部进驻中心大厅，督促各部门单位真正做到“三集中、三到位”，基本实现了“进一扇门，办所有事”。打造“赣服通”3.0版南城分厅。“赣服通”南城分厅上线事项总数300项，其中查询、办理类事项数202项，备案事项83项（其中市监23项、住建8项、自然资源6项）。开展电子证照应用和无证办理。加快共享使用电子证照代替纸质材料提交、使用证照数据减少办事信息重复录入、使用电子证照作为办事材料存档，实现政务服务无证办理。梳理175项纸质证照，实现自建业务系统与电子证照共享服务系统对接，确保纸质证照与电子证照同步签发，实现网上办事可提交电子证照，办理过程可网上查验。电子证照事项数全市排名第一。同时，实现无证办理事项6项。推进企业“一网选中介”。按照省市要求，全县涉及16个单位，共完成中介服务事项52项，已全部在江西省网上中介服务超市进行了公布。现业主入驻1家，中介机构入驻1家。深化“一件事一次办”改革。聚焦企业开办、工程建设项目、不动产登记和民生服务四个领域，2020年梳理20项“一件事一次办”政务服务事项清单。现试行市监牵头、城管配合的小餐饮营业执照“一件事一次办”，办理材料由原来需提交11份压缩至8份，办理时限也由原来的3个工作日缩短至1个工作日。推动惠企政策落实。惠企政策兑现窗口于2020年12月22日正式对外服务，涉及20个部门130项惠企政策事项，为奖补类、贷款类、认定类、退税类，编制惠企政策汇编、办事流程、办事指南，制作了《惠企政策兑现服务手册》，制定了代办服务制度、联络人员岗位职责，建立微信工作群、联络员通讯录、企业台账、设立流转记录、强化跟踪回访。实现惠企政策“一窗受理、分流转办、统一反馈”的运作模式，变过去企业跑，现为部门跑，办理时限由过去1个多月，优化为20个工作日。实际办理平均用时为10个工作日，其中最快办结时间为3个工作日。拓展自助服务范围。在综合服务大楼外新建24小时自助服务区，不动产、税务、市监、人社、公安户政等窗口单位的自助服务终端设备全部入驻中心24小时自助服务专区。深化“一次不跑”改革。8月份，中心梳理第三批“只跑一次”事项574项，“一次不跑”事项73项，经县政府同意，已公示，事项办理率达95.62%。实施推广网上办、掌上办、邮寄办、自助办等多种审批方式，让“不见面”审批成为常态，开展证照邮递服务。为切实解决企业和群众办事“最后一公里”问题，确保“一次不跑”改革工作落到实处，县政府专门划拨财政资金30万元，免费为企业和群众提供“证照批文”邮递服务。开展政务服务“好差评”。4月，中心完成“好差评”系统上线，方便企业和群众对办事过程中的服务质量、效率、态度等进行现场评价。全年“好差评”系统评价总数21292条，非常满意21191条，满意101条，满意度100%。

【积极开展政务服务工作】 建立健全导办帮办代办服务。为持续深化“放管服”改革，推动便民服务落地生根，进一步打通落实堵点，提升营商环境，中心围绕“不对企业说不”这一目标，积极探索服务方式，创新服务模式，配备5人实行全过程领办帮办代办服务。创新大厅管理。以中心为考评主体，成立绩效考评领导小组，制定了《南城县行政服务中心窗口及工作人员绩效考评办法》，建立“日通报、月排名、季考核、年评先”考核评价制度。每月评出“优质服务单位”“服务明星”和“审批标兵”，在每月窗口负责人工作例会上通报。“季考核”，综合月排名情况，评出优质服务单位一等奖1个、二等奖2个、三等奖3个，推选季度“服务明星”和“审批标兵”，评选结果报送县委、县政府、各窗口单位主要领导。“年评先”，根据窗口及工作人员季度考核得分情况，由各窗口单位推选“先进窗口单位”和“先进个人”，由绩效考评领导小组根据实际情况研究确定。通过政务服务大厅的创新考核机制，不断提升办事群众的满意度和获得感，2020年，各窗口共收到锦旗表扬信39份，宣传报道17篇（其中省级13篇、市级1编、县级3篇）。中心《抓好绩效考核，激发员工活力》创新大厅管理的实践与探索经验做法刊登在市“放管服”改革信息报被全市转发。丰富“延时、错时”服务事项。以办成事为原则，按照“高频服务随时办、一般服务预约办”的要求，进一步健全延时错时预约服务机制，科学合理设定延时错时预约服务事项和服务方式，适当增加预约服务比例。2020年新增延时错时服务101项，预约服务379项。事项总数达743项，占比72.2%。2020年以来，南城县已办理错时延时服务3.29万件，预约服务办理4300余件，办结率100%，满意率100%。扎实开展“好人主义之害”解放思想大讨论活动。以开展“好人主义之害”解放思想大讨论活动为契机，查摆问题、加强监管、优化服务，坚持以人民为中心，全力打造多元化、便利化、智能化政务服务体系。积极推进基层党建“三化”工作。2020年，中心党支部以“三化”建设为契机、为抓手，坚决扛起“三化”建设的政治责任，按照简政放权、放管结合、优化服务协调推进的要求，切实转变政府职能和工作作风，大力推进简化办事环节和手续，丰富服务内容，创新服务方式，不断提升公共服务水平和群众满意。中心党总支紧紧围绕“六好”支部标准，把握“四个标准”，贯通“六个规范”，推进“一张网络联整体”的总体思路，对党建工作进行了全面梳理、提炼、实施，扎实推进基层党建工作标准化、规范化建设，进一步推进党建与业务工作深度融合，努力提升中心党建工作质量。

【南城县行政服务中心主要领导名单】
主任：
章小平（2019.6至今）

发改委

【概况】 南城县发展和改革委员会（以下简称县发改委）为南城县政府工作部门。内设机构有办公室、投资与交通能源股、综合与体改社会股、产业与环资股、价格管理与收费股、粮食流通监督检查股、粮食调控与行业指导股等7个职能股室和县苏区办、信息中心等挂靠单位。2020年，县发改委围绕县委县政府中心工作，认真贯彻新发展理念，优化发展环境，推进高质量发展。加强国民经济和社会发展计划管理，积极谋划投资项目，争取国家政策和项目支持，推进重大项目建设，发挥项目带动作用，增添发展后劲；推动生态文明建设，发展绿色产业，推行绿色生产生活方式，不断探索生态产品价值实现机制；深入推进放管服改革，提升营商环境，激发市场活力，推动重点事项改革、重点试点示范的实施。全县经济社会实现较好的发展。产业结构进一步优化，主导产业优势突出，产业链不断延伸。城镇化水平进一步提高，城镇基础设施水平不断提高。教育、医疗、养老、社区管理等社会事业迈上新台阶。

【加强计划管理，开展经济运行监测】 编制《2020年度全县国民经济和社会发展计划》。贯彻落实国家、省市经济工作会议精神，按照县委确定的全年经济工作要求，全面分析研究上年度经济运行情况，分析存在的问题，精心测算和综合平衡各方面发展潜力，着力补短板、扬优势，提出2020年度国民经济和社会发展计划初步意见，经南城县人大会议审议通过后公布实施。加强经济运行监测，开展月度经济运行调度分析，深入基层单位，综合部门情况，掌握了解各地各部门计划执行情况，分析存在的困难和问题，提出相应的对策和建议，为县委、县政府决策提供依据、当好参谋。

【汇聚各方力量，精心编制中长期规划】 开展国民经济和社会发展“十四五”规划编制工作。编制工作分为资料收集、现状基础研究、工程项目谋划、规划思路制定、规划纲要编制5个阶段，聘请了江西财经大学为咨询单位，多次征求县直单位和部门意见，进行综合修改。规划纲要分发展基础、发展目标、重点任务、实施保障四大部分，共14个篇章约6.7万字，谋划了一批重大项目，明确了五大发展战略，分别从实施创新驱动战略、构建现代产业体系、实施扩大内需战略、构建改革攻坚体系、坚持高水平开发、实施统筹城乡发展战略、实施乡村振兴战略、实施可持续发展战略、构建文化传承创新体系、改善民生和社会治理、统筹发展和安全等十一个方面着手，谋划发展蓝图，提出了发展路径和举措，具有较强的针对性和引导作用。该规划纲要经南城县第十七届人民代表大会第六次会议审议通过。

【加强投资管理，推动项目建设】 加强政府投资项目审批管理和企业投资备案管理。把好投资项目审核关，限制高污染高排放项目准入。放宽企业投资项目管理，实行项目网上备案制，加快电子政务建设，缩短备案和审批时间。推进项目开发，积极谋划项目，储备项目，推进项目前期工作，建立县级三年滚动项目库，储备项目 79 个总投资 504 亿元。推进项目建设。积极申报省重点项目，争取上级政策支持，争取重点项目建设用地指标。纳入省大中型项目 29 个，市重点项目 32 个，县重点项目 87 个，年度计划投资 100 亿元，完成投资 118.4 亿元。项目建设成效显著，提升了产业承接能力，改善了农业生产条件，完善了城市基础设施，增进了民生服务，增加投资需求，拉动经济增长。

【争资金争政策，增强经济发展后劲】 争取项目资金。为加大投入，弥补建设资金投入不足，县发改委作为跑项目争资金的牵头单位，与有关部门配合协作，加强向上级部门的衔接沟通，跟踪国家投资方向，积极申报项目，争取中央预算内投资项目和地方政府专项债资金。全县全年共争取上级项目资金 8.3 亿元，其中，中央和省预算内投资项目资金 0.93 亿元，地方专项债券项目资金 5.859 亿元，抗疫特别国债 1.4 亿元。落实地方政府专项债项目 10 个，包括中医院二期、电子产业园标准厂房、城市地下停车场、城西幼儿园、东方红幼儿园、麻姑山景区开发建设、职业中等专业学校、高标准农田建设等项目。落实抗疫特别国债项目 13 个。争取国家和省试点示范，列为全省大健康产业发展试点县、江西省绿色低碳发展示范县等试点，校具产业创业园项目获得国家开发银行融资支持。积极争取昌福高铁线路走向经过南城方案。积极参与抚河流域水环境保护试点、抚州市国家生态产品价值实现机制试点。推进南城铁路物流园建设，融入昌抚一体化和向莆经济带，贯彻国家“一带一路”倡议，对接“中欧班列”，拓展与俄罗斯等国家的贸易业务。

【加强生态文明建设，推进绿色发展】 牵头起草了《南城县 2020 年生态文明建设工作要点》《2020 年南城县推动长江经济带发展工作要点》等文件，主动协调相关工作，落实相关责任，重点抓好生态产品价值实现机制创新，取得一定成效。打通双向转化通道。以金融支持生态产品价值实现试点工作为契机，引导辖内金融机构做大“两权”贷款和生态产品价值贷款规模，推动相关职能部门完善权证流转登记、风险补偿等配套机制，全县农村土地承包经营权和林权抵押“两权”贷款余额超过 9.6 亿元，生态产品价值实现类贷款超过 20 亿元，绿色金融已成为有效支持县域绿色可持续发展的新动力。推进生态工程。继续实施抚河流域生态保护和修复工程等生态项目，抓好小流域系统保护与修复工程，实施彭武水小流域综合治理工程（二期）、上唐镇东湖生态清洁小流域治理、新丰街镇防洪工程、里塔镇渔良堤除险加固工程、芦河水黄狮渡河段治理工程、廖坊水库库汊矮围拆除后恢复和改善农田灌溉等工程。实施一批农村生活污水治理项目、县城区污水管网八期工程、畜禽养殖粪污资源化利用整县推进项目。完成城市生活污水处理厂提标改造工程。开展重点水域退捕禁捕行动，打击非法捕鱼行为。开展饮用水水源保护区划定工作。发展绿色经济。发展生态农业。推进优质稻米产业发展，构建稻米产业体系，创建麻姑米区域公用品牌。建设高标准农田 4.34 万亩，改善农业生产生态条件。完成抚州鳜鱼国家级水产种质资源保护区建设，发展水产健康养殖。发展中药材种植，重点发展白花蛇舌草、枳壳、麦冬、重楼 4 个地方特色优势品种种植，创新中药材林下套种模式。发展绿色服务业。提升生态旅游产业。推进文旅结合，加强麻姑山智慧景区建设，成功举办全国颜体书法大赛（展）、麻姑文化研讨会等麻姑文化节（周）活动，获评“中国麻姑文化之乡”。发展大健康产业。实施智慧药房试点项目，加强中药饮片开发和生产项目。推进医养结合，建成多个居家养老服务中心，支持久久祥和康养项目，打造南城康养中心。

【推进脱贫项目，实现脱贫目标】 继续做好易地扶贫搬迁项目后续工作，督促乡镇开展问题整改，做好安置点建房质量安全排查、旧房拆除和复垦复绿、基础设施配套提升等工作。做好光伏产业扶贫后续工作，开展南城县贫困村光伏发电项目录入工作，全县“十二五”及“十三五”贫困村光伏发电项目全部列入国家补贴目录，进一步规范光伏扶贫电站的运维管理，加强光伏电站安全生产管理。继续做好驻村帮扶工作。

【加强信用体系建设】 高度重视信用体系建设工作。一是收集全县双公示信用信息。二是建立守信联合激励机制。对在新冠肺炎疫情防控期间表现突出的守信主体，依法依规实施激励措施。对守信主体，探索建立行政审批“绿色通道”，优先提供公共服务便利。对企业受疫情不可抗力等因素影响产生的违约失信行为，引导和帮助企业及时纠正和修复信用缺失，防范信用风险。三是加快推进社会信用体系建设。做好宣传工作，举办多种多样的宣传活动，在南城电视台《南城新闻》中开设“推进社会信用体系建设专栏”。强化信用主体的培育，使全社会的信用意识得到增强。四是加强征信体系建设，创新绿色金融运行和评价机制，合理配置信贷资源，把征信体系建设作为金融信贷的助力器。

【推进经济体制改革】 按照县委改革办的安排部署，牵头负责县委深改委经济体制改革专项，做好牵头和督查工作，协调改革中遇到的困难，狠抓政策措施配套。成立协调联络小组，按照县委全面深化改革2020年工作要点，推进9项改革任务落实。推进开发区体制机制改革，重点抓园区运营机制改革，制定了《南城县融资平台公司整合转型实施方案》，创新“融、投、建、管”一体化管理模式，创新“开发区+主题产业园”模式，县工业园区创新发展取得较好的成效。从2020年度全省开发区争先创优综合考评结果看，南城工业园全省排名60位、全市排5位，“营商环境”指标全省排位18位、全市排位2位。

【县发展和改革委员会主要领导名单】

负责人：

全茅怀（2019.12 至今）

县重点工程建设服务中心

【概况】 南城县重点工程建设监督管理办公室（以下简称重点办）组建于2011年9月，成立于2012年7月。为县政府直属正科级财政全额拨款事业单位。下设5个股室。设主任1名，副主任2名，股级5名，核定事业编14名。主要职责是贯彻执行国家、省、市有关重点工程建设的政策、条规，开展南城县重点工程项目的调研和年度计划审查工作，审查重点工程预算和结算，参与重点工程项目的资金确认和拨付、招标文件和施工合同的审查确认、增减工程量的核实签证、竣工工程量核验。对重点工程建设进行督促、检查和监督，定期编发《重点工程督查专报》。负责全县城区范围内重点工程建设项目的监管工作。

【主要工作】 预、结算审核，控制工程造价。按照县委县政府对工程预、结算“二道把关”的要求，先由重点办从技术和造价方面，按国家规定的定额，材料价格及各项取费标准，对各项工程预结算进行全面审核。确保工程预算科学，防止虚高。工程招标公告、招标文件审核。在招标资质确定中，为吸引更多企业参与竞标，原则上放开资质，不得附加其他限制，有效遏制了围标、串标行为。各类工程合同审核。包括设计合同、施工合同、招标代理合同、监理合同、测绘合同、检测合同、咨询服务合同、勘察合同等。对各类合同条款、金额的审核，确保合同依法依规签订。工程量变更签证审核监督。对工程设计变更，工程量调整、变更由重点办牵头，有业主方、监理方、施工方等四方到施工现场进行确认，对需增加的工程计量，估算价款，形成书面材料报重点工程领导小组审批。

【重点工作】 严格执行《南城县重点工程建设管理办法》，每一个重点工程项目都安排县级领导挂点，做到一个班子、一批工作人员、三天一督查、七天一调度，负责协调解决重点工程项目建设中的矛盾和问题。重点项目建设资金均有保障，确保重点工程项目按进度拨付工程款，使工程项目建设顺利推进。几年来，重点项目施工建设过程中，未发生重大安全事故，未出现拖欠农民工工资而上访事件。2020年年初，受新冠肺炎疫情影响，项目建设进展滞后，按照县委、县政府工作安排，在做好疫情防控措施情况下，积极推进重点工程项目复工复建奖惩机制，以确保项目建设达到进度要求。

为更好地服务于南城县重点工程建设工作，引进第三方项目评审机制。在项目预、结算审核工作中，由政府采购的方式，确定第三方评审机构。通过一系列工作举措，南城县项目建设工程审核监管工作，逐渐得到完善。

表 9　2020 年度城区、农村项目审核情况

分区	预、结算								工程量增减签证			合同审核	招标文件审核	工程款支付	
	预算项目个数	工程送审造价（万元）	工程审核价（万元）	核减金额（万元）	结算项目个数	工程送审造价（万元）	工程审核价（万元）	核减金额（万元）	项目个数	核加（万元）	核减（万元）	项目个数	项目个数	笔	金额（亿元）
城区	612	80760.6	72361.2	8399.4	285	26163.32	21025.6	5137.72	31	3467	2428	1227	109	432	3.55

【项目管理文件修订】 为进一步深化“放管服”改革，完善项目监督管理工作，于 2020 年年底，根据工作要求，并结合南城县实际，县重点办牵头进行《南城县重点工程建设监督管理办法》修改工作。

为实时了解本地项目建设材料价格行情变化，重点办会同县建设部门、县审计部门等开展调查、分析、测算、审核，每月编制建设工程材料综合信息价，为南城县项目建设的工程概算、施工图预算审核、审计及招标控制价的依据和投标报价、工程结（决）算审核、审计提供参考依据。

【南城县重点工程建设监督管理办公室主要领导名单】

主任：

邓建国 （2018.6 至今）

金融创新投资发展集团有限公司

【概况】 南城县金融创新投资发展集团有限公司（以下简称金创集团），成立于 2017 年 12 月，注册资本为人民币 10 亿元。是经南城县人民政府批准设立并依法登记取得法人资格的国有有限责任公司，是南城县人民政府授权的国有资产经营主体，是南城县人民政府建立的融资平台，承担着项目的投融资和项目建设与管理。具有项目的策划、咨询；建筑工程施工；政府特许经营及特许经营权的转让；授权范围内国有资产的经营；保障性住房建设；棚户区改造；农村基础设施和环境整治项目的建设投资；农业综合开发建设投资等职能。金创集团组织架构健全，设董事会和监事会。董事会由五名董事组成，设董事长、副董事长、总经理各一名。监事会由三名监事组成。董事会和监事会及总经理全部由政府研究任命，每届任期三年，任期届满，按原渠道产生。金创集团内设五部一室，分别为党支部、投融资管理部、资产管理部、工程管理部、财审部、综合办公室，下辖八个全资子公司及 1 个参股企业，分别为南城县城市建设投资开发有限公司、南城县城镇建设投资有限公司、南城县旅游投资有限责任公司、南城县金创市政建设有限公司、南城县金创房地产开发有限公司及南城县兴创劳务服务有限公司、南城县兴创物业管理有限责任公司，南城县金创水利水电有限公司参股企业为抚州市南城县赣抚建材资源开发有限公司。公司现有干部职员 23 人，其中拥有本科学历 13 人，大专学历 8 人，中专以上学历 2 人。共 8 人具备专业技术资格职称，其中高级职称 5 人，中级职称 2 人，初级职称 7 人。企业整体素质高，管理水平好。

【综合记事】 2020 年，金创集团在县委、县政府的坚强领导下，在公司董事会、监事会的直接指导下，公司紧紧围绕县委、县政府各项中心工作，以高度负责的政治态度和奋发忘我的工作情怀，按照“融资、投资、资产管理、项目建设、

经营管理”的转型发展工作思路，不断创新工作方法，完善公司各项管理制度，扎实苦干，奋力拼搏，各项工作顺利推进，较好地完成了各项目标任务。积极创新投融资思路。公司着眼城市建设和企业发展的长远目标，整合公司资产，全年共落实融资资金18.6亿元。为南城县县域经济的发展和项目建设提供资金保障。工程建设有新的突破。作为业主单位相继实施了山水大道南延伸段工程，项目总投资3400万元；南城县工业大道北延伸段道路工程，项目总投资1700万元；南城县城区段河堤景观提升工程，项目总投资约1.6亿元（省水投项目）。项目先后荣获南城县推进重点项目建设先进单位优秀项目二等奖、南城县推进重点项目建设先进单位年度目标奖。围绕改善民生，提前三个月竣工完成南城县河东及河西棚户区改造安置房建设工程（一期）项目，成功应对了与相关单位和部门协调难度大、工程建设推进困难等一系列挑战，共建成安置房面积约76122平方米，项目总投资23994万元。有效破解了南城县买菜难、停车难、上学难，如厕难等问题。该项目在2020年市重点项目迎检中被给予肯定。大力支持绿色产业发展。积极响应县委、县政府县域经济高质量发展的要求，发挥好平台公司的作用，根据《抚州市本级绿色产业基金方案的通知》（抚府办发〔2020〕33号）文件要求，投资组建南城县绿色产业基金中心（有限合伙）（以下简称母基金），基金期限7年（前5年为投资期，后2年为退出期），认缴出资15000万元，为南城县产业发展提供产业基金支持，加大资金投入力度。金创集团自成立以来，充分发挥市场机制作用，不断探索实践，运用现代经营理念和手段使企业不断发展壮大，实力逐步壮大。按照县委、县政府的工作部署和要求，坚持规划先行、错位发展、重点突破、创新机制的工作思路，全面开展工作。始终致力于为城市发展蝶变、城市风貌彰显和城市品质提升不懈努力，为南城经济建设和社会发展作贡献。

【年度特色】 以习近平新时代中国特色社会主义思想为指导，按照整合转型、去平台化、去行政化的总体思路，政企分开、市场运作、合法经营、依法监管的基本原则，建立“自主经营、自负盈亏、自担风险、自我发展”的市场化运营模式，加快推进融资平台公司结构调整，如期全面完成平台整合转型升级，围绕南城县经济社会发展，立足区域投资、建设和管理实际，建立“融、投、建、管”一体化管理模式，加速“资本—资金—资本”的相互转化和循环流动，打造以基础设施投资建设为基础，以经营城市、资本运作为支撑的综合性经营和资本运作的国有资产运营管理集团。股权划转，整合重组。按照融资平台公司功能领域，通过整合重组，转型为具有独立法人资格、实行独立核算、实体化经营的国有公司。合并财务报表。将集团公司所属子公司通过合并报表方式进行集团化财务管理，对原有平台公司财务报表优化调整，真正实现集团化、实体化运作。资产整合。对全县国有资产进行了全面调查摸底，形成了一整套国有资产台账。择优选择国有资产，划入集团公司。

【历任主要领导名单】
董事长：
全水才（董事）
（2019.3至今）
副董事长：
邓　胜（董事）
（2017.12至今）
总经理：
全水才（董事）
（2017.11—2020.3）
祝文胜（董事）
（2020.3至今）

应急管理

【概况】 按照中央、省、市、县机构改革实施方案，2019年1月10组建成立南城县应急管理局，并作为县政府组成部门，将县安全生产监督管理局的职责，县公安局的消防管理职责，县民政局的救灾职责，县国土资源局的地质灾害防治相关职责，县科学技术局的防震减灾相关职责，县水务局的水旱灾害防治相关职责，县林业局的森林防火相关职责，县防汛抗旱指挥部、县减灾委员会、县抗震减灾指挥部、县森林防火指挥部的职责，以及县政府应急管理办公室的行政职能等整合。县应急管理局设下列内设股室：办公室、应急指挥和预案管理股、危险化学品安全监督管理股、安全生产基础股、安全生产综合协调股、风险监测和救灾股。行政编制9名，设局长1名，副局长2名；行政编股级职数6名；2020年在编在岗人员15名，林业转隶人员7名，民政转隶人员2名，共计24名工作人员。

【健全组织机构，压实工作责任】 健全组织机构。鉴于机构改革和人员变动，2020年对县防汛抗旱领导小组、减灾委员会组成人员进行了调整，明确相关工作责任。在机构改革交接期间，坚持“先立后破、不立不破”的原则，人员转隶工作完成前，原有机构照常运作，职责照常承担，机构改革到位的，按照“三定”方案履行相关职责。压实工作责任。2020年，县应急管理局坚持疫情防控与企业复工复产、安全生产同部署同推进同落实，实现全县安全生产总体平稳。严格落实安全生产责任制。定期向县委政府汇报工作，提出加强安全生产工作措施；召开7次全县安全生产工作会议，安排部署安全生产重点工作；制定了《南城县2020年安全生产工作要点》等，并积极组织落实；签订了2020年度安全生产目标管理责任书13份，层层落实责任，严格奖惩。组织开展安全生产大检查。制定了《2020年度安全生产监管执法计划》，根据企业类型、风险等级确认检查及抽查频次，针对企业事故多发时段、生产经营季节特点明确检查人员。结合企业复工复产、春节、清明节、五一、中秋、国庆等环节组织开展安全生产大检查。充分发挥县安委办的作用，在重点时段组织县政府安全生产督查组对全县12个乡镇和工业园区开展安全生产督查检查，突出重点行业领域，紧盯重点场所和重点部位，强化措施，对现场发现的安全隐患，责令行业主管部门督促企业进行整改，明确隐患整改“五到位”责任，加大资金投入和整改力度，确保问题隐患得到彻底整改，坚决遏制较大以上安全事故的发生。

【加强重点领域监管，防范化解安全风险】 始终在非煤矿山、危险化学品、烟花爆竹、工贸企业等领域的重点与弱点上精准发力，紧盯重点环节和关键部位，狠抓险隐患排查和重点领域整治，把隐患消灭在萌芽、把风险遏制在源头，竭力防止安全生产事故发生。加强非煤矿山及尾矿库安全监管。强化监管，深化非煤矿山安全专项整治。加强监督检查、排查整改事故隐患。据统计2020年县应急管理局对非煤矿山企业下达整改指令书32份，整改隐患104处。实施非煤矿山复工前检查验收制度，对于复工前不符合安全生产条件的企业，一律不得擅自开工生产。积极做好非煤矿山安全度汛工作。

严格落实安全防疫措施，助力企业复工复产。2020年年初，南城县紧抓疫期特殊时段的企业复工工作，对企业下达了《全县非煤矿山企业疫情防控及节后复工复产方案》（城应急字〔2020〕10号），坚持一手抓防疫，一手抓安全生产。强化安全教育培训工作。严格监督企业实行从业人员岗前及岗中安全教育培训工作，严格实行80分合格线，严格做到考试不合格不上岗。深入开展危险化学品领域和烟花爆竹安全隐患排查治理工作。领导重视，亲自安排和部署全县危险化学品安全专项整治工作。受县委常委、常务副县长万国辉同志委托，县危险物品专业委员会先后于2020年8月25日、9月3日、10月20日组织召开化工集中区评估分级调度会、危险化学品安全专项整治三年行动推进会议、危险化学品道路运输安全集中整治及非法违法“小化工”专项整治工作布置会。严格落实企业复工复产前的检查制度。严格落实疫情防控期间危化品企业复工复产前的检查制度，安全生产条件达不到要求的，不得擅自进行复工复产。认真做好危险化学品企业延期换证工作。针对未如期换证的危化企业，县应急局立即下发整改指令，督促企业如期延期换证，确保企业合法经营。通过政府购买专家技术服务，不断提升危化品安全生产监管工作水平。先后于2020年4月15—16日、7月17日、10月12—13日组织省危化品专家对全县部分危化企业进行安全生产隐患大排查，共检查危化品企业17家，发现安全隐患73处，已全部整改到位，整改率达100%。加大重点时段执法检查力度，全面消除安全隐患。监管执法人员先后于5月10—15日、9月22—26日对全县46家危化企业和21家烟花爆竹企业（含1家批发企业）开展地毯式隐患排查工作，不留盲区，不留死角，消除隐患。共排查隐患68处，整改到位68处，整改率达100%。加强工贸企业安全监管工作。

做好疫情防控时期企业复工复产工作。2020年初，中国爆发新冠肺炎疫情，业务股室积极行动，深入园区企业进行防疫知识宣传，张贴疫情防控宣传单，联系社会力量蓝天、蓝豹救援力量对园区企业厂区进行消毒，努力帮助企业复工复产。邀请省里专家对企业进行安全“体检”。4月份、10月份两次邀请省里专家，对南城县综合监管企业进行“体检”，共检查涉危企业、金属冶炼等企业36家，检查发现安全隐患261条，下达整改指令36份，企业已按要求整改到位。突出工贸企业的本质安全。2020年有47家工贸企业通过三级安全标准化评审，有1家企业通过三级安全标准化复评。

突出工贸企业重点场所安全监管。加强对涉爆粉尘、涉高温熔融金属等重点作业场所的检查；在全国“两会”、十一国庆期间，要求工贸企业对动火、有限空间等危险作业实行提级审批，并报县应急局备案，企业分管负责人或其指定的专职安全管理人员全程现场监护，确保危险作业安全防范措施落实到位。开展“九小”场所消防安全联合执法检查。根据县政府统一安排，3月中旬开始，县应急管理局、消防救援大队、市监、建昌镇等部门开展联合执法，对县城范围内的小作坊加工企业进行拉网式排查，重点查处无牌无证无照的三无企业，共检查企业89家，检查记录89份，检查发现安全隐患178条。

【统筹推进安全生产专项整治三年行动】 6月17日召开全县安全生产工作会议，对安全生产专项整治三年行动进行了安排部署，要求各乡镇、县直有关单位认真开展安全生产专项整治三年行动，确保不发生安全生产责任事故。结合自身工作实际和行业领域特点，制定下发了总体框架为“1+2+11”的《南城县安全生产专项整治三年行动实施方案》《南城县安全生产专项整治三年行动推进工作制度》，成立了县安全生产专项整治三年行动领导小组和工作推进组，并建立了相应的工作制度。安全生产专项整治三年行动开展以来，各有关部门积极行动，督促企业落实主体责任和隐患整改。一年来，全县共出动执法人员1449人次，检查企业473家次，共排查隐患2283条，已按要求全部整改到位。责令停产停业整顿11家，实施经济处罚142.83万元。通过严格执法，有效落实安全生产专项整治第二专题要求：落实企业安全生产主体责任。各企业按照“两个十五天”的要求，将自查自纠隐患录入江西省隐患排查治理系统，严格落实“一报告双签字”制度，要求企业在安全生产关键时间节点要在岗在位、盯守现场，确保安全，切实做好安全生产“十个一次”工作。强化安全生产宣传引导，充分利用宣传公示专栏、电子屏、标语、微信、电视专栏等，开辟安全文化宣传阵地和宣传平台，有针对性地开展安全生产专项整治宣传教育活动，推进内容形式、方法手段、渠道载体创新运用和实践推广。全县共举办安全讲座6场次，发动干部职工、群众570余人次。

【抓好重点时段安全监管，确保企业生产安全】 认真做好元旦、春节、五一、全国“两会”期间以及汛期、中秋、国庆期间等重点时段安全生产工作，对事故多发和安全隐患集中的行业和领域，采取开展专项整治的方式，全面排查整治安全隐患，确保重点时段各企业生产安全。

【积极做好森林防灭火、防灾减灾、防汛抗旱等工作】 积极做好森林防灭火工作。领导重视，组织得力。明确了2020年全县森林防灭火工作要点、南城县森林防灭火指挥部工作规则；重新修订了《南城县森林火灾应急预案》；面向社会公开招聘组建了县专业森林消防大队。加强宣传，重在预防。

深入开展森林防火“平安春季行动”主题宣传及“森林防火宣传月”活动，充分利用新媒体、横幅、标语等宣传方式，开展内容丰富、形式多样、群众喜闻乐见的森林防火宣传教育活动，切实提高全民防火意识和法制观念，做到防火教育警钟长鸣。严格控制野外火源管理，深化森林火灾风险隐患排查整治。坚持森林防火重在预防，切实采取措施消除火灾隐患。严格落实野外用火“五个禁止”规定，开展打击森林火灾违法行为专项行动和野外火源专项治理行动，在重点时段和重点区域，严禁一切野外用火，严厉打击违规野外用火，做到防患于未然。适时开展专项督查，抓好隐患问题整改落实。在高火险时段，县四套班子领导、县森林防灭火指挥部成员单位深入挂点乡镇进行森林防火督查，发现隐患及时整改，确保森林防火责任和各项措施落到实处。加强扑火队伍及物资储备库建设。贯彻落实好《江西省地方专业森林消防队伍建设管理办法》，在原有7名队员基础上，坚持公开、平等、竞争、择优的原则，面向社会公开招聘专业森林消防队员23名，推动县专业森林消防大队达到正规化建设标准；两次聘请省驻赣森林消防大队专业教官对县专业森林消防大队及乡镇半专业森林消防队进行针对性训练，闲时强训练，忙时抓备战，做到“召之即来，来之能战”；9月份参加全市专业森林消防队大比武大练兵竞赛活动，取得了团体总分第一、水泵操作项目第三的好成绩，并将代表抚州市参加全省专业森林消防队大比武大练兵竞赛。加强扑火物资储备库建设，按照相关要求和标准储备更新扑火物资，分别于5月份和10月份通过政府公开招标的方式，采购了90余万元扑火物资。强化值班值守，科学防灾救灾。严格执行24小时领导带班、值班制度，对卫星监测反馈的热点，能及时将有关情况上报上级有关部门和领导；县专业森林消防大队、乡镇半专业扑火队集中待命，随时做好扑火准备。发生森林火灾，县、乡主要领导能及时赶赴火场，迅速组织力量进行扑救，在财力、物力、人力上全力服务于扑救工作；全员发动，各尽其能，责无旁贷地狠抓扑救工作，为保护南城县的森林资源、生态文明建设、维护社会和谐稳定作出了积极的贡献。扎实做好防灾减灾救灾工作。及时准确做好灾情统计上报工作和乡（镇）灾害信息员业务培训工作。落实了AB角灾害信息员制度，2020年以来南城县遭遇了风雹和洪涝灾害，能够第一时间按照自然灾害统计制度有关规定，通过系统客观、准确、及时上报灾情。应急管理局多次召集各乡（镇）工作人员参加业务培训，还采取以会代训的形式，对减灾救灾上些政策进行解读，讲解报灾系统的操作和运用，通过这半年多的磨合，乡（镇）灾害信息员不断提升了业务能力和水平，为做好防灾减灾救灾工作做好铺垫。开展形式多样的防灾减灾活动。在“5·12”防灾减灾周期间，南城县围绕“提升基层应急能力，筑牢防灾减灾救灾的人民防线”主题，与相关部门联合开展了一系列活动，一是开展了防灾减灾知识宣教“进企业、进农村、进社区、进学校、进家庭”五进活动。二是与县消防救援大队一起深入江西联益电子有限公司开展消防演练活动，演练活动进一步提高劳动密集型企业员工的消防安全意识和自防自救能力，有效地预防和遏制重特大火灾事故的发生，演练活动达到了预期良好效果。开展综合减灾示范单位创建工作。综合减灾示范单位的创建是减灾办的一项重要业务，根据省市关于做好2020年度综合减灾示范单位创建工作的有关通知精神，南城县申报建昌镇临江路社区创建省级示范社区单位，县局加强对创建单位的指导，帮助开展有关资料汇编、风险排查和评估、隐患治理、基础设施建设、应急物资保障和应急能力建设和开展防灾减灾宣传教育活动，从而增强创建单位人员防灾减灾意识，有效减轻灾害风险、为保护当地人民生命财产安全筑起安全保障线，年底顺利通过省、市的验收。全力做好2010—2021年困难群众冬春生活救助相关准备工作。2020年南城县先后遭遇洪涝和风雹等灾害，自然灾害给部分受灾人员生产和生活造成一定的影响，根据自然灾害统计制度和上级应急管理部门要求，9月份开始着手进行冬春救助摸底排查工作，对一年来由于自然灾害造成生活困难人员进行统计上报，2020年争取了上级冬春救助资金支持433万元。制定和出台相关文件政策。根据预案管理有关规定，修订了《南城县自然灾害应急预案》；根据工作要求，制定了《关于调整县减灾委员会组成人员的通知》《关于做好南城县第一次全国自然灾害综合风险普查工作的通知》。积极配合做好防汛应急抗旱工作。由于事业单位改革尚未到位，县政府明确2020年防汛抗旱指挥部仍然设立在县水利局，但县应急管理局积极参与和配合县水利局做好防汛抗旱有关工作。开展防汛检查，消除安全隐患到位。县防总组织检查小组对县辖区内的所有重点水利工程进行了拉网式的排查、检查，对有安全隐患的水利工程下达整改责任书并督促落实。汛前对山洪地质灾害点进行隐患排查，并向当地群众发放明白卡，确保能紧急避险，安全度汛。完善度汛方案和应急预案。根据南城县实际情况制定水库度汛计划，明确水库主汛期汛限水位，严格控制蓄水。修订完善各类防汛应急预案。防汛物资储备到位。2020年4月底应急管理局通过政府公开招标的方式，采购了43.68万元的防汛应急物资，为南城县安全度汛及时提供应急物资支持。

【完善应急预案，开展应急演练】 2020年，南城县加大对安全生产事故应急救援预案体系的建设，在修订完善应急预案的基础上，进一步落实应急救援制度，将应急救援协调联动机制、应急物资储备、应急演练与评估等一系列制度落实纳入日常工作。6月3日，由南城防汛抗旱指挥部主办，南城县消防救援大队、应急管理、水利等部门牵头承办的全县防汛抢险应急救援实战演练在徐家镇八堡堤举行，共调集消防救援、红十字蓝天救援队、基干民兵以及应急、水利、人武部、气象、水文、公安、卫健委、融媒体中心、徐家镇政府、赣抚公司、移动、电力等部门共300余人参演。重点围绕气象预测预报及汛情分析研判、水文应急监测、舟艇检阅、迂回搜救、高空侦察、潜水搜救、定位抛投、舟艇营救、垂降救援、横渡救生、月球灯安装、管涌险情处置、修筑子堤、山洪灾害及超标准洪水防御应急转移等15个实战科目。整个过程衔接紧密、响应迅速、调度有力，充分发挥了各支力量的优势，形成了整体作战效能，有力提升了各类队伍应急处置和抢险救援能力。

【加强值班值守，确保应急到位】 进一步加强应急值班值守和安全生产网络舆情监测，严格执行领导干部带班、关键岗位24小时值班制度和事故信息报告制度，对突发事件和涉险事故信息按照规定时限和要求，及时、准确上报，坚决杜绝漏报、迟报以及报送信息不准确、不翔实、不及时等突出问题，确保南城县应急工作开展到位。

【统筹做好其他各项工作】 深入推进扫黑除恶专项斗争。不断提高政治站位，充分认识扫黑除恶工作的重要性，把扫黑除恶工作与日常执法检查相结合，在执法检查的同时，组织开展涉黑线索摸排、扫黑除恶宣传、困难职工摸底等工作。2020年，县应急管理局累计排查企业89家（次），未发现应急管理领域黑恶势力线索。深入推进“放管服”改革。对机构改革后政务服务事项进行了全面梳理，将县应急管理局的17项行政许可事项全部协调由县行政服务中心统一直接办理。全面推进“放管服”各项改革，安排一名首席代表专职负责审批事项，确保所有行政审批项目及时接件处理。严格按要求开展“双随机一公开”执法工作，制定年度执法计划，确保执法过程公正、规范。大力推进诚信体系建设，将企业违法行为纳入“黑名单”管理，对失信企业进行惩处，将失信企业相关信息录入信用信息平台进行公示。大力支持精准扶贫工作。继续抓好精准扶贫工作，抽调3名干部开展驻村工作，重点做好建档立卡贫困户的国家政策帮扶工作，通过帮扶2户已经实现小康生活和1户2016年已经脱贫现收入稳定年底全面实现小康生活，局党组开展定期和不定期走访贫困户，及时掌握生活情况，制定帮扶措施，确保脱贫致富各项措施落到实处。切实加强党建工作，严格落实党风廉政责任制。围绕“好人主义之害”开展解放思想大讨论活动，提升工作实效。按照《中共南城县委关于围绕“好人主义之害”开展解放思想大讨论活动的实施意见》（城字〔2020〕11号），应急管理局及时成立领导小组，制定活动实施方案，明确学习内容，把强化理论武装作为重中之重，推动全局党员干部深入学习贯彻习近平新时代中国特色社会主义思想，特别是认真贯彻落实习近平总书记视察江西重要讲话精神，坚持把活动贯穿应急管理工作始终，确保各项工作取得实效。强化组织建设，增强党组织凝聚力。严格按照党建标准化建设要求，认真开展党的组织生活，严格落实“三会一课”制度。每月组织召开“主题党日”活动，坚持做好党费收缴、过政治生日、重温入党誓词、支部联系走访慰问党员等规定动作，加强党员考核管理，教育引导党员干部发挥好示范引领作用。狠抓作风建设，营造风清气正工作环境。认真组织学习《中国共产党廉洁自律准则》《关于新形势下党内政治生活的若干准则》和关于违规违纪的通报文件，进一步增强党员干部党风廉政和纪律作风意识。严格按照“一岗双责”要求，加强干部职工监督管理，定期开展廉政警示约谈，提高拒腐防变的意识和能力。

机关事务管理

【概况】 经2009年11月5日县政府常务会议研究，并报请县委常委会研究同意，成立南城县机关事务管理局，为县委、县政府负责县行政中心机关事务的正科级全额拨款事业单位，隶属于县委。2010年4月14日局班子到位，各项工作正式启动运行。按照县编委办城编发〔2009〕15号文件和县委办、政府办城办字〔2010〕94号文件规定，县机关事务管理局内设4个职能股室，分别为办公室、后勤服务股、安全保卫股、物业管理股，原县委招待所因搬迁拆除，相关机构人员挂靠机关事务局管理。2016年12月根据城编办发〔2016〕42号文件，增设公务用车管理办公室；根据业务工作需要，县公共机构节能管理工作领导小组办公室于2010年6月设在机关事务管理局。按照规定，成立相应的职能股室（即公共机构节能管理室）。共有事业编制15名。其中局长1名，副局长2名，一般干部12名。原县委招待所暂无编制规定。现有人员：局机关现有人员12人，其中局长1人，副局长1人，副科级干部1名，正股级干部3人（分别为办公室主任1人、物业股股长1人、安保股股长1人），副股长1人（后勤服务股副股长1人），一般干部5人。原县委招待所实有在编人员29人，在岗19人，病假1人，其他请假9人。聘用临时人员：保安33人，保洁16人，水、电及房屋维修4人，平台驾驶员52人。

【主要职责】 按照党和国家有关方针政策，结合实际，研究制定机关事务管理的工作规划和规章制度，并组织实施。推动县直机关后勤体制改革，会同有关部门研究制定县级机关后勤体制改革的政策措施并监督实施，促进机关事务管理工作社会化。负责编制县行政中心运行经费的预算，做好经费管理工作。负责推进、指导、监督全县公共机构节能工作。负责党政机关公务用车编制核定、购车审核、旧车处置等日常管理工作。负责对县行政中心的房屋、公共设施和设备等国有资产的登记、界定、管理工作，对县行政中心房产进行统一调配、管理及维修；负责入驻单位集中办公房的管理工作。负责县行政中心水、电供应和设施设备管理等后勤保障工作；负责县领导干部周转房的管理及后勤服务保障工作；负责公共会议室（场）的管理和会议服务工作。负责县行政中心的安全保卫、治安综合治理、信访维稳、消防安全、交通秩序管理工作。负责县行政中心的公共环境卫生管理，监督管理绿化、亮化、美化及物业管理服务工作。负责机关食堂的监督管理。承办县委、县政府交办的其他事项。

【管理及服务范畴】 南城县行政中心于2007年12月28日开工建设，2009年9月26日投入使用，总面积80亩，其中主办公大楼占地面积3000平方米，建筑面积（13层）25442.28平方米；会展中心面积1172.76平方米，建筑面积2230.68平方米；机关食堂占地面积442平方米，建筑面积624平方米；领导干部周转房3栋（18套）占地面积1152平方米，建筑面积1728平方米；行政广场占地面积33000平方米。现有入驻县行政中心的办公单位26个，入驻办公的干职工人数693人。按照建造设计归属机关事务局管理的大小会议室共有5个，其中会展中心会场1个（可容纳646人）、会展中心三楼会议室1个（可容纳90人）、十二楼会议室1个（可容纳260人）、十一楼四套班子会议室（可容纳9人）、九楼视频会议室1个（可容纳160人）。为做好会议服务，按照县委办、县政府办城办发〔2011〕20号文件规定，除县四套班子领导除外，其他单位使用会议室均收取一定的会议服务费，每次安排3名以上不等的服务人员做好会议茶水、音响、保洁等服务。

公共区域由4名物业管理人员实行不定期巡查维修制，单位或部门维修实行出工不出料（材料费由单位或部门自负）的办法，保证行政中心大楼正常工作需要。主要负责行政中心及行政服务综合大楼的治安和信访秩序，维护安全稳定，共33人。主要负责行政中心大楼的日常保洁，确保公共部分地面、路面、墙面的干净整洁，共16人。机关食堂分为领导用餐和干部用餐两大块，于2010年6月正式从接待办移交接管，现有厨师5人，服务员7人（兼会议服务），另聘请大厨2人，临时工3人。领导用餐主要服务于家不在南城的县级领导用餐，机关干部实行刷卡消费制，每位在编在岗人员由县财政每月补助180元作为中餐补贴。

【业务工作】 公共机构节。自2012年4月人员到位起开始从县政府办接管公共机构节能工作。主要是协调、推进、监督全县公共机构（即财政拨款的党政机关和事业单位），日常的水、电、油等节能工作。大力推进全县公共机构节能工作，积极创建公共机构节能示范单位。公车管理。公务用车管理办公室于2016年12月正式成立，办公室设在县机关事务管理局，主要负责全县党政机关用车在编制标准的核定；负责车辆购置、处置的申报审核和日常管理工作。

【县机关事务管理局主要领导名单】
局长：
谢文亮 （2010.4至今）

财 政

【概况】 南城县财政局内设人事秘书股、综合规划股、预算股、国库股、行政政法股、教科文股、经济建设股、农财股、社会保障股、企业股、会计股、国有资产监督管理股、扶贫股、债务金融股、绩效评价股等15个职能股室。直属股级事业单位有信息中心、政府采购办、非税办。直属副科级事业单位有国库支付中心、乡镇财政管理局、财政监督检查局。基层机构有12个乡（镇）财政所。至2020年年底，县财政局现有干部职工82人，退休42人；12个乡（镇）财政所共有干部职工54人，退休人员11人。2020年，财政工作在县委、县政府的坚强领导下，在县人大和县政协的监督支持下，以习近平新时代中国特色社会主义思想为统领，认真学习贯彻落实党的十九大和十九届二中、三中、四中、五中全会和习近平总书记重要讲话精神，牢牢把握稳中求进工作总基调，全面贯彻新发展理念和高质量发展要求，扎实做好“六稳”工作,全面落实“六保”任务，为确保全面建成小康社会和“十三五”规划圆满收官奠定了坚实基础。

【财政收支】 2020年，面对突如其来的新冠肺炎疫情，县财政局严格落实中央和省市县有关部署，全县上下一手抓防控疫情、一手抓经济发展，各类企业迅速复工复产。全县财政总收入17.57亿元，同比增长1.7%，其中税务完成15.24亿元，同比增长0.8%，税收占比86.8%。全年南城县一般公共预算支出完成37.34亿元，同比增长8.68%。

表10 2020年全县财政收入情况

单位：万元

收入项目	金额
税收收入	152434
非税收入	23238
财政总收入	175673
地方收入	103689
上级补助	183507

续表 10

收入项目	金额
上解上级	4016
上年结转	28207
调入资金	41782

表 11　2020 年全县财政支出情况

单位：万元

支出项目	金额
一般公共服务	32696
公共安全	11892
教　育	58615
科学技术	9504
文化旅游体育与传媒	6627
社会保障和就业	38815
卫生健康	35809
节能环保	63974
城乡社区	22069
农林水	51314
交通运输	14627
资源勘探工业信息等	6409
商业服务业	1937
自然资源海洋气象	2170
住房保障	9487
粮油物资储备	838
灾害防治及应急管理	2227
债务发行费用	31
其他支出	1881
合计	373439

【发挥财政职能，稳步推进“三大攻坚战”】 稳妥化解债务风险。一方面严格执行化债方案，多渠道筹措资金还本付息，全面完成化债计划，年底南城县债务风险等级为绿等级。另一方面积极争取债券资金。紧盯政策走向，做好债券项目的储备和申报工作，2020 年共争取新增债券资金 79894 万元，主要投向教育、农林水、医疗卫生、市政和产业园建设等民生和经济发展领域，缓解重点项目、重点工程资金需求压力，保障经济发展活力。决战决胜

脱贫攻坚。继续加大财政投入，强化资金保障，积极向上级争取项目资金，足额安排县级预算资金。2020年，全县共投入扶贫资金5701万元，全县剩余贫困人口184户434人全部摘帽退出。三是全力打好污染防治攻坚战。统筹安排资金63974万元用于节能环保、生态环保以及绿色殡葬改革等，支持污染防治、环境治理，生态环境持续改善。同时，充分发挥财政性资金杠杆放大和风险保障作用，引导和鼓励银行业等金融机构，进一步拓展生态产品抵质押融资，建立"两权"抵押贷款风险政府与银行金融机构合理分担机制，促进生态产品价值实现，2020年共发放贷款116475万元。

【强化政策保障，助推经济复苏发展】 大幅增加科技投入，大力扶持科技企业，全县科技总支出9504万元，比上年增加35.19%。继续培植工业税源，进一步加快推进电子产业园、教育装备（校具）产业园二、三期建设，为培植财源增长点、做大财政蛋糕夯实基础。统筹推进复工复产，全力支持企业恢复和提高产能，南城县经济社会发展日渐回到正常轨道。进一步优化营商环境。围绕电子信息、教育装备（校具）、中医药三大主导产业，开展以商招商，加大建筑企业招商力度，引进更多企业落户，形成替补税源。同时稳定传统物流业，对于乡镇发展物流给予资金和政策支持，充分调动乡镇积极性。充分发挥财政职能。综合运用"财园信贷通""过桥贷款"等财政工具，助力实体经济不断做大做强。2020年"财园信贷通"累计发放59户贷款共29499万元，"过桥贷款"为企业搭桥10笔（次）共7370万元。继续落实好结构性减税和普惠性降费政策，坚决贯彻落实省、市、县关于有效应对疫情稳定经济增长帮扶实体经济的措施，进一步减轻企业特别是小微企业负担，巩固稳增长基础。

【兜牢"三保"底线，倾力改善民生福祉】 继续加大教育投入。2020年全县教育支出58618万元，增长6.99%，教育资源扩容增质。完成了南城一中、实验中学搬迁，建昌小学组建，有效化解城区"大班额"问题。提升社会保障水平。进一步完善支持大众创业、万众创新措施，统筹安排就业资金835万元，发放创业担保贷款465万元，保障"双创"政策落到实处，以创业带动就业；确保养老保险待遇按时足额发放，全年拨付各类养老保险资金60341万元；加快推进县中医院二期建设，全年共拨付资金7500万元，医疗卫生服务"硬件"和"软件"不断完善。保障财政支农投入。利用"财政惠农信贷通"政策措施撬动金融杠杆，推进现代农业化建设，共帮助570户企业（农户）放贷2.16亿元；累计拨付2.28亿元用于耕地地力保护补贴、农机购置补贴、新农村建设、高标准农田建设、产业扶贫、中医药产业发展等农业支出；统筹安排2908万元用于长江流域禁捕，确保了南城县重点水域退捕渔民"退得出、稳得住、能小康"的目标任务；统筹推进水利项目建设，争取到上级专项资金2604万元用于中小河流、农村安全饮水、山洪灾害防治等水利支出。

【坚持提质增效，深化财税体制改革】 积极推进各项财政改革，不断创新财政管理机制，促进财政管理的科学化、精细化。扎实推进财政全面绩效管理。为全面实施预算绩效管理，促进预算绩效管理工作制度化、规范化、科学化，根据《中共南城县委 县人民政府关于全面实施预算绩效管理的实施意见》文件要求，出台了《南城县实施预算绩效管理工作考核暂行办法》，将预算绩效管理工作纳入2020年及以后年度政府绩效考核体系，从而加强预算执行绩效监管，提高财政资源配置效率。非税收入收缴电子化改革提效扩面，2020年卫生医疗系统财政票据电子化系统正式运行，实现了提高效率、降低成本、加强监控和提升群众的获得感和满意度多重目标。深化政府采购制度改革。为进一步深化政府采购制度改革，切实落实采购人的主体责任，按照"谁采购、谁负责"的原则，建立采购人对采购结果负责的机制，南城县出台《关于规范政府采购管理工作的若干规定》，从而深化了"放管服"改革，提高了政府采购效率，进一步规范了南城县政府采购行为。

【强化财政监管，坚持依法理财】 强化了资金运行网上监控。加强了财政资金监管系统的日常监管和预警事项处理处置，建立健全了“互联网＋监管”系统与“双随机一公开”系统的无缝对接。加强了疫情防控财政资金监管。认真落实习近平总书记关于坚决打赢疫情防控阻击战的指示精神，围绕上级有关部署，严格财政监管，严肃查处擅自截留、挤占、挪用疫情防控资金等违法违规行为，推动和保障疫情防控各项财税支持政策落实落细、资金使用安全有效。开展了津贴补贴绩工资企业薪酬奖金福利等专项清理整治工作。联合人社等相关部门，成立了专项整治工作领导小组。本着“清理、整改、完善、提高”的工作目标，逐一查找问题，逐项逐条梳理，认真清理整改。

【县财政局主要领导名单】

局长：

邓　胜（2014.9 至今）

党组书记：

邓　胜（2016.12 至今）

党组成员：

管华军（2018.4—2021.6）

党组成员、乡财局局长：

周学文（2021.6 至今）

人力资源和社会保障

【概况】 南城县人力资源和社会保障局，负责绩效管理，事业单位管理、工勤人员技术等级考试考核，工资福利审核审批，单位人员、工人调配，三支一扶管理、人力资源中介机构管理，创业就业工作、民生工程、精准扶贫，培训机构培训、职业技能鉴定、劳动关系，企业职工退休审批，劳动人事争议调解仲裁，工伤认定，劳动保障执法、打击非法用工、农民工工资、企业欠薪、社会保障卡信息采集发放，人事档案管理等。内设办公室、事业单位和专业技术人员管理股、工资福利股、就业促进股、基金监督和社会保险股、劳动关系和调解仲裁股、职业能力建设股等 7 个股（室），下设县社会保险事业管理局、县公共就业人才服务管理局、县农村社会养老保险管理局、县劳动监察局、县劳动仲裁院、信息中心、考试中心、职鉴中心等 8 个事业单位。现有编制 74 个，其中行政编制 14 个，在编 10 人；事业编制 60 个，在编 47 人。局领导班子成员 7 人，其中局长 1 名，副局长 3 名，另有就业局局长、社保局局长、农保局局长各 1 名。

【公共就业人才服务】 南城县公共就业人才服务局隶属人力资源和社会保障局的下属二级局，事业编制 13 人。其中领导职数：局长 1 名，副局长 2 名、股级职数 5 名。内设机构领导职数：办公室、职培职介股、失业保险股、创业贷款担保中心、人才交流中心各设负责人一名。主要负责：（一）全县农村劳动力转移培训、下岗失业人员培训、创业培训以及园区企业岗前培训等就业技能培训工作，推动全县职业培训工作的健康发展。（二）全县劳务输出的宣传和引导工作，及时收集和发布各类用工信息，做好有关劳务数据和报表的收集、上报工作。（三）企业失业保险扩面征缴工作，搞好档案托管、失业保险经办、代收代缴失业保险金，建好台账；做好失业保险金的财务管理和档案托管工作。（四）按照创业担保贷款各项政策规定及标准化操作流程的要求，办好创业担保贷款业务。做好创业担保贷款贷前调查和贷后管理工作。建立健全创业担保贷款的台账，做好创业担保贷款信息系统管理工作。（五）档案的接收和转递；档案材料的收集、鉴别和归档；档案的整理和保管；为符合相关规定的单位提供档案查（借）阅服务。

【社保】 南城县社保局负责为企业办理参保登记、缴费基数核定、缴费等手续；为灵活就业人员参保提供高效、便利的服务；为参保人员办理基本养老保险关系转移、封存、接续等手续；为到达法定退休年龄参保人员办理退休及养老金计发和发放手续；为离退人员提供社会化管理服务；为参保人员提供养老保险政策和业务咨询；开展基本养老保险费征缴、稽核工作等。内设办公室、信息和稽核股、退管股、财务股、业务大厅、5 个股室，2020 年有在编人员 15 人，临时聘用人员 13 名，退休人员 7 人。

【农村社会养老保险管理】 南城县农村社会养老保险管理局成立于 2012 年 7 月 1 日，为县人力资源和社会保障局下属副科级事业单位，核定编制 11 人，现在编人员 10 人，公益性岗位8人。设有局长1名，副局长2名，内设办公室、待遇核定股、基金股、稽核股；局长陈焕奕同志生于1973年11月，中共党员，于2013年3月任职农保局局长至今。农保局主要负责贯彻执行城乡居民基本养老保险的法律、法规，制定本级城乡居保发展规划并组织实施，建立城乡居保制度和管理体系，经办城乡居保的具体业务，办理城乡居保参保登记、关系转移、信息变更、待遇核定、养老金发放、生存认证等工作；全县总参保人数14.59万人，其中缴费人数10.81万人，待遇领取人数3.78万人。

【公共就业服务工作】 创业贷款担保中心2020年共发放创业担保贷款10413万元，其中个人创业贷款547笔，计6463万元；小微企业贷款10笔，计3950万元。创业贷款回收率99.99%。创业培训32期，933人次；企业职工岗位技能培训5419人，其中开展园区岗前培训16期，共8家企业，培训人数683人，开展以工代训共115家企业，培训人数4736人；就业技能培训19期，678人。2020年失业保险参保和基金征缴情况，失业保险参保人数16000人，实际缴费人数8000人，征收失业保险金432万。稳岗补贴发放情况，申请稳岗补贴的企业有75家，发放金额合计83.07元，受惠的职工人数2519人。发放失业保险金情况，领取失业保险金人数为70人，发放失业金46.51万元，代缴医疗保险10.1万元。失业补助金发放情况，全年共发放失业补助金34.3万元，惠及232人。技能提升补贴发放情况，全年共发放1人，发放补贴金额2000元。人才交流中心全年共办理业务2312件，办理人事代理共1911件，办理档案转出共349件，开具调档函共52份。开展多种公共就业招培活动。借助南城之窗自媒体网络平台，先后共举办了7次网络招聘会，即1月11日至2月22日举办的2020年南城县复工企业春季大型网络招聘会、5月7日至7月7日举办的南城县大学生线上招聘会、5月18日至8月18日举办的南城县扶贫就业专场招聘会、8月1日至9月1日举办的南城县工业园区缺工企业大型网络招聘会、8月28日至10月31日举办的南城县退捕渔民专场网络招聘会、9月7日至10月31日举办的南城县离校未就业高校毕业生专场网络招聘会、9月7日至10月8日举办的南城县城镇脱贫解困就业扶贫专场网络招聘会，同时人力资源和社会保障局于2020年2月先后分别在南城融媒体、南城发布以及南城县政府网站等媒体发布县工业园区企业招聘信息，为企业招工进行推介服务，提供公共就业服务共计23504人次，达成意向聘用人数2919人。结合多种活动共举办多场现场招聘会，提供公共就业服务共计19008人次，1758人达成聘用意向。（1）开展了春风行动暨就业援助月活动。人力资源和社会保障局于2020年1月10日在县市民广场启动了春风行动暨就业援助月活动仪式。活动时间从2020年1月上旬至2020年3月底，以电子产业为主，涵盖机械制造、校具产业、食品、加工等行业，共有36家企业参加，提供岗位2923个，达成聘用合同或意向人数1158人。（2）举办了南城县电子信息产业园开园仪式暨招工大会。2020年1月11日上午开园仪式暨招工大会在电子信息产业园举行，共有13家电子企业参加，提供岗位1261个，提供公共就业服务1236人次，达成聘用意向人数126人。（3）开展了扶贫专场招聘会和送岗下乡入村活动。结合县工业园区企业用工实际情况，为切实做好南城县返乡滞留人员及农村剩余劳动力特别是农村贫困劳动力就业需求工作，联合县工业园区管委会举行了南城县2020年工业园区企业送岗位下乡暨就业扶贫流动现场招聘会，提供520多个适合贫困劳动力的岗位，提供公共就业服务达1200多人次，达成意向聘用人数433人。（4）举办了禁捕退捕渔民流动现场专场招聘会。为全力推进退捕渔民转产转业、就近就地就业，于11月份在南城县退捕渔民集中的区域建昌镇渔民新村和徐家镇分别举办了南城县2020年禁捕退捕渔民流动现场专场招聘会（建昌站）和南城县2020年禁捕退捕渔民流动现场招聘会（徐家站）等两场线下招聘会，参与企业8家，提供了就业岗位614个，先后共有退捕渔民约300人次参加，达成就业意向协议20余人。（5）举办了2020年南城县高校毕业生现场招聘会。为了增强南城县高校毕业生就业创业服务的针对性、有效性，促进高校毕业生市场化社会化高质量就业，人力资源和社会保障局于12月5日在南城县凤岗公园广场举行2020年南城县高校毕业生现场招聘会。此次现场招聘会共有16家企业报名参会，提供就业岗位236个，涉及销售顾问、人事行政、工艺操作等多个岗位，服务对象主要为2020年高校应届毕业生、往届有就业意愿的离校未就业高校毕业生，共有260名高校毕业生参加，现场共投递简历58份，初步达成就业意向21人。

【社会养老保险工作】 截至2020年年底，南城县有参保人数62259人（含退休）：其中企业职工人数21040人、机关事业单位人数6553人、灵活就业人数17307人、退休人数17359人。实际缴费人数35095人，占应缴费人数的78%。落实国家政策，调降社会保险费率。由于疫情问题，人力资源和社会保障部、江西省人力资源和社会保障厅等上级主管部门下达一系列惠企惠民政策，县社保局为贯彻落实中央、省市降低社会保险费率的决策部署，准确解读各项政策，正确引导舆论，提高社会参与度和知晓度，为社会保险降费减负政策落地落实营造良好氛围，采取多项举措推进社会保险降费减负宣传工作，并切实贯彻施行，年底调降社会保险费率工作圆满完成，效果显著。通过省社保中心及市社保局等上级部门的协助，对南城县所有参保企业进行数据筛查，确保政策实施准确到位，做到应免尽免，不遗漏企业，不错免金额。截至2020年年底，南城县符合减免条件的养老保险参保单位共计454家，工伤保险455家。其中养老保险上半年共减免2700多万元，工伤保险共减免200多万元，均已减免到位。落实完成退捕渔民工作。自省、市、县关于退捕渔民文件下发以来，人力资源和社会保障局立即开展工作，联合农业农村局、建昌镇、徐家镇等部门，入村入户摸排摸底。对摸底数据与局职工养老保险、城乡居民养老保险的大数据进行比对，摸清退捕渔民参保险种、缴费情况及待遇状态等数据，确保纳入人员信息准确。在摸底过程中，对群众提出的建议和问题，作出解释并归纳上报，为后期顺利参保提供前期保障。截至2020年年底，南城县退捕渔民数共477人，选择参加城乡居民养老保险人数219人，选择参加城镇企业职工养老保险人数244人，除去不符合参加养老保险条件14人，参保率达到100%，切实保障退捕渔民老有所依。强化基金征缴，基金总量稳步增长。为确保基金征缴稳步进行，人力资源和社会保障局一方面加大宣传力度，印放社保宣传材料，提高群众的参保意识，使社保政策深入人心；另一方面加强养老保险专项稽核，努力营造“诚实申报、依法缴费”的社会氛围。同时，组织人员对全县参保单位开展稽核，查阅企业职工人数、工资发放情况，增减变动等相关资料，集稽核、扩面、清欠、督促缴费于一体，从而提高了稽核工作效果，真正做到了应保尽保、应收尽收。严把退休审批关，确保养老金按时足额发放。一是把好退休审批关，人力资源和社会保障局与人社部门建立联合审批机制，对申报退休人员的档案进行严格的核实和认定，把一些钻空子的人堵到了退休的大门以外。二是把好待遇核定关。在业务、稽核、财务、发放等各股室之间建立了相互监督制约机制，各环节做到人人签字、层层把关，共同负责，准确核定待遇，确保公平无误。三是严格落实养老金的社会化发放。人力资源和社会保障局与建设银行、中国银行、农业银行、邮政储蓄银行签订养老金代发协议，通过网上银行实现了养老金直发，养老金直接发放到退休人员账户中，实现按时足额发放。加大“年审”开通手机认证宣传，方便退休人员。按照上级关于开展手机等方式认证要求，方便退休人员领取养老金资格认证，人力资源和社会保障局加大了对“线上年审”的宣传，印发张贴了宣传单，并发放至广大群众手中，方便退休人员，足不出户即可完成“年审”认证。社保系统升级完成，进一步方便了企业与民众的社保业务办理。按照省里面的统一要求实行一网通办，让群众少跑趟让数据多跑路，社保新系统开始上线运行，新系统的启用使得许多社保业务民众现在在网上就能自行办理，是减证便民的又一重大举措。

【城乡居保工作】 巩固脱贫攻坚成果，对接乡村振兴战略。继续落实困难群体（建档立卡贫困户、低保户、残疾人）参加城乡居民基本养老保险代缴和代发政策，代缴代发率100%，实现困难群体应保尽保、应代尽代、应发尽发。对16—59周岁符合参保条件的贫困人口由财政代缴保费，对年满60周岁、未领取国家规定的基本养老保险待遇的贫困人员，将其纳入城乡居民基本养老保险制度，并按月发放基本养老保险待遇，终身支付。积极落实社保扶贫政策，制作建档立卡贫困户参保情况工作表，让参保人员情况有网络数据可查，有纸质台账可看。贫困人员参保率、待遇享受率均达到100%。强化内控管理，促进防范风险。重点指标专项核查，筛选疑点人员信息，进行数据分析比对，形成重复领取和死亡冒领疑点信息数据。对已核实重复领取、死亡冒领养老金行为的坚决追回所涉金额，要求退还多领养老金，防止重复参保，重复领取养老金，严把审核关口。防范死亡冒领，推进生存认证工作。推广通过“江西人社”APP和“赣服通”自助认证，实现足不出户实现智能化认证，解决群众来经办部门集中认证的问题，实现“不进人社门、能办人社事”的服务目标。同时通过使用手机、电脑等终端认证的方式，节约认证成本、提高认证效率、加强认证准确性，防范虚报冒领，从而保障基金的安全和稳定。推进参保精准扩面，养老待遇足额发放。做好退捕渔民参加养老保险工作，全力推进退捕渔民养老保障落实工作，对符合退捕渔民养老保障条件的渔民做好渔民身份标识，严格落实全县退捕渔民社会保障“应保尽保”，保证政府补助到位。确保城乡居民基本养老保险待遇足额发放，落实城乡居民基本养老保险待遇确定和基础养老金正常调整机制，进一步健全参保缴费激励机制，积极引导参保居民选择更高档次缴费，增加个人账户积累，逐步提高养老保障水平，促进城乡居民基本养老保险制度可持续发展。

【人事人才管理工作】 推进职称人事制度改革。大力推进事业单位人事制度改革，落实县级公立医院用人自主权和薪酬制度改革，深化职称改革，提升专技水平；进一步完善事业单位岗位设置，为全县100多个事业单位4000余人重新进行了核岗；2020年，人力资源和社会保障局推荐的江西赣亮医药原料有限公司总经理（同时兼任子公司广西万德药业有限公司总经理）蒋青峰，享受了国务院特殊津贴。推荐的“建昌帮”药业崔家泉、县教育局刘春莲、南城一中教师李勇3人享受了市政府特殊津贴。刚性引进了同善堂中药饮片公司杜茂波博士。加强招募“三支一扶”工作。积极做好“三支一扶”管理工作，组织协调各乡镇、卫生系统、教育系统完成2018年度“三支一扶”人员安置工作，完成本年度“三支一扶”人员招募工作。2020年共招募“三支一扶”高校毕业生23人，其中支教6人、支医9人、支农4人、扶贫4人。开展事业单位招聘工作。2020年，该局按照县委、县政府的统一部署，在市局的精心指导下，稳步开展南城县事业单位招聘工作，及时发布招聘公告、招聘计划并精心组织考试。此次事业单位招聘共发布招聘岗位68个，报名人数达1035人，招录事业单位人员共68人。另外，由全市统一组织的事业单位招聘考试招录南城县事业单位人员20人。为南城县经济社会发展提供了更多专业技术性人才。

【副高级以上专业技术职称人员】 全县每年7月下发专业技术资格评审通知并按相关要求组织专业技术人员申报，8—10月份开展初级专业技术资格的考核认定工作。根据相应系列的职称评审文件的规定受理高级、中级专业技术资格申报材料的审核工作，并按要求把材料报送到市人社局。2020年，全县专业技术人员高级职称通过人数18人。对于取得专业技术职称资格的人员，在每年的3月份全县各单位核岗后，根据各单位核岗后有无专业技术岗位的空岗，下达空岗聘任指标，对取得职称专业技术人员进行聘任手续。

【人力资源和社会保障局主要领导名单】

局长：

吴文华（2020.1—2020.12）

副局长：

彭慈华（2020.1—2020.12）

章国龙（2020.1—2020.12）

江小华（2020.1—2020.12）

招投标

【概况】 南城县招投标交易中心于2008年9月26日成立，为县政府直属正科级事业单位，设主任1名，副主任1名，内设办公室、业务股、财务股等3个股室，人员编制5名。2009年10月14日更名为南城县公共资源交易中心，2018年2月6日更名为抚州市公共资源交易中心南城县分中心，并加设南城县农村综合产权交易中心，增设市场股、信息股，与县公共资源交易中心合署办公，同时增加事业编制2名。2020年度累计完成交易项目243宗，涉及建设工程招投标、产权交易、政府采购等类别，总交易金额17.83亿元，各类工程交易额稳步增长。中心把“严格把关、强化服务”作为第一工作要务。一是服务经济发展，提升管理水平；二是推行保证金银行电子保函；三是让数据多跑路让企业零跑路。2020年5月1日起所有投标企业参与南城县的公共资源交易项目均可以电子保函的形式递交投标保证金，企业交易成本进一步降低。

【公共资源交易中心领导】
主任：
熊国根（2010.7至今）
副主任：
黄芬芬（2010.12至今）

政协南城县委员会

综　述

2020年南城县政协在中共南城县委的正确领导下，以习近平新时代中国特色社会主义思想为指导，深入学习贯彻中共十九大和十九届二中、三中、四中、五中全会以及中央政协工作会议精神，认真贯彻落实习近平总书记视察江西重要讲话精神，突出加强政协系统党的建设和推进政协工作提质增效这两个重点，在建言资政和凝聚共识上双向发力，各项工作取得新成效。

2020年，南城县政协第十五届委员会有主席1人、副主席6人、秘书长1人、常务委员27人。全年共召开全体委员会1次，常务委员会4次。县政协机构设有办公室，经济和农业农村委员会，提案委员会，社会法制、港澳台侨民族宗教和外事委员会、教科文卫体和学习委员会5个办事机构，负责处理机关日常工作。

深化思想政治引领，全面加强政协党的建设 2020年是极不平凡的一年，面对全球新冠疫情的不利影响，在县委的坚强领导、县政府的支持和省、市政协的指导下，南城县政协始终坚持将思想政治引领作为最基础工作抓实，把党对政协工作的全面领导作为政协工作的根本政治原则。认真开展理论学习。坚持把学习贯彻习近平新时代中国特色社会主义思想、党的十九届五中全会精神、《习近平谈治国理政》第三卷，以及跟进学习习近平总书记最新重要讲话要求作为县政协党组理论学习中心组的首要内容，把深入学习贯彻习近平总书记关于加强和改进人民政协工作的重要论述作为重中之重，持续在学懂弄通做实上下功夫。主动争取县委的重视与支持。县政协把坚持党对政协工作的领导放在首位。自觉围绕县委中心工作来思考和谋划政协工作。市委召开政协工作会议后，政协第一时间向县委报告并在县委理论学习中心组传达学习。协助县委出台了《关于新时代加强和改进人民政协工作的实施意见》（城发〔2020〕7号）和《关于加强改进县政协专门委员会工作和制度建设的实施意见》（城协发〔2020〕8号），县委高度重视政协工作，县委书记汪华辉同志亲自给县政协出题目、交任务、提要求，为政协履行职能、发挥作用注入了强劲动力。持续推进政协系统党的建设。认真贯彻落实县委加强新时代人民政协党的建设工作的实施意见，修订完善政协党组工作规则，持续系统开展“两学一做”，严格落实“三会一课”制度和“主题党日 +”活动，通过“学习强国”、微信群平台，及时推送充满正能量、具有深度和厚度的精神食粮。在政协机关开展“流动红旗党支部”、党员示范岗评比表彰活动，建立了县政协党组同参加政协的无党派人士联系制度，党员委员直接联系服务群众制度，党员委员联系党外委员制度等工作制度，使政协党建工作更加有制可循。

围绕大局议政建言，切实发挥专门协商机构作用 县政协围绕党政工作大局，搭建协商平台，积极协商议政，政协履职成效进一步彰显。协商议政谋大事。通过政协全会，组织委员列席县十七届人民代表大会第五次会议，听取“一府两院”工作报告和其他工作报告，组织全体参会政协委员分组协商讨论，邀请县委、县政府主要领导参加各小组讨论，政协委员与县领导面对面商讨，敞开心扉、畅所欲言，坦率务实地提出意见，认真负责地提出建议。收集委员在工业振兴、脱贫攻坚、扫黑除恶、城市建设及民生、教育、卫生等意见建议60余条。《后疫情时代的思考》《擦亮南城校具产业"金名片"》《强化交通安全管理，创建平安幸福南城》等大会发言，得到县委、县政府领导的高度肯定。专题调研献良策。聚焦南城县文化旅游产业发展，组织委员赴上犹县、宁都县学习考察，并结合本县调研情况，多方交流分析研究，先后形成了《弘扬革命精神 传承红色基因——关于赴上犹、宁都开展红色文化保护和利用的考察报告》《留住乡愁 传承文明——关于加强南城县传统村落保护利用的调研报告》，为南城县今后发展文化旅游产业提供了很好的思路和对策。组织召开专题意见征求会，提交的《关于南城县新增道路命名等工作建议》（城协发〔2020〕2号）《关于南城一中原址办学方案的建议》（城协发〔2020〕3号）引起县党政领导的高度重视，许多意见和建议得到采纳。民主监督顺民意。一年来，有20多名政协委员担任了公安、检察院、法院、税务、教育、卫生等单位和部门的行风监督员，他们积极参与全县教师公开选调、庭审、法律公益诉讼、政风行风评议等活动，在监督过程中，注重加强沟通协调，用事实说话，用数据佐证，真正把问题找准，把原因理清，把建议落实，有力地促进了有关部门政风行风的转变。

广泛凝聚共识，助推南城高质量跨越式发展 牢固树立以人民为中心的发展思想，把握人民群众对美好生活的新期待，建利民之言、谋利民之策，切实做到人民政协为人民。提案办理关注民生诉求。确立了《关于扶持东外环汽车综合服务中心发展，助力现代汽车产业化的建议》等7件关系民生和促进全县经济发展的提案，列为年度重点提案进行协商办理，由政协主席、副主席分别跟踪，通过组织提案者与承办单位座谈、实地勘察、召开提案办理协商交流会议等形式，开展协商办理。截至2019年年年底，县政协十五届五次会议以来立案的71件提案已全部办复，落实率50.7%，较往年有明显提高。《关于新南城一中周边道路，新大桥路段交通安全问题的几点建议》提案，通过"回头看"加强督办，取得明显成效。社情民意反映民生期盼。组织委员深入基层，广泛倾听民声、真切了解民情、真实反映民意，让民意诉求和基层呼声直通党政机关。全年共编报社情民意10期，《加快南城县中心集镇的建议》《关于建立健全南城县文旅机制 推动文化资源进入市场的建议》等社情民意，得到县委、县政府主要领导的批示，促成了相关问题的落实或解决。依托政协委员工作站平台，开展走访座谈、调查研究和咨询服务，开展送科技讲座、送文化下乡或扶贫济困等活动，既服务了群众，也收集到群众反映的问题，通过社情民意等形式报送县党政领导，为县委、县政府准确把握社会舆情，及时妥善解决矛盾，提供了信息服务和决策参考。宣传信息聚焦履职成果。加强文化信息宣传工作，及时反映政协履职成果。编写整理的《争当脱贫攻坚排头兵》《撸起袖子加油干 全力打好脱贫攻坚战》《扶贫路上助学忙》《不忘初心 永葆军人本色》4篇脱贫攻坚征文获得市政协好评，《战"疫"时刻，我在行动》《抗疫精神薪火相传》《南城县政协建言校具产业智能升级改造》等15篇信息在《江西政协报》上刊登。省政协《每周工作》第4期刊登了南城县"主席会议成员通过视频连线方式开展'微协商'，为企业复工复产和落实防控措施精准建言"的做法，得到了省政协主席姚增科的批示：长篇与短篇结合，一事一议，短而快，简约不简单。

突出团结民主主题，凝聚各方蓬勃力量 注重发挥政协大团结大联合的组织优势，不断扩大团结面，努力增强包容性，凝聚起推动南城高质量发展的强大合力。在抗击新冠疫情上担当作为。认真贯彻县委的决策部署，及时向广大政协委员发出倡议，号召大家广泛参与疫情防控，大家立足各自岗位，积极参与救治病人、稳产稳岗、保障供应、纾解情绪及社区防控等工作。广大政协委员自愿捐款捐物共计136.6万元。政协班子成员深入挂点乡（镇）、企业、社区和重点项目建设工地，开展"两宣一帮"活动，切实帮助企业解决困难和问题，以实际行动体现了政协委员的责任担当。在参与中心工作上尽心竭力。县政协班子成员在县委领导下，以饱满的“一线”精神状态和工作干劲，积极服务于中心工作，扎实做好重点项目推进、企业帮扶、疫情防控、复工复产、脱贫攻坚等工作。县政协班子成员经常深入所联系的乡镇和企业，协调解决工作中遇到的困难和问题，指导工作开展。扎实做好脱贫攻坚工作，县政协班子成员深入挂点乡镇，开展走访慰问 29 次，实施挂点项目 3 个，加强督促指导，帮民困、解民忧。同时，引导广大政协委员认真履行“一岗双责”，积极投身经济建设主战场，热情参与扶贫帮困、捐资助学等公益活动，以实际行动回报社会，树立了政协委员的良好形象。在对外联谊工作上履职尽责。积极配合做好市政协专项督查和重点提案督办活动；积极参与市政协“围棋文化与围棋产业发展”课题调研；接待了广西全州、福建龙岩、江西武宁、修水等省内外政协组织学习考察 10 批次。外出走访驻深圳、广州、上海等地的政协委员 3 批次。在接待的同时，均邀请调研团队参观南城工业园区、城区建设，大力宣传南城投资环境和发展前景，介绍南城深厚的历史文化底蕴，特别是红色文化，讲好南城好故事，为推介宣传南城作出了努力。

加强政协自身建设，着力夯实履职根基　坚持把加强自身建设作为重要保障，抓党建，严管理，建机制，不断推动政协工作提质增效。压实党建工作责任。县政协党组切实扛起管党治党主体责任，定期研究政协党建工作，把党的建设要求落实到政协工作各方面和全过程。每位党组成员认真履行“一岗双责”，带头讲政治、抓学习，守规矩、转作风。进一步完善政协党组、机关党组、机关党总支、机关党支部四级党组织体系，形成主体明确、职责清晰，上下衔接、环环相扣的党建工作链条。同时，开展党组织书记抓党建工作述职评议和先进党支部评比表彰等创先争优活动，不断推进机关党组织标准化建设。加强委员队伍建设。坚持优化服务与严格管理并重，抓好委员队伍建设。通过设立委员联系日、召开座谈会、上门走访等形式，听取委员意见，帮助委员解决工作、生活中的困难和问题，切实让委员感受到政协组织的温暖。多渠道开展委员学习培训、及时召开情况通报会，提升委员履职能力和水平。选派委员参加政府各类听证会，充分发挥委员特约监督作用。加强委员履职管理，建立委员履职档案，规范委员履职行为，继续开展优秀县政协委员、优秀履职成果评选活动，激发委员参政热情。力促工作作风转变。深入贯彻落实中央八项规定及其实施细则，认真落实“三会一课”、谈心谈话和民主评议党员以及领导干部双重组织生活等制度，开好民主生活会和组织生活会。坚持问题导向，突出整改落实，持续深入整治形式主义、官僚主义和“怕、慢、假、庸、散”等作风顽疾，进一步强化一线工作意识，弘扬实干担当精神，使政协机关严起来、紧起来、实起来。

全体委员会

【政协南城县第十五届委员会第五次会议】　2020 年 7 月 12 日至 7 月 14 日在县行政中心十二楼会议室召开。应出席委员 176 名，实到 163 名。会议审议并同意县政协主席过初良同志受常务委员会的委托所作的《政协南城县第十五届委员会常务委员会工作报告》和副主席龚育梅同志所作的提案工作情况的报告。大会补选朱文泉同志为政协南城县第十五届委员会主席，补选邓胜同志、王淑晖同志、陶志诚同志为政协南城县第十五届委员会副主席。

与会委员列席了南城县人大第十七届五次会议，讨论并赞同县长汪华辉同志所作的《政府工作报告》，县财政局关于 2019 年预算执行情况和 2020 年预算草案的报告，讨论并赞同县法院工作报告、县检察院工作报告、与会委员围绕南城县经济社会发展中的重要问题、事关民生的热点难点问题，畅所欲言，各抒己见，提出了许多有价值的意见和建议。会议审议通过《县政协十五届四次会议决议》，审议通过大会提案审查报告。

常务委员会会议

【政协南城县第十五届委员会常务委员会第十三次会议】　2020 年 7 月 3 日在政协主席会议室召开。会议由县政协主席过初良同志主持，政协常委会组成人员参加会议。会议主要内容：1. 协商讨论《政府工作报告》；2. 县财政局局长邓胜通报《县本级 2019 年单位预算平衡情况和 2020 年县级总预算》；3. 审议通过政协十五届五次会议议程、日程（草案）；4. 协商讨论《政协十五届五次会议关于政协常务委员会工作报告》；5. 协商讨论《政协十五届四次会议以来提案工作报告》；6. 协商讨论优秀政协委员、优秀调研报告、优秀提案、提案工作先进单位和个人；7. 研究人事事项：（1）审议通过政协委员新增人选，（2）审议通过关于邹军龙同志请辞政协委员资格的申请。

【政协南城县第十五届委员会常务委员会第十四次会议】 2020 年 7 月 13 日在政协主席会议室召开。会议由县政协主席过初良同志主持，政协常委会组成人员参加会议。会议主要内容：1. 协商审议补选政协南城县第十五届委员会主席、副主席名单及简历；2. 协商审议大会选举办法（草案）；3. 协商审议大会选举总监票人、监票人、计票人名单（草案）。

【政协南城县第十五届委员会常务委员会第十五次会议】 2020 年 7 月 14 日在政协主席会议室召开。会议由县政协主席过初良同志主持，政协常委会组成人员参加会议。会议主要内容：1. 协商确定补选政协主席、副主席候选人名单；2. 审议通过大会选举办法（草案）；3. 审议通过大会总监票人、监票人、计票人名单（草案）；4. 审议通过县政协十五届五次会议提案审查情况的报告；5. 审议通过县政协第十五届五次会议决议（草案）。

【政协南城县第十五届委员会常务委员会第十六次会议】 2020 年 12 月 30 日在政协主席会议室召开。会议由县政协主席朱文泉同志主持，政协常委会组成人员参加会议。会议主要内容：1. 县政协副主席吴军汇报赴赣州上犹、宁都两地考察红色文化保护与利用情况；2. 县政协副主席龚育梅汇报赴瑞金、兴国两地考察红色旅游情况，结合南城县实际谈差距；3. 协商讨论《破除瓶颈制约，推动产业升级——做强做优南城校具（教育装备）产业的思考》。

重要活动

【福建省龙岩市政协到南城考察】 2020 年 10 月 27 日，福建省龙岩市政协张凌副主席率队一行 11 人，来南城县考察建昌帮药业文化及发展情况，市政协领导陪同考察。考察组一行先后考察了麻姑山中药材基地、非遗展览馆等项目。

【九江市修水县政协到南城考察】 2020 年 12 月 28 日，九江市修水县政协陈荣霞副主席带队一行 9 人，来南城县考察公办幼儿园建设情况。

【广西壮族自治区桂林市全州县政协到南城考察】 2020 年 12 月 25 日，桂林市全州县政协盘今副主席带队一行 11 人，来南城县考察“米粉产业品牌创建”专题调研。

【开展一系列调研活动】 9 月份，县政协副主席吴军组织部分委员到赣州市上犹、宁都两县考察。分别与两地相关人员就红色文化资源的保护和利用工作进行了座谈交流，在深入思考南城县红色文化保护利用现状的同时，提出了统筹职责，打造党性教育培训基地；加强保护，抢救整理红色文化资料；整合资源，建设红色文化旅游景区等三方面十余条意见和建议。11 月份，县政协副主席邓胜组织部分委员到工业园区校具产业等就关于“南城县校具产业发展现状及瓶颈”开展专题调研。12 月份，教科文卫体和学习委员会组织部分委员就如何保护利用好南城县传统村落进行专题调研，形成的调研报告《留住乡愁　传承文明——关于加强南城县传统村落保护利用的调研报告》以委员会文件形式报送县委、县政府。

【政协常务委员会主要领导名单】

政协主席：
朱文泉（2020.7 至今）
政协副主席：
吴　军（2011.9 至今）
汤　岩（2016.10 至今）
龚育梅（2016.10 至今）
邓　胜（2020.7 至今）
财政局党组书记、局长（兼）
王淑晖（2020.7 至今）
陶志诚（2020.7 至今）
株良镇党委书记（兼）
政协秘书长：
阮英波（2012.12 至今）

专委会工作

【编辑发行《援越抗美》书籍】为充分发挥文史资料“存史、资政，团结、育人”的作用，探寻南城县援越老兵尘封的记忆，挖掘那段峥嵘岁月的战斗精神。县政协教科文卫体和学习委员会组成采访组深入全县各乡镇，采访了南城县亲历援越抗美百余名老兵。遵循“亲身经历、亲眼所见、亲耳所闻”的“三亲”原则，整理采访稿件50余篇，计21万字，多角度、全景式叙述了南城县子弟兵在战争中的壮举，2020年7月份付印出书，产生了积极社会影响，得到一致好评。

【赣州市宁都县政协到南城调研】4月16日，赣州市宁都县政协由舒副主席带队一行五人到南城县考察红五军团红色文化。

【围绕南城县经济社会发展热点焦点问题积极调研考察、座谈建言】5月份，组织部分委员及有关人士“就南城县城区、园区新增道路、桥梁及部分道路”命（更）名进行调研座谈，与会人员本着道路命名既要体现现代气息，更应突出历史文化的原则，在充分酝酿的基础上，积极建言，提出意见和建议。综合形成的意见建议与委员会文件（城协发〔2020〕2号）报县委、县政府，供决策参考；6月初，召集本委部分委员，教体局相关负责人及老同志，一中、二中、实验中学、泰伯学校、洪门中学、实验小学、一小、二小的校长就南城一中原址及实验中学办学方案充分协商讨论，客观分析了各种办学方案的优弊，提出了意见和建议，以委员会文件（城协发〔2020〕3号）报县委、县政府参考。

【抚州市政协文史委主任甘少华到南城调研】5月21日，市政协文史委甘少华主任、副主任全益、杨老师到南城县磁圭、城上村考察古村落。

【抚州市政协副主席郑友清到南城调研】5月27日，抚州市政协副主席郑友清率市政协调研组一行到南城县，就盱江医学（中医药）在抗击新冠病毒疫情中的作用进行调研。

【“抚州围棋文化与围棋产业化发展”专题调研】9月2日，“抚州围棋文化与围棋产业化发展”专题调研组一行在市政协戴副主席率领下来南城县开展调研。

【参与“全省抗击新冠肺炎疫情”文史资料征编活动】为积极宣传医药卫生和各界政协委员在抗疫一线的先进典型事例，制作了南城县政协“抗疫第一线，政协在行动”展板撰写资料，并整理报送《战“疫”时刻，我在行动》《抗疫精神薪火相传》《疫情中的守护》《抗疫，我冲锋在前》《勇担使命　抗击疫情》等典型事例材料8篇报省市政协。

【参与“全省开展脱贫攻坚工作纪事”文史资料征编活动】为记录和展现人民政协全力参与脱贫攻坚的生动实践，征集整理《争当脱贫攻坚排头兵》《撸起袖子加油干 全力打好脱贫攻坚战》《扶贫路上助学忙》《不忘初心　永葆军人本色》等4篇文章，县政协委员、社会各界人士参与脱贫攻坚征文报省市政协。

【组织委员参与全县“3·15”消费者权益日活动】2020年3月15日，组织部分委员参加由市监局组织的“3·15”消费者权益日活动，共同维护广大消费者利益和权益。

【吉安市吉州区政协到南城调研】9月9日，吉安市吉州区政协汤耀明主席关于农村人居环境整治工作到南城进行专题调研。

【抚州市金溪县政协主席刘文波到南城调研】9月18日，抚州市金溪县政协主席刘文波考察南城校具产业（智能创储产业）进行专题调研。

【组织委员开展关于中央“六稳六保”为南城县农业产业发展专题调研】10月份，政协副主席汤岩同志带领部分委员参加中央“六稳六保”为南城县农业产业发展进行专题调研，并形成调研报告。

【抚州市政协副主席刘忠华到南城调研】2020年7月30日，市政协副主席刘忠华到南城县挂点企业走访调研。

【开展南城县中学生如何消除

交通安全隐患调研】 2020年第二季度，社会法制工作委员会组成专题调研组，深入学校、街道走访和以座谈形式就南城县中学生骑电动车发生多起交通事故问题开展调研，并就如何消除安全隐患，强化交通管理形成调研报告。从加大宣传力度、健全配套设施、加强产销监管、开展联合执法等几方面提出了防患建议，并以建议案形式报送县委、县政府，为党政决策提供参考。

【开展如何加快南城县养殖产业发展考察调研】 2020年第三季度，社会法制工作委员会组成专题考察组赴崇仁县考察麻鸡养殖与产业发展。结合南城县养殖产业发展情况，针对性地提出了要加大扶持力度，完善产销体系，科学规划布局，唱响自己品牌，并以建议案形式报送县委、县政府，为党政决策提供参考。

【提案委员会】 2020年共收集提案72件，经审查立案71件，全部办复。其中，提案得到采纳落实或基本解决的36件，占提案总数的50.7%，正在解决或列入计划解决的32件，占45.1%，留作参考3件，占4.2%，汇编了县政协十五届五次会议提案目录，遴选并报送主席会议审定了7件重点提案，做好县政协主席、副主席领衔督办提案的服务工作，开展提案专题调研，召开重点提案督办协商座谈会，多形式开展提案督办活动。组织本委委员外出学习提案办理工作经验和赴瑞金、兴国两地开展红色旅游调研活动。听取“两办”提案办理情况的汇报，并对提案办理单位进行民主评议、开展县政协十五届五次会议提案征集工作，起草县政协常务委员会关于十五届四次会议以来提案工作情况的报告。

【县政协综合办公室和各专委会主要领导名单】

办公室副主任：
陈　楠（2018.7至今）
教科文卫体和学习委员会主任：
刘向阳（2019.2至今）
提案委员会主任：
杨　红（2014.9至今）
社会法制、港澳台侨和外事委员会主任：
刘　平（2016.12至今）
经济和农业农村委员会主任：
丁　敏（2019.2至今）

中共南城县纪律检查委员会
南城县监察委员会

综　述

中共南城县纪律检查委员会与南城县监察委员会合署办公（以下简称县纪委监委）。实行一套工作机构、两个机关名称。履行党的纪律检查和国家监察两项职责，在市纪委监委和县委双重领导下开展工作。县纪委监委对下级纪委派出监察室。

2018 年 1 月 18 日，南城县监察委员会正式挂牌成立，撤销南城县监察局和南城县人民检察院反贪、反渎、预防职务犯罪等部门，将相关机构、职能、人员转隶至监察委员会，实现机构、职能、人员上的全面融合。县监察委员会产生监察委员会主任及其他组成人员，其中监察委员会主任 1 名，由县纪委书记兼任，副主任 3 名，由县纪委副书记兼任，委员 5 名，主要由县纪委常委兼任，不由县纪委常委兼任的委员 1—2 名。县监察委员会主任由县人民代表大会选举产生，监察委员会副主任、委员由监察委员会主任提请县人民代表大会常务委员会任命。

2019 年 5 月 22 日，南城县派驻机构改革正式实施，撤销南城县纪工委和县监察分局，不再保留县一级党和国家机关单位内设纪检机构及监察机构。全县设置派驻纪检监察组 11 个，每个派驻纪检监察组设组长 1 名，成员 2 名。派驻纪检监察组组长，科级干部人选由县纪委监委会同县委组织部门提名并进行考察，按规定程序呈报县委任免，纳入县管干部进行考核；派驻机构其他干部的任免和考核由县纪委监委负责。2019 年 5 月 31 日，南城县派驻机构正式成立，配齐配强了 11 个派驻纪检监察组组长。根据省、市纪委监委要求，2019 年 12 月 31 日，县纪委监委派驻纪检监察机构进行更名工作，并对派驻纪检监察组组长进行重新任职，由各派驻纪检监察组组长兼任驻在部门党委委员（党组成员）。

【县纪委、监委、机关各部门、派驻机构主要领导名单】

艾恒知　县委常委、县纪委书记、县监委主任

徐新会　县纪委常务副书记、县监委副主任

徐国金　县纪委副书记、县监委副主任

李小勇　县纪委副书记、县监委副主任

戴立平　县纪委常委、县监委委员

阮胜平　县纪委常委、县监委委员

黄军松　县纪委常委、县监委委员

梁文应　县纪委常委

邱　磊　县纪委常委

帅宝进　县监委委员

李　昂　县纪委县监委办公室负责人

龚汉丽　县纪委县监委组宣部负责人

付志琦　县纪委县监委党风政风监督室主任

廖　娟　县纪委县监委案件审理室负责人

王　星　县纪委县监委案件监督管理室主任

吴海翔　县纪委县监委信访室主任

蔡建华　县纪委县监委办案服务中心主任

邓小勇　县纪委县监委第一纪检监察室主任

刘　松　县纪委县监委第二纪检监察室主任

吴俊翔　县纪委县监委第三纪检监察室主任

景明明　县纪委县监委第四纪

检监察室负责人

黄盛文 县纪委县监委派驻县委办公室纪检监察组组长

肖智德 县纪委县监委派驻县政府办公室纪检监察组组长

胡志勇 县纪委县监委派驻县委组织部纪检监察组负责人

周国林 县纪委县监委派驻县委宣传部纪检监察组负责人

汪长琦 县纪委县监委派驻县委政法委员会纪检监察组负责人

张　逸 县纪委县监委派驻县农业农村局纪检监察组组长

吴晓祥 县纪委县监委派驻县财政局纪检监察组负责人

李衍华 县纪委县监委派驻县住房和城乡建设局纪检监察组组长

章应祥 县纪委县监委派驻县教育体育局纪检监察组组长

严光亮 县纪委县监委派驻县卫生健康委员会纪检监察组组长

危明全 县纪委县监委派驻县交通运输局纪检监察组组长

【重要会议】 中国共产党南城县第十四届纪律检查委员会第五次全体会议，于 2021 年 2 月 20 日在南城举行。出席会议的县纪委委员 27 人，列席 258 人。县纪律检查委员会常务委员会主持了会议。

县委书记汪华辉出席全会并发表讲话。县委常委和县人大常委会、县政府、县政协的领导同志出席了会议。

全会以习近平新时代中国特色社会主义思想为指导，深入贯彻落实党的十九大和十九届中央纪委五次全会、省纪委十四届六次全会、市纪委四届六次全会、县委十四届十七次全会精神，总结回顾 2020 年全县纪检监察工作，研究部署 2021 年任务。全会审议通过了艾恒知同志代表县纪委常委会所作的《加强政治建设、忠诚履职尽责，以优异成绩庆祝中国共产党成立 100 周年》的工作报告。

【党政机关廉政建设】 2020 年，在市纪委市监委和县委的坚强领导下，南城县纪委县监委严格按照中央和省、市纪委全会的部署要求，牢固树立“四个意识”，聚焦主责主业，提高政治站位，履行政治责任，强化监督执纪问、责，深入推进作风建设和反腐败工作，为全县经济社会持续健康发展提供了坚强有力的纪律保障。

坚持明责履责，廉政建设构建新格局。始终坚持把压实“两个责任”作为推进党风廉政建设的重要抓手，通过以“三化”为抓手，不断推动“两个责任”落实由被动执行向主动担责转变。责任内容“清单化”。研究制定了《2020 年度南城县落实全面从严治党主体责任清单》《2020 年度南城县纪委监督责任任务清单》《南城县纪委县监委 2020 年政治监督工作任务清单》，将主体责任和监督责任分别细化分解为 4 大类 13 项和 3 大类 11 项，并明确了责任人和完成时限，严格督促各责任主体对单领责、做到明责、知责、扛责，切实抓好每项任务的落实。督促提醒“常态化”。全面实行“两单一报告”制度，各级党委（党组）特别是“一把手”，逐级传导压力，层层压实责任，确保问题整改到位，扛起第一责任人的政治责任，严格履行好全面从严治党主体责任。2020 年，共针对发现问题向县委领导班子成员发送抄告单 10 份、履责提醒单 30 份，向 12 个乡（镇）和部分县直单位党政“一把手”下发提醒单 34 份。结合“好人主义之害”、抚河流域重点水域全面禁捕退捕等重点工作开展了 2 轮政治监督，共发现问题 49 个，向相关单位党委（党组）及时反馈立行立改问题 33 个。问责定责“精准化”。坚持扭住主体责任，履行监督专责，实施精准问责，严格实行“一案双查”，既追究当事人责任，又倒查追究相关领导责任，坚决防止问责不力和问责泛化、简单化。严格落实《南城县容错免责办法（试行）》，坚持“三个区分开来”，保护党员权利，及时为受到不如实反映的干部澄清正名，严肃追查处理诬告陷害行为。同时，研究制定了《南城县纪委县监委关于对受党纪政务处分人员回访教育暂行办法》，关心帮助犯错误的干部，对受处理干部跟踪回访，帮助干部卸下包袱、轻装前进。

坚持正风肃纪，作风建设取得新成效。以永远在路上的韧劲持续深化作风建设，找准症结，精准发力，不断释放越往后执纪越严的强烈信号。紧盯重要节点。紧盯元旦、春节、中秋、国庆等重要时间节点，聚焦“四风”新形式、新动向，通过发送廉政短信、下发禁令等形式进行节前提醒，并以专项督查、明察暗访为抓手，成立了3个专项督查小组，开展监督检查，深挖细查隐形变异“四风”问题，真正让党的纪律和规矩成为硬约束、硬要求、硬规范。2020年，通报曝光违反中央八项规定精神问题12起37人，给予党政纪处分17人，诫勉谈话17人。紧盯文风会风。坚持以会风带作风，严格会议请假制度，严肃会场纪律，严格参会时间，着力以良好的会风推动作风转变。2020年，对市委理论中心组专题报告视频会等会议的会风会纪进行了督查，对存在的“替会”、迟到、离场等情况进行了严肃处理，共诫勉谈话4人、责成作出书面检查47人、批评教育13人、提醒谈话43人，通报曝光28人。同时，责令县发改委在视频会议室加装了6个高清摄像头，全方位、无死角、全过程、无遗漏地监督会风情况，全县会风会纪得到明显好转。紧盯重大事项。县纪委县监委始终坚持县委重大决策部署到哪里，监督检查就跟进到哪里。重点聚焦“六稳六保”、厉行节约反对浪费、城镇贫困群众脱贫解困、优化营商环境、疫情防控等重点工作，严肃查处当前少数干部存在的不敢担当、效率低下、服务不好、作风不实等“怕慢假庸散”问题，大力弘扬求真务实、真抓实干的作风。2020年，先后派出监督检查组176个，下发督查专报68起，查处工作落实方面不担当、不作为等形式主义、官僚主义问题48起94人，给予党纪政务处分20人。

坚持利剑高悬，高压惩腐斩获新成果。坚持有腐必反、有贪必肃，以“零容忍”的态度坚决惩治腐败，持续强化“不敢腐”的震慑。整合监督执纪力量。2020年9月，为进一步整合监督执纪力量，凝聚全县纪检监察合力，探索建立了“1+2+1+2+N”工作机制。即：1名副书记+2名常委（委员）；1个综合口+2个办案片；1个办案片（副书记任片长）下设2个监督执纪组（常委任组长），每个监督执纪组至少联系1个纪检监察室、2—3个派驻机构、3个乡镇纪委，形成了“县乡联合、人员联动、案件联办”的联动工作模式，实现了由“单兵作战”向“协同作战”的转变。2020年9—12月，立案新增83件，占全年立案量的50.92%。深化专项领域整治。深入开展扶贫领域腐败和作风问题专项整治，建立扶贫领域问题线索“绿色通道”，对涉及扶贫领域的问题线索优先处置，挂牌督办。持续聚焦群众身边的涉黑涉恶腐败问题，强化监督执纪问责，深挖细查黑恶势力背后的“保护伞”，做到打早打小、除恶务尽，不断增强人民群众的获得感、幸福感、安全感。2020年1—12月，全县共处置扶贫领域问题线索16件，给予党政纪处分8人，通报典型问题18起35人，责任追究1人；立案查处涉黑涉恶问题线索8件，给予党政纪处分13人。持续加大执纪审查。严格执行监督执纪工作规则，规范监督执纪工作程序，研究制定了《机关问题线索处置流程（试行）》，确保问题线索管理和处置全程管控、全程规范、全程留痕。牢固树立“没有安全就没有执纪审查”的意识，印发了《关于进一步加强执纪审查安全工作的通知》，严格落实审查调查安全工作责任，将审查安全责任落实到岗、到人，确保办案安全“零事故”。持续加大纪律审查力度，准确把握“四种形态”，2020年1—12月，全县查处问题线索352个，立案163起177人，给予党纪政纪处分126人。

坚持问题导向，巡察监督彰显新作为。突出政治巡察定位，把“真发现问题、发现真问题”贯彻巡察全过程，持续压紧压实管党治党政治责任。健全机制夯基础。研究制定了《南城县委巡察办县审计局关于进一步健全沟通协作机制的意见》，在全市率先与县审计局建立了计划沟通机制、信息共享机制、巡审联动机制，实现了巡察监督、审计监督“优势互补、效力叠加、巡深审透”的有机融合。制定了《十四届县委第七轮巡察工作方案》《关于规范巡察期间立行立改工作的意见》，对巡察内容、对象、方法步骤等方面提出具体意见，并在巡察前开展了学习培训，进行了集体廉政谈话，有效确保了巡察工作的顺利开展。同时，制作了《南城巡察关注》期刊，进一步加强巡察工作经验交流，有效促进了巡察人员发现问题能力的提升。聚焦重点提质效。进一步把牢政治巡察定位，认真贯彻中央巡视巡察“三个聚焦”的要求，充分发挥巡察利剑作用，深入推进县直单位、乡镇、村居“三位一体”巡察，并创新推行村级巡察“十查十看”工作法，着力提高发现问题能力和水平，持续增强震慑效应。2020年，开展了县委第七轮巡察，对县直15个单位党组织进行常规巡察，实现了巡察全覆盖。县委第六轮巡察向被巡察单位党组织反馈整改问题137个，整改完成132个，完成率96.4%，向县纪委县监委移交问题线索16个，立案7件7人，诫勉谈话8人。狠抓整改固成果。坚持将立行立改和集中整改有机结合，在被巡察单位党组织问题整改期间，按照整改前期、中期、后期三个阶段进行整改“回访”，持续加大督查督办力度，压紧压实被巡察党组织整改主体责任和第一责任人责任，做实巡察整改“后半篇文章”。2020年，结合公务消费一体化监管、“三资”管理、脱贫攻坚等工作，对文广新旅局、农业农村局、徐家镇、上唐镇开展巡察“回头看”，对整改不力的乡镇及部门主要负责人进行约谈，不断压实整改责任，确保条条改到位、件件有着落。

坚持防微杜渐，廉洁文化构筑新高地。坚持把廉政教育作为党风廉政建设的突破口和重要抓手，全力打造“三个平台”，不断创新宣传形式、拓展宣传渠道，构建了一条“可看、可听、可学”的廉洁教育专线。打造明纪学廉平台。在全县12个乡镇精心打造了纪律教育室、廉文化广场、廉政教育基地20余个，积极引导党员干部常沐清廉之风，筑牢拒腐防变的思想防线；以《中国共产党章程》《中国共产党纪律处分条例》等党内法规为主要内容，举办了全县“学好党内法规、抵制好人主义”党内法规知识竞赛，让广大党员干部在学与考中加深对党纪党规的理解和把握，不断增强遵规守纪意识，进一步夯实廉洁从政之基。组织全县纪检监察干部赴石城县红色文化纪念馆，接受苏区精神、长征精神等红色革命精神洗礼，引导广大党员干部从党艰苦卓绝的斗争历程中汲取政治营养，锤炼忠诚干净担当的政治品格。打造文化育廉平台。组织全县各单位观看了《好人主义掩盖之下的贪腐》等系列廉政教育影视资料，向全县县级领导干部发放了省纪委省监委编制的《家风家训》读本，并完成了南城县历史名人家风廉政故事汇编。深入开展“廉政春联进乡村”活动，组织10余名书法家到乡镇村居书写廉政春联，共赠送春联600余幅。向全县党员干部征集书法、绘画、摄影等各类廉政文化作品，积极传播崇廉尚洁的价值观念，引导党员干部保持清正廉洁的政治本色。唱响南城廉政“好声音”，积极撰写和报送宣传稿件，2020年市级以上媒体（网站）上稿49篇，其中：中央媒体报道1篇，中纪委网站2篇、省纪委网站3篇、《抚州日报》5篇、市纪委网站（含廉洁抚州公众号）38篇。打造以案示警平台。坚持按照“查处一案、警示一片、治理一方”原则，持续深化以案促改工作，精选出南城县查办的县扶贫办原移民股负责人邹晔违法犯罪典型案例，推动案发乡镇、部门和单位查找风险漏洞，强化警示教育，整改突出问题，健全完善制度。实行处分决定宣布制度，将“一张纸变成一堂课”，强化警示教育效果，2020年以来共开展自办案件处分决定宣布35件。落实处分执行公示制，对44起自办案件进行了处分执行公示，对所有乡镇纪委查处的78件案件村级干部进行了处分执行公示。

坚持强基固本，干部队伍展现新形象。严格按照“三型机关”的要求，不断加强自身建设，着力打造一支忠诚、干净、担当的执纪铁军。打造“学习型”机关。坚持把深化学习作为先导，结合“好人主义之害”解放思想大讨论活动，深入学习贯彻党的十九届五中全会精神，提高干部队伍的政治素养和理论素养。学习借鉴市纪委市监委的先进经验做法，建立了纪检监察干部夜校制度，并采取“请进来+自己讲”的方式，进一步提高了学习培训的针对性、实效性。坚持学考结合，组织开展中纪委内网的学习与年中测试工作，纪检监察机关业务知识集中测试等各类考试，通过以学促考、以考促练，有效提升了干部的业务水平。此外，为进一步培养机关年轻干部的写作能力，建立了“80后”干部写作小组，并为每一名“80后”干部购买了一套文稿写作工具书《大手笔是怎样炼成的》，供其学习研读，有效提升了年轻干部提笔能写的能力。打造“效能型”机关。针对少数纪检监察干部作风懒散、工作敷衍、纪律不严的问题，实行约谈制度，由县纪委县监委主要领导或分管副书记逐个进行约谈，干部监督室主任做好记录，约谈情况存入被约谈对象的廉政档案，以增强约谈的严肃性和震慑力。同时，以文风促作风，研究制定了《关于规范委机关文稿起草审核的暂行办法》，实行错漏追责制，每错（漏、多）一字相关撰稿和审核把关人员都要进行罚抄，并将罚抄情况进行“晾晒”。针对督查中存在的不认真负责、走走过场、发现问题少、效率低的情况，由党风政风监督室给每个督查组建立“记功簿”，将督查发现问题的情况记录在案，在常委会上点名道姓进行通报，并将约谈和督查情况作为今后干部晋级晋升、评优评先、提拔使用的重要依据，有力推动了机关干部作风的转变。打造“纪律型”机关。不断强化纪律约束力，研究制定了《严禁纪检监察干部违规参与民间借贷的暂行办法（试行）》《南城县纪检监察干部个人事项报告制度》等一系列制度，完善更新了纪检监察干部廉政档案133份（含乡镇纪委书记、纪委委员），进行政治监督谈话32人次，深入开展“一案双查”监督执纪自查工作，严肃查处跑风漏气、瞒案抹案、以案谋私等行为，坚决防止“灯下黑”，2020年以来问责本委纪检监察干部5人。同时，进一步健全和完善机关内部管理制度，先后研究制定出台了28项机关内部管理机制，切实推动了机关各项工作的规范化、制度化、科学化。

巡察工作

【概况】 2020年县委巡察工作坚持以习近平新时代中国特色社会主义思想为指导，深入学习贯彻习近平总书记关于巡视巡察工作重要论述，准确把握坚持和加强党的全面领导的要求，把“两个维护”作为巡察工作的根本任务；准确把握党的初心和使命，聚焦职能责任开展监督，盯住一把手，突出关键少数；准确把握政治巡察的价值取向，坚持人民至上，依靠群众；准确把握全面从严治党的阶段性特征，落实“三个聚焦”（聚焦基层贯彻落实党的理论路线方针政策和党中央决策部署情况，聚焦群众身边腐败问题和不正之风，聚焦基层党组织领导班子和干部队伍建设）监督重点，巡察工作取得明显成效。2020年县委加强对巡察工作的统一领导，及时传达学习习近平总书记关于巡视巡察工作的重要论述和党中央决策部署，深化对总书记“整改不落实，就是对党不忠诚、对人民不负责”等重要内容的理解和认识。县委书记主持召开书记专题会议3次，点人点事12件次，县委常委会研究县委巡察工作4次，推动巡察工作不断深入发展。制定县委和县委巡察工作领导小组责任清单64项，强化巡察主体责任落实。巡察工作领导小组组长艾恒知、副组长章燕萍及领导小组其他成员及时听取巡察工作情况汇报，确保中央、省委、市委有关决议决定的贯彻落实。县委巡察办认真制定年度巡察工作计划，研究制定每一轮巡察工作方案，协调解决工作中的各种困难和问题。

【政治巡察】 县委巡察机构准确把握巡察工作政治内涵，强化政治定位，多渠道了解情况，做好精确监督，有针对性地开展巡察监督和巡察整改情况的监督检查，发现问题的质量得到了明显提升。同时，对标中央、省委、市委巡视巡察工作要求，不断提升巡察监督工作水平。根据县委巡察工作统一部署，县委巡察组对县委统战部（含民宗局）、县委党校、县总工会、县工商联、县自然资源局、县委编办、县妇联、团县委、县司法局、县商务局、县供销社、县机关事务管理局、县行政服务中心管委会、县公共资源交易中心、县退役军人事务局等15个单位党组织及其成员开展十四届县委第七轮常规巡察；为着力解决“微腐败”的问题，结合公务消费一体化监管、“三资”管理、脱贫攻坚、扫黑除恶、乡村振兴等工作，对文广新旅局、农业农村局、徐家镇、上唐镇开展巡察“回头看”；及时与县审计局建立计划沟通机制、信息共享机制、巡审联动机制，对县委党校开展“巡审结合”，在全市率先推动并实现了巡察监督、审计监督“优势互补、成果共用、效力叠加、巡深审透”的贯通融合。第七轮巡察向被巡察单位党组织反馈整改问题209个，向县纪委县监委移交问题线索34个，向县委组织部提出建议9个，向县委宣传部提出建议9个，向县政府相关部门提出建议2个。

【巡察问题反馈处理及整改】县委巡察办进一步细化问题线索移交流程，对被巡察单位党组织违规违纪，选人用人、党的组织建设等方面问题分类移交县纪委、县委组织部等部门处理。县纪委坚持快结快办原则，建立《关于规范巡察期间立行立改工作的意见》，对县委巡察期间发现的违反中央八项规定精神和“四风”方面以及群众反映强烈、明显违反规定且能够及时解决的问题和线索，立足“早发现、快处置”，坚持立行立改、立查立处。县委组织部根据移交的“基层党组织股级干部配备任用随意性大”问题，制定《关于进一步规范股级干部配备的通知》《关于机构改革后重新规范股级干部配备的通知》，规范了选人用人程序。县委组织部将巡察整改工作纳入2020年度科级领导班子、领导干部考核内容，作为干部提拔任用和评优评先的重要依据。县纪委县监委、县委组织部依据巡察整改工作提示要求内容，在被巡察单位党组织进行问题整改期间，开展日常监督检查，按照整改前期、中期、后期三个阶段进行问题整改“回访”，下达《巡察整改提示单》40份，督办函4份，反馈问题整改率达到了98.1%，起到了再监督、再震慑的作用。

【巡察制度建设】县委巡察机构结合工作实际，先后拟定了《县委巡察办县审计局关于进一步健全沟通协作机制的意见》《关于规范巡察期间立行立改工作的意见》《落实省委巡视工作领导小组〈关于对市县党委巡察工作专项检查发现主要问题的情况通报〉的整改意见》协作机制和工作制度。县委巡察工作领导小组科学合理地制定《十四届县委第七轮巡察工作方案》，对巡察时间、内容、对象、方法步骤等方面提出具体意见，报经县委同意后，认真组织召开巡察工作动员会，对巡察组进行授权并安排工作任务。巡察前认真组织巡察组全体同志学习培训，并进行集体廉政谈话；认真收集各类资料信息，推动部门协同和资源共享。巡察期间，县委巡察工作领导小组坚持定期了解巡察工作进度，认真开展巡察调研和巡察调度会，指出巡察组工作进展情况和存在的不足，引导各巡察组展示亮点成绩，取长补短，互鉴互促，解决巡察中存在的问题。为确保每一轮新抽调工作人员能够尽快进入工作角色，增强发现问题的能力，县委巡察办及时制作《南城巡察关注》季度期刊，在实际工作中起到了很好的指导作用。

【县委巡察办主要领导名单】

县委巡察办主任：

李新华（2017.12至今）

县委第一巡察组组长：

王勇华（2018.1至今）

县委第二巡察组组长：

叶小荣（2018.1至今）

县委第三巡察组组长：

许永强（2018.1至今）

军 事

人武部

【概况】 2020年南城县人武部在上级军事机关和县委、县政府的双重领导下，以习近平强军思想为统领，狠抓民兵、预备役和其他军事工作。严格依法抓建，持续正风肃纪，巩固安全稳定，国防动员和后备力量建设呈现持续发展的良好局面。

主要职责是：建立和巩固民兵组织，负责民兵、预备役人员的军事训练和政治教育，协助教育部门对学生进行军事训练，提高民兵、预备役人员的军事素质。负责武器装备管理工作，加强武器库的建设，保证武器弹药安全、技术性能良好。负责落实战备执勤制度，组织并带领民兵完成战备和治安执勤任务，组织民兵参加军警民联防，维护军事设施安全。负责县域民兵、退伍军人和预备役军官的登记统计、兵役登记和征兵工作。负责县域战争动员潜力的调查及资料统计，准确掌握战时动员的有关资料、数据。负责拟制全县的战时动员计划，会同有关部门在平时做好战时动员的各项准备工作。负责专武干部、民兵干部和本部干部、职工的管理，协同上级军事机关和地方有关部门共同做好本部干部、专武干部和民兵干部的培养、考核、调配和使用工作。协同有关部门做好退伍军人的安置、军地两用人才的开发使用和烈军属的优抚工作。负责组织发动民兵预备役人员参加两个文明建设和开展以劳养武活动，组织指挥民兵参加抢险救灾和完成急、难、险、重任务。抓好自身建设，维护正常的战备、训练、工作和生活秩序。负责民兵训练基地、机关营院和副食品基地的建设和管理。战时负责组织实施兵员，动员和带领民兵参军参战，支援前线，保卫后方，完成战时的各项任务。

【坚持旗帜引领狠抓思想政治建设】 坚持用习近平强军思想统领各项建设，牢牢把握部队建设的正确方向。重点抓了三项工作：抓深理论武装。认真学习贯彻省军区党委《关于加强习近平新时代理论武装》的通知精神，围绕“八学”要求，拟制年度理论学习方案计划。抓实主题教育。持续深入开展“传承红色基因、担当强军重任”主题教育，扎实开展“强军有我、使命在肩”主题实践活动，积极运用辖区红色资源开展教育，传承红色基因、强化使命责任。抓活经常性教育。紧盯干部、文职、职工的活思想搞教育，做工作。抓好投身改革强军教育，引导干部、文职、职工坚定拥护支持改革。

【坚持统筹推进疫情防控和动员备战】 坚持一手抓疫情防控，一手抓动员备战，确保两不误、双过硬。严密做好疫情防控工作。坚持把疫情防控工作作为政治任务、头等大事，围绕实现零感染目标，切实把疫情防控工作做细做实。聚力抓好练兵备战。坚决落实习主席训令和“四个立起来”的指示要求，聚焦打赢、主业主训，全面提升备战打仗能力。精准发力抓征兵。坚持以“五率”考评为牵引，立足新形势新要求，综合施策、精准发力，征兵工作取得成效。

【坚持重心下移狠抓基层打基础】 大力加强基层建设。统一思想抓基层。认真学习《关于加强基层武装部建设的意见》，增强抓基层建设的思想、组织、制度和经费保证。夯实基础抓基层。投入40余万元对两个学习室（军综网、互联网）、战备器材室、保密室、文体活动室、图书室、荣誉室等进行了全面整治，打牢了硬件设施建设基础。落实奖惩抓基层。协调县委将基层武装工作纳入年度综合考评，占4%，组织对12个乡镇武装工作进行量化考评，排出了座次。

【坚持底线思维狠抓安全保稳定】 严格落实习近平主席“要从讲政治高度看待抓落实”和省军区“无后果问责”的指示要求，对照国防动员部安全检查两千分细则，坚持“抓经常、抓日常、抓平常”。强化组织领导。健全党委总责、分管主责、具体负责制落实机制。盯住重点环节。扎实开展“百日安全活动”，紧盯重点环节、重要部位，严格落实兵器室管理规定，组织核心涉密和重要岗位人员政治考核，抓好季节性事故预防。严守新规禁令。

【坚持规范运行提升保障能力】 围绕担负的任务和面临的矛盾问题，着力提升综合保障能力。注重制度建设。进一步修订完善《车辆使用维修管理暂行规定》《物资采购暂行规定》《人武部工作餐运行办法》等一整套规章制度，实现了保障工作规范化。严格财经制度。贯彻正风肃纪新常态，严格党委管财制度，定期开展财经自查自纠，突出重要大项经费开支、大宗物资采购重点项目管理，加强水电费、物业管理费等具体项目清理清查，严格财经纪律，确保按纪律规定把好关口。

【主题教育】 根据军委的统一部署和省军区、军分区党委的具体安排，认真学习习近平主席讲话精神，制订教育计划方案，成立领导小组及办公室，按照时间节点开展主题教育。严格落实理论学习制度，人武部党委每月组织一次理论学习，重点学习习近平主席的最新指示和上级的重要文件。组织干部职工积极参加上级学习培训，利用“学习强国”APP平台、军事职业教育平台开展学习，指定专人定期通报讲评学习情况，推进理论武装走深走实。持续深入开展“传承红色基因、担当强军重任”主题教育，扎实开展“强军有我、使命在肩”主题实践活动，积极运用辖区红色资源开展教育，组织干部职工和专武干部到赵博生烈士纪念馆、毛主席旧居、黄狮渡战役等地参观学习，到烈士陵园瞻仰祭拜、聆听老红军、老民兵口述历史，传承红色基因、强化使命责任。严格落实《关于全面深入贯彻军委主席负责制的意见》，以军委政治工作部下发的宣传教育提纲和《军委主席负责制学习读本》为基础教材开展学习教育。抓好巡查问题整改，对照4个方面16项内容55个查找点，按照时间节点推进，增强“四个意识”，坚定“四个自信”，做到“两个维护”，坚决贯彻军委主席负责制。

【征兵工作】 征兵工作上，坚持以输送优质兵员为目标，以打造“五好三满意”兵役机关为抓手，基于“两个方案、一个规范、一个意见”（征兵工作实施方案、大学生征集工作实施方案、征兵政考规范、征兵条例实施意见），认真贯彻落实省政府、省军区提出的“征兵工作进入全国第一方阵”总要求，坚决执行市政府、军分区征兵命令，以新兵质量为核心，从强化责任入手，严格政策规定，把握关键环节，狠抓工作落实，确保新兵质量稳中有升，确保廉洁征兵不出问题，确保不出责任退兵，实现“一稳、两升、双提高”的总目标。兵员质量与往年相比有了明显提高。

【民兵整组】 在民兵组织调整方面，能严格落实上级指示精神，调整布局，优化结构，于5月20—26日，利用5天时间，按照民兵组织整顿的要求，县人武部领导分片对各个乡（镇）和行业单位基干民兵逐个单位过的原则进行拉动点验。与县政府联合下发《南城县民兵组织整顿工作的通知》，明确民兵整组任务和要求，逐乡镇组织集结点验，及时补充完善了装备器材，确保队伍编配合理、任务明确。点验过程中，各乡镇严格按照县下发民兵整组编组方案落实编组任务，优先编组党（团）员、转业退伍军人和专业技术对口人员。民兵分队出入队人数控制在了15%以内，党员比例达到41.86%、转业退伍军人比例达到40.13%、专业技术岗位人员对口率达到86.5%，落实了一人一卡一号，实现民兵注册编组、动态管理、教育训练、快速动员、末端指挥、服务保障等全员额全要素精确管理。

【民兵应急分队集训】 以《民兵军事训练大纲》为依据，按照“突出重点、兼顾一般，科学管理、讲究效益，统分结合、勤俭练兵”的原则，以遂行多样化军事任务为牵引，4月27日，南城县人武部利用12天时间组织了2020年民兵应急分队集训的训练，重点是强化基础理论学习和专业技能训练，深入研究遂行多样化军事任务的重点难点问题，组织民兵专业分队拉动演练实案化训练，夯实民兵应急分队军事训练基础，巩固和提升民兵应急分队实战能力。

【精准扶贫】 人武部认真学习贯彻习近平主席在决战决胜脱贫攻坚座谈会上的重要讲话精神，把助力老区脱贫攻坚作为维护核心、看齐追随的政治要求，作为“不忘初心、牢记使命”的政治责任，作为担当尽责、敢打必胜的政治检验，坚持目标标准、问题导向，坚持上下结合、军地联动，围绕年度脱贫攻坚目标聚焦精准持续用力。2020年重点帮扶天井源村，脱贫的主要措施有安居扶贫（龚兴发新建房屋补助金额3.4万元已发放到位）、教育扶贫（5户6人）、健康扶贫、产业扶贫、就业扶贫、保障扶贫。天井源村没有出现返贫户。

消防大队

【概况】 南城县消防救援大队（以下简称消防大队）是在抚州市消防救援支队和南城县委、县政府领导下的一支队伍，大队全体指战员系统学习习近平总书记重要讲话精神、习近平总书记授旗训词重要精神等系列重要指示文件精神，不断增强班子解决实际问题的能力，队伍向心力显著增强。2020年，南城县消防救援大队被支队党委评为基层建设先进大队，南城县城南路消防救援站获评基层建设先进站；城南路消防救援站被支队委员会表彰为2019年度岗位大练兵工作“先进中队”；消防员陈进龙被江西省委、省政府表彰为“全省先进工作者”；消防文员黄琰被部局表彰为“全国救援队伍优秀女文员，”极大地鼓舞了士气，营造了良好的干事创业氛围。

在阻击新冠肺炎战疫打响以来，大队主动停止休假，全员奋战在抗“疫”一线，通过每日开展体温监测2次、严格控制人员进出营区、每日对营区内外进行消毒清理、采取分餐制、专人抓好餐具高温消毒、严格落实重点人员看护等措施，按照思想政治工作和队伍管理教育要求，开展学习防疫工作精神要求16次，心理健康教育2次，网上心理测试1次，谈心思想摸排30余人，利用微信群提醒指战员家庭做好防疫5次，摸排指战员家庭家属行动轨迹、小区涉疫、接触境外回国亲属等情况，组织自愿捐款3950余元支持新冠肺炎疫情防控工作。

大队严格落实议战议训，紧密结合参训情况和月考核成绩，分析练兵成效，及时找问题、制对策。大队领导站在前、跑在前、练在前，充分发挥“头雁”作用，大队全体指战员体能有较大提高。聘请体育教练担任消防站体能训练导师，在训练模式和组训方法上得到了改善。严格落实上级制定的“日训练、周测试、月考核、季比武”练兵制度，国家队与专职队齐抓共管，全县3个消防站点每月举行比武竞赛，评选季度“训练模范星”和“训练进步星”双星活动，并在亮相榜和龙虎榜上进行公示，形成了你追我赶的良好氛围。大队在2020年全市消防救援队伍第一轮执勤岗位练兵比武竞赛中都获得了团体总分第一名；在第二轮执勤岗位练兵比武竞赛中都获得了团体总分第五名，其中，大队获得4×100米接力赛第一名，纵深灭火救人操练团体第二名，全市指挥员普考第三名，百米障碍救助操练第四名，李清同志获得400米疏散物资操项目指挥员组第三名，刘程程同志分别获得60米肩梯登楼项目第一名、单杠卷身上项目第二名，凌浩同志分别获得5000米跑第一名，400米物资疏散救人操第五名，官非同志获得400米疏散物资操消防员组第一名。大队选派2名指战员参加总队执勤岗位练兵比武均获佳绩（60米肩梯第一名、负重5000米第五名）。

大队按照“大站建强、小站建密、微站建广”的总体思路，大队认真贯彻《江西省专职消防救援队和志愿消防救援队建设管理办法》（江西省人民政府令第243号），推动县政府组建了一支50人的地方综合应急救援队伍，并按专职消防员工资福利待遇新标准保障。推动滨江小型消防站队员投入执勤，上唐镇、万坊乡镇消防站已投入执勤。完成政府专职消防员招聘任务11人，完成了2个大站、1个小站和1个政府专职队营区监控安装和高清视频改造。

大队立足能打仗、打胜仗要求，积极开展演练，对辖区“高、大、化、下”重点单位、场所开展实地熟悉演练100次，制作数字化预案46份，与重点单位微型消防站联勤联训84次，通过这些工作进一步掌握了辖区情况，打牢了本业基础，提高了灭火救援专业化、科学化水平。6月3日，大队牵头组织举办了近年来县里规模最大、参演单位最多、人数最多，科目设置最全、险情种类最复杂的综合防汛抢险应急救援演练，得到了县委县政府的高度肯定。2020年，消防大队共接到233起接警出动，出动车辆375辆，出动警力2530人，抢救被困人员65人，疏散被困人员48人，抢救财产价值2961.30万元。火灾起数62起，死亡2人，直接财产损失1573300元，过火面积2218.3平方米，受灾户数64户，受灾人数136人。同比2019年，火灾起数下降了5.45%，抢救被困人员数上升了62.16%，疏散人员数上升了182.35%，抢救财产价值上升了426.09%。政府专职消防队参与接处警136起。

县长汪华辉，县委常委，常务副县长万国辉，副县长、公安局局长包芳蔚，副县长胡军民等政府领导多次带队开展消防安全专项检查，县委、县政府常务会每季度听取消防安全形势和工作情况汇报，县政府常务会议2次审议涉及消防安全的重大问题，将消防工作纳入乡镇、行业部门经济社会发展考核内容。民政、消防实施民办养老机构消防安全达标提升工程；联合商务、经信部门开展大型商业综合体消防安全达标创建活动。民政、教育、卫生计生等9个行业施行消防安全标准化管理，督促全县79家消防安全重点单位建立消防安全户籍化档案并落实“六加一”火灾防控措施。各行业部门围绕消防安全整治三年行动，结合各自特点部署开展本行业系统的消防安全自查。教体局推动中小学校结合“119消防宣传月”开展消防安全知识授课及应急疏散演练；各乡镇积极开展“打通生命通道”治理行动，将畅通老旧小区“生命通道”、消防设施改造等纳入文明城市创建同步推进；县应急管理局、民政局、卫生等部门扎实开展了“九小”场所消防安全整治，及时对发生的火灾隐患督促整改，夯实了火灾防控基础。大队建立了消防志愿者服务队，注册队员50人，开展了消防志愿者活动24次，发放宣传资料10万余份，开展“一警六员”实操实训工作，累计培训2433人次，通过发送消防提示短信、依托县级电视台、户外屏幕、楼宇电视、车载视频等方式广泛播出消防公益广告，滚动播放共计6000余次。大队还向学校师生以及社会单位各界人士开放消防站和科普教育基地，累计开放60余次，参观体验4000余人。通过强化消防宣传，全民消防安全意识和自防自救能力明显提高。

人民防空

【概况】2006年7月通过县政府常务会议研究确定，设立南城县人民防空办公室，副科级机构，暂归口政府办公室管理，人员从县政府办公室同类人员中调剂。安排办公场所，增设牌子，刻印公章，初步建立了由政府领导，主管部门、兼职干部组成的，层次清晰、职责分明的人防工作管理体系。2009年5月，经县编委会同意，县人防办升格为正科级行政机构，增挂南城县民防局牌子。2015年10月，根据省、市工作要求，成立了人防指挥信息保障中心，为县人防办下属股级全额拨款的事业单位，核定事业编制2名，进一步健全机构，有利于促进南城县人防工作发展。2019年1月，根据《南城县机构改革实施方案》，将县人民防空办公室的职责整合到县住房和城乡建设局，加挂县人民防空办公室牌子。不再保留单设的县人民防空办公室。2011年，结合南城县实际，制订了《南城县城市防空应急预案》。县政府所在镇和重要经济目标单位健全人民防空机构，成立了交通运输、医疗救护、抢险抢修、民房应急、通信、治安、消防、防化防疫、综合应急等9个人防专业队，人员共60人，整体推进全县人防体系建设。2017年成立了“南城县人防蓝天救援队”，加强了救援队的技能训练，并参与了闽浙赣三省水面救生员培训、南城“一带一路模特大赛”等安全保障，以及进行中小学校防溺水安全教育等活动，产生了较好的人防宣传作用和社会反响。

【信息设施建设】 为提升人防指挥信息化建设水平，保障信息的畅通，做好备战工作，自2008年始，在全县主城区范围内先后安装电声警报器9台，并定期维护保养。每年9月18日，按全省统一部署，组织“9·18”防空警报试鸣活动，警报的设施完好率、鸣响率均达到100%。2012年初步建立了视频网络，建立了集视频、语音、数据、空情报知、警报控制于一体的人防综合指挥信息系统三级网建设，实现省、市、县（区）三级互联互通。近年来积极参与省市组织的“跨区应急、现场通信保障”信息保障演练，以提升南城县应急通信保障能力。

2013年年初，按上级工作要求，南城县就成立了“南城县人民防空工作领导小组”，由县政府主要领导任组长、相关部门为成员单位，同时在县建昌镇（城关镇）相应成立了“建昌镇人防指挥部”，为本县人防事业在基层顺利发展提供组织保障。2019年按省市要求，所有人防警报器由模拟化全部升级为数字化警报器。

此外，还配备了人防指挥通信车、3G图传系统、军三代短波电台等人防应急指挥设备，为各种突发事件和应急支援提供技术与人员准备。加强了人防演练。2020年9月，联合县医院举行了城东路社区群众疏散演练，其他社区均派员观摩，取得较好社会反响。

【人防工程建设】 南城县人防办认真贯彻实施《中华人民共和国人民防空法》，坚持人防工程建设与经济建设相协调，与城市建设相结合；坚持长远建设与应急建设相结合；坚持国家投资与社会筹资相结合。

在工程审批方面，建立健全了建设项目前置审批制度、完善了备案制度，真正杜绝了出现人防面积少批多建或者人防易地建设费的流失，并依法对收取的人防易地建设费纳入财政专户，严格实行预决算制，做到专款专用。优化行政审批流程，审批事项全部进驻窗口。将人防办五项行政许可事项全部进入窗口，将各股室的职能向窗口全部集中。实现审批公开透明运行，做到一次性告知，让群众最多跑一次。对开发商项目提前在联审联批前一次性告知所需准备的审批材料，积极配合县相关部门切实做好阳光权力运行系统建设，实现行政审批运行的科学化、规范化管理。完善“三项机制”，全面授权窗口人员办理。对进入窗口的人员提高业务素质，充分授权一站式办理业务，杜绝群众办事“两头跑”现象。

工程建设方面做到结合民用建筑结建人防应建尽建。对已竣工验收投入使用的人防工程加强维护管理，做到每周巡查，并做好台账登记，对巡查中发现的问题，责令其立即整改。使人防工程始终保持良好状态。做到战时能防空袭，平时能防灾，为社会经济和民生服务实现人防工程战备效益、社会效益和经济效益的统一。

【人防宣传教育】 每年结合“3·1国际民防日”“5·12防灾减灾日”“9·18防空警报试鸣日”积极开展以宣传人防法规、讲解人防基本知识、展示人防建设成就为主要内容的系列宣传活动。利用LED显示屏在县盱江步行街万家福超市进行人防知识宣传，进一步增强全社会的人防意识。并通过向居民发放《防空防灾应急宣传手册》、与学校组织“防灾减灾应急疏散演练”等活动，开展主题为“减少灾害风险，建设安全城市”的社会宣传活动，使广大市民和学生进一步增强了国防意识和安全意识，提高应对突发事件、自救互救、疏散救援的能力。除开展社区宣传、向市民发放宣传单、设立宣传栏等常规的宣传活动外，还在第二小学设立了人防宣教室，对学生进行人防知识普及宣传。

退役军人事务局

【概况】 南城县退役军人事务局，是县政府工作部门，为正科级。核定行政编6人，局领导设一正二副。县退役军人事务局下设二级机构“南城县退役军人服务中心”，核定全额事业编16人。现已到岗编制人数14人（其中行政编制5人，事业编制9人）。办公地址位于南城县建昌镇建昌大道688号。

【构建服务保障体系】 领导组

织机构完备。县乡村三级都成立了党委（支部）退役军人事务工作领导小组，形成了“三级书记抓”的良好局面。编制和人员配备加强。县退役军人服务中心核定事业编16名，已到位9人，每个乡镇服务站定编3名，全部到位。每个村（社区）服务站配备1名服务专干。高标准打造退役军人之家。贯彻落实基层基础基本建设年活动，重点打造了建昌、上唐、天井源、株良、万坊等6个乡镇服务站，作为“尊崇工作法”建设示范点，全部设有服务窗口、接待、活动等功能区。落实保障经费。县委、县政府通过县财政每年拿出160万元保障县乡村三级服务机构正常运行。

【思想政治和权益维护】 强化党性教育。坚持将党性教育融入日常工作和生活中，结合党建“三化”建设和围绕“好人主义之害”开展解放思想大讨论活动。建“红色长廊”，围绕“强党性、重发展、添活力”主题，采取涂刷党建墙面、设置党建橱窗等形式建设“红色”教育宣传长廊。2020年年底，共建设宣传橱窗7个、党建文化宣传走廊3条。建立“每周一学”制度，结合“好人主义之害”资料选编，每周一上午组织全体干部职工开展集中学习，将作风建设与政治学习、党课学习、业务学习紧密结合，切实筑牢党员干部思想防线。组织过政治生日。为退役军人党员采购党章、党员徽章，为他们过“政治生日”，发挥好退役军人党员模范带头作用，做到退伍不褪色，老兵永远跟党走。强化组织管理。协助组织部门及时做好退役军人党员组织关系转接、日常教育管理及流动党员的沟通联系工作。积极把退役军人党员纳入各级党组织进行有效管理，扎实开展组织关系摸排工作，让退役军人“口袋党员”“隐形党员”回归组织怀抱。全年持续开展对退役军人矛盾困难排查工作，通过接待、走访等形式，共梳理退役军人诉求7大类50余条，及时对相关矛盾问题进行政策解答，做到妥善解决矛盾困难。

【拥军优抚】 做好政策落实、抚恤资金发放等工作，严格落实重点优抚对象抚恤补助标准动态调整，全县享受抚恤和生活补助的优抚对象的补助金及时调整并足额发放到位；提高了义务兵家庭优待金的标准，按照赣退役军人发〔2020〕84号文件精神，为各类优抚对象按时足额发放慰问金。同时，对生活困难的优抚对象发放“解三难”资金；为残疾军人换发新的残疾证；开展免费医疗，为全县重点优抚对象进行免费体检。开展“走访月”活动，将常态化走访慰问现役军人家庭作为拥军优属工作的一项重要工作来抓，在9月份多次走访慰问了现役军人家属，送上了慰问品和慰问金，并为现役军人解决相关诉求问题。此外，2020年5月，用12天对全县优抚对象进行了信息核对，确保了优抚对象信息的准确性，保障了全县广大优抚对象的根本利益。向全县老复员军人、烈士子女、残疾军人、参战退役人员、带病回乡退役军人、农村籍60周岁以上退役士兵、现役军人家属等优抚对象发放慰问金；主动关心关爱退役军人，为6位听力不好的老复员军人送去了助听器，为行动不便的老复员军人送去了轮椅，并扎实开展“解三难”工作，共为20余人解决了看病难等问题。

【移交安置】 开展迎接退役返乡士兵活动。退伍季，根据市局的统一部署，在县火车站设立返乡退役老兵接待处，悬挂欢迎横幅、划出专用通道，每天安排2名工作人员值班，为返乡退役老兵戴上大红花、披上“光荣返乡，返乡荣光”的绶带，敲锣打鼓送回家，营造浓厚拥军氛围。妥善安置退役士官。根据退役士官接收安置工作和军转办安置军转干部有关政策规定，推行安置一站式服务，采取量化打分排名的形式，全过程公平、公开、公正，完成安置工作。

【褒扬纪念】 全力做好《中华人民共和国烈士英名录》编纂工作，顺利完成了365名烈士的基本信息录入和数据校核。2020年，通过开展网上祭扫的方式做好烈士祭扫工作，在全社会引起强烈反响;9月30日，南城县隆重组织“国家烈士纪念日公祭活动”，共组织全县现役军人、退役军人代表、各单位机关干部、党团员、少先队员等240余人参加活动。

【就业创业】 充分发挥乡

（镇）、村（社区）退役军人服务站桥梁纽带作用，及时掌握辖区退役军人就业失业情况，建立与需要就业的退役军人常态化联系机制。大力开展“三请三回”活动，与退役军人企业家建立联系，并为有意向回乡投资办厂的退役军人企业家和相关部门积极协调，例如退役军人事务局为退役军人张建华多处选址，最终与天井源乡良湖村商量协调将废置不用的学校作为其办公场所。组织返乡退役老兵免费技能培训。同时做好退役士兵学历教育援升的服务工作，帮助退役军人提升学历水平，提高自身相关业务水平和综合素质。开展退役军人专场招聘会，在新冠肺炎疫情防控期间，开展了退役军人网络专场招聘会1场，多名退役士兵及家属达成就业意向。退役军人事务局积极与南城农商银行、富民村镇银行、建设银行推进协调，为全县军人及军属再就业推出“拥军贷”政策，最高抵押贷款500万元以内，其中保证贷款最高50万元、信用贷款最高10万元。

【双拥工作】 开展常态化拥军活动，做到走访慰问全覆盖，按照“重点联系与普遍联系相结合、平常联系与定期联系相结合、上门联系与上网联系相结合”的常态化联系机制，将走访慰问现役军人工作落实落细，为他们送去了部队的慰问信和退役军人事务局发放的慰问品和慰问金。建立了“送喜报”制度，先后两次为立功受奖的现役军人家庭敲锣打鼓送去喜报并发放慰问金。动员社会力量参与双拥工作，“八一”和春节期间，组织发动一批拥军爱心企业走访慰问驻地官兵和困难退役军人，为他们送去慰问品、慰问金等，并解决一些实际困难，在全社会营造了尊重、爱护军人的浓厚氛围。在抗美援朝70周年之际，联合爱心企业家开展了“尊崇至上，致敬抗美援朝老兵”活动，为全县19名抗美援朝老兵发放了自制纪念章和慰问金。

【县退役军人事务局主要领导名单】

党组书记、局长：

章明华（2019.1 至今）

法　　治

政法工作

【概况】 南城县委政法委是县委领导和管理政法工作的职能部门，机构改革后核定编制数为行政编10名，机关事业编7名；内设办公室、综合治理股、维稳指导股、反邪教协调股和执法监督股5个职能股室；政法委机关班子成员共4人，1名书记，1名常务副书记，2名副书记。另外，2012年1月成立县网格化服务与管理办公室，为副科级全额拨款事业单位，设副科级职数1名，核定事业编2名。县矛盾纠纷调处室核定事业编3名，2020年机关有干部职工16人（其中职工2人）。

2020年，南城县政法综治维稳工作坚持以中共十九届四中全会和习近平新时代中国特色社会主义思想为指导，坚持以人民为中心的发展理念，坚持稳中求进总基调，自觉服从服务疫情防控和经济社会发展，围绕市委政法委年初部署的工作任务，深入推进平安建设、市域社会治理现代化试点工作，建设人人有责、人人尽责、人人享有的社会治理共同体，努力建设更高水平的平安南城，为全县高质量跨越式发展营造安全稳定的社会环境和优质高效的服务环境。

【维护社会政治安全稳定】 2020年，以维护国家政治安全为首要任务，以“打、防、教”三项工作为主线，坚持稳中求进的工作总基调，不断强化底线思维，落细落实工作。坚决维护政治安全。全县政法机关不断增强政治敏锐性，严格落实意识形态工作责任制，坚决捍卫政治安全。重点做好重大节日安全工作，确保了元旦、全国“两会”、端午节等几个节点的社会政治稳定。对南城县165名刑满释放人员、社区矫正人员全部登记建档，安置帮教率和社区矫正人员报到率均达100%，无重新犯罪，无脱管漏管。加强重点地区排查整治。以保民安、顺民意、赢民心为出发点，将改善重点地区社会治安状况作为改善民生、维护群众切身利益、提高群众安全感的重要举措来抓，全方位排查全县社会治安重点地区，共排查出7个治安重点部位、场所，并逐一落实了整改措施、整改时限和整改责任人。整改后治安状况明显改善，上半年南城县人民群众安全感得到明显提升，列居全市第三。

【推进扫黑除恶专项斗争】 通过近三年来的深入推进，南城县的扫黑除恶专项斗争整体工作取得效应不断显现，带来的社会正能量、正效应日益释放。严打攻坚有战果。全县共立案查处黑社会性质组织1个、恶势力犯罪集团5个、恶势力犯罪团伙7个，破获涉黑涉恶刑事案件45起，刑事拘留85人，逮捕涉黑涉恶类犯罪嫌疑人65人，扣押、冻结和查封涉案资产4232.47万元，行政拘留601人。深挖彻查见成效。强化监督执纪问责，强力推进扫黑除恶专项斗争“惩腐打伞”，形成“打伞破网”高压态势，共排查出涉黑涉恶腐败和充当“保护伞”问题线索31件32人，办结25件，立案24人，查处涉黑涉恶腐败和“保护伞”31件32人，给予党纪政务处分18人。基层建设更牢固。加大了整顿软弱涣散基层党组织力度，按照凡是村干部调整都要经过县级联审的要求，全年取消14人候选资格；及时补齐配强了2018年清理的1名曾受过刑事处罚的村“两委”干部；自查出涉赌17人，涉毒6人，其他违法犯罪问题6人。“六清”行动有进展。按照全国扫黑办部署和“清到底、清干净”的要求，南城县深入开展扫黑除恶专项斗争“线索清仓”“逃犯清零”“案件清结”“伞网清除”“黑财清底”“行业清源”的“六清”行动。县扫黑办共掌握线索630条，已核查630条，核查率100%；逃犯已全部到案。专项整治常态化。开展行业领域各类专项整治共16项，包括市场监管、工程招投标、农资市场等重点行业领域专项整治。同时，进一步落实行业监管责任，南城县各重点行业部门共出台10余条制度，如《南城县土地、矿产交易市场准入制度》，常态化管理整治重点行业问题，让人民群众获得感、幸福感、安全感更有保障、更可持续。

【强化综治中心实体化建设】县委、县政府将南城县综治中心实体化建设纳入南城县2020年重点工程项目安排，安排880万元用于县级综治中心升级改造。依托综治中心实体化系统平台，全县12个乡镇、172个村（社区）、58个综治成员单位全部接入江西省社会治安综合治理信息平台，且县综治中心纵向与各乡镇、村，横向与各综治责任单位互联互通，实现了事件在网内流转、办结，提高了事件的处置效率，事件处置率达99.0%，实现了社会治理实时化、数字化、迅捷化。围绕提升社会治理能力和治理水平现代化的总要求，按照市域社会治理现代化试点工作要求，出台了《南城县市域社会治理试点工作实施方案》，结合实际，积极探索共建共治共享社会治理的“南城模式”，不断提升平安南城建设水平。突出党建引领，在“政治”上“出新招”。推进党建网格和社会治理网格一体化，构建“党委领导、政府负责、民主协商、社会协同、公众参与、法治保障、科技支撑”的共建共治共享社会治理格局。充分利用县内364个网格，将党员群众“网”进党组织管理，构建县、乡（镇）、村（社区）、社区网格长“四级网络”组织体系。2020年，全县1600余名在职党员常态开展社区报到，把便民服务延伸到居民家里，围绕教育、医疗卫生、文化体育、养老、特殊人群服务等领域开展各类活动290余次，累计服务社区居民5480余次。突出基层治理，在“自治、德治、法治”上“强结合”。搭建“说事拉理理事会”工作平台。全县成立乡镇级“说事拉理”理事会12个，村级“说事拉理”理事分会172个，村小组“说事拉理”评理小组1792个，“说事拉理”成员6000余名，实现了乡镇、村、组全覆盖。将镇、村、组的老党员、老干部、人大代表、政协委员、劳动模范以及当地德高望重的老同志作为理事会成员，当老百姓发生纠纷时，能第一时间发现，第一时间调解。规范建设“家事调解工作站”。以家事纠纷诉前调解为核心，按照“一乡一站、一村一员”的纵向网格式家事调解模式，全县12个乡镇均建立了家事调解工作站，选聘了187名家事调解员，包含7名具备多年审判工作经验的法官助理。各调解员诉前、诉中协助调解家事纠纷147起。运用多元化解e平台和江西法院微调解，将家事调解与多元化解e平台进行对接，调解家事案件296件。推进农村“法律明白人”工作。把农村“法律明白人”培养成法治宣传员、农村矛盾纠纷调解员，发挥身在一线的优势，走村入户宣传党的政策、法律法规，带动广大群众办事依法、遇事找法、解决问题用法、化解矛盾靠法，做到小事不出村、大事不出镇、矛盾不上交，有效促进农村和谐稳定。2020年，南城县农村“法律明白人”受理纠纷总数99件，调解成功92件，均为民事纠纷，调解率93%。大力推进专业调解平台建设。在持续规范“医患纠纷”“交通事故纠纷”“劳资纠纷”等第三方调解平台运作的基础上，完善涉房地产、物业管理矛盾纠纷调解平台建设，从源头上预防和化解矛盾纠纷，消除社会风险。

【完善社会治安防控体系】在“智治”上“重投入”，加快推进“雪亮工程”建设。深入推进人防、物防、技防建设，对全县视频监控体系完善建设进行了整体规划，2020年“雪亮工程”建设计划投资7300万元，把“枫桥经验”和“智慧警务”相融合，做实“巡、防、控”。创新推动政府主导、开发商投资、物业管理的运营模式，率先在建昌名门、盛世国际、盱江府等多个小区启动了智慧安防小区建设，打造拥有人像识别、出入口感知、智能车辆自动识别的安防“智慧小区”，形成“群防群治、共建共享”的治安管控新格局。

【加强政法队伍建设】全县政法机关主动对标习近平总书记提出的“革命化、正规化、专业化、职业化”要求，不断补齐政法队伍建设短板，为政法事业提供强有力的队伍保障。聚焦政治建设。坚持党对政法工作绝对领导，认真贯彻落实《中国共产党政法工作条例》及省委实施细则，牵头制定出台《中共南城县委政法委员会工作规则》《南城县政法单位股级干部选拔任用规定》等制度；6月，按照工作要求，全县各乡镇配齐政法委员，保证了政法领导坚强有力、机构设置职能清晰、指挥协调顺畅有序；加强同组织部门联动，派员列席县直政法单位民主生活会，切实把党管政法原则落到实处。聚焦思想建设。扎实开展政法队伍教育整顿工作及围绕“好人主义之害”解放思想大讨论活动，充分发挥“三会一课”、党委中心组学习等作用，组织专题研讨学习十九届五中全会精神，学深悟透习近平总书记重要讲话和全会精神，推动学习贯彻工作往深里走、往心里走、往实里走。12月，组织学习省委十四届十二次全体（扩大）会议精神，进一步引导全体干警增强“四个意识”，坚定“四个自信”，做到“两个维护”，在推动更高水平平安建设上走前列。聚焦业务建设。突出实战实用实效导向，组织全体干警参加业务培训，通过多层次、多方面的教育培训，完善执法司法规范化制度，累计参训400余人次，提升了业务工作能力，队伍执行力得到明显增强。围绕“六稳”“六保”等中心工作，持续优化营商环境，全力做好涉环境类案件的审理工作，不断提升司法能力，切实维护人民群众的合法权益。聚焦教育整顿。制定了《南城县政法队伍教育整顿工作方案》，成立了全县队伍教育整顿工作领导小组，政法各部门也相应成立了以主要领导为组长的队伍教育整顿工作领导小组，确保教育整顿活动扎实有序推进。通过演讲比赛、答题活动等方式创新性强化集中学习，检验学习成果；开展警示教育，组织全县政法干警观看《警钟》警示教育片，进一步加强纪律作风建设；组织前往革命老区旧址参观学习，感悟老一辈革命故事，激励全体党员牢记初心、使命。

【县委政法委主要领导名单】
县委常委、政法委书记：
梅　勇（2010.11—2020.4）
刘　凯（2020.5至今）
常务副书记：
段文明（2019.6至今）
副书记：
盛国旺（2009.5至今）
张金辉（2019.6至今）

公　安

【概况】2020年以来，南城县公安局把人民群众生命安全和身体健康放在第一位，坚持最高政治站位，集全警之智、举全警之力，落实最高标准、最严要求、最强措施，强化战时思想政治、战时党建引领、战时工作纪律、战时关心关怀等“四项举措”，全力打好政治安全保卫仗、新冠肺炎疫情防控阻击仗、风险化解攻坚仗、公共安全治理仗、社会面防控整体仗、严打犯罪主动仗等“六个战役”，实现了全县社会政治治安持续稳定的工作目标。

【全力维护社会稳定】按照“预防在先、发现在早、处置在小”的原则，抓住四个关键点，主动出击，积极应对。以深化信息化警务（勤务）机制改革为契机，强化信息化核心岗位考核，广伸触角，加强全县信息收集研判，为党委、政府正确决策提供深层次、内幕性的信息96条。认真做好重大节日和重大活动的安保维稳工作，启用警用无人机等措施，9月7日上午在县行政中心广场隆重举行“尽忠诚、除隐患、保稳定”迎“双节”安保工作启动仪式。圆满完成全国“两会”、中秋、国庆以及中共十九届五中全会期间等10场次安全保卫任务。

【严厉打击违法犯罪】强化扫黑除恶等专项斗争。在组织领导、线索核查、经营侦查、宣传发动等方面发力，共立刑事案件615起，侦破各类刑事案件679起（含年前283起，协外198起），打掉涉恶犯罪团伙1个，抓获犯罪嫌疑人185人，逮捕115人，起诉98件

120 人。10 月份破获沙洲故意杀人案，抓获犯罪嫌疑人 1 人。建立现行案件快侦快破机制。6 月 5 日，成功破获省督“油耗子”案件，打掉了一个流窜于南昌、上饶、景德镇等地盗窃、收购、销售柴油的跨区域犯罪团伙，破获案件 20 余起。建立精准防控警务机制。推动全线防控向精准防控转变，每日发布警情动态，分析发案规律特点，及时调整巡逻防范重点。通过高密度、全时段巡查，查获违法犯罪嫌疑人 16 名，缴获管制刀具 9 把，及时消除安全隐患。

【强化社会治安管理】 强化案件攻坚，开展了打击食品、药品环境等民生领域违法犯罪“昆仑 2020”专项行动，共查处行政案件 908 起，处理违法人员 752 人，开展了“2020 赣鄱百日缉毒”专项行动，查处黄、赌、毒案件 130 起。强化追逃专项行动。打破警种界限、区域界限，实行全警追逃。坚持追捕与劝投同时发力，共抓获劝投在逃人员 78 名。强化道路交通整治。开展道路交通秩序攻坚战等一系列交通整治行动，在沙洲、徐家、里塔、株良实行“交所合一”的警务模式，有效改善道路通行秩序。全县共发生交通事故警情 931 起，同比下降 10.2%。

【强化民生警务举措】 进一步密切警民关系。推进公安政务服务下沉。深化公安“放管服”改革，规范行政审批权力下放、整合窗口资源，实行“一窗通办”，精简办事流程、缩短办证时限。4 月 27 日，户政窗口入驻县行政服务中心办公。9 月 16 日起全面开始第七次全国人口普查工作。10 月 12 日，出入境管理大队为香港居民吴先生办理了第一张港澳居民“回乡证”，也成为抚州市受理的首张“回乡证”。着力化解基层矛盾纠纷。在党委、政府的统筹下，会同司法等部门，组织警力与重点人员“结对子”“交朋友”，深化疏导教育，将矛盾化解在源头。共排查矛盾纠纷 45 起，成功调处 45 起。深入基层主动服务群众。组织民警下基层、察民情、解民忧，通过主动走访、倾听诉求。5 月 16 日，民警利用科学技术和大数据平台为南城居民熊某夫妇找回失散 13 年的儿子。

【强化战时工作措施】 全力打好新冠肺炎疫情防控阻击战。把人民群众生命安全和身体健康放在第一位，第一时间成立应对新冠肺炎疫情工作领导小组，先后有 158 位民警通过递交请战书、申请书、承诺书等方式，充分发挥“白加黑”“5 加 2”公安铁军精神，以“最美逆行”奔赴一线。重兵把守入口防控。对高速公路出口、国省道口等卡口落实 24 小时勤务机制，用移动警务采集 APP 等信息化手段，对往来人员和车辆实施卫生检疫车辆 162 辆、人员 2711 人，劝返 12 人；先后为社区民警推送预警信息 600 余条。强化宣传引导教育，最大限度地争取社会各界和人民群众的理解支持。24 小时加强对微信、微博、抖音等舆情监测分析，累计梳理出涉疫情不实信息 15 条，处置造谣滋事违法案件 8 起，教育训诫 55 人次，对 2 起传播谣言舆情及时发布警方通告予以澄清，依法处置新丰街镇张某微信朋友圈传播不实疫情谣言案件。

【强化警务机制创新】 强化基层基础建设。积极取得县委、县政府的大力支持，制定下发《关于加强新形势下公安基层基础工作的实施意见》等系列文件，纳入全县经济社会发展大局统筹安排、同步推进，基层基础工作取得长足发展。4 月 16 日，全市公安派出所基层基础建设推进会在南城召开。在重点时段和娱乐场所、学校周边、公园广场、夜宵摊点等场所部位实行重点巡控，提高巡逻防控实效。特别是每日部署 20 名警力在隔离观察点内 24 小时驻点守护、在周边开展全天候密集巡逻防控，先后守护隔离疑似新型冠状病毒携带者 46 人。10 月 19 日召集全县娱乐场所业主召开加强娱乐场所管理会议。坚决打击破坏森林生态资源犯罪行为，持续加大打击野生动物违法犯罪力度，切实担负起保护南城自然资源和生态环境职责使命。侦破破坏森林生态资源刑事案件 8 起，移送起诉 5 人；行政案件查处 6 起，罚款金额 1.6 万余元。推进公安机关管理体制调整，3 月 17 日，南城县公安局森林分局举行揭牌仪式。

【强化过硬队伍建设】 全面提升队伍素质形象。定期开展“主题党日”活动。全面加强基层党建工作，将原21个党支部整合成11个新党支部，每月组织开展党员主题系列活动，增强爱国爱党意识。3月3日全局组织“抗疫情、献爱心”活动，民警共捐款3万余元。9月25日上午，组织党员民警前往广昌县高虎脑红色教育基地接受革命传统教育。从严管党治警。“坚持政治建警全面从严治警”教育整顿暨警风建设年活动，围绕“好人主义之害”开展解放思想大讨论，整顿队伍纪律作风突出问题，促进作风转变。11月份开展民警、配偶，子女及其配偶违规从事经营活动专项整治活动。落实从优待警措施。成立维护民警执法权威委员会。研究制定关心关爱辅警十条措施。推进走访慰问因工受伤、患病、家庭困难民警常态化。11月初，组织民警到南昌中科体检中心进行健康体检。选树典型，发挥示范作用。主动与新闻媒体合作，推出基层优秀民警、辅警系列报道活动，大力塑造队伍良好形象。5月4日，刑侦大队集体获抚州青年五四奖章。

【县公安局主要领导名单】

局长：

包芳蔚（2019.2至今）

政委：

丁鹤林（2011.7—2020.7）

彭　威（2020.7至今）

交通管理

【概况】 南城县公安局交警大队（以下简称交警大队）组建于1987年6月，属正科级单位，配备大队领导职数6个，2020年年初在编民警40人、职工1人；2020年退休2人，调出1人；至年底在编民警37人、职工1人。大队内设办公室、122指挥中心、法制科、宣传科、车管科、交秩科、事故中队、直属一中队、二中队、路东中队、临坊中队、龙湖中队和上唐中队等13个科、所、队。主要职责是维护辖区道路交通秩序，预防和减少交通事故；按照法律规定的程序和要求处理辖区道路交通事故；负责辖区驾驶人及机动车的日常管理、审验工作等。

2020年大队以“控疫情、压事故、保畅通”为目标，严查各类交通违法行为，确保了疫情时期全县道路交通安全形势平稳，圆满完成工作任务，取得一定成绩，先后荣获南城县公安局目标考评先进单位；南城县综治工作先进单位；南城县安全生产优秀成员单位；南城县提案办理工作先进单位等称号。

【大力开展车驾管业务工作】 2020年，全县机动车登记共11583辆，其中小汽车2272辆、摩托车9311辆；小车申请检验标志2819辆次；驾驶证审验4821人次，补、换证9212人次；摩托车办证434人次，摩托车驾驶证转入17人次；互联网注册353起，互联网变更1396起、互联网补换证1241人次。车驾管推出延时错时服务，特别是新冠肺炎疫情防控期间，有序开展车驾管业务，及时为群众办理业务。另外还积极落实省公安厅便民利民措施，与公安派出所联合，将高频车管业务下放至派出所，让村民在家门口便能办理业务，同时大队还积极联系邮政银行和二手车交易市场，联合设立车管便民服务站，让市民就近办理车管业务，得到群众好评。

【大力完善道路交通安全设施】 2020年，围绕“人、车、路”三要素，全面细致地排查整改辖区交通安全隐患。在全面排查隐患的基础上，积极争取政府财政资金，完善了城区道路指路牌、标志牌和新一中路段交通安全设施；对建昌大道、胜利西路和山水南大道进行了改造，增设中心护栏隔离；河东工业园道路全面施划标线和火车货运场道路完善标线标牌等交通设施，极大改善了城区车辆通行环境。

【深入开展交通秩序整治工作】 2020年，大队深入开展了春运、城区和农村道路交通秩序、酒驾、毒驾、涉牌涉证、超限超载治理和摩托车电动车违法行为等专项整治工作，加大了对城郊接合部、事故多发时段路段的巡逻和管理。全年查处违反信号灯5777起、压双黄线264起、逆行1638起、乱停乱放4920起，酒后驾驶454起、涉牌涉证6200起、超员720起、超速13110起、违反禁令2155起；摩托车和电瓶车乱停乱放、安装遮阳伞、无牌无证等各类交通违法行为5260起，特别是酒驾整治，每周不少于两次夜查行动，形成长效机制，对交通违法者起到强烈震慑作用。

保畅通。保畅通。一方面保城区畅通，调整勤务模式，出动警力上万次，风雨无阻，坚持在城区人流车流大的主要路口和学校路段高峰执勤，确保城区道路畅通和学生安全。同时想办法、出点子，采取交通管制和开放学校临时停车服务等手段，圆满完成各项安保工作，确保了工作职责范围内未出现影响社会稳定的事件。另一方面保国省道道路畅通。责任中队结合“五定一保”巡逻机制，严格执行上级联勤巡逻机制，强化道路巡逻密度和强度，及时清除路阻路障，消除事故隐患，防止路面堵塞，2020年以来未出现大面积、长时间交通堵塞。

全力做好疫情防控工作。面对突如其来的新冠肺炎疫情，大队全体民警提高政治站位，严格按照上级要求和部署，设点布控，圆满完成了布控监测任务，得到上级领导的一致认可。按照上级要求，大队迅速部署开展“复工复产”工作，在保障安全的情况下，有序恢复车驾管、交通事故调处和违法处理等各项业务工作，便利于民。同时加大路面管控，确保道路畅通，为“复工复产”保驾护航。

加强恶劣天气道路交通安全管理工作。加强恶劣天气道路交通安全管理工作。针对恶劣天气制定了安保工作预案，落实领导带班和24小时值班制度，严格落实路面巡逻制度，并利用网络、车辆诱导屏、手机短信等方式温馨提示，提示驾驶人安全驾驶，保障了人民生命财产安全。

【大力化解交通事故矛盾纠纷】 化解矛盾保稳定。将调处工作重点放在影响稳定的急、大、难案件上，变被动应付为主动应对，充分发挥人民调解作用，交通事故调解工作形势总体平稳。2020年接处警2862起、死亡交通事故66起，死亡71人，侦破逃逸案15起。发生的死亡交通事故，都在较短时间内得到圆满调解，结案率达100%，未出现群体上访情况。

【县公安局交警大队主要领导名单】

公安局党委委员、大队长：

帅　迎（2017.8—2020.7）

教导员：

饶建国（2017.4至今）

森林公安

【概况】 2020年，南城县森林公安局转隶改制为南城县公安局森林分局。南城县公安局森林分局有干警20人，其中政法编制18人，工勤事业编制2人。内设办公（政工）室、刑事侦查大队、督察队3个科室。

2020年，南城县公安局森林分局严格按照“坚持生态优先、绿色发展，着力推进生态文明建设”的目标任务，以保护生态安全，维护林区社会治安秩序为己任，切实履行主责主业，突出执法办案质量，不断提高应付突发事件和森林防范综合能力，在保护动植物资源、打击涉林涉野案件、维护林区社会治安、完成安保工作等目标任务中发挥应有作用，被评为市、县文明单位，县社会管理综合治理目标管理先进单位，公共节能先进单位。

【涉林涉野专项整治行动持续开展】 2020年，新冠疫情之后，按照上级的统一部署，分局继续在辖区内开展“扫黑除恶”、“全国打击破坏森林和野生动植物资源违法犯罪的专项行动”、保护野生动物“昆仑行动”等专项斗争。全年共查处涉林涉野生动植物刑事案件38起，破案38起，其中涉野生动物刑事案件34起，盗伐林木刑事案件1起，滥伐林木刑事案件2起，森林火灾刑事案件1起，拘留4人，逮捕4人，取保31人，移送起诉36人。在森林分局维护林区的社会秩序、促进南城县的生态文明建设中，分局民警成功侦破了系列非法猎捕、杀害画眉鸟动物案，查获多省涉案人员多人，涉画眉鸟254只，属江西省近年来侦破的最大非法猎捕、杀害画眉鸟动物案。根据省、市森林公安局、县委、县政府的要求，对在新冠疫情防控期间查处的案件，都予以了曝光和宣传，所查处的行政案件和刑事案都在县级媒体和省级媒体上进行了宣传报道。通过分局严打整治，南城县森林生态环境得到切实有效的保护。

【党建“三化”工作初见成效】 分局积极开展了党建标准化、规范化、信息化工作，并将分局党建“三化”工作作为2020年森林分局党支部的重点工作，严格按照县委组织部要求，无论是硬件、还是软件建设，都有新的突破；分局领导班子结合工作实际，以案为鉴、以案示警，狠抓分局民警是否落实中央八项规定，推动各科室队所要细化八项规定，确保八项规定禁令常态化、制度化；班子成员以上率下，以“好人主义之害”思想大讨论、政法队伍思想教育整顿、警风建设年、“学习强国”等多种学习形式，推进分局民警整改思想理论学习不敬畏、不在乎的问题，整顿分局民警思想认识不统一、理解存偏差的问题，确保了分局民警政令警令畅通无碍、队伍行动一致规范，锻造出分局民警忠诚坚守、作风过硬的品质。

【县森林公安局领导名单】

教导员主持工作：

吴信发（2020.1—2020.12）

副局长：

王应福（2020.1—2020.12）

人民检察

【概况】 2020年，南城县人民检察院全院共有5个内设机构，在编干警33人（政法专项编制30人，机关工勤编制3人）。班子成员共8人，其中党组书记、检察长1名，党组成员、副检察长3名，党组成员、政治部主任1名，党组成员、检委会专职委员兼第一检察部主任1名，党组成员、检委会专职委员兼第二检察部主任1名，党组成员、办公室主任1名。

2020年，县检察院在县委和上级检察机关的正确领导下，在县人大及其常委会的有力监督和县政府、县政协及社会各界的关心支持下，坚持以习近平新时代中国特色社会主义思想为指导，按照“讲政治、顾大局、谋发展、重自强”总体要求，依法全面正确履行法律监督职能，各项检察工作稳步健康发展。

【聚焦发展大局，着力体现检察担当】 建设平安南城，打赢扫黑除恶收官战。从重从严惩治黑恶势力犯罪，严把案件质量关，做到“是黑恶犯罪一个不放过，不是黑恶犯罪一个不凑数”，共起诉涉恶犯罪24人，批准逮捕涉恶犯罪4人；按照“一案四专班”的要求，成立陈某某等人和黎某等人涉恶案件检察专班；加大“打财断血”力度，推动办理涉黑恶案件与清查涉案财产同步进行，其中追赃挽损380.43万元；充分运用检察建议参与社会综合治理，向有关单位发出7份检察建议，积极推动相关单位落实综合治理管控措施，堵住社会管理漏洞。护航民企发展，营造法治化营商环境。扎实做好服务民营经济工作，研究制定《南城县人民检察院充分发挥检察职能服务保障“六稳”“六保”工作的实施方案》；畅通民营企业控告申诉“绿色通道”，优先受理民营企业投诉，优先办理涉民营企业案件，全年共办理涉民营企业案件12件，真正做到为民营企业解忧事、破难事、办实事。如：在办理县校具企业法定代表人危某等人涉嫌故意伤害（轻伤）一案中，该院积极提前介入审查，对符合条件的危某依法变更了强制措施，助推其所在校具企业的复工复产；携手县工商联开展“服务六稳六保 护航民企发展”检察开放日活动，共收集了民营企业的诉求7条，指派专人对建议进行分解落实，实行精准服务。助力全面小康，决战决胜脱贫攻坚战。落实好“大村长”制，以推动贫困户发展“两业”为重要抓手，帮助挂点扶贫村（万坊镇鄱阳村）从优化收入结构发力，变政府补助为主，为工资、经营性收入为主，该村贫困户36户108人，人均可支配收入达16061.61元，全部如期实现高质量脱贫。积极推进司法救助工作，创新救助机制，做到应救尽救，精准施救，杜绝因案返贫，办理国家司法救助案件7件，联合市检察院办理1件，发放司法救助金9.5万元，彰显了检察机关司法温情。

【聚焦社会治理，着力优化法治供给】 积极参与检察环节社会治理创新。依法打击各种违法犯罪行为，批准逮捕各类刑事犯罪133件187人，提起公诉230件356人。其中，起诉故意杀人、故意伤害等严重暴力犯罪7人，抢劫、盗窃、诈骗等侵犯财产犯罪48人，黄赌毒案件62人，群众安全感进一步提升。依法办理非法捕捞水产品、非法采矿、非法狩猎等生态检察案件51件，审查逮捕3人，提起公诉62人，保护南城的“绿水青山”。例如：在办理潘某非法捕捞水产品案中，积极创新工作方法，推进刑事检察与公益诉讼检察的有效衔接，构建生态司法保护合力，与县人民法院共同将庭审活动开到“田间地头”，通过实地宣讲，以案释法，“零距离”宣传党和国家的环境保护政策，达到“办理一案、教育一片”良好的法律效果和社会效果。用心用情做好未成年人检察工作。加强未成年人司法保护，依法严惩侵害未成年人合法权益犯罪，批准逮捕1人，起诉2人。坚持“教育、感化、挽救”原则，对犯罪情节轻微、社会危害不大的涉案未成年人，不捕1人，相对不起诉4人，附条件不起诉1人。推动最高检“一号检察建议”落地生根，全院12名检察干警担任“法治副校长”，积极开展“送法进校园活动”，覆盖了1000余名学生；积极打造未检工作品牌，制作了《民法典与未成年人权益保护》视频课程，成功被“学习强国”采用并推广；加强协同联动，联合县人民法院、团县委、南城二中开展模拟法庭，联合县公安局交警大队开展“法典护成长，助力少年强”未成年人保护宣传周活动，联合县工商联为万坊镇中学师生送去降温设备；联合县文化广电新闻出版旅游局等单位开展校园周边环境专项整治行动。扎实推进认罪认罚从宽制度工作。立足批捕、起诉职能，充分发挥检察机关在刑事诉讼中的主导责任，落实“宽严相济”的刑事司法政策，该严则严、当宽则宽。共审查起诉案件审结406人，其中适用认罪认罚从宽制度364人，适用率达89.43%。切实提高量刑建议能力和水平，充分运用确定刑量刑建议。提出量刑建议287人，其中幅度刑量刑建议62人，确定刑量刑建议225人，采纳率分别为98.39%和96%，提升了诉讼效率、节约了司法资源、化解了社会矛盾。践行新时代“枫桥经验”。畅通和规范群众诉求表达渠道，打造12309检察服务升级版，实现热线、窗口、网络平台一站式服务，提升服务信访群众的信息化水平，让数据多跑路，群众少跑腿。落实重大信访案件领导包案制，检察长接待群众来访13次。建立律师参与涉检信访值班制度，不断完善涉检信访案件多元化解机制。落实“群众来信件件有回复”制度，落实信访首办责任制，实行信访事项案件化办理，坚持办好“小信件”服务“大民生”，办理群众信访27件，100%实现“7日内程序性回复、三个月内办理过程或结果答复”。

【聚焦公平正义，着力强化法律监督】 刑事诉讼监督提质增效。坚持“在办案中监督、在监督中办案”，落实少捕慎诉司法理念，不捕65人，不起诉50人。加强立案监督。针对有案不立、有罪不究、不当立案等问题，监督公安机关立案1件；强化侦查监督。针对非法取证、适用强制措施不当问题，监督公安机关纠正违法5件，纠正遗漏诉1人，纠正漏捕2人；强化审判监督。切实履行检察长列席审判委员会职责，检察长列席审判委员会会议7次；强化刑事执行监督。共发现并纠正看守民警在刑罚执行和监管活动中各类违法行为14起，提出口头纠正12件，书面纠正2起。民事行政检察稳中求进。依法办理民事检察案件13件，行政检察案件2件，发出检察建议7份，已收到回复7份；做好支持起诉工作，办理4件民事支持起诉案件，支持农民工、老人等弱势群体维护自身合法权益；做实行政非诉执行监督，努力实现维护群众利益的“最大公约数”。如：在办理县人社局申请强制执行江西某实业集团有限公司拖欠农民工工资非诉执行案时，加强与工业园区、人社局的合作，形成化解合力，促使各方达成和解方案，实现案结事了人和。公益诉讼全面推进。依法办理破坏资源、污染环境、食品药品安全、英烈权益、国有资产保护等领域公益诉讼案件90件，办理刑事附带民事公益诉讼案件29件；严格落实“公益诉讼共护鄱阳湖”专项行动方案，推行“河长湖长+检察长”协作机制，构建责任明确、协调有序、监管严格、保护有力的河湖管理保护机制；完善生态修复机制，督促相关人员恢复植被41亩，栽种树木1300余株，增殖放流鱼苗4万尾；加强与行政机关的协助配合机制建设，如：在办理“南城县城区餐饮单位使用醇基燃料存在安全隐患”案件中，积极与县应急管理局、市场监督管理局、消防救援大队、商务局、县安全生产委员会办公室联动，督促餐饮单位切实整改，杜绝了违规使用醇基燃料的安全隐患。

【聚焦基层基础，着力打造过硬队伍】 加强思想政治建设。始终坚持政治建检、思想强检，在学懂弄通做实习近平新时代中国特色社会主义思想上下功夫，在学习贯彻中共十九大和十九届二中、三中、四中、五中全会精神上下功夫。以“不忘初心、牢记使命”常态化教育、“好人主义之害”解放思想大讨论活动、政法队伍教育整顿为抓手，进一步压实意识形态工作责任，强化队伍思想政治建设。以政治巡察为契机，对政治巡察中指出的问题，立行立改、真改实改、全面整改，强化全面从严治党、从严治检的责任担当。加强业务素质建设。全面推进专业化办案团队建设，加大岗位练兵和业务培训力度，在“专案专办”中培养高素质专业化人才；加强办案总结提炼，注重培育打造全省典型案例；注重典型引领，放大身边的典型示范效应，不断提升履职能力。2个案例入选全省检察机关典型案例，2名干警入选全省重罪检察人才库，2名干警入选全市检察机关专家库。加强纪律作风建设。持之以恒正风肃纪，深入推进党风廉政建设和反腐败工作。一是落实报告制度。就检察机关的重大事项坚持向地方党委和上级检察机关请示报告，严格落实最高人民检察院关于过问或干预、插手检察办案等重大事项记录报告制度；二是聚焦作风建设。开展“官僚主义、形式主义”专项整治，积极开展检务督察，坚决纠正“怕、慢、假、庸、散”等作风问题；三是强化警示教育。及时通报纪委下发的违法违纪典型案例，组织观看警示教育片，做到用身边人、身边事教育警示干警，筑牢干警拒腐防变的思想防线。

【聚焦规范司法，着力强化自身监督】 自觉接受人大及其常委会的监督。深化接受人大监督意识，增强接受监督的自觉性，牢固树立“人大意识”“代表意识”；主动向县人大常委会专题报告《认罪认罚从宽制度工作情况》，对县人大及其常委会的审议、决议、决定，认真组织实施，及时报告落实情况；注重与人大代表、政协委员的常态化联络，对人大代表提出的意见、建议，全部做到书面回复，并抄送人大常委会，确保接受人大监督的渠道顺畅，将接受监督落到实处。主动接受人民群众和社会各界监督。强化检务公开，举办“服务‘六稳’‘六保’，护航民企发展”“民有所呼、我有所应——群众件件有回复”等主题检察开放日活动，举办检察公开听证会10次，邀请人大代表、政协委员、人民监督员、教育界代表、民营企业家、学生代表100余人次走进检察机关；加大案件公开力度，发布程序性信息369条、重要案件信息50条、法律文书265份，着力打造“阳光检察”；保障律师依法执业权利，构建良性互动检律关系；着力加强检察宣传，强化阵地建设，认真讲好检察故事，“两微一端”发布信息500余条，传递司法正能量。

【人民检察院领导名单】

党组成员、检察长：
王小凤（2020.1—2020.12）
组成员、副检察长：
胡志强（2020.1—2020.12）
罗仕群（2020.1—2020.12）
揭　玫（2020.1—2020.12）
党组成员、办公室主任：
詹安清（2020.1—2020.12）
党组成员、检委会专委、第二检察部主任：
陈　标（2020.1—2020.12）
党组成员、政治部主任：
黄　彪（2020.1—2020.12）
党组成员、检委会专委、第一检察部主任：
刘胜亮（2020.1—2020.12）

人民法院

【概况】 2020年，南城县人民法院（以下简称县法院）内设政治部、综合办公室、立案庭、民事审判庭、刑事审判庭、行政审判庭、执行局、审判管理办公室、司法警察大队等机构9个。有派出机构3个，即建昌人民法庭、新丰街人民法庭、徐家人民法庭。全院有在职干警57人，其中员额法官21人，司法辅助人员21人，司法行政人员9人，法警6人。

2020年，县法院紧紧围绕“努力让人民群众在每一个司法案件中感受到公平正义”的目标，按照“突出三个重点、争当五个排头兵”工作思路，持续深入推进“争创一流”活动，感恩奋进、担当实干、砥砺前行，推动各项工作取得新进展。2020年共受理各类案件4618件（含旧存），审结、执结案件4554件，结案率98.61%。注重案件质效，严把案件质量关，发改率0.54%，居全市法院前列。加压深挖，人均结案再破 200 件，达 217 件。

2020 年，县法院集体获得省、市级表彰 3 次，11 名干警被评为省、市先进。刑庭庭长谌志卫荣获全国法院先进个人，荣获全国法院办案标兵。民庭副庭长钟绍华荣获“全市人民满意法官”，其撰写的“致当事人的一封信”获全市法院二等奖。干警邓文鑫撰写的论文获第十三届中部崛起法治论坛三等奖。建昌法庭被评为“双达标”示范法庭，徐家法庭、新丰街法庭均已“双达标”。

【疫情防控司法为民】 2020 年是不平凡的一年，新冠病毒肆虐全球，全国人民万众一心共同抗疫。南城法院党组带领全院干警，克服重重困难，众志成城抗战疫情，做好疫情防控、维护稳定、服务经济发展等工作。扎实做好脱贫攻坚工作，强化帮扶举措，全年发放帮扶物资等共计 77000 元。充分运用网上立案、电子送达、“云会议”、“云庭审”、微信视频等科技成果审理案件，确保依法正常履职。严厉打击疫情防控期间抗拒执法妨害公务犯罪，3 名被告人获刑。审慎善意文明司法，积极为中小微企业纾困解难，共审理涉企业案件 310 件，涉案标的 662.04 万元，先后走访企业 16 家，提供法律咨询 200 余人次。开展“青年文明号开放周”“校园法制讲堂”“民法典宣讲”“巡回审判以案释法”等宣传活动，赠送法律书籍百余本，发放法制宣传单 2000 余份，为统筹推进疫情防控和经济社会发展工作提供了司法服务和保障。

【强化生态司法保护】 成立抚河流域环境资源法庭，为江西第二大河流新添了一道法治“护栏”。坚持恢复性生态司法理念，以麻姑山生态司法修复基地、抚河流域增殖放流基地两基地为依托，将补种复绿、异地修复、增殖放流等生态修复方式落到实处。如被告人黎某等 20 起 22 名被告人在禁渔区、禁渔期、使用禁用的工具、方法捕捞水产品，破坏了水产资源，情节严重，抚河流域环境资源法庭对该批非法捕捞水产品刑事案件进行了集中审理和宣判，以非法捕捞水产品罪，判处被告人黎某等 22 人管制三个月或单处罚金的刑罚，同时还判令其中 14 人缴纳生态修复费用，用于购买鱼苗进行人工增殖放流。一年来，共审理 76 件涉环境资源案件，累计判缴生态修费用 46.09 万元，补种复绿 100 余亩，投放鱼苗 12 万余尾，为抚河流域生态环境的保护提供更加优质的司法服务和保障。

【智慧法院“一站式”建设】 以服务群众为出发点，依托智能 设备和信息化系统，深化一站式多元化解纷机制和诉讼服务体系 建设。2020 年，共跨域立案 38 件，诉前调解案件 805 件，调解成功 740 件，占立案数的 32%，速裁快审案件 815 件，移动微法院网上立案率及移动微法院应用率达 70% 以上，在线办理保全及担 保率达 92%，在线委托鉴定率为 95%，网上交费占 90%。推进“审判 e 管理”平台建设，用好“四类案件”、“发改再”、长期未结案件三类监管平台，提升办案质效。智慧法院建设成果与审判执行工作深度融合，助力司法改革提速，全年网上立案 121 件、网上开庭 135 次、网络调解 63 次，集约送达 6263 次，网络查控案件 1440 件，扣划存款 14273 余万元，司法网拍成交额 5762.47 万元。

【严惩黑恶势力犯罪】 2020 年，县法院共受理刑事案件 228 件（含旧存），审结 219 件，结案率为 96.05%，判处罪犯 316 人，判处三年以上有期徒刑 54 人，严惩故意伤害、持械聚众斗殴等暴力犯罪，审结案件 14 件，判处罪犯 17 人，有力增强人民群众安全感。严惩盗抢骗、黄赌毒犯罪，审结案件 108 件，判处罪犯 134 人，保障人民群众财产安全。严惩强奸、猥亵妇女儿童等侵犯妇女儿童权益犯罪，审结案件 6 件，判处罪犯 6 人。围绕打赢扫黑除恶专项斗争决胜仗，扎实开展“六清”行动。加大案件清结力度，涉黑恶案件全部清零。审结 3 件涉恶集团“套路贷”案件，依法判处 24 名罪犯。推进“黑财清底”，加大涉黑恶财产刑案件执行力度，深挖财产线索，及时控制财产，彻底摧毁黑恶势力经济基础，已执行到位 477.83 万元。推进线索清仓，通过各种形式已收集线索 2 条。推进行业清源，向相关部门发出司法建议 5 份。持续深化以审判为中心的刑事诉讼制度改革，认真贯彻分工负责、互相配合、互相制约原则，充分保障律师依法履职，发挥庭审决定性作用。准确适用认罪认罚从宽制度，适用该程序审结案件 150 件，对 232 名被告人依法从宽处罚。

【规范民商事审判】 2020 年，县法院共受理民商事案件 2322 件（含旧存），审结 2295 件，结案率为 98.84%。2020 年，审结婚姻家庭类案件 302 件，增进家庭和睦，促进社会和谐。审结人身损害、劳动争议、医疗纠纷等案件 209 件，依法保护弱势群体切身利益。平等保护各类市场主体合法权益，审结合同类案件 1741 件，促进市场经济健康发展。

【行政案件集中管辖试点改革】 2020 年，县法院共受理行政案件 281 件（含旧存），审结 267 件，结案率为 95.02%。支持监督行政机关依法行政。注重司法与行政良性互动，与临川区人民政府共同制定《关于推进跨区域行政争议实质性化解若干规定（试行）》。严格落实行政机关负责人出庭制度，行政机关负责人出庭应诉率达 83.53%。提出司法建议 2 条，服务和保障“放管服”改革。

【强化审判执行工作】 2020 年，县法院共受理执行案件 1894 件（含旧存），执结 1880 件，结案率为 99.26%，执行到位金额 2.82586 亿元。用足强制执行措施，司法拘留 2 人次，拘传 148 人次，罚款 14 件 2 万元，向乡镇推送司法建议书 22 份，清场 1 起。疫情防控期间，依靠党委政府支持，通过招商引资的方式，以资产转让形式，将被执行人江西南城卓冠房地产有限公司资产进行最大程度变现，变现所得 4100 万元。南城建洪中药饮片厂被列为疫情保障企业，法院善用活用文明执行措施，积极调度协调，“涸泽而渔”不如“放水养鱼”，让其获利来偿付欠款，保障企业平稳发展的同时亦维护胜诉者合法权益。该执行案例被江西法院争创一流电视节目《落槌有声》采用。

（全维亚　施俊杰）

【县法院主要领导名单】
院长：
周明文（2016.8 至今）
副院长：
熊　军（2007.5 至今）
潘胜利（2007.5 至今）
陈鹤峰（2007.5 至今）

群众团体

总工会

【概况】 2020年，南城县总工会有干部职工30人，其中：在岗干部职工16人，退休人员14人，党员16人。内设5个职能部室：办公室、组织与基层工作部、经济法工部、女工保障部、经审办公室。下属单位有工人文化宫和职工服务中心。2020年是全面建成小康社会和“十三五”规划收官之年。全县工会坚持以习近平新时代中国特色社会主义思想为指导，全面贯彻中共十九大和十九届二中、三中、四中、五中全会精神，贯彻落实习近平总书记关于工人阶级和工会工作重要论述及中国工会十七大精神，围绕统筹推进新冠肺炎疫情防控和经济社会发展工作，坚持党对工会工作的领导，深入推进工会改革创新，担当实干，积极作为，为南城高质量跨越式发展建功立业。

【坚持以服务发展大局为使命，助力夺取疫情防控和复工复产双胜利】 新冠肺炎疫情发生以来，全县各级工会积极投入疫情防控人民战争，在全县开展“战疫有我——工会助力消费扶贫行动”活动，并及时向全县发出倡议，动员各级工会组织、工会会员和社会各界积极购买贫困村和贫困户的农副产品，争做消费扶贫达人。多方筹措资金和物质，助力打好疫情防控阻击战和经济社会发展攻坚战。按照工会会员每人100元标准购买蜜橘深加工产品果醋和酵素，县总工会筹资10万元购买蜜橘深加工产品慰问全县医护人员。积极同南城县扶贫经营主体取得联系，了解到全县扶贫经营主体滞销农副产品达463.05万元，共同制定销售措施，打通销售渠道；通过赣农宝和益农信息社网上销售平台大力宣传销售农户积压农产品。走访慰问疫情防控一线工作人员，筹资6万余元购买矿泉水、面包、牛奶、饼干等食品。筹资2万元帮助江西麻姑实业集团等5家企业疫情防控和复工复产工作购买口罩、消毒水等物质。

【力抓工会主责主业，提升工会服务水平】 做亮工会品牌，在竭诚服务职工上更加有情。县总2020年继续在全县开展工会“十件实事”，在做响“四送”帮扶品牌的基础上，充分发挥工会会员福利对助力内需和提振消费的积极作用，不断加大工会普惠服务卡发放力度，一共162个单位办理了工会会员服务卡，共发卡6798张；在株良唐园开展“情系工会、相约唐园”大型单身青年联谊活动，网上点击率达8.8万；支持职工创新创业，积极在全县开展免担保无抵押零利息的“赣工贷”“抚工贷”业务，已经审批放款7家，放款200万元；开展“互助保障，关爱健康”活动。积极开展职工医疗互助保障活动，为10510名职工办理互助保障，金额达57.06万元，为11人办理理赔，理赔资金达45.26万元，切实为职工患大病构筑抵御风险屏障；开展“关爱女工”行动。助推民营经济发展，安排专项资金，10月份在全县开展为100名园区民营企业女职工提供免费妇科检查的“送健康”行动。2020年开展自筹资金3.9万元在园区开展“夏送清凉”活动；“秋送助学”共资助考取“二本”以上大学生和高中生8名，发放助学金1.9万元。着力关爱帮扶，在解困脱困上更加有为。高度关注城镇困难职工的脱贫解困状况，加大人财物投入，集中优势力量做好城市困难职工脱贫解困工作。2020年，对县直单位困难职工发放春节送温暖资金40.5万元，走访慰问困难职工675户；共对78户在档困难职工发放疫情防控帮扶资金15.6万元，发放中央专项帮扶资金21.27万元。同时，积极配合做好全国总工会、省总工会困难职工帮扶第三方评估工作，通过实地走访，调研，数据对比，2020年南城县在档国家困难职工从78户减至21户，共计发放中央帮扶专项资金12.21万元。加强劳模推荐工作，在服务劳模上更加有位。为深入贯彻习近平新时代中国特色社会主义思想，落实中央、省、市、县委的决策部署，4月27日，南城县“庆五一”劳动模范座谈会在县总工会四楼会议室隆重召开，共表彰县级劳动模范10名，获“五一劳动奖章”10名，优秀工会主席10名。南城县5人荣获江西省级劳模荣誉称号、9人荣获抚州市级劳模荣誉称号。围绕主题开展活动，在提高工会知名度上更加有型。充分发挥工会寓教于乐的工作职能，根据不同层次职工对文体生活的需求，组织开展了丰富多彩的全县性职工活动，积极开展“中国梦·劳动美”主题宣传活动。举办“中国梦·劳动美”——宣传党的十九大、“中国工会十七大”精神进上唐镇社区巡回演出；组队参加省、市职工运动会；开展了全县职工书画展和羽毛球等比赛。积极组队参加抚州市总举办的篮球、羽毛球、乒乓球、太极拳、气排球等比赛，取得了骄人的成绩，在很大程度上提高了工会组织的知名度。

【全面从严治党，加强队伍建设，真正做好新时代工会自身建设】 巩固拓展主题教育成果。落实主题教育“回头看”要求，坚持目标引领和问题导向，建立健全工会落实“不忘初心、牢记使命”制度，把“不忘初心、牢记使命”作为工会组织加强党的建设的永恒课题和工会干部的终身课题常抓不懈。二是加强工会系统党的建设。高标准高质量完成县委巡察巡视整改工作，巩固整改成果，抓好制度落实。强化党组织的主体责任，把党的领导落实在日常的严格管理和监督上。强化“三会一课”的思想教育功能，增强工会系统党内政治生活的政治性、时代性、原则性、战斗性。三是开展工会机关作风建设。坚决贯彻落实中央八项规定精神，持之以恒纠“四风”，加强党风廉政教育和监督，推进工会系统廉政建设，营造风清气正政治生态。按照县委开展“好人主义之害”解放思想大讨论活动要求，加强工会干部作风建设，祛除机关“好人主义”作风顽疾。认真落实“一挂一帮三联”制度，接待群众来访、谈心谈话和征求意见等联系职工的长效机制。四是加强工会干部队伍建设。坚持严管和厚爱结合、激励和约束并重，建立起崇尚实干、带动担当、加油鼓劲的正向激励体系。用足用好政策，加强绩效考核，让工会干部干事创业有劲头更有奔头。注重培养使用工会年轻干部，完善干部选拔任用、教育培训、考核评议等机制。深入基层一线、深入职工群众，确定针对性强的课题进行专题调研，并将调研成果运用实践检验，努力破解工会发展中的难点问题。

【县总工会主要领导名单】

主席：

杨　春（党组书记，兼县政协副主席，2014.9.11—2020.6）

（兼县政协三级调研员，2020.6至今）

常务副主席：

黄凌云（2019.1至今）

共青团

【概况】 共青团南城县委员会内设办公室、组织宣传部、青少部，在编人数4人，在职人数4人。

【坚持政治鲜明属性，强化思想政治引领】 抓住关键节点进行思想教育。清明前后，组织全县各中小学少先队开展了“传承2019清明祭英烈”主题活动，增强了青少年的爱国主义情操；五四前后，围绕“青春心向党，建功新时代”主题，开展了主题团日活动、集中入团仪式活动，营造了浓厚的氛围；六一期间，集中开展了“迎接少代会，争做好队员”主题实践活动，引导队员关注国家发展、关注社会建设、关注少先队集体；国庆前后，组织开展“向国旗敬礼——青春致敬祖国”主题团队日活动，引导广大少先队员传承红色基因、树立制度自信、展现青春风貌。持续在全县范围内开展青年大学习活动。深化“红色基因代代传”工程。在全县范围广泛开展“红色基因代代传”“红色文化教育”等各类宣传教育活动；在硝石战斗遗址、大竺山战斗遗址、赵博生烈士纪念馆、黄狮渡大捷纪念碑及指挥部、毛泽东旧居、周忙牙烈士陵园建立爱国主义教育基地，并组织全县34所中小学进行结对，培养红领巾讲解员队伍560人。组织20名红领巾讲解员参加抚州市第二届红领巾讲解员风采大赛获一等奖3名、二等奖2名、三等奖5名。弘扬战疫精神，坚定制度自信。团县委以习近平新时代中国特色社会主义思想为指导，深入学习宣传贯彻习近平总书记关于疫情防控工作的系列重要讲话和指示批示精神，在青少年中广泛组织开展“绽放战疫青春·坚定制度自信”主题宣传教育实践活动。组织开展了“疫情一线我在岗”主题直播分享活动。邀请援鄂医护人员、志愿者代表和参与南城县防疫工作的医护人员、记者、公安、社区工作人员代表，通过在线直播的方式，分享防疫故事，宣传南城县新冠病毒防疫工作中涌现出来的先进典型，在全社会培育防疫意识，弘扬社会正能量。组织开展了“绽放战疫青春·坚定制度自信”主题演讲比赛，围绕疫情防控、围绕中国特色社会主义的制度优势，表达新时代青年对伟大祖国的热爱，对制度优势的青春感悟，立足当下，展望未来，鼓舞青年更加坚定制度自信、凝聚起更强大的青春力量。组织41名团员参加抚州市“青春建功新时代·我与祖国同奋进”五四主题征文活动，斩获二等奖1名、三等奖1名、四等奖1名、优秀奖5名、鼓励奖6名。

【坚持围绕中心大局，带领青年建功立业】 支援疫情防控，助力复工复产。2020年疫情蔓延，全县各级团组织要带头坚决贯彻总书记的重要指示要求，勇于担当、冲锋在前，在围绕中心、服务大局中彰显作为。团县委紧急发动组织志愿者队伍2支、青年突击队2支共785人次支持全县各小区疫情防控工作；开展助力企业复工、帮助青年就业行动，共帮助21个企业解决51个用工；通过团属新媒体编制疫情防控相关微信55条；募集专项助救物资钱款48466.66元。突出主题，掀起志愿服务活动新高潮。常态开展巡河，助力生态文明。持续推进共青团生态文明示范村创建，组织开展了“绿动赣鄱”、“河我一起，守护碧水”——美丽中国青春行动2020净滩行动、“我是‘河小青’生态南城行”等志愿服务活动，以实际行动保护母亲河，践行绿水青山就是金山银山的理念。开展暑期“防溺水”巡河活动。由团县委机关干部带头，与招募的大学生志愿者每周五、六、日下午3时至6时在黎滩河进行巡查，成功劝返即将和已经在游泳的未成年人12人次。是中秋、国庆双节期间，组织33名青年志愿者在火车站开展了为期八天的志愿服务活动，向广大旅客朋友们展示了文明南城的良好形象。组织30余名志愿者参加麻岭下田园综合体创建5A乡村旅游景点志愿服务活动。五是组织青年义剪志愿服务队常态化开展志愿服务。重阳节在盛世广场为70余名老人理发、深入浔溪乡为50余名小学生理发等等。多措并举，助力精准扶贫。结合团省委的重点工作“赣青扶贫”，通过向省青基会和团市委争取，共为35名贫困大学生争取到53000元助学金。继续做好团县委机关驻天井源乡河垅村的挂点帮扶工作，每年挤出1万元用于帮助挂点村解决实际困难和问题，充分调动和整合各方面力量，着力提升帮扶实效。

【坚持贴近青年需求，提升扩展服务内涵】 落实好《江西省中长期青年发展规划（2018—2025）》。9月4日，南城县召开青年工作联席会议第一次全体会议，会议传达学习了《江西省中长期青年发展规划（2018—2025）》实施工作厅际联席会议第一次和第二次全体会议纪要精神、抚州市青年工作联席会议第一次全体会议精神，审议通过了《南城县贯彻落实〈江西省中长期青年发展规划（2018—2025年）2020年工作任务〉》，研究部署南城县青年工作的具体举措，形成责任压实、分工明确的工作格局，推进南城县青年工作高质量发展。

多元化服务青少年。为切实关心关爱受疫情影响遇到困难的青少年，团县委联合爱心志愿者协会免费为50余名留守、困境儿童发放抗疫包，各基层团委帮助20余名学生复学辅导功课。为帮扶贫困留守儿童，团县委在城西路社区党群服务中心设立四点半延时课堂，免费为青少年开设航模、跳绳、绘画、舞蹈等特色课程。在体育路居委会设立留守儿童之家，为留守儿童提供亲情陪伴、课业辅导、心理咨询等服务。持续关心双职工家庭，继续在县城两所公立幼儿园开展“四点半延时课堂服务”，得到青年家长的一致好评。1月14日至20日驻京团工委在徐家镇东湖小学开展“心手相牵，快乐成长”关爱留守儿童活动，以帮扶留守儿童弥补感情缺失。12月10日联合县卫健委、浙江汇爱公益组织深入浔溪乡大竺小学开展“关爱青少年、寒冬送温暖”活动。维护和保障青少年合法权益。召开了平安南城建设领导小组预防青少年违法犯罪专项组全体会议，审议通过了《平安南城建设领导小组预防青少年违法犯罪专项组2020—2021年工作要点》。7月7日组织南城二中的学生在县人民法院开展“模拟法庭”活动，提高同学们的法治观念和法律意识，引导学生争做“学法知法守法”的新青年。未成年人保护周联合县司法局、县关工委分别走进南城一中、南城二中开展“法典护成长 助力少年强”为主题的未成年人保护宣传活动，并向全县中小学生发放《中华人民共和国民法典（未成年篇）宣传手册》2万份。“两会”期间，邀请并协助部分县人大代表、政协委员提交了关注青少年健康成长的有关提案。10月30日举行了“共青团与人大代表、政协委员面对面”座谈会。扎实开展自护教育。联合县委政法委、县教体局，为全县53所中小学及公办幼儿园配备法治副校长。组织开展了未成年人保护宣传周、青少年自护教育、禁毒知识宣传、网络安全宣传、民法典宣传等活动。

【坚持聚焦主责主业，夯实基层组织建设】 大抓基层建设。扩大“两新”组织团的覆盖面。在巩固传统领域的同时，积极延伸共青团的工作手臂，重点聚焦非公企业、两新组织等青年群体，补漏洞、除盲区，加大组织及工作覆盖。2020年新建非公企业团支部12个，社会组织团支部5个，互联网企业团支部2个，真正构建起纵横交织的网络化组织体系。夯实学校团建基础。持续推进学校团组织按期换届，2020年共完成一所学校团组织新建，七所学校团组织换届工作。8月17日在南城二中举办了全县“微团课”大赛，组织团员青年集中接受党团教育、听团课，不断扩大“微团课”大赛覆盖面和影响力，推动在团干部中逐步形成“上好团课并不难”的共识。推动建立中学团校，重点联系学校建设。2020年共完成五所中学团校建设，南城一中被确定为全省首批中学中职共青团“重点联系校”。加强团员队伍建设，做好团组织关系转接。将思政考评结果（含个人信仰情况）、8学时团前教育、年度20小时志愿服务时长作为入团必要条件，严格落实发展团员“十程序、三公示、九环节”，按照年初下发团员发展号段严格发展团员，全年共发展团员850名。加强学社衔接、升学衔接工作，破解学生团员“毕业即失联”“口袋团员”等问题，利用好“智慧团建”系统，及时做好团员组织关系转接工作。2020年共完成团组织关系转接3149人次，“学社衔接”率、“升学衔接”率均达到99.9%。推进“一站两联”制度建设。团县委积极搭建团代表的“履职平台”及对普通团员青年的“联系平台”，建立“两联”工作机制，努力推动全县团的代表大会及其委员会发挥政治功能和示范引领作用。盱江幼儿园团支部被评为“全国五四红旗团支部”；中医院团支部被评为“全省五四红旗团支部”，建昌镇卢美娟、南城一小罗鑫云评选为“全省优秀共青团干部”；建昌镇团委、南城一中学团委被评为“全市五四红旗团委”，南城一小团支部、实验中学教工团支部被评为“全市五四红旗团支部”，3名同志被评为“全市优秀共青团干部”，4名同志被评为“全市优秀共青团员”。促进少先队改革。县团委不断深化改革少先队机制体制，积极探索符合低年龄段少年儿童身心特点的分批入队工作机制，通过规范化的队前教育、标准化的入队程序、入队仪式，有组织、分批次地吸收适龄儿童加入少先队，从源头上培养少先队员的光荣感和组织归属感，成为全市的试点。10月

12日，全市少先队分批入队示范活动暨分批入队工作交流会在南城县召开。会上，团县委书记蒋闵倩介绍了南城县少先队改革工作和分批入队工作试点情况，县第一小学、第二小学、徐家镇中心小学等学校分别就相关工作进行了交流发言，获得了参会的团市委领导和兄弟县区、学校的高度肯定。坚持全面从严治团。加强团干部培训。组建了团建指导员、团课指导员、团员讲解员“三员”队伍。8月17日举办了全县基层团务工作暨“智慧团建”系统培训，8月25日举办了全县中小学少先队辅导员骨干教师培训。以专题讲座形式，组织学习习近平总书记重要讲话精神和治国理政新理念新思想新战略，特别是对共青团和少先队工作的重要指示精神，并组织开展了业务培训，进一步强化思想认识，提升团干部、辅导员的工作能力和业务水平。加强考核。将团建工作纳入了党建考核和教育部门学校目标管理考评。按照《基层团组织规范化建设工作实施方案》，对各团支部进行“对标定级”。2020年全县完成定级的团（总）支部数量为283个。评定为5星级的团（总）支部数量为12个，4星级的团（总）支部数量为131个，3星级的团（总）支部数量为140个。

【团县委主要领导名单】
书记：
蒋闵倩（2017.8至今）
副书记：
丁俊英（2012.12至今）
苏　玲（2012.3至今）
挂职副书记：
杨泽鹏（2019.3—2020.9）
兼职副书记：
邓发根（2017.12至今）
刘冬国（2017.12—2020.6）
邱　伟（2020.6至今）

妇　联

【概况】 南城县妇女联合会有编制5个，其中行政编5个，2020年在编人员4人。

【抓理论学习，深化对妇女思想引领工作】 围绕“好人主义之害”开展解放思想大讨论活动，深入拓展“不忘初心、牢记使命”主题教育成果，深入学习贯彻习近平关于妇女儿童和妇联工作论述摘编，切实把习近平新时代中国特色社会主义思想融会到思想中、贯彻到工作中、体现到行动中。

【城乡妇女工作统筹推进】 县妇联和各乡镇、县直单位妇联认真按照上级的部署要求，高度重视，周密部署，积极开展新型冠状病毒感染的肺炎疫情防控工作，落细落实各项防控措施。积极引导返乡滞留人员、农村转移劳动力、农村贫困劳动力、大中专毕业生、城镇登记失业人员和下岗失业人员等群体就近就地转移就业，南城县工业园区管委会、县妇联联合举办送岗下乡暨就业扶贫流动现场招聘会，切实为广大市民搭建就业平台。各乡镇妇联主席、副主席、执委积极参与到招聘活动中，大力宣传，发动广大妇女参与招聘，鼓励她们要不断适应市场新形势和就业岗位新变化，走出女性就业创业的新路子。实施好妇女儿童受益项目，一是按照省妇联关于对省妇儿专项资金项目和“两癌”救助专项资金使用进行督查通知的精神要求，对照自查内容，县妇联对2019年度省妇儿专项资金项目及近三年以来江西省农村“两癌”贫困妇女救助专项资金的使用情况进行了认真的自查。通过自查没有任何私分、侵占、挪用现象。做到了项目资金实行专账管理，独立核算，没有与其他资金混合管理使用；二是继续做好农村妇女两癌推荐和救助工作。1月17日，举行了“贫困母亲两癌求助”中央专项彩票公益金（中国福利彩票、中国体育彩票）资金发放仪式。给5名“两癌”农村贫困妇女每人发放1万元专项救助金，在这个寒冷的季节里为这些患病贫困妇女送上党和政府的温暖。4月10日，举行了城镇“贫困母亲两癌求助”资金发放仪式，为1名城镇贫困“两癌”妇女发放1万元省级专项福利彩票公益金。5月底前将符合条件的“两癌”贫困妇女，特别是建档立卡中的患病妇女全部录入全国妇联“两癌”系统，共推荐申报了27名两癌农村贫困妇女。畅通网上联系妇女渠道。发挥“南城县妇女联合会”微信号公众平台和县直各单位、各乡（镇）妇联公众号共同形成的微信矩阵作用，直接听取妇女群众意见建议和需求，提供政策、法律、咨询等服务，在线上组织各级妇联妇女干部听取妇联系统各级各类事迹报告会6场，线上线下受益妇女达3000余人，形成上下联动效应。

【开展评模范立典型活动】开展南城县“巾帼脱贫攻坚模范”评选表彰活动。县委宣传部、县妇联、县扶贫办组织开展了“巾帼脱贫攻坚模范”评选活动。表彰脱贫群众示范户6户、致富带头先进个人2名、在脱贫攻坚工作中业绩突出群众反响好的乡（镇）干部3名及村委会干部3名、在脱贫攻坚工作中业绩突出群众反响好的驻村干部2名及第一书记1名。开展县“三八红旗手标兵、三八红旗手、三八红旗先进集体”的评选活动。授予南城县新冠肺炎疫情防控表现突出的女性医护人员以及全县各条战线上涌现出的优秀女性“南城县三八红旗手”荣誉称号86名，“南城县三八红旗手标兵”荣誉称号7名，授予南城县红十字会等5个单位“南城县三八红旗集体”荣誉称号。抓先进典型评选活动，促模范引领。推荐评选省抗击疫情最美家庭1户（刘莉家庭），省最美家庭3户（脱贫攻坚类范小英家庭、绿色清洁类邓才珍家庭、综合类陈锦华家庭）。

【开展形式多样的暖心活动】为进一步关心关爱奋战在疫情防控斗争一线的医护人员，有针对性地帮助其解决家庭实际困难，开展了“家中缺菜我来送”“娘家人送菜到家”“一对一关爱”等暖心服务活动。1月19日，在南城县妇联的号召与带领下，数位执委、乡、村妇联主席来到挂点帮扶村——骆坪村开展春节走访慰问活动，为她们送去了大米、油、牛奶、饼干、春联、文具春联等慰问物资及新春的祝福，让她们在寒冬中感受到来自党和政府的深切关怀和温暖。开展“清洁家庭——晒晒我的家庭美照”积极引导动员广大家庭倡导简约适度、清洁卫生、绿色低碳、文明健康的生活理念和生活方式，立足家庭，从我做起，切实搞好家庭卫生，家家争创“清洁家庭”，为打赢疫情防控阻击战贡献力量。在“六一”儿童节即将来临之际，县关工委主任邱志诚、县关工委顾问伍勇斌、团县委书记、县妇联副主席一行带着县委、县政府的关怀，深入伟才幼儿园、泰伯学校和上唐小学开展“六一”慰问活动。开展“书香飘万家，我们一起读书吧——2020年南城县妇联亲子阅读月”活动，呼吁大家珍惜亲子时光，放下手机陪孩子一起读书，一起成长。5月18日，为落实省妇联关于技能培训下沉的要求和统一部署，市妇联在南城县举办了抚州市妇联技能培训下沉活动启动仪式，并邀请江西省东塑职业技术培训学校孙老师为南城县30名建档立卡贫困妇女授课，根据本地实际和贫困妇女培训需求，讲解了育婴知识。开展防溺水安全教育、青春期自我保护宣讲活动此次防溺水安全教育讲座进一步强化了学生的防溺水安全意识，提高了学校少年儿童预防溺水的自觉性和识别险情、紧急避险、遇险逃生的能力，对严防学生溺水安全事故的发生起到了良好效果。开展一系列“关爱贫困留守学生，观看爱国教育电影”活动。观看场次8次，留守儿童450名。开展“小康幸福你我她”故事分享赣鄱红色娘子军脱贫攻坚政策宣讲活动，宣讲12次。11月18日上午9时，主办“2020年南城县妇女创新创业电子商务技能培训”，共200余名女性群众参加了培训，还通过抖音平台进行了全程直播。11月24日举行了江西省妇女儿童发展基金会“资生堂爱心接力关爱女性爱心基金”公益项目发放仪式，为女性社区工作者、女性医护人员以及女性环卫工人免费发放护爱心接力套装——手霜40套、唇膏40套，给她们带去了社会的关爱和温暖。

【开展普法宣传，维护妇女权益】深入开展妇女维权宣传教育活动，家庭教育宣传周，宣传海报发至乡、村妇联广泛宣传，南城县妇联12338妇女维权公益服务热线一直在线，随时准备为全县妇女儿童和家庭提供咨询服务。同时，南城县妇联定期邀请知名律师、法官、检察官、公安干警等法律专家为全县广大家庭进行“线上普法”。提高了妇女群众的健康意识和自我法律保健意识。加强“12338”维权热线的管理，专门配备了1名妇女维权热线接线员，做好妇女群众来信来访来电接待工作。到年底为止，县妇联共接待妇女信访26起，做到事事有登记，件件有着落。10月25日，情暖重阳，南城县妇联开展“妇女儿童普法宣传”讲座，参加人员 200 余人，发放各类法律宣传材料 2000 份。

【县妇女联合会主要领导名单】

主席：

邬甜甜（2019.6 至今）

副主席：

谢　科（2019.6 至今）

文　联

【概况】 2021 年，南城县文联在县委、县政府的正确领导和关怀下，在省、市文联和县委宣传部的指导和帮助下，认真学习贯彻落实习近平新时代中国特色社会主义思想和十九届五中全会精神，牢固树立“四个意识”，增强“四个自信”，做到“两个维护”，坚持“为社会主义服务，为人民服务”的文艺方向和“百花齐放，百家争鸣”的文艺方针。充分发挥文联协调、服务的职能，团结带领各专业文艺家协会和广大文艺工作者，围绕中心、服务大局、积极主动、开拓创新，较好地完成上级安排的各项任务，为不断满足人民群众精神文化生活的需求，促进南城县文化自信建设做出了积极的贡献。多次得到县委和省、市文联的好评。

【坚定政治站位，使命担当不断加强】 始终深入学习中共十九届二中、三中、四中、五中全会精神和习近平新时代中国特色社会主义思想，认真贯彻落实习近平总书记视察江西重要讲话精神和对文艺工作座谈会的重要指示精神，在思想上、政治上、行动上同习近平同志为核心的党中央保持高度一致。团结带领广大文艺工作者和志愿者感党恩、听党话、跟党走，不折不扣地落实好省委、市委、县委重大决策部署，认真组织开展了“两学一做”“为谁执政,为谁执法”“不忘初心，牢记使命”“好人主义之害”等主题教育，确保育活动成效转化为促进全县文艺事业发展的强大动力。

【深化改革，组织建设，蓬勃发展】 文联体制机制得以理顺。县委、县政府高度重视文联改革工作，高位推动，第一时间出台《南城县文联，县作协改革实施方案》，在人力、物力、财力上给予了大力支持，配齐配强领导班子。增设了办公场所，保障了工作经费，文联管理体制得以理顺，实现独立开展工作。协会组织发展壮大。全县共有四个协会一个书院即（书法家协会、美术家协会、摄影协会、作家协会和真卿书法研究院），共有会员 886 人。出台了《南城县协会基层组织建设和绩效管理考评的意见》，进一步夯实了基层基础健全工作机制，有效发挥基层协会组织的活力。志愿服务体系建设成效明显。积极培发展志愿服务组织，组建了文艺志愿服务队，现有志愿者 126 名，加强日常监督管理，建立志愿服务记录制度。文艺志愿服务实行常态化运行，积极开展书法、美术、摄影等各类志愿服务活动发挥志愿者的个人专业特长优势，为群众送去文化和艺术。

【协会工作成绩斐然，文艺活动丰富多彩】 县文联和各协会在经费紧张、人员不足的条件下，做到不等不靠，多方协调，卓有成效地开展了形式多样的文艺活动。万名文艺家下基层，走进南城。根据江西省文联的要求，万名文艺家下基层开展“传、帮、带”活动，市摄影家协会主席季利报、市书协何伟秘书长到南城授课，参加培训的会员及文艺爱好者有 200 余人，会员认真听、记，并且现场指导，很受欢迎。江西省文联同县移民局联会举办“脱贫攻坚”农民书法展，共参展作品 63 副，并评出一、二、三等奖，鼓舞农民书法爱好者兴趣。同时，还举行了“挥毫泼墨、助力抗疫”“同心同书”“祖国新春好”等展览。积极开展送春联下基层活动。2020 年 1 月，文联组织书法家，美术家到徐家镇贺家村，实验中学、江西联益电子厂等企业、农村、社区、学校、开展送春联活动，自带笔墨宣纸、精选春联内容，共送春联 800 余副。得到了基层干部和群众的好评。书法进校园活动。书法是中国的文化瑰宝，书法进校园，也是南城县文联的一个特色，得到了中书协主席苏士澍的好评，并到万坊镇中学现场指导。为了更好地发传统优势，取县书协理事会成员派驻农村学校、利用每星期一节课的时间，向学生讲书法，指导学生练书法，提高学生法艺水平，为全县书法普及打好基础，增强学生学习书法的有趣性。

由于南城的人文古籍比较丰富，摄影爱好者较多，举办了2020年“摄影走进新时代”、“迎中秋、庆国庆”、脱贫攻坚图片展，我们的中国梦——文化进万家公益服务活动等摄影展，作品内容丰富，歌颂祖国进入一个新时代的发展历程共展出作品130余件，反映群众生产、生活、家乡变迁的事例。开展“决胜全面小康，决战脱贫攻坚”专题采风活动。同时，多次举办专家讲座，提高了摄影爱好者的艺术水平到红色基地和麻姑山进行采风活动。

2020年是“脱贫攻坚”收官之年，南城县作家协会，开展“决胜全面小康，决战脱贫攻坚”文学大赛，庆祝新中国成立71周年诗歌朗诵会和谷雨诗会，开展了“抗击疫情”文学作品网络展。到万坊镇、龙湖镇采风，深入村、组和贫困户家中，采访了第一书记和贫困户，把在脱贫一线中发现好的典型，好的事例，通过报告文字、散文、诗句反映出来。并在《麻姑泉》出版脱贫专刊，主题鲜明、内容丰富，得到领导和群众的好评。

【疫情防控和脱贫攻坚成效显著】 新冠疫情发生以来，文联高度重视、迅速响应、成立了疫情防控领导小组，按照县委的统一部署，到建昌镇体育路清泉小区值守，宣传防疫措施、测体温，使居民生活有序，同时，动员协会做好自身的防控工作，发出了募捐倡议，对党员，爱心企业及爱心人士为疫情捐款捐物。根据县委、县政府的安排，文联和县委宣传部组成联合扶贫驻村连心小分队，扶贫点是徐家镇贺家村，该村是“软弱、涣、散”村、支部凝聚力、战斗力较弱，多次同有关部门、深入脱贫攻坚一线、听取党员群众意见，解决水沟，基耕路、环境整治建设，村容村得到根本好转、根据各贫困户的实际情况，一户一策，眼前和长期计划相结合，提高贫困户生活水平，根据国家脱贫标准，现全部脱贫。

【强化制度，廉政意识不断增强】 认真落实全面从严治党主体责任，抓好“一岗双责”建立健全各项制度，通过制度管理规范化、细节精细化、工作阳光化、决策集体化，防微杜渐，有效杜绝腐败。进一步加强作风建设，积极开展治理“怕、慢、假、庸、散”及“四风”问题活动，认真自查自纠，及时整改。

【文联主要领导名单】

主席：

黄初春（2020.1—2020.12）

副主席：

郑明华（2020.1—2020.12）

科　协

【概况】 南城县科学技术协会（简称“科协”），认真贯彻落实《全民科学素质行动计划纲要》，深化南城县科协系统改革，加强科协系统向基层延伸，不断提高科普信息化水平，推动科技助力创新驱动，深入开展实用技术培训、科普咨询、科普讲座、科普展板等科普活动，不断提高公民的科学素质。科协现有编制3个，为正科级单位。2020年年底，县科协实有人数2人。

【重大工作】 根据《国务院办公厅关于印发全民科学素质行动计划纲要实施方案（2016—2020年）的通知》（国办发〔2016〕10号）、《南城县人民政府关于举办“全民科学素质行动计划”培训班的通知》（城府办字〔2019〕26号）精神要求，4月份分别在全县10个乡（镇）举办了提升全民科学素质培训班共10期，共培训1000人次，并在线培训1年，成立了12个微信科学素质学习群，南城县公民基本科学素质在全省的抽测中排名全市第三名。根据《关于印发〈江西省科协提升基层科协组织力“3+1”试点工作方案〉的通知》（赣科协字〔2018〕78号）和抚州市科协工作纪要把南城县、黎川县、崇仁县作为2019年“3+1”改革全市试点的精神要求，南城县在2020年年初圆满完成，“三长”人员在新冠疫情防控中发挥了积极作用，大大增强了基层科协的执行力。根据《江西省科学技术协会关于命名江西省科普教育基的通知》（赣科协字〔2020〕177号），建昌帮药业中药饮片炮制技术科普教育基地被命名为江西省科普教育基地（2021—2023年）。组织招才引才工作，加强联系在外南城籍人才，积极助力引进在浙江杭州工作的南城籍肿瘤专家饶荣生落地南城县博爱医院院长，成立了“南城县抗癌协会”和“南城县眼科协会”。建昌帮中药研究会作为主要成员参加了赣鄱工匠中药炮制、中药调剂，开展了盱江中药长廊科普展示活动，加大了中药科技交流，促进了建昌帮中药技术的科普活动。开展“决胜全面小康，践行科技为民”科普进校园活动，在南城县泰伯学校、东方红小学、株良镇中心小学、上唐镇中心小学、里塔镇中心小学、新丰街镇中心小学、实验小学举办了VR科普体验、3D打印展示、机器人舞蹈表演、无人机编队表演、创客教育机器人表演、举办青少年智能数字科普知识讲座等活动，使南城县青少年走进科学，学习科学，培养独立思考、自主探索的创新精神和创新意识。南城县“江西博君生态农业开发有限公司”被江西省命名为“省级海智计划工作站”。中国·抚州“才子之乡”首届人才大会2020年10月27日在抚州市隆重召开，本次大会专场活动之一是下午由抚州市科协承办的“大数据智能化发展分论坛”，论坛邀请了中国科学院虚拟经济与数据科学研究中心研究组成员、沃民高科超级智能研究院院长、《人工智能学家》主编刘锋等5名专家学者在论坛上进行学术交流，为抚州全力打造全省数字经济发展新高地指点迷津、把脉问诊、献计献策。县科协组织了5家与数字经济、智能制造、电子信息、大数据相关企业负责人，共同参与了论坛全程活动，为发展大数据智能化创新和数字经济工作具有重要参考作用。

【农村科普工作】 继续促进科普工作为南城县农业服务。南城县家庭农场联合会继续推广农业科技，举办农村实用技术培训班4期，其中，科技助力精准扶贫——柑橘新品种红美人综合技术室内课堂和现场培训班2期、“白莲病”虫害防治技术室内课堂和现场培训班2期，通过70家家庭农场的大力辐射,解决贫困户就业20余人。

2020年科普之春暨学雷锋科普志愿者服务月活动在里塔镇昆塘村举行，针对贫困户免费发放麻姑仙枣苗木近500棵，组织农业部门科技技术志愿者对贫困户上门科普麻姑仙枣栽种技术，科技助力脱贫攻坚。开展了“6月份与抚州市科协联合科技六送到沙洲镇水口村、9月份科技六送到万坊镇黎家边村”，通过科技六送活动，大大增强了农民疫情防控知识、科学生活知识、农业科学知识等，为振兴乡村塑造新型农民添砖加瓦。8月29日，南城县科协在新丰街镇杨桥村举办科技周活动，这次活动主题：科技助力脱贫攻坚。送科技下乡进村入户，提供精准技术帮扶活动。根据广大群众的需求，在杨桥村委会会议室举办药食两用植物葛根种植管理技术培训，由县中药材管理中心副主任何国华同志讲课，何主任用通俗的语言，从理论知识到实践经验深入浅出的讲解，受到广大群众的好评。通过这次培训，不断提高广大农民的科技意识，助力科技扶贫、精准脱贫。

【城市科普工作】 积极开展有关“疫情防控”科普活动。为了深入贯彻落实习近平总书记关于“疫情防控”的重要指示精神，坚决打赢疫情防控阻击战，新冠疫情发生以来，县科协在20多个社区、村居积极开展有关“疫情防控”科普活动。通过网络“疫情防控”科学知识的推送、在居民小区进行办简单科普栏和发放宣传单、“疫情防控”科普展板展出活动等多种形式的科普活动,使全县群众及时接受了“疫情防控”权威科普知识，帮群众解读了疫情防控措施，正确认识疫情发展态势、掌握疫情防控知识、提高自我防护意识和能力，既减少感染病毒的风险，又避免出现恐慌情绪。在5月30日“全国科技工作者日”，举办了科技工作者座谈会，走访慰问了科技工作者。开展了科普E站进社区活动。在县城东路社区、城西路社区开通了科普E站，科普E站各方面的科学知识不断更新，并且有自己个性推送窗口，提升了本社区公民科学素质，而且对社区自身的工作有促进作用。

【农函大实用技术培训】 2020年县农函大与南城县家庭农场联合会联合举办农业技术培训班4期，每期培训学员55人左右，共培训学员220人次，大大提升了南城县新型农民的科学素质。

【南城县科协主要领导名单】

主席：

万程英（2013.12至今）

工商联

【概况】 南城县工商业联合

会（总商会），是中华全国工商业联合会的地方组织，是在中共南城县委领导下以统战性为主，兼有经济性、民间性的人民团体和民间商会，是党和政府联系非公有制经济人士的桥梁和纽带，是政府管理非公有制经济的助手。南城县总商会下有1个基层商会（建昌），6个行业商会（副食品百货、家具、校具、建材家居与环保装饰、女企业家、工业园区工商联分会），3家外埠商会（北京古典家具、东莞、南昌），2家异地商会（浙江、福建）。会员768人，企业会员525人。

2020年年底，南城县工商联（总商会），有在编人数6人。县工商联揭牌成立了南城县非公经济维权中心，有3名专职工作人员。主要职责为受理非公有制企业和非公有制经济人士投诉咨询和法律维权，为非公有制企业和非公有制经济人士提供维权服务、政策法规咨询。配合落实促进民营经济发展的扶持政策，整合各种社会资源，引导民营企业转变经济发展方式，推进民营经济更好更快发展；为民营企业提供培训、融资、科技、法律、信息咨询等服务；提供对内、对外经贸交流服务，帮助民营企业增强自主创新能力，提高核心竞争力和可持续发展能力；积极服务异地、行业、外埠商会，促进各类商会健康发展；积极开展“三请三回”活动，引导在外抚商返乡创新创业；服从和服务本县经济建设，承办好县工商联交给的其他工作。同时与县法院、检察院建立非公企业维权工作联系协调机制，成立了南城县工商联工业园区分会检查维权联系点。

【参政议政】 参政议政是工商联的重要职责。为此，县工商联积极向上级推荐有素质、有品行、有担当、有贡献的优秀会员参政议政。全县会员中有市人大代表2人，市政协委员4人，县人大代表6人，县政协委员29人。同时积极组织和引导会员中的人大代表、政协委员，紧紧围绕县委、县政府的发展大局和中心工作，切实履行职责，积极建言献策，提高参政议政的能力和水平。近年全县工商联界别和会员中的市、县人大代表和政协委员累计提交议案提案、建议共114件，其中9件被评为优秀提案、建议。这些提案、建议为县委、县政府科学决策提供了可靠的依据，多次受到好评。

【畅通政企沟通渠道】 配合省非公办调研组召开营商环境和民间投资政策落实情况评估座谈会，集中听取非公经济人士意见建议，为进一步优化南城县营商环境，推动各项民间投资政策落地生效，促进南城县民间投资健康发展提供了参考。开展“坚定发展信念信心，防范化解重大风险”民企大走访活动，走访辖区内30余家企业，倾听企业家的心声和诉求，并大力宣传党和政府对广大民营企业的关心和支持，宣传党支持非公经济发展、优化营商环境的各项优惠政策举措。创建了“南城县非公经济”微信公众号，用于发布省市县各级政府促进非公经济发展相关政策，有效地搭建起非公企业家与政府部门之间互通信息的平台。

【民营企业调查工作】 建立20家全国民营企业调查点，配合全国工商联开展了民营企业运行状况调查、民营企业社会责任问卷调查、支持民营经济发展政策落实情况评估调研、上规模民营企业调研等活动，并获得2020年江西省民营企业调查点工作示范单位称号。

【社会责任意识明显提升】 县工商联为进一步推动光彩事业，引导全县工商联会员富而思源、富而思进，心怀感恩，回报社会。重点在三个方面引导会员担当社会责任，即结对帮扶。推进“十企帮十村”精准扶贫行动，动员10家企业量力而行、尽力而为，经常与贫困村联系，建立共赢关系。江西瓯锦实业有限公司、江西麻姑实业集团有限公司荣获2020年全省精准扶贫行动“先进民营企业”称号。引导商会会员、非公经济人士投身光彩事业，开展捐资助学等活动。捐资助学。引导会员踊跃资助贫困学生，2020年，建昌商会、企业家商会、非公经济人士热心资助南城县贫困学子66名，捐助财物共计14.4万元。特别是在疫情防控期间，积极组织各商会和非公企业开展募捐，筹集物资和捐款总计80余万元，汇聚起坚决打赢疫情防控阻击战的磅礴力量。扶贫济困。

县工商联经常组织会员走访敬老院、困难户，送钱送粮，送衣送物，以实际行动践行光彩事业、担当社会责任。

【县工商联主要领导名单】
主席：
龚育梅（女）（2012.5 至今）
党组书记：
崔进兵（男）（2019.6 至今）

社科联

【概况】 南城县社会科学界联合会（简称县社联）为全额拨款参照公务员管理性质的群众团体组织，有编制数 3 人，至 2020 年年底共有聘用人员 1 人，退休人员 1 人。2020 年是决胜全面建成小康社会、决战脱贫攻坚之年，也是“十三五”规划收官之年，更是全国人民在党中央的领导下，奋力抗击新冠疫情，努力恢复经济发展的关键之年。2020 年，在县委、县政府的正确领导下，在市社科联和县委宣传部的具体指导下，南城县社科联紧紧围绕县委、县政府的工作中心，精心谋划，开拓进取，积极发挥职能作用，在理论研讨、社科普及、学会管理、挂点帮扶等方面取得了新进展。

【强化理论武装工作】 2020 年，精心组织理论宣讲，结合感恩奋进主题教育、“破除好人主义之害”解放思想大讨论和“四进四联四帮”活动，深入机关、农村、企业、学校等地宣讲习近平新时代中国特色社会主义思想、习近平视察江西时的讲话精神、中共十九大和党的十九届二中、三中、四中、五中全会以及省、市、县委全会等精神，推动党的理论精神往基层走、往心里走。9 月份和 11 月份分别组建宣讲队伍，分赴乡（镇）、社区、学校围绕“好人主义之害”解放思想大讨论活动和党的十九届五中全会精神进行宣讲。提升社科期刊质量，2020 年《福地南城》的办刊质量稳步提升。作为内部交流刊物，刊发工作始终坚持以中共十九大及十九届三中、四中、五中全会和习近平总书记重要讲话精神为指导，坚持立足南城，围绕中心、服务大局，坚持致力于组织优质稿源、打造品牌栏目、加大审稿力度、提高编校质量，坚持提升办刊质量与层次。全年共刊发 4 期，发表优秀社科文章 20 余篇，刊物社会影响力不断提升。

【精心组织社科普及活动】 2020 年为扎实推进新时代社科普及工作，自觉承担举旗帜、聚民心、育新人、兴文化、展形象的使命任务，11 月 1 日至 7 日，中共南城县委宣传部、县社联联合相关部门开展了 2020 年社科普及宣传周暨“科学理论进新时代文明实践中心”系列活动。11 月 1 日，由县摄影家协会承办的“决胜全面小康·决战脱贫攻坚”主题摄影图片展在南城县新时代文明实践中心（登高公园南门广场）展出。此次摄影展主题摄影作品共 109 组、365 张。丰富生动的图片，翔实具体的资料，真实地呈现了近年来南城县各级各部门集中力量脱贫攻坚取得的成果，多角度真实生动地展示了南城县脱贫攻坚、党建引领、产业脱贫、促进就业等工作进展、成效和亮点。展出当天，就有万余人驻足欣赏。11 月 1 日，由县爱乐艺术团承办的“决胜全面小康·决战脱贫攻坚”主题文艺汇演在县新时代文明实践中心（登高公园东门广场）举行。整台文艺节目精彩纷呈，有舞蹈《祖国万岁》《撸起袖子加油干》、男女声二重唱《中国脊梁》、竹板舞《脱贫致富奔小康》、南城方言三句半《脱贫攻坚努力干，小康生活定实现》、南城道情《文明家庭人人唱》等。生动传神的表演，不时赢得现场观众阵阵掌声。11 月 1 日至 7 日，县图书馆、超星公司联合全县各村小学，开展科普图书进校园、电子阅读、有奖竞答等系列活动，让学生感受到书香的魅力。走进徐家镇五帝村小学，向该校赠送了 200 册社科图书，并开展科普进校园知识讲座。他们用浅显易懂、图文生趣的 APP 展示，让山村孩子一下子就喜欢上了科学小知识，也为孩子们打开了一扇通往科学之路的大门。在馆内开设科普数字阅读专栏，精选了 300 种世纪经典科普名著。学生可登入县移动图书馆，通过手机方式，随时阅读电子书籍。活动期间，科普资源阅读量达 600 余人次。开展社科普及知识线上竞答活动。通过微信公众平台，精选了 120 道社科知识竞答题，参与者只需识别二维码便可自动连接进入答题，根据答题分数及抽签的方式，给予参与者一、二、三等奖奖品鼓励。这种趣味性答题活动，吸引了众多读者参与，也让科普知识走进寻常百姓的生活。11 月 2—13 日，由县文化馆承办的县感恩奋进基层理论巡回宣讲走进全县各乡镇新时代文明实践站（所），遍及乡镇 20000 余人民群众。宣讲团成员以“决胜全面建成小康社会·决战脱贫攻坚”为主题，用生动的语言及真挚的情感，讲述了脱贫攻坚中爱岗敬业、爱心帮扶、励志脱贫、孝老爱亲的感人故事，还进行了歌唱表演，有效地传递出广大干部群众众志成城、齐心协力、奋力攻坚的精神。11 月 4 日，由县作协、县诗词楹联协会承办的“决胜全面小康·决战脱贫攻坚”主题征文比赛颁奖仪式在县扶贫办会议室举行。此次文学大赛从 6 月启动以来，得到全县文学爱好者的踊跃支持。他们多次深入基层一线进行实地采风，将笔头聚焦到扶贫一线，通过可感可触的故事，展现了全县近年来在精准扶贫、精准脱贫工作中取得的主要成效，宣传了在脱贫攻坚工作中全县党政机关和干部职工无私奉献、积极向上的精神，以及全县各行各业人民自强不息、勇于创业、敢于取胜的精神。此次比赛评选出一、二、三等奖优秀文章共 27 篇。11 月 7 日，由县诗词楹联学会承办的“决胜全面小康·决战脱贫攻坚”诗词创作走进新时代文明实践站活动在天井源乡罗坊村举行。活动邀请了 2020 年南城县“决胜全面小康·决战脱贫攻坚”主题文学大赛格律诗词组获奖者王桂林、黄海涛、林传玉等三位诗友，就本人的学习和创作畅谈心得体会。他们与在座诗词爱好者交流了自己在诗词创作中的得与失，鼓励大家走近诗词，贴近火热生活，反映群众平凡生活的温度与感动，汇聚起坚定信心克难关、同心同德奔小康的强大力量。

【加强社科管理工作】进一步加强学会管理，创建名牌学会，以名牌学会带其他学会的建设。着力抓好诗词楹联学会的建设，一年来，该学会积极参与社会实践，建设人才队伍，用诗词助力社会经济发展。举办以“面向阳光，拥抱生活”为主题的 2020 年谷雨诗歌大赛、举办“决胜全面小康、决战脱贫攻坚”主题文学大赛、举办“麻姑米传千年”主题诗词联创作朗诵活动、举办知识讲座、举办拈韵作诗活动。诗词楹联创作队伍建设得到加强，创作水平也不断提升，成果丰硕。2020 年，学会有张之楷、邱振国、胡进、龚福祥、邱新丰、王桂林、王文春等 20 余位会员作品在《中华诗词》《当代诗词》《诗词报》《江西诗词》《抚州韵坛》等媒体发表。2020 年，推荐诗友作品参加抚州市抗疫诗词征集活动，共有 21 位诗友的作品在《抚州韵坛》抗疫专刊发表，在抚州诗词界形成了一定影响。

【加强挂点扶贫工作】做好挂点村的帮扶工作，除做好农村挂点扶贫外，积极主动为所帮扶的居委会解决移风易俗工作经费 5000 元。

【县社科联主要领导名单】

主席：

刘国蓉（2007.3 至今）

残　联

【概况】2020 年是坚决打赢脱贫攻坚战的决战决胜之年，也是全面建成小康社会和“十三五”规划的收官之年，在县委、县政府的正确领导下，在省、市残联的精心指导下，县残联坚持以习近平新时代中国特色社会主义思想和中共十九大一中、二中、三中、四中、五中全会精神为指导，牢固树立“四个意识”、认真践行“两个坚决维护”，切实履行残联组织“代表、服务、管理”职能，努力推进残疾人康复、就业、教育、扶贫解困、民生、培训、信访维权等重点工作，实现了县残疾人事业又快又好的发展。

【党建工作】结合每个“党员活动日”开展丰富多彩的主题活动。如：制定了开展解放思想“三问”大调研、大讨论、大学习、大实践实施方案，并于 3 月 31 日和 4 月 2 日分别在里塔镇新街村和县残协召开了解放思想“三问”大讨论征求意见座谈会和残疾人代表征求意见座谈会；分别于 4 月 2 日、5 月 16 日和 5 月 30 日在县五类协会、县残联会议室、挂点扶贫村里塔镇新街村开展以“听党话、感党恩、跟党走，撸起袖子加油干”为主题的感恩奋进大讨论座谈会、文艺汇演等系列活动；派遣赖红炜理事长、吕永忠 2 名同志到沙洲镇社区居委会开展城镇脱贫解困工作；组织人员参加庆祝和中国共产党建党 99 周年“学党史知党情”知识竞赛；交党费、走访慰问老党员活动；组织观看《浴血广昌》《建军大业》等红色电影和警示教育片；传承红色基因，牢记初心使命主题教育活动。县残联紧紧围绕“守初心、担使命，找差距、抓整改”的总要求，坚持抓思想认识到位、抓检视问题到位、抓整改落实到位，以创新工作方式，为智力精神残疾人、听力残疾人评残办证和重度残疾人家庭无障碍改造 3 件实事，其中为智力精神残疾人评残为实事主题教育专项稿件在《抚州日报》报道。领导班子和班子成员从政治站位、思想境界、精神状态、工作作风等方面，举一反三、由表及里，把主题教育过程转化为促进新时代残疾人事业不断创新发展的过程。县残联认真开展“好人主义之害”活动，这项活动是巩固拓展“不忘初心、牢记使命”主题教育成果的客观要求，是实现党的建设、党性锻炼制度化的实践，是整治“怕、慢、假、庸、散”作风顽疾的具体举措，是推动抚州换道超车、跨越发展的现实要求。县残联坚持问题导向，扎实推动“好人主义之害”活动有力有序开展。一是强化理论学习，把好思想行动“总开关”，抓好问题整改，打好作风建设“持久战”，增强斗争精神，交好推动发展“成绩单”。二是精心组织实施，确保“好人主义之害”活动取得实实在在成效。全县各级党组织要严格按照县委的部署要求，精心组织实施，三是领导抓、抓领导，四是造氛围、聚合力，五是真督导、严问责。以真抓的实劲、敢抓的狠劲、常抓的韧劲，驰而不息，久久为功，坚决清除“好人主义”作风积弊，在夺取“双胜利”生动实践中，用忠诚、干净、担当交出一份人民满意的答卷。制定了年度工作计划和中心组学习计划，把意识形态工作列入领导班子和干部职工考核体系，纳入党建工作责任制考核；切实加强网络意识形态安全，旗帜鲜明的开展网上舆论斗争等。3 月份在县惠源小区开展了学雷锋志愿服务活动，大力弘扬传承雷锋精神和“奉献、互助、进步”志愿精神，组织残疾人志愿者到老县武装部卫生区打扫卫生并清除马上边电杆树及墙上的小广告等；积极参与网上“正能量”传播，发表文明健康、积极向上的言论，传播文明、引领风尚；组织单位女同志参加“学习先烈精神，争做合格新时代女性”主题活动；积极开展“学习强国”平台学习，人均 10000 分。

【党风廉政建设工作情况】 县残联党支部深入学习贯彻习近平新时代中国特色社会主义思想和中共十九届五中全会精神，对照习近平总书记关于加强和改进群团工作的重要指示和关于残疾人事业的重要论述，对照群团组织“强三性”“去四化”要求，认真贯彻县委全面从严治党部署要求，坚持政治引领，坚持问题导向，严字当头、标本兼治，着力推进全面从严治党向纵深发展。政治生态持续向好，明确了党风廉政建设责任制，为全县残疾人事业发展提供了坚强政治保证。南城县残联勤政廉政建设做到了“零”违规，没有公车私用、私车公养问题；没有服务对象反映机关干部“不作为”等问题。同时，积极做好扫黑除恶专项斗争宣传工作，向扩大残疾朋友发放扫黑除恶宣传材料 1200 余份。

【各项残疾人工作综合服务情况】 脱贫攻坚工作扎实。县残联多管齐下，多措并举、合力推进脱贫攻坚社会保障兜底工作，落实惠残政策，完成残疾人“两项补贴”应享尽享、教育助学应补尽补、30 名贫困残疾人实用培训、282 名残疾人发放燃油补贴、968 名贫困残疾人精准康复辅助器具适配、97 户残疾人家庭无障碍改造的脱贫攻坚社会保障兜底工作目标任务。制定了《2020 年全县残疾人脱贫攻坚工作计划》。全县已办证残疾人 8843 人，其中建档立卡贫困对象为 1403 人，已脱贫 1403 人。做好脱贫攻坚中央巡视反馈问题整改、“夏季提升”和“秋冬巩固”工作。制定整改清单，落实整改责任人和整改期限，并已全部整改到位。加强驻村帮扶工作，强化里塔镇新街村驻村工作队的跟踪指导服务管理工作，根据选用驻村工作队员的要求，在五位残联干部中，抽调了两位副理事长及一名财务股股长三位干部常年常驻扶贫村，并拨付扶贫款 2 万元。实施惠残扶贫政策：①为8人贫困残疾大学生发放助学补助资金2.6万元；②扶持2个市级残疾人阳光残基地共2万元和2个省级残疾人省级阳光基地，县级扶贫基地30个，共20万元；③为7名盲人等的贫困残疾人发放创业补助资金1.4万元。推进残疾人创业就业工作。为认真贯彻落实《残疾人就业条例》，残联多形式、多渠道安置残疾人就业。通过举办城乡残疾人实用技术培训、电商培训、残疾人就业创业孵化基地培训、安置残疾人公益性岗位等形式，提升残疾人就业率。依据2020年10月残疾人动态更新数据，全县16—59岁残疾人5466人，其中已就业人数3990人，就业率达73.15%。现城乡残疾人外出、居家灵活就业1671人，按比例安置478名残疾人就业，其中购买公益性岗位安置了43人，残疾人农家书屋管理员150人，各乡（镇）“六车”整治公益性岗位安排、工业园区、护林员及保洁员等108人。精准实施残疾人康复服务工作。根据《南城县残疾人精准康复服务行动实施方案（2016—2020）》文件精神，县残联开展辅具适配、日间照料托养、残疾儿童康复等各项精准康复服务工作，现残疾人精准康复率达100%，100%完成市残联下达的任务。制定《南城县贫困残疾人精准康复服务档案》，在全县设立了4个精准康复服务点试点工作；出台了残疾儿童康复救助实施制度，并筹资43.5万元为29名贫困残疾儿童实施了抢救性康复救助；筹资11.2万元为16名贫困残疾人免费安装假肢；筹资60余万元为贫困残疾人免费发放辅助具器（轮椅、拐杖等）1026件。全力实施残疾人民生工程。县残联严格执行残疾人民生工程项目，将其列入了县残联为残疾人办实事、改善民生的重要内容而列入重要议事日程。全县完成实用技术培训30人，截至2020年10月底残疾人享受残疾人两项补贴4522人，其中已审定困难生活补贴人数2251人，已审定重度护理补贴人数944人，同时享受两项补贴1327人。为城乡重度残疾人免费参加了医疗保险和农村养老保险，参加率100%。有序开展城镇脱贫解困工作。制定了《南城县残联关于开展城镇贫困群众脱贫解困工作实施细则》，出台了残疾人自主就业创业扶持措施。全县已办证的城镇残疾人为1773人，经各乡镇残联摸排并与县民政局数据比对，确定了523户618人为贫困城镇残疾人，占城镇残疾人34.8%。多措并举推进残疾人信访维稳工作。县残联充分发挥国家残疾人维权示范岗的作用，切实解决残疾人生产、生活难题，维护社会稳定，规范信访工作，把县残联打造成“残疾人之家”。2020年为282名残疾人发放机动轮椅车燃油补贴每人补贴260元，共计7.72万元；为97名贫困残疾人家庭实施“无障碍设施改造”，改造资金17.85万元，进一步改善残疾人居家环境；全力做好十九届五中全会前夕盲人信访维稳工作，理事长赖红炜及维权干部吕永忠亲自约见盲人代表，倾听盲人的呼声，努力为盲人解决实际困难，2020年共解决共接待来信来访260余人次，为残疾人解决各种问题100多个，及时化解了矛盾，没有出现残疾人去市、赴省、进京上访事件，有力维护了全县社会稳定。残疾学生教育工作全程覆盖。大力开展残疾少年儿童入学工作。2020年秋季开学后，通过调查确定全县共有123名义务教育阶段残疾儿童少年，其中121人入学，入学率达98.5%。完善残疾学生教育救助链条，实现贫困残疾学生从小学到大学乃至研究生阶段教育救助全程覆盖。其中高一贫困残疾学生和双残家庭学生22名共补助2.2万元。残疾人节日丰富多彩。在第三十次“全国助残日”期间，县残联紧紧围绕“助残脱贫，决胜小康”这个主题，在全县开展了形式多样的扶残助残活动。全县悬挂横幅60幅、标语300余条，组织各项扶残助残爱心活动。助残日活动为残疾人提供了各种具体的服务与帮助，活动的规模和声势逐渐扩大，影响日益深入人心。2020年5月联合赣抚建材有限公司开展了“共渡疫情难关，温暖贫困残疾人”专项慰问活动，共为26名贫困残疾人发放了人均400元的疫情慰问物资；6月5日县残联和县人民医院在县残疾人协会联合开展以“视觉2020，关注普遍的眼健康”为主题的第25个全国“爱眼日”；2020年8月25日围绕2020年的活动主题“残疾预防，从儿童早期干预做起”开展了全国第四个“残疾预防日”活动；另外，10月15日是第36

个国际盲人节，南城县残联在县残联党支部会议室开展了盲人座谈会，倾听盲人的呼声，了解他们的需求，县残联理事长及办公室主任吕永忠参加了座谈，赖理事长明确表示2020年疫情暴发，盲人按摩店生意不景气，县残联理事会一定会从资金政策、走访慰问等方面帮助盲人解决实际困难，座谈会后又邀请盲人共进工作餐。残疾人证换发规范有序。南城县启动了第二代残疾人证换发以来，年底全县已免费办理残疾人证8843本，按照“放、管、服”要求，为方便残疾人证办理，按相关要求，2020年增加了3个评残机构（县中医院、南城县精神病院、县第二医院）和县人民医院、抚州市第三医院共5家办证机构，大大方便了残疾人办证。全体办证人员严把办证关口，维护残疾人证的严肃性，坚决杜绝假证、人情证的受理，同时，县残联及时建立了残疾人证纸质和电子档案，对办证表格资料登记造册，分类建档，便于科学管理。动态更新工作圆满完成。2020年南城县残疾人数据动态更新工作，在省、市残联的统一部署和指导下，经过县动态更新工作领导小组的精心谋划和全体调查员的艰苦努力，较好地完成了全县残疾人动态更新工作。加强领导做到“四到位”：组织领导到位、技术支持到位、经费保障到位和督促检查到位；强化指导培训，举办好县乡两级培训班；严格控制质量，把好“三关”：“上户关”“调查关”和“录入关”。全县完成数据动态更新各项工作数据如下：分配残疾人8479人，未分配0人，实际填表残疾人8162人（入户调查和信息采集残疾人8161人，电话调查1人），未填表残疾人317人（查无此人30人，已搬迁27人，空挂户13人，外出7人，注销240人）。在调查过程中，做到实名制登记采集残疾人个体信息，信息采集达到了精准，达到了上级的要求，总误差率没有超过0.3%，入户率达到了99.99%，超过了上级要求的入户率达到95%的标准，县残联就录入的各项数据进行细致分析，确保数据准确性、有效性，发现有偏差的问题及时纠正。

【疫情防控期间履职情况】 自2020年年初开展新冠疫情防控工作以来，县残联认真履行主体责任，深入贯彻落实中央、省委、市委和县委防疫工作要求，以最严措施、最严纪律、最严作风，坚决打赢疫情防控阻击战。凝聚了党员干部的精气神，提高党员干部的战斗力。领导干部冲在一线。疫情防控期间副理事长江敏龙、孙国强组织干部职工在分包里塔镇新街村以及残联理事长赖红炜、办公室主任吕永忠在分包的沙洲镇沙洲社区昼夜值守，多方深入了解实际情况，走访多户剖析疫情根源，对所包村（社区）做到能够了解第一手资料，第一时间了解村（社区）信息，做到底数清，情况明，切实保障了所包村（社区）在住人员和外来人员信息的有效监督。

形象树立在一线。县残联全体党员干部自觉加强党性锤炼，带头遵守政治纪律、组织纪律和工作纪律，注重实效，持续开展“四风”问题专项整治，严肃查处党员干部“请吃”“吃请”问题，狠抓一批违背中央八项规定的反面典型，加强警示教育，形成震慑效应，树立好党员干部为民务实，清廉的良好形象。责任担当在一线。按照县民心工程残疾人服务工作进度安排，利用精准服务系统逐步筛查，摸排服务对象，建立台账，各股室（中心）能够直面困难和问题，不回避、不推诿。围绕工作一线遇到的难题、党员领导干部亲上“火线”、带头“冲锋”，真正成为一线的“主心骨”和“领跑者”。思想统一在一线。坚持把群众是否满意作为检验各项工作成效的第一标准，以先进为镜子，经常对照，净化灵魂，提升思想境界。针对当前党的建设、人居环境改善、信访维稳、脱贫攻坚等工作，不断提升残疾人的满足感和幸福感。

【中心工作及部门工作】 2020年以来，南城县残联圆满完成了县委县政府交办的中心工作，主要开展了精准扶贫攻坚年、城镇贫困群众脱贫解困工作、全县行政执法检查、考试、换证、城市管理年、南城县维护社会稳定工作专项活动、继续巩固了“六车”整治联合执法专项行动等活动。配合县机关事务局开展了节约能源青山绿水行动，倡导“光盘行动我参与”，开展了“勤俭节约，从我做起”活动及“节约粮食光荣，浪费粮食可耻”活动，配合县纪委开展了“读书思廉”

征文活动，纠风工作、落实八项规定、作风效能预警工作、全县党风廉政建设社会评价工作、加强公务用车使用管理和全县科级领导干部工作调动公务用车使用管理的规定工作；配合县委宣传部开展了“十九大”五中全会精神宣讲活动、文明单位、“学雷锋志愿服务队”组建工作、“志愿者助残”、“文明城市测评”、“文明餐桌”行动、“道德讲堂”评选活动；配合审计部门开展了年度和项目专项项目审计工作；配合县综治委开展了平安南城建设活动；配合县环保局开展了南城县整治违法排污企业保障群众健康环保专项行动；配合卫生部门开展了无偿献血活动，县残联机关江敏龙、孙国强等干部职工参与了无偿献血活动；配合民政部门开展了“慈善一日捐”活动；配合机关事务所开展了“节能减排”专项活动并获优秀单位，通过开展以上各项主题教育活动，单位干部作风明显好转，干部职工的工作热情明显增强，全县残联系统形成了“振奋精神干事、埋头苦干创业”的良好工作氛围。

【县残联主要领导名单】

理事长：

赖红炜（2013.12 至今）

红十字会

【概况】 2020 年，南城县红十字会在县委、县政府的坚强领导下，在省、市红十字会的精心指导下，始终坚持以习近平新时代中国特色社会主义思想为指导，认真履行《中华人民共和国红十字会法》赋予的各项职责，围绕中心，服务大局，改革创新，担当实干，团结拼搏，攻坚克难，工作取得显著成效。抚州市南城县建昌镇城东路社区红十字会获全国红十字模范单位称号。2020 年度，南城县红十字会获江西省先进县级红十字会、“9·9 公益日”县（市区）红十字会网络众筹先进单位一等奖；抚州市基层基础建设工作先进单位、三救工作先进单位、心理援助工作先进单位、人道救助优秀组织奖等称号。南城县红十字会常务副会长余琳娜荣获全省先进县级红十字工作者、抚州市先进工作者称号。

【主要工作】 坚定信念，坚决做到“两个维护”。南城县红十字会始终坚持以习近平新时代中国特色社会主义思想与指导，深入学习贯彻中共十九届五中全会精神，增强“四个意识”，坚定“四个自信”，坚决做到“两个维护”，不折不扣完成上级红会和县委、县政府下达的目标任务，各项工作取得新突破。奋战一线，疫情防控成效显著。自 2020 年新冠肺炎疫情发生以来，南城县红十字会高度重视，迅速响应，成立了疫情防控工作领导小组，研究制定募捐方案，累计接收捐赠款物 532.6 万元，依法依规向社会发布捐赠公示 31 次，主动接受纪检、审计等部门和社会公众监督；积极开展疫情防控志愿服务，组织志愿者到高速值守、搭建帐篷、开展防疫消杀、两名红十字志愿者主动请缨驰援武汉，在疫情防控一线整整服务了 21 天；开通专业心理救援热线，全天 24 小时为广大干部群众开展心理疏导服务。累计动员志愿者 740 人次，志愿服务时长达 9248 小时。深化改革，组织建设稳步发展。在全市率先出台《南城县红十字会改革实施方案》，胜利召开第一次会员代表大会，成立了党组。全年新增实现“六有”红十字会基层组织 12 个，制定《南城县乡镇、学校、医院红十字会工作实施方案和绩效管理考评工作方案》进一步夯实了基层基础，健全工作机制，新增个人会员 274 人。组建了南丁格尔志愿服务队、红十字蓝天救援队和红十字阳光心理救援队三支专业志愿服务队伍，新增注册志愿者 43 名，开展了志愿服务活动 292 次，志愿服务时长达20543小时。聚焦主业，“三救三献”成绩斐然。救灾备灾有成效。根据全县受灾情况向上级红十字会争取价值 5.1 万元救灾物资；争取到“一家一个救生圈”项目，为滨水居住群众发放价值 3 万元救生设备；第一时间组织救援队赶赴灾区，协助鄱阳抗洪抢险，搜救被困群众 50 多人；2020 年完成 176 起水上、山地救援等任务，成功找回 30 名患阿尔茨海默病的走失老人和 22 名离家出走的孩子；救护培训提高。积极作为将应急救护培训工作纳入县级文明单位及综治考评体系。全县完成培训救护员 678 名、普及培训 11120 人次；开办养老介护培训 2 期，心理健康公益讲座 4 期；选送 5 人参加国家、省、市红十字救护员师资培训；启动“心灵阳光工程”，为在校师生开展心理疏导，受益超5000人，联合县教体局制定实施《生命健康安全教育活动试点方案》，推动青少年生命健康安全教育和心理健康教育。人道救助有作为。积极拓宽人道资源动员渠道，开展“博爱送万家”活动，募集款物85.46万元，走访慰问贫困户和困难群众3000余人；发放助学金和助学物资76.69万元；2020年“9·9公益日”期间发起“疫情无情人有情”“梦想陪你一起成长”两个公益项目，发动35721人次参与爱心捐赠，共募集资金143.7万元，募捐额全市排名第2位，全省县区排名第8位。“三献”工作有突破。开展“三献”宣传动员活动3场，发放资料5000余份；15名志愿者主动参与造血干细胞采集，加入中华骨髓库；成功实现遗体器官捐献1例，发展遗体器官捐献志愿者98人。狠抓项目，建好阵地服务民生。在上级红十字会和县委、县政府的关心支持下，采取“三个一点”的筹资模式“社会捐一点、上级给一点、政府帮一点”，积极筹集资金整合项目，将红十字应急救护培训基地、生命健康安全体验教室、社区红十字博爱家园整合建设，打造红十字文化综合体。总投入136万元，面积约1200平方米。11月23日，南城县红十字生命健康安全体验馆正式启动运营。为保证项目基地规范化运营，在管理运行上做到“三个到位”完善制度确保规范运行到位。制定系统的运营管理方案，设立基地管理办公室，明确责任人；设置岗位及工作职责，明确分工；制定财务管理、物资管理、师资管理、体验管理等管理办法。建立工作团队确保服务到位。在基地建立常态化值班值守制度，建立负责基地运行管理的工作团队，年底有专兼职注册师资4名，讲解员3名和3支专业的志愿服务队伍，保障基地运营人员需求。争取多方支持确保运行经费到位。争取县财政及镇政府每年安排专项经费；争取爱心人士、爱心企业等社会捐赠支持场馆运营。打造特色，品牌服务亮点纷呈。打造了“泳”安计划、跟我回家、老有所依、“救”在身边、心灵氧吧五个志愿服务品牌项目，以特色志愿服务助力县委、县政府工作。特别是“泳”安计划启动以来，全县未发生一起青少年溺水事故，“泳”安计划百日巡河期间累计劝阻野泳、野钓群众500余人，其中劝离青少年野泳108人次。注重宣传，红十字精神广泛传播。紧密结合各大纪念日，开展红十字主题宣传活动，传播红十字文化，弘扬红十字精神；充分发挥微信公众号、抖音等新媒体作用，大力普及红十字运动知识，广泛传播红十字人道理念。一年来，各级主流媒体和网站宣传报道县红十字会工作279篇次。强化制度，依法治会取得新成效。建立信息公开制度，做到资金募集、财务管理、招标采购、分配使用等捐赠信息公开透明，切实保障捐赠人和社会公众的知情权、监督权。坚持依法治会兴会，依法履职尽责，制定了《南城县红十字会接收捐赠款物管理办法》，成立监事会，探索完善综合监督体系。新冠肺炎疫情防控期间，依法依规向社会发布捐赠公示31篇次，主动接受纪检、审计等部门和社会公众监督，打造公开、透明的红十字会。认真履职，正风肃纪效果明显。认真履行全面从严治党的主体责任。牢固树立“不抓党风廉政建设就是失职”的理念，切实履行第一责任人责任，严格落实“一岗双责”。全面落实领导干部个人收入申报和重大事项报告制度，规范领导干部的从政行为，时刻教育干部在工作中正确用权，廉洁从政。加强作风建设。积极开展“好人主义之害”解放思想大讨论活动，通过学习不断提高干部能力，增强干部依法履职能力、学习研究能力、狠抓落实能力、群众工作能力、风险处置能力，勇于担当作为，增强责任意识，弘扬奉献精神，形成开拓创新、争创一流的浓厚氛围。保持清正廉洁，持之以恒正风肃纪，加强纪律教育，强化纪律执行。加强廉政风险防控工作。围绕中央八项规定及坚决纠正“四风”要求，结合社会募捐工作、加强内部建设，对重点岗位，如救灾物资管理、捐赠款物管理、项目工作管理等的内控制度和监督机制，完善了备灾救灾物资及募捐款项的管理办法，建立健全监督约束机制，做到募捐款物管理的公开、透明，积极接受社会的监督，不断提高风险防范和廉洁自律意识，努力筑牢思想道德防线，切实增强拒腐防变能力。

加强项目建设监督管理。建立健全各项制度，通过制度管理规范化、细节精细化、工作阳光化、决策集体化，防微杜渐，有效杜绝腐败。南城县红十字生命健康安全体验馆项目建设过程中，严格按照规定办理立项及各项建设许可，执行招标、监理程序；“三重一大”事项均通过班子会、执委会研究决定，款物使用科学合理、公开透明，该项目高标准通过中国红十字总会验收。认真落实意识形态责任制，扎实履行好“一岗双责”。立足人道工作职责，注重挖掘、培育、宣传人道博爱典型，充分发挥典型在倡导人道理念、引领城市文明、激发社会爱心方面的积极作用，在全社会营造向善向上的浓厚氛围。扎实开展宣传日活动。利用5·8世界红十字会日、6·14世界献血日等重要日子开展集中宣传活动，围绕红十字会的宗旨和义务，制作宣传展板，向广大群众发放宣传折页、宣传单10000余份，传播国际人道主义，宣讲人道救助精神。发挥新媒体的宣传作用。利用微信公众号发布工作动态，传播红十字文化，让更多的公众及时了解到红十字的工作，取得了良好的社会效果。狠抓发稿工作。积极与县融媒体中心、文明办、中国红十字网和上级宣传平台进行交流沟通，及时将志愿者捐献者的感人事迹和工作动态上报各类宣传载体。

【南城县红十字会第一届领导名单】

专职副会长：

余琳娜（女）

（2019.3—2020.10）

汤　晨（2020.11至今）

常务副会长：

余琳娜（女）

（2020.10至今）

工业和信息产业

工业信息

【概况】 南城县工业和信息化局（以下简称县工信局）前身是南城县工业和信息化委员会，经2019年3月机构改革，2021年事业单位改革，划入原南城县工业和信息化委员会的全部职责、南城县中小企业局行政职责，大数据中心职责，重新组建而成，为县人民政府工作部门，正科级。县工信局主要职责有：拟订并组织实施全县工业和信息化发展战略和政策，推进工业化和信息化融合；组织实施工业行业技术规范、标准、行业准入和产业政策；负责全县工业经济运行监测分析；按规定权限，审批、核准、备案工业固定投资技术改造项目；负责工业节能和执法监督工作；负责新型墙材、散装水泥和预拌混凝土、干粉砂浆管理工作；负责企业管理创新工作；拟订促进中小企业和非公有制经济发展的政策措施，组织实施中小企业成长工程；负责减轻企业负担工作；统筹推进工业信息化工作；承担相关信息安全管理责任；负责军民融合工作；承担工业创新发展三年倍增领导小组办公室的日常工作；负责盐业的行政管理工作。负责校具产业园建设日常工作；负责创新融资担保公司工作；承担未剥离至社区管理的原预算内国有企业和二轻、中小系统国有集体企业职工社会管理职责；承办县委、县政府交办的其他事项。

局机关现有干部职工76人，其中在职24人，离退休52人，有党组书记、局长1人，党组成员、副局长4人，党组成员1人。内设6个职能股室，即办公室（党委办公室与之合署办公）、工业经济运行股、资源综合利用股、企业管理股、技术投资股、信息化推进股，下设2个事业单位，即大数据中心（副科级）、教育装备产业发展中心（股级）。

【工业发展】“十三五”期间，南城县立足“一核中心区”定位，以工业园区为主阵地，围绕机械电子、中医药、教育装备三大产业定向发力，确定机械电子为首位产业，中医药和教育装备为主导产业。大力发展农副食品加工、高档轻纺、五金建材传统优势产业，构筑起多点支撑工业发展新格局。全县共有692家工业企业，其中规模以上企业117家，2020年，全县工业实现营业收入301.18亿元，同比增长6.4%；上缴税金6.9亿元，同比下降3.7%；工业用电量4.2亿千瓦时，同比增长3.9%。工业总量上了新台阶。规模以上工业企业总数达117家，主要指标保持了高位增长，“十三五”期间年均增长8.9%以上，营业收入过亿元的有26家，实现了50亿元零的突破。工业发展质量逐步提高，高新技术产业增加值8.9亿元，占规上工业比例23.5%。优势产业规模加速突破。大力实施“3+X”产业高质量跨越式发展行动计划，教育装备产业、农副食品加工产业被省工信厅授予省级新型工业化产业基地，机械电子产业被省发改委授予省级特色产业基地，江西南城“建昌帮”中医药振兴发展实施方案已经省政府批复下发，机械电子、中医药和教育装备三大产业发展迅速，集聚步伐加快，机械电子产业有企业50户，规模以上企业14户，实现营业收入68.5亿元；教育装备产业有企业350户，规上企业48户，实现营业收入127.6

亿元；中医药产业有企业111户，规模以上企业7户，实现营业收入13.37亿元。2020年三大主导产业完成营业收入209.47亿元，占全县工业企业总量的69.55%。工业创新能力稳步提升。《关于推进科技强县的实施意见》《2019年南城县工业企业高质量发展奖励办法》为企业科技创新提供各方面支持。2020年，规上工业企业研发机构有36个，省级企业技术中心3家，研发投入1.3972亿元，所有规模以上工业企业均签订了校企、院企科技合作协议，百神昌诺制药与中国工程院院士、天津药物研究学术研究会主任和名誉院长刘昌寿院士的中药大品种活血止痛胶囊二次开发及院士工作站，豪普高科与清华大学长三角研究院合作的实验室落地南城。赣亮医药省级企业技术中心通过复评，南城校具商会主导制订了课桌产品行业标准，博君生态农业与江西农业大学合作，主导制订了《麻姑鲜枣栽培技术规程》省地方标准。现有国家高新技术企业51家，国家科技型中小企业54家，“专精特新”企业13家，“小巨人”企业3家，军民融合企业5家，国家知识产权优势企业2家，博君生态农业实施的“猕猴桃种质创新及特色新品种选育与应用”被评为省政府科技进步二等奖。大力实施增品种、提品质、创品牌的“三品”战略，围绕食品、中医药、消费类电子、高档轻纺、校具等南城县特色消费品工业，进行了新产品开发设计，同时引进布局一批品种，“十三五”期间，新增25个省级新产品，新森岱塑木科技的第二代木塑地板获省优秀新产品二等奖，阿颖金山药食品的阿颖山药五果米粉、赣亮医药原料的地塞米松等产品获省优秀新产品奖。落实国家《制造业质量品牌提升三年行动计划》，加大对名牌产品的扶持奖励力度，“十三五”期间，新增15个江西名牌产品。产业园配套承载能力增强。按照“众创业、个升企、企入规、规转股、扶上市、育龙头、聚集群”的发展理念，南城县充分发挥政府“有形之手”和市场“无形之手”的作用，推动企业入规、入园、入标准厂房，产业由“散”到“聚”，逐步实现转型升级发展。小微企业创业园不断完善。在不断完善黄家山300亩小微企业创业园的同时，在周边村合理规划用地，新增校具及相关配套企业20多家，有力促推了南城校具快速发展。同时为了快速做大产业总量，有着传统的新丰街镇、里塔镇、天井源乡和万坊镇等纷纷规划筹建校具小微企业创业园，使更多的校具企业能落户生产。县校具产业园建设加快。为加快校具产业园建设，用足用活返乡创业金融扶持政策，一、二、三期向国开行融资4.9亿元用于标准厂房建设，305亩教育装备产业园向工行融资7.8亿元用于标准厂房建设，有效地解决了平台建设资金投入问题。2018年7月开工建设以来，产业园一、二期20栋标准厂房全部竣工交付使用；一期内配套设施得到了不断完善，并实行了工业物业管理；二期区间路及配套设施已开工建设，12月底可竣工；三期6栋标准厂房已完成了招投标，9月底开工建设，预计明年6月可竣工交付使用；305亩教育装备产业园正在进行土地平整，预计明年初开工建设。电子信息产业园初具规模。电子信息产业园一期15万平方米标准厂房已建成交付使用，二期25万平方米标准厂房已全面开工建设。深圳恒必达科技有限公司年产100万件VR/AR智能终端及电子消费类产品的AR/VR园8月底已开工建设，5G通信产业园正在积极对接洽谈，5G网络、工业互联网等新型基础设施正在全面推进。公共服务平台逐步配套。180亩科创园完成了综合办公大楼、商务大楼的基建工程，已进入全面装修阶段，年底可交付使用；物流中心两栋物流仓库已完成主体工程，年底可交付使用，将为校具生产企业提供全方位的服务。

【主要工作】 面对汹涌的新冠疫情，工信局一手抓好工业企业疫情防控，一手组织和推动企业复工复产，大力推进工业稳增长各项工作，成效显著。“两宣一帮”。针对新冠疫情，下发了《关于疫情防控期间实行企业特派员制度的通知》《关于开展惠企政策专题宣讲活动的通知》等一系列帮助企业恢复生产的政策，编印了《南城县“两宣一帮”资料汇编》《中小企业政策摘编》《中小企业政策指引》1500份，召开了南城县工业企业“两宣一帮”座谈会，抽调117名干部担任企业特派员，从“控疫情、促复产、提产能、送政策、促运行、抓协调、报信息”方面做好企业帮扶工作。为进一步推动各项惠企政策宣传贯彻落地，由14个单位主要负责人组成7个惠企政策宣讲组，开展政策解读和送政策上门等宣传活动，帮助企业解决各类问题200多条。精准帮扶。成立了复工复产保障工作专班，下设金融保障、生产保障、复工复产保障、宣传报道四个工作组，每个工作组由一名班子成员带队，抽调相关股室人员组成，服务和指导企业复工复产和疫情防控工作。按疫情防控工作要求，为园区外209户企业进行了复工复产备案，到3月20日，园区外工业企业全部实现复工复产。积极扩大疫情防控物生产产能，对大米、食用油、消杀用品、口罩等生产企业，派人进行全过程指导帮扶，帮助解决生产过程中实际困难，推动企业转型转产、扩大，消杀用品、口罩从无到基本能满足南城县疫情防控需求。为推动产业招商和完善供应链、提供企业产品配套率，组织电子信息、中医药、教育装备、农副食品等产业、重点企业参加全市工业产业链发展推进会和2020（第六届）江西省互联网大会，编印了宣传画册和产品供需对接手册，设计制作了PPT、LED宣传片，组织企业进行产销对接，达成产销对接合作成果22项，意向金额6620.8万元。落实优惠政策。为77户企业落实复工复产奖励100.2万元，为80余户工业企业落实工业税收奖励及高质量发展奖励共计872.48万元。落实省“二十条”、市“十七条”、县“十九条”优惠政策，减免校具产业园厂房租金207万元，减免26户企业担保费30.45万元，工业企业用水、用电价格在原有基础上分别少收10%、5%。优化营商环境。当好经济发展的“主力军”、企业发展的“娘家人”、打造“五型”政府机关、“四最”营商环境。牵头出台了《南城县工业企业高质量发展奖励办法》《工业企业纳税上台阶奖励办法》《关于有效应对疫情稳定经济增长实施意见的通知》等政策，持续深入推进“降成本优环境”专项行动，推动政策落地见效，企业税费负担进一步降低，累计为企业减负超7亿元。实行领导部门挂点重点工业企业制度，为企业解决生产经营中的困难和问题，深化“放管服”改革，该局“最多跑一次”事项占比超过90%。“一次不跑”预约服务、延时服务全面实行，为企业减少了办事成本。校具产业转型升级。与洛客公司合作，设立“南城洛客设计服务中心”，打造好南城校具产业的标杆品牌、标杆企业、标杆产品，提高当地企业专利、知识产权所有数量。成立“三个中心”：产业研究中心、产业设计中心、产业数据中心。洛客公司与南城县5户标杆教育装备（校具）企业签订协议，研发设计十款教育装备标杆产品，通过产品的研发使传统的校具品向个性化、智能化上进行品质提升，为校具产品走出校门、进家门、走向世界打下基础。与江西省产品质量监督检测院合作，筹建南城校具产品质量检测中心，改变校具样品送往南康国检，甚至送成都国检检测的现状，降低企业的生产成本。与江西第一枪合作，在做大做强“校具帮”线上平台的同时，编撰好《中国校具产业年刊》，使其成为南城校具产业对接政府、行业协会、贸易商及终端客户的宣传载体，并将“校具邦”线上交易平台有效地覆盖所有的校具企业。与深圳华富展览服务有限公司的合作，做好首届江西省教育装备（抚州）博览会承办单位的系列工作，使博览会成功举办，为今后举办展会打下基础。通过引导，60多家企业抱团发展，组建了12个集团公司，其中7家集团20多家子公司已入驻产业园，园区外围已有42家教育装备（校具）企业通过改扩建，从简单手工加工校具企业向绿色化、智能化、品牌化、高端化发展，成为教育装备智造企业。经济运行调度分析。不定期召开运行调度会，对重点工业企业运行进行分析，加强企业入规辅导，支持小微企业入规入统，2020年新增规上企业15户，每月编印工业经济指标月报表，分送县领导和有关部门，为领导决策提供参考。2020年，规模以上工业企业实现主营业务收入182.1亿元，同比增长3.5%，实现利润10.2亿元，增长1.9%，实现税金6.7亿元，同比下降3.2%，工业增加值增长5.1%。技术改造。以创新驱动为指引，主动上门对企业技术改造进行现场指导，使企业办事“一次不跑”或“最多跑一次”，积极推进重大技改

“三百计划”，企业技改投资意愿不断增强，效果明显，南城拓玛仕机电科技年产200万台空压机系列产品技改项目等17个技术改造项目顺利实施。及时将5000万元以上技改项目纳入省工信厅重大项目调度平台项目库，校具产业园、电子产业园、联益电子、爱科道等12个技改项目被列为省级调度重点项目，旭日鸿宇技改项目纳入2020年国家重点技术改造项目。2020年，全县完成工业技改投资26.5亿元。跑项争资。深入实施中国制造2025，围绕智能化改造、绿色循环发展、传统产业改造、提升技术支撑能力等建立项目库，组织企业申报上级专项，共为企业申报项目40余个，校具产业园一期标准厂房补助，益康科技、建昌帮药业、应急物资保障、校具区域品牌建设、联益电子技术改造、百神昌诺药业管理创新示范企业，博君生态农业、百神昌诺药业的“小巨人”企业等项目已申报成功，省级工业设计中心、国家级绿色工厂、区域品牌创建等实现了突破，争取上级资金1780.2万元，位列全市前茅。企业梯次培育。修改完善了《工业企业纳税上台阶奖励暂行办法》等文件，2020年筛选了33户发展潜力大、成长性好的企业确定为5亿元、10亿元、50亿元级进行梯次培育，落实县领导和部门挂点帮扶，将9户企业重点工业企业纳入全市重点工业企业进行调度扶持，14户企业被纳入2020年江西产融合作主导产业重点企业。组织麻姑集团、博君生态农业申报国家级“小巨人”，省专精特新“小巨人”企业昌诺制药、博君生态农业获省级专项扶持资金100万元，组织联益电子、润华校具等4户企业申报省级“专精特新”企业，昌诺药业、博群生态农业、麻姑实业申报制造业单项冠军。数字经济。南城县被确定为抚州市首批上云试点县，已经完成了91户企业上云。深入实施全市数字经济发展三年行动计划，强化数字经济与产业链深度融合，加快推进5G网络、工业互联网等新型基础设施建设，33个5G基站建设，已完成配套改造交付22个，开通2个。两化融合成果丰硕：联益电子被认定为江西省省级两化深度融合示范企业；和深圳恒必达电子科技有限公司签约，在河东工业园区规划100亩用地，打造AR/VR产业园，8月底已开工建设；清洁生产审核、绿色制造体系创建加快，先后有10余家企业开展清洁生产审核工作，4家企业开展绿色工厂创建，其中有2家企业被评为省级绿色工厂，1家为国家级绿色工厂。军民融合。积极推进民营企业参与国防军工建设，军民融合深度发展取得新进展，省军民融合创新示范区已通过专家评审，首批省级国民经济动员中心——江西麻姑集团有限公司动员能力进一步增强，南城冠海物流公司又获批省级危化品运输动员中心。推荐申报了福纯公司的高纯石英砂、格雷特空压机的BT-100L螺杆式空气压缩机、联益电子的汽车连接器电子线路板、旭日鸿宇的矿纤增强阻燃合金材料为民参军引导篇技术产品项目。新森岱塑木科技成功申报为军民融合企业，南城县共有5户军民融合企业。融资服务。重新组建成立的南城县创新融资担保有限公司，注册资本金增加到5000万元，担保总额扩大到5亿元，2020年共为26户中小企业提供担保贷款3660万元，担保费率从1.5%降为0.75%，会同金融机构对工业企业资金需求情况进行调查摸底，先后推荐恒时生物科技等12户企业申报江西省重点生产和受疫情影响企业融资需求，获1600万元贷款支持，推荐海龙校具等31户企业申报国家加大对小微企业融资支持专项贷款，12户重点企业获专项贷款4960万元，减缓了企业资金压力。清理和防止拖欠账款。严格落实《政府投资条例》《保障中小企业款项支持条例》，加大清理拖欠民营企业中小企业账款政策措施落实情况审计查处，问责力度，对本县政府部门拖欠账款进行自查，积极走访民营企业，引导企业通过法律程序进行追讨，依法依规进行处理。2020年全县无新增账款问题。节能监察。贯彻落实《中华人民共和国节约能源法》，开展工业节能环保产业摸底调查，组织亿万城科技、敏华砖厂开展2020年国家节能诊断服务，配合省、市节能部门对省重点用能单位南方水泥、鑫福源纸业进行节能监察，推荐联益电子申报国家绿色工厂，对技术改造项目备案同步开展节能评估和审查。开展打击非法制售“地条钢”，每月对全县使用中频炉（高频炉、射频炉）企业和用电前10名企业进行检查，对各乡镇中小企业、钢材经营店进行常规巡查，按时上报专项整治月报表。国企改制。工信系统共有国有企业16家，其中14家已改制，2家尚未改制。国有企业改制后，虽职工与原企业解除了劳动关系，但管理隶属关系仍未改变。为了维护企业和社会稳定，确定了一定数量的留守人员，负责改制后职工管理、服务及未处置资产的看护，协助做好综合维稳及上级交办的其他工作。2020年，工信局积极做好改制企业管理服务工作，为系统内103名退役军人做好社会保险接续工作，为86名困难职工建档立卡，处理了大量职工来信来访，化解了大量矛盾，保持了社会稳定。已改制企业14家。分别是：华昌公司、汽配公司、石英晶体厂、水泥厂、二压厂、染织厂、华赣公司、化工厂、彩印厂、利达厂、硫铁矿、江西酒厂、汽运公司、医药公司，部分改制企业资产由政府收储。2001年、2002年改制的水泥厂、二压厂、染织厂、化工厂、彩印厂、利达厂、硫铁矿、华赣服装公司，2009年改制的江西酒厂，2013年改制的汽运公司，2019年改制的医药公司，由于是欠费改制，存在拖欠职工养老保险费问题。南城县对改制企业职工养老保险费是采取退休一个缴交一个的办法，由财政分年度安排资金进行解决，上述11户改制企业职工3724人中，已按安置方案规定缴交了2230人养老保险费，尚有1494人养老保险费未缴交。未改制企业共4户。分别是国有企业绣品集团公司、乡镇企业供销公司。集体企业矿山机械厂、生物化工食品厂。4户企业自2000年起处于关停状态，随着时间的推移，职工临近退休，面对巨额的养老、医疗保险费用，因无力缴纳而对晚年生活忧心忡忡，时常赴省、市、县上访，对改制的意愿较为强烈，成为当前的一个不稳定因素。中心工作。除了依法履职外，还承担了大量的县委、县政府交办的中心工作。主要有新冠疫情防控工作；里塔镇后源村、株良镇古竹村的乡村振兴工作；26户交通路居民城镇脱贫解困工作；棚户区改造征收工作；国有集体企业综治维稳工作。在国有集体企业综治维稳工作中，工信局负责管理的原国有企业、二轻系统集体企业、中小企业系统的国有集体企业共有职工7000余人，由于新旧矛盾交集，原企业遗留问题与新的惠民政策叠加，矛盾问题多，存在大量不稳定因素，工信局主动作为，进行政策解释、矛盾稳控，在政策范围为民办实事，将矛盾化解在一线，未出现进京赴省等越级上访事件，未出现群体性事件，保持了社会稳定。

【县工信局主要领导名单】

局长：

周伟民（2020.2 至今）

表 12　　2020 年 12 月南城县规模以上企业经济指标完成表

单位：万元

企业名称	工业总产值（当年）				工业增加值				上缴税金			
	当月	累计	同期	同比增长(%)	当月	累计	同期	同比增长(%)	当月	累计	同期	同比增长(%)
一、全县合计	292042.8	1789084.3	1755802.7	1.9	—	—	—	4.8	2585.74	58063.2	55279.84	5.0
1. 乡镇企业	13758.4	204155	194858.1	4.8	—	—	—	—	621.87	8006.24	9707	-17.5
2. 园区企业	278284.4	1584929.3	1560944.6	1.5	—	—	—	—	1963.87	50056.96	45572.84	9.8
二、分行业合计	292042.8	1789084.3	1755802.7	1.9	—	—	—	4.8	2585.74	58063.2	55279.84	5.0
1. 高档轻纺产业	50036.8	222581.1	291127	-23.5	—	—	—	—	93.09	2610.01	4492.22	-41.9
2. 五金建材产业	10888.6	172335.1	132596.7	30.0	—	—	—	—	389.23	9232.91	11308.86	-18.4
3. 食品加工产业	33851.3	142154.9	238169.1	-40.3	—	—	—	—	17.48	271.32	315.52	-14.0

续表 12

企业名称	工业总产值（当年）				工业增加值				上缴税金			
	当月	累计	同期	同比增长(%)	当月	累计	同期	同比增长(%)	当月	累计	同期	同比增长(%)
4. 机械电子产业	128022.8	806039.1	567428.9	42.1	—	—	—	—	848.73	36247.83	28624.69	26.6
5. 生物医药产业	5593.4	67933.9	88328.1	-23.1	—	—	—	—	108.95	1538.88	1799.72	-14.5
6. 其他产业	63649.9	378040.2	438152.9	-13.7	—	—	—	—	1128.26	8162.25	8738.83	-6.6

电　力

【概况】 国家电网南城县供电公司前身为南城县电力公司，成立于1988年10月，1992年2月改为南城县供电局（二级局），1999年6月改制为南城县供电有限责任公司。2014年3月股权上划成为国网江西省电力公司全资子公司（国网江西南城县供电有限责任公司），2016年7月改制为分公司（国网江西省电力公司南城县供电分公司）。公司系统全口径用工总量333人，其中：全民职工237人，农电用工85人，劳务派遣用工11人。公司设有6个职能部门，3个业务实施机构，8个供电所，1个省管产业单位。

截止到2020年年底，南城县境内共有220千伏变电站1座，主变2台，容量240兆伏安，220千伏线路2条，总长84.6千米；110千伏公用变电站3座，主变5台，变电容量为220兆伏安，110千伏公用线路5条，线路总长度为84千米；35千伏电网变电站6座、10千伏电网开关站3座、35千伏简易变电站2座，主变15台、变电容量为91.55兆伏安，35千伏线路11条，线路总长度为165.171千米；10千伏公用配变1570台，总容量418兆伏安，专用配变932台、总容量332兆伏安，10千伏线路78条，其中公用线路69条、专线9条，总长度为2006千米。

【大力推进经营管理】 2020年，面对疫情冲击、社会宏观经济下行、经营管理压力增大等严峻考验，公司坚持以习近平新时代中国特色社会主义思想为指导，全面贯彻省市公司和县委县政府的各项决策部署，深刻把握电网企业“两个属性”、坚守“三个责任”、做强“两个依靠”、持久抓牢抓实“四个综合着力”，围绕“安全生产、优质服务、电网建设、营销关键业务治理、做大做强集体企业”五大中心工作持续发力，推动公司高质高效发展。

全年完成供电量7.25亿千瓦，同比增长7.09%；完成售电量6.98亿千瓦，同比增长5.36%，其中完成大工业售电量2.98亿千瓦时，同比增长3.47%，完成一般工商业售电量1.81亿千瓦时，同比增长4.02%，完成居民用电售电量2.03亿千瓦时，同比增长7.41%，完成农业用电0.16亿千瓦时，同比增长45.45%。2020年河东工业园企业售电量合计1.17亿千瓦时，金山口工业园电量合计0.59亿千瓦时，一、二期工业园及创业园电量合计0.135亿千瓦时，城南工业带电量合计0.017亿千瓦时。全年完成综合线损率3.64%，电费回收率100%。全年完成固定资产投资7507万元，同比增长2.28倍。

全力服务疫情防控保供电和复工复产，对全县疫情防治重点区域进行不间断专项保电巡查；与政府建立防疫信息联动机制，以最快速度为政府防疫检测点建设配套供电设施；严格落实24小时应急值班制度，保障重要用户和全县群众安全可靠用电。主动对接县工信委和工业园区管委会，按照“一企业一经理”的原则，指派专人跟进企业复产用电服务，落实最简流程、最优方案、最快速度措施，确保紧急用电需求项目特事特办。坚决执行国家阶段性降电价政策，全年合计降低社会用电成本1252.53万元，圆满完成了迎峰度夏、度冬及高考、中考及小升初等各项重要活动及重大庆典期间保供电任务。截至2020年12月31日，南城电网安全运行8168天。

【积极拓展营销服务】 2020

年，南城供电公司主动作为，落实举措优化营商环境。响应政府便民服务号召，在政府服务中心设立服务窗口。推广“三省”“三零”服务，畅通重点项目及民生工程“绿色通道”，完善重点项目对接机制，提前完成电子产业园二期、校具产业园二期、VR产业园等68家企业搭火投运。开展“客户经理进万家”活动，大力宣传“6633333”电力故障报修电话，76名电力客户经理网格化建立客户服务微信群台区数810个，客户入群数5.5897万人。广泛推广“网上国网”APP，引导用户涉电业务线上办、网上办、指尖办。截止到12月30日，南城公司“网上国网”APP新增注册3.0145万人，绑定用户2.8849万户，超额6.85%完成年度新增注册目标。全年共为9637户低保五保用户减免电量85.86万千瓦时，减免电费51.61万元。

【稳步推进电网建设】 2020年10千伏配电网建设投资4700万元，子项目192项，全部竣工验收投运。在抚州地区率先完成2019年第一、第二批、预安排及业扩共计43个项目竣工结算、财务决算工作，并完成正式转资和项目关闭工作。大力推行大修、技改、配电网建设“自己干”，主动申请自主实施及特殊举措项目999万元共计103个子项目，节约外委费用429万元，以更少投资、更短时间补齐电网短板，并以此锤炼队伍技能。全年共新增用电户数8149户，增加容量18.7万千伏安；其中高压业扩新装增容126户，新增用电负荷6.78万千伏安；完成电能替代电量187.79万千瓦时，节约电量301.45万千瓦时。全年开展带电作业335次，累计减少停电时长6020小时，多供电量1236.2万千瓦时。

【南城县供电公司主要领导名单】
经理、党委副书记：
邹兴瑞（2017.10—2021.3）
经理、党委副书记：
方　乐（2021.3至今）

表13　国网南城县供电公司所获荣誉（2020年）

序号	荣誉名称	颁奖单位	时　间
1	南城县优秀基层红十字会	南城县红十字会	2020年10月
2	二〇二〇年度抚州市优秀企业	抚州市企业联合会、抚州市企业家协会	2021年5月

电　信

【概况】 中国电信股份有限公司南城分公司经过多次重组而来，即1998年9月邮电分家，分为南城县邮政局、南城县电信局，南城县电信局在1999年6月又分为南城县移动通信有限公司和中国电信南城分公司，2008年11月电信收购联通CDMA。电信工作主要从事在南城区域内经营800MHz CDMA第二代数字蜂窝移动通信业务、CDMA2000第三代数字蜂窝移动通信业务和LTE/第四代数字蜂窝移动通信业务（TD-LTE/LTE FDD），第五代数字蜂窝移动通信业务，卫星移动通信业务、卫星固定通信业务、卫星转发器出租、出售业务；经营固定网本地通信业务（含本地无线环路业务）、固定网国内长途通信业务、固定网国际长途通信业务、互联网国际数据传送业务、国际数据通信业务、公众电报和用户电报业务［原《电信业务分类目录》（2003版）中的业务］、26GHz无线接入设施服务业务、国内通信设施服务业务；增值电信业务：在江西省区域内经营固定网国内数据传送业务、用户驻地网业务、网络托管业务、国内互联网虚拟专用网业务、互联网接入服务业务、在线数据处理与交易处理业务、存储转发类业务、国内呼叫中心业务、信息服务业务、无线数据传送业务，国内甚小口径终端地球站通信业务、互联网数据中心业务、内容分发网络业务；IPTV传输服务：服务内容为IPTV集成播控平台与电视用户端之间提供信号传输和相应技术保障，传输网络为利用固定通信网络（含互联网）架设IPTV信号专用传输网络，IPTV传输服务在限定的地域范围内开展；互联网地图服务（有效期至2019年12

月 31 日）；利用信息网络经营音乐娱乐产品，游戏产品（含网络游戏虚拟货币发行），演出剧（节）目、表演、动漫产品、从事网络文化产品的展览、比赛活动；经营与通信及信息业务相关的系统集成、技术开发、技术服务、技术咨询、信息咨询、设备及计算机软硬件等的生产、销售、安装和设计与施工；房屋、通信设施租赁、安全技术防范系统的设计、施工和维修；广告业务。电信业务从传统的固定电话、电报业务，发展到互联网业务，互联网业务从原来的 1997 年窄带带宽 64K，到 2000 年发展成 ADSL 方式，带宽达到 1M—4M，到 2010 年光纤到户发展成 LAN 及 FTTH 光纤形式，带宽达到 100M，到 2020 年带宽又进行发展达到了 1000M。

【主要业务工作】 特色新型业务——云业务，主要是协同办公。云会议（会议、培训）、云直播（直播、回放）、云桌面（办公、电脑）、WPS 办公（文件、协同）、企业云盘（资料、管理）。生产制造。云企业管理（采购、库存、生产）、云 MES（订单、生产排单、品质监控、仓储物流）、云机加管理（机械加工、设备数据采集）。企业经营。云企业名片（形象、名片）、云微站（宣传、展示）、云进销存（客户、订单、采购、库存、销售、供应商管理）、云客服（服务、直销）。安全管理。云数据安全（电脑 / 服务器性能监控、数据自动备份）、云视频监控（监控、智能、分析、通知告警）。

【中国电信股份有限公司南城分公司主要领导名单】

经理：

游军兵 （2019.4 至今）

移动通信

【概况】 2020 年中国移动通信集团江西有限公司南城县分公司（以下简称南城移动），秉承“沟通从心开始”的服务理念、“追求客户满意服务”的经营宗旨和“创无限通信世界，做信息社会栋梁”的企业使命，成为一个网络覆盖广、通信质量高、业务品种丰富、服务水平一流的移动通信专业化运营公司。网络信号实现对全县所有乡镇、国道、省道、铁路沿线以及风景名胜区的连续覆盖，营业网点遍及各乡镇，在实现规模和收入有序发展的同时，贯彻落实以人民为中心发展思想，推出一系列惠民举措。打造优秀服务团队、积极参与社会公益活动，荣获抚州移动 5G 发展优胜单位、抚州移动网络建维优胜单位、抚州移动“感恩 20 年、奋进再出发”服务技能大赛团队季军、抚州移动“幸福 1+1”气排球一等奖和健康月跳绳比赛团体二等奖等荣誉称号。

【机构设置】 南城移动下设综合财务部、市场经营部、集团客户部、网络部、销售运营中心 5 大部门及 4 个农村区域中心和 1 个城区区域中心；有在册员工 62 人，平均年龄 34 岁，其中男 25 人，女 37 人。合同制员工 61 人、人才派遣类员工 1 人，拥有大专以上学历 57 人，占比 91.9%。

【网络建设】 2020 年建成 NB 站 26 座，GSM 基站 281 座、4G-LTE 基站 683 座，5G 基站 135 座，实现城区、高速高铁 4G 的连续覆盖，乡镇行政村覆盖率 100%，城区 5G 覆盖率 98%，为信息化普及、城市发展等提供强有力的通信保障。新建信息点 14 万个，坚持做到光纤到户，城区覆盖率达 99%，拥有宽带用户数 4.82 万户，互联网电视用户达 3.6 万户，新装用户满意度 99% 以上。

【服务民生】 疫情防控期间，为助力打赢疫情防控阻击战，严格执行特殊值班制度，相关负责人 24 小时带班值守，完成疫情防控期间 1421 户宽带新装，及时率达 100%，故障修复及时率达 99.6%。移动互联网的繁荣发展给南城人民的生活带来越来越多的便利，成立网络攻坚小组，聚焦整治整改全面加强网络建设，紧盯一抓两控解决网络黑点、弱光、弱覆盖、高投诉等问题，大胆探索，创新开展“5G+ 网络捉虫”整治问题网络箱 69 个，推出“5G+ 智能组网 1+1 体验”活动，采用“专家问诊”方式，上门为 128 位低感知客户营造流畅网络环境，提升宽带客户满意度；通过宽带义诊服务，为 682 位客户解决宽带问题，投诉处理满意度提升，重复投诉率压下降；汛期出动通信抢修车辆 35 辆次，通信保障人员 120 人次，油机 60 台次；

完成节假日和重大活动网络保障，提升客户网络感知。继续推进“提速降费”工作，实现信息惠民、拉动信息消费、推动经济升级，推出一系列降费举措，给老百姓带来了实实在在的获得感，为广大客户提供优质优惠的移动信息服务；对所有用户推送电子消费账单，提供流量提醒服务，让客户明明白白消费；加大信息扶贫工作力度，针对农村贫困客户推出流量、宽带的专属扶贫政策，降低农村贫困用户使用流量、宽带的门槛，促进农村信息化普及。

【县移动通信公司主要领导名单】党支部书记、总经理：

吴　清（2015.11 至今）

联　通

【概况】 2020 年，中国联通南城县分公司以习近平新时代中国特色社会主义思想为指导，在县委、县政府和市分公司的正确领导下，始终践行央企的社会责任，全面围绕“提价值、谋发展、重基础、有激情”十二字工作要求，坚定不移贯彻落实党建统领，全面数字化转型的公司战略，聚焦“1336”重点工作，全体干部员工外树形象，内强素质，上下一心，向“行业优秀、员工满意”的企业追求大踏步迈进。

【坚持党建引领、融入推动工作全局】 2020 年南城联通坚持以党的政治建设为统领，全面落实党建“20 条”，推动党建工作与中心工作相融合，作风建设与提高企业治理能力和治理体系相结合，将企业文化建设与整治“庸懒怠”4.0 嵌入生产经营中，解决“大局意识、工作作风、奋斗精神、担当作为”等问题，助推公司高质量可持续发展。积极参与地域经济、数字化建设，中标林长制管理平台、人大财务预算监管平台等项目，参与平安乡镇建设，开展“农村市场百日攻坚”，发展用户三百余户；以“千兆 5G、千兆宽带、千兆 Wi-Fi”构建起网络和业务的一体化能力，为中国数字生活提速提质贡献力量；打造精准化服务维系平台，对全渠道、全用户开展精准维系服务工作；面对疫情和复工复产双重压力，践行央企的社会责任和担当，为社会稳定及数字化转型添砖加瓦。

【5G+ 数字经济、助力智慧城市建设】 2020 年抚州联通大力打造“一云、两基地、三平台”的创新能力和生态体系，与抚州卓朗“智·云”数据中心合力推进 IDC 轻资产运营，投产后将形成超 4000 机架和超 3T 大带宽能力；与省教育厅、抚州市政府、总部大数据公司联合成立江西省教育大数据联合实验室以来，在抚州成功落地 6 个百万以上教育信息化项目成果，累计签约金额超 6000 万元，初步实现做精教育行业；发挥 5G 低时延、大带宽的技术优势，实现了 5G + 工业互联网布局，全面推动“5G+ 智慧工厂”全面数字化改造。

南城联通借助市分公司能力在教育、工业、农业、旅游、医疗等领域开展信息化项目合作，推广运用教育信息化、工业互联网、林长制、数字乡村、智慧农业等行业应用服务，整合资源开展业务和技术升级迭代助力南城智慧城市建设。

【提升网络基础、落实提速降费政策】“网络就是生命线”，是核心服务，网络质量是优秀服务的基础。南城联通致力于网络的共建共享建设与优化，进一步提高网络覆盖率和服务能力，提升客户满意度，开通 4G 基站 262 座，初步实现县城、乡镇、行政村（含自然村）及主要交通干线等场景覆盖；同时积极落实提速降速工作，家庭宽带产品普遍推广由原 100M 提速至 200M，加快家庭千兆业务的普及，构建 Wi-Fi6 终端新生态，提升用户上网感知；全面开展提速惠企活动，免费为中小企业和制造业客户提速至 100M，针对中小微企业，以应用为切入点，推广“云 + 宽带 + 应用 + 泛终端”组合优惠，满足企业信息化水平提升和上云需求，针对大中小企业和制造业企业，推出“专线 +X”系列组合优惠，满足用户 IPV6、组网、安全等多方面需求。

【提升服务质量、百倍放心十分满意】 为更好地提升服务质量，在传统的业务受理、咨询、投诉等人工热线服务和自助查缴费等电子服务的基础上，根据人员类型配备专属服务经理，提供专家式、体验式、辅导式的一对一专属服务，为客户提供智能手机辅导，数据应用辅导；推出便捷的线上服务，通过“江西联通”微信公众号和“中国联通手机营业厅”APP进行在线缴费或业务查询、办理，在足不出户的情况下，满足客户账单查询、余额清晰的要求；通过微博、微信群、朋友圈的消息互动，不断增强客户选购联通通信产品的便利性，为客户提供更多的惊喜与享受，让客户的信息生活变得更加精彩；开展每月18日会员日体验、“精准扶贫”优惠到家上门服务等活动，为用户创造服务新方式。

【践行社会责任、推进社会数字转型】 2020年因一场汹涌而来的新冠肺炎病毒导致的疫情而变得不同寻常，党中央高度重视，举国上下众志成城，共克时艰。南城联通勇担央企责任，在新型冠状病毒疫情肆虐的严峻时期，坚决贯彻落实习近平总书记重要指示，充分发挥中国联通在大数据支撑方面特有的集约化、专业化、智能化、平台化、规范化五大特点，助力实现精准防控、科学防控。践行央企责任，首次整合三家运营商疫情路条查询入口，可查询近14天是否到过疫情严重地区、密切接触情况等，便于用人单位做好疫情防控。同时还依托大数据分析、5G、信息系统集成服务等能力，针对疫情防控需求快速制定信息化解决方案，主动推广云喇叭、远程视频会议、远程会诊、5G智慧医疗等信息化服务产品，助力政府、医疗等机构提升疫情管控、诊疗能力，减少人与人直接接触渠道，尽可能阻断疫情传播途径。

【中国联通南城县分公司主要领导名单】

总经理：

余　茜（2020.1—2020.12）

副经理：

陈　芳（2020.1—2020.12）

生态旅游

生态旅游

【概况】 南城县旅游局成立于1992年，2003年，麻姑山风景名胜管理局并入县旅游局（保留麻姑山风景名胜管理局牌子）。2014年，组建南城县旅游发展委员会（以下简称县旅发委），为县人民政府组成部门，不再保留县旅游局。县旅发委负责制定全县旅游产业发展战略、政策并组织实施，促进旅游与相关领域的融合发展；贯彻执行旅游业法律、法规和方针政策；编制并指导实施旅游产业发展规划；统筹协调全县旅游资源的开发利用和保护工作，统筹全县旅游景区管理；协调全县旅游商品和旅游演艺项目开发；负责制定全县旅游市场开发战略并组织实施，组织全县旅游形象推广和重大推广活动；规范全县旅游市场秩序、监督管理服务质量、维护旅游消费者和经营者合法权益；负责旅游安全的综合协调和监督管理；制定并组织实施全县旅游人才规划。县旅发委机关行政编制6名，下设办公室、产业发展股、监督管理股、市场促进股。2019年根据县委办、县政府办《关于印发〈南城县机构改革实施方案〉的通知》（城办发〔2019〕1号）精神，组建县文化广电新闻出版局。将原文化广电新闻出版旅游局和县旅游发展委员会的职责整合，不再保留县文化广电新闻出版局、县旅游发展委员会。

南城县委、县政府以省委推动旅游强省建设为契机，在市委、市政府的正确领导下，南城县按照“增强优质旅游供给、创建全域旅游品牌”的理念，紧紧围绕“洞天福地、养生南城”目标定位，深挖文化内涵，创新发展机制，坚持以“两河”（盱江河、黎滩河）为主轴，以“一山一水”（麻姑山、洪门湖）为两翼，以聚星塔、万年桥、古镇古村为重要补充，全面推进文化旅游全域性发展。麻姑山景区建设、乡村旅游、民宿、旅游厕所建设，取得了阶段性成果。2020年，麻岭下田园综合体创评为省5A级乡村旅游点，江西同善堂中药饮片有限公司被评为江西省工业旅游示范基地。全县接待游客逐年增多，旅游经济成为全县国民经济的重要组成成分。

【旅游宣传】 举办“中国旅游日”宣传活动和“乐享消费美好生活”文化旅游消费月宣传活动；在中国国家旅游杂志刊上专题制作了“洞天福地，山水江南”专刊；制作了南城旅游和麻岭下田园综合体宣传折页；完善了云游江西、一部手机游江西、抚州市文化旅游地图手册中相关南城旅游信息；引进广东深圳、江苏昆山、湖北武汉等地客商来南城县进行文化旅游线路考察；联合工会在唐园举办了“情系七夕”活动；通过“文旅南城”公众号和麻姑山旅游微信、微博、麻姑山景区网站等进行宣传；积极参加国家、省、市旅游部门举办的各类旅游招商会、推介会，提升南城旅游整体形象。

【旅游规划】 为了更好地保护麻姑山风景名胜区生态环境和人文景观，根据党中央、国务院《关于建立以国家公园为主体的自然保护地体系的指导意见》文件精神，麻姑山风景名胜区管理委员会委托雅克设计有限公司对《南城县麻姑山风景名胜区总体规划（2013—2030）》实施情况进行评估，

2020年已经向省林业局提交了实施评估报告等待进行评审并批复。随着麻姑山旅游的不断发展，入口服务区需要承载更多的人文载体和旅游配套服务，致使2014年批复的《南城县麻姑山风景名胜区入口服务区控制性详细规划》难以有效指导入口服务区的保护与发展工作，也不利于具体建设项目的实施，满足不了旅游发展需求。为此麻姑山管委会聘请杭州中翰建筑有限公司重新编制了《南城县麻姑山风景名胜区入口服务区控制性详细规划》，正在等待省林业局对该规划进行评审并批复。

南城县按照景区建设规划先行的原则，江西粤港文旅发展有限公司正在编制《江西麻姑山景区旅游总体规划》；聘请江西臻华智锦旅游规划有限公司编制完成了《麻岭下田园综合体创建省级5A级乡村旅游点提升规划》；武汉云创旅科技有限公司已编制《南城县——蛤蟆山乡村旅游景区规划》。

旅游景区

【概况】 南城县境内山清水秀，林壑幽深，民风淳朴，特产丰富，文化厚重，包含了地文景观、水域风光、生物景观、天象与气候景观、遗址遗迹、建筑与设施、旅游商品、人文活动等8个旅游资源主类，26个亚类，102个基本旅游资源类型。山峦、湖泊、洞穴、瀑布、温泉、涧流、层林等田园自然风光魅力十足；古镇、古村、古庙、古墓、古桥、古遗址令人流连忘返；麻姑文化、藩王文化、红色文化、洪门文化、药帮文化等文化旅游资源异彩纷呈，生态资源和人文资源交相辉映，有机的融合。洞天福地、秀出东南的麻姑山；临江耸立、气势雄伟的从姑山；茂林修竹、风景秀丽的毕姑山，均以其优美的自然景观，深厚的文化底蕴，令无数文人墨客发出“麻姑山以瀑奇，从姑山以石怪，毕姑山以俊秀”的赞叹。碧水丹山的洪门湖与水秀山灵的廖坊水库，是赣东大地上两颗璀璨的明珠。它们与宋代的太平桥、活水亭桥，明代的万年桥、聚星塔，以及当代的登高阁、双江楼等遍布城乡的名胜古迹交相辉映，共同构成了一幅秀美的山水画卷，是理想的旅游、度假和避暑胜地。

【麻岭下田园综合体】 麻岭下田园综合体地处建昌镇姚家巷村，距县城3公里，面积约3.4平方千米，是省5A级乡村旅游点，抚河流域36个生态镇村示范点之一。这里依山傍水、山秀景奇、人文荟萃，山水田园诗鼻祖谢灵运曾在这里游历，明代徐霞客在此留下足迹，土地革命时期，毛泽东曾夜宿于此。丹霞地貌独特，有老子山、蛤蟆山，有神奇传说的仙牛石、仙桃石以及国家级水利风景区麻源三谷。3200亩无公害蔬菜、中药材基地、500亩果树、百亩莲花池等采摘基地和毛泽东旧居、红军街、红色展览馆、研学基地、艺术写生基地交相辉映，如同一幅优美的水墨画。

麻岭下田园综合体已先后建成游客中心、停车场、自行车绿道、麻港河景观带、千亩莲塘等，已成为南城县样板乡村旅游示范区。新建的红色展览馆是一座将南城红色文化和中国红色货币文化相结合的展览馆，展览馆展厅面积1100平方米，展馆藏品约6000件（套），展出流通货币及历史货币实物3000余件，是国内展览规模最齐全的红色货币展览馆。主要分为6大区块，分别是综合功能区、红色实物区、红色文献区、红色文化展示区、红色钱币展示区和红色文创区，并已免费对外开放。

2020年引进武汉云创旅科技有限公司投资8亿元，开发麻岭下乡村旅游建设项目，公司现已编制了《南城县——蛤蟆山乡村旅游景区规划》，并已完成了项目备案。同时，修缮了游客中心，新建了旅游特产超市和云市窑陶艺制作坊，制作景区导览图和标识标牌，改造了两座艺术之家精品民宿，打造了农事体验项目。

文化广电新闻旅游局

【概况】 南城县文化广电新闻出版旅游局是政府工作部门、主管全县文化广电新闻出版旅游事业的行政主管部门。

2019年1月组建县文化广电新闻出版旅游局。将县文化广电新闻出版局、县旅游发展委员会的职责联合，组建县文化广电新闻出版旅游局。不再保留县文化广电新闻出版局和县旅游发展委员会。县文化广电新闻出版旅游局负责全县文化、文物博物、新闻出版、广播影视和旅游的主管部门行政执法工作，承办县委、县政府交办的其他事项。

县文化广电新闻出版旅游局设行政编制13名，内设5个职能股室，即局办公室（行政审批股）、文化事业股、新闻出版广播电视事业股、旅游产业股、旅游市场促进股。现有在职人员15人，退休人员22人。

县文化广电新闻出版旅游局下属事业单位有：县文化馆（副科级）、县文化市场综合执法大队（副科级）、县博物馆、县图书馆、县电影公司、县旅游质量监督管理所，其中县电影公司由自收自支事业单位改企转制为企业单位。

【文化事业建设和社会文化活动】 深入开展群众性精神文明建设。2020年文广新旅局推进精神文明建设工作扎实有效，按期完成全县12个乡镇、150个行政村、23个社区，以“五个一”为标准的基层综合文化服务中心达标建设；建设城东路、城西路党群服务示范点和文化馆、图书馆分馆；发挥现有文化阵地设施作用，广泛组织开展各类文艺演出、公益电影展播、文化三下乡、图书展、摄影展、美术展、公益文化培训和非遗传承学习等群众性文化活动。并以活动为载体将“扫黑除恶”“扫黄打非”“好人主义之害”等专项行动进行广泛宣传。截至2020年年底，已送戏和自办文体节目67场，送电影2697场，送图书3000余册。充分满足群众性精神生活要求，提升精神文明建设服务水平。2020年参加“游抚州、品年味、拿大礼”文化旅游活动；组织南城县文创产品“博君蜜橘系列”“上唐手工合香”参加全省文创产品大赛，并荣获金、银奖；5月份组织布展参加在抚州市文昌里举办的“江西省文化巡礼展”，积极推介南城县文创产品；文化产业快速成长，根据统计全县规上文化企业达9家，实现营业收入8.08亿元，2020年第三季度居全市第二位。

加强公共数字文化服务建设，完成电视转播台基础设施改造和无线覆盖工程和公共图书馆升级改造项目，以及少儿阅览室维修改造和图书借阅系统的升级改造，服务功能更加健全，服务质量得到的高质量提升，满足了读者不断提高的服务要求，给读者一个良好的阅读环境，保障市民享有基本的公共文化服务的权益。采购乡镇综合文化服务中心设施，初步形成与固定设施、流动服务体系相辅相成的公共文化数字传播服务体系。进一步推进图、文、博三馆免费开放的工作。全面提升公共文化服务水平。公共图书馆发挥在精神文明建设服务方面的窗口作用，始终把“读者第一，服务至上”作为服务宗旨。坚持免费开放，图书馆共接待读者约5万人次，图书外借5.6万册次，图书流动服务3000余册，收藏地方文献新增11种，免费办理读者借阅证新增近2000个。全年开展以“读经典 学新知 迎新春 贺新年”“书香阅读、智赢战疫”“书香赣鄱”“追寻红色记忆 弘扬红色文化”“决胜全面建成小康社会，决胜脱贫”等多个主题内容的读者服务工作。公共文化馆在做好送戏下乡以及免费开放的同时，疫情防控期间积极创作、收集诗词、楹联和曲艺、《麻姑献寿》、《最傲的花是我中华》、《扫黑除恶主持词》、书法作品、小说等作品在全县乡村、社区进行巡演、巡展。其中抗疫歌曲《最傲的花是我中华》在央视新闻移动网、《人民日报》、央视频、“学习强国”、今日头条、腾讯视频、网易新闻、优酷视频、方舱之声第八期播放。联合南城县建昌书画院举办2020年“决胜全面小康、决战脱贫攻坚”南城县书画作品展。

公共博物馆充分利用爱国主义教育基地，精心制作各类陈列展览，坚持对外免费开放，一年来举办了《南城县历史文物陈列展》《南城县文化遗产图片展》《明益藩王墓出土文物精品展示》《抗击疫情主题书画展》《洪门湖水下考古》《南城县红色标语》《长寿仙境麻姑山》《“5·18”国际博物馆日——麻姑山碑刻拓片展》《南城县“破除好人主义，创优发展环境”书法作品展》并组织社会各界来馆参观，接受爱国主义教育，共接待各类观众9万人次。

文化遗产保护与发掘成效显著。积极做好文物保护单位的资金申报和保护方案设计及工程实施工作；国保单位万年桥维修工程已竣工并通过国家级和省市级专家验收，省保单位潮音洞石龛窟维修工程已竣工并通过市级专家验收。国保单位益恭王墓围栏建设及本体保护工程已正式启动，正在编制资金预算并进行预算审核和招投标工作。同时，建昌帮中药炮制技艺国家级非遗项目的申报工作，已通过省文旅厅专家评审和省文旅厅非遗处网上审核，报送国家文化和旅游部非遗司评审。加强与国家文旅部非遗司和省文旅厅非遗处的对接和沟通，积极进行项目的跟踪和关注，力争申报成功；编制完成省级非遗项目麻姑酒传承人郑贵林的申报文本、申报视频、图片和辅助资料，现已上报省文旅厅评审；对全县的非遗项目进行深入细致的调查、挖掘和整理。新发现非遗项目6个，分别为建昌帮香囊、南城合香、南城乌鸡膏、金木齐芳斋中医药、里塔谷烧酒酒酿造技艺、上唐金雕。已公布第三批县级非物质文化遗产代表性项目名录4项，分别为：建昌帮香囊、南城合香、南城乌鸡膏、金木齐芳斋中医药；成功申报北街、将军岭为省级历史文化街区；10月6日，南城县成功申报为“中国麻姑文化之乡”国字号“金名片”。

为更好创建南城中医药养生品牌，以南城“建昌帮”医药和盱江医学、麻姑长寿养生为题材，举办“南城县首届药膳大赛”。邀请全县餐饮界人士和烹饪协会及美食爱好者参加药膳大赛，积极推动南城建昌帮养生药膳发展，弘扬中医“治未病”从膳食做起的理念，展示建昌帮药膳养生技艺，带动康养旅游产业发展，进一步丰富中医药旅游新业态，延伸中医药康养产业链。

【文化旅游建设】 2020年，文广新旅局在上级部门的正确指导下，扎实推进各项工作，旅游产业发展取得一定成效。截至年底，南城县共接待国内外游客410余万人次，国内旅游综合收入36亿余元，旅游市场实现零投诉，旅游安全生产零事故。推动旅游品牌创建。编制完成了《南城县麻岭下田园综合体创建江西省5A级乡村旅游点提升规划》，麻岭下田园综合体正按规划要求进行了改造提升，丰富旅游业态，预计11月中旬省专家将进行评审。同善堂创评省级工业旅游示范点工作已完成了省专家的评审，有望创评成功。南城县法莱德大酒店和南城国际酒店正在创评银树叶绿色酒店称号。加大景区基础设施建设。麻姑山景区作为国家AAAA级景区，已由深圳粤港控股集团有限公司进行投资建设，总投资20.63亿元。该项目规划总面积47.8平方千米，总建设用地面积1200余亩。总建筑面积10万余平方米。主要建设一批满足旅游发展的基础设施、文化景观、养生休闲、旅游体验、智慧旅游、配套服务等项目。已完成旅游总体规划编制、部分子项目设计等工作。麻姑庙基础工程已完成99%，主体工程完成50%；麻姑山旅游环山公路正在路基调坡、土石方完成约80%；麻姑雕像广场石材铺贴完成，扶手石材栏杆安装完成；游客中心至垂玉亭1110米段游步道路基路面基本浇筑完成，670米段扶手已安装；何氏山房布展改造工程基本完工；玉练双飞瀑布及长寿涧景观提升工程已完成；邓紫阳墓墓前广场硬质铺装及路牙安装完成，四周木柱安装完成。麻岭下田园综合体进行了改造提升，修缮了游客中心，新建了旅游特产超市，制作景区导览图和标识标牌，改造了两座艺术之家精品民宿，打造农事体验项目。在各旅游景区、景点和重要节点配套建设旅游厕所。按照旅游厕所相关标准，提升旅游厕所舒适度和文化性，2020年实施新建旅游厕所7座。强化旅游招商。引进武汉云创旅科技有限公司投资8亿元，开发麻岭下乡村旅游建设项目，公司现已编制了《南城县——蛤蟆山乡村旅游景区规划》，并已完成了项目备案，兴建了2幢民宿，规划打造了4个农事体验活动；引进了新月仿古建筑有限公司签订新丰街镇凤凰山乡村旅游开发建设项目；正与香港铜锣湾集团接洽考察建设河东历史文化街区项目。创新旅游宣传方式。举办“中国旅游日”宣传活动和“乐享消费 美好生活”文化旅游消费月宣传活动，旅游景区、景点、民宿、旅行社、星级宾馆等涉旅企业，在活动现场就各自的优惠政策进行了推广、宣传。同时通过现场散发文明旅游、安全旅游宣传资料1000余份，接受市民和游客的旅游服务咨询，进一步宣传了南城的旅游资源。在中国国家旅游杂志刊上专题制作了“洞天福地，山水江南”专刊；制作了南城旅游和麻岭下田园综合体宣传折页；完善了云游江西、一部手机游江西、抚州市文化旅游地图手册中相关南城旅游信息；参加省、市组织的旅游宣传、旅游推介会、旅游商品展销会，对全县旅游资源进行宣传；引进广东深圳、江苏昆山、湖北武汉等地客商到南城县进行文化旅游线路考察。联合工会在唐园举办了“情系七夕”活动。着力疫情后复工复产。县委办、县政府办下发了《关于打好“组合拳”提振旅游消费的通知》，实施四天半弹性工作制，倡导“南城人游南城活动”，联合工会组织了形式多样的春游活动。麻姑山景区及其他景区、乡村旅游点全部实行免门票政策；星级宾馆发放消费券和推出优惠打折活动。麻姑山景区实行医护人员免门票和免换乘车票优惠政策。积极向游客推广省、市发行的电子旅游消费，落实麻姑山景区核销电子旅游消费券。大力宣传全国学子乐游江西活动，鼓励全县学生在省统一的平台“云游江西”上领取学子卡，免费游江西。积极开展旅游人才培训。组织导游、讲解员参加省、市举行的全省、全市导游培训和导游人员大赛，并取得优异的成绩。在疫情防控期间组织各景区、星级酒店、乡村旅游点、民宿、旅行社等各涉旅企业人员参加省文旅部门组织的线上培训；举办了两期全县旅游人才培训，培训人员达150余人，进一步培养和挖掘了旅游人才。加强行业管理。积极做好各景区、星级酒店、乡村旅游点、民宿、旅行社等各涉旅企业疫情防控工作。制定了《南城县文化旅游安全事故应急预案》。在节假日来临前，向景区、乡村旅游点、星级宾馆、旅行社等涉旅企业下发《旅游市场秩序及旅游安全工作的通知》，并与县文化综合执法大队到各涉旅企业进行旅游安全和市场监管督查。2020年，开展安全检查20次，检查涉旅企业32家次，出动检查人员170人次，全年无一例旅游安全事故发生，未出现旅游投诉、纠纷等事件。开展文明旅游活动。利用酒店、景区LED显示屏滚动播出文明旅游倡议，加强旅游从业人员诚信和职业道德教育，引导旅游从业人员诚信文明经营，强化市民文明旅游意识，树立良好旅游形象；整治旅游行业不文明现象，优化旅游环境。

【文化和旅游市场专项整治】 深入开展“扫黄打非”“扫黑除恶”专项行动。制定了《南城县2020年“扫黄打非”行动方案》《南城县文化和旅游行业领域专项整治实施方案》《南城县2020年“扫黄打非·新风”“扫黄打非·正道”》等专项整治行动的实施方案并予以实施。开展“九小”场所消防安全专项整治工作。对网吧、歌舞娱乐等文化市场经营场所中的“九小”场所进行细致全面摸底排查，通过“查制度、查管理、查隐患”督促“九小”经营场所做好消防和疫情安全生产工作。检查中对2家文化经营场所安全通道不畅通的，当场整改到位。对1家安全管理制度不健全和1家消防设施失效的经营场所，要求限期整改到位。开展打击非法卫星广播电视地面接收设施专项整治行动。确定1名专项行动联络员，负责专项行动工作信息传达与上报等工作。为发动群众举报，向社会公布“0794-7212318”举报电话，充分调动广大群众积极监督举报，弥补现有监测手段的不足。大队同时加强了对播出机构、传输部门的管理，严格按照总局的节目名称、呼号、频率，向广大听众观众提供合格、高质量的广播电视节目，规范播出秩序。对违规播出的问题进行坚决查处。2020年，大队组织执法人员对电器商店、维修部、宾馆、酒店、社区等场所开展检查5次，共出动执法人员240人次，检查各类场所120家次。加快推进网吧监管平台建设工作。制定工作方案，明确工作职责、落实专人负责，及时召开网吧业主会议，学习有关文件精神，讲解文网卫士主要功能等。南城县15家网吧安装率、在线率均达标，文网卫士的监管平台运行平稳，发挥了技术监管的作用。做好“双随机一公开”及行政权力事项清单等工作。制定《南城县文化市场事中事后监管随机抽查制度》《抽查事项清单》《检查对象名录库》《执法检查人员名录库》。同时根据县政府有关文件要求，对文新旅局的行政权力项目进行调整，对取消的行政权力事项，一律不再行使，对承接下放及委托实施的行政权力事项，认真做好项目的承接落实工作。开展景区景点、校园周边文化市场集中清理整治行动。集中开展了景区景点和校园周边出版物市场集中清理整治行动。并对麻港生态园村、麻姑山、唐园、煌家山庄等景区景点出版物市场进行了集中清理整治检查，重点清查整治销售盗版盗印的党和国家领导人著作、画册和领导人画像，所谓“解密历史敏感事件”的非法音像制品，非法翻印的连环画，含有低俗庸俗、淫秽色情内容的所谓古旧书和旅游纪念品，宾馆、酒店、民宿、会所等场所免费赠送、借阅的各类非法出版物及宣传品。从检查结果来看，未发现有违法违规的出版物在市场销售。

【疫情防控与复工复产】 2020年疫情防控期间，为确保疫情防控工作高效实际，局党委高度重视，成立了疫情防控工作领导小组，制定疫情防控工作方案，多次下发全县文化和旅游市场疫情防控期间工作部署和要求相关文件，在前期所有市场暂时关停期间，严令文化市场综合执法大队必须每天三次巡视全县文旅市场关停情况，严格按照上级要求进行管理。局党委安排专项资金采购病毒防疫喷剂、口罩、电子测温枪、消毒液等物资，发放到下属单位，要求做好每名干部职工及家属每日情况统计形成台账向局机关上报，局机关进行资料汇总，并及时向上级部门进行报送。全局各单位均已制作出入“赣通码”扫描二维码，设立专人测量点，登记进出单位人员信息。疫情防控后期，为促进疫后文化和旅游市场复工复产，出台了《关于打好“组合拳”提振旅游消费的通知》、疫后文旅企业融资统计和线上学子电子消费券发放以及实施疫情防控工作者免费进景区措施。由文旅部门带头实行2.5天弹性工作制，组织全局党员干部以固定党员活动日形式，重温红色革命记忆，接受红色革命教育。积极引导广大居民健康安全出游，营造旅游消费的良好氛围。

【精准扶贫工作】 按照县委、县政府扶贫攻坚工作部署，该局全体党员干部对解放路社区44户困难群众进行解困帮扶，并派2个小分队6名队员对浔溪乡石磺、墩头村进行驻村帮扶。通过文化服务场所、旅游资源情况，根据困难群众实际情况，以文化旅游扶贫为方案。全面完成12个乡镇150个行政村23个社区综合文化服务中心达标建设。提升改造完毕无线覆盖工程和电视转播台基础设施改造工程，解决了看电视难的问题，其中674户贫困户享受到免费充值，850户贫困户新安装了广电有线网络，免费配置了机顶盒和智能卡，107户贫困户新安装了无线数字电视接收终端，168户贫困户通过直播卫星接收广播电视节目，任务完成率达114.4%；筹措资金50万元对黑坪高观、金安华龙等25个贫困村广播村村响系统进行提升改造，补充专业广播设备设施200余件（套），提升改造后贫困村广播人口综合覆盖率、广播常响率均达到98%以上。

文化旅游

2020年，随着南城县麻姑山景区影响力和知名度的进一步扩大，麻姑山文化旅游品牌效益日益显著，为进一步挖掘麻姑文化内涵，丰富麻姑山景区旅游业态，推动文化旅游的深度融合，增强文化软实力，推动全域旅游发展，南城县于8月24日至26日在维也纳酒店召开了“麻姑文化研讨会”，邀请民俗专家进行研讨，并向国家有关部门积极申报“中国麻姑文化之乡”。2021年1月旅游重点村麻岭下乡村旅游点被省文化和旅游厅评为AAAAA级乡村旅游点，麻姑山避暑旅游目的地的内容更加丰富。建立了洪门湖森林体验基地、中医药健康旅游示范区和长寿健康企业游（含麻姑山、麻岭下、洪门湖、中草药种植基地、非遗展示馆、建昌帮药业、同善堂等），新增健康旅游民宿唐园山庄、壹秋果山庄、洪门湖山庄和株良煌家山庄。

以麻姑文化、长寿文化、书法文化为核心，打造世界麻姑文化综合旅游区和东南亚休闲避暑圣胜地，突出两核（文化体验核和休闲度假核），两带（文化观光带、田园休闲体验带），两区（生态农业休闲区、生态保育区），全方位打造旅游游览体系和旅游服务体系，成为江西省华东地区的旅游精品品牌。2020年11月南城县政府被中国民间文艺家协会评为“中国麻姑文化之乡”。

南城县现有各级文物保护单位40处，其中全国重点文物保护单位2处，省级文物保护单位6处，市级重点文物保护单位3处，县级文物保护单位29处，较为著名的有现存全国最长的明代石拱桥万年桥，从两边同时盘旋而上不会相碰且向北明显倾斜的、神奇的明代聚星塔，明益藩王墓地等。

博物馆

【概况】 南城县博物馆隶属于南城县文化广电新闻出版旅游局，为全额拨款的公益性事业单位，馆长金会林。县博物馆肩负着全县文物的保护管理、科学研究和陈列展览工作。馆舍位于风景秀丽的南城县登高公园北麓，建成于2009年，建筑面积2200余平方米，展厅面积800平方米，库房面积300平方米,修复室80平方米。长期以来对外免费开放。举办的基本陈列展览有《南城县历史文物陈列》《南城县文化遗产图片展》，以图片及实物结合的方式展示南城县悠久的历史及丰富的历史文化遗存。

【主要工作】 加强对全县文物的保护和利用，积极向上争取资金，对各级文物保护单位特别是省级以上文物保护单位进行加固维修，已完成对全国重点文物保护单位万年桥、省级文物保护单位潮音洞的维修，正在启动全国重点文物保护单位明益藩王墓地——益恭王墓本体保护及保护围栏建设工程。

【南城县文化广电新闻出版旅游局主要领导名单】

党委书记、局长：

孙国安（2020.1—2020.12）

党委委员 、副局长：

郑光明（2020.1—2020.12）

刘泉水（2020.1—2020.12）

周云鹏（2020.1—2020.12）

副局长：

梅建忠（2020.1—2020.12）

卢云峰（2020.1—2020.12）

农·林·水

综　述

南城县农业农村局是县人民政府组成部门之一。下设办公室、政策法规与执法监督股、农村合作经济与产业发展股、计划财务股、新农村建设股、种植业管理股、畜牧水产股、科技教育与市场信息股、农田建设与农业机械化管理股等9个股级内设机构。局所属事业单位的设置、职责和编制事项维持原状态不变。截至2020年年底，局机关有行政、事业干部职工183人，其中在职95人，离退休88人。

2020年坚持新发展理念，坚持稳中求进工作总基调，以实施乡村振兴战略为总抓手，深化农业供给侧结构性改革，推进农业高质量发展，突出保供给、保增收、保小康，着力稳定粮食生产，抓好生猪稳产保供，促进农民持续稳定增收，稳步推进农村改革，保持农村社会和谐稳定，发挥好"三农"压舱石作用，为确保全县经济社会大局稳定提供有力支撑。

【粮食生产】 稳定粮食生产发展。南城县为全省44个早稻重点生产县，全国产粮大县。面对新冠疫情，完成粮食生产是一项政治任务。为鼓励农户多种早稻，多产粮食，南城县认真落实耕地地力保护补贴（全县面积为35.95万亩，发放补贴资金4026.85万元。）、稻谷目标价格补贴（全年稻谷目标价格补贴面积31.05万亩，发放补贴资金1457.5万元）、农机购置补贴（补贴资金451.519万元）等国家对农业的补贴政策。制定并下发了《南城县关于稳定粮食生产加大早稻扶持的实施意见》；县财政从产粮大县奖励资金中安排288万元资金，对全县早稻种植户给予每亩20元的早稻补贴（含种子、生资及机防等）；对于购买插秧机的本县用户给予50%的购置款补贴。落实保险金额为700元/亩水稻种植保险。（全县水稻大灾政策性保险面积32.79万亩，保额22952.5万元）。春耕和"双抢"期间，省农业农村厅派驻生产督导组分别对早稻、晚稻种植面积落实进行督导。在各项政策和高产创建技术的推动下，全县粮食生产保持稳定发展。据统计，2020年，全县粮食播种面积56.95万亩，总产27.31万吨。水稻面积52.81万亩，产量25.87万吨。其中：早稻播种面积22.12万亩、产量10.04万吨，中稻播种面积8.04万亩、产量4.24万吨，二晚播种面积22.66万亩、产量11.62万吨。推进"麻姑米"区域公用品牌建设。此外，南城县围绕发展优质绿色粮食的主攻方向，构建全县稻米现代化生产体系、经营体系和产业体系。继续依托国家级农业产业化龙头企业江西麻姑集团有限公司积极培育"麻姑米"区域公用品牌，进一步落实了种植基地建设。麻姑集团、水龙米业两核心企业与农户签订订单种植收购协议面积共计26万亩。通过订单收购，确保种植户收益。公开招标采购了麻姑米区域公用品牌建设宣传机构，做好户外、县内主干道悬挂LED中华结广告、灯光点屏及铁塔等广告宣传。与江西网络广播电视台、江西广播电视台、抚州电广传媒、抚州市全媒体、南城盱江文化传媒、江西江报融媒体传播、抚州移动分公司、南城电信、南城联通分公司分别签订平面媒体和自媒体广告合同；与县工信局、工业园区管委会、县中医药服务中心就校具产业、电子产业、中医药产业的重大活动冠名签订合同活动冠名，在D6505九江到福州、G1390南昌到上海虹桥的列车做好了全车广告、参加了2020年8月在广州保利世贸博览馆举办的“粤港澳大湾区暨广州世界农业博览会”和10月在福州海峡国际会展中心举办的“第三届中国粮食交易大会”。开展了标准化和可追溯体系建设；生产体系、经营体系和产业体系进一步完善。麻姑米品牌发展得到全面稳步推进。推动现代种业发展。全县杂交水稻年制种面积3万亩，产量600万公斤。积极培育“育繁推一体化”现代种业企业。推进种植业适度规模经营和集约化生产。争取了社会化服务项目资金400万元，通过全程社会化项目推动南城县农业产业发展。该项目将新增补贴两项。一是新增10台插秧机，按购买资金50%实行补助，补贴资金30多万元。补贴项目的实施，使南城县在2020年突破在水稻机械化插秧瓶颈，水稻机械化插秧面积达10.2万亩；二是补贴赤松茸，按购买资金30%补助烘干房设备。三是充分发挥农机在春耕、双抢生产中的主力军作用，动员有关生产主体和企业，做好人员培训、机具准备和检修、维修配件供应等，确保农机具和机手以良好的状态投入生产。据统计，早稻投入耕整地机械近5000台（套），插秧机70台，直播机30台，培训机手和修理工40人，检修农机具4200台（套）。机耕面积23万亩，机耕率达97％以上，机插（播）面积2.2万亩，机播（插）率达28%。双抢期间机收早稻21.52万亩，机收率97%，机插（播）8万亩，机插（播）率35.4%。机耕22.6万亩，机耕率98%。机收中稻（一晚）7.37万亩。

【农业产业结构调整】 果业发展。全县果业生产总面积达23.5万亩，其中南丰蜜橘18万亩，其他柑橘类2.5万亩，猕猴桃、葡萄、板栗、桃、杨梅、火龙果等3万亩。果业总面积比上年调减1.5万亩，主要调减了2万亩的南丰蜜橘。全年果业总产达21.5万吨，比上年增加1万吨，其中南丰蜜橘总产20.5万吨，比上年增加0.5万吨；其他1万吨。果业总产值3亿元，比上年减少0.24亿元。总产值减少原因主要是南丰蜜橘价格降低所造成。南丰蜜橘作为全县主要果树品种，产值降低，大部分为负效益。面对南丰蜜橘市场低迷的实际，县农业农村局主要抓好产业结构调整，2020年完成高接换种2万亩。蔬菜产业。蔬菜产业是抚州市重点发展的四大农业产业之一，按市委、市政府要求，南城县全面抓好蔬菜产业的发展。2020年可完成蔬菜播种面积13.5万亩，占全年8.67万亩任务的155.7%；全年蔬菜产量可达24万吨，产量和面积与上年持平。产值可达7.2亿元，较上年增加0.4亿元，增长5.88%。其中：新增50亩以上规模蔬菜种植基地3206.5亩，占全年1506亩任务的212.9%；新增钢架大棚382亩，占全年754亩任务的50.7%。新增规模蔬菜基地主要分布在里塔、洪门、万坊、徐家、龙湖、天井源等乡镇，品种主要是竹荪菇、赤松茸、淮山、槟榔芋等。其他经济作物。其他经济作物总面积达7.15万亩，主要是白莲、西瓜等，其中白莲面积达5.6万亩，较上年增加2.5万亩，增长78.1%。总产达0.6万吨，较上年增加0.18万吨，增长42.9%。总产值达3.15亿元，较上年增加1.15亿元，增长57.5％。休闲农业。2020年组织姚家巷麻岭下申报中国美丽休闲乡村、南城县清泉农业发展有限公司申报四星级农家乐、南城县山沟沟生态休闲农庄申报三星级农家乐。

【农产品质量安全和农业执法】 全力抓好农产品质量安全七大专项整治，全面推进农产品质量安全体系建设。全年完成定量检测600批次、速测6500批次。开展“双认证”创建工作。南城县作为国家农安县和省级绿色有机示范县2020年必须通过创建，从2020年初开始，该局根据认证要求，制定认证计划，对农产品质量安全检验检测站实验室进行提升改造、人员培训，经省级评审小组评审，于9月22日获得江西省农业厅颁发的农产品质量安全检测机构考核合格证书。推进食用农产品合格证制度。按照国家、省、市部署，南城县2020年将在全县推进农产品合格证制度试行工作，实现在全国范围内通查通识。协同市场监督管理局联合行文制定了南城县试行食用农产品合格证工作方案。在品种上，南城县突出重点，抓住风险高、消费量大的“菜篮子”产品，在主体上，抓大带小，紧紧抓住市级以上农业龙头企业、合作社、家庭农场这三个大的主体，同时鼓励小农户积极参与。落实责任分工，健全监管名录，加强宣传培训，指导督促农产品生产者规范开具和使用合格证。农产品品牌认证。南城县加大农产品“三品一标”认证工作，截至2020年年底，全县已获得“三品一标”认证的农产品的企业39家，“三品一标”农产品58个。其中地理标志产品6个，绿色食品20个，无公害农产品25个，有机产品5个。加大农业执法力度。2019年结构改革以后，由于行政职能的整合，县农业农村局执法功能增强，事项增多，农业农村局克服人员、经费、装备不到位的不利因素，化被动为主动，与公安、市监等部门协同作战，开展了一系列执法联合行动。积极开展食品安全专项整治及农药使用和农资打假春季专项整治行动。对南城县的种养殖基地、农资经营门店、兽药饲料店监督检查，例行抽样检测。加强渔政、违规调运生猪等执法行动。全年出动执法人员600余人次，出动执法车辆200余次，开展执法巡查56次，联合执法30次，检查企业门店等累计443家。农药抽样17批次、肥料抽样1批次，办理超范围经营限制使用农药案1起，罚没款共计5815元。检查市场、屠宰场累计40余个次，办理违规调运生猪案1起，罚款人民币130521.6元。检查渔具、渔网店20余家次，市场6次，检查渔船80余艘次，清理销毁“三无”船舶1艘，收缴非法渔具15件、渔网19副，电瓶16副，非法渔获物29公斤，移送司法机关案件3起，涉案人数4人，办理偷捕他人养殖水产品案1起，罚款人民币5000元。

【农业面源污染治理】 落实有机肥替代。争取项目资金97万元安排实施有机肥替代工作。以本县范围内粮食、水果、蔬菜、茶叶、中药材等主要农作物的商品有机肥推广应用为重点方向，以享受农业项目补贴的或由国家资金投资建设的农业项目区或高标准农田建设项目区、全县各粮果蔬药种植大户或各规范性农民合作社或农业产业化龙头企业等新型经营主体等为推广有机肥替代的重点对象。累计推广商品有机肥3.2万吨以上，推广面积达20万亩以上。推进农药、化肥减量行动。在南城县徐家、株良、天井源等乡（镇）累计建立10个5万亩化肥减量增效核心示范区，通过应用耕地质量提升和化肥减量增效综合技术措施，使示范片耕地土壤有机质含量稳步提升，主要农作物化肥使用量持续减少。建立水稻病虫害专业化统防统治与绿色防控融合示范区和南城县农药零增长行动示范区2个，果树安全科学用药示范区1个，示范区总面积1.5万亩，辐射面积15万亩。通过农药减量绿色防控，每亩减少用药1—2次，降低了农药的使用量，增加收入，减少了环境污染，保护了生态环境，稻田有益生物如蜘蛛、黑肩绿盲蝽等增加20%以上。土壤污染治理。2020年省市下达南城县受污染土壤治理任务4342亩，主要分布在建昌、沙洲等乡镇。2020年上半年，南城县正在争取上级治理资金，开展治理的正面宣传工作，完成整治任务2117亩。秸秆综合利用。南城县是秸秆综合利用试点县，2020年，南城县完善建立南城县秸秆收储运网点，在新丰街、天井源、上塘、龙湖、沙洲五个乡镇建设5个秸秆收储点，所在五个乡镇范围继续推广秸秆基料化食用菌利用模式，建设稻草竹荪菇种植基地5个，赤松茸食用菌基地5个，每个基地总面积不低于1000亩，同时，在全县范围推行秸秆粉碎还田模式，建设10个秸秆粉碎还田集中示范区，示范面积10000亩，建设稻草果树覆盖1000亩。全年秸秆综合利用消耗稻草秸秆2000吨以上。

【整合资金推进高标准农田建设】 高标准农田建设和稳定发展粮食生产是2020年“三农”补短板的重要内容；按照省市关于2019年高标准农田建成后必须栽种早稻的要求，南城县克服新冠肺炎疫情对施工带来的不利影响，早宣传、早部署，在确保工程质量的同时，加快了建昌、万坊、株良建设项目建设进度，确保了高标准农田3月底前全面竣工并栽种了早稻。项目区建成高标准农田面积4.48万亩。建设后新增耕地918亩，新增耕地率为2%。

并通过了省、市项目竣工验收。2020年度高标准农田建设项目区安排里塔镇、龙湖镇及洪门镇，建设面积4.34万亩。2020年年底已完成项目勘察设计和评审，正在开展项目预审及公开招投标工作。对建成的高标准农田建立“县负总责、乡镇监管、村为主体”的高标准农田建后管护机制，签订了管护合同。

【农业新型主体经济发展】 农村集体经济组织产权制度改革。全县农村集体资产清产核资工作结束后，全县制订了《南城县农村集体经济组织成员资格认定意见》下发到各乡（镇）、村参照执行。全县各村、组已经完成了人口摸底和成员认定工作，进行了股权认定，各村都成立了农村集体经济股份合作社，进行了赋码登记，并完成了建章立制。农村土地承包经营权确权登记颁证“回头看”。根据市农办文件通知精神，县农业农村局及时土地承包经营权确权颁证“回头看”工作，核查了证书颁发情况，重点解决权证未发至农户问题。核查了承包地暂缓确权、确权数据质量、档案建立、验收、移交和管理等情况，确保确权档案完整规范齐全。农业产业化。2020年，根据江西省农业产业化领导小组办公室的通知要求，南城县对2家国家级龙头企业和7家省级农业产业化龙头企业进行了监测和新增认定工作。其中：江西洪门实业集团有限公司、江西映虹水产集团有限公司监测为不合格，同时新增递补江西绿满源食品有限公司、江西百神昌诺药业有限公司2家市级龙头企业申报了农业产业化省级龙头企业。截至2020年年底，全县有市级以上农业产业化龙头企业43家，其中：国家级龙头企业1家（即：江西麻姑实业有限公司）；省级龙头企业8家（即江西阿颖金山药食品有限公司、江西博君生态农业开发有限公司、江西吉香园生态农业综合开发有限公司、南城县鑫港渔牧综合开发有限公司、江西水龙米业有限公司、江西南兴实业有限公司、江西绿满源食品有限公司、江西百神昌诺药业有限公司）；市级龙头企业34家。农民合作社。到2020年12月底，全县在工商部门注册登记的农民合作社共450家，种植业类230家，其中粮食种植类96家、南丰蜜橘种植类86家、蔬菜种植类36家、茶叶类2家；畜牧业类87家，其中：生猪养殖类18家、家禽养殖类69家；水产养殖类42家；林业种植类12家；服务业类25家，其中农机类11家、植保2家；其他类27家。全县有农民合作社国家级示范社1家（南城县洪门镇硝石水产养殖合作社）、省级示范社10家、市级示范社12家、县级示范社12家。2020年，南城县被农业农村部确定为全国农民合作社质量提升试点县，根据农业农村和省农业农村厅的要求，制定了《南城县农民合作社质量提升整县推进试点实施方案》，印制了农民合作社培训资料和规范性账目，要求农民合作社首先把账目规范起来。南城县在全县农民合作社中选择了20家产业基础较好、质量安全较优、品牌效益较高、服务内容较全、民主管理较强、社会效益较好的省、市、县级农民合作社示范社进行试点。其中省级示范社1家、安排资金10万元，市级示范社5家、县级示范社14家、每家安排5万元，共计105万元，用于农民合作社示范社的提升项目建设。家庭农场。到2020年12月底，南城县在工商部门注册登记的家庭农场65家。其中种植业类32家、畜牧业类10家、渔业类5家、种养结合类15家、其它3家，有省级示范性家庭农场3家。

【新农村建设及农村人居环境整治】 2020年是新农村建设收官之年和农村人居环境整治国务院验收之年。按照省市县新农村建设四年规划要求，南城县重点围绕“七改三网”基础设施建设及“8+4”公共服务设施建设，积极推进25户以上宜居自然村新农村建设，进一步提升基础薄弱村点发展提升工作。2020年，全县省级新农村建设村点160个，涉及农户7154户，人口26591人，现所有村点基本上完成整治建设，进入验收决算阶段，实现了南城县所有村庄，新农村整治建设全覆盖。高质量完成省、市下达美丽宜居试点建设任务（试点村庄11个、庭院1100户）。2020年农村人居环境长效管护工作，按照省、市“五定包干”常态化长效管护的要求，南城县明确了乡镇、村管护主体职责，制定了《关于建立南城县“五定包干”村庄环境常态化长效管护实施方案》和《南城县村庄环境常态化长效管护考核标准及评分细则》，强化了管护措施。同时加强农村生活垃圾收运处置体系建设，积极开展农村生活污水治理，分类推进农村厕所革命，推进农村户用厕所无害化改造。每个季度农业农村局与城管局、卫健委等相关单位共同组织督查工作组，对全县12个乡镇进行了新农村建设、农村人居环境整治及长效管护等工作进行督查，对工作进展较慢的乡镇进行了通报。

【禁捕退捕和生猪屠宰管理】 禁捕退捕。贯彻落实国家、省、市对长江流域重点水域禁捕退捕工作，打赢禁捕退捕攻坚战是2020年重点工作之一，南城县按照“禁得住、退得出、能小康”的总体目标，及时成立工作领导小组，配备了专门人员，组建工作专班，科学制定《南城县抚河流域重点水域禁捕退捕工作实施方案》，明确了各阶段工作目标。按照“一调查、三审核、三公示”的原则，对确定符合享受政府补助退捕渔民323人开展精准识别，聘请江西省众平资产价格评估有限公司对映虹集团承包廖坊水库的资产退和渔民捕船网进行评估，聘请南城县物资再生利用有限公司对船网依法进行处置到位。据统计：退捕禁捕期间全县共回收退捕鱼船（含辅助船）175艘，其中：销毁（切割）差的船舶148艘、集中封存13艘、新好的船舶10艘交由县应急管理局集中保存以备防汛和4艘交由建昌镇渔民新村以备应急使用。共回收随船网具14378公斤，销毁12350公斤、集中封存2028公斤。落实财政资金2086.44万元。发布了《南城县人民政府关于南城县抚河鳜鱼国家级水产种质资源保护区水域实行全面禁渔的通告》和《南城县人民政府关于实施全面禁渔的通告》。以“河长制＋警长制”为依托，采用“水上查，路上堵”的方式，在禁捕区、禁渔区设立2个执勤点，分四个班次，实行24小时值班制，保证每天近20余人联合实行不定时巡察河段，先后针对偷捕作业先后开展联合执法检查巡查30余次。禁渔期以来，开展禁渔执法90余次，巡查里程600余公里；没收绝户网40余副，查处偷捕行为26起，没收或放生鱼类50余公斤，办理涉渔刑事案件26起，对犯罪嫌疑人28名采取强制措施。生猪屠宰管理。为了打击生猪屠宰乱象，加强主要农产品可溯源管理，让全县人民吃上安全、优质、放心猪肉。农业农村局落实执法责任，加强私屠滥宰打击力度问题。强化检疫。县美日肉联屠宰场对进场屠宰的生猪必须做到“票物一致”（即检疫登记证与生猪耳标必须一致），种猪（后备母猪）屠宰必须建立台账。加强生猪屠宰市场源头管理，所有屠宰的生猪必须全部抽血检测，做非洲猪瘟检验，同时驻场官方兽医做抽样检测。并要求县美日联肉联食品屠宰场必须在消杀区、待宰区、屠宰区、检测检验区等各个环节安装监控摄像头，并与县农业农村局联网，实行全程监控，覆盖各个环节，不留死角。由县农业农村局牵头，联合市监、公安联合执法对全县私屠滥宰违法行为进行重拳出击，严厉打击，发现一起，打击一起，不留死角。加强肉品行业管理，成立南城县生鲜猪肉经营行业协会。抑制不合理的价格倾销或哄抬物价以及确保肉品安全。

【县农业局主要领导名单】
党委书记、局长：
刘　兆（2020.1—2020.12）

畜　牧

【概况】 2020年，南城县畜牧水产局紧紧围绕“十三五”规划中的畜牧水产发展目标，以“调结构、转方式、强服务”为主线，突出特色产业，加强环境整治，强化疫病防控，推进南城县畜牧业健康发展，南城县畜牧业生产继续保持良好的发展势头。

【落实各项补贴政策推动生猪复养增产】 为加快生猪产能快速恢复，结合县实际，制定了切实可行的生猪生产引种补贴和大清洗大消毒补助工作的实施方案。2019年7月1日至2020年12月31日期间，对全县生猪养殖场新引进青年能繁母猪实施补贴，引种补贴任务3940头。每头能繁母猪补贴900元，补贴资金省、市、县财政分别为118.2万元，合计354.6万元。实施范围为省级以下核发种畜禽生产经营许可证（有效期内）的种猪场和年出栏 5000 头及以上的商品猪场。生猪养殖场户必须满足环保和防疫要求，须取得动物防疫条件合格证，并在农业农村部畜禽养殖场直联直报系统注册登记。引进的已使用或经产的种猪不在种猪补贴范围内。对已建成的畜禽运输车辆洗消通道并在大清洗大消毒行动中达到非洲猪瘟监测合格要求的生猪养殖场户、生猪屠宰场给予补助。年底得到补助的养殖场有南城融鑫南生态农牧有限公司、南城辉隆农业有限公司、南城县小国养殖有限公司、南城县永盛生态农业种养殖有限公司、南城县丰收农业开发有限公司等。

【畜禽粪污资源化利用整县推进项目进展顺利】 2020 年南城县全县基本建立科学规范、权责清晰、约束有力的畜禽粪污资源化利用制度。建立明确的粪污收集、储运、资源化利用运行政策。构建起种养结合、农牧循环的可持续发展机制。全面提升畜禽粪污综合利用和畜禽规模养殖场粪污处理设施装备水平。到 2020 年年底，全县畜禽粪污综合利用率达到 95% 以上，畜禽规模养殖场粪污处理设施装备率达到 100%。项目采取“以奖代补，先建后补”方式补助项目资金。落实养殖场主体责任，项目实施主体先行投入建设，全面完成建设内容，经验收合格后，给予项目资金奖补。南城县畜禽粪污资源化利用整县推进项目，项目总投资 5212 万元，其中，畜禽养殖场新建、完善、改造粪污处理设施投资 2392 万元；新引进第三方处理主体投资 1960 万元；原有机肥厂升级改造 380 万元；种养结合生态示范基地 268 万元；项目管理费 212 万元。项目资金来源为：中央预算资金 2500 万元，地方配套资金 212 万元，企业自筹资金 2500 万元。

【有序开展非洲猪瘟等疫病防控“大清洗大消毒”工作】 根据国家、省、市非洲猪瘟防控系列精神和要求，周密布置非洲猪瘟防控工作，切实强化监测排查，进一步强化生产经营者动物防疫主体责任，指导生猪养殖场、屠宰场、无害化处理厂、贩运和承运人等防疫主体建立完善清洗消毒制度，按照要求开展清洗消毒工作。进一步强化监督检查，对清洗消毒制度建立不完善，措施落实不到位的，督促指导限期整改。重点针对养殖场区、待宰圈舍、屠宰车间、无害化处理车间，运输工具和人员等加大清洗消毒力度，出现生猪发病或死亡的，指导养殖场户和屠宰场扩大清洗消毒范围，增加清洗消毒频率，督促无害化处理厂对病死猪运输车辆在卸载后严格消毒，防止病原扩散。进一步完善病死猪无害化收集、运输和处理体系，严厉打击随意丢弃病死猪的行为，减少病原污染。采购应急物质，紧急采购和下发应急物质消毒 5 吨，防护用品 2000 套（个）、消毒机 15 个、扑杀器 4 台。认真做好春秋重大动物疫病防控工作，确保免疫密度 100%，免疫抗体水平 85% 以上。

【大力发展草地畜牧业优化调整畜牧业产业结构】 天然草地改良。建设草地围栏，补播改良退化草地，综合防治草地生物灾害，因地制宜开展划区轮牧等。优质稳产人工饲草地建植。开展土地整理，修建灌溉沟渠、田间作业通道等基础设施，普及优良牧草种子，推广混合播种、水肥调控、生物灾害综合防治等高产集成技术，建设一批优质高产稳产饲草基地。标准化集约化养殖基础设施建设。开展高标准牲畜圈舍、储草棚库、青贮窖池和粪污处理设施等基础设施标准化建设，优先支持建设一批采取自繁自养模式、牛羊存出栏达到一定标准的养殖基地。草产品加工设施设备建设。开展草产品加工，购置牧草刈割收获、田间干燥打包、草捆压制存贮，以及产品加工、分级、包装、检验检测等关键设施设备。技术培训服务。项目承担单位与科研院校、畜牧技术推广机构建立技术依托关系，聘请相关专家提供技术指导，开展技术培训服务。2020 年南城县建成和投产了里塔镇南城县余氏农业牧业发展有限公司和新丰街镇阿丁种养殖专业合作社两个标准化集约化养羊场，将通过“公司 + 合作社 + 农户”的经营模式，辐射带动全县肉羊养殖，促进全县羊产业跨越式高质量发展。公司通过提供种羊、高床舍饲养殖、疫病防控、牧草种植等技术系列服务，起到龙头带动作用，带动全县肉羊养殖发展。计划带动全县肉羊养殖户 30 家，肉羊存栏 1 万头。同时为了促进扶贫事业的发展，两个养羊场计划带动贫困户20户，通过雇请贫困户从事养殖、清粪、牧草种植等工作，增加贫困户的收入，脱贫致富，打造成为南城县扶贫事业龙头企业。

林 业

【概况】 南城县林业局是县政府管理全县林业工作的职能部门，其主要职能是森林资源保护管理和植树造林。局机关内设7个职能股室，下辖25个基层单位。全局共有干部职工397人，离退休人员53人，其中，具有高级工程师职称5人，中级工程师职称26人。建有基层党支部8个，中共党员250人。县林业局以全面推进林业产权制度改革、国有林场改革为动力，以林业重点工程和造林绿化“一大四小”工程建设为依托，以科技兴林为支撑，以依法治林为手段，推动林业产业和林业生态文明建设持续健康发展。2006年5月荣获全省林业产权制度改革工作先进集体；2008年1月荣获全省林业产权制度主体改革验收先进县（市、区）；2008年4月荣获全市林业产权制度主体改革目标完成二等奖；2009年4月荣获2008年度全省造林绿化“一大四小”工程建设先进县（市、区）；2010年11月荣获（2009—2010）年度全省造林绿“一大四小”工程建设综合先进县；2011年度荣获全市林业目标考核综合奖；2012年5月荣获（2010—2011）年度全省林业绿化“一大四小”工程建设综合先进县；2012年6月荣获2011年度全市林业工作目标考核三等奖；2013年2月荣获2012年度全省木材检查工作先进单位；2013年6月荣获2013年度春季防火“平安县”称号；2013年9月荣获（2010—2012）年度全省国有林场危旧房改造工程先进县；2013年3月荣获2012年度全市林业工作目标考核二等奖；2013年9月荣获（2012—2013）年度全市森林防火责任目标考核三等奖；2016年6月荣获2016年春季森林防火平安县（市、区）称号；2016年9月荣获2015—2016年度省直管县（市）森林防火责任目标考核三等奖；2017年1月荣获第九次全国森林资源连续清查江西省清查先进单位2019年3月南城县林业局荣获国防动员先进单位。

【森林资源】 南城县林地面积为120842公顷，其中乔木林地面积97573.6公顷，占林地面积80.74%；竹林面积12544.8公顷，占林地面积10.89%，疏林地面积471.5公顷，占林地面积0.39%；灌木林地面积7723公顷，占林地面积6.39%；未成林地面积1091.7公顷，占林地面积0.9%；无立木林地面积1178.3公顷，占林地面积0.98%；宜林地面积189公顷，占林地面积0.16%；苗圃地面积70.4公顷，占林地面积的0.06%。森林覆盖率68.27%，林木绿化率68.82%。全县活立木总蓄积量为7609533立方米，其中林分蓄积量为7478553立方米，疏林蓄积2838立方米，散生木蓄积103492立方米，四旁蓄积24650万立方米，分别占总蓄积量的98.28%、0.04%、1.36%、0.32%，毛竹株数26858177株。

【森林培育】 2020年，南城县委、县政府深入贯彻落实习近平新时代中国特色社会主义思想，积极推进生态文明先行示范区建设，打造美丽中国的“江西样板”，助推江西绿色崛起。南城县充分结合创森、通道绿化彩化、森林“四化”和美丽乡村建设等工作，在森林培育和提升森林质量等方面加大了力度，取得了一些成绩。造林绿化成效显著。营造林生产是林业建设的核心内容和建设生态文明的重要基础，是森林培育的重要手段。近年来，南城县不断加大造林绿化宣传力度，健全完善多方力量参与，多部门合作，多渠道投入的造林绿化机制，创新产权模式推进植树造林，并充分尊重自然规律，坚持因地制宜、适地适树，切实做到宜封则封、宜造则造、宜乔则乔、宜灌则灌、乔灌结合，大力开展造林绿化工作，取得了显著的成效。2019年，共完成人工造林面积2000亩，占省下达任务的100%，其中完成森林“四化”（即绿化、美化、彩化、珍贵化）建设任务100亩；完成其他造林1900亩；完成非工程封山育林面积6000亩，占省下达任务的100%。高标准实施森林抚育和低产低效林改造工程，森林质量得到进一步提升。近几年，南城县加大了森林抚育和低产低效林改造工作力度，积极争取中央森林抚育及省级低产低效林改造补助等资金，高标准实施森林抚育和低产低效林改造工程，充分改善林分卫生环境状况，促进林木生长，科学培育森林资源，发挥森林多种功能，进一步提升了森林质量，使森林资源得到可持续发展。2019年，全县高标准完成森林抚育面积6326亩，其中森林抚育2500亩、到期还生态林抚育3826亩；完成低产低效林改造面积5300亩，其中补植改造100亩，抚育改造5200亩。均圆满完成省下达任务。

【建立森林保护长效机制】 全面推行林长制工作，建立了以县委书记为总林长、县长为副总林长，县、乡、村三级党政领导为各级林长的森林保护管理体系，统筹整合了全县林业基层管理力量和森林管护资金，构建了以村级林长、监管员、护林员等为主体的“一长两员”森林资源源头管理架构，实现了全县森林资源网格化管理，做到了“山有人管、树有人护、责有人担”。

【持续推进封山育林】 为有效保护森林资源，为全县生态文明试点建设提供绿色支撑，根据2016年《南城县封山育林规划（2016—2020年）》，坚持对150万亩山林实施封育。

【限额采伐与运输管理规范】 认真落实林木限额采伐审核审批和木材运输管理制度，林木采伐量严格控制在限额以内。2019年，办理林木采伐许可20771立方米，办理运输证23413立方米。

【森林资源管护工作有力】 坚持依法治林，加大了昼夜巡查力度，严厉打击破坏森林资源的违法犯罪行为。全年共查处林业案件36起，处理违法人员36人，维护了林区秩序稳定。随着社会经济的发展和政府不断地扶持，林业产业逐步发展壮大，现有各类木竹加工企业92家，其中课桌生产企业38家、凉亭生产企业22家、实木加工企业27家、竹丝厂7家，规模以上企业60余家。企业协会两家课桌企业协会和凉亭企业协会，实木等原材料由自供为主转变为外购为主，主要引进樟子松、新西兰松等国外松木及东南亚等国的黄花梨杂木，课桌面板以杨树生态板为主，年总耗材6万余立方米，这些木材主要用于发展株良镇的课桌椅等校具产业和县工业园区的仿古家具与户外凉亭，年产值约30亿元。

【森林开发林下经济发展】 南城县对林下经济发展十分重视，结合南城县实际情况，着重发展中药材种植产业。全县现有林地面积180万亩，到2020年全县林下种植中药材种植面积8362亩。主要品种为枳壳、重楼、黄精等。据适地适树和林农种植积极性，中草药种植主要分布在南城县地势较为开阔的山地乡镇，主要在上唐镇、里塔镇、新丰街镇及建昌镇。县政府拿出专项资金给予扶持，根据不同品种每亩扶持800—2000元，分三年拨付，大大地增强了林农种植中药材的积极性。由于2019年下半年持续干旱，当年新栽的中药材苗木枳壳成活率受到影响，未达到造林验收标准，2020年春必须及时补植。由于近年政策扶持，种植面积增速较快，但大部分为近年新增面积，2019年中药材种植业产值为840万元。县林业局对荒山及林下种植中药材的，积极帮助搞好林地规划、及时上报并统计种植面积，加强与县中药材服务中心、财政等部门联系，争取扶持资金及时、足额到位。

【野生动植物保护管理得力】 加强了《野生动植物保护法》的宣传贯彻工作。在(2月2日)湿地日宣传日，在（4月1—7日）爱鸟周宣传周组织人员进入学校宣传，对群众发放宣传单800多份，向经营户、消费者严明国家野生动植物保护政策和法律法规。从严审查野生动植物的驯养、培育、繁殖和经营利用申报工作，对不符合规定野生动植物的驯养、培育、繁殖和经营利用条件的不予上报，对已审批发放证件的按期进行年审，不再进行养殖、经营的单位，并及时收回已发放的有关证件并进行备案。全县办理省级人工驯养野生动物繁殖许可证8户，办理了省级人工驯养野生动物经营许可证6户，办理了县级人工驯养野生动物繁殖许可证的20户，办理了县级人工驯养野生动物经营许可证的17户。严厉打击了、非法捕猎、贩卖、经营野生动物及其产品。截至2020年年底，在对全县10家集贸市场和200多家餐馆酒店的不定期巡查中共查获省重点保护野生动物有黄麂4只，省非重点保护野生动物有中华竹鼠5只，田鸡鸟4只，华南兔2只，野猪4只，野生活水蛇100余斤。除对部分动物尸体进行掩埋以外，野生动物活体经鉴别和拍照后，全部进行放归南城县湿地公园和自然保护区。另外，累计向省、市网站发布重要野生动植物和自然保护区信息5余条，促进了南城野保和湿地工作宣传与交流。南城县古树名木已做到一树一牌一表，相片、地址、档案核对清晰、详尽。并对麻姑山风景名胜区内的古树、名木重新进行了挂牌，登记。顺利推进了自然保护区、湿地公园建设项目的实施。2015年5月18日通过省政府评定，芙蓉山自然保护区晋升为省级自然保护区。成立了芙蓉山省级自然保护区管理站，并修建了自然保护区管理站，站点设在云市护林防火哨。

加强了自然保护区的管理建设水平。在湿地保护方面，林业局培训了一支高素质、多专业、高水平的湿地管护队伍，对湿地内的物种、生态系统及自然景观进行全面的保护、监测和研究，在盱江省级湿地公园内建设了湿地展示厅。

【高位提升湿地公园建设】2011年11月省林业厅正式批准南城县盱江湿地公园开展省级湿地公园创建工作，成立了盱江省级湿地公园管理站，按照规划完成了建设，并在2017年11月份盱江省级湿地公园通过省专家组验收正式挂牌江西南城盱江省级湿地公园。2012年12月，国家林业局正式发文批复江西南城洪门湖国家湿地公园通过了专家实地考察论证和初步审查，成功跻身国家湿地公园（试点），为南城的湿地公园建设迈出了关键一步。根据已制定的《江西南城洪门湖国家湿地公园总体规划（2013—2020）》，通过改善湿地保护的基础设施条件，加强湿地保护，（一）在县委县政府的组织领导下，各单位提供洪门湖国家公园的相关数据和资料，整理并且全部归档。（二）与南京厚朴设计公司签订了湿地公园内的宣教展示厅设计，湿地公园外面的标示，标牌和大型指示牌设计等合同。设计工作与建设宣教展示厅，做牌工作都全部完成并通过验收。（三）同县采购办、县重点办和县财政局相关人员到南京等地购置了一艘巡护船只用于巡护工作，购买了大型标示石牌三块，建设了一座水文监测站。2018年12月份通过了国家林业和草原局对洪门湖国家湿地公园验收，正式挂牌，江西南城洪门湖国家湿地公园。

【湿地保护工作】南城县各类湿地资源总面积共计9856.75公顷，可分为库塘湿地5661.76公顷、永久性河流3600.92公顷，输水河23.58公顷、洪泛平原湿地570.49公顷，主要由永久性河流湿地和库塘湿地两大湿地类型组成，全县湿地保护率由2013年的50.87%新增到2020年的80.64%。由于南城县地势南高北低，东西两面排山屏立，中部盱江河沿岸地区多为低丘岗地，形成东西部两边高，中部地势低的地形格局，境内最高海拔1064米，最低海拔46米，由平原岗地、低丘、高丘、山地高低错落构成。由于东西两侧的山地高低错落，孕育了南城县大部分的河流和水源，河流的源头均在东西两侧的山地。而人工湿地大部分分布在中部低丘岗地与东西两侧山地交界处的上唐、新丰街、洪门、天井源、里塔、万坊、徐家等乡镇。主要用于农业灌溉及养殖业。

【野生植物资源】根据调查南城县湿地植物种类主要有91种，45科，湿地植被面积1640.35公顷。其中，永久性河流湿地植物种类主要有：狗牙根、合萌、鬼针草、紫芋、空心莲子草、葎草、白茅、鸡眼草、清香、丁香、菖蒲、节节草、菹草、一年蓬、艾草、合子草、苔藓、河柳等。

洪泛平原湿地植物种类主要有：狗牙根、合萌、鬼针草、紫芋、空心莲子草、葎草、白茅、鸡眼草、清香、节节草、一年蓬、苎麻、红蓼、水蓼、合子草、苍耳、灯心草、芦苇、荷花、叶下珠、狗尾草、枫杨、叶下珠、河柳等。库塘湿地植物种类主要有：芭茅、稗草、蚕茧草、苍耳、葛藤、狗牙根、狗尾草、合萌、黄荆、鸡眼草、茭白、聚穗莎草、莲、青香、水稻、香附子、野大豆、苔藓、空心莲子草、水葫芦、紫芋、葎草、蓟等。因为人为因素影响，天然湿地植被分布较零散，没有得很好的管理，洪泛平原湿地由于没有很好利用和保护，一些被用来放畜，县城附近的被用来挖沙、取石，对湿地植被造成不小的破坏。永久性河流及库塘湿地植物也基本处于一种天然的自生自灭状态，只有少部分布大江大河及大型库塘湿地植物得到部分保护和利用。

【野生动物资源】 南城县 20 世纪 70 年代以前，野生动物的种类和数量繁多，随着人口的增多和改革开放以后人们对经济利益的过度追求，大量的野生动物被捕杀，一些野生鱼类及兽类已灭绝，幸免保存下来的物种现在也非常稀少，特别是野生鱼类资源。湿地野生动物主要包括盱江省级湿地公园及周边山林中有动物共计 89 种，隶属于 21 目 46 科；洪门湖国家湿地公园内有野生脊椎动物 212 种，隶属于 27 目 70 科。具体如下：湿地鸟类主要有白鹭、野鸭、鹧鸪、画眉、鹰、雉鸡、乌鸦、八哥、灰喜鹊、池鹭等。鱼类主要有泥鳅、棒子鱼、红眼鱼、草鱼、鲤鱼、鲫鱼、白鲢、鳙鱼等。两栖类主要有青蛙、泥蛙、癞蛤蟆。爬行类主要有龟、甲鱼、蜥蜴、奇蛇、眼镜蛇、竹叶青、黄金条、莱花、乌梢、水律等。哺乳类主要有野猪、黄鼬、猪獾、刺猬、狗獾、华南兔、田鼠、松鼠等。

【湿地公园】 洪门湖国家级湿地公园。洪门湖国家湿地公园湿地规划总面积 7984.79 公顷，其中湿地面积为 4208.81 公顷，占公园总面积的 52.71%。主要包括南城县境内的洪门水库（即洪门湖）、黎滩河以及周边一定的区域。地理坐标为北纬 27° 24′ 57″—27° 29′ 58″，东经 116° 41′ 36″— 116° 52′ 16″。公园内的湿地资源可以划分为天然湿地和人工湿地两类以及永久性河流湿地、洪泛平原湿地、库塘湿地 3 个湿地型。洪门湖即洪门水库，是江西省第三大型水库，位于南城县东部 16 公里处，面积 40 余平方公里，总库容量 12 亿立方米，水域开阔，湖内岛屿 1000 余个，有近万亩丹霞地貌，树木葱郁,水鸟飞翔,风景秀美。“醉仙岩”是湖区主要景点，故而又名醉仙湖。洪门湖素有“赣东千岛湖”之称，公园内自然的湿地、丹霞山地、森林与人文的“临川文化”“洪门文化”“巫傩文化”“红色文化”以及民俗文化构成的复合自然社会文化系统，在中国南方具有典型性与代表性。以洪门湖为主体的洪门湖国家湿地公园是鄱阳湖流域湿地生态系统的重要组成部分，已经成为江西省第二大候鸟栖息地，并且对减少鄱阳湖的泥沙输入和保障抚河水质安全具有重要作用。盱江省级湿地公园。盱江省级湿地公园内湿地总面积 603.3 公顷，占土地总面积的 95.4%，主要包括南城县城所在的盱江段、黎滩河以及周边一定的区域。湿地公园由南向北呈狭长形廊道走向，最南端至京福高速盱江大桥段下游 0.5 公里处，最北端至旧万年桥下游 2.5 公里处，东西两侧大致以现有公路为界。地理坐标为北纬 27° 31′ 51″—27° 36′ 58″，东经 116° 37′ 22″—116° 39′ 23″。盱江省级湿地公园位于江西省抚河上游，其以抚河上游干流、洪泛平原湿地、河泛沼泽及其黎滩河支流等构成的自然复合湿地系统，在中国东部中亚热带低山丘陵地区具有一定典型性和代表性，在江西省具有较强的代表性。同时，盱江和黎滩河形态自然，岸线优美，湿地景观独特，观赏性强；湿地动植物资源丰富，在生物多样性保护方面能够发挥重要作用。湿地公园具有显著或特殊生态、文化、美学和生物多样性价值的湿地景观。同时，湿地公园内自然景观与人文景观交融，历史悠久的传统农耕文明反映了该区域人与湿地和谐相处的湿地文化，体现了湿地公园深厚的历史文化价值。悠久的湿地农耕文明和深厚的“傩文化”在该区域集中体现，赋予了湿地公园深厚的历史文化底蕴，拓展了湿地生态旅游的文化内涵。南城盱江上游湿地保护小区。2017 年南城县新增湿地保护小区，南城盱江上游湿地保护小区，南城盱江上游湿地保护小区位于抚河上游，在南在县南高速桥（北纬 27° 52′ 39″—27° 52′ 26″，东经 116° 62′ 82″—116° 63′ 47″）到南丰交界接壤处（北纬 27° 28′ 70″—27° 28′ 97″，东经 116° 56′ 08″—116° 61′ 54″）。全长 31 公里，河面宽度 600 米左右，保护区面积 1860 公顷，沿线经过东岸的天井源乡天井源村、田螺石村、新丰乡章坊、杨桥、新丰村、林坊、汾水村，西岸的株良镇周家堡、湖边、上白水、尧村、都军、鱼良村。南城盱江上游河流沿岸植被资源丰富，树种搭配合理，鸟类和野生动物种群较多，对这段河流的保护不但可以保护水质还可以保护其生态环境，而且可以提高南城县自然湿地保护率，扭转湿地面积减少、生态功能退化的局面，对提高南城县生态安全和加快“绿色立县”建设有着特别重要的意义。

【湿地保护】 南城县群众对湿地保护的意识还比较薄弱，加之该县湿地保护管理工作起步较晚，所以在湿地保护管理的宣传工作需要进一步加强。湿地受威胁程度为中等。主要为放牧、污染、滥捕乱猎等。湿地区人口的增加，不少湿地被用来放牧，湿地面积和湿地植被减少不小。大规模的水产养殖没有得到科学的规划和控制，超过了库塘系统的环境承载力，加上养殖结构和方式上的不合理，造成湖泊水环境质量严重下降。湿地生态受人为干扰严重。水面被大量的网箱分割，湿地生物生存空间被掠夺，水生动植物种群和数量锐减，湿地生态系统遭到了严重的破坏，防洪调蓄功能退化。保护水平不高。年底存在水利、渔业、林业多头管理湿地的现象，缺少资金投入，管理水平不高，难以适应日益增加的湿地保护需求。

【森林防火工作扎实有效】 南城县森林防火指挥部办公室于1992年3月14日成立，办公室设在县林业局，其主要任务是贯彻执行国家森林防火工作的方针、政策，监督、检查森林防火宣传教育，制定森林防火措施，实现森林火灾的预防工作，组织开展森林防火检查。2004年8月1日成立南城县森林消防专业队，负责全县重点地带和重大森林火灾的扑救。2011年底各乡（镇）成立了半专业扑火队，负责乡（镇）森林火灾的预防和扑救工作。近几年，南城县森林防火事业得到了快速发展，森林防火作为生态建设的重要组成部分，取得了可喜成就。一是森林防火行政领导负责制进一步落实，进一步完善森林防火工作激励机制和森林防火组织体系。二是森林防火宣传督查力度进一步加强，明确野外禁火规定，实行“五个禁止”；开展森林防火主题宣传活动，提高全民的森林防火意识；加强森林防火督查，着力整治野外违规用火，做到“见烟就查、违章就罚、成灾就抓”。三是森林防火基础设施建设进一步增强，森林消防队伍建设进一步推进。全县已组建专业森林消防队1支，核定事业编制50名，实有队员50人；组建乡镇半专业扑火队12支、队员360余人；根据林改后森林防火面临的新形势，积极引导林农群众组建林业“三防”协会，成立扑火应急队。

2019年9月，因机构改革，南城县森林防火指挥部转至南城县应急管理局，南城县森林防火指挥部办公室相应设在南城县应急管理局。

【县林业局领导名单】
局长：
邓华生（2019.1至今）

水　利

【概况】 南城县水务局属南城县人民政府职能部门，主要负责保障水资源的合理开发利用和保护，指导水利工程建设与管理和农村水利工作，组织、协调、监督、指导全县防汛抗旱及防治水土流失等工作。2019年根据县委办、政府办关于印发《南城县机构改革实施方案》（城办发〔2019〕1号）要求，更名为南城县水利局，2020年年底，南城县水利局内设办公室（党委办公室），水旱灾害防御股，“河长制”办公室，河道管理办公室，财务股，水资源股，水土保持站，水政监察大队，水利建设管理站，农村水利站，工程质量与安全监督站等11个职能股站（室）。水利局机关人员行政编制为9个，事业编制32个，共有干部职工74人，其中：行政公务员编12人、事业编干职30人、退休人员32人。

下属单位有：麻源水库工程管理局、徐坊水库工程管理站2个国有水利工程管理单位。其中，麻源水库工程管理局为副科级单位，属公益一类事业单位，主要承担麻源水库防汛抗旱、水土保持等公益性职责，负责库区大坝检查、观测以及大坝枢纽工程维修养护工作；负责县城原水正常供给和水质监测保护工作；负责麻源灌区供水管理服务和主、干渠维修养护工作；负责饮用水水源地生态环境监测、治理和保护工作。徐坊水库工程管理站为股级单位，主要承担徐坊水库防汛抗旱、水土保持等公益性职责，负责徐坊水库大坝枢纽工程维修养护及徐坊灌区主、干渠维修养护工作。

【水利工程】2020年，全县已建成大小水利蓄水工程1675座（处），其中：大型水库1座（洪门水库），中型水库2座（麻源水库、徐坊水库），小（1）型水库18座，小（2）型水库97座，山塘水库1511座，窑池46处；水库总库容133794万立方米，其中：大型水库121400万立方米，中型水库4890万立方米，小（1）型水库5031万立方米，小（2）型水库2473万立方米。水利工程年供水总量为19200万立方米，其中：水库工程10847.5万立方米、山塘和窑池工程2428万立方米，河湖引水闸工程2716万立方米，河湖提水泵站工程2267万立方米，机电井500万立方米，其他441.5万立方米。全县已建成水电站21座，泵站248座，水闸22处，机电井166处。全县堤防长度77.84公里，其中：万亩圩堤3条（胜利堤、河西联堤、八堡堤），全长23.71公里，保护耕地3.46万亩，保护人口3.68万人；千亩圩堤3条（新桥堤、新丰堤、渔良堤），全长11.14公里，保护耕地1.61万亩，保护人口1.78万人。

水土保持

【水土流失】南城县受地理环境和历史因素及不合理生产、开发的影响，水土流失历来较为严重，一直是水土流失重点县之一。根据发布的《江西省水土保持公报》（2019）相关数据显示，本项目所在地南城县水土流失（轻度以上水力侵蚀）总面积为347.52平方公里，占辖区土地总面积的20.47%，其中：轻度流失面积329.10平方公里，占流失面积的94.71%；中度流失面积为12.02平方公里，占流失面积的3.46%；强烈流失面积为4.08平方公里，占流失面积的1.17%；极强烈流失面积为1.99平方公里，占流失面积的0.57%；剧烈水土流失面积为0.33平方公里，占流失面积的0.09%。自2013年以来，南城县被列入国家水土保持重点建设工程项目县，通过这几年的水土流失综合治理，截止到2020年年底，南城县已完成水土流失综合治理面积123.92平方公里，占全县土地总面积的7.3%。水土流失地区主要分布在建昌镇、上唐镇、新丰街镇、天井源乡、里塔镇、株良镇等地。水土流失侵蚀类型主要为水力侵蚀，侵蚀形态以面侵为主，部分沟蚀和崩岗。根据对南城县水土流失状况分析，造成水土流失的主要因素为：自然因素和人为因素的相互作用。自然因素：由于降雨时间集中、降雨强度大、植被少、土壤抗蚀能力差、山地丘陵面积大、坡陡等因素，形成导致水土流失的自然因素。人为因素：由于人口增长，对土地的不合理利用，曾经几个时期的乱砍滥伐，铲草皮，加上部分农村缺柴，过度砍伐薪柴，不采取水土保持措施的造林、开荒、顺坡耕作等，致使植被遭到严重破坏，土壤侵蚀加剧。特别是随着经济发展，资源开发、城市建设、交通建设、乱取土、乱采石等活动，造成大量人为水土流失，形成生态环境恶性循环，进一步加快土壤侵蚀速度。淤埋农田，降低土地质量，大量泥土和有机质及氮、磷、钾等肥料随水流失。淤塞河道及损坏水利等基础设施，降低灌溉效益及航运能力。近35年中，大小水库平均库容，因淤积已损失30%。盱江河床已上升2米以上，大大减弱防洪能力和灌溉效益及通航能力。洪涝灾害加剧，危害人民生命财产安全。一旦暴雨袭击，水土流失严重地区容易引发山洪暴发，山体滑坡，淤埋村庄、农田，冲毁公路、桥梁。破坏生态环境。水土流失进一步破坏地表植被、土壤使生态环境进一步恶化。

【水土流失治理】根据国家颁布的水保法及实施条例，制定《南城县水土保持实施暂行办法》《南城县收取水土保持治理费暂行标准》等地方性配套法规。特别是被列为全国第二批水土保持监督执法试点县后，更加重视水土保持监督执法工作，相继出台《南城县水土保持监督实施办法》等6个规范文件，使全县水土保持做到依法治理，有效地遏制了新的人为水土流失，从而使生态逐步走向良性循环。2020年上级下达南城县的水土保持生态建设任务指导性指标为8平方公里，南城县完成了上级下达的生态建设任务指导性指标。

【农田水利】 自2017年始，由省政府牵头改革，将农田水利建设等事宜整合至农业部门，水利局再无此项目。

【山塘整治建设】 2020年，水利局积极向省厅申报年度建设项目，邀请设计单位编制了48座山塘的治理方案，因省厅年度规划调整，未能申报到2020年山塘项目资金。

城乡供水

【概况】 江西省南城润泉供水有限公司始于南城县自来水公司，是一个集自来水生产销售、供水管网安装为一体的国有企业。原南城县自来水公司始建于1980年，自盱江河抽水，经二级加压输送至县城配水管网，日供水能力5000吨。随着县城城市框架不断拉大，人口不断增多，供水满足不了要求，1993年开始着手编制规划从麻源水库取水方案，1994年实施并于年底投产运行，1996年4月，由南城县麻源水库工程管理局、南城县自来水公司、江西省水利水电开发总公司、南城县财政局四家股东单位组成，成立南城县供水有限公司。2001年南城县水务局成立后，股东调整为江西省水利水电开发总公司和南城县水务局，是集全县制水生产、供水销售及供水安装为一体的股份制国有企业。2012年12月5日，南城县人民政府和江西省水务有限责任公司签署了《南城县城乡一体化供水项目合作协议书》，并将南城县供水有限公司的有效资产出售给江西省水务有限责任公司，原南城县供水有限公司正式交付江西省水务有限责任公司接管，并更名为江西省南城润泉供水有限公司。

公司下设行政部、财务部、工程部、生产部、客户部等10多个部门和机构；现有员工207人，中高级技术人员10名，其中请假36名，内退19名，在岗人员152名。现有1座无动力供水水厂，供水能力4万吨/日，供水管网总长约128公里，在册水表总数3.3万余只，主要担负着建昌、万坊、天井源等3个乡（镇）13余万人口，近13平方公里的供水任务。自成立江西省南城润泉供水有限公司以来，江西省水务有限责任公司每年投入巨资用于旧管网改造，完善供水设施，并先后对麻源水厂进行了改扩建，确保出厂水质100%符合国家标准。公司本着“团结、奋进、高效、务实”的企业生产经营理念，围绕安全优质供水，严格安全生产规范操作，确保地区安全不间断供水；坚持以法治企，建立健全各项规章制度，不断增强社会公共职能，努力提高优质服务水平；按照县委、县政府的要求抓好重点项目的建设，同时不断加大供水基础设施建设，加大中心城区旧管网和“一户一表”改造步伐；不断加强内部管理，以“水质好、水量足、压力够、计量准、维修快、服务佳”为标准，持之以恒地履行应尽的义务和一系列便民利民措施，以实际行动开创南城供水事业科学发展新局面。

【城市饮用水水源】 县城区饮用水水源为麻源水库，总供水规模6万吨/日，总供水人口约20万人。为提高应对涉及危机的水源地突发事件的能力，保障公共用水安全，南城县积极开辟第二水源和应急备用水源，把抚河盱江支流作为县第二水源。南城县第二水厂的主体工程已基本完工，一期3万立方米/日已完成，并投入运行。二期正在规划开展中。

【加强农村饮用水水质检测】 南城县把解决农村饮水安全问题作为改善农村生活条件，提高农民生活质量，加快新农村建设步伐，改变农村落后面貌的民生工程来抓，为保证全县农村饮水安全，依据农村饮水基本达标的“四项标准”积极开展多次全县贫困户农村饮水现状排查，逐户开展调查排查工作，通过逐乡镇逐村座谈、问询，建立了贫困户安全饮水工作台账。并积极争取上级水利资金123万元，为全县30处农村水厂进行维修养护，配备消毒药剂。

防汛抗旱

【防汛抗旱队伍建设】 2020年，南城县防汛工作在县委、县政府的坚强领导下，在上级水利部门精心指导下，坚持以人民为中心的发展思想，开展水利除害利民，积极践行“两个坚持、三个转变”的防灾减灾新理念，紧紧围绕“一个中心、三个重点、五个确保”的防汛总目标，紧抓“防汛责任制、工程建设、防汛预案、抢险队伍、抢险物料”五个关键环节，扎实落实各项防汛措施，科学运用山洪灾害预警平台，坚持提前转移制度，取得了全面胜利。建立健全以行政首长负责制为主体的各种防汛责任制。针对机关事业单位机构改革职能转变，南城县及时调整防汛指挥机构，由县政府主要领导担任总指挥长，县应急和水利部门进行了有效的衔接，县水利部门防办人员已调整落实到位，建立了有效的防汛抗旱工作机制。各乡镇也相应成立了以乡镇长为组长的防汛工作领导小组，进一步落实了以行政首长负责制为核心的各项防汛责任制，切实提高基层防汛责任意识，并将各项防汛责任层层分解。同时，明确防汛期间各级防汛指挥长及各乡（镇）党政主要领导原则上不得擅自离开本辖区。县委、县政府向各责任单位下发了防汛抗旱目标任务书，及时调整了重要水工程行政责任人、防汛抗旱责任人等，并及时在媒体进行了公示。落实了200多名负责重点工程、重点保护对象的行政负责人和技术责任人。117座小（2）型以上水库均配备了1—2人专职安全管理人员，共134名，3条万亩以上圩堤每公里配备了1名专职安全管理人员，共27名，4月30日，县防指组织小型水库及小型堤防安全管理员进行了培训，有效地提升了安全管理员的理论素质和小型水库及小型堤防运行管理水平，确保工程运行安全。落实了防汛物资、防汛抢险队伍。积极落实非工程措施，储备草袋2万条、编织袋3万条、麻袋1万条、砂石7000余立方米、救生衣500件、雨衣100套、雨鞋100套、帐（篷）布60块、土工布7200平方米、冲锋舟5艘、橡皮艇6艘、水上救援机器人2台、充气式救生衣50套、救生抛投器19台、油锯14台、割草机10台，实行定点存放，专人保管，并对现有常备防汛物料进行全面清查，及时更新补充过期和消耗的物料，做好防汛舟船等器械的检修。从实战要求出发，南城县应急局、消防救援大队联合成立应急救援大队30人，县人武部应急连落实了应急抢险队伍120人，南城县民间救援力量有红十字蓝天救援队、蓝豹救援队、雪豹救援队共计100人，对出现重大险情的水库、堤防、受洪水威胁的群众进行紧急支援。6月10日，在沙坪电站水域进行了实战演练，提高了队伍的应急处理能力，各乡（镇）也配备了防汛抢险队伍10—20人，技术人员1—2人。落实水库度汛计划，完善各类水利工程预案及山洪灾害防御预案。南城县根据往年防汛工作的经验教训及具体情况制定了严格的度汛预案，对存在问题的水库都采取限制蓄水，对部分病险水库及三类坝采取限制在正常蓄水位0.5—1米以下运行。结合南城县工作实际，已对《南城县防汛抗旱应急预案》《城市防洪预案》《山洪地质灾害防御预案》《重点工程防洪预案》等进一步修改完善，切实增强预案的针对性和可操作性。各类水利工程度汛方案已编制完成，方案明确了水库、堤防影响（保护）范围内人员转移避险方案。加强巡查，强化预警，抓好防汛值守和监测预报工作。建立健全县、乡、村、组、户五级联防责任体系，对全县58个行政村的山洪灾害点，168个自然村是山洪灾害危害区进行隐患排查，并加强防汛值班，严格执行24小时值班和领导带班制度，及时发布雨情、水情、工情和灾情信息，为防汛指挥决策提供科学依据。

五河治理防洪工程

【工程概况】 五河治理防洪工程南城县新丰街镇防洪工程位于南城县新丰街镇境内，沿抚河右岸布置，综合治理盱江河堤防长度3.415千米，新丰堤保护范围内现有直辖居委会1个，村委会2个，农田面积2700多亩，人口3200余人。

【工程等级】 本工程堤防的工程级别为5级；穿堤建筑物与堤防的工程级别相同。工程防洪标准为10年一遇，排水标准为5年一遇。本工程拟综合治理盱江河堤防长度3.415千米；加固土堤2.635千米，临、背水坡均采用草皮护坡，堤顶泥结碎石防汛公路2.275千米；新建防浪墙1.0千米，砼挡墙固脚1.465千米；块石固脚0.565千米；新建、加固穿堤建筑物5座。

【工程建设情况】 新街镇防洪

工程批复总投资1742.82万元，其中工程部分投资1280.69万元（建筑工程909.76万元、金属结构设备及安装工程9.17万元、临时工程80.01万元、独立费用220.77万元、预备费60.99万元），建设补偿和移民征地投资396.77万元，水土保持工程投资41.83万元，环境保护工程投资23.53万元。该工程于2019年9月开工，2020年11月完成项目建设任务，完成加固土堤2.635千米，建设防汛公路2.275千米，混凝土挡墙固脚1.465千米，块石固脚0.565千米，新建穿堤建筑物5座。

水资源管理

【最严格水资源管理制度】 为深入贯彻落实《江西省人民政府关于实行最严格水资源管理制度的实施意见》，进一步强化南城县水资源开发、利用、节约、保护和管理工作，结合南城县实际情况，县政府出台了《南城县人民政府关于实行最严格水资源管理制度的实施意见》，明确全县用水总量控制、用水效率控制、水功能区水质达标率控制目标，并指定了工作内容和奖惩措施。2016年南城县下发了《南城县水资源管理“三条红线”控制指标的通知》，明确全县2020年用水总量指标为2.11亿立方米，2030年用水总量指标为2.12亿立方米，万元工业增加值和GDP用水量均降低30%，农业灌溉有效利用系数达到0.531，并将该内容纳入各乡镇水利改革发展考核。

【多渠道宣传水法规】 高度重视水法规宣传工作，利用“世界水日”“中国水周”宣传周活动和日常宣传相结合的办法，展开形式多样的宣传活动。通过在城区主要街道、进小区、学校、企业拉醒目横幅、宣传牌，散发宣传资料，设点宣传、咨询等多种形式，深入持久地推进宣传工作。通过宣传加强全民节水惜水意识，为做好水资源管理工作打下了良好群众基础。

【规范取水许可管理】 认真贯彻取水许可制度，严格执行取水许可审批程序，按照水资源规划和优化配置要求审批，在供水管网范围内，禁止审批取用地下水。对无证取水的用水单位，加大打击力度，督促编制水资源论证报告书（表），完善取水许可审批手续，并实现网上录入登记管理。2020年依法对21个单位［15个小（1）型水库、4个农饮项目、2个供水单位］取水许可申请材料进行审查，批复并录入了取水许可管理系统。

【水政执法】 南城县坚持依法治国的理念，积极推进依法行政、依法治水，严格规范执法行为、严肃查处涉水案件、依法打击各类水事违法行为。通过“春雷2020”行动、九部门联合执法、河湖卫士监督执法等一系列执法活动，始终保持对非法采砂、非法取水等行为的高压严打态势，同时加强对河道、涉河建设项目、水利工程设施保护、水资源、河道采砂、水土保持、水利建设市场等六个方面的监督执法行动，坚持日常巡查，加快推进生态健康，推进农村水生态文明建设，维护河湖正常水事秩序和良好的水生态环境，突出重点水域、重点部位、重点时段，对敏感地区和难以监管的非法采砂点进行了重点巡查，水政监察大队始终秉承“白加黑、五加二”的工作方式，坚决做好非法采砂监督检查力度，2020年共巡河检查2500余公里，出动执法人员900余人次，执法车辆200余台次，查获非法采案件6起，行政处罚7人，查获无江西省河道砂石采运管理单的非法运砂车辆10余台，依法打击非法囤砂点18处、收缴囤砂1500余立方米，水事违法活动得到有效遏制。

水利建设规划

【编制水利发展规划】 2015年4月编制完成《南城县“十三五”抗旱规划（引调提水工程）项目编制报告》、9月完成《南城县水利发展“十三五”规划报告》《南城县小型水库建设总体实施方案》《南城县水能资源开发规划报告》《南城县农村水电“十三五”规划报告》《南城县农村饮水安全2016—2018年水利扶贫规划》《南城县农村饮水安全“十三五”规划》《南城县万坊镇南坑小流域水土保持综合治理工程实施方案》；2016年3月完成《南城县上唐镇塘湾小流域水土保持综合治理工程实施方案》，2018年5月编制完成《江西省南城县徐家镇非头生态清洁小流域实施方案》，2019年3月编制完成了《南城县2019年度农村饮水安全巩固提升项目实施方案》，2019年6月编制完成《南城县上唐镇东湖生态清洁小流域建设实施方案》，2019年11月编制完成《南城县廖坊水库库汊矮圩拆除后恢复与改善农田灌溉工程初步设计报告》，2020年10月修订了《江西省南城段河长制抚河盱江南城段“一河一策”实施方案》《江西省南城段河长制岳口水南城段“一河一策”实施方案》《江西省南城段河长制后车水“一河一策”实施方案》《江西省南城段河长制池溪水“一河一策”实施方案》《江西省南城段河长制熊坊水南城段“一河一策”实施方案》《江西省南城段河长制小竺水南城段“一河一策”实施方案》《江西省南城段河长制源头水南城段“一河一策”实施方案》《江西省南城段河长制黎滩河南城段“一河一策”实施方案》《江西省南城段河长制上乌石“一河一策”实施方案》《江西省南城段河长制韩公水“一河一策”实施方案》《江西省南城段河长制龙湖水南城段“一河一策”实施方案》《江西省南城段河长制彭武水南城段“一河一策”实施方案》《江西省南城段河长制芦河南城段“一河一策”实施方案》《江西省南城段河长制资福水南城段“一河一策”实施方案》《江西省南城段河长制官庙水“一河一策”实施方案》《江西省南城段河长制红米邱水“一河一策”实施方案》《江西省南城段河长制邹家水“一河一策”实施方案》《江西省南城段河长制株溪水南城段“一河一策”实施方案》，2020年12月编制完成《江西省南城县“十四五”水安全保障规划》《江西省洪患村镇洪涝整治南城县株良镇世厚村整治工程》实施方案。

【加强河道管理】 2020年，为深入贯彻落实习近平生态文明思想，充分发挥检察监督职能与行政执法管理职能的合力作用，协同推进南城县河长制湖长制工作，改善全县水生态环境，努力为南城县生态文明建设提供服务和保障，依据《中华人民共和国刑事诉讼法》《中华人民共和国行政诉讼法》《江西省实施河长制湖长制条例》《南城县全面推行河长制工作方案（修订）》（城办字〔2017〕54号）和《关于建立“河长湖长+检察长”协作机制的指导意见》（赣河办字〔2020〕17号）等相关法律法规及规范性文件,启动了“河长湖长+检察长”的工作机制，为进一步加强南城县河道管理提供了坚强的法律保障。

【构建“河长制”组织体系】 按照“建立管理机构、明确工作目标、落实管理责任、严格管理考核”的要求，全面建立了区域与流域相结合的以县、乡、村三级“河长”为主要内容的“河长制”组织体系，对全县范围内18条主要河流全部落实了具体责任人，由县党政主要负责同志分别担任县级“总河长”“副总河长”，县委、县政府分管同志分别担任盱江和黎滩河等18条主要河流“县河长”，河流所经乡（镇）政府主要负责同志担任“乡河长”，所经村委会主任担任“村河长”，各级“河长”名单均在政府网站公布，实现了县、乡、村三级“河长”全覆盖。

【完善了河湖健康体系整治方案】 全面对南城县境内18条河流的水资源、水环境、水生态状况进行调查、综合评价河库健康状况等问题，建立目标、问题、任务、责任四个清单，根据建立的问题清单制定相应的责任单位和责任人。完善了一河一档，修订了一河一策方案，明确了问题清单、目标清单、任务清单、措施清单、责任清单等5个清单，形成了河湖治理保护管理的路线图。

【强化宣传引导】 利用“世界水日”“中国水周”等机会开展河（湖）长制“进机关、进学校、进园区、进社区、进企业、进农村”六进宣传；同团县委联合举办了“我是‘河小青’生态南城行”青年志愿服务活动，积极引导南城县广大青年投身保护母亲河、推行河长制工作，并将其纳入常态化工作；并组织了“河湖长制网上知识竞答”活动，积极倡导河湖保护生态理念，动员全民参与河湖保护。

【开展水库水环境专项整治】 为加强水资源管理和保护工作，有效防治水库水质污染，加快推进水生态文明建设，保障经济可持续发展。根据《南城县水库水环境专项整治实施方案》（城办字〔2017〕95号）

文件精神，县河长办采取明查或暗访等形式定期对全县117座小（2）型以上水库开展水库退养大督查，对发现的问题，以督办单形式下发有关乡镇，截止到2020年年底，共下发督办单30余件，已全部完成了整改任务，完成率为100%；同时，强化了对饮用水水源地水质环境监测工作，2020年每月都对主要饮用水水源地环境管理状况进行评估，水质达标率均为100%，水质均达到Ⅲ类水以上。

【推进生态鄱阳湖流域建设】 为贯彻落实《省委办公厅、省政府办公厅关于印发〈江西省推进生态鄱阳湖流域建设行动计划的实施意见〉的通知》（赣办字〔2018〕56号）文件精神，大力推进生态鄱阳湖流域建设，开展了空间规划引领行动、绿色产业发展行动、国家节水行动、入河排污防控行动、最美岸线建设行动、河湖水域保护行动、流域生态修复行动、水工程生态建设行动、流域管理创新行动、生态文化建设行动等十大行动。截止到2020年年底，南城县全面完成了十大行动年度任务，完成率100%。

【实施河（湖）长巡河】 为加强河道管理，推进生态文明建设，促进河道水质提升，实现对河流问题的"早发现、早处理、早解决"，南城县各级河长尽职履责，多次深入河道开展巡河督导工作。2020年，县级各河长根据《江西省实施河长制湖长制条例》要求，坚持每季度带队巡河巡湖不少于一次的原则，从水资源保护、湖岸线管理保护、污染防治、水环境治理、水生态修复、执法监管等六个方面开展巡河督导。在水资源保护方面，重点抓水资源开发利用控制、用水效率控制、水功能区限制纳污制度是否得到落实；在湖岸线管理保护方面，重点查处是否存在侵占河道、围垦湖泊、侵占河湖和湿地，非法采砂、非法养殖、非法捕捞，违法占用水域、违法建设、违反规定占用河湖岸线，破坏河湖岸线生态功能的问题；在污染防治方面，重点排查入河湖污染源，工矿企业生产、城镇生活、畜禽养殖、水产养殖、农业生产等是否非法排污，污染水体；在水环境治理方面，重点查处是否按照水功能区确定的各类水体的水质保护目标对水环境进行治理；在水生态修复方面，重点查处是否在规划的基础上实施退田还湖、退田还湿、退渔还湖、恢复河湖水系的自然连通，是否进行水生生物资源养护、保护水生生物多样性，是否开展水土流失防治、维护河湖生态环境；在执法监管方面，重点查处是否建立健全全部门联合执法机制，是否建立河湖日常监管巡查制度，实行河湖动态监管，落实执法监管责任主体、人员、设备和经费以及打击涉河湖违法行为及治理非法排污、设障、捕捞、养殖、采砂、采矿、围垦、运输、侵占岸线等活动的情况。

【推进"清河行动"】 根据省河长办印发的《江西省2020年"清河行动"实施方案》（赣河办字〔2020〕18号）要求，县委、县政府及时召开了"清河行动"推进会，各责任单位制定了"清河行动"工作方案，开展了问题摸底排查，建立了台账，列出问题明细清单。由县政府牵头，县公安局、水利局、农业农村局、生态环境局等责任单位组成的联合执法行动小组，对乱占乱建、乱围乱堵、乱采乱挖、乱倒乱排、乱捕滥捞等非法行为进行了全面整治。

【全面推进水库退养工作】 南城县117座小（2）型以上水库已于2018年1月15日前完成签订退养协议并清库工作，实现"人放天养"。2017年水质未达标的39座水库，经2018年监测水质，基本已达到国家Ⅲ类水标准，2020年将强化各水库的监管工作，定期对各水库水质进行检测。

【推进"清四乱"行动】 根据省水利厅《关于调查核实河湖"四乱"疑似问题的函》（赣水建管便函〔2020〕109号）的文件精神，县委、县政府高度重视，于2020年10月22日联合县水利局、县林业局、县农业农村局相关工作人员分别对省厅反馈的洪门水库拦网养鱼问题进行调查。经调查，洪门水库内存在问题13处，其中网箱12处、拦鱼网1处。网箱12处由洪门镇、龙湖镇、上唐镇、建昌镇、徐家镇等五个乡镇负责拆除，拦鱼网1处由江西鄱阳湖豫章农业开发有限公司负责拆除。截止到2020

年12月17日已全部完成拆除工作。

【南城县小水电清理整改工作】为全面贯彻落实习近平生态文明思想，坚决纠正中央环境保护督察、长江经济带生态环境保护情况审计等发现的小水电违规建设、影响生态环境等突出问题，根据《水利部 国家发展改革委生态环境部国家能源 关于开展长江经济带小水电清理整改工作的意见》（水电〔2018〕312号）、江西省小水电清理整改工作领导小组办公室转发《水利部办公厅关于印发长江经济带小水电清理整改验收销号工作指导意见的通知》《江西省小水电清理整改工作领导小组办公室第五次省级协调会纪要》《抚州市小水电清理整改工作推进会会议纪要》精神，明确南城县小水电站全部采取县级联合工作验收确认方式，在立项审批、环境影响评价、水资源论证、土地预审、林地征用、生态流量监测设施等方面及时完善相关手续。2020年10月至12月，县水利局联合发改委、生态环境局、自然资源局、林业局对全县21座小水电清理整改进行联合验收，其中麻源水电站变更为退出类，其余20座水电站为整改类。

【全面开展水利领域清查违建工作】根据《江西省水利厅办公室关于进一步明确水利领域清查整治重点范围的通知》（赣水办建管函〔2019〕56号）和2019年11月14日政府召开的违建调度会的要求，县水利局高度重视，对排查出的金星水库违法建房以及方勇强违建房已全面清理、拆除，并恢复土地原状。县水利局对全县水利违建情况进行了“回头看”工作，经抽查，各地违建房已全面清理、拆除，水利建设附近未存在违建情况。

【全面推进河湖划界工作】南城县境内流域面积50平方千米以上中小河流有18条，2020年对岳口水等15条河湖管理范围进行划定工作，其中岳口水划定长度11.8千米，熊坊水划定长度8.4千米，源头水划定长度14千米，官庙水划定长度20千米，红米邱水划定长度18千米，彭武水划定长度27.8千米，邹家水划定长度19千米，池溪水划定长度21千米，后车水划定长度11.9千米，上乌石水划定长度14.9千米，资福水划定长度19千米，龙湖水划定长度15.4千米，株溪水划定长度15.2千米，小竺水划定长度34千米，韩公水划定长度29千米。在划定河道管理范围内埋设界桩、公示牌等，划定工作已经南城县人民政府批准，并在县政府网站进行公示。

【全面推进水利工程标准化工作】南城县2020年列入水利工程标准化管理实施计划的有乡村堤防6座（渔良堤、新丰堤、株良堤、上唐堤、龙湖堤、沙洲堤）、小（2）型水库48座。乡村堤防及小型水库达到三级标准。按照计划，2020年11月30日至12月2日，县水利局组织专家对全县所有开展标准化管理建设的水利工程进行了标准化考核评价，专家经过察看现场、查阅资料，对每处水利工程进行评价打分，结果乡村堤防6座（渔良堤、新丰堤、株良堤、上唐堤、龙湖堤、沙洲堤）、小（2）型水库48座均达到三级标准。

水利建设及管理

【万坊镇恢复灌溉工程概况】南城县廖坊水库库汊矮圩拆除后恢复与改善农田灌溉项目位于南城县万坊镇、徐家镇。主要建设内容：提灌站共有11座，均位于南城县万坊镇。其中有6座提灌站原址拆除重建，新建3座，2座提灌站更换设备；张家段陂坝和枧下陂坝拆除重建；山塘共有4座，其中3座加高加固，1座新建；压力管道共有6根，管道总长5.176千米，配套渠道总长6.206千米；渠道加固改造长1.944千米。

【在建工程】项目于2019年10月17日南城县发改委以城发改农经字〔2019〕15号文下达立项批复。2019年12月9日，南城县水利局以城水利字〔2019〕227号文下初步设计报告批复，批复总投资5247.97万元。2020年3月完成招标，中标单位为青岛吉安工程有限公司，中标价为25504484.22元。2020年4月开工，截至2020年12月底已完成工程量50%。

【小水电概况】截至2020年年底，南城县已建成水电站21

座（含洪门水力发电厂），装机容量5.2155万千瓦，年发电量16867.758万千瓦时。其中多数电站建成于1995年之前，受当时设计、建设水平限制，特别是随着运行年限的增加，水能转换效率低、安全隐患严重、综合利用功能衰退等问题日益突出，不仅浪费宝贵的水能资源，威胁公共安全，还制约了农村社会经济可持续发展。由于承担公益性任务较多和体制机制等多方面原因，早期建设的农村水电站无力依靠自身积累进行改造升级，部分濒临报废，亟须国家予以一定扶持。

【工程建设情况】2016以来南城县列入全省水利"十三五"农村水电站增效扩容改造项目2个，分别是张家锻水电站、龙湖苦竹平水电站，批复总投资364.87万元。截止到2020年年底，已完成项目机电设备政府采购，并完成张家锻、苦竹平水电站机电设备安装，张家锻水电站已投入使用，苦竹平水电站2019年3月投入使用。全部实施后，每年新增231.5万千瓦时的电量，按照平均年利用3000小时折算，相当于新增770千瓦的水电装机容量。

张家锻水电站效扩容改造工程位于南城县万坊镇鄱阳村的岳口水中下游，地理坐标位于北纬27° 38′ 34″，东经116° 32′ 50″，距南城县城约21千米。坝址以上集雨面积45平方千米，电站改造前装机容量225千瓦（100千瓦+125千瓦），近三年的年平均发电量105万千瓦时；改造后电站装机容量410千瓦（160千瓦+250千瓦），设计年平均发电量156.1万千瓦时。该电站于1978年建成投产，工程枢纽主要由大坝、压力水管、发电厂房、升压站等组成，迄今已运行了38年，电站设备落后、陈旧老化、发电效率低，水能资源浪费严重。工程所在区域森林茂密，生态环境良好，无人口迁移，无淹没损失，为保证电站运行安全，充分利用水力资源，减少运行成本，增加经济和社会效益，对该电站进行增效扩容改造。本项目于2020年6月完成安全生产标准化验收。

张家锻水电站增效扩容改造工程批复总投资134.11万元，更换水轮发电机组2套；更换机组控制及励磁屏2套；引水渠道、压力前池维修加固；厂房维修、更换压力管80米、启闭机1台套；更新拦污栅等。

苦竹平水电站增效扩容改造工程位于南城县龙湖镇的株溪水的中下游，地理坐标位于北纬27° 29′，东经117° 56′，距离南城县城约45千米。坝址以上集雨面积52.6平方千米，电站改造前装机容量320千瓦（2×160千瓦），近三年的年平均发电量170万千瓦时；改造后电站装机容量900千瓦（500千瓦+400千瓦），设计年平均发电量320万千瓦时。该电站于1972年建成投产，工程枢纽主要由大坝、压力水管、发电厂房、升压站等组成，迄今已运行了49年，电站设备落后、陈旧老化、发电效率低，水能资源浪费严重。工程所在区域森林茂密，生态环境良好，无人口迁移，无淹没损失，为保证电站运行安全，充分利用水力资源，减少运行成本，增加经济和社会效益，对该电站进行增效扩容改造。本项目于2020年4月完成安全生产标准化验收。

中小河流治理工程

【工程概况】南城县芦河水黄狮渡河段治理工程保护范围是沙洲镇的主要居民区和农田耕作区，总人口1.57万人，耕地面积1.1万亩。本工程为V等工程，工程级别为5级，防洪标准为10年一遇，主要建筑物级别为5级，次要建筑物、临时建筑物级别为5级。主要建设内容：河道综合治理总长17.51千米（其中芦河水6.94千米及其支流邓坊水4.92千米，后车水5.02千米，石峡水0.63千米），河道疏浚清障0.96千米；防洪墙0.504千米；加固土堤长0.355千米，C20砼框格草皮护坡1.185千米，干砌块石固脚14.645千米，砼仿木桩固脚长0.80千米，生态挡墙砖0.38千米，重建陂坝6座，穿堤建筑物6座。

【工程建设】2020年4月28日，南城县沙洲镇人民政府在县交易中心对南城县芦河水黄狮渡河段治理工程进行公开招标，中标单位为湖北二〇九工程有限公司，中标金额为1681.238237万元。2020年5月8日，南城县沙州镇人民政府与湖北二〇九工程有限公司签订合同，于9月开工建设，截止到2020年12月底已完成工程量80%。

【县水利局主要领导名单】
党委书记、局长：
周为平（2012.9—2020.12）

廖坊水库防护工程

【概况】 2008年11月，廖坊水库防护工程管理机构由“南城县廖坊水库防护工程管理站”更名为“南城县廖坊水库防护工程管理局”，其机构升格为正科级事业单位。

南城县廖坊水库防护工程事务中心主要负责南城县境内三条圩堤、六座电排站的正常运行、维护及管理工作。其中三条圩堤分别是：河西联堤、新桥堤和八堡堤，六座电排站分别是：河西上电排站、河西中电排站、河西下电排站、新桥电排站、万年电排站和红光河电排站。

【廖坊水利枢纽工程】 廖坊水利枢纽工程是一座以防洪、灌溉为主，兼顾发电、供水、航运等综合利用的大型水利枢纽工程。它对其下游的江西省省会城市南昌市、临川区、赣抚平原的大片农田及工矿企业、机场、铁路等重要设施保安具有极其重要的作用。由于廖坊水库库区尾部地处低丘平原区，工程兴建将对库区4万人、3.7万亩农田造成巨大的淹没影响。为最大限度降低水库淹没对库尾南城县县城建昌镇及其附近的新桥堤、万年堤、八堡堤、河西堤内的国民经济和生态环境的影响，特意对这四片防护区进行了工程防护。后由于南城县城镇规划范围扩大和广大干群的要求，经水利厅同意，加高万年堤，使万年堤防洪标准由二十年一遇提高至河西堤防洪标准一样，即五十年一遇，取消了原万年堤与河西堤之间因防洪标准不同的隔堤，将河西堤和万年堤合二为一，统称为河西联堤。原四片防护区合并为三片防护区，即河西联堤、新桥堤、八堡堤。

河西联堤位于南城县建昌镇境内，在抚河左岸，属抚河流域，堤线全长9203米（其中：砼防洪墙2922米，土堤6281米），工程等级四级，其主要建筑物级别相应为4级。现有堤顶高程69.62—71.65米。堤顶宽6—6.8米。设防标准为50年一遇，设计洪水位67.92—69.85米，警戒水位65.61米。河西联堤在桩号1+180、2+420、5+140、9+170处分别设有河西上电排站、河西中电排站、河西下电排站和万年电排站，四座电排站总装机容量2395千瓦，排涝流量28.01立方米每秒，排涝面积2.075万亩。

新桥堤位于南城县河东新桥村，现已规划为县城区堤防，也是南城县新城区重点开发地段。新桥堤位于抚河流域上游，盱江河与黎滩河交界处，左岸为盱江，右岸为黎滩河，中间为人工河干港河。新桥堤全长3536米（其中，土堤2100米，防洪墙1436米），始建于2005年，防洪标准为二十年一遇，工程等级为V等，其主要建筑物级别相应为5级，自干港桥起至双江公园，为环形堤。新桥堤桩号1+481处设有新桥电排站，装机容量135千瓦，排涝流量1.95立方米每秒，排涝面积0.115万亩。2018年，根据省水利厅关于推进水利工程管理标准化建设的要求，南城县廖坊水库防护工程事务中心对新桥电排站站容站貌、新桥堤堤容堤貌进行了一系列的工程建设，整个工程完成迎水面砼预制块护坡清理五万余平方，堤顶路面整平1.3公里，铺设百米桩，安装各种标志牌、警示牌，对新桥电排站进行重新粉刷翻新，工程完工后，整个新桥堤工程外观大为改善，并制定了管理手册、完善了各类规章制度，有效提高了管理水平。

八堡堤位于徐家镇抚河右畔，始建于1951年，此前是一条矮小的堤坝，抗洪能力极低，经过1951年的加高加固，圩堤达到防五年一遇洪水能力，每隔几年就要漫决，农田受淹，1969年又一次进行加高加固后，堤顶高程达到65.5米，1984年再次发动圩区群众，将堤身全面加宽，1994年、1995年根据省、市水利部门对圩堤达标的要求，全面加固圩身，使土方形象基本达标。八堡堤全长8183米（土堤），工程等级为V等，其主要建筑物级别相应为5级，2002年至2006年作为廖坊枢纽防护工程进行了加固，现防洪标准达20年一遇。圩堤内地面高程较低，多在63.0以下，汛期在外河水位较高时，容易产生内涝，为排除堤内积水、保证正常的农业生产，八堡堤桩号6+700处建有红光河电排站，装机容量1400千瓦，排涝流量13.85立方米每秒，排涝面积2.91万亩。

2020年，6座电排站总装机27台，总装机容量3930千瓦，总排涝流量43.81立方米每秒，总排涝面积5.1万亩，是廖坊水利枢纽南城县境内的重要水利防护工程，对南城县城区建昌、万坊、徐家等乡镇的防洪排涝起着至关重要的作用。

【县廖坊水库防护工程管理局主要领导名单】

局长：

邱　春（2020.1—2020.12）

南城润泉供水有限公司

【概况】 江西省南城润泉供水有限公司前身为江西省南城县供水有限公司，创立于1980年，是一个集自来水生产销售、供水管网安装为一体的国有企业；2011年10月18日，南城县人民政府与江西省水利投资集团有限公司成功签订了《南城县城乡一体化供水项目合作框架协议》，根据协议内容，江西省水务集团有限公司注册成立了江西省南城润泉供水有限公司。公司现有员工188人，下设企管安监部、综合办公室、财务部、管网技术部、生产运行部、客户服务部、工程施工部、水质检测中心、农饮部等9个职能部门。

现有2座水厂。麻源水厂，供水能力6万吨/日；第二水厂（一期），供水能力每天3万吨；供水水质均符合《生活饮用水卫生标准》（GB5749—2006）标准。第二水厂（二期）正在规划开展中。根据南城县发改委下发的《关于南城润泉供水有限公司供水价格调整的通知》（城发改价〔2020〕8号）文件执行：自2020年11月1日起用水量计算，居民生活用水价格每吨1.31元、非居民用水（行政事业用水、工业用水、经营基建用水）价格每吨1.70元、特种行业用水价格每吨6.55元；工业园区企业用水价格每吨1.00元，从2023年1月1日起调整为每吨1.31元。现城区供水普及率达100%，供水管网覆盖建昌镇、万坊镇、洪门镇、株良镇、天井源乡部分区域及河东工业园区、金山口工业园区、创业园区、校具产业园区等，DN100以上供水主管网长度达168公里。

【主要工作】 主要从事自来水生产与供应，市政供水设施投资、建设、运营及管理，工程设计、管网安装与维修、二次供水等多项业务。

【特色工作】 2020年9月，麻源水厂二期改扩建项目竣工并通水，水厂扩建后总供水规模提升为每天6万吨（其中虹吸超滤每天4万吨、普通砂滤每天2万吨），南城县城区的水压、水质都得到极大的提升。

【润泉供水有限公司主要领导名单】

党支部书记：

华睦（2020.1—2020.12）

执行董事、总经理：

刘达（2020.1—2020.12）

移民扶持

【概况】 南城县大中型水库移民人口主要为南城县境内兴建的洪门水库、廖坊水库、麻源水库、徐坊水库成建制搬迁安置人口及浙江省“两江”、杨溪、长沼等八座县域外水库自主搬迁至南城县的移民人口，共计48705人，分布在全县12个乡镇130个行政村697个村小组。南城县2020年度应核减移民人口共401人，其中亡故243人、户籍迁出141人、嫁出1人、农转非5人、公职人员10人、服刑人员1人，错减5人，全县实际核减直补移民人口合计396人，全部转为核定到村组项目扶持人口。南城县2020年大中型水库移民后期扶持总人口为49705人，其中：直补移民人口为31207人，核定到村组项目扶持人口为18498人。

【扶持情况】 服务大局。坚决围绕县委、县政府应对疫情的全面部署，及时调整移民工作重心，积极发挥乡移民工作站、村移民理事会、村组移民代表三级网格作用，全力配合做好有关防疫核查、宣传、防控以及抗疫春耕备耕、复工复产等工作，有力保障了移民群众生命安全，确保全年无移民感染（确诊）新冠肺炎情况发生，广大移民生活生产秩序恢复正常。贫困移民脱贫。坚持目标导向，对全县尚未脱贫的建档立卡水库移民贫困人口进行挂图作战、销号攻坚，新试点安排300余万元后扶资金实施移民产业扶持项目，进一步巩固和带动贫困移民增收，推进移民产业壮大发展。全年完成贫困移民脱贫52名，至此全县824名贫困移民全部实现了脱贫。移民直补。根据《江西省大中型水库移民扶持人口核定登记办法》（赣移组办发〔2006〕1号）、《江西省大中型水库移民后期扶持规划实施管理规定（暂行）》（赣扶移字〔2013〕10号）文件精神，移民人口现金直补标准为每人每年600元整。资金来源为中央预算基金，分四个季度由财政通过乡财局“一卡通”渠道发放到移民账户。南城县2020年度应核减移民人口共401人，其中亡故243人、户籍迁出141人、嫁出1人、农转非5人、公职人员10人、服刑人员1人，错减5人，全县实际核减直补移民人口合计396人，全部转为核定到村组项目扶持人口。全县2020年大中型水库移民后期扶持总人口为49705人，其中：直补移民人口为31207人，核定到村组项目扶持人口为18498人。发放直补资金1872.42万元。项目管理。大中型水库移民年度目扶持资金项目计划类别分别为：后期扶持、经济发展规划、应急避险解困、库区维护、专项支出和小型水库解困。通过提前建立项目库，2020年度全县共有入库项目423个总资金8506.78万元。2020年度共收到上级下达中央水库移民扶持资金预算指标5440.9万元，其中用于项目扶持资金3568.48万元，规划编制无法核定人口核定到村组项目93个1109.88万元、基础设施建设和经济发展项目75个1287.75万元、专项支出项目36个896.85万元、第二批后扶基金项目17个231万元、小型水库解困项目4个43万元。通过项目扶持库区及移民安置区生产、生活条件日新月异得到改善，移民群众安居乐业社会环境和谐稳定。规划编制。根据《江西省扶贫办公室关于开展大中型水库移民后期扶持“十四五”规划编制工作的通知》（赣扶函〔2020〕24号）精神，为科学谋划未来五年南城县水库移民后期扶持重点工作和任务目标，县扶贫办于2020年11月专门委托了省办聘请的第三方专业机构即长江工程监理咨询有限公司（湖北）编制全县大中型水库移民后期扶持“十四五”规划，重点围绕实施乡村振兴和落实高质量发展要求，从规划背景、总体要求、规划思路、大中型水库移民后期扶持基金直接发放规划、美丽家园建设规划、产业转型升级规划、创业就业能力建设规划、散居移民基础设施完善措施、其他专项规划、后期扶持资金安排及年度计划、保障措施等11个方面进行编制，努力编制出体现新时代特征、符合南城县实际的高质量规划，并上报县政府同意审批后，将作为指导南城县“十四五”期间大中型水库移民后期扶持工作的纲领性文件和编制年度项目实施计划的主要依据。审计巡察整改。完成廖坊水库专项审计反馈的县级704.08198万元、县扶贫办本级299.252746万元、乡村339.85万元的整改任务，并在2020年10月分别完成了移民安置楼车库的转让和4套安置房的拍卖，共上缴财政非税收入343.62万元，对剩余的22套移民安置房资产全部移交划拨至县金创集团所有和经营，审计整改全面完成。全面落实县委巡察和县纪委监委工作要求，深入开展县办移民生产基地问题整改，解除了种鹅场承包协议，清缴了历年未交租金3.1万元，县办4个基地经营问题整改已全部完成。改革创新。认真钻研上级新规文件精神，破局提出改革有关思路举措并得到省市大力支持和鼓励，省办为此在管理系统增加了项目设计、项目监理和监督评估3个管理科目和项目子项，南城县也在全市率先试行后扶资金项目引入第三方委托业务服务，2020年3月完成第一批后扶项目的统一设计、统一监理购买服务工作，进一步加大了资金项目的监管力度。

【县扶贫办主要领导名单】

主任：

李洪斌（2019.3至今）

交通·运输

交 通

【概况】 南城县是江西省委、省政府规划的抚州副中心城市，是海西经济区、武汉经济圈、长三角、珠三角等经济区的共同腹地，区位优势凸显，县域面积1712平方公里，辖10镇2乡150个行政村，县域面积1698平方公里，交通区位得天独厚，是江西省建县最早的18个千年古邑之一，原中央苏区县，省直管试点县，省委、省政府规划的抚州副中心城市，贯南畅北、承东启西的赣东交通枢纽。

南城县交通运输局是县政府工作部门，为正科级，主要贯彻落实关于交通运输工作的方针政策和决策部署，在履行职责过程中坚持和加强党对交通运输工作的集中统一领导，内设办公室、财务审计股、政策法规股、规划基建股、运输安全股等5个股室；下辖南城县交通运输行政执法大队1个事业单位，实行局队合一管理。至2020年年底，全局干部职工147人，其中在职100人（行政编制10人，事业编制90人），退休47人。有下属企业4家：南城县道路服务站为国有企业，南城县航运公司、南城县搬运公司、南城县石灰厂为大集体企业。

【交通基础设施】“十三五”期间，南城县的交通基础设施无论是建设规模、还是建设质量均大幅提升，已建成了以向莆铁路、高速公路和国、省道干线公路为骨架、以农村公路为脉络的纵横交织、四通八达的交通网络。公路。“十三五”以来，南城县委、县政府深入贯彻习近平总书记关于“四好农村路”建设重要指示精神，全面完成了省厅下达的县道升级改造、乡道双车道改造、建制村窄路面拓宽、危桥改造、农村公路生命安全防护工程建设任务，夯实了南城换道超车、高质量发展的先行支撑，2017年实现25户以上自然村100%通硬化路、2018年基本实现村小组100%通硬化路同，2020年7月同步实现全县100%建制村通客车、100%乡镇通城乡公交。至2020年年底，南城县公路总里程达1946.952千米，其中：高速公路总里程101.351千米（福银高速南城段、济广高速南城段），国道总里程67.79千米（206国道、316国道），省道总里程81.143千米（前坊至德胜公路、南城里塔至崇仁公路），成为南城出境主通道；农村公路通车总里程达1696.665千米，其中：县道185.359千米、乡道409.952千米、村道1101.354千米，“两河三岸”的地缘城市架构起了以“两纵十横”为骨架的多层式循环路网。铁路。至2020年年底，南城县境内有铁路1条（向莆铁路），该铁路是条客货共线的国家一级快速铁路干线，境内总长47.95千米，设有车站1座（为三等客运车站），距离县城主干道——建昌大道1.5千米左右。水路。水运蓄势待发。横穿南城全境的盱江、黎滩河两条国家级航道直通赣江，其中盱江为Ⅵ－（2）航道，境内全长50千米；黎滩河为Ⅶ－（1）航道，境内全长31.5千米，并在县城圭峰处与盱江交汇形成抚河源头，使抚河成为江西省第二大河流、南城曾是“抚州航运中心”。由于种种原因，年底两条航道航运滞阻，仅限区域间的砂石材料及农林渔产品运输。

2020 年年末南城县公路现状

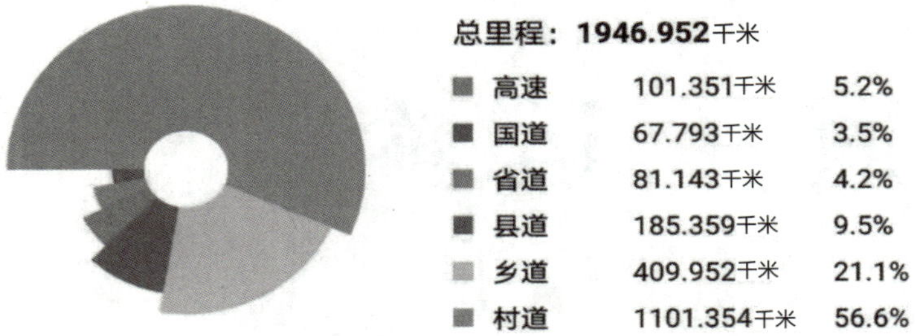

【交通运输服务】“十三五”期间，南城依托长、珠、闽、鄱阳湖生态经济区乃至长江中游城市群五大国家发展战略的共同交通中枢的区位以及四通八达、互联互通的交通网络，借以政策利好和高效的服务，催生了公路运输的腾飞和水路客运的孕育而起，尤其物流运输业由“江南运输大县”向物流运输“总部经济”示范县的转型，形成了铁路、公路、水路多式联运竞相发展的格局。公路客运方面。

向莆铁路的开通虽致福建的班线停运和至南昌班线客流萎缩，至 2020 年年末，南城县仍有至上海、广东等跨省班线，至南昌、鹰潭等跨市班线，至宜黄、黎川、南丰、广昌、资溪等跨县际班线共 16 条；2020 年 7 月全县 12 个乡镇 100% 通城乡公交和 150 个建制村 100% 通客车；开通城市公交线路 9 条，公交营运里程达 115 千米，覆盖了县城的“两河三岸”、火车站与汽车站、主要街道、大型超市商场和居民住宅区以及三大工业园区。铁路客运方面。“十三五”时期，南城铁路客运发送量呈稳步上升态势，随着城际、城乡公交的发展，南城周边的金溪、资溪、宜黄等地居民也多在南城周转。2020 年，由于受新冠肺炎疫情的影响，当年铁路客运发送量大幅下降。物流运输方面。到 2020 年年末，全县货运汽车保有量达 5859 辆总运力 8.1 万余吨位、其中 20 吨位以上的货运汽车达 3300 余辆；水路普货总运力 19880 吨位；物流运输企业 238 家，其中拥有 50 辆以上货车的企业达 76 家，年纳税上百万的企业达 36 家；从业人员 2 万余人；全年营业额达 40 多亿元，实现物流税收 1.87 亿余元、占当年全县财政收入的 12.98%，成了南城的支柱产业之一。

表 14

2016—2020 年
南城县火车客运情况表

年份	发送量（人次）
2016	578738
2017	698254
2018	736878
2019	764699
2020	494880

【南城县交通运输行政综合执法大队完成挂牌】 2020 年 6 月，根据中共南城县委机构编制委员会关于印发《县交通运输综合行政执法大队职能配置、内设机构和人员编制规定》的通知（城编发〔2020〕4 号）文件精神，成立县交通运输综合行政执法大队，内设办公室、法规安监股、执法一中队、执法二中队、执法三中队、执法四中队等 6 个机构，为县交通运输局所属的全额拨款公益一类事业单位，实行“局队合一”体制。不再保留县公路运输管理所、县公路管理站、县交通工程质量监督管理站、县渡口管理站、县港航管理所、县路桥养护工区、建昌交通管理站、上唐交通管理站、路东交通管理站、龙湖交通管理站、徐家交通管理站等部门，整合其承担的相关交通运输行政执法职责及原农业局渔船检验和监督管理职能，以县交通运输局名义，依法统一行使县本级的公路路政（含超限超载运输车辆治理）、道路运政、水路运政、港口行政、交通建设工程质量安全监督管理、渔船检验和监督管理等执法门类的行政处罚以及与行政处罚相关的行政检查、行政强制等执法职能。同年 7 月，完成挂牌。

【南城县 2020 年城市公交线路表】 2020 年，随着城市框架的拉大，加之南城一中搬迁新址，原有的公交线路已不能满足群众出行需求，新规划的线路如下。

1 路：水上餐厅—五里庄—南光加油站—商城宾馆—城北—盱江大道—农业银行—盱江小学—建昌供电所—县人民医院—实验中学—洪卫—山水佳园—登高福地—盱江幼儿

园—粤吉检测站—毛家坪，全长10千米。

2路：新万年大桥—坑口—温州工业园—金山口工业园区—金山口大型停车场—江南汽车城大门—金山口站—育人幼儿园—泰伯学校—盱江华庭(博雅蓝庭)—九鼎商贸城—九鼎车站—建昌新区卫生所—农业银行—信合盱江分行—百家惠—药都大道—人民医院—凤凰路—农贸市场—地税局—廉租房—骆坪村—骆坪小学—老牌坊口—黄家围村—黄家围村大队—麻姑山游客中心，全长12千米。

3路：金山口工业园区—江南汽车城—县行政中心—南城二中—南城一小—建设局—万家福—新农贸市场—县地税局—法莱德大酒店—秋水园—盱江幼儿园—登高福地—实验中学—南城一中—老粮食局—王府里大道—北街—九鼎客运中心—王府街—南城二中—县行政中心—金山口工业园区，全长14千米。

5路：福银高速口（宋家排）—县行政中心—南城二中—王府街—九鼎圆盘—王府里大道—老粮食局—南城一中—实验中学—登高福地—盱江幼儿园—秋水园—法莱德大酒店—县地税局—新农贸市场—万家福—南城一小—南城二中—县行政中心—福银高速口（宋家排）。全长15千米。6路：火车站—站前首府—老干局—南城二小—西苑小区—县汽车站—百家惠—西街—王府里大道—山水佳园—登高福地—滨江御园—新南城一中—程坊—罗坊—联益电子—赣亮科技—河东工业园区—校具产业园。全长30千米。7路：廉租房—康盛煤气公司—庙前新村—丁家桥—站前首府—老干局—南城二小—西苑小区—县汽车站—宏鑫宾馆—城北—九鼎车站—滨江1号—河东安置房。全长9千米。8路：火车站—站前首府—老干局—南城二小—西苑小区—南城汽车站—万家福—供电局—农贸市场—地税局—法莱德—秋水园—阿颖淮山—滨江御园—盱江幼儿园—登高福地—洪卫小区—教育局—人民医院—药都大道—百家惠—信合建昌分行—农业银行—建昌新区卫生所—九鼎车站—怡和园—盱江华庭（博雅蓝庭）—泰伯学校—育人幼儿园—金山口站—行政服务中心—县政府—南城二中—南城一小—建设局—南城汽车站—西苑小区—南城二小—老干局—站前首府—火车站，全长16.5千米。9路：火车站—站前首府—老干局—南城二小—西苑小区—南城汽车站—建设局—南城一小—南城二中—县政府—行政服务中心—金山口站—育人幼儿园—泰伯学校—盱江华庭（博雅蓝庭）—怡和园—九鼎车站—建昌新区卫生所—农业银行—信合建昌分行—百家惠—药都大道—人民医院—教育局—洪卫小区—登高福地—盱江幼儿园—滨江御园—阿颖淮山—秋水园—法莱德—地税局—农贸市场—供电局—万家福—南城汽车站—西苑小区—南城二小—老干局—站前首府—火车站，全长16.5千米。10路（麻姑山专线）：火车站—义仓—庙前—骆坪—麻姑山游客中心。全长6千米。

【南城县践行“五型”理念，公交实现“村村通”】 为深入贯彻落实习近平总书记关于“四好农村路”建设的重要指示精神，南城县在建制村通客车工作中以实际行动践行“五型”理念，亮出“创新”“担当”“服务”举措，全力破除城乡一体化发展的“肠梗阻”，疏通乡村产业振兴的“毛细血管”，在全市率先实现了全县150个建制村通客车，一个以城区为中心，乡镇为节点，连接城乡、辐射周边、方便快捷的农村道路客运网络正在形成。一是优惠政策“足”，让群众出行真实惠。加大财政支持，落实补贴补助，给予每车每年给予10万元补贴（含建制村通车客车运营补贴），仅此一项，县财政每年补贴850万元。同时重新核定票价，与农村客运相比，大幅降低城乡公交票价，各线路票价2元起，最贵不超过10元，下降幅度达20%—50%，给人民群众带来实实在在的优惠。二是发展模式“新”，让群众出行真便捷。积极探索建制村通客车运营新模式，采取城市公交延伸、农村客运公交化运营、农村客运班线等运营组织模式，将‘路通”与“车通”有效地衔接起来，按照“查漏补缺、一个不落”保障村民最低出行需求的原则，在所有建制村开通客运线路，实现“路、站、运”协调发展。通过前期摸排建制村常住人口、道路通行状况、群众出行方式等情况，详细制定

150个建制村通客车运行工作方案，科学规划运行线路，精准对接群众出行需求。同时，加快农村客运站场建设，2020年规划启动建设南城县客运站、徐家客运中心、上唐客运中心、路东客运中心、火车站客运枢纽，所有建制村停靠站点指示牌全部安装到位，极大地方便了群众乘车。三是车辆监管“严”，让群众出行真安全。充分利用三级监控平台，对所有农村客运车辆进行监控抽查，要求客运公司发布通车到建村的客车现场图片。通过采取4G动态监控抽查偏远线路车辆运行轨迹，坚决杜绝三超一疲劳和其他违章违法行为的发生。同时加大“黑车”打击力度，净化城乡公交市场秩序，切实保障乘客的合法权益和出行安全。

【东外环大型停车场项目简介】 东外环大型停车场暨南城县汽车综合服务中心位于黎滩河东侧，丰德线西侧，用地面积119606平方米（179.4亩），主要建设功能为车辆检测中心、加油站及物流服务中心等，其中车辆检测中心用地40.1亩，加油站用地10亩，物流服务中心用地（含停车场）129.3亩。该中心为一体化服务中心，于2019年开始动工建设，到2020年年底全部建成。项目建设总投资约2.2亿元，建成后可有效解决南城县大型货运车辆无处停放、占道维修等问题，对于缓解城区交通拥堵，规范运输市场经营行为，提高城市功能与品质，推动南城县经济高质量发展将发挥重要作用。该项目建设单位为江西森丰实业有限公司，施工单位为南城县建筑工程公司，监理单位为南城县工程监理有限责任公司。

【南城县恒顺公交公司站场建设项目】 南城县恒顺公交公司站场建设项目位于泰伯学校东侧，王府大街北延伸段以西，占地面积28856平方米（43.28亩），主要建设功能为公交客运站、充电桩、停车场、修理厂、办公楼等，其中综合办公楼占地面积10899.05平方米，公交车充电区占地面积1029.15平方米，公交车充电桩16台、停车位224个（公交车停车位206个，小车停车位18个）。项目建设总投资约1亿元，于2019年11月开始动工建设，2020年7月公交公司搬迁进驻并开始投入使用。恒顺公交公司站场的建设可有效解决南城县城乡客运公交停车、维护、充电等问题，缓解城区交通压力，满足群众对公共交通的出行需求，促进南城县城市化建设高质量快速发展。该项目建设单位为南城县恒顺公共客运有限公司，施工单位为南城县建筑工程公司，监理单位为南城县工程建设监理咨询有限责任公司。

【“空心”自然村进村道路建设工程】 为提升南城县脱贫质量，实现脱贫攻坚完美收官，保障偏远山区群众出行方便，更好地为农村经济社会发展服务，小康路上一个都不能掉队，根据全县有关乡村实际情况，经县委、县政府同意，南城县实施了“空心”自然村道路建设工程，对分布在全县7个乡镇的18条共46.1千米“空心”自然村进村道路进行改造，所谓“空心”自然村主要是指村内多数居民搬迁，现长期居住的人口极少甚至没有人居住的自然村。这些项目均由各自所属乡镇人民政府作为业主实施，交通部门负责技术指导与质量监管，建设资金由县财政承担，工程设计设计单位为吉安交通建设工程有限公司，监理单位为四川省渝鑫建设工程监理有限公司，2020年9月全部开工，2020年12月全部竣工，项目总投资为1300万元。

【抗击疫情 南城交通人在行动】 2020年伊始，新冠肺炎疫情出现，南城县“交通人”砥砺前行，全力奋战在疫情防控一线，守护着南城的平安健康。第一，领导重视“管好人”。局主要领导亲自指导防疫工作，并严明工作纪律，同时要求做好一线工作人员的健康防护物资发放和卫生防疫保护工作。第二，联防联控“卡好口”。按照南城县疫情防控应急指挥部要求，由县交通运输局牵头，公安、交警、卫健等部门在高速南城出口、南城东出口、县火车站等地24小时开展防疫检测，做好来南城车辆及人员管控工作，对来南城的外土地车辆劝返，做到守土有责、守土担责、守土尽责。第三，紧跟疫情“管好车”。根据疫情发展，督促各运输企业分别于2020年1月26日暂停客运班线运输、城市公交及城际公交运营，2月6日暂停出租车运营，同时，督促客运站场做好候车室和交通工具通风消毒、旅客体温检测等有关要求，坚决遏制疫情通过交通工具传播和交叉感染。第四，强化宣传“造好势”。利用悬挂横幅、微信、发放宣传单等各种方式不间断地宣传，引导南城人民科学理性认识疫情，养成多通风、勤洗手等良好生活习惯，动员群众不外出、不聚餐，打一场防疫的人民战争。

【南城县安装公交防护栏保市民乘车安全】 为保障了市民的乘车安全，南城县在城区多条主干路两侧的公交站台上，建立安全防护栏，将川流不息的车流和等车的群众隔离开来。公交车停靠站时，乘客可以通过护栏之间的隔断，安全有序乘车。过去，该县的公交站台设施陈旧，人挤人上车、道路上等车等不文明不安全行为时有发生。为构建文明安全有序的乘车环境，南城县交通运输局针对问题痛点去行动，改造的公交站台外观典雅，带有遮雨棚和座椅，兼顾了舒适与安全，得到市民们的一致点赞。2020年，全县共安装完成公交车站台防护栏43个，公交招呼站67个。防护栏融入环境，既醒目又美观，成为市民出行、学生上学路上的安全保障。

【南城常态化抓好水运安全管理】 南城县按照“政府主导、属地负责、部门联动齐抓共管”的原则，由县交通局牵头，海事、公安、林业、应急管理、畜牧水产、洪门乡政府等部门联合成立了专项整治联合执法队伍，对洪门湖水库形成常态化管理。2020年以来，共出动执法船60余艘。执法人员300余人次，张贴通告80份、散发倡议书600余张，下发安全生产督办单两份，现场驱离非库区生产作业快艇15艘，维持库区秩序，共疏导游客6000余人，达到了整治效果，确保当地水上运输安全有序、履行了行业管理职责。

【多部门联合执法规范机动车维修行业经营秩序】 2020年，为强化机动车维修市场安全监管，改善城市环境、提升城市品质，由南城县交通、市监、城管、生态环境等七部门联合执法，对辖区内机动车维修行业的经营秩序进行了规范。对于检查中发现不符合交通安全、环保、应急安全、城市管理等要求的问题，将由各相关部门督促机动车维修企业及时整改。截至年底，共计进行了200余人次联合整治，对90余家未备案维修企业进行约谈，要求他们按规定进行备案。同时，发放规范营业通知书150余份，要求货运司机将车辆停至合法的停车场，引导城区内外大型货车维修门店搬迁至合格的维修企业专业市场进行规范经营。

【着力“三化”建设，夯实党建工作基础】 2020年，南城县交通运输局党委着力“三化”建设，全面加强党的基层组织建设，夯实党建工作基础。在党建工作标准化建设方面：组织设置标准化。南城县交通运输局党委辖11个党支部，现有党员220人（女性党员33人，大专以上学历101人），并在宣传栏及时公开党组织机构设置图；领导班子建设标准化。南城县交通运输系统党支部书记11名，副书记2名，平均年纪48岁，均为大学以上学历；经费保障标准化。由局财审股同志负责党员教育培训经费管理，本年度按每人200元进行预设，后续视需求进行调整，要求此项经费必须用于党组织活动专用，不得用作其他用途；另外活动场所标准化。将党员活动室确定为局三楼会议室和局四楼会议室，按照“六有”标准，扎实推进各党支部活动场所的建设。在党建工作规范化建设方面：党员队伍建设规范化。严格落实党员发展全程纪实制度，发展党员每一个流程都有严格进行考核，确保发展党员质量，当年审批通过1名入党积极分子、2名新发展对象。组织活动规范化。严格落实“三会一课”、组织生活会、民主评议党员、谈心谈话和主题党日等制度，有效实现了组织生活制度化、主题教育常态化。运行机制规范化。制定完善了党委议事规则，重大决策事项集体研究，坚持党务、政务、财务公开，设立公开栏，对局党务、政务、财务、重大人事任免等事项进行及时公示，接受党员群众监督；服务群众规范化。继续在里塔渔良村和沙洲镇黄狮村局开展结对帮扶工作，局班子成员和驻村连心小分队同志与11户贫困户“一对一”

实行精准扶贫，与拥护路居委会贫困户建立“1+2”“1+1”帮扶对子，在春节、“七一”及国庆节前夕，积极开展慰问困难党员，困难职工等活动。工作任务规范化。创新“党建+”思维，突出党的领导核心作用，进一步夯实党的执政基础，构建以党建为核心、党建工作与中心工作有机融合、统筹推进的新机制；党建责任建设规范化。局党委严格落实党建主体责任，主要领导切实履行党建第一责任人职责，班子成员认真履行“一岗双责”，各党支部书记履行直接责任，并将党建工作纳入绩效考核内容，年终党支部书记党建述职，确保了党建责任落实到位。

【专题调研】 10月27日，县委副书记、县长汪华辉深入南城县交通运输局，专题调研党委落实全面从严治党主体责任工作并主持召开座谈会。县委常委、组织部部长章燕萍、县委常委、纪委书记、监委代主任艾恒知、县委常委、政法委书记刘凯参加调研。座谈会上，汪华辉对交通运输局的工作给予了充分的肯定，并对城乡公交一体化、城市公交老年人免费乘车、县火车站出租车无序停放及拉客等群众关心的问题进行了细致的问询。汪华辉指出，党务工作既要有形式，但又不能只停留在形式上，交通是关乎百姓出行的民生工程，更要注重把党务工作落到实处，要维护好实现好最广大人民群众的利益，增强老百姓的幸福感！

【建立干部廉政档案】 2020年，按照县纪委统一部署，南城县交通运输局为全局股级以上干部共计19人建立了廉政档案。廉政档案包括：党员干部基本情况登记表、党员干部个人有关事项报告表、党员干部个人健康状况登记表、党员干部操办婚丧喜庆事宜报告单、党员干部离职交接廉洁自律情况登记表、组织生活会发言提纲、年度个人工作总结、党员干部受组织处理和党纪政务处分情况登记表、领导干部受“四种形态”第一形态情况登记表、单位对党员干部个人相关情况的评价等十项内容。该举措进一步建立健全廉政机制，进一步促进了干部管理规范化，进一步促进干部廉洁自律。

（王 猛 王素红）

【县交通局主要领导名单】
局长、党委书记：
李淑英（女）
（2016.12 至今）

江西抚州长运有限公司南城分公司

【概况】 江西抚州长运有限公司南城分公司（简称长运公司）成立于2008年1月18日，经营范围主要包括县内、县际、市际、省际班车客运；县际、市际、省际旅游包车客运；县内城乡公交、县际城际公交；二类汽车维修、仓储；客运站综合服务；房屋租赁；机动车技术性能司法鉴定。南城分公司设经理1名，全面负责分公司生产运营、人事以及安全生产管理工作；副经理3名，1名分管安全、机务、城际公交运营，1名分管车站、物业、党务、城乡公交安全及运营，1名分管站场安全、稽查；经理助理1名，分管扶贫工作。下设办公室、安全员、机务员、调度员、值班站长、车辆进出检查组、微机售票组、客运组、“三品”检查组。现有总员工67人，其中，全日制员工29人，非全日制员工38人（含公交驾驶员）。

表15 抚州长运有限公司南城分公司利润完成情况

单位：元

年份	单 位	年预算	实 绩	
			报表数	考核数
2020	南城分公司	1000000.00	1240161.43	1240161.43

【主要经营业务】 2020年年底有汽车客运站场2个，即南城胜利西路车站、南城客运中心站，胜利西路车站为二级车站，南城客运中心为四级车站；南城分公司现有客运班线5条，其中省际班线3条，市际班线1条，县际班线1条，城际公交2条，城乡公交2条；客运

车辆40台，其中省际班车3台，市际班车1台，县际城际公交18台，县际班车2台，县内城乡公交班车16台；进站作业经营客车129辆，共计2896座位，平均日发班次296个，日平均输送旅客3216人次。

【客运转型升级】 在市委，市政府、市交通局及南城县委县政府的大力支持下，2019年3月25日，南城至抚州城际公交顺利开通运行，南城分公司紧跟抚州长运有限公司发展步伐，迈出了企业转型升级关键一步，2020年9月1日，南城至金溪城际公交，南城至沙洲、南城至浔溪城乡公交相继开通运行，南城分公司迎来了难得的发展机遇，一举摆脱了国有企业多年来生存困境，重新走上快速发展之路，未来，南城分公司还将会在城际公交、定制客运班线方面不断拓展业务，争取更大的发展。

【主要工作】 抚州长运有限公司南城分公司作为一家专业客运运输企业，首先把行车安全、把旅客的生命财产安全放在首位，安全生产是所有工作中的重中之重，2020年，公司将按照法律法规规定，严格落实安全生产责任制，切实履行好企业安全生产主体责任；按照防疫部门要求，全力做好疫情期间的防疫部署工作，要求进站旅客必须扫行程码、测量体温、佩戴口罩，严格做到车辆回场后的消毒工作以及站场公共区域的消杀工作，保证旅客的健康安全；做好现有城际公交、城乡公交的运营管理工作，通过提升服务质量，创建服务品牌，满足旅客的安全、便捷、舒适、经济的出行需求，做好让政府满意、百姓满意的民生工程。

招商引资·贸易

商　务

【概况】 南城县商务局商贸流通股承担牵头协调整顿和规范南城县市场经济秩序工作的责任，参与组织打击商务领域侵犯知识产权、商业欺诈等工作，推动商务领域信用建设，指导商业信用销售，建设市场诚信公共服务平台，按照有关规定，对特殊流通行业进行监督管理；促进城乡商场发展，组织实施大宗商品批发市场规划和城市商业网点规划、商业体系建设的工作，推进农村市场体系建设，组织实施农村现代流通网络工程；指导管理12312商务举报投诉工作；促进贸易增长方式转变，指导和协调贸易促进体系的建设；负责推进流通产业结构调整，指导流通企业改革和社区商业发展；负责商贸服务业行业管理，提出促进商贸中小企业发展的政策建议，推动流通标准化和连锁经营、商业特许经营、物流配送、电子商务等现代流通方式的发展；承担组织实施重要消费品市场调控和重要生产资料流通管理的责任，负责建立健全生活必需品市场供应应急管理机制，监测分析市场运行、商品供求状况，调理分析商品价格信息，进行预测预警和信息引导，按分工负责重要商品储备管理和市场调控工作，规范成品油流通，按有关规定对成品油流通进行监督管理。

【主要工作】 2020年，累计实现社会消费品零售总额407537万元，同比增长3.7 %，增速全市排名第1位；限额以上消费品零售总额43528.7万元，同比增长10.2%，增幅全市排名第1位。按行业分，四大行业中批发业零售额103041万元，同比增长5.5%；零售业销售额349119.3万元，同比增长4.8%；住宿业营业额8989.4万元，同比下降8.4万元；餐饮业营业额57504.9万元，同比下降3.3%。

【特色工作】 直面疫情，加大防控，企业复工复产有序推动。为切实做好商贸领域疫情防控工作，商务局积极行动，周密部署，战斗在一线，按照“定人定时定岗定责”的要求，成立局新冠肺炎疫情应对领导小组。分派两个工作组，每天安排专人驻点各大商超、加油站落实商超疫情防控、物资供应和物价稳定工作。现场督导各商超、加油站一线工作人员必须戴口罩上岗，勤用消毒液洗手。商场超市、加油站均按要求每天在开业前和结束营业后进行2—3次集中消杀。督促各商超、加油站张贴安民告示和承诺书；要求各商家在大门口安排专人宣传引导消费者戴口罩、加油站对顾客进行登记、此外特别强调各商家要严格按要求消毒杀菌和对进入商超购物人员测量体温。严格执行信息报送制度，要求全体干部职工将每日体温以及有无接触史如实上报，做好内部防控工作。

联合企业，优惠政策，消费市场气氛活跃。为积极落实市政府办印发的《关于应对疫情影响促进商贸消费升级的若干措施》，尽快消除影响的影响，促进商贸消费的复苏，自4月底开始南城县先后开展了两批以餐饮、商超为主的电子消费券发放，参与商家有餐饮企业42家、商超5家，共发放电子消费券844万元，其中餐饮624万元，商超发放220

万元。已领取消费券 38.4 万元，进店消费 4.79 万元，其中餐饮消费 32100 元，超市消费 15800 元。第一批电子消费券发放时间 5 月 16 日至 5 月 18 日三天，发放金额 452 万元，参与商家有餐饮 13 家，商超 5 家，共 18 家。第二批电子消费券发放时间为 5 月 23 日至 5 月 25 日三天，发放金额 392 万元，参与商家为 29 家餐饮企业。南城县“多彩夜经济”活动于 2020 年 9 月 19 日在南城县盛世购物广场举行，活动主要内容有南城特色小吃、儿童亲子乐园、餐饮商超各类型促销活动等。共 7 家商家参与此次活动，其中 1 家商超（家家乐超市）、5 家餐饮（季季红火锅、上岛咖啡、美其乐等）、1 家儿童乐园。参与市民达 5000 余人次，当晚销售收入超 15 万余元，熙熙攘攘的人群、琳琅满目的特色美食和商品以及各种类型的夜间促销活动，向人们展示着南城的新鲜活力和满满烟火气。为进一步规范南城县成品油市场秩序，督促成品油市场有序发展，完善城乡加油站点建设。于 8 月份初就主动征求中石化、中石油、民营加油站及县直各部门、各乡镇及重点大型企业和居民用油需求调查，初步确定“十四五”规划需求。根据南城县城乡发展规划，保留部分“十三五”规划中未开工建设的城乡加油站，再根据城乡发展需要，“十四五”期间规划新建 7 个城乡加油站。分别为天井源加油站、南城县河东工业园区加油站、南城县山水大道加油站、南城县万坊加油站、南城县河东加油站、南城县睦安加油站、南城县浔溪加油站。

【县商务局主要领导名单】

党组书记、局长：
过梦君（2019.1 至今）
党组成员、副局长：
吴建峰（2019.1 至今）
党组成员、副局长：
何安平（2019.1 至今）
党组成员、副局长：
丁国强（2019.1 至今）
副科级干部：
洪　刚（2019.1 至今）

对外与对港澳台贸易

【概况】 南城县商务局对外贸易经济合作股牵头拟订全县利用外资计划和服务贸易发展规划、产业和目标开展相关工作，会同有关部门制定南城县促进服务出口和服务外包的规划、政策并组织实施，推动服务外包平台建设；执行国家对外技术交易、出口管制以及鼓励技术和成套设备进出口的政策，推进进出口贸易标准化工作，依法监督技术引进、设备进口、国家限制出口技术和工作，依法颁发防扩散等与国家安全相关的进出口许可证件；负责涉及世贸组织规则的相关工作，承担组织协调反倾销、反补贴、保障措施的应诉相关工作：依法核准、推进县内企业在境外投资开办企业（金融企业除外），指导和推进对外工作承包、外派劳务合作和境外就业等，负责牵头外派劳务和境外就业人员的权益保护工作，负责归口管理以外援助、接受国际多双边无偿援助及赔款，负责有关国际组织与南城县经济技术合作交流事务；负责研究分析全县外商投资的现状以及发展趋势，及时上报外商投资动态并提出相关建议；牵头做好利用外资统计工作，外商投资企业年度经营状况联合申报工作；负责权限内外商投资企业审批、备案相关工作，外商投资工作的协调、推进和服务工作，并指导县域外商投资企业审批和管理工作；外商投资企业申请先进技术企业和产品出口企业认定的审核和管理；监督检查外商投资企业执行有关法律法规、合同、章程的情况，协调解决外商投资企业运行过程中的问题；受理、协调、督办外商投诉工作，研究改善外商投资环境的措施；负责利用外资工作，负责外商投资企业监督管理；负责外商投资已批项目的协调、推进和服务工作，为境外投资企业提供投资政策咨询和协调服务；会同有关部门做好对外招商重点项目的包装、推介、发布和洽谈等前期准备工作，国（境）外投资者的接待、洽谈、考察等组织工作，联系相关行业协会，完成上级部门和领导交办的工作。

【直面疫情，稳住外资外贸基本盘】 2020 年全县实际利用外资任务 4515 万美元，完成年计划的 100.33%，同比增长 –0.87%，力争 2021 年增长 5% 左右。全县外贸出口任务 24409.6 万美元，完成年计划的 111.15%，同比增长 1.4%，力争 2021 年增长 5% 左右；其中生产型企业出口完成 3868.9

万美元，占全年出口总量的15.85%。

【主动服务，保证政策落实到位】 努力减轻全球疫情对企业的影响。一方面及时向企业分享疫情防控期间相关优惠政策，加大资金扶持，积极为全县10余家生产型自营出口企业申请“两转”奖励资金及参展补贴，及时兑现出口创汇等奖励政策；另一方面摸排企业融资需求，积极促进银企对接，帮助飞龙鞋业、百霖生活用品等企业在疫情防控期间获得融资或续贷5000余万元，有效缓解企业资金压力。

【“双线”并行，协助企业开拓市场】 积极组织瓯锦实业、康家实业、拓玛仕机电等企业参加线上广交会、华交会及江西出口商品网上交易会，同时鼓励企业利用江西省数字外贸平台等线上平台，引进海外流量和潜在客户。鼓励企业对线下订单区域进行适当转移，一方面合理有序引导有条件的外贸企业转向开拓国内市场，帮助企业参加各类境内外贸易促进活动，实施内外贸一体化；另一方面引导企业订单转向疫情较轻的区域。帮助企业销售滞销产品，积极与市商务局对接，鼓励重点外贸出口企业转内销，参加省商务厅举办的双线大会，通过“1+11”省市领导直播带货的形式，帮助优质外贸出口企业转内销，开拓国内市场。其中麻姑实业集团通过参加省商务厅举办的“双线大会”，实现线下签约3000万元，线上直播带货30余万元；江西正兴工艺制品通过线下签约，获得百余万订单。

【深挖潜力，寻找外贸新增长点】 深入调研“两转”潜力企业，摸清区供货出口情况，加大对企业的帮扶力度，帮助企业解决面临的融资、退税、物流等主要困难和突出问题，坚定企业转回南城出口的信心。2020年1—12月共11家企业转回南城出口，转回金额1200万美元左右。

【优化环境，提高资金利用水平】 积极向外商投资企业宣传新出台的《外商投资法》，同时将外商投资企业负面清单管理制度发给企业学习，并向企业进行宣讲培训，督促外资企业严格落实，负面清单管理制度。通过与外商积极沟通，2020年共引进3家外资企业，分别为江西幸九科科技有限公司（台资），注册资本350万美元，落户金山口第三期工业园；南城同成智能科技有限公司（港资），注册资本4800万美元，落户电子信息产业园二期；江西恒必达实业有限公司（港资），注册资本5000万美元，落户河东工业园区。

物　资

【概况】 南城县商务局物资管理股贯彻执行上级有关物资行业发展的方针、政策和法规；研究提出全县物资行业发展中的规划和改革发展的措施并组织实施；配合开展物资行业专项整治，整顿和规范全县再生资源回收企业和个体经营户的登记备案；负责对汽车流通、二手车交易（包括二手车鉴定评估、二手车市场建设）、老旧汽车更新、报废汽车回收拆解企业的认定和备案等相关工作；负责对民用爆破物资流通的行政管理工作，规范完善民爆器材管理，推动“一体化”安全爆破管理模式。

【主要工作】 加大安全教育培训。对下属民爆公司不定期进行了安全检查，并每月组织企业干部职工进行安全教育培训。做到每季度组织他们进行安全应急安全演练。针对雷管分发室无安全操作规程，水泵房无标识且备用水泵未正常安装待用，雷管库至分发室路面坡度大于6%且路面青苔较多，报警值班室未设防盗门等问题，商务局及时督促民爆公司在两天内整改到位，受到省市的高度评价。强化服务意识。因2018年3月开始再生资源不需要到物资局备案登记，许多再生资源经营户不了解政策，经常来局登记，商务局热情地接待他们，并耐心地对他们进行政策讲解，为此得到再生资源经营户的好评。

【特色工作】 制定工作计划，明确工作目标。制定2020年工作计划和安全生产方针、目标，为全年工作明确奋斗目标、任务和内容；制定岗位职责，与各岗位人员签订岗位责任状，并要求严格执行；建立健全各项规章制度及安全生产奖惩制度，做到奖罚分明，充分调动员工的工作积极性；完善安全检查及检查登记备案制度，强化安全学习和工作交流，认真吸取相关事故教训，真正把“安全生产例会”这堂课上好等。把各项工作落到实处，为全年安全生产的开展打下坚实基础。开展安全教育培训，提高全员安全意识。按照年初安全培训计划，组织民爆公司全员进行了安全教育培训，并举行考核、存案；通过安全培训提高了公司全员的安全意识、责任意识和业务素质，了解和掌握民爆行业新的法律法规知识等，并新增电子雷管的性能、使用及特点。全面开展安全生产自查自改工作，加大整改落实。积极落实公安部门、主管部门在检查中发现问题的整改要求，注重安全生产“回头看”检查，使各种隐患消灭在萌芽状态，并确保各项隐患不重复发生。受疫情的影响，上级监管部门加强了视频监控的巡查力度，县级每日巡查、市级每周巡查、省级半月已巡查，并要求各单位每月两次登录“江西省安全生产隐患排查治理信息网”进行隐患排查。有效防范事故发生。配合公安部门和省民爆行业部门，积极推广应用电子雷管。电子雷管在南城县已使用了一年多，用户一致反映比电雷管更好用、更安全、质量更可靠，管理更科学，虽然单发价格高一点，但还是可以接受的。2020 年总购进 4 万发，销售 4 万发，用户在使用方面一切正常。

招商引资

【概况】 南城县商务局招商引资股负责利用外资工作；研究拟定全县招商引资发展战略、中长期规划和年度计划，并组织实施；指导全县招商引资工作，负责境内外重大招商活动的组织协调和重大招商引资项目的协调推进工作；参与区域经济合作的组织协调工作，负责外地驻南城商会、驻南城办事机构、赣商联合会和外地南城商会的沟通联系工作等。

2020 年，在县委、县政府的正确领导下，南城县上下一心，凝神聚力，担当实干，开拓进取，紧紧围绕电子信息、中医药、校具（教育装备）三大产业发展布局，突出主要领导带头招商，不断创新招商引资方式，提升招商引资水平，招商引资工作取得一定实效。

2020 年 1 月 1 日到 12 月 31 日，南城县新签约 3000 万元以上项目 39 个，固定资产总投资 256.4 亿元。其中：20 亿元以上重大项目 2 个，一是由深圳市伟合佳电子科技有限公司、鑫邦（香港）科技有限公司、深圳科铭通讯电子有限公司、深圳乐腾通讯科技有限公司抱团投资 30 亿元的电子智能终端产业链项目，二是由深圳市恒必达电子科技有限公司投资 25 亿元的虚拟现实产业园项目。新签约 39 个项目中，南城县三大主导产业（即电子信息、中医药、校具）项目 26 个，占项目总数的 66.67%，产业集聚度高，其中：电子信息产业项目 11 个，校具（教育装备）产业项目 15 个。

2020 年 1—12 月，南城县纳入省市系统统计的 2000 万元以上项目 59 个，已完成全年计划的 140.5%，累计实际进资 55.8 亿元，占年计划的 103%，超额完成年计划；亿元以上项目 29 个，累计实际进资 54.39 亿元。全年引进项目个数、亿元以上项目个数、实际进资、增幅等经济指标均位于全市第一。

【主要工作】 强化统筹，协调推进，项目引进与平台建设双丰收。领导带头，推动高位招商。制定并下发了《南城县 2020 年开放型经济工作意见》，并按照市委、市政府要求，把招商引资工作作为“一把手工程”，主要领导每季度外出开展招商活动的时间不少于 30 天，招商团队领导、单位主要领导每季度外出开展招商活动时间不少于 20 天。2020 年以来县党政主要领导、招商团队领导赴深圳、东莞、昆山、苏州、湖州、丽水等地考察并落实项目 20 余次，累计接洽客商 60 批次 180 余人，其中 90% 为工业项目客商。筑巢引凤，落实平台招商。围绕构建完善的生产性、生活性服务体系，在继续完善园区各项基础设施和配套服务设施的基础上，加快推进“三园”建设。电子信息产业园建设。全力打造电子信息产业园，规划建设 100 万平方米标准厂房，可快速承接国内外电子信息企业拎包入驻。一期已建成标准厂房 15 万平方米，入驻企业基本已投产；二期 25 万平方米标准厂房已竣工，签约 8 家企业已全部进场装修，预计 12 月底可试生产。此外，建设了职工食堂和员工宿舍 2 万平方米，可容纳 2000

人食宿，已全部建成使用。校具产业园建设。高标准打造1500亩校具产业园，规划建设标准厂房140万平方米，其中已建成60万平方米，企业入驻率100%。同时，突出“互联网+”,建设“十大中心”“七大平台”。开设了向莆铁路货运，筹建赣东南木材交易市场，实现进口木材与校具产品，双向对流，带动南城校具走出国门。中医药产业园建设。以祥能集团线上线下交易市场为载体，规划建设3000亩中医药产业园，正在筹建中药材线上线下交易中心、中药材检测检验平台和国际合作交流平台。同时，与中科院、中医科学院深入合作，先行先试打造智慧中药房，实现中医药产业深度融合。转变职能，提升服务，营商环境不断优化。打造“四最”营商环境。深入开展降成本优环境行动，全面落实省市县降成本优环境各项政策措施，先后制定出台了《致广大南城投资客商的一封信》《致南城县外贸企业的公开信》《南城县关于在疫情防控期间着力稳定经济增长的意见》，切实将政策红利转化为企业红利；加强政银企对接，鼓励和引导县内各商业银行加大对企业的金融扶持力度，破解企业“融资难”问题；实行“五个一”项目推进机制，为每个签约项目配备保障专班，按照“高位化调度、集成化作战、扁平化协调、一体化办理”原则，提供“保姆式”服务；加大“放管服”改革力度，提升政务服务效能，重点为企业设立备案、工商登记、税务登记等提供一站式“绿色通道”服务。截至年底，各金融机构精准对接58家重点企业，对接金额2.14亿元，快速审批发送各类贷款1.3亿元，有效地解决了企业的资金流转难题。完善招商制度。制定并下发了《南城县2020年开放型经济工作意见》。密切服务企业。及时向企业分享疫情防控期间相关优惠政策，截至6月，共为飞龙鞋业等企业申请“两转”奖励资金及参展补贴等共计10余万元。摸排企业融资需求，积极促进银企对接，飞龙鞋业等企业在疫情防控期间获得融资或续贷5000余万元，有效缓解企业资金压力。主动对接保险公司和企业，协调虹汇科技等10多家中小微企业短期出口信用保险免保费投保工作，切实降低企业出口风险。健全体系，规范流程，项目机制进一步完善。坚持把招商引资作为“一号工程”来抓，明确实行“每月一方案、每月一重点、每月一调度”的工作模式，每月初调度招商引资工作，明确下一步招商重点，通报上个月领导外出招商情况及招商引资完成情况，每月底由商务局负责统计领导外出开展招商活动情况、小分队对接企业情况、接待客商情况及招工情况，领导动态以《南城县招商大事记》的形式报送至市商务局，其他统计结果以南城县开放型经济工作领导小组名义进行全县通报。

【工作创新】 创新“云招商”举措。为有效应对疫情，创新开展项目招引工作，南城县积极推动网络营销、线上签约等招引工作，改“线下”交流为“线上”沟通，推广不见面招商，实现汇报不见面，推进无接触，尽可能将疫情对招商引资工作影响降至最低。将招商项目发布渠道重点转向网络，通过政府门户网站、公众号、自媒体平台、委托机构（上海东方龙）等高频次、高精度、大范围发布。2020年以来，通过“屏对屏”对接客商30余批次62人次，共发放招商宣传信息2万余条。优化招商团队。2020年组建了电子信息、中医药、校具（教育装备）、建筑业四个招商团队，分别由分管县领导带队，明确工口、经济口等相关部门为牵头和成员单位；其他县级领导不带招商团队，可外出搜集有效招商信息和线索提供给相关团队；其他县直单位、部门做好企业跟踪服务，乡镇做好企业招工。强化驻点招商小分队。由分管县领导带队，选派懂政策、善招商的人员组建三个驻点专业招商小分队，分别驻点广州、深圳，主攻电子信息产业；驻点安徽亳州、河北安国，主攻中医药产业；驻点江苏昆山，主攻昆山产业转移。深化委托招商。继续深入推进与上海东方龙等专业化公司合作，对接国内有实力的大公司实现借力发展、融合发展，着力引进一批带动能力强、科技含量高、牵引力大的“5020”项目落地。2020年以来，通过委托招商引进亿元以上工业项目7个，特别是在疫情防控期间，通过强化委托招商，建立“屏上洽谈、线上签约”新模式，2月14日，在全市率先通过远程视频签约，创造了“南城速度”。

供销合作

【概况】南城县供销社系参公管理事业单位，按机构编制部门核定股级机构7个：业务计划股、纪检监察股、生产股、财务审计股、理事会办公室、监事会办公室、股金管理办公室。实际开展工作的机构4个：办公室、业务股、财务审计股和综合股。编制数为15人，在编在岗9人，2020年1月至今陈东方同志任供销社党委书记、主任。供销社的主要职能是为“三农”服务，自身充分发挥流通主渠道的优势，真正成为农民社会化服务的骨干力量、农村现代化流通的主导力量、农民专业合作社的带动力量。

【服务“三农”】深化综合改革：2020年，南城县供销社积极推动惠农服务向村级延伸，重点建设了黄狮供销社和徐家镇供销社2个综合示范社，“3+2+N”综合服务社30个。南城县农民合作社联合社加入抚州市农民合作社联合社并担任了理事职务，领办、参办的农民专业合作社37个。参股的南城县寿昌果树种植专业合作社于2019年被省供销合作社确定为第二批农民专业合作和信用合作试点单位，成立了南城县寿昌果树种植专业合作社资金互助部，设立了理事会、监事会，并制定了相应的制度，资金互助社实行社员民主管理，以服务社员为宗旨，谋求社员共同利益，互助部共有23个成员，共入股60万元。南城县徐家镇惠农服务中心占地面积10亩，其中办公楼1048平方米，厂房3200平方米，集大田托管、农资供应、庄稼医院、农村电商、物流配送、便民服务等服务功能，5台大型稻谷烘干机及附属设备日烘干稻谷能力达20多万公斤，辐射面积1.7万多亩，2020年烘干稻谷450多万公斤。建立了徐家、沙洲等基层社实现了“四位一体”运作，采取合作制、股份合作制等形式，广泛吸纳农民和各类新型农业经营主体入社，积极发展生产合作、供销合作、信用合作和消费合作。依托供销合作社和基层组织，已建成了94个村级综合服务社来开展“三农”服务工作。助力脱贫攻坚：采取“合作社+基地+贫困户”的经营模式，组建了南城县源宏果业专业合作社和西坑村天泉溪农民专业合作社发展特色种植养殖产业620余亩，其中砂糖橘260亩，白莲220亩，制种150亩，栽种竹笋菇20亩。指导南城县绿缘种养殖专业合作社以“供销社+合作社+基地+贫困户”合作模式，流转了天井源乡、万坊邓家边村、沙洲黄狮村撂荒的土地共1400余亩，用于种植丹参、代代果、淮山、葛根等中草药。依托恒绿生鲜配送、恒绿消费扶贫特色馆、南城县农产品电商体验馆实现线上线下销售渠道，2020年实现销售农产品1600多万元，扶贫产品700余万元；城乡高效配送：旗下南城县恒绿商务有限公司把供销社传统经营与农村电子商务联合运营，以电子商务订单方式，向全县机关、企业、学校等食堂、餐饮店、社区和农贸市场、乡村超市配送生鲜农产品及厨房用品、日用品等产品，签订配送合同67家，并积极争取了南城县电子商务进农村示范县工程——农产品质量溯源体系平台建设，整合了农资经营企业、饲料经营企业、南北货经营企业等行业，仓储面积达1000多平方米，冷库570多立方米，配送车辆7辆，各硬件、软件设施齐备，为公司生鲜、农资配送业务服务提质增效，2020年6月通过了抚州市商务部门的验收。在打赢疫情防控阻击战中发挥独特作用，推出日常生活物资平价配送业务，保证了乡（镇）抗疫一线工作人员日常生活物资供应和食品安全。财政惠农信贷通：积极向农业社会化服务组织开展金融服务工作，2020年共为26家农资经营户和1家农产品加工经营企业实现放贷820万元。

【县供销社主要领导名单】
党委书记、主任：
陈东方（2020.1—2020.12）

粮食

【概况】2020年县发改委的粮食工作以中共十九大报告和习近平总书记系列讲话精神为指导，切实贯彻落实国家粮油方针政策，全面落实粮食安全省长责任制，全面加强“粮安工程”“放心粮油”工程建设，以高度的政治责任感和扎实的工作作风，开展各项工作。着力加强储备粮管理，落实储备规模；着力加强应急管理，不断完善粮食应急体系建设；着力加强粮食质量安全监管，提升粮食质量预警监测能力；着力实现依法治粮、依法监督，维护粮食市场正常秩序；着力抓好粮食宏观调控，保障军粮供应和市场供需平衡、价格稳定，以及做好储粮基础管理，提高仓储智能化水平；做好行业规划，推动产业进步；做好安全生产，克服疫情防控期间带来的不利影响，确保行业持续稳定发展，较好地完成了工作任务。

【主要工作职责】

1. 编制粮食流通行业中长期发展规划和年度计划；起草粮食应急预案；组织协调粮食加工与流通；贯彻执行有关粮食流通和粮油储备法规政策；拟订全县粮食流通体制改革和粮食流通管理有关政策和规章制度。

2. 制定粮食科研活动及科技成果鉴定；组织粮油购、销、储的质检工作；协同县市监局做好粮食质量标准的管理工作。

3. 指导全县粮食流通的行业管理，负责粮食收购资格的行政许可和粮食流通市场的执法监督检查；协调救灾、应急及政策性用粮等重要物资的调整，指导粮食应急储备体系建设；负责县储粮油的质量和数量管理；负责全社会涉粮企业粮食流通统计和军粮供应；指导全县国有粮食企业改革和粮食经营管理等工作。

4. 负责全县粮食总量平衡，粮食数量和品种的余缺调剂，维护全县粮食市场稳定。负责全县粮食仓储管理，制定并落实仓储布局规划。监督检查全县粮油库存、质量和安全。

5. 指导全县粮食系统财务及内部审计工作；负责审核汇总全县国有及国有控股粮食企业财务会计报表；承担部门预算及有关财务管理工作；负责经审计认定的政策性粮食财务挂账管理；承担对全县国有粮食企业资产的监管；承担粮食企业资产管理和内审工作；了解国有粮食企业的管理和经营状况并进行指导和监督。

6. 承办县政府交办的其他工作。

【粮食流通工作】 国有企业粮食购、销、存。2020年，全县国有粮食收储企业收购稻谷16172吨，其中早稻12552吨，晚稻3620吨。收购总量比2019年减少4660吨，减幅22%。托市粮拍卖销售计59689.1吨、轮换粮销售7467吨，总计67156.1吨。2020年销售量比2019年同期增加45244.1吨，增幅272.4%。截止到2020年12月底，南城县国有收储企业库存稻谷102620.7吨，国家最低收购价粮91618吨，比2019年同期减少49824.3吨，减幅30.6%。非国有粮食经营企业购、销、存。截止到2020年12月底，全县纳入统计范围的非国有粮食经营企业从生产者购进稻谷45577.8吨，其中早稻16308吨，晚稻29269.8吨，比2019年同期减少30668.2吨，减幅41%。从企业购进稻谷221258吨，其中早稻133415吨，晚稻87843吨，省外购进总量为4266.8吨，其中玉米3625.2吨，大豆641.6吨，比2019年增加51841.2吨。非国有经营企业总计销售折合原粮153675.5吨，其中销往省外62541吨，占总销量的40.6%。截止到2020年12月底，商品粮20224.7吨，其中早稻4571.7吨，晚稻15653吨。麻姑集团省级动态储备粮规模6000吨，实际到位数早稻5078吨，晚稻3643吨。

【仓储设施建设】 为实现国家、省、市粮库三级架构信息资源共建共享、数据互联互通奠定基础，有序推进南城县粮食行业信息资源共享。根据省、市业务主管部门关于做好粮库智能化升级改造的要求，2020年对库点进行了智能化改造升级，该项目总投资278.15万元，其中中央财政补助资金257.2，国有地方粮食企业自筹20.95万元。于2020年2月开工，12月竣工，整体改善和提高了全县国有粮食企业仓储智能化水平。

【粮油应急配送】 2020年粮油应急配送工作，在县发改委的领导下，进一步落实机构1个、人员7个。指定应急加工企业5家，指定应急销售点18个。为保障南城县应急状态的粮油供应奠定了坚实的基础。

【粮食流通领域执法】 2020年粮食流通监督检查工作，认真履行国家《粮食流通管理条例》赋予的职能，制定《粮食流通监督工作要点》有序开展工作，

3月份对全县10所1库国有收储企业和13家民营加工企业开展粮食经营者最高和最低库存核查工作；4月份对全县国有企业库存进行粮食库存数量和质量大清查，并对粮食实际库存及保管账、统计账、会计账逐点逐仓进行全面核实。8月份根据《市发改委关于2020年早稻收购专项检查工作通知》的要求，对早稻收购企业进行全面检查，由于受市场价格影响，全县国有粮食企业仅收购16172吨，比上年减少4660吨，是近年来收购量最少的一年，为了严格落实国家政策性粮食销售出库政策，依法打击“转圈粮”等违法违规行为。2020年对全县国有粮食企业出库（竞标粮）早、晚稻0.85亿公斤粮食出库情况，开展监督检查，出勤监管人次23余次，确保政策性粮食出库有序进行。

【县粮食局主要领导名单】
发改委负责人：
全荠怀（2020.1—2020.12）
副主任：
饶河（2020.1—2020.12）

石 油

【概况】 至2020年南城石油分公司在营加油站14座，在职员工47人，其中公司管理团队7人。2020年南城石油分公司在地方和上级公司的领导下，奉行“以市场化机制解决市场变化带来的问题”理念，贯彻“一降一控、两提高、两满意、三确保”方针，践行“三突破、三提升”，决胜全面可持续发展的“六大工程”，开展“树标年”活动。协同奋进谋双精、促双升、创双标，并坚持“安全第一、预防为主”的安全生产理念暨抓好党建促经营的理念狠抓数质量管理和非油经营管理。

【经营情况】 零售方面。2020年虽然完成了销售任务但受大环境影响轻油同比2019年同期下降33.55%，其中汽油2020年完成同比2019年同期增长10.86%，柴油2020年同比2019年同期下降47.48%。非油方面。2020年非油品业务同比2019年增长25.83%。毛利额同比2019年同期增长62.3%。

【聚焦提质增效，做优做强零售经营】 认真分析市场，变劣势为优势。2020年是不同寻常的一年，春运期间原本抢量高峰受疫情影响销量大幅下降，面对疫情好转和高速免费通行之机，南城石油分公司积极通过提升服务，精准营销，把疫情出行由火车、公共交通方式变为私家车出行做好汽油增长的发力点，在做好疫情防控的同时加大汽油销售。坚持“多卖一升油、把油箱加油”，把销售计划落实到每一天，每个员工。认真做好差异化经营，积极打赢市场攻坚战。南城四站和高速加油站一直是柴油差异化经营的重要站点，县公司在分公司“量效兼顾”的指导下，积极做好加油站的差异化经营工作。积极做好客户的维系工作。南城四站和高速加油站都建立十余个客户群，要求每个班组都有自己的客户群体进行客户维系，同时对优惠有变化的时候第一时间告知客户，收效良好。积极做好现场秩序的引导工作。县公司对差异化经营站点通过优化排班增加现场人员等方式加强现场秩序的引导工作，同时积极协调高速交警和地方交警，出现车流较大时进行现场疏导，确保车辆快进快出。积极搜集竞争对手营销信息进行上报。要求员工在加油时多与客户沟通，除了日常商品推介外还要询问沿线加油价格，对活动价格信息及时上报分公司，为分公司差异化经营进行数据支撑。

大力开展成品油整治，收效较好。积极协调政府有关部门加大打非治违力度，共行动十余次，查获油罐车5辆，窝点2个。年底路上非法配送车基配绝迹。积极推广“新零售”模式。南城公司积极引导员工向顾客推荐加油江西APP，通过APP优惠活动绑定锁定顾客，加大闪付、石化钱包等新支付方式的使用，让顾客享受便捷、优惠。同时积极加大与建行第三方合作，在加油站营造良好宣传氛围。1—12月份南城石油分公司累计完成APP注册9500余个，绑卡3100余个。

【强化管理基础，提升服务水平】 积极开展对标年活动。作为2020年工作的主线，南城线公司以活动方案为指导，结合县公司和加油站实际，强化班子履职落实。县公司班子成员分片包干，对加油站的日常经营管理负责，采取管理落后加油站多帮助多督导的原则，强化日常县公司管理。同时加大日常监督检查帮扶考核，对现场管理，日常业务出现问题县公司以帮扶为主考核为辅的原则，促进加油站现场管理和业务水平提升。形成了精准的价格反应机制。南城分公司差异化站点多，体量大，为此南城分公司通过司机反馈，现场查看、加入竞争对手微信群等信息，第一时间了解和掌握竞争对手的价格信息。积极推进一系列行之有效的营销方案。通过建行与公司法定节假日实行龙支付等支付方式优惠，积极主动与建行沟通，加大宣传力度，为汽油增长发力；积极推进加油江西APP的运行，县公司召开专门加油江西APP培训和推广会议三次，使加油江西APP普及率大幅提升。深入开展“2+1”活动，提升管理水平。为使“2+1”工作落实到实处，严防加油站走过场，县公司通过现场督导和视频督查等形式对加油站“2+1”工作进行检查落实，通报未按要求开展加油站6座次，同时县公司每月安排站长理货员等对管理落实后的加油站实行互帮互促，切实提升加油站管理水平。

【扎实做好非油基础管理，努力提升非油经营业绩】 强化业务知识培训，提升销售技能。在非油上始终践行卖得出去的都是老师理念，在工作中学一用一学，县公司层面通过现场培训、专业知识培训等方式开展非油培训三期，请身边的销售能手现场讲营销经验，同时积极培训重点商品的推荐宣传知识，让每一个员工知道每一件商品的优点在哪里。定期召开非油品现场工作会，提升便利店管理。南城石油每月2次集中所有便利店店长集中在一座便利店召开非油现场工作会，对便利店的店外形象，宣传画册的张贴；店内的陈列、堆垛、灯光、证件、台账等内容进行督查指导，现场所有店长对现场问题举一反三，互相学习，互相进步，达到提升门店陈列，营造客户需要的购物氛围，提升店内销售的目的。开展便利店现场调研，完善销售商品。通过到辖区内便利店现场查看便利店各大类商品品种销售种数占比、大中小类商品品种销售占比、店内商品的成列、各项营销活动的堆头陈列、宣传物料的张贴以及现场对顾客的调研，了解当前便利店销售遇到的困难及经营中存在的风险，了解当前客户的需求，根据了解客户反馈、员工建议做好便利店改进。以达到提高店内销售，做大商品销售的目的。开展市场商超调研，把控市场定位。为进一步了解市场，南城石油不仅对辖区内自己的便利店进行调研，还走出加油站对县城内的商超进行调研，调研主要从商超的地理位置、主要构造、购物环境、商品陈列、商品种类、商品价格和公司便利店相比存在什么优势，通过对商超调研，分析消费者的购买行为和购买潜力，做好便利的定位，提升便利店的销售潜力。做好开口营销，把客户请进来。公司要求加油站员工在加油的同时要做到宣传加油江西APP、现场非油开口营销，对热销畅销商品积极宣传推荐，加大客户进店购买率。走出去营销，地摊经济初现。针对当前非油销售的难点，公司积极引导员工走进单位、学校、小区进行销售，将“百日攻坚创效”行动具体化为“为顾客装满后车厢”行动，行动开展以来，辖区内加油站员工积极开口，做大做实终端销售，提高便利店店内销售。同时也积极组织公司员工利用下班时间在人流密集地方进行摆地摊，注册、绑卡、积分兑换，截止到12月，摆摊光积分兑换这一项就推介了近6万元。

【强化安全数质量管理，提升管理水平】 强化安全底线管理。安全作为企业的底线，公司在管理中始终把安全放在首位，日常加强对加油站设备设施进行管理、积极排查身边的安全隐患、对检查自查发现的安全问题立查立改，确保安全经营。加强预案演练，提升应急能力。认真落实好逢九必演外，县公司还根据日常经营管理特点，有针对性地开展加油站应急预案的演练，提升加油站应急反应能力。坚守数质量底线。一是强化数量管理，县公司定期对加油机进行校验，掌握每台加油机的精度情况，确保不出现数量红线，同时对进油环节实行地罐交接，缺量索赔，1—12月份累计溢油24000余升；二是强化质量管理，卸油严格按照十步法操作，对油品留样到位，对顾客反映的质量问题积极响应，同时暴雨和对改造后操作井渗水的加油站加大水高测量频次，所有加油站防水滤心都安装到位。

【深化三项制度改革，享受改革红利】 积极推进新的考核办法落地。新的考核办法5月开始推行，公司第一时间组织站长员工学习新的考核办法，并每天对加油站员工的销量进行签字确认，有效推进了新考核办法实施。以人均劳效为导向，扎实落实人员优化工作。通过优化班次，累计减员8人。

【抓好党建工作，促进经营发展】 强化理论学习。支部全体党员深入学习习近平总书记重要讲话精神，紧紧围绕中央“四个全面”战略布局和省公司提出的决胜全面可持续发展的“六大工程”，通过学书本，学精神，学身边的先进事迹。强化工作实践。高度重视支部工作与经营工作相融合，通过日常的支部活动，采取下一线帮助加油站分析经营管理中存在的问题，找出解决问题的办法，查找加油站日常管理的薄弱环节，提升加油站管理水平，有效地将党务工作与经营有机结合，大大提升了党员的干事热情。学习榜样力量。支部多次在站长员工会上组织学习李海兰、肖艳华等同志先进事迹，做好身边的人，看榜样如何工作，用身边人教育身边的人，起到很好的榜样引领作用。

【南城石油分公司主要领导名单】
经理：
肖如玉（2018.8至今）
副经理：
毛　俊（2020.3至今）
副经理：
李海兰（2020.8至今）

烟草专卖

【概况】 南城县烟草专卖局（分公司）自1984年1月1日，成立以来，一直实行两块牌子一套人马，承担全县烟草专卖管理、卷烟销售任务，并实行统一经营，单独核算，自负盈亏。同时接受抚州市局（分公司）和县人民政府双重领导，以抚州市局（公司）领导为主的管理体制。2020年，该局（分公司）内设综合办公室、客户部办公室部（内设网点服务部2个）、专卖监督管理办公室（内设稽查中队3个）、内管派驻组。在编员工36人，其中省招员工18人，市招员工18人，退休职工7人。2020年南城县烟草专卖局（分公司）在习近平新时代中国特色社会主义思想的指引下，在市局党组和县委、县政府的坚强领导下，深入学习贯彻中共十九大及十九届二中、三中、四中、五中全会精神，聚焦高质量发展主题主线，统筹推进疫情防控和生产经营，着力固根基、补短板、强弱项，锐意进取求突破，攻坚克难铸辉煌，各项工作赶超进位，取得历史以来最佳成绩。

2020年度，南城县烟草专卖局（分公司）荣获全市系统目标管理考核先进单位、专卖管理目标考核先进单位、卷烟营销网建先进单位、平安建设工作达标单位、法律法规知识竞赛团体二等奖、宣传舆论工作竞赛优秀组织三等奖。满旭同志获全市“专卖标兵”称号。

【党建工作】 南城县烟草专卖局党支部着力夯实党建基础，坚持全面从严治党。理论学习有声有色。主题党员活动日12次，扩大会议3次，集中学习30课时，人均摘抄笔记2本，专题党课5次，红色基地教育1次，全市系统党建知识竞赛三等奖；示范攻坚有力有为。以基层党建“三化”建设为抓手，大力推行支部规范化、党员积分化、党建纪实化三项重点工作，开展了支部结对共建，在四进四帮四联和社区扶贫、文明吸烟环境建设、文明单位创建、辖区电子烟治理和诚信互助小组建设中发挥组织作用。管党治党从严从实。持续推进行业政治生态突出问题全面整治，常态化开展正风肃纪，累计发布廉政提醒通告3次，开展作风检查15次，发布通报批评4次，扣罚干部职工作风纪律经济处罚5600元，政治家访走访职工家庭8户，谈心谈话12人次。服务社会从重从紧。积极参与爱国卫生清扫和非机动车规范停放志愿服务，开展党员驻点扶贫村和社区挂点贫困户走访慰问活动，发起全员倡议书，鼓励员工自发购买、代购和转发朋友圈宣传等方式，解决了驻村挂点贫困户养殖农产品销路问题。2020年投放专项扶贫资金1.8万元。赞助社区共建经费5000元。

【专卖管理工作】 南城县烟草专卖局围绕按照“立足本地、露头就打”为方针，围绕“六位一体”大专卖体系，加大涉烟违法打击力度，进一步整顿和规范了卷烟市场经济秩序。打假破网开新局。进一步加强相关职能部门沟通协作，将打击涉烟犯罪、大户治理等工作纳入县公安局相关职能科室的年度考核目标，深入开展“今冬明春”“逆战1号”“中秋、国庆期间市场专项整治”专项治理行动。全年共查获各类违法案件145起，其中查获5万元以上大要案10起（含省标案件1起）；查缴各类违法卷烟137.17件，其中非法流通真烟54.03件，假私烟82.63件；上缴罚没款13.15万元；刑拘5人，逮捕3人，判刑2人。行政许可提效能。大力宣传推广“网上办”“掌上办”“移动办”，实现了网上办证率100%，群众办事满意度持续向好；清理了中小学校周边不符合规定零售户，一年来，已清退中小学校周围零售户5户，实现零信访、零投诉。新办卷烟零售许可证194户，现有正常经营户1051户。行政执法重落实。推行行政执法三项制度落实工作，严格落实行政执法公示制度、行政执法回访制度、行政执法过程全记录制度，严格做到“一案一视频”。

【卷烟销售工作】 南城县烟草分公司始终坚持行业“十六字方针”不动摇，全年实现税利8428.75万元，同比增长7.23%。卷烟销售7531.12箱，同比增长0.29%，“金圣”烟销售2560.01箱，同比增长2.74%，增幅高于全市平均0.69%，排全市第5位；卷烟单箱销售收入4.12万元，同比增长3.4%，单条值164.77元，同比增长3.37%。综合业绩考核荣获全市第三名。夯实基层基础取得新进展。扎实推进基础信息维护，完成摸排核实经营户1050户，涉及信息不符的1011条，完成整改1011条，进度100%；扎实做好“五亮”、一线人员工作流程执行、基层网点管理、小组培训和宣传推广等工作。客户盈利水平从5%增加到14%，客户满意度从83.6%提升到98.96%。构建“145”营销体系取得新突破。围绕构建“145”营销体系为目标，提出了“落实四要、深化五亮、提升六个一、做到八个有”的工作要求，以拓展农村市场为契机，以现有“精品示范街”为切入点，以过程督导为重点，以市局积分管理为抓手，逐户过筛每一位零售户，发现问题及时反馈、及时整改。专销协同取得新成效。推进四员联动信息反馈制度，开展同一线路客户经理、稽查员互相“结对子”。全年共收集“四员”反馈信息共193条，取缔虚拟客户1户、被大户控制的小户1户，查获案件43起，其中五万元以上案件1起。此外，还对105户失信违约的零售户进行了失信惩戒，并列入专卖重点监管户，在该批失信违约客户中共查获涉烟违法案件9起。

【加强基础管理】 以严格规范为基础，制度管理为抓手，依靠管理进步，兼顾效益与效率、过程与结果，实现企业管理效能和队伍转型赋能双提升。企业管理提质增效。进一步优化完善全员绩效考核细则，出台员工积分管理办法、舆论宣传考核方案等，首次将机关员工工作绩效纳入月度考核，深度激发全体干部员工干事创业热情；夯实群众性创新活动基础，“基层卷烟营销标准化体系探索与研究”项目结题并获全市2020年度科技创新三等奖；配合市局开展闲置资产清查，做好资产盘点，完成资产登记；落实安全管理主体责任，稳步推进双机制建设，扎实开展安全检查，突出车辆交通、电气消防设备设施以及恶劣天气和特殊时段安全管理，落实隐患排查和整改工作。队伍建设赋能减压。坚持正确选人用人工作导向，开展2020年度干部民主测评工作，选拔一名优秀的年轻员工充实到中层干部队伍。持续发挥技术能手、先进示范作用，整体队伍综合素质再上新台阶。关注员工需求，举办了红色观影、专题讲堂、安全实操演练、户外拓展、元旦和国庆文体活动等，选送节目参加全市迎新春文艺晚会、政绩观演讲等活动均取得全市系统第三名，进一步增强了干部职工的集体归属感和职业认同感。

【县烟草专卖局主要领导名单】

局长（经理）：

王彦芹（2018.7至今）

工业园区

工业园区

【概况】 南城工业园区管理委员会为县委、县政府派出机构（正科级）和参公事业单位。主要职责：贯彻执行县委、县政府的决策部署；制定工业园区经济和社会发展目标和中长期发展规划，抓好工业园区经济发展，招商引资、编制园区工业发展详规、工业园区的财政预决算，保证工业园区土地资源的合理开发利用等。负责金山口工业园区、河东工业园区、全民创业园区、城南工业带的建设和管理。2020 年，县工业园区人员编制 30 名，在编在岗 25 人，其中党工委书记 1 名，副书记 2 名（其中 1 名兼任管委会主任）；管委会主任 1 名、副主任 1 名。内设党政办公室、开发部、招商部、企管部、财政分局 5 个职能单位。

2020 年是特殊的一年，一场突如其来的新冠肺炎疫情肆虐了整个中国乃至全世界。面对疫情，工业园区贯彻习近平总书记强调的做好疫情防控工作同时，分类有序推进企业复工复产、抓好重要物资保障。为做好“十三五”的收官之年工作，工业园区深入贯彻落实县委县政府各项决策委署，以质量安全发展为引领，以培育主导产业为主线，加快推进园区重点项目建设，增强服务企业意识，强势推进工业高质量发展。

【经济运行情况】 工业园区共有企业 206 家，规上企业 73 家，2020 年完成主营业务收入 167.7 亿元，同比增长 9.44%；实际上缴税收 6.33 亿元，同比增长 6.7%；实际利用外资 4515 万美元、实际利用外资增长率 26.68%；进出口总额 17.27 亿元，进出口总额增长率 2.3%，高新技术产品出口总额占比 61%。

【“5020”重大项目招商引资情况】 2020 年引进“5020”项目 2 个。一是与深圳恒必达科技有限公司签订了投资 25 亿元的南城县虚拟现实产业园项目（ARVR 终端产品的生产加工及销售），着力将南城虚拟现实产业园打造成江西省 VR/AR 典型示范，力争形成在全省“叫得响”的样板项目。二是与深圳伟合佳电子科技有限公司、深圳乐腾通讯科技有限公司、深圳科铭通讯电子有限公司、鑫邦（香港）科技有限公司等 4 家公司签订了投资 30 亿元的电子智能终端产业链项目，是以伟合佳电子为龙头，乐腾通讯、科铭通讯、鑫邦（香港）为产业链上下游企业的项目。

【产业发展情况】 2020 年按照南城县实际确定“3+1+1”的产业规划模式（即电子信息、中医药、校具、绿色食品、高档轻纺），大力推进工业高质量发展。加快标准厂房建设。电子产业园二期总建设占地面积 155 亩，项目总建筑面积 156498.76 平方米，其中建设 13 栋标准厂房，建筑面积 154895.06 平方米，2 栋仓库 1429.28 平方米，设备房 174.42 平方米。共 9 家企业已入驻，并全部投产；电子产业园东区总建设占地面积 89.5 亩，项目总建筑面积 101584.5 平方米，其中建设 7 栋标准厂房，建筑面积 100905.78 平方米（含地下室面积 5584.78 平方米），1 栋甲类仓库 678.72 平方米。2020 年已全部开工建设。加强精准帮扶力度。坚持扶优扶强，全面落实“两宣一帮”，加大企业金融稳岗等支持力度。针对疫情，下发了《关于疫情防控期间实行企业特派员制度的通知》《关于开展惠企政策专题宣讲活动的通知》等一系列帮助企业恢复生产的政策，编印了《南城县“两宣一帮”资料汇编》《中小企业政策摘编》《中小企业政策指引》1500份，召开了南城县工业企业“两宣一帮”座谈会，抽调117名干部担任企业特派员，从“控疫情、促复产、提产能、送政策、促运行、抓协调、报信息”方面做好企业帮扶工作。为进一步推动各项惠企政策宣传贯彻落地，由14个单位主要负责人组成7个惠企政策宣讲组，开展政策解读和送政策上门等宣传活动，帮助企业解决各类问题200多条。积极用足用活国家返乡创业示范基地政策优势，采取PPP模式，与农业发展银行深度合作，解决了项目建设资金问题，首期于4月21日融资6.4亿元，用于电子信息产业园二期标准厂房建设。扎实开展“财园信贷通”“还贷周转金”等工作，累计为民营企业周转“过桥”411笔，资金17.82亿元，节约企业融资成本2466万余元；财园信贷通结余56户，合计2.9499亿元。工业园区为首位产业电子信息加大招工力度，与县人社局负责搭建企业用工服务平台，大力开展现场招聘和网上招聘活动，一年举办4次大型用工招聘会，同时明确了一个企业由一个乡镇负责招工，解决企业用工难的问题。加大“僵尸企业”处置力度。按照“依法收回一批、嫁接盘活一批、依法拍卖一批、破产重组一批”的方式，2020年共处置僵尸企业7家，盘活闲置厂房和土地面积共874.5亩，有效提高了工业土地利用率。

【科技创新情况】 加大科研经费投入。2020年研发投入达15901.15万元，同比增长13.81%，占全县生产总值的比例为1.07%，同比增长1.90%。加快科技平台建设。园区已建3家省级以上创新创业平台载体，江西博君生态农业开发有限公司的江西省南丰蜜橘加工工程技术研究中心、江西赣亮医药原料有限公司的江西省甾族化学工程技术研究中心、江西天城一品电子商务有限公司的“国美天城暨村淘电商创客空间”。围绕电子信息、中医药、教育装备三大产业定向发力。所有规模以上工业企业均签订了校企、院企科技合作协议，江西百神昌诺制药有限公司与中国工程院院士、天津药物研究学术研究会主任和名誉院长刘昌寿院士的中药大品种活血止痛胶囊二次开发及院士工作站，江西豪普高科有限公司与清华大学长三角研究院合作的实验室落地南城。江西赣亮医药原料有限公司省级企业技术中心通过复评，南城校具商会主导制定了课桌产品行业标准，江西博君生态农业开发有限公司与江西农业大学合作，主导制订了《麻姑鲜枣栽培技术规程》省地方标准。博君生态农业科技实施的“猕猴桃种质创新及特色新品种选育与应用”被评为省政府科技进步二等奖。阿颖金山药食品的阿颖山药五果米粉、赣亮医药原料的地塞米松等产品获省优秀新产品奖。落实国家《制造业质量品牌提升三年行动计划》，加大对名牌产品的扶持奖励力度，当年新获得国家级品牌的企业，一次性奖励10万元，当年新获得省级品牌的企业，一次性奖励5万元。

【试点推进情况】 根据省发改委（赣发改电〔2020〕114号）文件精神，结合南城工业园区的实际情况和工作基础，已选定申报“管委会＋平台公司”运行模式、“开发区＋主题产业园”建设模式试点，深化运营机制改革，推进试点示范工作。

【亮点工作情况】 创新产业园建设。深化做细园区规划。利用全县规划修编的机会，完善工业园区控制性详细规划，在园区用地功能布局上体现南城县的工业发展战略。编制和完善《河东工业园校具产业园功能与品质提升规划》，并为企业建设制定《设计导则》，为打造宜工、宜商、宜居，产城有机融合的“新工业园区”制定纲领。开展调区扩区工作。根据《江西省促进开发区改革和创新发展三年攻坚行动计划（2018—2020年）》文件精神和县委县政府制定的工业发展战略，2020年完成南城工业园区第二次调区扩区工作，为改造提升传统行业，大力开展创新强园、开放提升、集群式项目满园扩园打下基础。成立项目建设专班。专人对接天井源乡、自然资源局、林业等部门，做好征地、房屋征收、用地报建和林地报批工作。专人跟踪服务、督促土地平整、道路、排水等基础设施建设；专人跟踪服务、推进电子信息产业、中医药产业的标准厂房建设。创新招商引资模式。开展线上招商。新冠肺炎疫情期间，减少以往的频繁上门对接洽谈招商模式，采取网上宣传推介，网上对接洽谈，网上举行签约等方式积极开展招商活动。深化委托招商。继续深入推进与深圳方舟智略、上海东方龙等专业化公司合作，对接国内有实力的大公司，实现借力发展、融合发展，着力引进一批带动能力强、科技含量高、牵引力大的“5020”项目落地。推动以商招商。利用现有企业的关系，加强与深圳、上海、北京等商会、资本平台、科研机构和产业园区的互动对接。依靠已落户企业客商的人脉资源，发挥他们的“桥梁”和“纽带”作用，吸引和推动一批项目落户，形成“以商招商、以商带商，招一商、带一片”的连锁效应和群体效益。创新政府与社会合作新模式。以“政府主导、市场运作、社会参与”为原则，让社会资本也参与到园区标准厂房建设的工程中。由市场进行统一管理、统一经营、统一出租。政府面对的是经营者，无须直接面对企业，如此既可以增加社会资本参与感，也能够盘活积淀的厂房。园区发展公司融资和担保功能，撬动社会资金进入，可以在企业内由企业员工出资成立股权管理中心，增加企业融资扶持力度，以达到各项资金的“乘数效应”“放大效应”。

【取得的成绩】 2020年上半年在全省开发区争先创优综合考评中排第72位，得分75.87900分（市里排第9位）；2020年度在全省开发区争先创优综合考评中排第60位、全市排第5位（含高新区）。2020年6月南城工业园区管委会已获环境&质量体系认证证书即“ISO9001、ISO1401”认证。2020年11月被评为江西省第一届营商环境优化工业园区。

【南城县工业园区主要领导名单】

党工委书记：

李志勇 （2019.2至今）

主任：

尧晓龙 （2016.12至今）

物流·个体私营经济

市场监督管理

【概况】 南城县市场监督管理局为县政府正科级直属机构，主要职责为：贯彻执行国家和省、市有关市场监督管理法律、法规、规章、政策和标准；组织推进市场监管高质量发展、食品药品安全提升工作；制定并组织实施县级市场监督管理相关规划和政策；规范和维护市场秩序，营造诚实守信、公平竞争的市场环境。内设17个职能股室，下设9个副科级派出基层分局，6个事业单位，在职干部职工132人。

【疫情防控】 疫情发生以来，市监系统干部职工不忘初心，牢记使命，深入农贸市场、药店、商场、超市、餐饮单位等重点场所开展执法检查和政策宣传，进一步强化“保供稳价”举措，积极协调外地口罩和防疫物资生产企业，保障疫情发生初期各生产企业、超市、餐饮店生产和经营期间防疫物资的供应。对南城县2家防疫物资生产企业、30余家药店防疫物资价格行为进行重点告诫，严防哄抬价格、囤积居奇、散布涨价信息等违法违规行为。

帮助餐饮企业解决1000余公斤食品原料及半成品滞留问题，挽回经济损失46万元，办理企业股权出质登记15起，出质股权37742.2万元，担保债权198500.1万元，办理企业动产抵押登记9起，实现担保融资7633万元。促成建樟帮有限公司商标质押贷款融资1起，贷款金额400万元，确保疫情防控期间市场稳定和经济健康有序发展。

【优化营商环境】 紧紧围绕优化营商环境，出实招、下重锤，按照审批环节最少、办事效率最高、投资环境最优、市场主体获得感最强的“四最”营商环境标准，以压缩市场主体开办时间，促进市场主体开办便利化为目标，多点发力使南城县市场准入环境不断优化，进一步激发社会投资创业活力。

开展“以照含证 集约办理”登记制度改革试点工作以来，已办理证照合一营业执照305户，累计办理949户。2020年，全年新发展企业1249户，办理变更登记事项2524条，注销登记422户，新增从业人员18735人，新增注册资本627316万元。全县企业累计总数6271户，从业人员94065人，注册资本4443947万元。全年新发展内资企业50户，新增注册资本37426万元，全县内资企业累计总数667户（其中法人481户，营业单位186户），注册资本788549万元。全年新发展外资企业5户，全县外资企业累计总数44户，注册资本24622万美元。全年新增个体工商户2185户，新增从业人员4370人，新增投资额35086万元。全县个体工商户累计13124户，从业人员26248人，投资额161204万元。企业新登记量、存量以及市场活跃度都创历史新高。开展了假冒专利违法行为“铁拳”整治行动，聚焦家用电器、日用品、环保产品、电子信息产品等重点产品，以商场、超市、网络交易平台等为重点，依法组织开展监督检查、调处专利侵权纠纷、查处假冒专利违法行为。全年发明专利申请量超200件，企业用专利权到中国银行进行质押融资贷款2180万元，新增发明专利授权8件，有效发明拥有量累计59件。2020年全县商标注册申请达到

5726件，有效注册商标总量达4779件，创历史新高。进一步推进商标品牌战略的实施，分类指导区域商标品牌建设，其中“南城麻姑酒”“南城淮山”已被国家知识产权局核准注册为地理标志商标。开展了打击恶意抢注疫情相关商标行为执法行动和地理标志使用专项整治行动，查处商标侵权假冒案件3起，罚没金额1.8万元，有力地震慑了不法分子。

【深化市场监管改革】 按照县委县政府深化改革的总体目标，市场监督管理局牵头开展的四项经济体制改革工作已全部结项（市场监管综合执法队伍改革、12315行政执法体系建设、强化知识产权保护、深化食品安全改革发展），涉及“放管服”改革、科技体制机制创新、民生领域和社会事业改革三个方面。通过深化市场监管领域改革，进一步推动了食品安全党政同责的落实，“明厨亮灶”监管平台建成并成功运行，实现了全县学校幼儿园食堂网上视频监管和“互联网+”食品安全监管，完善了食品安全监管体制机制；6月中旬县市场监督管理局执法稽查局挂牌成立，实现了市场监管领域一支队伍管执法；原12315、12365、12331、12358、12330五条市场监管热线全部融合为一条12315热线，投诉举报实现了网上接单、高效办理；11月印发了《南城县关于强化知识产权保护工作的实施意见》，进一步优化完善了工作机制，全面提升了南城县知识产权保护工作。

【推动高质量发展】 组织标识标签质量监督抽查及“三无”产品专项整治，持续清查市场“三无”产品及伪造、假冒他人厂名厂址、质量标志产品，强化非医用防护物品及其他重点产品质量监管，确保防护用品质量过硬。全年完成了服装、电线电缆、水泥、红砖等重点行业重点产品及涉及民生的日用消费品的产品质量抽检72个批次，以“质量月”“有机宣传周”活动为契机，通过设立宣传台、悬挂宣传横幅、发放宣传资料等方式，营造出质量社会共治的良好氛围，助力南城县生态文明建设。

建昌帮古法炮制综合标准化试点工作通过了上级部门的考核验收，得到了省局的高度肯定。通过标准体系的运行和实施，进一步提高生产和管理效率，加强人才储备和科技创新，促进建昌帮中药饮片和健康食品向精深化、差异化、现代化生产，推动了建昌帮传统饮片由手工古法向工业化生产迈进，扩大了建昌帮品牌影响力，使公众感受到建昌帮传承千年的文化魅力，为建昌帮中医药的传承、创新和发展开辟了新的道路，为推进“中医药强省”战略做出了积极贡献。

【“三大安全”监管】 着力防范市场监管领域风险，全面提升食品药品、特种设备、工业产品质量保障水平，筑起质量安全防线，全年未发生重大安全责任事故，未发生重特大安全事故和有社会影响的事故。食品安全。深化落实食品“四个最严”要求，积极推动形成“党政同责、一岗双责，权责一致、齐抓共管，失职追责、尽职免责”食品安全工作格局。开展了食用农产品合格证制度试行工作，制定了《南城县创建餐饮质量安全示范街（区）工作方案》《示范店创建细化标准》《示范店创建工作要点》三个工作方案，以点代面全面提高食品安全现代化治理能力和水平。针对春节、中秋等重点节假日，安排食品监督抽验专项经费35万余元，抽检食品1090批次，参与重大活动食品安保11次。在“护校行动”中，出动执法人员862人次，检查中、小学及托幼机构食堂128家次，下达责令改正通知书45份，其中立案3起，罚款1.5万元。以“食品安全宣传月”和“食品安全宣传周”为契机，联合多部门，积极开展预防“毒蘑菇”“禁捕退捕”“制止浪费”等主题宣传教育活动，发放宣传单2万余份，切实提高了市民的食品安全意识。药械化安全。对县人民医院、中医院、62家药店、4家私立医院、12家乡镇卫生院、86家诊所开展了药品安全专项检查、执业药师专项整治、药品流通领域违法经营行为专项整治、打击假冒伪劣疫情防护用品执法专项行动、疫苗专项检查等专项检查。完成药品评价性抽样25批，药品监督性抽样25批，协同市局对药品生产企业抽样2批，共计52批次。处理药品投诉2起、医疗器械投诉60余起、化妆品投诉5起，办理药械化违法案件8起，罚没款11.5万元。特种设备安全。深入开展特种设备安全专项整治，全面排查特种设备安全隐患，组织开展春节、“两会”期间特种设备安全检查，重点开展了特种设备液化气充装专项整治，“打非治违”专项整治、移动式和快开门式压力容器等专项整治行动，积极配合市特检中心进行特种设备检验检测工作，对南城县5家液化气站、22台工业气体充装站设备进行了检验，检测锅炉52台、电梯626台、起动机械72台、液化气钢瓶检测1万余只、压力容器97台，厂内专用机动车辆26台，未发现重大安全隐患。

【消费维权】 紧扣“凝聚你我力量”消费维权主题，进一步优化12315统一投诉举报平台功能，平台全年共受理消费者投诉举报1711件，其中咨询类10件，投诉类181件，举报类1520件，为消费者直接挽回经济损失46.25万元。协调解决各种消费纠纷200余件，成功协调解决有一定影响力的“东方锦城”精装修房维权事件和《电动车购车补贴合同》维权事件。

【价格监管】 紧盯节假日等重点时段、粮油肉蛋奶等重点商品、水电气和通信等重点行业价格动态，精准开展价格监管检查，严厉查处价格违法违规案件。开展防疫物资价格专项治理，房地产价格专项治理，涉企收费专项治理、医疗服务价格专项治理，发现案源20余起。针对疫情防控期间防疫物资和猪肉价格上涨过快，发放提醒告诫书1000余份至各类市场主体，有力震慑不法经营者。

【网络监管】 联合多部门开展了网络市场监管专项整治行动和野生动物日常监管整治行动。印发《南城县市场监督管理局关于对利用合同格式条款侵害消费者权益的违法行为开展专项整治行动的通知》，就辖区内旅游、餐饮住宿、美容健身行业以及预付式消费中的典型不公平格式条款进行了专项整治，检查房地产开发商3家、汽车销售商4家、餐饮住宿2家。在县电子商务数据库建库工作中，检查电子商务经营主体292个，监测防疫用品292次，未发现有销售防疫用品的行为。

【广告监管】 根据“长江10年禁捕令”的要求，对涉及依法禁止使用的水产品猎捕工具广告进行专项整治。积极开展野生鱼招牌广告整治，对全县范围内含有“河鱼”“野生鱼”字样的门店招牌、菜单进行全面排查、整治，检查王府里86家餐饮单位。制定了《广告市场突出问题专项整治行动方案》，深挖违法广告案件线索，并积极做好案件查处工作。要求全县189家广告经营单位全部签订《广告经营单位不制作、不发布违法广告承诺书》，查处违法广告案件13起，案值1.76万元，罚没款2.45万元。

【反不正当竞争工作】 以县政府的名义印发了《南城县公平竞争审查工作联席会议制度》，完善南城县公平竞争审查制度体系，推进公平竞争审查工作深入开展。重点针对医疗、药品、房地产、教育等领域的虚假宣传行为，组织开展市场不正当竞争行为专项整治行动，出动执法人员134人次，检查医疗药品经营企业26家、房地产经营企业28家、教育培训机构12家，查处2家房地产企业。联合县公安局印发《2020年南城县打击整治传销联合行动方案》，重点排查聚集型传销、暴力传销、网络传销等行为涉黑涉恶线索，同时认真抓好无证无照经营行为的查处和监管工作，尤其是餐饮、农资、烟花鞭炮、成品油等重点领域重点行业经营主体，在全县范围内营造公平竞争，秩序井然的市场环境。

【扫黑除恶】 2020年是扫黑除恶专项斗争的决胜之年，是“行业整治”的动真除患之年。按照上级扫黑除恶专项斗争会议的部署安排，制定了《南城县市场流通领域打击防范黑恶犯罪推动长效常治机制的实施意见》《南城县市场流通领域扫黑除恶专项斗争长效常治工作方案》，通过开展网络市场监管、打击野生动物违规交易、打击禁用渔具制售、查处普通食品冒充特医食品专项整治等4个方面的专项整治行动，持续净化了市场营商环境。

【制定校具团体标准】 为践行习近平总书记“绿色生态是江西最大财富、最大优势、最大品牌”的指示精神，对接省市场监管局打造“江西绿色生态”品牌的重点工作，以标准引领家具产业链提质升级，制定高于国标、严于行标的团体标准。总结南城校具的特色和技术先进性，制定高于国标、严于行标的团体标准，构建涵盖全套产品的标准体系，内容包括产品特色、质量控制、检验项目要求和方法，为校具产业园的建设和“南城校具”品牌的创建提供坚实保障。依托南城县校具商会的主打产品，已发布了2项团体标准课桌椅、公寓床。

【个体私营经济】 2020年，全年新发展企业1249户，办理变更登记事项2524条，注销登记422户，新增从业人员18735人，新增注册资本627316万元。全县企业累计总数6271户，从业人员94065人，注册资本4443947万元。全年新发展内资企业50户，新增注册资本37426万元，全县内资企业累计总数667户（其中法人481户，营业单位186户），注册资本788549万元。全年新发展外资企业5户，全县外资企业累计总数44户，注册资本24622万美元。全年新增个体工商户2185户，新增从业人员4370人，新增投资额35086万元。全县个体工商户累计13124户，从业人员26248人，投资额161204万元。

【县市场监督管理局主要领导名单】

党委书记、局长：

廖建成（2019.2至今）

【典型企业简介】

江西瓯锦实业有限公司

公司基本情况：

江西瓯锦实业有限公司成立于2004年03月06日，位于江西省抚州市南城县，公司注册资本为500万元，是一家集络、拼、捻、成筒一条龙服务的制线独资企业。员工200多人，机器设备数百台，工厂占地面积8万平方米，是一家投资上亿元的高档轻纺企业，公司主要生产涤纶绣花线，主要用于织造、绣花，在本行业处于领先地位。产品远销土耳其、伊朗、埃及、印度尼西亚、越南、泰国、巴基斯坦、印度、菲律宾等多个国家，并逐渐辐射到全球，正在打造出“瓯锦牌”制线品牌。

公司拥有一支优秀的专业团队，团队成员均具有多年的研发能力和丰富的制造经验，他们之间通力合作，及时沟通，在发挥各自专业特长的同时，有效地整合了各个产品品种多样化，实现质量保证，建立售后服务体制，及时并有效解决客户反馈问题。展望未来，随着纺织体制改革不断深化和制线行业市场不断扩大，公司将广泛的依托社会资源、强大的人才优势和商业模式，充分利用了企业优势进军制线业资本市场，不远将来必将在制线行业中开拓进取，蓬勃发展，打造成为国内一流的制线服务企业，并将业务走向全球。

公司经营理念：

公司自创立以来，树立“光明正大，澄怀观道”理念。坚持“以人为本、以德为先、以规为准”原则，确保企业做到“诚信，品质，创新，融合”，并致力于“安全生产，质量管理，优质服务”观念，大力开拓新产品业务。以“团队协作，激情创新”为立业之本的团队精神。以铸造具有品牌的专业化公司为企业定位，注重服务无限的思想，发挥自身优势，公司的产品是以客户的需求为准，坚持以客户为导向的原则不断地满足客户的要求。

公司发展历程：

企业不断发展壮大。企业从2004年创办时的10亩地、20名员工发展到如今占地面积105亩，员工200余人，固定资产投资近亿元，每年为社会和员工创造财富1500余万元。企业产品远销中东地区，企业发展成为全国同行业的领军企业。

企业文化的提升。企业注重员工的知识与技能培训、关心员工生活、关爱弱势群体，弘扬“孝心文化”凝聚了员工的向心力。

积极奉献爱心。积极参加扶贫攻坚帮扶活动、捐资麻姑山风景区建设，捐资扶贫济困助学活动，参与统战部及工青妇组织的光彩事业及爱心助学活动。几年来，捐款捐物总数在150余万元。

业务范围和业绩：

涤纶丝、涤纶绣花线、人造丝绣花线、尼龙绣花线、涤纶短纤缝纫线、DTY拷边线，针纺纱及各种纺织品、线，机械设备及技术，加工、贸易；农业信息咨询，农业科技、农业技术领域内的技术开发、技术服务、技术咨询、技术转让，自营和代理商品及技术的进出口业务。产品远销国内外，企业发展成为全国同行业的领军企业，并逐渐辐射到全球，正在打造出“瓯锦牌”制线品牌。

江西旭日鸿宇新材料有限公司

公司基本情况：

江西旭日鸿宇新材料有限公司是一家集研发、生产、销售再生塑料、新材料为一体的企业，公司专注聚碳酸酯（简称 PC）领域的创新与应用，产品包括再生塑料、新材料改性、低碳建筑板材等产品种类，涵盖再生 PC 粒子、新材料改性、PC 建筑板材等，产品广泛应用于新材料改性、消费电子、智能电表、家用电器、仪器仪表、低压电气、公共交通、建筑开关、汽车市场、照明、电动工具和建筑板材等各行业，经过 4 年多的快速发展和研发积淀，现已发展成为一家经营全球化、产品多元化、产业链垂直整合的创新型公司。

公司在再生 PC 领域在亚洲处于领先地位，PC 改性领域在国内名列前茅，在 PC 建筑板材领域保持领先，员工 280 余人，年产值超 5 亿元。

公司为江西省高新技术企业并与东华理工大学等高校开展校企合作，现已被省工信厅列为新兴产业倍增项目。

公司经营范围：

改性塑料、塑料制品、PC、PET、PP、ABS、PA 及塑料板材的制作和销售、塑料工程技术研究与试验发展、自营和代理各类商品和技术的进出口业务（国家限定公司经营或禁止进出口的商品和技术除外；依法须经批准的项目，经相关部门批准后方可开展经营活动）。

公司经营理念：

企业愿景：成为全球聚碳酸酯领域最具竞争力的供应商。

公司使命：为客户创造价值、为行业做出贡献、为员工提供舞台。

企业精神：创新、协作、高效、绩效导向；经营理念：以人为本、绿色环保、卓越品质。

用人方针：人适其岗、人尽其才。

用人标准：会做、会写、会说、会想。

公司发展历程：

2015 年，购买 37 亩土地，一期再生塑料清洗项目正式筹建，建成后将成为国内最大的再生塑料清洗生产基地 。

2016 年，再生塑料清洗项目正式生产、具备 5 条自动化清洗线，总产能可达 470 吨 / 日。两条新生产线采用分流循环与废水回收系统，能够节省 75% 的水和 50% 的清洁剂。

2017 年，购买 171 亩土地，二期再生塑料造粒、改性及板材项目正式筹建开工，建成后将是最大的 PC 生产基地。

2018 年，二期再生 PC 塑料造粒、改性及板材项目正式开始生产，10 台单螺杆造粒机产能可达 6000 吨 / 月、12 台双螺杆改性产能可达 4500 吨 / 月，板材四条生产线生产能力可达 1000 吨 / 月。

2019 年，荣获抚州 100 强民营企业排名 29 的奖牌奖励，同时获得高新技术企业。

2020 年，二期再生 PET 塑料挑选、粉碎、清洗项目开始生产。

2021 年，计划 2021 年实现销售收入 6 亿元，上缴各项税收 3000 万元。

业务范围和业绩：

公司主要业务范围：再生塑料 PET、PC、PC/ABC 及板材的生产与销售，近三年来公司的经营收入、利润、上缴税金情况如下：

公司在解决贸易授信的基础上，实现自营出口。公司计划十四五期间，营业收入年增长率保持在 25% 以上，力争“十四五”期间累计实现营业收入 50 亿元。同时加大投资力度，实现设备自动化升级改造，提高改性产品的科技含量，公司将发挥技术、人才、硬件投资等各方面的优势，实现节能减排和新材料两个国家新兴战略产业的目标，成为国内循环再生经济的引领者！

江西联益电子科技有限公司

公司基本情况：

联益电子坐落于江西省抚州市南城县，占地面积 248 亩，成立于 2012 年 9 月，主营印制线路板的生产、销售，产品广泛用于汽车电子、医疗器械、工控智能、白色家电，年底有员工 940 人，公司客户群优质，主要是世界 500 强或国内上市公司，如 Jabil、Flex、Lear、UEI、Hella、Insulet、Solaredge、林洋能源、格力电器、四川长虹等。公司是高新技术企业、省级技术中心企业、省“映山红”上市后备企业。过去三年，公司产值平均以30%速度递增，2019年销售额突破人民币4亿元，其中出口销售额1200万美元，累计缴税近5000万元，2020年公司在内资线路板企业排名第37位。

公司经营范围：

线路板及相关电子产品生产、加工、销售；商品进出口经营。

公司经营理念：

把工厂做成最好的销售，全员共享、全员共担，打造具备一流竞争力、有社会担当的企业。

公司发展历程：

1990年6月，在香港成立超卓电路板有限公司；

1998年12月 成立创办深圳工厂文明达电子（深圳）有限公司；

1999年5月，产品通过美国UL认证，编码为E201364；

2000年12月，公司通过DNV ISO 9001：2000版认证；

2003年8月，建造第二套工业污水处理系统；

2005年12月，投建废水处理回用系统；

2009年12月，通过DNV ISO 9001: 2008版认证；

2012年9月，投资建立江西联益电子科技有限公司；

2013年12月，江西联益电子获得美国UL认证，编码为E464601；

2014年3月，江西联益电子一期开始量产；

2015年9月，江西联益电子获得国家高新企业认证；

2017年12月，江西联益电子二期开始量产4—10层电路板；

2018年9月，江西联益电子获得省级技术中心企业；

2019年8月，江西联益电子启动IPO，标志未来进驻资本市场；

业务范围和业绩：

生产销售商品，2021年5月，江西联益电子月产值突破5500万元。

消费者权益保护

【受理投诉举报】 发挥维权平台功能，投诉受理实行即时响应、转办分流、速办速结、超期督办工作机制，2020年共受理各类消费投诉181件，举报1711件、咨询135件、信访件113件，办结率100%，为消费者挽回经济损失46.25万元，发布消费提示2期。

【治理消费环境】 营造放心消费。按照赣市监局网监字〔2019〕1号部署，从2019年四季度开始至2020年一季度末，通过完善硬件配置，强化人员培训学习，省级层面原工商、质监、食药监、物价、知识产权五部门分别负责的五条市场热线全部融合为12315后，2020年5月顺利在平台上承接了全部辖区内五个领域的投诉举报任务接收、分配、处置、回复、归档工作。“五线整合”统一使用12315平台办理投诉举报。2020年在县政府网站对本局受理消费者投诉信息公示1期。

【维权普法教育】 在保证疫情防控安全的情况下，提前动员、重点部署，加强《消费者权益保护法》宣传，组织开展“凝聚你我力量”“3·15”主题活动。开展消费教育进企业、进课堂，帮助企业员工、中小学生培养依法维权意识，提高消费自我保护能力。

【开展维权执法行动】 认真做好“保价格、保质量、保供应”各项工作，全力维护平稳有序的市场环境。把强化消费者权益保护和疫情防控工作紧密结合，加强产品安全监管，以口罩、消杀用品等防控物资和居民生活必需品为重点，依法严厉打击哄抬物价、囤积居奇等价格违法行为和制售假冒伪劣口罩、防护用品等违法行为，依法严厉打击虚假宣传等各类不正当竞争行为。加大对野生动物市场监管执法力度，依法严厉打击野生动物违法违规交易行为。切实加大疫情防控期间餐饮单位、商场超市等重点场所食品安全风险排查力度，加大对粮油菜、肉蛋奶等生活必需品的抽检工作。确保人民群众买得放心、用得安心，为打赢疫情防控人民战争、总体战、阻击战，维护社会稳定提供有力保障。

财政·税收

财政管理

【概况】南城县财政局内设人事秘书股、综合规划股、预算股、国库股、行政政法股、教科文股、经济建设股、农财股、社会保障股、企业股、会计股、国有资产监督管理股、扶贫股、债务金融股、绩效评价股等15个职能股室。直属股级事业单位有信息中心、政府采购办、非税办。直属副科级事业单位有国库支付中心、乡镇财政管理局、财政监督检查局。基层机构有12个乡（镇）财政所。至2020年年底，县财政局现有干部职工82人，退休人员42人；12个乡（镇）财政所共有干部职工54人，退休人员11人。

表16

2020年全县财政收入情况一览表

单位：万元

收入项目	金额
税收收入	152434
非税收入	23238
财政总收入	175672
地方收入	103689
上级补助	183507
上解上级	4016
上年结转	28207
调入资金	41782

2020年，财政局财政工作在县委、县政府的坚强领导下，在县人大和县政协的监督支持下，以习近平新时代中国特色社会主义思想为统领，认真学习贯彻落实党的十九大和十九届二中、三中、四中、五中全会和习近平总书记重要讲话精神，牢牢把握稳中求进工作总基调，全面贯彻新发展理念和高质量发展要求，扎实做好“六稳”工作，全面落实“六保”任务，为确保全面建成小康社会和“十三五”规划圆满收官奠定了坚实基础。

【财政收支】2020年，面对突如其来的新冠肺炎疫情，财政局严格落实中央和省市县有关部署，全县上下一手抓防控疫情、一手抓经济发展，各类企业迅速复工复产。全县财政总收入17.57亿元，同比增长1.7%，其中税务完成15.24亿元，同比增长0.8%，税收占比86.8%。全年南城县一般公共预算支出完成37.34亿元，同比增长8.68%。

【发挥财政职能，稳步推进“三大攻坚战”】稳妥化解债务风险。一方面严格执行化债方案，多渠道筹措资金还本付息，全面完成化债计划，南城县债务风险等级为绿等级。另一方面积极争取债券资金。紧盯政策走向，做好债券项目的储备和申报工作，2020年共争取新增债券资金79894万元，主要投向教育、农林水、医疗卫生、市政和产业园建设等民生和经济发展领域，缓解重点项目、重点工程资金需求压力，保障经济发展活力。决战决胜脱贫攻坚。继续加大财政投入，强化资金保障，积极向上级争取项目资金，足额安排县级预算资金。2020年，全县共投入扶贫资金5701万元，全县剩余贫困人口184户434人全部摘帽退出。全力打好污染防治攻坚战。统筹安排资金63974万元用于节能环保、生态环保以及绿色殡葬改革等，支持污染防治、环境治理，生态环境持续改善。同时，充分发挥财政性资金杠杆放大和风险保障作用，引导和鼓励银行业等金融机构，进一步拓展生态产品抵质押融资，建立“两权”抵押贷款风险政府与银行金融机构

表 17

2020 年全县财政支出情况一览表

单位：万元

支出项目	金额
一般公共服务	32696
公共安全	11892
教 育	58615
科学技术	9504
文化旅游体育与传媒	6627
社会保障和就业	38815
卫生健康	35809
节能环保	63974
城乡社区	22069
农林水	51314
交通运输	14627
资源勘探工业信息等	6409
商业服务业	1937
自然资源海洋气象	2170
住房保障	9487
粮油物资储备	838
灾害防治及应急管理	2227
债务发行费用	31
其他支出	1881
合计	370922

合理分担机制，促进生态产品价值实现，2020 年共发放贷款 116475 万元。

【强化政策保障，助推经济复苏发展】 大幅增加科技投入，大力扶持科技企业，全县科技总支出 9504 万元，比 2019 年增加 35.19%。继续培植工业税源，进一步加快推进电子产业园、教育装备（校具）产业园二、三期建设，为培植财源增长点、做大财政蛋糕夯实基础。统筹推进复工复产，全力支持企业恢复和提高产能，南城县经济社会发展日渐回到正常轨道。进一步优化营商环境。围绕电子信息、教育装备（校具）、中医药三大主导产业，开展以商招商，加大建筑企业招商力度，引进更多企业落户，形成替补税源。同时稳定传统物流业，对于乡镇发展物流给予资金和政策支持，充分调动乡镇积极性。充分发挥财政职能。综合运用“财园信贷通”“过桥贷款”等财政工具，助力实体经济不断做大做强。2020 年“财园信贷通”累计发放 59 户贷款共 29499 万元，“过桥贷款”为企业搭桥 10 笔（次）共 7370 万元。继续落实好结构性减税和普惠性降费政策，坚决贯彻落实省、市、县关于有效应对疫情稳定经济增长帮扶实体经济的措施，进一步减轻企业特别是小微企业负担，巩固稳增长基础。

【兜牢“三保”底线，倾力改善民生福祉】 继续加大教育投入。2020 年全县教育支出 58618 万元，增长 6.99%，教育资源扩容增质。完成了南城一中、实验中学搬迁，建昌小学组建，有效化解城区“大班额”问题。提升社会保障水平。进一步完善支持大众创业、万众创新措施，统筹安排就业资金 835 万元，发放创业担保贷款 465 万元，保障“双创”政策落到实处，以创业带动就业；确保养老保险待遇按时足额发放，全年拨付各类养老保险资金 60341 万元；加快推进县中医院二期建设，全年共拨付资金 7500 万元，医疗卫生服务“硬件”和“软件”不断完善。保障财政支农投入。利用“财政惠农信贷通”政策措施撬动金融杠杆，推进现代农业化建设，共帮助 570 户企业（农户）放贷 2.16 亿元；累计拨付 2.28 亿元用于耕地地力保护补贴、农机购置补贴、新农村建设、高标准农田建设、产业扶贫、中医药产业发展等农业支出；统筹安排 2908 万元用于长江流域禁捕，确保了南城县重点水域退捕渔民“退得出、稳得住、能小康”的目标任务；统筹推进水利项目建设，争取到上级专项资金 2604 万元用于中小河流、农村安全饮水、山洪灾害防治等水利支出。

【坚持提质增效，深化财税体制改革】 积极推进各项财政改革，不断创新财政管理机制，促进财政管理的科学化、精细化。扎实推进财政全面绩效管理。为全面实施预算绩效管理，促进预算绩效管理工作制度化、规范化、科学化，根据《中共南城县委 县人民政府关于全面实施预算绩效管理的实施意见》文件要求，出台了《南城县实施预算绩效管理工作考核暂行办法》，将预算绩效管理工作纳入 2020 年及以后年度政府绩效考核体系，从而加强预算执行绩效监管，提高财政资源配置效率。非税收入收缴电子化改革提效扩面，2020 年卫生医疗系统财政票据电子化系统正式运行，实现了提高效率、降低成本、加强监控和提升群众的获得感和满意度多重目标。深化政府采购制度改革。为进一步深化政府采购制度改革，切实落实采购人的主体责任，按照“谁采购、谁负责”的原则，建立采购人对采购结果负责的机制，南城县出台《关于规范政府采购管理工作的若干规定》，从而深化了“放管服”改革，提高了政府采购效率，进一步规范了南城县政府采购行为。

【强化财政监管，坚持依法理财】 一是强化了资金运行网上监控。加强了财政资金监管系统的日常监管和预警事项处理处置，建立健全了“互联网+监管”系统与“双随机一公开”系统的无缝对接。二是加强了疫情防控财政资金监管。认真落实习近平总书记关于坚决打赢疫情防控阻击战的指示精神，围绕上级有关部署，严格财政监管，严肃查处擅自截留、挤占、挪用疫情防控资金等违法违规行为，推动和保障疫情防控各项财税支持政策落实落细、资金使用安全有效。三是开展了津贴补贴绩效工资企业薪酬奖金福利等专项清理整治工作。联合人社等相关部门，成立了专项整治工作领导小组。本着“清理、整改、完善、提高”的工作目标，逐一查找问题，逐项逐条梳理，认真清理整改。

【县财政局主要领导名单】
局长：
邓　胜（2014.9 至今）
党组书记：
邓　胜（2016.12 至今）
党组成员：
管华军（2018.4—2021.6）
党组成员、乡财局局长：
周学文（2021.6 至今）

南城县金融创新投资发展集团有限公司

【概况】 南城县金融创新投资发展集团有限公司（以下简称“金创集团”），成立于 2017 年 12 月，注册资本为人民币 10 亿元。是经南城县人民政府批准设立并依法登记取得法人资格的国有有限责任公司，是南城县人民政府授权的国有资产经营主体，是南城县人民政府建立的融资平台，承担着项目的投融资和项目建设与管理。具有项目的策划、咨询；建筑工程施工；政府特许经营及特许经营权的转让；授权范围内国有资产的经营；保障性住房建设；棚户区改造；农村基础设施和环境整治项目的建设投资；农业综合开发建设投资等职能。

金创集团组织架构健全，设董事会和监事会。董事会由五名董事组成，设董事长、副董事长、总经理各 1 名。监事会由 3 名监事组成。董事会和监事会及总经理全部由政府研究任命，每届任期三年，任期届满，按原渠道产生。

金创集团内设五部一室，分别为：党支部、投融资管理部、资产管理部、工程管理部、财审部、综合办公室，下辖 8 个全资子公司及 1 个参股企业，分别为：南城县城市建设投资开发有限公司、南城县城镇建设投资有限公司、南城县旅游投资有限责任公司、南城县金创市政建设有限公司、南城县金创房地产开发有限公司及南城县兴创劳务服务有限公司、南城县兴创物业管理有限责任公司、南城县金创水利水电有限公司，1 个参股企业为抚州市南城县赣抚建材资源开发有限公司。公司现有干部职员 23 人，其中拥有本科学历 13 人，大专学历 8 人，中专以上学历 2 人。共 8 人具备专业技术资格职称，其中高级职称 5 人，中级职称 2 人，初级职称 7 人。企业整体素质高，管理水平好。

【综合记事】 2020 年，金创集团在县委、县政府的坚强领导下，在公司董事会、监事会的直接指导下，公司紧紧围绕县委、县政府各项中心工作，以高度负责的政治态度和奋发忘我的工作情怀，按照“融资、投资、资产管理、项目建设、经营管理”的转型发展工作思路，不断创新工作方法，完善公司各项管理制度，扎实苦干，奋力拼搏，各项工作顺利推进，较好地完成了各项目标任务。一是积极创新投融资思路。公司着眼城市建设和企业发展的长远目标，整合公司资产，全年共落实融资资金 18.6 亿元。为南城县县域经济的发展和项目建设提供资金保障。二是工程建设有新的突破。作为业主单位相继实施了山水大道南延伸段工程，项目总投资 3400 万元；南城县工业大道北延伸段道路工程，项目总投资 1700 万元；南城县城区段河堤景观提升工程，项目总投资约 1.6 亿元（省水投项目）。项目先后荣获南城县推进重点项目建设先进单位优秀项目二等奖、南城县推进重点项目建设先进单位年度目标奖。围绕改善民生，提前三个月竣工完成南城县河东及河西棚户区改造安置房建设工程（一期）项目，成功应对了与相关单位和部门协调难度大、工程建设推进困难等一系列挑战，共建成安置房面积约76122平方米，项目总投资23994万元。有效破解了全县买菜难、停车难、上学难、如厕难等问题。该项目在2020年市重点项目迎检中被给予肯定。三是大力支持全县绿色产业发展。积极响应县委、县政府县域经济高质量发展的要求，发挥好平台公司的作用，根据《抚州市本级绿色产业基金方案的通知》（抚府办发〔2020〕33号）文件要求，投资组建南城县绿色产业基金中心（有限合伙）（简称“母基金”），基金期限7年（前5年为投资期，后2年为退出期），认缴出资15000万元，为全县产业发展提供产业基金支持，加大资金投入力度。

金创集团自成立以来，充分发挥市场机制作用，不断探索实践，运用现代经营理念和手段使企业不断发展壮大，实力逐步壮大。按照县委、县政府的工作部署和要求，坚持规划先行、错位发展、重点突破、创新机制的工作思路，全面开展工作。始终致力于为城市发展蝶变、城市风貌彰显和城市品质提升不懈努力，为南城经济建设和社会发展作贡献。

【年度特色】 以习近平新时代中国特色社会主义思想为指导，按照整合转型、去平台化、去行政化的总体思路，政企分开、市场运作、合法经营、依法监管的基本原则，建立“自主经营、自负盈亏、自担风险、自我发展”的市场化运营模式，加快推进融资平台公司结构调整，如期全面完成平台整合转型升级，围绕南城县经济社会发展，立足区域投资、建设和管理实际，建立“融、投、建、管”一体化管理模式，加速“资本—资金—资本”的相互转化和循环流动，打造以基础设施投资建设为基础，以经营城市、资本运作为支撑的综合性经营和资本运作的国有资产运营管理集团。一是股权划转，整合重组。按照融资平台公司功能领域，通过整合重组，转型为具有独立法人资格、实行独立核算、实体化经营的国有公司。二是合并财务报表。将集团公司所属子公司通过合并报表方式进行集团化财务管理，对原有平台公司财务报表优化调整，真正实现集团化、实体化运作。三是资产整合。对全县国有资产进行了全面调查摸底，形成了一整套国有资产台账。择优选择国有资产，划入集团公司。

【历任主要领导名单】

董事长：

廖建成（董事）

（2017.12—2019.3）

全水才（董事）

（2019.3至今）

副董事长：

邓　胜（董事）

（2017.12至今）

总经理：

全水才（董事）

（2017.11—2020.3）

祝文胜（董事）

（2020.3至今）

国家税务

【概况】 2020年是全面建成小康社会和“十三五”规划收官之年，是应对新冠肺炎疫情的大考之年，也是落实各项税收改革发展任务的攻坚之年。国家税务总局南城县税务局坚持以习近平新时代中国特色社会主义思想为指导，深入贯彻党的十九大和十九届二中、三中、四中、五中全会精神，坚决落实党中央、国务院和上级党委决策部署，坚持稳中求进的工作总基调，统筹抓好疫情防控和支持经济社会发展，稳步提升税收征管效能，着力推动各项税收工作提质增效。2020年，共组织各项税费收入21.07亿元，同比增长25760万元，增长13.9%。其中实现计划口径税收15.63亿元，增长0.7%；实现财政口径税收15.24亿元，增长0.8%，为南城经济社会高质量发展贡献了税务力量。

【主要工作】

（一）税费收入质优量增

南城县税务局认真落实各项减税降费政策，正确处理“减”与“收”的关系，克服疫情减收影响，全力组织税费收入。一是进一步严明收入纪律。严格规范组织税费收入和税收征管行为，依法依规征税收费，坚决不收过头税费，严守征税收费底线。二是进一步加强分析预测。坚持抓早抓常，将目标任务层层分解，克服疫情影响和2019年度减税降费翘尾减收等影响，及时掌握税源动态变化情况，摸清摸透实有税源。三是进一步加强风险防范。加强收入质量和税源分析监控，以风险管理为导向，牢牢把握风险防控关键环节，动态掌握组织收入异常情况，有效遏制少数行业异常增长势头，合理统筹收入进度，避免收入大起大落。

（二）鼎力服务“六稳”“六保”

一是“非接触式”办税助力企业复工复产。大力推行“非接触式”办税服务。自新冠疫情发生以来，县税务局围绕总局“四力”要求，落实落细一系列企业帮扶政策，大力推行“非接触式”办税服务，积极运用税收大数据开展复工复产情况分析，通过网购发票、网络申报数据密切跟踪企业复工复产情况，全年纳税人、缴费人网上申报率达99.3%以上，为567户企业办理网上申领邮寄发票51385份，通过“银税互动”合作为纳税信用良好的企业提供贷款3000余万元，用税务担当和精准服务为企业纾困解难，帮助企业安全有序复工复产。

二是做好企业社保费划转接收工作。根据划转接收工作推进安排，成立以县局主要负责人为组长的征管职责接收工作专班，制定了《南城县税务局企业社会保险费征收职责接收工作方案》，对照工作要求制作了路线图和时间表，对标对表挂图作战。全力做好接收数据清理工作，抽调部分业务骨干进行集中办公；联合县医保局、县人社局共同组织全县新划转企业财务人员进行现场培训，参训人员200余人次；印制5万份宣传手册，由各乡镇村委会发放到村民手中，及时通知城乡居民缴纳“两险”。

三是有效提升纳税服务。深化“放管服”改革，扎实开展第7年“便民办税春风行动”，落实《纳税服务规范（3.0版）》，结合“最多跑一次”清单更新情况，进一步拓宽一次办结事项范围，让纳税人缴费人多走“网路”、少跑马路。进一步加强与其他各单位的不动产税收业务、税务登记注销业务、非税业务的密切合作，实现不动产交易“一窗”联办，参保登记、费款征收、权益记录等非税业务事项“一厅”通办，实现纳税人通过方欣电子税务局自行注销151户。全面落实“好差评”工作，构建横向全覆盖、纵向全链接、全局一盘棋的“好差评”评价体系，好评比例已从7月份的98.55%上升至年底的99.4%，让纳税人有实实在在的获得感。

（三）凝心聚力抓好队伍建设

县税务局紧紧围绕“为国聚财、为民收税”的服务宗旨，积极践行“中国税务精神”，在干部中塑造正确的价值观和舆论导向，不断锤炼干部的担当品格和作为本领。为全面提升干部队伍业务能力和综合素质，大力探索队伍科学化管理，提升干部业务素养，凝心聚力，全面强化干部队伍建设，构建风清气正的政治生态。

一持续抓好党员教育管理。规范开展主题党日活动，按时开展“三会一课”，引导党员积极参与组织生活；结合“七一”等重要节日，开展书记讲党课、重温入党誓词、“一回顾三对照”、谈心谈话等活动，引导广大党员干部进一步增强带头践行“两个维护”的思想自觉、政治自觉、行动自觉，始终同以习近平同志为核心的党中央保持高度一致；充分运用“学习强国”和“学习兴税”APP平台进行学习，做到知行合一、学以致用。

二是扎实开展各类主题教育。先后开展了“两学一做”学习教育、“不忘初心、牢记使命”主题教育、“守纪律、转作风、提质效”党纪政纪学习教育和“好人主义之害”解放思想大讨论等活动。三是扎实做好精神文明创建和工青妇工作。积极开展志愿服务、社会主义核心价值观教育、爱国卫生运动、扶贫济困等一系列文明创建活动，精神文明创建工作取得显著成效，县局已开展第六届全国文明单位复评工作。以党建带群建，加强工青妇群众组织建设，开展丰富多彩的文体活动。先后举办了迎春文艺汇演、趣味运动会等多项活动，大大丰富了干部职工业余生活。2020年以来，县局第一税务分局分别被省总工会和市妇委会评为“第十六届江西省职工职业道德建设先进单位”和“抚州市三八红旗集体”，两位同志被分别被授予抚州市先进工作者和南城县“三八红旗手”荣誉称号。

2020年，县税务局还积极做好了规范财务管理及后勤保障、离退休老干部、精准扶贫等方面的工作。

【特色工作】县税务局牢固树立"确保减税降费政策落地也是政治任务"的观念，全力推动减税降费工作，确保改革和政策红利及时送达每一位纳税（缴费）人，2020年共计减税降费8627万元。让企业和群众有实实在在的获得感。

一是扛牢了减税降费政治责任。始终把落实好减税降费政策作为政治任务，一竿子插到底，层层压实责任，确保各项减税降费政策不折不扣到位落实，减轻了企业负担，激发了市场活力。二是落实落细减税降费。围绕贯彻习近平总书记重要讲话和党中央、国务院决策部署，切实提升政治站位，成立了县局支持疫情防控和经济社会发展税费优惠政策服务"六稳""六保"工作领导小组，制定相关工作方案，统筹做好落实减税降费和服务"六稳""六保"工作。着重加大政策宣传力度，抓准重点对象，采取电话、网络及上门走访、专题座谈、精准辅导等方式，广泛宣传税收政策措施，走访纳税人、缴费人3000余人次，发放宣传资料1500余份，开设课堂培训7次，培训人数达500余人次。着重加大政策执行力度，全力落实好助力疫情防控促进经济增长一系列税收政策措施。三是落细了减税降费各项措施。积极发挥党建引领作用，通过党委抓总、支部抓责、党员抓实，机构、方案、机制配套，日报、周报、专报、清单、台账跟进，指挥、协调、督察、考核同步，系统推进减税降费工作。

【主要领导名单】

党委书记、局长：

李雄标（2017.1—2018.7 任国家税务总局南城县税务局党组书记、局长；2018.7—10 任南城县税务局联合党委书记、局长；2018.10 任南城县税务局党委书记、局长至今）

党委副书记、副局长（正科长级）：

高　斌（2018.10 至今）

金融·保险

人民银行南城县支行

【概况】 人民银行南城县支行主要职责是执行货币政策、维护金融稳定和提供金融服务三个方面；2020年年末，共有在职干部职工26人、退休人员14人；内设“两室三股”（办公室、纪审室、货币信贷与统计股、会计国库股、保卫股），加挂“国家外汇管理局南城县支局”牌子，并设发行库，担负本县及周边四县（黎川县、南丰县、广昌县、资溪县）现金投放回笼任务。

【2020年南城县金融运行情况及特色工作】 2020年，全县金融工作发展取得优异成绩，实现十三五圆满收官，年末存贷款增速分别居全市第一第二，各项金融指标“亮点纷呈”。过去的一年，全县金融机构全力支持疫情防控、复工复产和稳企业保就业，各市场主体融资需求得到有效满足，综合融资成本明显下降，金融支持生态产品价值实现及乡村振兴成效显现。优异成绩主要表现在以下几个方面：

（一）存贷款总量创历史新高，增速居全市第二。年末，全县金融机构各项存贷款总量349.58亿元，较年初增长23.73%，高于全市平均增速6.87个百分点，居全市第二位。其中，年末，全县各项存款余额192.04亿元，较年初增长21.65%，高于全市平均增速7.75个百分点，各项存款增速居全市第一；各项贷款余额157.54亿元，较年初增长26.36%，高于全市平均增速5.96个百分点，各项贷款增速居全市第二位。

（二）普惠小微企业贷款增速创历史新高，金融支持疫情防控、复工复产和稳企业保就业成效显著。2020年，南城县金融机构按照金融支持疫情防控、复工复产和稳企业保就业工作部署，积极推动人民银行“3000亿”“5000亿”“一万亿”“两项政策”等专项货币政策在辖内落地，大力推进“一十百千”专项行动，加大对辖内重点企业和各类市场主体的金融政策宣传和信贷支持力度，确保有求必应，应贷尽贷。年末，累计向辖内2家地方法人银行金融机构发放4.89亿元再贷款，较年初增长164.32%，均创历史新高，增速居全市前列；全县共有12家重点防疫和物资生产企业获得人民银行抗疫专项再贷款政策支持，户数金额分别居全市第一第三位；累计为辖内2家地方法人银行金融机构办理延期还本付息1.15亿元贷款本金1%的政策激励，为辖内农商行办理2458万元信用贷款本金40%、金额983.2万元无息贷款政策激励。累计办理中小企业延期还本付息金额4.3亿元，其中办理无还本续贷金额1.99亿元；办理普惠小微信用贷款金额5.68亿元；“两项政策”在全县得到较好贯彻落实。全县普惠小微企业（单户授信1000万元以下小型企业、微型企业、个体工商户、小企业主）贷款余额27.57亿元，较年初增长50.61%，创历史新高，高于各项贷款增速24.25个百分点。全县工业贷款余额24.37亿元，较年初增长13.62%；财园信贷通贷款余额3.03亿元，金融支持实体制造业及工业企业的力度继续保持，工业企业融资需求得到明显改善。同时，全县中小企业贷款利率继续呈现下行态势，中小企业贷款加权平均利率约为5.45%，较2019年同期下降约1个百分点左右。

（三）涉农、扶贫贷款增速创历史新高，金融支持生态产品价值类贷款快速增长，助力乡村振兴建设。年末，全县涉农贷款余额98.61亿元，较年初增长26.21%，连续22个月增速上升，其中财政惠农信贷通贷款余额1.28亿元；金融精准扶贫类贷款余额11.41亿元，较年初新增8.18亿元，增速252.98%，金融支持精准扶贫和乡村振兴建设力度创历史新高。生态价值各类贷款余额超过22亿元，全年新增13亿元，其中“两权”贷款余额11.66亿元，全年新增10亿元；绿色贷款余额8.27亿元，全年新增6.2亿元。其中，九江银行南城支行对接发放河道清淤采砂权质押贷款，授信贷款3.4亿元，绿色金融为全县的绿色产业发展插上了腾飞的翅膀。

（四）房地产贷款占比平稳回落，“房住不炒”要求得到有效落实。年末，全县房地产贷款余额61.54亿元，增量占比为26.85%，较2019年全年下降14.04个百分点；房地产贷款余额占各项贷款比例为39.06%，较2019年年末下降2.78个百分点，“房子是用来住的，不是用来炒的”的要求得到有效落实。

【主要领导名单】

党组书记、行长：
胡国寿（2020.1—2020.12）
党组成员、副行长：
邱国华（2020.1—2020.12）
党组成员、纪检组长：
徐建强（2020.1—2020.12）
党组成员、副行长：
胡建平（2020.1—2020.12）

银行业、保险业监管

【概况】 中国银行保险监督管理委员会抚州监管分局南城监管组（原名中国银行业监督管理委员会抚州监管分局南城办事处）于2003年12月开始筹备，与中国人民银行南城支行分设，2004年6月正式挂牌成立，2007年与资溪监管办合署办公，办公点设在南城县，2019年7月改名为中国银行保险监督管理委员会抚州监管分局南城监管组（以下简称为“南城银保监组”），现有在职人员4人。主要职责是：在抚州银保监分局的授权和统一领导下，依法依规独立负责所在县市银行业、保险业机构及其业务活动的监管工作，收集所在县市有关金融风险的信息并向上级机构报告，承担交办的其他工作。

【主要工作】 南城银保监组依法依规公开、公正履行监管辖区内银行业保险业监管职责，保护金融活动当事人的合法权益，促进辖区银行业保险业合法稳健运行，防范和化解金融风险等。根据中国银保监会的规定，在其权限范围内制定银行业保险业监管法律法规、规章和制度的实施细则和规定，确保相关法律法规、制度在辖区内的落实。根据中国银保监会的规定，负责辖区内有关银行保险机构的市场准入、退出和监管，以及银行保险机构及其从业人员的监管，具体监管事项依照法律、行政法规和中国银保监会的相关规定确定。根据中国银保监会的规定，负责辖区内有关银行保险机构的市场准入、退出和监管，以及银行保险机构及其从业人员的监管，具体监管事项依照法律、行政法规和中国银保监会的相关规定确定。根据《中华人民共和国行政处罚法》及中国银保监会的相关规定，负责对相关责任主体实施行政处罚或者采取其他监管措施。负责统计辖区内银行业保险业有关数据和信息，跟踪、监测、预测辖内银行业保险业运行情况，按季度逐级向中国银保监会报送辖区内银行业保险业运行和风险情况，并及时按规定向上级监管机构报告有可能影响当地银行业保险业稳健运行的重大事项，负责辖区内应急管理工作，督促银行保险机构落实突发事件信息报送首报责任，组织开展应急演练，制定应急预案并向上级单位报备。根据法律、行政法规及中国银保监会的规定，负责辖区内重大风险事件处置、涉刑案件管理、反洗钱、反保险欺诈、反恐怖融资监督管理和银行业保险业安全保卫相关工作。负责统筹开展辖区新闻宣传工作，指导辖区内银行保险机构新闻宣传工作，负责辖区银行业保险业声誉风险管理工作，督促银行保险机构及时、妥善处置声誉风险事件。根据授权负责支持辖区内金融创新业务试点工作，开展辖区银行业保险业市场深化改革和创新业务研究。按照中国银保监会统一部署，负责辖区内银行业保险业信用体系建设相关工作。对辖区内银行保险机构代理销售金融产品的行为实施持续监测和监管，依法查处违法违规行为。按照法定职责分工负责查处辖区内非法经营银行业保险业业务活动，应当积极配合做好辖内非法集资资金监测、宣传教育、案件处置等工作，促进辖区内银行业保险业市场规范运行和健康发展，应当配合做好辖内银行保险机构及其从业人员涉嫌非法集资等案件的查处工作，依法依规对相关机构和人员的违法违规行为进行处罚。

【主要领导名单】
组长：
黎　明（2008.2 至今）

中国农业发展银行南城县支行

【概况】2020 年，农发行南城县支行面对复杂的经济金融形势，全行上下认真贯彻落实上级行和县委、县政府各项工作决策部署，坚持“党建统领、创新发展、底线思维、夯实基础、量质双先”的工作思路，充分发挥农业政策性银行“当先导、补短板、逆周期”职能作用，围绕“聚精会神谋发展、从严求实抓党建、依法合规强管理、正风肃纪促和谐”的发展理念，积极支持疫情防控及复工复产，努力把南城支行打造成为当地服务乡村振兴的金融品牌、窗口和龙头形象的目标，着力打造“政府的银行、支农的银行、现代的银行”，开创了政策性金融支持经济社会发展事业的新局面。2020 年年底全行各项贷款余额 24.25 亿元，比 2019 年增加 8.13 亿元，增幅为 50.38%；各项存款余额 8.25 亿元，比年初增长 4.17 亿元，增幅 184.6%。不良率为零。

【抓好四项中心业务】1. 打好疫情防控保卫战。一是守好安全防控底线。坚持疫情报告制度，确保全面掌握所属员工健康状况；积极采购口罩、消毒液、洗手液、酒精、体温检测仪等疫情防控物资，保障员工安全，同时全面加强疫情防控宣传，在醒目的位置张贴疫情防控常识，每日对办公大楼区域、办公室及营业网点及相关金融服务设备等进行消毒，切实阻断感染渠道，防患于未然。二是积极支持复工复产。聚焦“疫情应急通道”和“复产复工绿色通道”，围绕“保防疫、保供应、保民生、保发展”四大重点，克服人员少、时间紧、任务重的困难，充分发挥党员战斗堡垒作用，领导干部冲锋在前，广大中青突击队成员积极争先的工作情怀，保障“菜篮子”“米袋子”等重要民生物资供应，助力打赢疫情防控阻击战。疫情以来全行累计获批复工复产绿色通道贷款 15.38 亿元，支持粮食加工两户企业复工复产和长江大保护、城乡一体化建设、水利建设、产业扶贫等 4 个重点项目。2. 打好脱贫攻坚收官战。2020 年是脱贫攻坚的收官之年，支行积极协调各方力量、各类资源，全力向服务脱贫攻坚聚合，从严从实助力打好脱贫攻坚战。一是加大信贷支持地方脱贫，投放扶贫贷款 6.88 亿元，超额完成年初下达的扶贫贷款增长任务，充分发挥了服务脱贫攻坚排头兵和主力军作用。二是推动银企合作帮扶。在加大信贷支持脱贫攻坚的同时，该行积极与贷款客户合作，通过千企帮千村模式、定点帮扶模式，助力脱贫攻坚，同时协调支行贷款客户江西麻姑实业集团有限公司向吉林省大安市慈善总会捐赠扶贫资金 5 万元。三是推动消费支持帮扶。开展“以购代捐”活动购买和帮助销售贫困地区滞销农产品，定点采购乐安县、广昌县等贫困户的农副产品助力贫困户增收，通过“农发易购”线上销售平台，购买对口支援南丰县农副产品，扎实开展消费扶贫行动，巩固脱贫攻坚成果。3. 打好进位赶超攻坚战。一是高位支持城乡业务发展。重点支持产业园建设项目，进一步做大做强全产业链发展，着力打造产学研为一体的产业集群总部基地，利用当地资源，促进农业增效、农民增收和农村经济健康持续发展。二是积极落实国家政策。履行政策性金融社会责任、树立绿色银行品牌形象，围绕水利建设、生态环保等重点领域，加大对乡村振兴、水系治理等重点领域的支持力度。在长江大保护领域，获批项目 1 个，审批金额 4.5 亿元，累计投放 1 亿元。三是全力支持民营小微企业发展。该行坚持支农支小、让利于农，践行支农为国、立行为民的使命，积极落实服务民营小微企业“六大举措”政策，对民营小微企业进行帮扶支持，全年信贷支持小微企业2户，小微贷款0.48亿元。四是持续跟进生态产品价值实现工作。有效发挥农业政策性金融在推进生态产品价值实现中的先导作用。全年共支持生态产品价值实现项目3个，审批金额12.4亿元，已投放金额8.4亿元。4.打好粮食主业持久战。农发行以粮为本，该行坚定不移地执行国家粮棉油宏观调控政策，维护种粮农民利益，在国家深入推进粮食收储制度改革环境下，该行认真贯彻落实粮食收购信贷工作要求，坚持“多收粮、收好粮、防风险”的原则，切实抓好市场化收购，积极支持县级储备粮轮换，充分发挥收购资金供应的主渠道作用。一是做好粮食收购工作。发放县级储备粮收购价贷款0.13亿元，收购数量55万公斤，在不“打白条”的前提下将防控信贷风险放在首位，确保不因农发行的原因出现农民“卖粮难”。二是支持市场化粮食收购，投放贷款0.4亿元，累计收购1011.5万公斤，进一步发挥了政策性银行粮食收购主渠道的作用。

【加强存款组织工作】 2020年，全行克服利差收窄、业务增速放缓、刚性费用增长等多重制约因素，多措并举提升经营绩效。以中长期贷款集中投放为契机，深挖新增贷款客户资源，紧盯上下游客户，积极营销，强化贷款资金管理，切实提高贷款资金留存率和引存率。严格账户管理，对项目资本金拨付认真审核把关，严密跟踪监督资金到账和使用情况，防止资金流失。该行存款余额为8.25亿元，较年初存款余额增加4.17亿元，增幅184.6%。

【全面落实从严管党治行】 2020年，全行坚持问题导向，把“抓规范、打基础”作为长远之计和固本之举，进一步夯实全面从严治党工作基础。严格落实上级行全面从严治党各项工作部署，及时调整行领导班子成员分工和纪检委员职能，明确各部门职责和主要任务，着力构建齐抓共管、一级抓一级、层层抓落实的党建工作格局；完善党风廉政建设责任制考核。因地制宜、结合支行实际，将支行落实党风廉政建设责任考核办法细化并印发全行，将党风廉政建设纳入领导班子综合绩效考评，将党风廉政建设与业务工作保持相同权重。

【完善党建工作监督机制】 2020年，全面夯实党建基础。一是统一规划部署，严格按照基层党支部工作标准，强化精细管理，明确了2020年度党建文化建设、党建活动、党建日常管理等内容，压实党支部书记党建“第一责任人”责任。二是规范党建内容。党支部按照组织部下发《中国农业发展银行党支部标准化规范化建设手册》，以“智慧党建”载体为依托，对“三会一课”的学习、会议、党课进行规范记录，将党建工作融入电子化、日常化管理，2020全年共召开支委会12次，党小组会议47次，党员大会8次，党支部班子讲党课8次。三是强化党建培训。制定了十九届五中全会精神学习方案，在全行持续推进“周五”例会学习教育方式，坚持党支部中心组理论学习，同时还利用脱贫攻坚“回头看”整改、常规巡视整改等机会多次组织学习习近平总书记系列讲话，使广大职工干部深刻将党的理论知识、业务知识学在脑里，记在心里。四是丰富党日活动。支行持续推行“党建+X”主题党日活动，认真开展好党员活动日，开展了“缅怀革命先烈 弘扬革命精神”“创建美好文明卫生城市”等主题党日活动12次，塑造具有南城特色的党建品牌。

【全面强化队伍建设】 优化干部结构。按照全面落实好干部标准，统筹用好各年龄段干部，严格落实轮岗机制，2020年全行新提拔了中层干部3人；充实员工队伍。接收校园招聘正式职工2人，鼓励青年员工走出去，到上级行去开拓视野、增长才干、丰富阅历，2020年支行交流至上级行2人，选拔1人至机关交流工作；壮大先锋力量。严格按照发展党员程序，做到成熟一个，发展一个，加强基层党组织战斗堡垒先锋力量，培育中共党员1名，预备党员1名，发展对象1名，为基层党组织队伍增添新鲜血液。

【全面纯化廉政风气】 从严开展廉政教育。通过专项监督、廉政谈话、员工家访等多种方式，重点监督领导干部落实八项规定精神和廉洁自律情况、信贷工作效能和信贷人员廉洁从业情况、财务费用列支是否真实、合法合规、合情合理的情况，以监督的成效促进全行工作。2020年全行共开展专项监督48次、廉政谈话25人次、以爱国主义为主题的谈心谈话6人次；从实改善工作作风。坚持把加强作风建设作为工作有效抓手，以上率下，大力倡导马上就办工作作风，从我做起，率先垂范、作好表率。定期开展行风行纪会纪检查，并按月通报，通过过硬的作风、善战的能力、凝聚的合力，形成想作为、敢作为、善作为的良好风尚，为推动支行业务持续、健康、稳定发展提供坚强保障；从广开展廉政教育。制定《农发行南城县支行2020年廉政教育计划》，规定每季教育内容、时间、方式和要求，把廉政教育纳入全行教育活动当中，组织观看《国家监察》《红色通缉》等警示教育片17次，丰富了廉政教育形式。

【优化信贷客户结构】 2020年，全行不断优化客户结构。在经济增速放缓，信贷风险防控压力进一步增大，对全县自营性客户进行摸底，建立不符合新客户准入指标的管理台账，对无望达到新客户准入标准的坚决实施信贷退出，客户结构进一步优化。

【实现财务提质增效】 2020年，全面切实抓好收息工作。重点抓好表外欠息清收，提高贷款利息收回率，确保利息应收尽收。同时强化财经纪律，均衡开支各项费用，严格费用开支程序，确保合法合规。通过狠抓增收节支，落实收息责任；严格执行“四不”原则。从严从紧把控费用开支，进一步规范各项开支管理，增强费用使用透明度；严格落实中央八项规定。切实落实省分行改进工作作风十条措施意见。坚持勤俭办行，进一步规范完善食堂财务管理，做到票据合规，手续齐备。从严控制会议规模、食宿及现场布置的费用支出，不搞形式主义。

【狠抓问题整改落实】 2020年，全行强化检查督导，开展了“地毯式”全面排查。以财政专员办检查、省行“风险大排查”活动和风险贷款处置“回头看”为契机，全行对信贷、财会和员工行为进行“地毯式”全面排查，对发现的问题，建立问题台账和监测台账，做到问题早发现、早干预。开展“两个加强、两个遏制”专项检查“回头看”自查工作和内部员工行为专项排查活动。抽查中发现的问题，制定了整改台账，切实增强全员合规意识，规范员工行为，消除了可能存在的风险隐患。

【县农发行领导名单】

行 长：

花元春（2020.1—2020.12）

副行长：

石澄域（2020.1—2020.12）

副行长：

张 玮（2020.1—2020.12）

中国工商银行南城支行

【概况】 中国工商银行股份有限公司南城支行的前身是成立于1984年的中国工商银行南城县支行，随着2005年10月中国工商银行股份有限公司的成立，更名为中国工商银行股份有限公司南城支行。2006年，工商银行成功在上海、香港两地同步发行上市。经过持续努力和稳健发展，工商银行已经迈入世界领先大银行之列，拥有优质的客户基础、多元的业务结构、强劲的创新能力和市场竞争力。工商银行将服务作为立行之本，坚持以服务创造价值，向全球超860万公司客户和6.8亿个人客户提供全面的金融产品和服务，自觉将社会责任融入发展战略和经营管理活动，在支持抗疫防疫、发展普惠金融、支持脱贫攻坚和乡村振兴、发展绿色金融、支持公益事业等方面受到广泛赞誉。

工商银行始终聚焦主业，坚持服务实体经济的本源，与实体经济共荣共存、共担风雨、共同成长；始终坚持风险为本，牢牢守住底线，不断提高控制和化解风险的能力；始终坚持对商业银行经营规律的把握与遵循，致力于打造“百年老店”；始终坚持稳中求进、创新求进，持续深化重点发展战略，积极发展金融科技，加快数字化转型；始终坚持专业专注，开拓专业化经营模式，锻造“大行工匠”。

2020年从业人员37人，下辖2个网点：营业部、盱江支行，2个自助网点。营业部位于南城县建昌大道189号；盱江支行（二级支行）位于南城县盱江大道333号。

【公司金融业务】 推进分层

营销体系改革，实现对不同层次客户差别化服务，提高重点客户营销层次和服务水平，促进中小企业客户拓展。加强业务创新与全产品营销，推动商业银行与投资银行业务互动发展，满足客户综合金融服务需求。围绕资产管理、账户交易类业务、资产支持性服务、融资中介服务等做大客户金融资产服务业务。

积极支持基础设施在建及补短板重大项目，突出支持制造业高质量发展，支持医疗、教育、养老等消费升级服务业，积极发展绿色金融、普惠金融。支持实体经济发展，适时调整信贷策略，满足疫情防控、复工复产、应急贷款、延期还本付息等特殊时期资金需求，妥善纾解企业因疫情影响出现的暂时性经营困难。

积极落实国家支持中小企业发展的政策精神，努力向中小企业客户提供专业、高效和便捷的金融服务。切实加强普惠金融供给，加快产品创新、完善风险管控，统筹疫情防控与支持小微企业复工复产，推进普惠金融业务高质量、可持续发展，满足中小企业客户融资需求。

提供公共财政、民生领域综合金融服务，积极配合财政部和地方财政部门推动地方财政非税收入收缴电子化改革，办理财政、公积金等单位机构存款，代理财政集中支付、中央预算单位公务卡、社会保障卡、代理社保及公积金资金归集发放等业务。提供第三方存管、融资融券、理财产品销售、资产托管服务。

【个人金融业务】 持续推进个人金融业务经营转型，全面推进“第一个人金融银行”战略，围绕“贴心工行、极智工行、无界工行、放心工行”理念，全面助力满足人民对美好生活的向往。以新市场、新客户为目标，强化金融科技赋能，打造新型营销渠道，构建银商合作新机制。加快产品服务创新，针对社保、儿童、婚庆等重点客群推出专属存款产品，同业中率先推出大额存单可转让功能，巩固储蓄存款业务的同业地位。强化营销服务团队建设，完善个人客户星级评价服务体系，提升客户质量。

积极支持客户合理信贷需求，落实人民银行利率市场化改革要求，稳妥推进个人贷款的 LPR（贷款市场报价利率）转换工作；围绕养老、汽车、租赁、教育、家装等重点消费市场加强贷款业务创新，做好消费金融服务。开办个人家装贷款、个人经营性贷款、个人小额信用贷款、个人住房公积金贷款、个人分期付款等个贷业务品种，优化“惠贷通”等产品功能，不断丰富和延展个人贷款业务。

坚持以客户为中心，推进理财业务转型。坚持全市场遴选、全产品配置，积极服务理财产品净值化转型大局，通过多元综合配置有效承接客户到期资金，全力做大新规理财产品，按需定制优质遴选产品，稳步提升专属保险产品，创新开展家族信托综合顾问业务。

【银行卡业务】 加强市场拓展，加快银行卡产品创新和服务品质提升，进一步巩固同业领先地位。

加强与知名企业客户的信用卡项目合作，带动信用卡发卡规模和质量提升，推动消费额快速增长。推进业务数字化转型，创新线上获客产品。推出纯线上、无实体、秒批秒开、即刻启用的工银无界白金数字信用卡，产品问世即受到社会广泛关注。

针对装修需求客户，推出家装分期卡。针对公务员等行政事业单位公职人员，提供幸福 e 分期卡片，纯信用贷款，分期还款。推出短信客服业务，推进 VIP 客服中心建设，提供多项集团客户专属服务方案，丰富高端客户差异化服务内涵。

依托工商银行服务平台，打造信用卡消费金融生态圈核心平台，搭建由 APP、小程序、公众号、H5 组成的全平台生态，增加申请提额、密码重置、e 分期等金融功能，打造“购物 + 积分 + 分期”三大场景、“e 饭团 +e 爆品 +e 咖啡”三大子品牌，推出“爆品季 + 出行季 + 数码季”三大促销活动季，优化客户体验。

【网络金融业务】 加强网络金融新技术、新需求研究，拓展业务发展新领域。依托智慧银行信息系统（ECOS），全面打造赋能零售、对公、政务、乡村、同业等领域协同发展的数字新业态，实现全行经营动能转换、质量升级和效率变革，深化 GBC 三端联动，服务国家、政府和企业数字化转型，提升客户金融服务体验。

打造“云上工行”零售

业务。加快推进手机银行与物理网点两大金融服务主渠道的“融合式打通”，在手机银行和微信小程序创新推出互动式线上“云网点”、客户经理“云工作室”，提供“屏对屏”非接触金融服务。依托云计算、分布式等技术搭建的科技平台，提供 7×24 小时线上线下一体化金融服务。

赋能链式产业金融生态。紧跟行业龙头企业转型发展的步伐，为数字化转型龙头企业集中输出账户、存款、支付、融资等金融产品，赋能关联企业各类线上应用场景。面向大型工业互联网平台，统一输出对公线上支付、一体化收单、安心账户对账、供应链融资等服务。依托大数据、人工智能、物联网等新技术，建成 5 大类、109 项开放普惠服务，与“走出去”重点企业客户合作对接，促进服务普惠与生态繁荣，创新推出“税务贷”“烟草贷”“结算贷”等，深化产品创新与场景拓展，助力企业数字化转型。

【渠道建设】 优化南城县城自助银行布局，在现有 2 个网点附行式自助银行基础上，在南城县盱江北大道 299 号、南城县城南路 1 号（山水佳园）设立 2 个离行式自助银行，24 小时为客户提供便捷的存（取）款、银行卡转账等多功能服务。

南城工行坚持以处置不良资产为重点，以增加存款为主线，以发展中间业务为增长点，以提高经营效益为中心，以内控管理为基础，以防范案件为根本（连续 35 年实现“三无”），明确定位，内活机制，外拓市场，改善服务，强化营销，努力提高全行核心竞争力，各项业务保持良好发展势头，为支持当地经济发展做出贡献。

【近年来省级荣誉称号】

2020 年度江西省分行授予个人金融业务旺季营销竞赛先进支行称号；

2020 年度江西省分行授予先进集体称号；

2020 年度江西省分行授予脱贫攻坚战先进单位称号；

2020 年度江西省分行授予信用卡业务先进支行称号；

2020 年度江西省分行授予网络金融客户发展金奖荣誉；

2020 年度江西省分行授予吴畅网络金融产品营销金奖荣誉；

2020 年度江西省分行授予吴畅旺季个金储蓄存款先进个人荣誉；

2020 年度江西省分行授予吴畅旺季个人贷款业务先进个人荣誉。

【近年来市级荣誉称号】

2020 年获旺季个人金融业务综合先进支行荣誉；

2020 年营业部获旺季储蓄存款五强网点称号；

2020 年度获综合考评先进单位称号；

2020 年度营业部获先进基层网点荣誉；

2020 年度获银行卡先进单位荣誉；

2020 年度获个金专业先进单位荣誉；

2020 年度获对公拓户先进单位荣誉；

2020 年度获内控案防先进单位荣誉；

2020 年度获网络金融业务先进单位荣誉；

2020 年度获“三度”文化服务先进单位称号。

【近年来县级荣誉称号】 2017 年度获重点城市建设项目贷款奖。

【中国工商银行股份有限公司南城支行主要领导名单】

吴　畅（2018.4 至今）

中国农业银行南城县支行

【概况】 中国农业银行股份有限公司南城县支行内设行长室、综合管理部、财会运营部、对公 / 三农客户部、个人客户部。2020 年年底，对外营业网点 3 个，自助机具 19 台，在职员工 53 人。

【经营业务】 吸收公众存款；发放短期、中期、长期贷款；办理国内外结算办理票据承兑与贴现；发行金融债券；代理发行、代理兑付承销政府债券买卖政府债券、金融债券；从事同业拆借和银行卡业务；提供信用证服务及担保；代理收付款项及保险兼业代理业务；外汇存款、外汇贷款、外汇汇款、外币兑换；结汇售汇、企业年金托管业务、代理开放式基金业务；国际结算、外汇票据承兑和贴现、外汇担保；代理发行、代理买卖股票以外的外币有价证券买卖、代理卖外汇、代客外汇买卖、外汇信用卡发行；代理国外信用卡的发行及付款；资信调查、咨询、见证业务；企业、个人财务顾问服务；证券公司客户交易结算资金存管业务；提供保管箱服务；代理资金清算；各类汇兑业务；代理政策性银行、外国政府和国际金融机构贷款业务；贷款承诺；组织或参加银团贷款；个人黄金买卖业务；电话银行、手机银行、网上银行业务；金融衍生产品交易业务；经中国银行业监督管理机构等监管部门批准的其他金融业务。

截至2020年年底，中国农业银行南城县支行各项存款余额191268万元，其中个人存款余额126718万元，对公存款余额64550万元；各项贷款余额149454万元。

（宁 俊）

【南城县农业银行主要领导名单】
行长：
汪勇辉（2020.1至今）

中国建设银行股份有限公司南城支行

【概况】 中国建设银行股份有限公司南城支行是综合性单点型支行，下设网点一个（营业室），内设部门两个（综合部、业务部），共有员工29人，其中，中长期合同制员工25人，离退休人员4人。2020年度，南城支行认真贯彻落实总、分行工作会议精神，强能力、推战略、夯基础，进一步加强“三个能力”建设，加大推进“三大战略”力度，积极推进数字化经营管理，强化全面风险管理，强化产品和服务创新，以新金融行动推进南城支行高质量发展。通过“学党史、悟思想、办实事、开新局”学习党史是为了更好走向未来，深入学习贯彻习近平新时代中国特色社会主义思想，锤炼忠诚干净担当的政治品格，深刻领会中国共产党团结带领全国各族人民为实现伟大梦想共同奋斗的精神，支行2020年度荣获县综治先进单位。

【坚持创新发展 服务地方经济】 支行全口径存款时点余额14.84亿元，较年初新增1.99亿元，全口径日均余额14.60亿元，较年初新增1.8亿元，四行占比36.34%，排位第二。其中对公存款时点余额4.65亿元，较年初新增4848万元，对公存款日均余额5.05亿元，较年初新增5565万元，日均新增市分行排位第五；个人存款时点余额10.18亿元，较年初新增15146万元，新增四行占比26.87%，个人存款日均余额9.56亿元，较年初新增1.24亿元，四行占比95.36%，四行排位第一。各项贷款余额15.89亿元，四行占比29.66%，四行排位第二，其中：个人住房贷款余额12.17亿元，四行占比35.98%，四行排位第一，个人贷款较年初新增8163万元。实现中间业务净收入1654万元，四行占比32.64%，四行排位第一。全行实现拨备前利润5098万元，四行占比26.43%，四行排位第二。对公资产不良为0，个贷逾期、不良均控制在计划内，不良率0.05%，低于全市平均数。

【着眼民生 客户发展方面】 全行公司机构加权有效客户1661户；个人加权有效客户123289户，全省排位12。工会龙卡累计发卡量92157张，较年初净新增6716张市分行排位第三；龙支付个人客户新增7682个，新增计划完成率150.82%，新增市分行排位第二；全面客户关系管理中覆盖2个产品客户新增计划完成率524%，市分行排位第二；覆盖3个产品客户新增计划完成率565%，市分行排位第六；覆盖4个产品客户新增计划完成率480%，市分行排位第八；代销保险中收85.04万元，市分行排位第一。

【转型规划推进，大力发展个人信用业务】 全口径完成分期交易额11318万元，计划完成率市分行排位第三；新增龙E付商户258户，市分行排位第五，新增商户活跃率59.7%，市分行排位第二；对公商户完成率111.8%完成率市分行排位第五。对公高质量商户计划完成率105.3%，市分行排位第五；个人商户新增303户新增完成率市分行排位第四，个人高质量商户完成率113.7%，市分行排位第五；对公新开户完成率91%，市分行排位第四；撮合平台完成率106.67%，市分行排位第二；境内保函收入68.61万元，计划完成率228.7%，市分行排位第二；“裕农通双十、双五十覆盖加权计划”完成率100%，市分行排位第二。

【工作实效】 高度重视，全行启动。按照市分行的部署，支行从2019年12月份起全面启动旺季营销，持续抓全量资金，做大结算领域资金流量，提高资金沉垫率。支行全口径存款时点余额14.84亿元，较年初新增1.99亿元；全口径日均余额14.60亿元，较年初新增1.86亿元。深化客户关系管理，不断提高VIP客户的贡献度。通过客户信息收集、档案建立、落实分层分群维护、绩效考核等基础性工作，形成规范化的客户关系管理。以优质的服务，提升客户对支行的信赖与忠诚度。完善考核方案，充分调动员工的积极性。通过调动员工的主观能动性，激发为客户服务的意识。针对存款、普惠、基金、保险等重点产品制定支行宣讲人，每天晨会通关一个产品，提炼一句话营销，组建营销团队，激励先进督促后进，形成你追我赶的营销氛围。拓展有效客户，持续提高综合金融服务能力。对于新开户客户要求电子银行、龙支付、电子社保卡、电子医保凭证领取100%同步覆盖，对于新增房贷客户要求基金定投、信用卡、分期业务体验等产品综合服务，对于信用卡客户要求借记卡、电子银行等产品同步覆盖。认真落实1+N全面客户关系管理提升工作。认真落实内控管理，堵塞内控漏洞。按照省、市分行要求，积极开展内控合规体系建设和案防工作。加强员工思想道德教育，培养员工树立正确的人生观和价值观，防范道德风险，提升职业道德水准，严格执行操作流程，执行各项规章制度，防范操作风险。

（肖建平）

【中国建设银行股份有限公司南城支行主要领导名单】
支部书记、行长：
罗　毅（2019.11 至今）
支部宣传委员、纪检委员、副行长：
刘志奇（2019.10 至今）
支部组织委员、副行长：
洪国琪（2014.3 至今）

中国银行股份有限公司南城支行

【概况】 中国银行南城支行成立于1991年，2006年进行股份制改革，更名为中国银行股份有限公司南城支行，2020年中国银行南城支行从业人员37人（含退休人员8人），下设营业网点两个：支行营业部及盱江支行，设立自助网点两个。营业部位于南城县建昌镇盱江大道636号；盱江支行位于南城县建昌镇交通路199号1区1号楼。

【公司金融业务】 积极落实国家支持中小企业发展的政策精神，截止到2020年年底支行共发公司授信16970万元，其中："财园通"贷款2笔，1120万元；校具通授信15户，3580万元，其他公司授信12270万元。努力向中小企业客户提供专业、高效和便捷的金融服务。根据小企业信贷政策制度、业务流程和产品体系，向中小企业客户推出流动资金贷款、贸易融资贷款等融资产品，满足中小企业客户融资需求。

提供公共财政、民生领域综合金融服务，办理财政、公积金等单位机构存款，代理财政集中支付、中央预算单位公务卡、社会保障卡、住房公积金联名卡、代理社保及公积金资金归集发放等业务。提供第三方存管、融资融券、理财产品销售、资产托管等服务。

【个人金融业务】 该行持续推进个人金融业务经营转型，全面实施"加强发展个金"战略。以新市场、新客户为目标，大力推出"临街商铺贷""烟商贷""经营快贷""中银E贷""爱家分期""个人手机银行""中银智慧通"等产品，打造新型营销渠道，构建银商合作的新机制。加快产品创新及推广，提升个人金融业务竞争力，巩固储蓄存款、个人贷款、银行类理财和信用卡等业务的同业地位。强化营销服务团队建设，完善个人客户星级评价服务体系，提升客户质量。

积极支持客户合理信贷需求，开办个人一、二手住房按揭贷款、个人投资经营贷款、个人资产抵押贷款、个人网银信用贷款（中银E贷）、个人住房公积金贷款、个人装修分期付款、汽车分期付款等个贷业务品种，不断丰富和延展个人贷款业务。

坚持以客户为中心，推进理财业务转型。针对高中端客户、新兴市场客户增值需求，以具备市场竞争力的产品吸引客户。优化专属理财产品、定制理财产品机制，提升客户服务水平。发挥芯片卡业务科技领先优势，推广理财金账户芯片卡，提高客户使用银行卡的安全性和便利性。推出财富客户专属工银信使服务和工银财富顾问业务，提升对财富客户的服务水平。

【开放共享建设“劳动者港湾”】 支行设立了“雷锋志愿者岗位”为客户解决问题，并为环卫工人、快递员等服务工作者提供一个温馨暖心的休憩场所。

【中国银行股份有限公司南城支行主要领导名单】

黄　卫（2019.1—2020.12）

彭西兰（2019.11—2020.12）

南城农商银行

【概况】 南城农商银行地处南城县建昌大道2号，改制成立于2016年12月22日，是在有着逾50多年历史的南城县农村信用合作联社基础上整体改制成立的股份制商业银行，现有网点25个（其中城区网点6个、农村网点19个），分1个营业部、24个支行；总行内设11个职能部室和三个事业部，2020年年底，全辖共有正式员工232人，退休员工114人，其中职员210人，代办员22人，在岗员工225人，内退员工27人；农村网点110人，县城网点53人，机关（含事业部）62人。

2020年是全面建成小康社会和“十三五”规划的收官之年，也是实现全面质量管理三年规划目标的决胜之年。2020年以来，南城农商银行紧紧围绕省联社年会精神，坚持以习近平新时代中国特色社会主义思想为指导，切实发挥党委核心作用，始终坚守“立足本土、服务社区、支农支小”的市场定位不动摇，牢牢把握工作主动权，找准业务发展着力点，以“六稳”“六保”为己任，以推进“整村授信”为抓手，深入推进“四大攻坚战”，全力抓好“七项重点工作”，业务经营保持了稳健发展态势，高质量发展迈出了坚实步伐，为促进县域经济持续较好较快发展做出了积极贡献。

资金组织稳中有升。截至12月末，该行各项存款余额566152万元，较年初增加43884万元，增幅8.4%，完成了省联社下达全年计划任务的100.2%；其中个人储蓄存款余额457696万元，占比80.8%，较年初上升59246万元，增幅14.9%。存款结构：定期存款（含个人定期和单位定期）308536万元，占比54.5%，活期等低成本存款257616万元，占比45.5%。存款余额占县域金融机构市场份额30.99 %，存款增量占县域金融机构市场份额的13.25%。

信贷投放稳步增长。截至12月末，该行各项贷款余额452943.91万元，较年初增加50246.91万元，增幅为12.48%，完成省联社下达全年投放任务的100.49%；“百福快贷”累计客户数716户，累放笔数1808笔，累放金额19581.6万元；其中涉农贷款余额305648.11万元，较年初净增1100.52万元，小微贷款余额206349.91万元，较年初净增23486.74万元，增幅12.84%。普惠金融实现“两增两控”“两个不低于”增长目标。

加快拓展电子银行。截至12月末，互联网金融个人客户数达到64982户，较年初增长15251户，增幅30.67%，完成省联社全年任务目标的91.46%；互联网金融企业客户数达到1246户，较年初增长266户，增幅27.14%，完成省联社全年任务目标的102.3%；电子替代率达到91.75%，较年初增长12.33个百分点，增幅15.52%，完成省联社全年任务目标的104.26%；聚合支付有效贡献度商户达到2142户，完成省联社全年任务的127.50%，信用卡业务收入达到29.55万元，完成省联社全年任务的43.97%，ETC客户数达到1224户，完成省联社全年任务的58.28%。至12月末共发行社保卡157263张，已激活114961张，激活率73.1%。

业务经营收益平稳。截至12月末，该行实现各项收入27863万元，同比减少97万元，降幅0.35%。其中贷款利息收入20634万元，同比减少535万元，降幅2.53%。百元存款付息率1.61%，同比上升0.17个百分点；百元贷款收息率6.14%，同比上升0.18个百分点；净利差2.68%，同比下降0.8个百分点；实现账面净利润2329万元，实现拔备前利润11253.45万元，同比下降247.94万元。

风险监管指标均达标。截至12月末，不良贷款余额15737.1万元，不良贷款占比 3.47%，较 2019 年年末下降 0.48 个百分点，不良贷款绝对额较年初下降了 167.28 万元，12 月末累计清收不良贷款 14109.91 万元，其中收回现金 9048.16 万元，贷款核销 5061.75 万元。资本充足率 10.76%，高出监管指标 0.26 个百分点；贷款拨备覆盖率 216.49%，流动性比例 43.25%，核心负债依存度 66.67%，各项风险监管指标均达标，且较 2019 年年末均得到优化和提升。在全省农商银行 2021 年工作会议上，荣获“2020 年度平安建设（综治工作）先进单位”荣誉称号，并多次获得政府颁发的支持地方经济先进单位、社会治安综合治理先进单位、服务效能先进单位等荣誉称号。

【加大信贷创新】 一方面切实提升办贷效率。针对信贷投放缓慢的问题，出台简化信贷流程及信贷资料的办法，合理减少贷款的资料数量，始终履行好“一次性告知”义务，严格执行“限时办结制”，按照特事特办、急事急办原则，缩短贷款办理时间，切实提升办贷效率，全面完成了省联社下达的全年信贷投放计划任务。另一方面加大产品创新力度。该行积极服务乡村振兴战略，不断加大强农、富农、惠农支持力度，找准信贷支持切入点。围绕产业兴旺，重点信贷支持农业龙头企业、农民专业合作社和种养大户等。在用好用活传统信贷产品的基础上，创新推出了“百福快贷”“幸福时贷”“校具订单贷”“百福薪易贷”“百福居民贷”“拥军贷”“青年创业贷”“消费贷”“新农村建设贷”“建樟帮有限公司知识产权质押贷款”等信贷产品，切实满足客户多方面的需求。

【提升普惠效能】 2020 年，南城农商银行积极实落实普惠制金融。积极按照地方经济发展要求，对普惠制金融的要求落到实处，切实加大农村助农取款点的建设，加大“村村通”服务宣传力度，制定“村村通”考核管理激励机制，落实“村村通”在小额存取款、支付结算和代收代付等基础金融服务的替代作用，切实解决农村“最后一公里”金融服务需求，提升农村金融服务水平。

【加大服务地方经济】 南城农商银行始终秉持为客户提供更加便捷、高效的金融服务这一经营理念，积极推出整村授信服务，主动送贷入户，打造南城版的特色化普惠金融服务。一是积极对接乡村振兴。一方面，以整村授信前期试点推广契机，深入挖掘潜在客户、优质客户、重点客户，做到客户对接目标明确、手段得力、成效明显。另一方面，摒弃对接单一业务的传统方式，转而开展综合营销；要针对客户需求，统筹营销存款、贷款、电子银行业务，提升客户贡献度与忠诚度，促进各项业务齐头并进的发展，确保年末各项任务目标全面完成。二是扎实开展金融扶贫。采取逐户走访、逐人建档、整村推进、背靠背打分等方式，充分发挥金融支持脱贫攻坚的助推作用，精准扶贫对口帮扶村，对整村进行全覆盖、无遗漏授信；银行以户为单位建立客户信息档案，并根据资产、信用、收入等因素向农户进行预授信，确保其在后期有生产资金需求时，能够第一时间予以满足。实行“整村重点关注、利率特别优惠、发放信用贷款”的支持模式，坚持做到贫困村不落一村、贫困户不落一户，搭建总行到各支行到客户经理的营销体系，打通了农村金融服务“最后一公里”。该行共有 150 个行政村，村农户总户数 61104 户。截至 12 月末，在乡镇支行共举办 6 场金融夜校，共发放线上小额信用贷款 1643 笔，贷款余额 1535.64 万元；已评议 63 个村，评议白名单户数 1535.64 户，预授信达 4 亿元；1643 笔，贷款余额 1535.64。三是狠抓柜面服务质量。积极开展职场管理定期通报机制，督促各营业网点持之以恒地开展文明规范服务活动，不断强化柜面服务，及时处理客户投诉事件，切实提高柜面服务质量。同时转变营销观念，充分引导各网点按照“整村推进”的工作要求，切实转变营销观念，切实为广大客户提供存款、贷款、中间业务、电子银行产品等一揽子金融服务。四是强化信贷投放重点。切实加快有效信贷投放。加快贷款审批效率，做好信贷投放的匡算工作，保持信贷总量的合理增长与均衡投放，形成早投放、均投放习惯；明确信贷结构调整方向。合理加大中长期贷款的发放力度，合理配置贷款期限，稳步提升新增贷款中中长期贷款的占比；始终定位于农村市场和小微企业，确保实现涉农贷款、小微贷款新常态下的“一个高于”和“三个不低于”的目标。

【南城农商银行主要领导名单】
党委书记、董事长：
许　晨（2019.7.26 至今）
党委委员、行长：
朱应亮（2019.7.26 至今）
党委委员、副行长：
伍小平（2019.2.22 至今）
党委委员、纪委书记：
刘　玮（2020.2.28 至今）
党委委员、副行长：
艾　音（2020.5.15 至今）

上饶银行股份有限公司南城支行

【概况】 上饶银行是经中国银行保险业监督管理委员会批准，于 2007 年 6 月 26 日组建成立的具有独立法人资格的股份制商业银行，全称为“上饶银行股份有限公司”。上饶银行南城支行是上饶银行抚州分行下设的一级支行，于 2014 年 12 月 6 日正式开业，支行下设网点一个（营业部），内设部门三个（运营部、综合部、业务部），共有员工 17 人，其中，本科以上学历人员占 88%。

2014—2020 年，在南城县委、县政府的大力支持下，在监管部门的监管指导下，上饶银行南城支行始终坚持“服务地方经济、服务中小企业”的市场定位，以提高金融服务水平为抓手，以支持地方经济和中小企业发展为己任，依托科技创新、管理创新、服务创新，充分发挥城商行优势，各项业务稳步增长。2020 年年末实现各项存款时点数 114231.50 万元，较 2019 年年末上升 53616.39 万元；各项贷款余额 24988.90 万元，较 2019 年年末上升 5941.88 万元。

支行荣获南城县 2015、2016、2017 年度综治先进单位、南城县 2017 年度金融机构支持地方经济重点城市建设项目贷款奖。

【脚踏实地，坚持做好负债业务】 截至 2020 年年末，南城支行各项存款时点数为 114231.50 万元，较 2019 年年末上升 53616.39 万元。个人存款时点余额 87939.31 万元，较 2019 年年末上升 41482.55 万元，个人存款余额占比 76.98%；对公存款时点余额为 26292.19 万元，较 2019 年年末上升 12133.84 万元，对公存款余额占比 23.02%。

【稳中求进，扎实做好资产业务】 截至 2020 年年末，南城支行各项贷款余额为 24988.90 万元，较年初上升 5941.88 万元，增幅为 31.20%；其中个人类贷款余额（不含金易达、融易通）16381.20 万元，较年初新增 1185.08 万元，增幅为 7.80%，个人类贷款占比 65.55%；公司贷款余额 8502.70 万元，公司类贷款占比 34.03%。

【铆足干劲，大力推进电子银行业务发展】 截至 2020 年年末，南城支行共办理金融 IC 卡 14758 张，较年初新增 4378 张；开立对公账户 216 户，较年初新增 5 户；对公网上综合服务平台 145 户，较年初新增 31 户；掌易行 3688 户，较年初新增 875 户；本年销售保利系列理财总额 15863.2 万元。

【完善制度，不断夯实内控体制】 2020 年，南城支行积极开展“排雷行动”专项排查工作，以“员工异常行为排查”“征信排查”“账户异常行为排查”为重点，通过开展形式多样的排查方法，加强支行员工行为管理，增强员工合规从业意识和职业操守；另外，支行定期或不定期接受内外部检查，保障良好稳健运作，2020 年，支行开展内部审计日常检查 12 次，内部飞行检查 2 次，内部反洗钱检查 1 次，共迎接总行审计检查 1 次，分行审计检查 2 次，分行反洗钱专项检查 1 次，分行信贷检查、市场乱象检查若干次；支行不断加大前台管理力度，致力实现服务标准化和业务操作标准化，支行营业网点因地制宜地增设了公众教育区，为客户提供免费阅读、下棋等休闲娱乐。增设了员工风采墙，向客户朋友展现员工风貌、团队精神、爱心传递；此外，支行不断加强党工团文化建设，积极开展“支部书记谈心日”活动，以了解员工生活及思想动态，帮助员工解决工作和生活中存在的困难。2020 年，支部书记与全行员工开展谈心谈话，为支行的长远发展和支行凝聚力的增强起到很大的促进作用。

【勇于担当，不断加强金融知识宣传普及】 2020 年，支行积极做好社会公众金融知识教育宣传工作，组织员工参加县委、县政府、县人行、县银保监办等组织的各项金融知识宣传普及活动，如参加人行组织的以“普及金融知识，防范非法集资”“普及金融知识，守住钱袋子”“关注信用记录，共建诚信社会”为主题金融知识宣传活动，支行自行组织的“优化企业开户服务”“反假币”“反洗钱”“支付安全”“防范电信网络诈骗”“青少年金融知识普及教育”等宣传活动，使社会公众进一步加强对相关知识的了解，提高了风险防范意识。

【上饶银行股份有限公司南城支行主要领导名单】
支部书记、行长：
张淑芳（2020.1 至今）

江西银行抚州南城支行

【概况】 江西银行股份有限公司抚州南城支行是江西银行股份有限公司的分支机构，位于南城县建昌镇胜利西路 419 号，经营范围包括吸收公众存款；发放短期、中期和长期贷款；办理国内外结算；外汇业务办理票据承兑与贴现；代理发行、代理兑付、承销政府债券；代理收付款项及代理保险业务；提供保险箱业务；办理地方财政信用周转使用资金的委托存贷款业务等。2020 年 12 月，江西银行股份有限公司抚州南城支行有营业网点 1 家，自助设备 3 台，支行内设行办公室、客户部、营业部、办公室，在岗员工 16 人。该行按照“砥砺奋进，行稳致远”的工作思路，全行上下“谋事、想事、干事”，狠抓市场营销，存款增长较快，信贷投放稳健，安全稳健运营，实现了各项业务全面、协调、较快发展。该行始终坚持“服务地方经济、服务小微企业、服务社区居民”市场定位，自觉承担银行社会责任，为南城经济发展贡献“江银”力量。

【加强党建党风廉政建设】 积极对党内重要精神、重要文件进行研究部署，按要求定期研究基层党建工作，积极贯彻落实党内重要法规，增强“四个意识”，坚定“四个自信”，坚决做到“两个维护”，不断提高党员领导干部党性修养。加强党风廉政建设，坚持从严治党，积极落实两个主体责任，及时组织传达学习上级关于党风廉政建设的部署和要求，兵结合实际由主要负责同志重要工作亲自部署、亲自过问、亲自协调和亲自督办，专题研究部署具体措施。加强意识形态工作，积极开展党中央、省委或上级党组织安排部署的重大宣传教育任务，重大思想舆论斗争；组织开展加强对党员领导干部意识形态教育培训工作，把提高领导干部媒体素养和舆论引导能力作为支部学习和干部学习培训的重要内容；把思想政治教育作为岗前培训、任职培训的必备课；开展企业文化建设活动的，开展精神文明建设，开展丰富多彩的文体活动。

【上下联动服务客户，存款增长快速】 该行将存款增长作为首要任务，继续紧抓行政事业单位账户，做好企事业单位的营销工作，促进对公存款稳定增长。同时拓宽储蓄营销渠道增加客户群，大力营销力度。一是加强对 VIP 客户的梳理与维护，进一步完善客户资料台账。定期举办“VIP 沙龙活动”，邀请客户参与各类主题活动，贴近客户、增强交流，增强黏性，通过情感维护吸引存款资金，为该行储蓄存款的稳存增存工作奠定扎实的基础。二是持续开展外拓营销活动，组织员工定期进单位、社区、广场等地方宣传该行优势产品，通过进行产品组合营销，吸引客户、带动储蓄存款的增长。该行紧抓政府融资平台单位账户，成功营销交投进账 2000 余万元。积极对接工创投金融租赁项目，成功引进江西金融租赁放款资金全部在支行顺利落地，为对公存款新增打下了坚实的基础。截止到 2020 年末，各项存款余额 51704 万元，其中对公存款余额 13361 万元，较 2019 年年末新增 1735 万元；储蓄存款余额 38342 万元，较 2019 年年末新增 14889 万元。个人贷款余额 26847 万元，较 2019 年年末新增 9117 万元；对公贷款余额 6022 万，较 2019 年年末新增 1822 万元。支行总资产 52481 万元，实现税前利润 242.58 万元。

【支持企业复工复产】 突如其来的新冠肺炎疫情影响了支行的正常生产经营但利用好国家、总行、分行等政策，积极行动走访当地企业，了解企业融资需求，结合当前经济环境，为企业解决资金困难。江西银行南城支行为南城县沪昌粮油工贸有限公司、江西恒时生物科技有限公司、南城县万年米业有限责任公司共发放抗疫专项贷款1400万元，坚决助力打赢疫情防控阻击战。

【大力拓展楼盘项目】 资产带动存款。大力拓宽接单范围，持续维护好存量楼盘的合作关系，行领导与楼盘高管对接，客户经理与经办人对接，通过营销阳光城、未来城、清华府、翰林府、滨江国际等新楼盘共计面签202笔按揭，共计金额9261万元。普惠个人经营性贷款投放多笔。至年末支行个人贷款累计新增近亿元。在江西银行抚州分行辖属各机构中计划完成率以及绝对额均排位第一。

【“六稳”“六保”工作】 提高思想认识。为做好金融支持稳企业保就业宣传活动，该行组织客户经理召开专题会议，学习传达人民银行、银保监系统相关通知精神，将金融支持稳企业保就业工作作为当前和今后一段时期的重中之重，明确各部门职责分工与具体落实措施，指定专人全力推进，使全行上下充分认知稳企业保就业工作的重要意义，力求惠企惠民政策切实落到实处。精准推送政策。充分利用网点资源优势，通过易拉宝、宣传展架、LED跑马屏、网点电视机等因地制宜多渠道开展宣传活动。营业网点专门设立稳企业保就业政策“咨询台”，客户经理主动担当稳企业保就业政策宣传“咨询员”,使政策直达客户，确保客户对政策应知尽知、应用尽用。提升服务质效。在依托营业网点进行宣传的同时，积极开展“百行进万企”活动，以“畅通堵点、疏通难点、消除痛点”为目标，客户经理通过电话、微信、上门走访调研等方式积极与企业对接，深入了解企业困难及需求，将优质的金融服务“送上门”，最大限度减少收集材料的环节，简化审批流程，帮助企业解决融资困难。

【江西银行抚州南城支行主要领导名单】

行长：

李立群（2020.1—2020.12）

副行长：

鄢乔乔 （2020.1—2020.12）

卜奕杰 （2020.1—2020.12）

九江银行南城支行

【概况】 九江银行于2000年11月18日经中国人民银行武汉分行批准正式开业。18年来，九江银行坚持不断优化股东结构，先后引进兴业银行、北京汽车集团等战略投资者，提升品牌形象。2018年7月10日，九江银行成功在香港联交所挂牌上市，迈出具有里程碑意义的一步。在2018年的全球权威杂志英国《银行家》发布的组织排名中，九江银行跃居全球银行排名第372位；在中国银行业协会发布的2019年中国银行业100强榜单中，九江银行排名第52位。在2020年全球权威杂志英国《银行家》排名中，九江银行跃居全球银行第322位，并首次跻身福布斯全球企业2000强，位居第1825位。2011年开始六次荣获中国银保监会颁发的“小企业金融服务表现突出的银行”称号；先后获得“全国先进基层党组织”“全国五一劳动奖状”“全国最佳中小商业银行”“全国模范职工之家”“江西省人才工作示范点”等荣誉。

九江银行南城支行于2016年8月29日开业，隶属于九江银行抚州分行。开业以来，一直秉承为服务当地实体经济、践行“客户第一 服务卓越”的理念，不断为南城县小微企业、人民群众提供优质的金融服务。为改善南城县百姓的出行，九江银行与南城县恒顺公共客运有限责任公司联合发行“城市公交一卡通”服务，该公交一卡通是一款具备银行借记卡、公交卡、门店消费等多项便民功能的金融智能IC卡，居民使用该卡乘车即可享受各项优惠活动，解决了市民多卡不通用的难题，更有利于整合资源，创新支付方式，增强客户黏性，致力于打造“一卡在手，生活无忧”的便利优势。

【以服务实体经济为己任，支持实体经济发展】 积极推广小微企业和三农金融服务特色产品，加强产品创新。支行隆重推出税金贷、商超贷、经营快贷、房抵极速贷、零花钱等线上贷款产品，满足不同型用户信贷需求，采取上门服务，一天即可完成贷款发放，凭借资料简单、灵活、快捷的优势，得到广大客户的高度认可，切实支持实体经济。

2020年是非同寻常的一年，受疫情影响，各行各业受到了巨大冲击，为响应国家政策，刺激经济复苏，帮助企业尽快复工复产，切实落实“六稳六保”工作，面对新冠肺炎疫情，第一时间响应，24小时推出抗疫专项产品“助融贷”，诠释“九银速度”。积极支持企业复工复产，在疫情防控期间支行对当地防疫企业发放两笔抗疫专项贷款，发放金额1000万元；为驰援小微企业，发放普惠信用贷款60余户，金额3000余万元；为解决企业受疫情影响而出现贷款到期还款困难的问题，支行严格落实中小微企业贷款延期还本付息政策，对需要延期还本付息的企业做到“应延尽延”，延期还本付息完成率达100%。

【推动当地生态产品价值机制，创新绿色金融贷款产品】 为落实“绿水青山就是金山银山”的理念，推动当地生态产品价值机制的试点工作，南城支行积极与上级行沟通，积极推出以采砂权、清淤疏浚砂石收益作为担保措施，向金创集团旗下子公司发放3.4亿元项目贷款，用于污水管网、生态修复及环境治理等项目，项目实施后，让淤泥囤积变成绿色活钱，用于绿水青山循环发展。

【普惠金融工作迈出重要步伐】 为深耕普惠金融，振兴乡村经济发展，打通金融服务农村的最后一公里，九江银行南城支行2020年在当地各大乡镇成功设立了5个农村普惠金融站点并激活使用。通过活动站点的宣传，将普惠金融业务惠及每户农户的家中，让商户及老百姓了解支行金融支持和惠农政策。

九江银行南城支行将会继续铆足定力，奋斗担当，持续加大信贷投放力度，大力支持南城县重点项目建设，继续做好“六稳”工作，落实“六保”任务，助推小微企业发展。做到敢贷、愿贷、能贷、会贷，加大对实体经济特别是小微企业支持力度，优化营商环境，提升小微企业贷款占比。为南城县工业三年倍增行动贡献绵薄之力，为南城县的经济发展做出应有的贡献。

（徐佳乐）

【九江银行主要领导名单】
行长：
郝　娟（2020.1至今）

邮政储蓄

【概况】 至2020年年底，中国邮政储蓄银行南城县支行共有员工51人，内设综合管理部、风险合规部、零售金融部、公司金融部等部门，下辖3个自营网点和12个代理网点。

【存款业务】 公司存款，向企业客户提供单位活期存款、单位定期存款、单位协定存款、单位通知存款、单位大额存单等对公存款业务。公司结算。为客户提供支票、银行本票、银行汇票、商业汇票、汇兑、委托收款、托收承付等多样化的公司金融结算服务。提供信汇结算、电汇结算、企业国际结算业务、代收代付、开放式缴费业务、为网络性企业提供个性化的资金归集等综合结算服务。个人存款业务。为个人客户提供人民币活期存款、外币活期存款、个人通知存款、人民币定期存款、外币定期存款、定活两便存款、整存整取定期协议利率存款等存款业务。个人结算业务。开办有国内汇兑、跨行资金归结、生活缴费、商易通、收单、助农通等业务。银行卡。绿卡通标准卡、主题卡、联名卡、VIP卡、区域卡等。另开通了信用卡业务、电子银行业务、二维码支付、贵金属业务、代理保险、代理理财、资金管理、第三方存款等业务。

【贷款业务】 个人贷款业务。开办了极速贷、再就业小额担保贷款、抚工贷、财政惠农信贷通、银担惠农贷、房产抵押贷款、个人汽车消费贷款、个人综合消费贷款、个人信用消费贷款、公积金信用消费贷款、优享贷、邮薪贷、邮享贷、邮家贷、邮储花呗等在内的大众贷款产品。小企业贷款业务。开办了小微易贷、快捷贷、房地产抵押贷款、担保公司担保贷款、政银担（原名财园通）、水电抵押贷款、民生资源贷等贷款业务。

（吴淑敏　黄鹏）

【中国邮政储蓄银行南城支行主要领导名单】
行长：
陶武龙（2018.10至今）

中国人寿保险股份有限公司南城县支公司

【概况】 中国人寿保险股份有限公司南城县支公司位于南城县建昌镇胜利西路，是南城县最早经营保险业务的企业之一，公司共设4个职能部门和3个农村营销服务网点。其中，职能部门有大个险、机构业务部、客户服务中心、综合办公室，农村营销服务网点为上唐营销服务网点、株良营销服务网点、天井源营销服务网点。中国人寿南城县支公司主要推广人寿保险、个人和团体意外伤害保险、个人和团体健康医疗保险、个人养老保险、个人和团体医疗保险、建筑工程意外险、年金保险等。2020年总保费完成5434.10万元，同比增长了8.08%，首年长险期交保费1137.31万元，同比增长35.09%，持续引领南城寿险市场。

【大个险】 2020年南城大个险重视基础管理，做好会议经营，严抓业务员的活动量管理。与此同时，抓住队伍发展的“牛鼻子”——主管，公司对主管的管理秉承严管深爱的原则，极大地调动了主管参与公司管理的热情，大个险队伍精神面貌焕然一新，迎来了全面发展。2020年南城大个险营销、收展队伍进一步夯实，两支销售队伍得到均衡发展。截至2020年年底，南城大个险系统人力166人，其中营销渠道107人，收展渠道58人；月均长举人力55人，其中营销渠道38人，收展渠道16人；季均有效人力55人，其中营销渠道39人，收展渠道16人；月均星级人力13人，其中营销渠道10人，收展渠道3人。大个险主管22人。“队伍驱动业务”。随着队伍的发展、进步，南城大个险业务也得到了显著提升，业务各项指标、同比增长率都创造南城近年来大个险的新高度，重新夺回在南城县寿险市场的领先地位。2020年南城大个险标准保费404.51万元，同比增长11.71%，增长率排名全市系统第二名；期交保费882.16万元，同比增长44.70%，增长率排名全市系统第一名；十年期保费468.48万元，同比增长27.45%，增长率排名全市系统第二名；短险保费114.80万元，同比增长48.16%，增长率排名全市系统第一名。业务员新单收入195.23万元，同比增长26.51%，增长率排名全市系统第二名。

【机构业务部】 2020年，公司为全县20000余名学生提供了学平险保障，覆盖了4个乡镇、21所公立学校。同时为全县381名精准扶贫学生免费提供保险保障，减免保费38100元，体现出国寿大公司大担当，深得教体局、广大学生和家长认可。公司为麻姑山4A景区提供了游客保险保障，为工业园区民营企业提供员工意外保险保障，全面周到的服务，得到了社会的一致好评。公司与工行、农行、建行等多家银行建立良好合作，实现银邮代理保费247万，同比增长9.33%，获得2020年度银保渠道首年期交目标达成全市排名第二的好成绩，为老百姓拓宽了理财渠道，帮助老百姓合理配置、规划家庭资产，为800名客户提供了多元理财服务。

【服务水平】 中国人寿坚持“以客户为中心”的发展理念，强化服务创新，狠抓服务品质提升。2020年以科技为基，简捷服务，通过强化互联网服务，以线上促线下，实现纵向服务一体化发展。中国人寿寿险APP、95519电话平台、微信小程序确保客户能足不出户，随时随地查询自己的保单信息，并可通过中国人寿寿险APP自行办理理赔等各项业务，简单又方便，国寿线上服务客户满意度得到大幅提升，科技运营的建设得到进一步夯实。

（徐玉霞 周瑾）

【中国人寿保险南城县支公司主要领导名单】

经理：

揭方恋（2020.1—2020.12）

中国人民财产保险股份有限公司南城支公司

【概况】 中国人民财产保险股份有限公司是经国务院同意、中国保监会批准，于2003年7月由中国人民保险集团公司发起设立的，是国内历史悠久、业务规模大、综合实力强的大型国有财产保险公司，属于副部级央企。保费规模居全球财险市场前列，是亚洲最大的财产险保险公司，注册资金122.5598亿元。其前身是1949年10月20日经中国人民银行报政务院经委员会批准成立的中国人民保险公司，是世界五百强企业。

中国人民财险保险股份有限公司南城支公司成立于1997年8月，坐落在南城县建昌镇建昌大道106号汽车站正对面。公司内设经理室、综合部/财务部、业务管理部、运营支持部、农业保险部/保险扶贫部五个部门，下辖沙洲营销服务部、株良营销服务部两个五级机构。业务管理部共包括八个团队，分别是车险直销团队、商业非车险团队、车商团队、车险业务部、社保团队、农险团队、综拓团队、代理业务团队。团队的细化设置延伸了服务半径和服务效率，更好地诠释服务客户个性化需求、方便客户、以客户为中心的服务宗旨。公司主要经营业务有：机动车辆保险、企业财产保险、货物运输保险、责任保险、意外伤害保险、短期健康险业务、社会医疗保险、信用保证保险、家庭财产保险、船舶保险、农业保险等，为完善多层次社会保障体系、改善民生、促进地方经济发展作出新的贡献，有效发挥“社会稳定器”作用。

【企业文化】 企业文化是增强企业活力、创造最高经济效益的必然之需，是提高员工积极性、创造力的最佳选择，2019年度公司实施文化素养提升计划。深入开展“爱尚读书”读书活动、商务礼仪培训、“感恩父母”母亲节活动、开展国学知识学习、开展爱国主题教育；实施业务素养提升计划。制定员工培训规划，有计划、有步骤地开展全员培训，除每天的晨会安排小培训外，还不定期组织全员集中培训，通过展练、理论研讨、宣讲等方式提高员工的业务能力；实施身体素养提升计划。每天的晨会都会安排一个跳操环节，让大家“每天运动几分钟，健康工作30年”，同时发挥工会的桥梁纽带作用，开展丰富多彩的文体活动，组织观看爱国主题电影、登山比赛、拔河比赛、各类游戏等文体活动，丰富了职工文体生活，增强了企业的凝聚力和向心力。

【业务发展】 南城支公司业务规模从2011年的3600万到2020年的11099万，业务的良性发展，确保了自2012年以来每年均完成保费和利润计划，其中2015年完成利润1300多万；2018年完成利润2411万；2019年完成利润1500万；2020年完成利润1400万。2020年公司市场份额为54.46%，保险服务已经渗透到全县经济生活的各个领域，2020年南城支公司上缴企业税收692万。

【获得荣誉】 全体员工克难攻坚，迈着坚实的步伐一路走来，挥洒泪水，取得成绩，收获荣誉，2013年被省公司授予全省保费跨越50亿“突出贡献奖”，2015年被省公司授予“十强标杆县区支公司”，2012年、2014年、2015年均被市分公司授予“经营管理先进单位”，2014—2018年连续多年被省公司评为先进党支部，2017年获市经营管理先进单位荣誉、2018年获省公司“标杆县支公司”荣誉、2018年获总公司先进集体荣誉、2019年获总公司经营管理先进单位荣誉；2011年至2014年荣获南城县委县政府颁发的企业纳税上台阶先进单位、2012年荣获南城县委县政府颁发的企业纳税首次突破100万元以上先进单位，连续几年被江西省地方税务局评为A类信用企业，也是南城唯一的两家A类信用企业之一。榜样的力量是无穷的，正是在集体力量的感召下，公司涌现出一批先进个人，2019年度公司员工潘珺、敖群英被省公司评为“组训精英”“销售精英”，潘珺被集团公司评为“综合开拓组训先进个人”。

【服务水平】 公司为更好地服务社会、履行责任，不断健全保服务体系，并秉承“以人为本、诚信服务、价值至上、永续经营”的经营理念,通过“热诚、规范、准确、便捷”的服务，回报广大客户。另外，充分发挥保险促进改革、保障经济、定社会、造福人民的重要功能，进一步提升服务水平，把党和国家的优惠政策通过保险送到每个民众手中。

【主要领导名单】

经理：

傅　奕（2020.1—2020.12）

经济管理与监督

发改委

【加强计划管理，开展经济运行监测】 编制《2020年度全县国民经济和社会发展计划》。贯彻落实国家、省市经济工作会议精神，按照县委确定的全年经济工作要求，全面分析研究上年度经济运行情况，分析存在的问题，精心测算和综合平衡各方面发展潜力，着力补短板、扬优势，提出2020年度国民经济和社会发展计划初步意见，经南城县人大会议审议通过后公布实施。加强经济运行监测，开展月度经济运行调度分析，深入基层单位，综合部门情况，掌握了解各地各部门计划执行情况，分析存在的困难和问题，提出相应的对策和建议，为县委、县政府决策提供依据、当好参谋。

【汇聚各方力量，精心编制中长期规划】 开展国民经济和社会发展“十四五”规划编制工作。编制工作分为资料收集、现状基础研究、工程项目谋划、规划思路制定、规划纲要编制5个阶段，聘请了江西财经大学为咨询单位，多次征求县直单位和部门意见，进行综合修改。规划分发展基础、发展目标、重点任务、实施保障四大部分，共14个篇章约6.7万字，谋划了一批重大项目，明确了五大发展战略，分别从实施创新驱动战略、构建现代产业体系、实施扩大内需战略、构建改革攻坚体系、坚持高水平开发、实施统筹城乡发展战略、实施乡村振兴战略、实施可持续发展战略、构建文化传承创新体系、改善民生和社会治理、统筹发展和安全等十一个方面着手，谋划发展蓝图，提出了发展路径和举措，具有较强的针对性和引导作用。该规划经南城县第十七届人民代表大会第六次会议审议通过。

【加强投资管理，推动项目建设】 加强政府投资项目审批管理和企业投资备案管理。把好投资项目审核关，限制高污染高排放项目准入。放宽企业投资项目管理，实行项目网上备案制，加快电子政务建设，缩短备案和审批时间。推进项目开发，积极谋划项目，储备项目，推进项目前期工作，建立县级三年滚动项目库，储备项目79个总投资504亿元。推进项目建设。积极申报省重点项目，争取上级政策支持，争取重点项目建设用地指标。纳入省大中型项目29个，市重点项目32个，县重点项目87个，年度计划投资100亿元，完成投资118.4亿元。项目建设成效显著，提升了产业承接能力，改善了农业生产条件，完善了城市基础设施，增进了民生服务，增加了投资需求，拉动了经济增长。

【争资金争政策，增强经济发展后劲】 争取项目资金。为加大投入，弥补建设资金投入不足，县发改委作为跑项目争资金的牵头单位，与有关部门配合协作，加强向上级部门的衔接沟通，跟踪国家投资方向，积极申报项目，争取中央预算内投资项目和地方政府专项债资金。全县全年共争取上级项目资金8.3亿元，其中，中央和省预算内投资项目资金0.93亿元，地方专项债券项目资金5.859亿元，抗疫特别国债1.4亿元。落实地方政府专项债项目10个，包括中医院二期、电子产业园标准厂房、城市地下停车场、城西幼儿园、东方红幼儿园、麻姑山景区开发建设、职业中等专业学校、高标准农田建设等项目。落实抗疫特别国债项目13个。争取国家和省试点示范，列为全省大健康产业发展试点县、江西省绿色低碳发展示范县等试点，校具产业创业园项目获得国家开发银行融资支持。积极争取昌福高铁线路走向经过南城方案。积极参与抚河流域水环境保护试点、抚州市国家生态产品价值实现机制试点。推进南城铁路物流园建设，融入昌抚一体化和向莆经济带，贯彻国家“一带一路”倡议,对接“中欧班列”，拓展与俄罗斯等国家的贸易业务。

【发改委主要领导名单】

负责人：

全茅怀（2020.1—2020.12）

物价管理

【概况】 机构改革后物价管理职能并入发改委。制定和调整省依法授权的部分商品和服务价格；对行政事业性收费和经营性收费进行管理；开展成本调查和监审；进行涉案物品价格鉴证和认证，对居民生活必需品开展价格监测。

【“清费减负”，加强收费管理】 防疫期间下发了关于降低企业用水用电用气成本，支持企业复工复产的政策文件，并通知各相关部门和各转供电体保证该政策落实到位。按上级部门的统一部署，在调查研究、成本监审的基础上，制定和调整了南城县部分公用事业商品和服务价格：润泉供水公司水价调整为居民生活用水价格第一档水价由1.00元/吨调整为1.31元/吨；第二档水价由1.50元/吨调整为1.97元/吨；第三档水价由3.00元/吨调整为3.93元/吨；合表用户按第一档水价执行；行政事业用水、工业用水和经营基建用水根据政策合并为非居民用水，用水价格由1.10元/吨、1.00元/吨和1.35元/吨合并调整为1.70元/吨；特种用水价格由4.20元/吨调整为6.55元/吨；工业园区企业用水价格由0.6元/吨调整为1.00元/吨，从2023年1月1日起调整为1.31元/吨；低保户每户年用水量360吨（含360吨）以下按1元/吨执行，年用水量360—480吨（含480吨）按居民生活用水第二档价格执行，年用水量480吨以上按居民生活用水第三档价格执行。该用水量标准自2020年11月1日起执行。

出租车价格调整标准为起步价格调整为6元/2公里，超过2公里以后部分运价按1.8元/公里计收；23：00至次日5：00每公里运价加20%；单程载客行驶超过7公里以外部分每公里运价加收50%返程费。2021年1月1日起执行。

城乡公交车价格为城乡公交车最低票价为2元/人·次，最高票价为10元/人·次。发文之日为2020年7月6日。南城至金溪城际公交车价格：起点为南城汽车站，途经商城宾馆、金山口、徐家、黄狮、左坊，终点为金溪综合枢纽站，采取两头对发的运营模式；车辆配置：（33+1）座新能源纯电动车；两地每天各发8个单边，共16个班次；全程票价10元/人，实行分段计价，以黄狮为中界点，南城至黄狮以近票价为5元/人、南城至黄狮以远票价为10元/人；金溪至黄狮以近票价为5元/人、金溪至黄狮以远票价为10元/人。发文之日为2020年8月11日。防疫期间转发了省发改委《关于降低企业用水用电用气成本支持企业复工复产的通知》的政策文件，并通知各相关企业、部门和各转供电体保证该政策落实到位，2020年3月至6月供水企业优惠企业户数426户，优惠总金额11.6万元；2020年2月至12月供电企业共优惠户数17195户，优惠电费共1030.52万元。对南城县行业协会、商会收费情况进行全面清理和规范，要求行业协会商会于2020年11月15日前在“信用中国”网站对清理规范后的收费情况进行公示，增加政策透明度，接受社会监督，未经公示的收费项目一律不得收取。从对各行业协会商会主管部门自查清理规范过程中发现：全县有11家较为规范的行业协会商会，分别是南城县土特产协会、南城县养殖企业协会、南城县农产品流通协会、南城县物流汽车运输行业协会、江西省南城县校具商会、南城县家具行业商会、南城县建昌商会、江西省南城县建材家居与环保装饰商会、南城县工业园区企业家商会、南城县副食品百货行业商会、南城县女企业家商会，其中3家行业协会商会未收取任何费用，8

家行业协会商会收取了会费，用于聘请人员工资、会员会务费、培训费、表彰费等开支。完成全省统一布置的污水处理定价成本监审：江西洪城水业环保有限公司南城分公司2019年定价总成本为1015.98万元，污水处理量为1281万立方米计算，核定该公司单位污水处理定价成本为0.7931元每立方米。于2020年2月底对疫情防控期间农村生产生活情况调研：农资储运。农资经销商2019年年底已经陆续增加农资库存，且疫情防控并没有影响农资的运输，疫情对农资市场的影响较小；复工情况。南城县工厂复工率达90%，但外出务工人员比往年减少，很多上年在外务工人员担心在外地需要先行隔离14后方能正常工作，纷纷推迟外出务工时间；生猪养殖情况。当前肉猪价为9.5元/公斤，仔猪价为2200元/头，春节前肉猪价为10.5元/公斤，仔猪价格为1700元/头，同春节前相比肉猪价格下降10%，仔猪价格上涨29%。因为办理了通行证，在疫情防控期间购买饲料没有阻碍，饲料价格比春节前上涨100元/吨。

表18　南城县城乡公交车票价表

单位：元/人·次

站点	改革前实际票价	改革后票价	站点	改革前实际票价	改革后票价
株良	5.0	3	大竺	14.0	8
路东	6.0	4	浔溪	12.0	8
新丰	6.5	4	天井源	3.0	2
泷油	7.0	5	上塘	10.0	7
都军	7.5	5	上舍	15.0	8
水南	9.0	6	包坊	12.0	8
徐兰	13.0	9	洪门	7.0	5
睦安	11.0	7	庄上	12.0	7
里塔	9.0	7	徐田	9.0	6
徐（游）家	5.5	3	五角口	16.0	10
圳上	6.0	4	竺油	13.0	8
贺家	5.0	3	龙湖	14.0	9
江家	4.0	3	小竺	15.0	10
厚坪	6.0	4	风洲亭	14.0	10
下弓	4.5	3	案科	16.0	10
沙洲	12.0	8	严和	17.0	10
水口	未报价	9	万坊	18年已改	2
临坊	未报价	6	岳口	18年已改	4
黄狮	未报价	7	黎家边	18年已改	4
墩头	12.0	6			

【保供稳价，加强价格监测和管理】 2020年疫情防控期间，加强市场价格监测，保持价格水平总体平稳。配合省发改委对居民生活必需品65项商品进行价格监测。疫情防控期间每个月10日、20日、30日要向有关部门及企业了解南城县生猪与蔬菜供需情况及生猪、蔬菜重点企业的生产情况并准时向省、市发改委上报。2020年1至8月CPI指数及CPI中的食品价格指数超过3%和6%，继续启动“社会救助和保障标准与物价上涨挂钩联动机制”，组织民政、就业和退役军人事务局等部门，对南城县对低保人员（含五保户）、特困人员、享受国家定期抚恤补助的优抚对象、领取失业保险金人员发放临时价格补贴510万元。保证春节期间市场肉价稳定。2020年从1月到5月20日共销售25吨。元旦期间冻猪肉价格按9.8元/公斤投放市场，春节期间价格按8.95元/公斤投放市场，保障了元旦、春节期间的市场供应，稳定猪肉市场价格。

【服务民生，加强价格服务管理】 提高价格服务工作效率。涉案价格认定服务成效显著。2020年办理各项鉴证业务58起；完成线上价格认定综合业务平台的存量案件录入，提高了增量案件数量及使用率。加强农产品成本调查工作。分别在三个乡镇选取了9户种植业调查户及两生猪调查户开展农产品成本抽样调查工作，完成了早晚籼稻、生猪等3个农产品的直报调查和常规调查，掌握了早、晚稻及肉猪生产成本的第一手数据，并进行农民售粮、种植意向和农资购买三个专项调查，还结合农业政策、农业结构、气候变化、种植习惯、市场行情等写出调查分析材料，为政府出台各项惠农政策，提供理论依据。

自然资源管理

【概况】 南城县自然资源局于2019年2月挂牌成立，贯彻落实关于自然资源工作的方针政策和决策部署，在履行职责过程中坚持和加强党对自然资源工作的集中统一领导。内设综合办公室、人事教育股、法规信访股、自然资源调查确权登记股、自然资源开发利用股、国土空间测绘规划股和地质矿产管理生态修复股等股室，下辖执法监察大队、土地整理中心、土地储备中心、土地交易中心、不动产登记中心、矿管站等事业单位，外派工业园区分局、10个乡镇自然资源所。2020年有在职在编干部职工113人，地产公司16人，退休47人，其中在职党员38人+不动产15名，退休党员23人。

【土地市场化配置程度提高】 2020年，全县共公开供应土地16宗，面积1407.2亩，成交额12.62亿元。其中，工业用地9宗，面积959.87亩，成交额7760.2万元；商业、住宅用地4宗，面积279.04亩，成交额9.77亿元；住宅用地1宗，面积32.49亩，成交额1.44亿元；商服用地1宗，面积85.75亩，成交额6000万元；社会福利用地1宗，面积50.05亩，成交额317万元。（详见附表）

【用地保障能力提升】 2020年共上报农用地转用及土地征收8个批次，总面积为1869.05亩，其中报省政府审批个4批次，面积1505.44亩；县政府审批4批次，面积363.61亩。

【实行土地收储制度，划定收储范围】 坚持依法依规、按程序征收土地并保证补偿到位，着眼于存量挖掘，盘活存量土地，为园区工业项目、城市建设、保障性用房等提供用地保障。2020年，共征收集体土地1109.86亩，征地补偿款约4439.44万元。

【农村建房用地开发合理】 为适应新农村建设中农民改房的需要，县自然资源局从土地规划管理、征地制度改革、保护耕地、合理开发利用土地资源入手，既满足农村建房用地需要，又注重用地合理开发，2020年，经县政府研究批复农民建房用地205.87亩，严格按批复执行。

【耕地保护成效明显】 全面推行耕地保护问责制，县政府与各乡镇签订了《基本农田管护责任书》，建立了耕地保护的考核体制。局下属土地整理中心负责全县的土地开发、整理、复垦，通过一定的财力、人力和物力的投入，经过项目承建单位的组织，运用工程施工手段，对项目区内进行综合整治，以达到增加有效耕地面积，提高耕地质量，改善农业生产条件和生态环境，提高农民收入，实现全县耕地动态保有量不变的目标。2020年土地整治（含开发、高标）实际新增耕地280.66亩，其中水田181.79亩，旱地98.87亩。

【自然资源执法监察成效显著】 南城县自然资源局每年度土地矿产卫片执法检查均按规定成立了领导小组，并下发了具体的方案，县自然资源局则将卫片执法检查工作步骤、时间安排、人员分工、任务和职责进行具体量化和细化。由自然资源局牵头，在各相关部门的密切配合下，采取定期报告、联动执法、强化目标等措施，通过收集和整理监测图斑的批、供、用、补、查等有关资料，对监测图斑采取内业判定和外业核查及查处整改等措施，全面有序开展。严格落实执法监察动态巡查机制，建立县、乡、村三级监察网络，强化日常土地利用动态监管，强化由政府牵头，自然资源、公安、监察、法院等有关部门配合的土地执法共同责任机制，确保重大典型案件及时处理。监察大队对全县区域内的违法用地现象进行清查；对违反土地法律、法规的单位及个人进行处罚；对在检查中发现土地违法行为构成犯罪，将案件移送司法机关，依法追究刑事责任。2020年，制止和查处自然资源违法行为50件，涉及土地面积7.206公顷，收缴罚款36.2525万元，没收建筑物280平方米，移送纪检监察机关处理11人。

【稳步推进矿产资源管理工作】 坚持保持高压态势，以打击乱采滥挖、破坏浪费资源、非法转让矿业权为重点，全面推进资源整合，优化矿业权布局，进一步完善矿产资源规划体系。自2006年开始，新设置采矿权一律实行招标拍卖挂牌有偿出让，2010年探矿权、采矿权全部进入公共资源交易中心进行公开交易。开展矿产资源补偿费的清理收缴、采矿权招拍挂清理、矿业权实地核查等各项专项行动，规范矿产开发秩序，建立矿业权长效机制。对圈而不探、以采代探、擅自转让探矿权或资金投入不足、达产达标不够的矿山企业等，实行矿业权依法有序退出。全面实施采矿权网上配号，使采矿权许可公开透明。2016年完成《南城县矿产资源总体规划（2016—2020年）》编制工作。按照“在开发中保护，在保护中开发”的总方针，对全县矿产资源勘查开发保护、矿山地质环境保护与治理恢复做出了总体安排与布局。采取强化规划管理、健全规划体系，强化实施力度，改善矿业投资环境，提高规划管理水平等措施，以市场配置资源为导向，科学调整矿权布局，有效促进全县矿产资源的合理利用和经济社会的稳定发展。2020年共征收采矿权出让收益458万元，使用费1.21万元。

【持续强化地质灾害防治工作】 地质灾害防治工作事关人民群众的生命财产安全，每年汛期建立了24小时值班制度，下发的《南城县地质灾害年度防治方案》《南城县突发性地质灾害应急预案》，促全县地质灾害防治管理工作走向规范化、科学化轨道。全面提高地灾防治预警能力，加强地质灾害预报、预警，严格落实地质灾害值班、速报、巡查、应急调查四项工作制度，申报地质灾害治理项目。做好地质灾害防治规划编制工作，编制了《南城县地质灾害防治规划（2009—2020年）》，于2010年通过专家评审，并颁布实施。县政府每年从县财政预算安排100万元专项经费用于全县地质灾害防治，由县财政专项给予每位群测群防人员每年1200元的监测津贴，解决基层群测群防工作中的困难和问题。全面普及地质灾害防治科普知识，提高全民地质灾害的认识，提高避灾能力。2020年，根据全县地质灾害隐患点汛前排查统计，全县共有地质灾害隐患点153处，受威胁人口515户1379人，潜在经济损失3526.8万元。全县共发放地质灾害防治宣传材料1000余份，接受教育群众1000余人，张贴明白卡510余份，发放工作明白卡300余份，巡查排查150批，800多人次，发送手机预警短信2次2000余条，排查严重隐患点15处。开展地质灾害工程治理及避灾移民工程。万坊镇西坑滑坡治理工程，总投入300万元，项目主体工程已完工，并完成初验，力争2021年进行终验并移交属地政府管理，尽快造福于当地村民。

【不动产登记管理扎实开展】 2020年，共受理各类登记

79488 件，办结业务 86282 件，不动产权证书 72246、登记证明 9827 张。

【县自然资源局主要领导名单】
党组书记、局长：
万太平（2019.1 至今）

统计管理

【概况】根据省委办公厅、省政府办公厅《关于印发抚州市市县机构改革方案的通知》（赣厅字〔2018〕92 号）、《市委办公室、市政府办公室关于印发〈南城县机构改革方案〉的通知》（抚办字〔2019〕7 号）和《县委办公室、县政府办公室关于印发〈南城县机构改革实施方案〉的通知》（城办发〔2019〕1 号）精神，南城县统计局作为县政府工作部门，为正科级。主要职责是：①承担组织领导和协调全县统计工作，确保统计数据真实、准确、及时的责任。组织实施国家、省、市统计局的统计体制改革方案。贯彻执行国家统计标准和地方统计标准，指导全县统计工作。组织宣传、贯彻执行统计法律法规，查处重大的统计违法案件，监督检查统计法律法规实施。②贯彻执行国家统计局制定的国民经济核算体系、统计指标体系、统计调查体系的基本统计报表制度。组织实施全县国民经济核算制度和投入产出调查，汇编提供国民经济核算资料。③根据国家有关部门下发的重大国情国力普查计划、方案，拟订本县的实施方案，会同有关部门组织实施人口、经济、农业等重大国情国力普查，汇总、整理和提供有关国情国力方面的统计数据。④组织实施农林牧渔业、工业、建筑业、批发和零售业、住宿和餐饮业、房地产业、交通运输、仓储和邮政业，信息传输、软件和信息技术服务业，租赁和商务服务业，科学研究和技术服务业，水利、环境和公共设施管理业，居民服务、修理和其他服务业，文化、体育和娱乐业，教育，卫生和社会工作等统计调查，收集、汇总、整理和提供有关调查的统计数据，综合整理和提供旅游、交通运输、邮政、教育、卫生、社会保障、公用事业等全县性基本统计数据。⑤组织实施能源、投资、消费、收入、科技、文化、互联网、人口、社会发展基本情况、环境基本状况等统计调查，收集、汇总、整理和提供有关调查的统计数据，综合整理和提供资源、房屋、对外贸易，对外经济等全县性基本统计数据。⑥组织各乡（镇）、各部门的经济、社会、科技和资源环境统计调查，统一核定、管理、公布、出版全县性基本统计资料，定期发布全县国民经济和社会发展情况的统计信息，组织建立服务业统计信息共享制度和发布制度。⑦对国民经济、社会发展、科技进步和资源环境等情况进行统计分析、统计预测和统计监督，向县委、县政府及有关部门提供统计信息和咨询建议。⑧依法审批或者备案各部门统计调查项目、地方统计调查项目，指导专业统计基础工作、统计基层业务基础建设，组织建立服务业统计信息管理制度，建立健全统计数据质量审核、监控和评估制度，开展对重要统计数据的审核、监控和评估，依法监督管理涉外调查活动。⑨协助各乡（镇）党委管理统计系统干部，指导全县统计专业技术队伍建设，参与组织管理全县统计专业资格考试、职务评聘工作。参与制定全县人才工作的政策、措施，协助做好全县各类人才的统计工作。⑩承办县人民政府交办的其他事项。

县统计局设下列 3 个内设机构，即办公室、综合业务股、法规检查股。人员编制和领导职数为：行政编制 7 名（另暂保留历史遗留后勤事业编制 1 名，待现有人员自然减员后，予以核销，出一减一）。其中，领导职数为局长 1 名，副局长 2 名，股级职数 3 名。

2008 年 10 月，成立南城县统计局普查中心，为县统计局下属正股级全额拨款事业单位，核定事业编制 3 名。2012 年 7 月，增加事业编制 2 名，重新核定事业编制 5 名。

2018 年 4 月，成立南城县统计检查执法大队，为县统计局下属正股级全额拨款事业单位，核定事业编制 3 名。

2020 年是全面建成小康社会和“十三五”规划的收官之年。在县委、县政府的正确领导下，在省、市统计局的精心指导下，该局紧紧围绕县委、县政府中心工作，按照稳中求进工作总基调，坚持新发展理念，以第七次全国人口普查工作为重心，以提高统计数据质量、提升统计优质服务、加强统计法制建设为重点，全县统计工作顺利开展。

以常规统计调查工作为抓手，严把数据质量。2020年，全县共有联网直报企业242家，该局加强对各专业基层统计报表统计监测，严格审核评估，做好了农业、工业、能源、固定资产投资、建筑、房地产、商贸、服务业、劳动工资、科技等各类专业报表的联网直报报表的报送工作，确保上报统计数据真实反映全县经济社会发展成果。

以加强五型政府建设为契机，深化统计优质服务。一是加强统计调查研究和统计分析。2020年以来，由于受新冠肺炎疫情影响，各类经济指标均有所下滑，为把握经济发展方向，充分发挥统计监测职能，该局认真开展了多次企业复工和经营状况问卷调查，围绕全县经济运行情况，认真组织撰写了每月经济运行情况分析，统计调研等，为党政领导科学决策提供优质的统计服务。二是加强统计信息服务职能，满足社会公众需求。及时整理全县经济和社会发展统计数据，向全社会发布《南城县国民经济和社会发展统计公报》；充分挖掘和利用统计数据资料撰写统计信息，2020年，全局共撰写统计信息121期，其中被省网刊登79篇；统计分析23篇，其中被省网刊登17篇；加强政务信息公开，及时更新政务网统计信息。2020年，该局公开统计信息71条。

以贯彻执行中央文件精神为主线，严格统计法治。该局认真学习贯彻中央意见、办法、规定，围绕着统计法制工作目标，不断改进工作，坚决防范和惩治统计造假和弄虚作假，努力提高依法统计能力和水平。一是强化学习，抓好统计法治宣传教育。充分利用党支部学习、干部职工学习、召开统计工作会议等机会，组织干部职工和统计人员深入学习统计法律法规知识，学习中央文件，努力营造学习宣传统计法律法规知识浓郁氛围。二是强化执法，深入推进“双随机一公开”统计执法检查。该局严格执行行政执法“三项制度”，着力推进统计执法透明、规范、合法。深化统计管理体制改革，加强“双随机一公开”工作监管，适时更新随机抽查事项清单，实现随机抽查事项清单对执法事项的全覆盖。2020年，统计局共检查规模以上企业32家，进一步树立了统计法的权威性。

以党建工作为引领，筑牢思想基石。一是深入开展“好人主义之害”解放思想大讨论活动。该局召开了动员会，成立了以局长为组长的局活动领导小组，围绕必学和选学内容，采取党员干部大会、党组会议、党员固定活动日等形式开展学习。围绕“好人主义”五大主要表现，紧扣习近平新时代中国特色社会主义思想和县委战略部署，开展大讨论活动。全局组织学习讨论8次，开展党课2次，检视3个方面问题，制定整改清单，落实整改措施和整改时限。通过整改，切实提升了全局党员干部学思践悟、知行合一、担当作为能力。加强调查研究，撰写了《加强统计法治建设 不做统计上的“老好人”》调研文章。二是不断加强基层党组织“三化”建设。成立了由党组书记、局长饶晓洁任组长的“三化”建设工作领导小组，紧紧围绕党建工作标准化、党建工作规范化、党建责任规范化，查摆基层党组织存在的8个方面问题，并及时落实解决。通过开展“三化”建设，有力推动了统计事业高质量发展。三是继续推进“四进四联四帮”活动。局连心小分队严格按照市、县有关“四进四联四帮”工作部署，从维稳信访、脱贫攻坚、环境整治、移风易俗等方面联系基层、服务群众，严格按照县委要求履职尽责，坚持吃住在村，工作到户，走访到人。2020年共走访慰问扶贫户150余人次，发放慰问品4000余元。

【基本完成第七次全国人口普查工作】 根据国务院工作部署，2020年开展第七次全国人口普查。第七次全国人口普查是在中国特色社会主义进入新时代开展的重大国情国力调查，将全面查清中国人口数量、结构、分布、城乡住房等方面情况，为完善人口发展战略和政策体系，促进人口长期均衡发展，科学制定国民经济和社会发展规划，推动经济高质量发展，开启全面建设社会主义现代化国家新征程，向第二个百年奋斗目标进军，提供科学准确的统计信息支持。一是严格进度安排，认真落实普查前期工作。1月16日，县政府印发《关于认真做好第七次全国人口普查工作的通知》（城府字〔2020〕1号），成立了以分管领导为组长的普查工作领导小组，第七次全国经济普查工作正式启动。至4月底全县县乡村三级普查机构全面组建完成。至8月底，全县人口普查区域划分和绘图工作全面完成。全县共划分174个普查区，869个普查小区，标绘建筑物63814个。7—8月在株良镇融坊村开展了人口普查县级综合试点。9月初完成人口普查“两员”选聘工作，全县共选聘“两员”1085人，其中指导员306人，普查员779人。9月，召开了第七次全国人口普查综合业务培训会。10月，开展了全县第七次全国人口普查摸底工作。至10月底，全县摸底工作全面完成，全县共摸底住户数132429户，登记人数463414人。二是注重方式方法，普查宣传工作广泛有力。9月联合县委宣传部召开宣传工作会议，下发了《南城县第七次全国人口普查宣传方案》及工作计划分工，明确了人口普查宣传工作各单位职责，全面推进人口普查宣传工作。齐头并进，广泛开展多种形式的普查宣传，通过LED、展板、横幅、宣传栏、宣传车、宣传单、宣传画、老年腰鼓队、移动短信、公交站台等多种方式开展宣传。同时结合“9·20统计开放日”，通过举办“七人普杯”环城健康跑活动等开展特色宣传；三是把握时间节点，全力推动普查入户登记工作。11月1日，全国第七次全国人口普查入户登记工作全面铺开，11月2日，县人普领导小组组长、县委常委、常务副县长万国辉到交通路社区督促指导人口普查入户登记工作，11月3日，县委副书记、县长汪华辉在县行政中心以普通公民的身份参加了人口普查现场登记。为了加快普查进度，该局建立“县七人普工作推进群”推进人口普查工作。11月6日开始，统计局组织四个督导组，深入各乡镇普查小区开展人口普查登记核查工作，要求各乡镇及时整改，查遗补漏，确保普查数据质量。

【南城县统计局主要领导名单】
局长：
饶晓洁（2016.12至今）

审计管理

【概况】 南城县审计局是南城县政府的组成部门，贯彻落实县委关于全县审计工作的方针政策和决策部署。内设6个职能股室，1个中心，为办公室、法规审理股、财政金融审计股、自然资源和生态环境审计股（南城县领导干部自然资源资产离任审计工作领导小组办公室）、经济责任审计股（南城县经济责任审计工作领导小组办公室）、社会保障审计股和固定资产投资审计中心。全局共有干部职工47人，其中在岗人员18人，退居二线人员2人，退休人员18人，临时借用人员7人，遗属2人。2020年，南城县审计局在县委、县政府和上级审计机关的正确领导下，坚持以习近平新时代中国特色社会主义思想为指导，认真学习贯彻习近平总书记关于审计工作的重要指示批示精神，紧扣县委、政府工作中心，统筹做好疫情防控和审计工作，依法履行审计监督职责，积极创新审计思路，较好地完成各项工作任务，县审计局继续保留省级文明单位，连续多年绩效考评优秀。

【国家重大政策措施落实情况跟踪审计】 根据上级审计机关的统一部署，组织全县审计力量开展减税降费、清理拖欠民营企业中小企业账款情况专项审计，及时督促相关部门对清欠工作、资金安排拨付不及时情况整改到位。认真开展疫情防控资金和捐赠款物专项审计，涉及财政资金547.31万元、捐赠资金259.41万元，对2200万元专项再贷款资金逐笔逐项进行核查，通过审计促进专项资金及时分配、下拨158.1万元用于防控支出，促进防疫一线人员补贴及时发放到位，促进了捐赠款物的规范管理。开展了新增财政资金直达市县基层直接惠企利民情况专项审计，查出问题金额110.58万元，审计促进整改落实有关问题金额110.58万元。对落实“六保”任务专项审计查出问题金额238.17万元，均已全部整改到位。

【财政预算执行及财政收支审计】 2020年，以促进完善政府预决算体系，规范预算分配和决算管理，优化财政支出结构，促进财政资金高效使用，提高财政政策实施效果和深化预算管理制度改革为目标，循序加强财政预算执行审计，2020年共完成了4个单位（部门）2019年度预算执行情况及决算草案进行现场审计，充分了解被审单位账户设置、资金来源、收支管理、领导职责分工，单位内部控制制度等情况。同时针对政府部门存在的三个方面：即预算不精准或未按预算执行，挪用、挤占项目资金用于弥补公用经费不足发放奖励资金，固定资产未及时入账等普遍性和体制机制方面的问题，向县政府提出了并出台了《南城县本级2021年部门预算编制办法》《南城县财政存量资金管理暂行办法》《固定资产管理办法》。

【扶贫资金审计】 2020年，围绕精准扶贫、精准脱贫的基本方略，突出“精准、安全、绩效”主线，以扶贫资金绩效为着力点，依法行使审计监督、积极聚焦作风建设，提升扶贫效能，认真开展了2019年度扶贫审计工作。审计共抽查扶贫资金总量2641.92万元，占扶贫资金的45.18%，抽查扶贫项目45个，占项目总量的33.83%，抽查单位13个，抽查乡镇4个，入户调查贫困户87户。共发现3大类7个问题，主要体现在扶贫资金安全、扶贫项目绩效和管理以及扶贫资金拨付和盘活统筹方面，共查出问题资金256.41万元，其中收缴财政资金4.16万元、挽回损失0.91万元、追回贷款60万元、促进资金拨付到位10万元、盘活统筹使用闲置资金92.07万元，促进完善产业扶贫制度一项，提出审计建议4条。

【领导干部经济责任审计】 2020年，根据县经济责任审计领导小组安排和县委组织部委托，审计局先后对全年对11位领导干部开展经济责任审计。采用“1+N”方式，将经济责任审计与领导干部自然资源资产离任（任中）审计与经济责任审计相结合。同时，探索并实施了“巡审联动”工作机制，通过县委巡察办与县审计局联合出台巡审意见，推动了县委巡察与审计工作有效配合和协作，发挥巡审合力，提高了监督效能。全年共完成8位同志任职期间经济责任审计和2位乡镇党政主要领导同志自然资源资产任中审计，有效助推被审单位财务和业务管理、廉政建设。

【政府投资项目审计】 2020年，深入贯彻落实《审计署关于进一步完善和规范投资审计工作的意见》和《关于废止建设项目审计处理暂行规定的决定》，认真研究解决“凡投必审”“以审代结”的问题，积极推动《南城县政府投资项目评审管理暂行办法》（城府办发〔2020〕7号）规定形成，南城县政府投资项目从2020年6月1日之后不再以县审计局审计结果作为工程结算依据，县审计局将不再开展投资项目结算审计，而是依法全面履行投资审计监督职责，更好发挥投资审计在贯彻新发展理念、构建新发展格局、促进有效投资和稳增长、防风险中的重要作用。

【驻村帮扶工作】 始终坚持把脱贫攻坚作为首要政治任务，进一步压实帮扶责任，发挥驻村帮扶的带动作用，帮扶干部经常性走访慰问，在节假日前主动向贫困户送去温暖和祝福，支持对口联系村和社区帮扶资金12万余元，局机关食堂和干部职工主动购买贫困户生产的农副产品，力所能及地帮助贫困户解决生活中的困难和问题。年底帮扶村沙洲邓坊村13户51人已全部完成脱贫。

【招商引资工作】 按照县委、县政府的安排，县审计局牵头分别引进了中建东润铝业（北京）有限公司，年底该公司已经正常生产，还在扩充产能。引进江西欧威尔科技有限公司，正在招工阶段。同时持续做好江西爱科道环境科技发展有限公司发展服务工作，2020年改企业已上缴税收过千万元。

【疫情防控工作】 按照上级统一部署，全体干部职工牢固树立疫情就是命令、防控就是责任的意识，投身社区抗疫一线应急值守和人员信息摸排工作中。同时在日常工作和生活中，严格遵守疫情防控各项规定，努力做好疫情防控宣传教育和舆论引导工作。

（石倩岚 周艺蒙）

【县审计局主要领导名单】

局长：

黄志平 （2019.2至今）

城乡建设与管理

综　述

【概况】 南城县住建局是县政府负责住房和城乡建设行政管理的职能部门，担负着全县1698平方公里的城乡建设管理等职责。机构改革后内设职能股室六个，分别为办公室（党委办公室与之合署办公）、建管股（建筑工程招投标办公室与之合署办公）、村建股、行政审批股、房地产管理股、人防办。至2020年年底，局下属企事业单位7个，（其中事业单位5个，分别为招投标办公室、城建档案馆、测绘队、建筑综合管理站、建筑设计院；下属企业2个，分别为建设工程监理有限责任公司、建筑公司），全局机关共有在职在编干部职工18人，其中国家公务员17人，工勤编制人员1人；下属事业单位在职在编干部职工51人，其中管理人员9人，专业技术人员29人；工勤技能人员13人。下属国有企业单位在职在编职工137人，其中经营管理人员及专业技术人员70人。

2020年以来，南城县住建局全面贯彻落实党的十九大和十九届四中、五中全会精神，紧紧围绕县委、县政府全力建设抚州副中心城市总方向，以项目带动为总抓手，积极推进工业园区、中心城区、文化旅游景区、现代农业示范区“四区建设”，着力深化改革创新、着力振兴实体经济、着力培育新兴业态、着力推进生态文明、着力实施脱贫攻坚、推动经济平稳健康发展和社会和谐稳定。全面加强干部队伍建设，创新工作机制，不断提高城乡规划建设与管理水平，大力推进城乡建设工作进程，全年的工作业绩又上了一个新的台阶。至2020年，县城污水处理厂污水处理能力达3.5万吨/日，污水收集率达到85%以上，污水处理率达93%。县燃气普及率达100%。

住房保障

【保障房建设】 2020年共建设保障性住房建筑面积26679.6平方米，437套，发放住房租金补贴183.961万元。

【房地产市场】 2020年共有房地产开发项目14个，开发总建筑面积约42.02万平方米，住宅3034套，店面1462间。

【乡镇房地产开发】 2020年南城县乡镇范围内房地产开发建筑面积0万平方米。

村镇建设

【概况】 全县有乡镇12个，其中建制镇10个，集镇2个（乡镇建成区面积1843.14公顷），行政村150个，自然村1180个（村庄现状用地面积3744.71公顷）。2019年全县有11个乡镇完成总体规划编制，960个村庄完成规划编制。全县村镇建设总投资14699万元，其中，住宅建设投资4257万元，市政公用设施建设投资5245万元，公共建筑建设投资1451万元，生产性建筑建设投资3746万元。2020年住宅竣工建筑面积4.59万平方米，公共建筑竣工面积1.74万平方米，生产性建筑竣工面积4.57平方米。

全县村镇已建成公共供水设施21个，年供水总量613.84万立方米，用水人口163087人。村镇绿化覆盖面积92.37公顷，绿地面积58.72公顷。

【着力抓好省百强中心镇】省百强中心镇万坊镇，根据其经济社会发展现状、区位特点、产业基础和资源禀赋，对以前编制的粗线条规划进行修订完善，聘请省城规院高标准修编，保证省百强中心镇建设在科学规划中上档次上水平。在省百强中心镇实施工程中，始终抓住项目建设这个重点，多方筹集资金实施基础项目建设，引进外资搞活产业项目建设。同时紧紧围绕主导产业打造产业基地，着力培育壮大示范镇支柱产业，为省百强中心镇建设可持续发展提供有力支持。

【全力打造特色小镇】株良镇是全国著名的“校具之乡”，株良校具产业起源于20世纪80年代，经历了产业从无到有，规模由小到大，工艺由粗到精的发展过程。从木匠维修向家庭作坊转变；从木制课桌椅向塑制、钢制校具转型；从家庭作坊向企业化、集团化、现代化的三次转型升级，2013年株良镇黄家山工业园区被省工信委批复为“江西省校具加工产业基地”、2015年9月荣获“中国校具生产基地”称号、2016年被评为“全国重点镇”、2016年8月获评“江西省省级生态乡（镇）”、2017年12月29日株良镇列入省第二批特色小镇创建名单（赣特镇〔2017〕2号），获评“全国经济发达镇”。全镇现有企业300多家，其中有16家企业通过中国环境标志产品认证；4家企业通过中国绿色环保产品认证；获批专利29个，6家企业认证为江西省“专精特新”中小企业；主营业务收入上亿元的企业9家，拥有自主品牌的企业33家，其中规模企业20家，拥有发明专利2项，实用新型及外观设计专利39项，尤其是真诚、育佳、盱江、龙乐品牌全国闻名。生产的校用家具产品畅销江苏、浙江、安徽、上海、河南、新疆、广西等20多个省（市、自治区）以及赞比亚等非洲国家，拥有相关从业人员3万余人，有近6000人的产品销售队伍，在全国90%的大中城市建有分公司（销售部）。2018年，南城县已将校具（教育装备）产业作为全县两大主攻产业之一，为将该传统产业做大做强，成立校具产业发展工作专班，县党政主要领导牵头抓总，分管县领导具体主抓，县工信局、株良镇等单位主要负责人作为专班成员具体落实，专门研究产业发展规划、产业招商、平台建设等工作。全镇教具产业2018年主营业务收入60亿元，销售居全国同类产品总量的1/3，上缴税收6000万元，2019年实现主营业务收入近百亿元，上缴税收1亿元。

南城县高度重视校具产业的发展，将校具产业列入全县三大主攻产业，围绕打造“校具千亿产业”“全国教育装备产业基地”“国家级小微企业创业创新示范基地”等目标，开拓创新，努力推动南城校具产业加快发展。南城县委、县政府为使校具产业转型升级，同时搭建好返乡创业平台，在校具集中生产区株良镇规划1500亩，投资40亿元，兴建校具产业园。产业园分南北两区建设：南区为1320亩的生产区，建设标准厂房138万平方米，建成后可落户返乡创业企业60—70家，实现产值1000亿，上缴税金50亿元。年底一期205亩，建成标准厂房10栋，已入驻返乡创业和招商引资企业4个集团8户入驻；第二期168亩，正在建设10栋标准厂房，已确定5个集团公司入驻。北区为180亩为科创园，由南城籍客商杨志军创办的江西省第一枪信息技术有限公司出资兴建，全方位为南区生产配套服务。建设内容有“十大中心”新平应用及产品展示体验中心、研发设计中心、信息交互中心、质量检测/认证中心、技术集成（工程咨询）中心、金融服务中心、公共事务和物业商贸服务中心，“线上七大平台”公共服务数据平台、行业信息发布平台、企业形象展示平台、招商引资平台、资源信息的交互平台、物流供应链服务平台、中国（株良）校具产业园线上交易平台。将校具产业园打造为集教育装备生产、销售、设计、研发、检验、检测、加互联网、原材料配送等为一体的多功能园区。

随着南城校具产业园建设，南城校具将实现从校具生产向教育装备生产基地发展质的飞跃，预计2020年南城校具产业可新增企业50家，入规企业达到70家，产值过亿元企业超过40家，产业主营业务实现120亿，上缴税金1.5亿以上。到2025年南城校具将形成完整的教育装备产业链，现代化“互联网+”销售模式，具备设计、研发、检验、检测综合服务能力，培育出一大批教育装备生产龙头企业，成为全国有影响力的具有区域品牌的教育装备生产基地，实现产业主营业务500亿元，上缴税金6亿元以上，真正成为南城县一大主导产业。株良镇总体规划体统和特色小镇专项规划在2017年已通过省级专家的评审并得到县人民政府的批复。

【传统村落保护规划】 2020年年底，上唐镇上唐村、上舍村、下崔村、源头村，新丰街镇汾水村、新丰村，株良镇磁圭村、云市村，沙洲镇临坊村等9个国家级传统村保护规划已通过省级专家的评审并得到了市人民政府的批复。

【农村危房改造】 2020年，全县农村危房改造任务为42（其中新建28户、维修14户），共完成投资81.85万元。危房改造中，做到政策公开、对象公开、程序公开，明确危改对象为农村分散供养五保户、低保户、贫困残疾人家庭和其他贫困户。在农村危房改造实施过程中，严把危改对象的准入关、危房鉴定工作关、工程质量安全关，认真做好农户档案管理和网上信息录入工作，严格按照资金拨付程序发放补助资金。农村危房改造工作基本结束，危改户搬进新家，农户居住条件进一步改善。

建筑业管理

【概况】 至2020年12月，全县共有建筑施工企业146家，（其中一级企业1家，二级企业10家，三级企业135家）。施工企业从业人员10011人，其中八大员1168人，专业技术人员1530人，建造师438人，特殊工种1168人。建筑企业的综合素质和竞争实力进一步增强，对外开拓市场的能力不断提高，建筑质量稳步提升。2020年全县建筑业总产值20.80亿元，完成建筑施工面积65万平方米。

【建筑工程招投标管理】 严格按照省、市建设工程招标办要求，开始实行网上电子办公，规范和优化招投标工作流程。同时，以信息化建设促进服务质量的提升，开始实行电子化报价承诺法的评标办法；2019年，全县建设工程项目招投标55个，其中公开招标33个，中标金额55356万，邀请招标22个，中标金额2617万元。2020年全县建设工程项目招投标96个，其中公开招标36个，公开招标36个标段招标控制价为79022.7万，中标金额72700.88万，比预算下浮约8%，邀请招标63个，招标控制价为9354.3万元，中标金额8605万元，比预算下浮约8%。

【燃气监督管理】 加强燃气企业监管力度，规范市场行为，确保人民生命财产安全。本县有天然气企业1家，液化气企业5家。住建局多次联合消防大队、安监局、市场监督管理局开展全县天然气、液化气储罐场及供应站点安全专项检查。主要对燃气企业安全管理制度和安全生产责任制，严禁烟火标识设置，燃气事故应急预案，企业安全技术负责人及特种作业人员持证上岗，场站的消防设施、消防喷淋设施是否达标进行检查，对存在的问题可以立即进行整改的现场进行整改，对一时不能整改的责令其限期整改，切实把安全隐患消除在萌芽状态，确保企业安全生产。

【竣工验收备案】 2008年成立工程竣工验收备案办公室以来，建设部门规范备案程序，统一备案资料表格和填写具体要求，建立真实、准确、完整的工程竣工验收备案档案。同时，根据政府颁发的《行政许可报批制度》等相关文件要求，建设局建立工程竣工验收备案内部审核制度、行政审批制度，工程竣工验收备案资料经备案办公室工程人员审查后，报分管领导审核，主管领导审批。实行行政审批制度后使工程竣工备案工作更加公开公正。

厕所革命

【概况】 南城县2018年启动“厕所革命”工作以来，认真贯彻落实习近平新时代中国特色社会主义思想和党的十九大精神，全面落实省、市关于“厕所革命”的决策部署，坚持把“厕所革命”作为推进城乡环境综合整治、城市功能与品质提升的具体举措，紧紧围绕群众最紧迫的现实需求，全力推动厕所建设标准化、管理规范化，力争用3年时间有效解决农村厕所脏臭差和城市厕所如厕难等问题，有计划有步骤地推进公厕建设和农户改厕，取得了阶段性成效。

城市功能与品质提升

【概括】 2020年以来，南城紧紧围绕建设“抚州副中心城市”的发展定位，坚持以人民为中心，高度契合全省城市功能和品质提升三年行动理念，按照2020年品质提升工作方案，“拆得彻底、清得干净、改得美观、管得规范”的工作要求，紧盯城市“脏、乱、堵”等突出问题，谋划了一批与群众生活息息相关的“短、平、快”民生项目。

【具体措施】 坚持规划引领，为城市建设“定调”。一方面，加强城市规划刚性管控。南城县2020年完成了《城市双修专项规划》《河东工业园区功能与品质提升专项规划》《南城县国土空间规划》《南城县城区污水管网专项规划》，正在编制《南城县人防专项规划》，下步将启动《园区地下空间利用专项规划》，确保城市建设一张蓝图绘到底、一张规划做到底。另一方面，加强城市建设秩序规范。严格落实机动巡查、执法台账登记、部门协调联动等制度，并充分发挥群众监督作用，狠抓“两违”的查处力度，坚决控制“两违”零增长，对新发生的“两违”行为，及时采取果断措施，做到发现一起、及时查处一起。重点对商品房小区内1楼的毁绿搭棚、顶楼的违规搭建阳光房现象以及城中村的环境卫生进行集中整治；针对“铁笼子”防盗网问题，将切实发挥党员领导干部的模范带头作用，引导居民自行拆除。城管局会同建昌镇以及花楼下居委会对山水大道违规凸出式防盗窗进行拆除改造，此次行动将改装防盗窗（网）共计52户，凸出式防盗窗（网）共计136只，现已全部改装完毕。

【完成情况】 突出解决老旧小区“环境差”问题。在整治老旧小区方面，突出将“治脏、治乱”与环境整治“净化”行动结合起来，做到“内外兼修”。对内，即在重点围绕小区路面、给排水、污水管网、绿化带、化粪池改造等基础设施方面加强建设；对外，通过购买社会服务对环境卫生进行统一清扫管理，并对小区乱搭乱建的临时停车棚、房屋建筑等坚决予以拆除。同时对9处老旧小区进行改造提升（万坊教办宿舍、苹果园小区、凤凰路小区、宏鑫小区、登高轩小区、登高名门小区、惠源小区、金山口公租房、河东公租房），工程已全面竣工，切实提升老旧小区品质，让群众获得感进一步增强。突出解决群众“买菜难”问题。在2019年完成了城西农贸市场、银三角农贸市场及金山口农贸市场建设后，2020年又启动了孔家岭农贸市场，按照现代化农贸市场为样板，集“智慧型、环保型、商场型”于一体的建设标准化，通过干湿分离、划行规市的设计理念进行业态分类，合理布局区域，完善配套设施，场内实行专人不间断保洁。以路为市、以街为市、占道经营、人车混乱的局面，得到有效改善。突出解决群众“出行难”问题。围绕基础设施提升改造，2020年打通站前横路、体育西路二期延伸段断头路，提升改造福银高速南城连接线、山水大道及泰伯路路面白加黑，完善麻姑山旅游环山公路，优化城区主次干道，强化交通电子监管，对城南路与盱江大道交叉路口、盱江南大道与东外环交叉路口、城南路与河东工业大道路口等进行路口渠化，合理组织交通。规范交通秩序治理，对城区内车辆乱停乱放进行集中整治，交警大队在整治的过程中坚持以教育劝导为主，路面的工作人员发现有乱停乱放的车辆时，劝导司机将车停放在指定的停车场或者划有停车位的场所。利用2020年老旧小区改造，新建一批公共停车场，8月份将启动市民广场地下停车场项目建设，加快南城汽车综合服务中心建设，推进整合改造路边、路外停车场资源，增加城区车位。突出解决群众“就学难”问题。大投入建设学校，投入2.3亿元高标准建设东方红小学、东方红幼儿园、城西幼儿园、育人幼儿园，增加学位5000个，投入3.7亿元新建一中，并实现2020年秋季正常开学，有效地化解“大班额”“就学难”问题。同时，主动融入智慧学校先进理念，让每个班级、学生都能享受到最优质的教育资源，有力地推动全县教育高质量发展。

【建筑工程质量安全生产监管】 通过“江西省一体化平台”对建设工程五方责任主体进行有效管理监督，做到线上管理，落实主体责任。积极引导鼓励施工企业创优，做好质量、安全示范工地，组织全县施工操作人员参观学习，起到以点带面作用，加强业务培训教育稳步提升建筑从业人员的业务水平，从源头上提高南城县建筑质量安全。根据“双随机一公开”要求开展“建筑施工安全生产专项整治三年行动”“城市品质提升”“建设工程扬尘治理”等一系列质量安全专项活动和执法监督检查，重点对工程重大危险源、文明施工、起重机械设备、工程环境治理（六个百分百治理）、建筑工程抗震要求、商品混凝土质量控制以及常见质量通病的防治等方面进行监管。加强建筑工程结构实体质量检测、建筑节能材料检测等监管，有效确保了工程质量安全。

（黄明峰）

【县住建局主要领导名单】

局党委书记、局长：

付应国（2020.1—2020.12）

环境保护·自然观测

环境质量

【概况】 地表水环境质量情况。全面开展地表水监测，完成省控地表水断面万年桥和黎滩河河口断面的例行监测任务，监测项目为《地表水环境质量标准》（GB 3838—2002）表1中基本项目（共24项），2020年每月对断面进行水质采样工作，并送至江西省抚州生态环境监测中心监测。根据单因子水质参数评价法南城县地表水水质均稳定在《地表水环境质量标准》（GB 3838—2002）Ⅲ类水质标准内，水环境质量较好。完成南城县辖区内117个水库和1个人工湖的监测，经监测分析，2020年南城县水库水质达标个数为82个，水库水质达标率69.5%，较2019年60.2%上升9.3%。饮用水环境质量状况。为防止集中式饮用水水源地污染，保障饮用水源地水质安全，确保人民饮水安全，2020年南城县环境监测站每月对南城县集中式饮用水源地麻源水库进行水质采样工作，并送至江西省抚州生态环境监测中心监测；每季度对第二水厂集中式饮用水源地开展水质监测工作；每季度对南城县8个乡镇级饮用水源地开展例行监测（其中湖库型饮用水源地3个，河流型饮用水源地5个）；10月份对南城县10个村级饮用水源地开展了专项监测（其中湖库型饮用水源地1个、地下水型饮用水源地1个、河流型饮用水源地8个）。根据单因子水质参数评价法南城县饮用水源地水质、乡镇级饮用水源地水质、乡村饮用水源地水质均稳定到国家《地表水环境质量标准》（GB 3838—2002）Ⅲ类水质标准内，饮用水源地水质较好，水质达标率100%。环境空气质量状况。为全面掌握南城县环境空气质量，按照上级有关要求，南城县于2017年1月正式将南城县环境空气自动监测站投入使用。检测项目根据《环境空气质量》（GB 3095—2012）的有关要求确定为SO_2、NO_2、PM10、PM2.5、CO、O_3六项以及气象五参数（气压、气温、湿度、风向、风速）。从监测的数据统计、分析，2020年有效监测天数358天，有效数据358组。其中空气优良天数351天，轻度污染7天，占有效天数的2.0%，空气优良天数占有效天数的98.0%，无中重度污染。污染天数集中在4月和10月，主要污染物为臭氧导致，县城区主要污染物是臭氧、PM10；PM10污染物天数集中在1月和12月；臭氧污染物天数集中在4月、5月、7月、8月、9月、10月、11月。

声环境监测情况。为强化南城县环境噪声管理，根据有关文件要求，南城县环境监测站积极开展声环境质量监测布点工作，并编制完成《抚州市南城县中心城区声环境质量监测布点技术报告》，共布设136个监测点位，其中区域声环境104个监测点位、道路交通声环境24个点位、功能区声环境8个点位。辐射工作监管情况。

2020年6月南城县环境监测站对南城县江西鑫福源纸业有限公司、江西南城南方水泥有限公司、人民医院、第二医院、中医院、牙博仕等涉源及射线装置单位进行了辐射环境监督性专项检查，此项工作为辐射行政管理提供了重要的技术支撑，确保了南城县辐射环境安全。

生态环境

【概况】 南城县环保局成立于2006年4月，2019年7月24日举行挂牌仪式，更名为抚州市南城生态环境局。内设机构有办公室、综合协调股、污染控制股3个股室，下设环境监测站和环境监察大队（根据2019年12月19日市委机构编制委员会的文件要求更名为抚州市南城生态环境保护综合执法局）2个股级全额拨款事业单位（环境监测站2011年10月列为全额财政拨款、生态环境保护综合执法局2018年1月列为全额财政拨款）。现有在编在职干部职工37人，其中，局机关8人，生态环境保护综合执法局19人，环境监测站10人。

【工作情况】 贯彻执行国家和省生态环境法律法规和基本制度，会同有关部门编制并监督实施重点区域、流域、饮用水水源地生态环境规划和水功能区划。负责辖区内生态环境问题的统筹协调和监督管理。牵头协调辖区内生态环境污染事故和生态破坏事件的调查处理；指导协调辖区内突发生态环境事件的应急、预警工作；参与实施生态环境损害赔偿制度，参与处理跨行政区域的生态环境污染纠纷，开展辖区内生态环境保护工作。负责减排目标的落实。组织落实各类污染物排放总量控制制度，配合实施排污许可证制度，监督检查相关单位污染物总量控制指标和减排任务完成情况，实施生态环境保护目标责任制。配合有关部门做好生态环境领域政府财政性资金投资项目组织实施、资金使用管理和监督工作。参与指导推动循环经济和生态环保产业发展。负责环境污染防治的监督管理。组织实施大气、水、土壤、噪声、光、恶臭、固体废物、化学品、机动车等的污染防治管理制度。会同有关部门监督管理饮用水水源地生态环境保护工作，监督管理地下水污染防治工作；实施排污口设置和流域水环境保护管理；组织指导城乡生态环境综合整治工作；监督指导农业面源污染治理工作。指导协调和监督生态保护修复工作。组织编制生态保护规划，监督检查对生态环境有影响的自然资源开发利用活动、重要生态环境建设和生态破坏恢复工作；组织落实各类自然保护地生态环境监管制度，监督野生动植物保护、湿地生态环境保护等工作；指导协调和监督农村生态环境保护，组织协调生物多样性保护，参与生态保护补偿工作。配合市生态环境局开展核与辐射环境安全的监督管理工作。配合市生态环境局监督管理核设施安全、放射源安全，监督管理核技术应用、电磁辐射、放射源和放射性废物以及伴有放射性矿产资源开发利用中的污染防治。

负责生态环境准入的监督管理。按规定对辖区内经济和技术政策、发展规划以及经济开发计划提出环境保护意见。按规定审批权限内建设项目环境影响评价文件。在市生态环境局指导下组织实施生态环境准入清单。负责生态环境监测工作。贯彻执行生态环境监测制度、相关标准和规范，负责辖区内的环境执法监测，同时按要求做好生态环境质量监测等相关工作。组织建设和管理辖区内生态环境监测网和生态环境信息网。统一发布生态环境信息。参与协调实施应对气候变化及温室气体减排规划和政策。推动生态环境保护督察问题整改。配合做好中央、省开展生态环境保护督察工作，推动抓好中央、省生态环境保护督察反馈问题的整改。负责辖区内生态环境保护综合行政执法。依法实施现场检查、行政处罚、行政强制，查处生态环境违法行为，开展污染防治、生态保护、核与辐射安全等方面的日常监督检查。组织指导和协调生态环境保护宣传教育工作。开展生态文明建设和环境友好型社会建设的有关宣传教育工作，推动社会公众和社会组织参与生态环境保护。参与生态环境对外合作交流。完成市生态环境局机关交办的其他任务。职能转变。抚州市县（区）生态环境局，统一行使生态和城乡各类污染排放监管与行政执法职责，切实履行监管责任，全面落实大气、水、土壤污染防治行动计划。构建政府为主导、企业为主体、社会组织和公众共同参与的生态环境治理体系，实行最严格的生态环境保护制度，严守生态保护红线和环境质量底线，坚决打好污染防治攻坚战，保障辖区内生态安全，为打造美丽中国“江西样板”提供“抚州经验”。

有关职责分工和工作机

制。各县（区）生态环境局与发改、工信、自然资源、住建、交通运输、水利、农业农村、卫健、林业、城市管理等部门的有关职责分工，参照中共抚州市委办公室、抚州市人民政府办公室《关于印发〈市生态环境局职能配置、内设机构和人员编制规定〉的通知》（抚办字〔2019〕51号）执行。

【水环境质量保持良好】 2020年，南城县2个省控地表水21项考核因子月平均浓度全部达到省政府下达的Ⅲ类水以上目标要求；地表水水质均稳定在Ⅲ类水质标准内，水质达标率为100%。城市集中式饮用水水源地水质达到Ⅱ类标准要求，取水水质达标率继续保持100%，群众饮水安全得到有效保障。地下水水质良好，考核点位水质级别保持稳定。全县水环境质量继续得到改善，水环境攻坚成效初步显现。

【土壤环境质量达标稳定】 为全面掌握南城县重点监管企业及工业园区周边土壤和地下水环境质量状况，南城县环境监测站于2020年8月19日委托第三方检测机构对江西南城鑫业环保处置有限公司、江西联益电子科技有限公司、江西赣亮医药原料有限公司和南城县金山口工业园区周边土壤及地下水开展监测，监测结果均达到相应标准。

（李庆飞　王超）

【生态环境局主要领导名单】

副局长：

熊志刚（主持工作）（2020.1—2020.12）

邓立仁（2020.1—2020.12）

熊　勇（2020.1—2020.12）

【环境监测】 水环境质量监测。2020年南城县环境监测站每月对南城县省控断面万年桥、黎滩河河口及市控断面新丰大桥、南城水文站；江西省十大优美湖库洪门水库断面和尚庄、黄武潭、戈源、洪门坝前、张家共计9个断面进行水质采样工作，并送至江西省抚州生态环境监测中心监测。每月对南城县集中式饮用水水源地麻源水库进行水质采样工作，并送至江西省抚州生态环境监测中心监测，每季度对第二水厂集中式饮用水水源地开展水质监测工作，监测项目包括《地表水环境质量标准》（GB 3838—2002）表1基本项目24项，表2补充项目5项表3优选项目33项共计62项。根据监测结果南城县饮用水水源地水质均稳定到国家《地表水环境质量标准》（GB3838—2002）Ⅲ类水质标准内，饮用水水源地水质较好，水质达标率100%。每季度对南城县8个乡镇级饮用水水源地开展例行监测，其中湖库型饮用水水源地3个，河流型饮用水水源地5个，监测项目为《地表水环境质量标准》（GB 3838—2002）中表1的24项、表2的5项和表3的优选项目33项，共计62项，湖库型加测透明度及叶绿素a，根据单因子水质参数评价法南城县乡镇级饮用水水源地水质均稳定到国家《地表水环境质量标准》（GB 3838—2002）Ⅲ类水质标准内，饮用水水源地水质较好，水质达标率100%。2020年10月份对南城县10个村级饮用水水源地开展了专项监测，其中湖库型饮用水水源地1个，地下水型饮用水水源地1个，河流型饮用水水源地8个。地表水型饮用水水源地监测项目为《地表水环境质量标准》（GB 3838—2002）表1基本项目（24项）、表2补充项目（5项），共29项；地下水型饮用水水源地监测项目为《地下水质量标准》（GB/T 14848—2017）表1常规指标39项，根据监测结果，南城县乡村饮用水水源地水质较好，符合国家相关水环境质量标准，水质达标率100%。2020年6月份对南城县118座小（2）型以上水库开展专项监测，监测项目为《地表水环境质量标准》（GB 3838—2002）表1基本项目24项。2020年南城县水库水质达标个数为82个，水库水质达标率69.5%，较2019年60.2%上升9.3%。2020年6月份及9月份对南城县2个规模以上入河排污口南城县工业园区污水处理厂入河排污口及南城县污水处理厂入河排污口开展水质监测，监测项目为《地表水环境质量标准》（GB 3838—2002）表1基本项目24项，9月份加测表三优选项目33项。2020年9月份对南城县20个规模以下入河排污口开展水质监测，监测项目为pH、COD、氨氮、总磷、总氮。为加强南城县农村环境保护，逐步扩大全县农村环境质量监测范围南城县环境监测站于分别于2020年6月份和9月份对南城县34

座日处理能力 20 吨及以上农村生活污水处理设施出水口进行取样监测，监测项目为 pH、化学需氧量、氨氮、总磷。环境空气质量监测。农村环境质量监测。为加强南城县农村环境保护，进一步推进农村环境质量监测工作的开展，从点到面反映南城县农村环境质量状况和变化趋势，根据环境保护部《关于印发〈全国农村环境质量试点监测工作方案〉和〈全国农村环境质量试点监测技术方案〉的通知》（环办〔2014〕125 号）要求，南城县环境监测站精心准备、提前制定工作计划并通过现场考核确定了路东村、水南村、曹坊村三个农村监测点位，按监测要求编制了 2020 年南城县农村环境质量监测方案，分别于 3 月、4 月、7 月、10 月对里塔镇水南村及天井源乡曹坊村各开展了一次专项监测，监测内容包括环境空气质量、饮用水环境质量、土壤环境质量，其中必测村庄路东村为省级事权，由江西省抚州生态环境监测中心监测。

【环境保护】 大气污染防治工作。开展重点行业挥发性有机物综合治理。豪普高科涂层有限公司和赣亮医药原料有限公司 2 家市级挥发性有机物重点企业要安装有组织废气排放 VOC 在线监控系统，其中赣亮医药原料有限公司 VOC 在线监控系统已安装，正在大气治理。农作物秸秆综合利用与禁烧。南城县坚持“因地制宜、源头防控、综合施策、以禁促用”的原则，进一步提升秸秆综合利用水平，进一步加大秸秆露天禁烧管控力度。按照《南城县秸秆禁烧和综合利用工作实施方案》，进一步加大巡查力度，通过人工巡查外和无人机对各乡镇进行无死角排查。排查在建工地扬尘治理情况、餐饮企业油烟排放情况，监督有关企业安装有组织废气排放 VOCS 在线监控系统，保障南城县的空气质量，PM2.5 1 月平均 9.6 微克每立方米，空气优良天数比例 97.6%。水污染防治工作。县级以下地表水和地下水型饮用水水源地环境保护专项行动。开展县级和乡镇农村饮用水源保护区划分，已经完成了第二水厂、31 个乡镇农村饮用水源地保护区划分报告编制和专家评审，其中新丰街集镇、株良镇集镇、浔溪乡浔溪村已取得省厅复函，第二水厂、29 个乡镇农村饮用水源地待上级批复。入河排污口整治专项行动。全县入河排污口 22 个（5 个规模以上入河排污口，17 个规模以下入河排污口），排查出问题 1 个（建昌镇老二压厂排管站排污口水质超标），已铺设污水管网对排管站上游污水进行截污，有效减少生活污水直排，完成了整改。城镇生活污水处理专项行动。南城县城市生活污水处理厂一个，规模为 4 万吨/日，当月污水处理量 94.5873 万吨，当月污泥处理量 60 吨（干泥），出水执行一级 B 标准，完成提标改造，改造后执行一级 A 标准。土壤污染防治工作。建设用地污染防治专项行动。开展疑似污染地块调查和风险评估。纳入全国污染地块土壤环境管理系统有 2 个地块，其中原南华能源公司地块土壤污染初步调查、详细调查和风险评估，准备实施土壤修复；原红都化工公司地块已完成初步调查方案编制，已完成初步调查，待专家评审。危险废物处置专项行动。全县危险废物产废企业 18 家，工业危废产生量 2270.5 吨，工业危险废物处置量 2272.6 吨。按时上报重点危废监管企业名单，确定省重点企业 5 家，市重点企业 7 家，县重点企业 7 家。污控股工作人员联合监察大队执法人员对南城县危废企业进行专项检查，共检查企业 20 家，产废企业 18 家，经营危废企业 2 家；下达责令整改通知 18 家，限期整改到位，同时督促全县危废企业加强危废日常规范化管理。增加一套 300 吨/日渗滤液处理设备提升生活垃圾填埋场渗滤液处理能力，建立疑似污染地块名录制定修复方案，组织全县危废企业参加网上视频培训，保障南城县用地安全。生态保护工作。芙蓉山省级自然保护区实验区内存在的吴家山水电站已获得环评批复，深入野生动物驯养场开展野生动物疫情防控检查，签订不能经营，销售野生动物告知书，张贴疫情防控通告，深入农贸市场等经营场所进行全面排查，严格查处野生动物交易行为，保障南城县的自然生态环境。工业污染防治工作。化工园区、污染物种类、污染物排放情况、在线监控设施运行情况等方面进行了全面排查，排查“散乱污”企业 51 家，对 35 家不符合产业政策或治理后仍不达标排放企业列入

“关停取缔类”进行关停取缔，已全部整改到位；对1家经过整改可以达到相关管理要求的企业列入“整合搬迁类”进行整合搬迁，已整改到位；对15家达不到法律规定应停产、停业、关闭情节且未列入整合搬迁计划，符合国家和省产业政策，符合本地区产业布局规划的列入“升级改造类”，依法补办相关审批或登记手续，纳入日常监管范围，现已完成整改13家，正在整改2家。农村污染防治工作。开展“科学施肥进万家”“绿色防控统防统治科学用药”主题宣传活动；全县共有行政村150个，实行生活垃圾全收集的行政村150个，实行生活垃圾分类的行政村150个；全县已建生活污水处理设施的行政村数41个，已建生活污水处理设施的总规模4085吨/日。行政审批工作。简化办事程序，实行环评审批统一受理。方便办事企业、群众，将县生态环境局所有涉及行政审批事项全部纳入县行政服务大厅生态环境局窗口统一受理。为深化“放管服”改革，制定了抚州市南城生态环境局行政许可标准体系，取消环评前置条件，实行和其他部门并联审批；按照简政放权内容及时调整了权力清单内容，取消竣工环保验收行政许可，改由企业按照规定程序自主验收；将总量申请由企业申请改为局内部股室流转；按照县委县政府减证便民文件精神，精减办事材料，取消不必要证明；根据生态环境部《关于取消建设项目环境影响评价资质行政许可事项后续相关工作要求的公告（暂行）》（公告2019年第2号）的要求，取消了建设项目环境影响评价资质行政许可事项，建设单位可以自行选择符合条件的无建设项目环境影响评价资质的环评编制单位编制环境影响报告书（表）。缩短审批时间、方便服务对象。为了更好地服务企业，审批时限做了压缩提速，报告书、报告表项目分别由国家规定的60个工作日、30个工作日，压缩为30个工作日、15个工作日。登记表实行网上备案，即时办理。快速转办、提高办事效率。建设项目统一受理后，在项目审批过程中，对申报材料不全的项目，根据现场勘察情况，一次性告知建设单位需补充的材料，减少企业的往返；对需编制环评报告书（表）的项目，补充材料可在环评编制期间进行，对耗时较多的环评文件进行审查，不能一次性完成，尽量利用业余时间完成；对重点招商项目，积极做好项目前期咨询工作，避免建设单位走弯路。生态环境执法工作。自2020年3月开始，为适应疫情防控形势，认真贯彻党中央关于统筹推进疫情防控和经济社会发展的决策部署，全面落实生态环境正面清单工作，精准有序推动企业复工复产，县生态环境局建立环境监督执法正面清单，确定正面清单企业39家。并通过创新“企业服务日”接待方式，由原企业预约上门咨询的方式创新为将服务“下移一公里”直接进入行业企业开展帮扶工作，实现服务“零距离”。2020年，县生态环境局共接待企业39家、接待人员57人、现场解答问题40个，及时的帮助企业疏解难题，受到各企业的高度评价，为推动企业绿色发展，助力企业高质量发展起到了良好的成效。坚持及时处理、及时回复的原则，认真开展影响社会稳定的污染纠纷的排查化解工作，抓好督查督办，切实做到群众投诉的“每一个问题”都有回音，查处的“每一个案件”都有结果，有效地维护了群众的切身利益，防止了群体性事件的发生。2020年，通过“12345”热线、上级转办、微信网络平台、来访共受理环境投诉137件，均已办结，办结率100%，未发生越级上访和群体性事件。除日常投诉举报、专项行动、事故调查等案件查处工作外，在日常环境监管执法中，全面落实环境执法“双随机一公开”制度，并按照信息公开要求将随机抽查情况向社会公开。生态环境综合执法局共检查一般排污单位32家、重点排污单位8家。2020年，在各类环保检查中累计出动执法人员近600余人次，检查企业300余家次，共计立案查处环境违法行为18件，累计行政处罚金额108万元。

【气象工作】

（一）概况

南城县气象局是国家气候基准站，全省仅有五个站，被中国气象局认定为“百年台站”。担负着24小时次气象资料观测、收集、交换（全球气候资料交换的站）和土壤墒情、太阳辐射、水汽含量、区域自动站和山洪自动站监测、发报任务；担负着地方政府的气象防灾减灾、决策气象服务、雷电灾害防护安全管理及人工影响天气等地方气象工作。

南城县气象局为正科级建制，内设 2 个管理机构（综合管理科、防灾减灾科）和 2 个直属事业单位（气象台、气象灾害防御中心）。

南城县气象局现有干部职工 20 人，在职 12 人，退休 7 人，外聘 1 人，全局党员 10 人（在职 7 人、退休 3 人），在职具有本科学历 11 人，高级工程师 1 人，工程师 3 人。

（二）气候特点

1. 总体气候特点

南城县属亚热带季风性湿润气候，气候温和，四季分明，雨量充沛，光照充足，无霜期长，主要特点是冬夏长，春秋短，冬季盛行西北风、气候寒冷干燥，夏季多偏东南风，春秋为南北气流交替过渡期。春夏之交多雷雨，夏秋之际经常干旱炎热。具有冬短、冬暖、春早、秋迟、夏季长、积温多、平均气温高、作物生长期长的特点，有利于农业的多种经营，多层次立体开发。适宜水稻、柑橘等喜温作物的栽培，也利于秋播作物的安全越冬。但由于太阳辐射等原因，每年仍有不同程度的旱、涝、风雹、高（低）温等灾害性天气出现，影响南城县的农业生产。同时由于地形、地貌的影响，光、温、水资源在时间和空间上分布不平衡，形成复杂的小区气候。

南城县年平均气温 17.9℃，极端最高气温 41.5℃（1953 年 8 月 1 日），极端最低气温 -10.9 ℃（1991 年 12 月 29 日）；年平均降雨量 1728.3 毫米，最多年降雨量 2866 毫米（2012 年），最少年降雨量 900.3 毫米（1963 年）；年平均水面蒸发量 1436.2 毫米，最多年蒸发量 1893.2 毫米（1963 年），最少年蒸发量 848.4 毫米（2015 年）；年平均日照 1697.9 小时，年最多日照 2284.3 小时（1963 年），年最少日照 1187.5 小时（1997 年）；年平均无霜日数 276 天，年最多无霜日数 337 天（1994 年），年最少无霜日数 239 天（1981 年）。因受季风影响，雨量分布不均匀，洪涝、干旱时有发生，降水的年际变幅很大。

2. 四季气候特点

（1）春季特点

以日平均气温稳定通过 10℃初日为入春，全县入春的平均时间是 3 月 3 日；以日平均气温稳定通过 22℃初日的前一日为春季结束，春季结束的平均时间是 5 月 15 日，春季持续时间平均 74 天。

春季气温显著回升，但因北方冷空气势力仍较强，冷暖交替，天气变幻无常。平均 5—7 天有一次冷空气南下，形成阴雨低温天气。从 10℃稳定升至 15℃平均要 28 天，从 15℃稳定升至 20℃平均要 27 天。

春季多过程性天气，雨量比冬季明显增多，主要的灾害性天气是低温阴雨和强对流。长期低温阴雨会造成烂种烂秧，对早稻等春播作物危害较大。

（2）夏季特点

以日平均气温稳定通过 22℃初日为入夏，全县入夏的平均时间是 5 月 16 日；以日平均气温稳定通过 22℃终日日期为夏季结束，夏季结束的平均时间是 10 月 3 日，夏季持续时间平均 140 天，是一年中最长的季节。

由于时间长，根据其气候特征，又可分为初夏和盛夏两个阶段。初夏，西南暖湿气流加强，与北方南下的冷空气在江南交绥，常产生大暴雨，易形成洪涝。由于雨水多，湿度大，通称为“梅雨”季节。盛夏，转受单一的太平洋副热带高压控制，天气晴热高温，干旱少雨，作物常受旱。当台风（外围）北上（西移）影响本地时，可造成较大降水，旱情得到缓和或解除。

（3）秋季特点

以日平均气温稳定通过 22℃终日的次日为入秋，全县入秋的平均时间是 10 月 4 日；以日平均气温稳定通过 10℃终日日期为秋季结束，秋季结束的平均时间是 12 月 1 日，秋季平均持续时间为 59 天。

秋季冷空气又开始南侵，天气日趋凉爽，气温开始下降。受大陆高压控制，多晴好天气，风和日丽，秋高气爽；但由于湿度小，雨水少，干旱继续维持。有些年份冷空气来得早，可影响二晚抽穗扬花，这种低温天气称为寒露风。

（4）冬季特点

以日平均气温稳定通过 10℃终日的次日为入冬，全县入冬的平均时间是 12 月 2 日；以下一年度日平均气温稳定通过 10℃初日的前一日为冬季结束，冬季结束的平均时间是 3 月 2 日，冬季平均持续时间 91 天，仅次于夏季。

受蒙古冷高压控制，盛行偏北风，气温低，湿度小，雨水少，多晴冷天气。经常有周期性冷空气南下，造成降温；当强冷空气南下时，可出现雨雪或冰（霜）冻等灾害性天气，对柑橘越冬及越冬作物生长有不利的影响，偶尔阻碍交通。

（三）主要气候要素

1. 降水

（1）降水的时空变化

南城县降水的年际变化很大，最多年降水量的2012年（2866.0毫米）与最少年降水量的1963年（900.3毫米），年降水相差1965.7毫米。降水量的季节分配极不均匀。春季降水占全年总降水量的40.8%，夏季降水占全年总降水量的34.0%，秋季降水占全年总降水量的12.0%，冬季降水全年总降水量的13.2%。一年中，各月的降水量差别也很大。多雨月份出现在3—7月，少雨月份出现在9月至次年1月。资料统计显示，1973年12月降水仅0.2毫米，1979年10月全月无雨。

（2）降水

南城县历年平均降水日数163天，最多降水日数的1970年为210天。最少降水日数的2004年为124天。历年平均大雨日数20天，最多大雨日数的2012年为36天。历年平均暴雨日数5天，最多暴雨日数的2012年为16天。历年最长连续降水过程日数为23天，出现在1973年6月1—23日；最长连续无降水日数51天，出现在1979年9月27日—11月16日。各月中，最多降水日数为28天，出现1973年5月和2017年6月。

（3）降雪与积雪

当冬季北方强冷空气南下过境时，使地表温度或近地层气温迅速下降，气温降至较低时，就可出现冰粒、雪等固态降水，当地表温度降至0℃左右，就容易出现积雪。

南城县历年平均降雪日数7天，最多降雪日数的1977年21天；历年平均积雪日数2天，最多积雪日数的1966年和1977年12天。最大积雪深度是2010年的16毫米。

2. 气温

（1）月平均气温

南城县3—11月月平均气温都高于10℃，其中5—9月月平均气温都高于20℃；12月到次年2月月平均气温为5℃—10℃；最热月份为7月，最冷月份为1月。

（2）月极端气温

冬季由于受北方强冷空气南下影响，极端最低气温都降至摄氏零度以下，夏秋期间，由于受西太平洋副热带高压控制，天气炎热，极端最高气温都在35℃以上。

3. 日照

南城县日照分布不均匀，一年中，7月日照时数最多，平均252.3小时，2月日照时数最少，平均75.8小时。

4. 风

南城县年平均风速3.1米/秒，年平均风速最大值3.6米/秒，出现在1969年和1974年，年平均风速最小值2.2米/秒，出现在2000年。年最大风速21米/秒，其风向为南西南风，出现在1974年4月6日。南城县大风天气不多，年平均大风日数5.1天，最多大风的1987年14天。各月大风日数。

5. 蒸发

南丰县年平均蒸发量1589.4毫米，最多年蒸发量的2003年1981.1毫米，最小年蒸发量的2002年1269.4毫米。7月蒸发量最大，1月蒸发量最小，各月蒸发量分布。

（四）2020年天气概况

南城县属亚热带湿润气候，终年气候温和，四季分明，雨量充沛，光照充足，无霜期长，其主要特点：冬夏季长，春秋季短。冬季盛行偏北风，气候寒冷干燥；夏季多偏南风，气候炎热多变。春、秋为南北气候交替过渡期，春、夏之交发梅雨，夏、秋之际多炎热。

2020年1到12月，平均气温19.3℃，较历年平均值偏高0.8℃。最高气温为37.9℃(9月2日),最低气温为-3.0℃(12月31日）。日最高气温35℃以上日数达到48天。总降水量为1978.0毫米，较历年平均值偏多158.0毫米，尤其是3月、7月、9月降水量都达到常年同期2倍以上，其中最大日降水量为193.1毫米(7月9日)，最大小时降水量为29.8毫米(7月9日)。最长连续降水出现在3月，共持续了12天，本次过程共降水190.8毫米。最大连续降水量为242.2毫米,(7月7至9日)。暴雨日数为7天，大雾天气10天。本年总日照时数为1538.8小时，较历年平均值偏少76.8小时。

【主要工作】

1. 负责本行政区域内气象事业发展规划的制定及气象工作的组织实施；对本行政区域内的气象活动进行指导、监督和行业管理。

2. 组织指导本行政区域内气象灾害防御工作；管理实施人工影响天气工作；组织指导乡镇（街道）气象工作站和气象协理员、信息员队伍建设。

3. 负责本行政区域内的气象监测、预报预警、公共服务管理工作；组织管理气象信息的发布和传播、突发公共事件预警信息发布。

4. 组织本行政区域内气候资源的综合调查、区划，指导气候资源开发利用和保护；组织开展气候可行性论证和气候灾害风险评估。

5. 负责组织本行政区域内的气象台站和气象设施的建设和维护管理；依法保护气象设施和探测环境。

6. 组织管理本行政区域内雷电灾害防御工作。负责本行政区域内重点单位、易燃易爆场所和旅游景点雷电灾害防护装置安全监管；负责管理本行政区域内的施放气球活动。

7. 组织开展有关气象法律法规的实施，对违反《中华人民共和国气象法》和《江西省气候资源保护和利用条例》等法律法规有关规定的行为依法进行处罚，承担有关行政审批和行政诉讼；组织宣传、普及气象科学知识。

8. 负责县级气象部门双重计划财务体制的落实工作；负责党的建设、反腐倡廉建设、精神文明和气象文化建设和精准扶贫工作。

9. 承担上级气象主管机构和本级人民政府交办的其他事项。

【特色工作】 应对气候异常、努力做好气象服务工作。

1. 体制机制建设

建立健全了“政府主导、部门联动、社会参与”的气象灾害防御机制，充分发挥各部门、各地区、各行业的作用，综合应用科技、行政、法律等手段，加强了气象灾害监测预警、预报服务、应对准备、应急处置工作。县政府成立了由分管副县长任指挥长的气象灾害防御指挥部，县气象局、发改委、财政局、公安局等20个部门单位负责人担任成员，在12个乡（镇）建立了由分管领导牵头的气象灾害领导小组，组建了气象协理员和气象信息员队伍，实现了150个行政村的全覆盖。

建立了“功能齐全、科学高效、覆盖城乡”的气象防灾减灾体系。气象灾害预警信息发布渠道进一步拓宽，建立了气象灾害预警信息全网发布机制，开通了预警信息发布绿色通道，与电视、广播、手机短信等形成了多渠道、广覆盖的气象预警信息发布网络。气象灾害风险管理水平进一步提高，出台了《南城县气象灾害防御应急联动工作方案》；完善了部门合作机制，有效推动公共气象服务、气象灾害应急管理、防雷安全管理、农业气象、交通气象、地质灾害防御、气象科普宣传等工作开展。

2. 气象灾害防御能力建设

综合气象观测体系初步建成。规划、建设全县气象观测站网，现有1个国家气象观测站、14个区域自动气象站、1个土壤水分观测站、1个GNSS/MET（全球导航卫星气象）观测站、1个移动气象站、1个生态综合观测站、1个农田小气候站、新增1个碘化银人影作业基地。同时应用国家组建的气象雷达观测网和卫星遥感等观测信息，明显提升了气象灾害监测能力。

现代公共气象服务体系建设取得突破。开展城镇精细化预报方法和灾害性天气预报技术研究，建立“气象预报业务平台”，制定和优化气象服务方案和制度，加强突发灾害性天气短时临近预报，开展森林火险气象等级预报，建成了17个气象预警电子显示屏和100套大喇叭。

气象防灾减灾能力明显增强。气象灾害监测和气象灾害精细化预报逐步向乡镇延伸，气象信息发布手段更加丰富，预警信息传播更加高效，麻源水库蓄水、农业抗旱等地人工增雨作业经济效益显著，雷电灾害防御管理进一步加强，气象信息发布机制更加完善，乡村覆盖“盲区”逐步减少，因气象灾害造成经济损失占全县生产总值的比例明显降低。

3. 2020年极端天气气候事件及防御措施

（1）暴雨：全年暴雨有7次。7月7—9日，受高空低槽、中低层切变线影响，全县出现了大到暴雨，局地大暴雨天气。气象局与国土、水利部门联合发布了山洪地质灾害预警和中小河流洪水预警。据县应急管理局统计，本次过程全县急紧转移安置97人，没有出动抢险救援力量，全县22450多人受灾，农作物受灾面积950公顷，成灾面积570公顷，绝收面积10公顷，直接经济损失达960多万元。较2019年16111万元的损失大幅度减少。

（2）高温：全年（≥35℃）天气日数48天，其中年度连续最长日数17天。

（3）干旱：全年4月和10月降水量较常年平均分别偏少57%和74%。受长时间晴热高温少雨天气影响，饮用水源地麻源水库蓄水不足，县委、县政府要求“抓住一切有利时机开展人工增雨作业，以缓解城乡居民供水紧张的问题”，为此县气象局积极部署，安排人员24小时值守班，密切关注天气变化，实施人工增雨作业。自7月1日至11月25日，南城县人影作业队在野外进行蹲守22次，共发射火箭弹35枚，点燃增雨烟条20根，对增加水库蓄水、缓解旱情、助力农业抗旱等起到积极作用，开展的人工增雨工作得到了政府主要领导的充分肯定。

（4）全年出现大雾10次，全年未出现霾天气，近年来南城县霾天气明显减少，说明政府生态环境保护工作和治理生态文明建设已取得明显成效。

4. 预警信息发布

气象灾害预警信息发布渠道进一步拓宽，建立了气象灾害预警信息全网发布机制，开通了预警信息发布绿色通道，与电视、广播、手机短信等形成了多渠道、广覆盖的气象预警信息发布网络。全年发布雷电预警122条、暴雨预警25条、大风预警9条、大雾预警11条、高温预警21条。

2020年，在政府的坚强领导下，在相关单位的大力支持下，南城县气象灾害防御工作取得了一定的成绩，下一步，气象局将认真贯彻落实习近平总书记关于防灾减灾救灾的重要指示精神，进一步做好气象灾害防御工作，为南城高质量发展做出贡献。

【主要领导名单】

党组书记、局长：

陈志平（2020.1至今）

教育·体育

综　述

2020年，南城县教育体育工作坚持以习近平新时代中国特色社会主义思想为指导，按照上级教育体育部门和县委县政府的工作部署要求，全面推动教育体育事业全面发展。4月，在2019年全省教育系统组织开展“我和我的祖国”主题读书活动被江西省教育厅评为优秀单位；6月，被江西省人民政府教育督导委员会评为2019年度县（市、区）党政领导干部履行教育职责督导评价优秀等次；8月，在“第三届全国中小学教师读写比赛”中荣获江西赛区优秀组织奖；11月，获得“中国体育彩票杯”江西省第六届全民健身运动会优秀组织奖；在江西省体育局、江西省教育厅、共青团江西省委共同举办的江西省第六届青少年“未来之星”阳光体育大会中，获得团体三等奖；11月，被抚州市人民政府评为2019年度抚州市教育体育工作考评综合优秀单位。

全县有各级各类学校196所（含民办），其中省重点高中1所、省重点完全中学1所、省示范性中等职业专业学校1所、完全中学1所、初级中学11所、九年一贯制学校3所、十二年一贯制民办学校1所、各类小学100所、特殊教育学校1所，幼儿园74所，其中公办幼儿园51所（城区公办幼儿园2所，乡镇公办中心幼儿园12所，农村小学公办附属幼儿园37所），民办幼儿园23所,还有教师进修学校1所、抚州建昌科技学校1所。全县各级各类学校在校学生60856人，其中普通高中学生7040人，职业中专学生862人，初中学生16371人，小学学生27040人，特殊教育学校学生51人，在园幼儿9492人。全县中小学校教职工3428名，其中初、高中1885名，中职学校67名，小学1468名，特殊教育学校8名。

【县教体局主要领导名单】

党委书记：

王水平（2013.5至今）

局长：

王水平（2016.12至今）

学前教育

【概况】 全县适龄幼儿总数10743人，现有公、民办幼儿园60所，在园幼儿9492人，学前三年毛入园率为88.36%。其中公办幼儿园39所，在园幼儿5456人，占全县在园幼儿总数的57.48%；普惠性民办幼儿园10所，在园幼儿2663人，占全县在园幼儿总数的28.06%；非普惠性民办幼儿园11所，在园幼儿1373人，占全县在园幼儿总数的14.46%。

近年来，南城县委、县政府高度重视学前教育，坚持以满足人民群众对优质学前教育资源需求为目标，确定了“以公办为主、公民办并举”的学前教育发展方向，不断加快公办幼儿园建设进程，加大城镇小区配套幼儿园和无证幼儿园专项治理工作力度，学前教育公共服务体系不断完善，人民群众满意度不断提升。2020年，投入近1亿元，在城区同时启动了城西幼儿园、东方红幼儿园、骆坪幼儿园、秋水园幼儿园4个公办幼儿园新建、改建项目。认定了普惠性民办幼儿园10所，按每生每年200元的标准拨付了普惠性民办幼儿园生均补助，将普惠性民办幼儿园教师纳入全县幼儿教师培训计划。面向社会公开招聘了66名编制外合同制幼儿教师，保证合同制幼儿园教师与在编在岗公办教师同等待遇。

【县幼儿园】 南城县幼儿园位于南城县建昌镇建国路104号，创建于1950年，是一所公办省级示范园。学校占地面积10.5亩，建筑面积4600平方米，绿化面积1000平方米。现有幼儿850多名，教职工92位。户外场地草木葱茏、游乐设施齐全，好景纷呈，为幼儿提供了自由嬉戏的游戏场所和怡情冶性、温馨和谐、流连忘返的精神家园。建构室、科探室、美劳室等大型功能室和班级图书吧，角色、建构、益智、表演、美工创意等活动区域极大满足了幼儿身心愉悦和个性发展要求。

南城县幼儿园坚持"呵护、启智、筑梦"的办园宗旨及"满足童心、探寻童趣、分享童乐"的办园理念，不断细化"玩中学，学中乐，乐中长"的办园特色，创建了"体育健身，悦读启智"的"和乐"园本特色课程。秉持"育人德之崇，真切爱为先"的园所文化（爱的管理文化、勤的教师文化、精的课程文化、新的教研文化），培养爱运动、好探究、乐阅读、喜分享、会创造、能合作、讲文明、亲自然的幼儿和乐学、乐思、乐为的教师。

【盱江幼儿园】 盱江幼儿园坐落于南城县建昌镇盱江南大道滨水公园旁，创建于2012年，占地面积20亩，建筑面积12735平方米，绿化面积6000平方米，拥有近900名幼儿，教职工130余人。

盱江幼儿园是一所管理服务一流、设施设备先进、保教质量高的省级示范幼儿园。室内外环境宽敞，硬件设施一流。园内外绿树掩映、花草葱郁、旖旎优雅、童趣盎然。园内设有开放式幼儿绘本馆、创意美劳室、科学探索室、建构室、多功能厅、户外生态游戏区、户外建构区，安装了红外线监控系统，配备了丰富的区角玩具，打造了园林式的绿色环境。

学校秉持"把最宝贵的东西给予儿童"的办园宗旨，以培养"健体健心、自理自信、动手动脑、全面发展"的儿童为育人目标，将"亲"文化有机融入幼儿课程中，促进幼儿富有个性的发展。学校开展快乐足球特色体育活动，从足球游戏入手，营造活泼生动、轻松愉悦的环境，帮助孩子强身健体，锻炼意志，培养团队协作精神，在幼儿幼小的心灵中种下一颗喜欢足球、热爱足球的种子。

盱江幼儿园在全园教职工的共同努力下，先后被评为"省示范幼儿园""全国足球特色幼儿园""全国五四红旗团支部""先进基层党组织""省校园文化特色学校""省语言文字规范化示范校""省平安校园""市一级一类幼儿园""市文明单位"等荣誉称号。

义务教育

【概况】 2020年，南城县有各类小学100所、初级中学11所、九年一贯制3所、特殊教育学校1所。小学生27040人、初中学生16371人、特殊教育学校学生51人。至2020年，全县义务教育适龄儿童入学率为100%。

2020年在巩固基本均衡成果的基础上，以优质均衡为目标，不断提升城乡公共教育服务水平，全面提升城乡学校办学条件和教育质量。大力实施了校园文化建设、集团化办学、示范性学校创建、家长学校建设、教育信息化建设、教师队伍建设、书香校园建设、德育建设年等"一年一主题"活动，推进学校办学特色和内涵发展，为全面实施教育优质均衡发展奠定了基础。

【泰伯学校】 南城县泰伯学校坐落于建昌镇城区东北育英路9号，是南城县城区第一所九年一贯制公立学校，2019年9月1日正式投入使用。因南城先贤——北宋著名的教育家、思想家、哲学家李觏先生（字泰伯）而得名。

学校环境典雅大气、办学条件优越、各项配套设施完备。建有教学楼、实验楼、综合楼、学术报告大厅、食堂、塑胶运动场、室内篮球场，设有图书室、阅览室、计算机室、理化生实验室、美术室、书法室、音乐舞蹈室等，并配套建成校园计算机网络、视频监控、多媒体教学等智能化系统。学校现有高级教师13人，一级教师60人，教师本科以上学历达到100%。

办学两年来，学校秉承"立人以善，成善以教"的办学理念，倾力打造“崇善校园、至善管理、美善教师、智善课堂、真善德育”的立善教育文化，开设有梦想中心、创客教育中心、李觏善文化中心等丰富多彩、与众不同的多元课程。创客教育课程自开设以来，深受各级领导关心与重视，成果斐然，在省、市、县等各级活动赛事中获得诸多奖项，现已被确立为学校“一校一品”特色创建项目。

学校现开设了足球、篮球、乒乓球、啦啦操、空竹等各类体育社团，举办了泰伯学校第一届足球、篮球、乒乓球赛。啦啦操表演获得市级二等奖。学校开设了书法、竹笛、架子鼓、舞蹈、茶艺等艺术社团。学校的书法教育基地得到省、市书法协会的充分肯定，迎接各地来访嘉宾数百人次。学校2020年9月荣获市先进集体称号。

【实验小学】 南城县实验小学是一所有着85年办学历史且现代化气息浓厚的县属示范性全日制完全小学。学校占地面积1.2万平方米，建筑面积9500平方米。学校现代化教学设施齐全，多媒体演播室、教师电子备课室、学生计算机教室、语音室、仪器室、实验室、阅览室、音乐厅、练功房、音体美器材室等功能教室一应俱全。学校现有62个班，3345名学生，教职工180人，45岁以下教师占60%，专科以上学历达96%，中小学高级教师5人，拥有中小学一级以上职称达70%以上，省、市、县级学科带头人、骨干教师、教坛新秀54人，其中省级骨干教师4人，市学科带头人2人，市级骨干教师2人，教师获全国、省、市先进个人荣誉40余人次。

学校积淀了“德育为首，育人为本”的办学宗旨和“以科研为先导，以特色促发展”的办学理念。2009年，学校旗帜鲜明地提出了“和美教育”的办学构想，学校把和美教育作为素质教育的突破口，大力构建“和美校园文化”，狠抓“和美教育”内涵建设，和谐施教，以美育人，以“和美共进，励行启智”的教育思想引领学校工作，赢得了家长和社会广泛赞誉。如今学校已发展成为具有鲜明办学特色、“和美教育”研究氛围浓厚的省市名校。

学校以党建工作带动全校德育整体工作，大力开展“红色、绿色、古色”三色文化主题教育活动，通过开展诵读红色家书、讲红色故事、红色文化读书答题活动，推进红色基因传承，坚定理想信念；通过“光盘行动”“电动车去篷（伞）行动”倡议，开展环保小卫士活动，渗透绿色文化教育，党员带头积极保护和建设绿色家园，倡导绿色消费，引领师生主动践行健康、文明、环保的生活方式；通过追寻古迹遗风，引导学生认知优秀传统文化，开展古色文化教育，发扬优秀传统美德，培育和践行社会主义核心价值观，引导广大少先队员树立和传承共产主义理想信念。把党建与“和美”教育融合起来，开展“党建+和馨教师关怀”“党建+和美少年帮扶”“党建+党员名师工程”“党建+和洽管理”等活动。

学校坚持五育并举、和谐发展的优质均衡之路。学校利用课后延时服务设立了篮球队、足球队、合唱团、书法、绘画等兴趣小组，让学生在运动中增强体魄，促进身心健康；在艺术中体感审美情趣，陶冶高尚情操。

学校建有“无土栽培劳动教育实践基地”。现有4处特色基地：电教大楼四楼室内无土栽培实验园、室外葡萄藤种植廊、楼顶露天无土栽培劳动教育体验园和建筑物外墙壁挂式种植劳动教育基地。由各班班主任与学校聘请的校外劳动技师辅导员指导学生从选种、培土、播种、护苗、除草、灭虫、浇水、收成等为主要教育内容，开展劳动实践体验教育。

【第一小学】 南城县第一小学创办于2010年9月，坐落在登高山脚下。学校占地面积25亩，建筑面积10000余平方米。现有学生2519名，教职工124名。

学校坚持“快乐学习，健康成长，全面发展”的办学理念，秉承“择善而行，登高致远”的校训。在专家引领下，贯彻“教育本真”的教育哲学，依托“儿童立场”的教育思想，积极探索“童”文化引领下的“童味”教育办学模式。依据“教育充满童味，童年温暖一生”的“童味”教育宗旨，围绕“童心”教师、“童真”学生、“童话”校园、“童趣”活动、“童乐”课堂、“童谣”课程、“童馨”评价等内容深入探究，旨在培育学生具备“本真、阳光、快乐、成长”的健康人格，彰显“众手浇花，润心同行”的办学指导思想及教育魅力。

学校注重三级课程建设。利用全国品质课程联盟校、上海友好学校“手拉手”、四县五校联片教研、县内教育集团、青蓝工程等方式注重课程建设，落实部颁课程、开发地方课程、研发校本课程，探究教育教学方面内容，促进教师专业成长，提高课堂教学效益，提升教育教学质量，促进学生全面发展。

学校注重提升学生核心素养。坚持立德树人，以德为先，学校结合实际精心打造了“红色+”思政特色课程。落实体育和美育课程，创设了“篮球+”体育特色课程，以中华传统体育项目为主，推动学生掌握1—2项运动技能。创设了“艺术+”美育特色课程，把剪纸、戏曲、脸谱、皮影等传统文化艺术融入美育中，促进学生掌握1至2项艺术特长，培养学生审美情趣，陶冶学生艺术情操，促进学生人人都能掌握传统艺术技能。采用学生自主选课、教师走班授课的形式，开设了校级精品课程、年级特色课程、班级文化课程共三级“童乐自主”课程，促进学生个性化成长。开展了“四季四节”活动，即春季童话读书节、夏季童乐艺术节、秋季童趣体育节、冬季童馨感恩节，搭建学生自我展示平台，评价学生综合素养。

学校办学质量显著，被教育部授予中国教师发展基金会校本建设项目全国重点实验学校和重点实验基地，先后获得了国家级“语言文字规范化示范校”、省级“校园文化特色学校”“文明校园”“平安校园示范校”“先进女职工组织”、市级“示范性普通中小学”“教育系统先进集体”“师德师风示范学校”、县级“素质教育工作示范校”“特色学校创建工作先进单位”“学校管理综合考评一等奖”等80多项荣誉。

【第二小学】 南城县第二小学始建于2014年，2016年9月正式启用，是一所充满生机与活力的新学校。校园占地面积50亩，建筑面积18860平方米。2021年春季学期，学校克服重重困难，全面开展化解大班额工作，现开办96个教学班，教职工220名，学生4797人。

学校师资力量雄厚，教学设施齐全，校园环境优美，文化氛围浓厚。校园内建有一个200米环形塑胶运动场和足球场、篮球场，每个教室装备了多媒体教学一体机。音乐教室、器乐室、舞蹈室、美术教室、书法教室、计算机教室、多媒体教室、录播室、科学实验室、多功能报告厅、图书阅览室、少先队活动室、留守儿童之家、心理咨询室等专用教室一应俱全。

学校秉承“守正向善，和而不同”的校训，坚持“众手浇花，润心同行，既教知识，更育心灵”办学理念，推进五育并举，全面育人，紧紧围绕厚德校园、书香校园、学术校园、多彩校园、和谐校园建设目标，通过学科育人、课程育人、爱心育人、活动育人、家校协同育人等多项措施，落实立德树人根本任务，促进教师专业成长。学校通过文化立校，大力打造办学特色；通过环境建设，营造育人氛围；通过开放办学，实现优势互补。学校与北京华樾教育联手，开展“语文主题学习实验”；与上海真爱梦想中心携手，开展梦想课程建设；与上海市实验小学及丰城、安福、余江、莲塘几个市县的学校牵手结为友好学校；与南丰县桔都小学、广昌县第二小学、金溪县锦绣小学、南城县第一小学定期开展“四县五校”联片教研活动；与东方红小学、上唐小学、严和学校组成集团校。在学校管理、课程建设、教学改革、师生发展、校园文化等方面开展多层次、全方位的交流与研讨活动。

学校以“关注儿童，关注生活，关注科学”为理念，构建了基础学科课程、学科整合课程、年级特色课程、节庆文化课程、微笑社团课程五大课程体系，用书香润泽学生心灵，用艺术陶冶学生情操，用体育强健学生体魄，用科技聪慧学生大脑，培养学生“言行友善、心智聪慧、乐观向上、兴趣广泛”的阳光品质。学校以“师德先行、课改主导、专业发展、素质提升”为校本培训目标，打造“学科带头人—骨干教师—青年教师”专业成长梯队；坚持以课题为引领，以问题为驱动，以课堂观察为方法，以课例研究为形式，开展专题性、系列化校本研训活动；通过名师引领、青蓝工程、素养大赛、梦想课程、语文主题学习实验等主要形式以赛促研，以研促教，提高课堂教学效率，着力打造情境生动、思维灵动、高效互动的活力课堂，努力培养师德优良、业务精湛、勇于创新的教师队伍。

学校自开办以来，办学特色日益显现，先后获得了江西省绿色学校、教育部青少年足球特色学校、全国国防教育特色学校、“中国好老师”公益行动计划基地校、江西省第三批制度化家校合作试点学校、江西省教育系统关心下一代工作先进集体、江西省少先队工作示范学校、江西省创建文明校园先进单位、亚运足球梦想学校、抚州市首届及第二届文明校园、抚州市教体系统先进集体、南城县书香校园等诸多荣誉。

【建昌小学】 南城县建昌小学占地面积37亩，建有教学楼、艺术楼、综合楼、图书馆、足球场、田径场、篮球场；各种功能教室、实验室、报告厅，设施、设备均达国家标准。有在职在编教师146人，其中，高级职称5人，中级职称35人。拥有国家优秀实验教师1人、省学科带头人2人、省骨干教师2人、市优秀教师5人、县级优秀教师34人、县级骨干教师32人、县级教坛新秀5人、书香教师7人。学生总人数3255人，有教学班68个。

学校全面贯彻党的教育方针，落实立德树人的根本任务。践行“梦想在这里快乐远航”的办学理念；坚持以“让每一个孩子幸福的成长”为办学宗旨；秉承“建新承前 昌善益学”的校训，弘扬“让学习成为一种好习惯”的优良校风。全面实施素质教育，大力推进教育创新，倡导环境育人，构筑“和谐、和乐”的平安校园，培育“勤学、善学、乐学”的新时代学生，成就“敬业、爱生、奉献、进取”的创新型教师。

学校坚持“五育并举”，打造“一校一品”“一校多品”体育项目，深入贯彻校园体育运动的开展，落实“每天一小时体育锻炼”，丰富学生校园文化生活，强健学生体魄，培养学生的健康意识、锻炼习惯，加强学校校园足球特色项目建设。开展了足球社团和武术社团。学校成立了校合唱、鼓号队社团；定期举办师生书画展遴选师生优秀作品进行全校性展示，学校开辟了种植园，组织学生利用实践课开展丰富的劳动实践活动。

【盱江小学】 南城盱江小学是江西省历史悠久，规模较大的一所小学。其前身盱江书院，后因系考试秀才的地方，所以又称之为“考棚小学”。民国6年（1917年）考棚小学定为南城县高等小学。后又改名为县立第一小学、盱南镇中心国民小学。解放后改名为南城县第一完全小学、胜利路小学，1962年改名为盱江小学，列为当时全省24所重点小学之一。

学校现占地面积1.57万平方米，校舍总建筑面积7400余平方米。现有54个教学班，学生2700余人，教师118人，其中本科学历31人、专科学历85人，已聘中小学高级职称7人、中小学一级职称102人，省特级教师1人，省教育学会成员5人，省学科带头人、省骨干教师7人，市、县学科带头人11人。

学校本着“同真同趣，创新创梦”的办学理念，着力打造了以“社会主义核心价值观、文明礼仪”为主题的宣传栏，以“科普知识”为主题的科技文化长廊、以“名人名言、国学知识、科普教育”为主的博学楼、以“科技创新、电脑制作、电脑机器人、学生书画、剪纸”为主题的科技楼、以“党建文化”为主题的综合楼，共同构成了完整的校园文化；各具风格的教室布置，营造良好的班级文化环境，将现代文化气息与传统文化底蕴有机渗透，使学生受到潜移默化的熏陶。

一直以来，科技教育活动是学校的一大亮点。学校加强校本教研，开发了针对性较强的校本教材《科技与生活》。近年来，科技兴趣小组继续开展了《生活垃圾的节能减排实验》《叶脉画绘制颜料附着层的实验研究》《奇妙的水变化》等丰富多彩的科学探究活动，其中《奇妙的水变化》拍摄成纪录片，参加了第十一届全国青少年科学影像节活动江西省选拔赛。科技小组的师生们还在学校劳动实践基地种起了航茄、航椒、太空架豆、太空玉米等。在一系列的科技活动体验中，提高了学生的创新意识，培养了学生动脑动手的能力。

【东方红小学】 南城县东方红

小学地处美丽的盱江河畔，灵秀的从姑山下。学校始建于1937年，1950年由县人民政府定名为“南城县第二完全小学”，1956年改名为“仰山巷小学”，1962年更名“自强路小学”，“文化大革命”初期定名为“南城县东方红小学”，校名沿用至今。学校现有8个教学班，339名学生，29名专任教师，其中高级教师1人，中级教师21人，大学本科学历6人，专科学历20人，骨干教师14人。

学校占地面积4150平方米，校舍建筑面积2356平方米，学校不大，但设备齐全。在各级领导的关心支持下，学校办学条件日渐完善，各功能室齐全，新建了塑胶跑道、硅PU篮球场、羽毛球场、运动器械运动场等。

学校始终坚持“德育为首、以人为本”的办学思想，将“培养人、发展人、完善人”作为学校教育工作的根本，把学生的养成教育贯彻学校工作的始终。开展经典诵读、演讲比赛、国旗下系列教育活动、主题班会等，寓德育教育于各项活动之中。浓浓书香充满校园，文明礼仪在学生中蔚然成风。

学校倾力打造“赏识教育”的办学特色，提出了“赏识育人，和谐共生”的办学理念。通过打造赏识文化，探索赏识管理等途径，力求让每一名学子感受自信，让每一位教师获得机会，让每一间教室充满温馨，让每一种潜能得到挖掘，从而用赏识的力量丰富学校内涵，提升学校品位。

高中教育

【概况】 南城县现有省重点高中1所，完全中学2所，十二年一贯制民办学校1所，在校生7309人。2020年，南城县着力扩优资源提质高中教育，完成了南城一中迁建工程，扩大了高中阶段教育资源供给，高中阶段大班额得到了较大化解。积极探索特色发展新模式，坚持走多样化特色化发展之路。普及使用高中学生综合素质评价系统，主动对接新高考改革，确保高考成绩在全市优势地位。全县高中阶段毛入学率92.3%。

【南城一中】 南城一中是一所拥有百年历史、社会信誉优良、办学效益卓著的省级优秀重点中学。学校始建于1902年，1980年被列为江西省重点中学，1996年被评为江西省优秀重点中学。

学校新校园于2020年8月8日正式启用。校园占地面积208亩，建筑面积7.4万平方米。现有83个教学班，在校学生4580人，专任教师256人。学校把“人民满意”作为学校工作的出发点和落脚点，以“凝华聚德、志存高远”为校训，致力于培养学生学会认知、学会做事、学会共处、学会做人、学会生存。创建了“‘三旗’教育、‘四育’工程”德育模式，其中“爱国主义教育的营养晚餐”入选中宣部和原国家教委编写的《爱国主义教育一百例》。

学校立足“有教无类、因材施教”的教育哲学，实施“五育”并举，探索学生综合素质评价，架设健康成长立交桥，促进学生德智体美劳全面发展。学校强化责任意识，坚持把师德师风作为第一标准，注重师德，培植师能。通过舆论引导和评先评优等手段，采取“制度管理+情感温暖”的方式，对教师进行全方位人文关怀。积极实施课程改革，将新课程理念融入实际教学中。学校加强备课组建设，对所有教师进行全面彻底的教学常规检查；以“课堂”为着眼点，倡导有效课堂、高效训练，开展“课堂开放周”活动，实行推门听课等形式多样的教研活动；突出教师教育教学实绩。学校大力倡导校本教研立项，承担了“九五”至“十三五”期间6个“重点课题”的研究并结题，申报立项的在研“十四五”国家重点课题业已通过中期评估。

学校坚持全面实施素质教育，为国家培养了一大批合格的劳动者、建设者、管理者和领导者。首届（五七届）高中毕业生、中国工程院院士邱定蕃，被授予国家“有突出贡献的中青年专家”称号。恢复高考以来，学校已向全国高校输送合格学生1万多人。近几年学校一本、二本上线率均居全省前列。学科竞赛屡创历史最佳纪录，40余人次获省级以上学科竞赛奖，其中数学奥赛中胡俊伟获全市第一、全省第五、冬令营银牌。

【南城二中】 南城二中创办于1970年，是一所完中，是一所省重点中学。学校占地面积108亩，全校有学生5937人，其中高中生2225人，初中生3712人，教职工319人。学校以“立人以善、成善以教”为校训。2020年10月2日举办了建校50周年庆典。

近几年，学校尽心打造“立善”为主题的校园文化，构建了六位一体的“善文化人”育人机制。确立了“立人以善、成善以教”的八个字校训，精心打造“尚善”主题的校园文化，引导学生“存善心、说善言、行善举、当善人”，在校园营造“传善德、扬善风、树善形、彰善道”的尚善氛围。学校形成了“五带头、五联系”的特色党建活动。“五带头”，即党员干部带头学习、带头抓好线口工作、带头指导好年级蹲点工作、带头搞好学科教学工作、带头廉洁从教；“五联系”，即党员教师每人联系一个班级、指导一个学科、带优一个学优生、资助一个贫困生、转化一个学困生。此项特色党建在2017年被抚州市教体局党委列为全市中小学党建示范点，《中国教育报》《人民教育》《江西日报》《抚州日报》先后进行了报道。

学校探索了一条具备二中特色的校本德育架构和育人模式：初一年级以“爱国爱校、善学善思”为重点；初二年级以“文明守纪、善思善行”为重点；初三年级以“感恩明志、善作善成”为重点；高一年级以“修身懂礼、文明守规”为重点；高二年级以“登高明孝、崇德尚礼”为重点；高三年级以“感恩父母、明志致远”为重点。学校成立的南城二中“火炬学雷锋小组”，40余年帮助南城县敬老院孤寡老人，爱心接力绵绵延续，被评为省、市、县“学雷锋先进集体”，省、市多家媒体多次报道。学校成立的“盱笛文学社”，先后被评为“全国优秀中学生文学社百家”“全国优秀校园文学社”。近几年学校先后获得“全国足球特色学校”“全国篮球特色学校”“江西省师德师风示范学校”“江西文明校园建设先进校”“江西省安全文明校园建设成果一等奖”“江西省先进团支部”“抚州市文明校园”“抚州市学雷锋示范点”“抚州市优秀少先队集体”等荣誉。

【实验中学】 南城县实验中学是一所主办初中教育、兼办艺术高中的新型完全中学。校园占地面积102亩，在岗员工317人，学生总人数5600余人。学校育人环境秀丽，教学设施齐全，文化底蕴深厚，办学效果显著。

学校坚持党建引领、民主决策、人文治理，既做好书记接访、亲情帮扶“五困生”、争创党员先锋岗等党建工作，又通过校务公开、金点子大赛、办学建言献策会、“新年，我们给校长写封信”等形式，激发全校师生的主人翁责任感和归属感。

学校以社会主义核心价值观为核心，以培情感、养习惯、重安全为抓手，创新实施德育“四自”——“清晰的自知”“温情的自觉”“主动的自立”“深刻的自信”机制；“联手三方、共织关爱网”，系统开展“五老”报告团进校园、社会爱心助学、“家长赠压岁言”、特色家长会、家长才艺课堂等活动；“用最初的心，做永远的事”，常年举办包含谷雨诗会、幸福教育、新生入学第一课、生活技能大赛等内容的“春之华、夏之炫、秋之实、冬之韵”特色活动，构建与时俱进、独具特色的德育新体系。

学校通过营造绿色生态课堂、推进现代教育技术手段、新老教师师徒结对、教学开放周、校本课程及教材开发、与上海名校结为友好学校等举措，既锻造了学生整体与个性协同发展，又确保了教学质量节节攀升。

学校发挥文化圣地的效应，用“一班一品”建“书香班级”促特色班级文化建设；用楼道、读书廊、英语角、文化墙、运动场等每一个角落传递成长正能量；用广播站、电视台和校刊校报等载体打造文化品牌。

民办教育和特殊教育

【概况】 南城县民办教育主要有1所十二年一贯制民办学校及21所民办幼儿园，其中普惠性民办幼儿园10所，在园幼儿2663人，占全县在园幼儿总数的28.06%；非普惠性民办幼儿园11所，在园幼儿1373人，占全县在园幼儿总数的14.46%。印发了《南城县义务教育学校招生入学规范办学的暂行规定》的通知，规定了民办学校招生与公办学校同步，学区内适龄儿童少年可自愿选择本学区的公办或民办学校入学。至2020年年底黄冈春华学校共有学生917人。南城县特殊教育学校创建于1993年，是一所九年制一贯制特殊教育学校，现有教职工7人，在校学生51人。

【南城黄冈春华学校】 南城黄冈春华学校是于2014年经抚州教育行政部门正式批准成立的一所从小学到高中全封闭式管理的全日制全寄宿制普通教育民办学校。

学校占地180余亩，环境优美，书香气息浓郁，人文底蕴厚重。校园内绿树摇曳，花开四季，恬静中蕴藏苍毅，安谧中包裹生机。有凤栗翠竹，凉亭池沼，林间喜鹊鸣翠，池内游鱼戏水，国际化标准运动场点缀其中，朗朗书声响彻园内，教室多媒体全覆盖，图书馆、舞蹈室、音乐室、美术室等全天候使用。

学校秉承"勤奋博学、励志拼搏、开拓创新"的办学理念，践行"博学自强、立德树人"的校训，坚持"严爱相伴、因材施教、全员育人"的服务理念，以把学生培养成"明理诚信、坚毅勤奋、德才兼备"的新时代优秀人才为奋斗目标，多年以来，取得了辉煌的办学成果。

学校积极探索教育教学新模式，依据学生的兴趣爱好，激发所有学生的内在潜能，让每位学生都斗志昂扬，树立远大志向，粗铁变精钢，精钢成栋梁，成功实现了"低进高出、高进优出"的办学目标。

学校实行全封闭式、准军事化管理。形成了一套以量化考核为抓手，严格制度与人文情怀并济，科学高效的德育管理机制。强化立志、孝亲、尊师、长善、助人、救失、慎独、守法教育。学校领导和行政值班人员、军事化教官24小时无缝对接，生活老师、班主任、军事化教官全天候全程陪伴。严细的管理，优良的校风，为学生未来高质量可持续发展打下坚实基础。

学校把学生管理教育与校园文化建设相结合，通过开展儒雅教育，艺体节、朗诵比赛、主题文艺等活动使精华思想潜移默化地影响学生的为人处世，打造人人崇礼尚德、处处彬彬有礼的儒雅校园。文学社、书法社、英语角、棋艺社、舞蹈社、音乐社、园艺社、篮球社、足球社、羽毛球社、太极拳社、排球社、乒乓球社等13个学生社团活力四射。

经过几年的努力，学校各项工作在稳步发展，在生源质量不好的情况下，学校在2020年中考、高考中均取得优异成绩，得到了上级部门、社会、家长的广泛认同和一致好评。学校先后被评为"中国民办教育先进学校""中国书法实验学校"。

【南城特殊教育学校】 南城县特殊教育学校创办于1993年9月，新建于2010年9月，坐落于南城县建昌镇北京花园东侧，系一所公办九年制义务教育学校，承担着全县适龄残疾儿童少年的康复、教育任务。现有在校生51名，教职工7人。

学校是以培智为主的学校，培智领域面向的主要是智力发育残疾的孩子，而个别化教育是培智学校新课程改革的核心，是特殊教育现代化的标志。要求全体教师因材施教，不但要备学生而且备教材教法、实现教学技能多样化，分层教学提高教学质量。

学校大力弘扬爱岗敬业、爱生如子的奉献精神，以师德师风示范学校创建为抓手，打造一支师德优良的教师队伍。教学生洗衣晒被子屡见不鲜，教学生煮面条、煮鸡蛋等，已成为学习的日常课程。

学校全力推进特殊教育的素质教育。培养残障孩子的一技之长，为学生步入社会就业打下基础。大力实施课程改革，日常培智班在开设唱游与律动、运动与保健、绘画与手工的基础上，学校2020年另增加了剪纸、插花等艺术活动，主要训练学生手、眼、脑的协调配合，促进残疾儿童的康复与协调自理能力。下学期打算增设武术课程进校园，促使学生强身健体。

学校成立了送教上门工作领导小组，成立特教送教上门服务队，由全校教师组成，明确职责，以"新理念、善管理、求合作、讲实效"为目标，以"职责分工，思想统一；任务分工，目标统一"为具体要求，用心做好送教工作。

学校建设

表 19　2020 年上级安排学校建设和采购资金明细

项目类别	学校名称	专项资金（万元）				
		小计	中央	省	市	县
合计		20519.2	4436.2	16083	0	0
赣财教指〔2019〕53 号——提前下达 2020 年改善普通高中办学条件中央补助资金预算的通知	小计	288	288	0	0	0
	南城一中	288	288	—	—	—
赣财教指〔2019〕38 号——关于下达 2019 年省级基础教育专项资金（第二批）的通知	小计	562	0	562	0	
	南城县东方红幼儿园	562		562	—	—
赣财教指〔2019〕25 号——关于下达 2019 年省级基础教育专项资金（第一批）的通知	小计	472	0	472	0	0
	南城一小	187	—	187	—	—
	南城二小	75	—	75	—	—
	南城县东方红小学	210	—	210	—	—
赣财教指〔2019〕44 号——关于下达 2019 年义务教育薄弱环节改善与能力提升补助资金的通知	小计	1720	1720	0	0	0
	南城县万坊镇中心小学	115	115	—	—	—
	南城县上唐镇初级中学	10	10	—	—	—
	南城县万坊镇初级中学	10	10	—	—	—
	南城县里塔镇初级中学	80.87	80.87	—	—	—
	南城县龙湖镇初级中学	5	5	—	—	—
	南城县龙湖镇严和学校	5	5	—	—	—
	南城县盱江小学	15	15	—	—	—
	南城县万坊镇中心小学	3	3	—	—	—
	南城县实验小学	20	20	—	—	—
	南城县上唐镇中心小学	15	15	—	—	—
	南城县龙湖镇中心小学	15	15	—	—	—
	南城县第一小学	20	20	—	—	—
	南城县新丰街镇初级中学	21	21	—	—	—
	南城县上唐镇初级中学	4	4	—	—	—
	南城县万坊镇初级中学	37	37	—	—	—
	南城县里塔镇初级中学	30	30	—	—	—
	南城县龙湖镇初级中学	4	4	—	—	—
	南城县龙湖镇严和学校	10	10	—	—	—
	南城县第二中学	50	50	—	—	—

续表 19

项目类别	学校名称	专项资金（万元）				
		小计	中央	省	市	县
赣财教指〔2019〕44 号——关于下达 2019 年义务教育薄弱环节改善与能力提升补助资金的通知	南城县实验中学	61	61	—	—	—
	南城县东方红小学	173.6	173.6	—	—	—
	南城县盱江小学	68.5	68.5	—	—	—
	南城县万坊镇中心小学	60.98	60.98	—	—	—
	南城县实验小学	46.76	46.76	—	—	—
	南城县上唐镇中心小学	97.86	97.86	—	—	—
	南城县龙湖镇中心小学	58.97	58.97	—	—	—
	南城县第一小学	150.3	150.3	—	—	—
	南城县第二小学	90.4	90.4	—	—	—
	南城县新丰街镇初级中学	19.17	19.17	—	—	—
	南城县上唐镇初级中学	42.05	42.05	—	—	—
	南城县万坊镇初级中学	34.57	34.57	—	—	—
	南城县里塔镇初级中学	19.35	19.35	—	—	—
	南城县龙湖镇初级中学	15.54	15.54	—	—	—
	南城县龙湖镇严和学校	20.19	20.19	—	—	—
	南城县泰伯学校	26.3	26.3	—	—	—
	南城县第二中学	190.4	190.4	—	—	—
	南城县实验中学	74.19	74.19	—	—	—
赣财建指〔2020〕19 号——关于下达 2020 年教育现代化推进工程第一批中央基建投资预算（拨款）的通知	小计	210	210	0	0	0
	株良镇路东小学	52	—	—	—	52
	株良镇路东小学	210	210	—	—	—
赣财教指〔2019〕63 号——江西省财政厅关于提前下达 2020 年城乡义务教育补助经费预算的通知	小计	539	539	0	0	0
	南城县东方红小学	534	534	—	—	—
	株良二中	5	5	—	—	—
赣财债〔2020〕42 号——关于再提前下达部分 2020 年地方政府专项债务新增限额的通知（职高 7500 万元，东幼儿园 2000 万元，城西幼儿园 2500 万元）	小计	12000	0	12000	0	0
	南城县职业中等专业学校	7500	—	7500	—	—
	南城县东方红幼儿园	2000	—	2000	—	—
	城西幼儿园	2500	—	2500	—	—
赣财教指〔2019〕51 号——江西省财政厅关于提前下达 2020 年中央财政支持学前教育发展资金预算的通知（城西幼儿园 667 万元）	小计	667	0	667	0	0
	城西幼儿园	667	—	667	—	—

续表 19

项目类别	学校名称	专项资金（万元）				
		小计	中央	省	市	县
赣财教指〔2019〕64 号——关于提前下达 2020 年省级基础教育专项预算的通知［学前：东方红幼儿园 409 万元，骆坪小学附属幼儿园 230（采购 50 万元），秋水园小学附属幼儿园 100 万元（采购 20 万元）］	小计	739	0	739	0	0
	南城县东方红幼儿园	409	—	409	—	—
	建昌镇骆坪小学附属幼儿园	230	—	230	—	—
	建昌镇秋水园小学附属幼儿园	100	—	100	—	—
赣财教指〔2020〕15 号——江西省财政厅关于下达 2020 年城乡义务教育补助经费（中央财政直达基层资金）的通知	小计	120	120	0	0	0
	实验中学	120	120	—	—	—
赣财教指〔2019〕61 号——关于提前下达 2020 年义务教育薄弱环节改善与能力提升中央补助资金预算的通知（1548 万元—307 万元），赣财教指〔2019〕64 号——关于提前下达 2020 年省级基础教育专项预算的通知（大班额 820 万元），赣财教指〔2020〕17 号——关于下达 2020 年省级基础教育专项资金（第二批）的通知（大班额 677 万元）	小计	2738	1241	1497	0	0
	学校建设小计	1334	160	1174	—	—
	南城县东方红小学	291		291	—	—
	南城县浔溪乡中心小学	50	50	—	—	—
	南城县浔溪乡大竺小学	20	20	—	—	—
	南城县建昌（城南）小学	30	—	30	—	—
	南城县沙洲镇初级中学	10	10	—	—	—
	南城县徐家镇初级中学	80	80	—	—	—
	南城县实验中学	700	—	700	—	—
	盱江小学	48	—	48	—	—
	南城县泰伯学校	40	—	40	—	—
	实验小学	45	—	45	—	—
	南城二小	20	—	20	—	—
	学校设备采购小计	232	83	149	—	—
	南城县建昌镇中心小学	2	2	—	—	—
	南城县沙洲镇中心小学	17	17	—	—	—
	南城县株良镇中心小学	7	7	—	—	—
	南城县里塔镇中心小学	4	4	—	—	—
	南城县洪门镇中心小学	3	3	—	—	—
	南城县浔溪乡中心小学	5	5	—	—	—
	南城县徐家镇中心小学	3	3	—	—	—
	江西省南城县凤凰学校	3	3	—	—	—
	南城县建昌（城南）小学	40	—	40	—	—

续表 19

项目类别	学校名称	专项资金（万元）				
		小计	中央	省	市	县
赣财教指〔2019〕61号——关于提前下达2020年义务教育薄弱环节改善与能力提升中央补助资金预算的通知（1548万元—307万元），赣财教指〔2019〕64号——关于提前下达2020年省级基础教育专项预算的通知（大班额820万元），赣财教指〔2020〕17号——关于下达2020年省级基础教育专项资金（第二批）的通知（大班额677万元）	南城县洪门镇初级中学	4	4	—	—	—
	南城县株良镇第二初级中学	4.5	4.5	—	—	—
	南城县浔溪乡初级中学	4	4	—	—	—
	南城县沙洲镇初级中学	5	5	—	—	—
	南城县株良镇第一初级中学	8	8	—	—	—
	南城县徐家镇初级中学	13.5	13.5	—	—	—
	实验小学	19	—	19	—	—
	南城一小	40	—	40	—	—
	南城二小	50	—	50	—	—
	设备统一采购小计	1172	998	174	—	—
	南城县建昌镇中心小学	69.67	69.67	—	—	—
	南城县新丰街镇中心小学	40.48	40.48	—	—	—
	南城县东方红小学	88	11	77	—	—
	南城县株良镇路东小学	15.54	15.54	—	—	—
	南城县沙洲镇中心小学	66.29	66.29	—	—	—
	南城县株良镇中心小学	143.08	143.08	—	—	—
	南城县里塔镇中心小学	85.15	85.15	—	—	—
	南城县洪门镇中心小学	27.14	27.14	—	—	—
	南城县浔溪乡中心小学	7.42	7.42	—	—	—
	南城县浔溪乡大竺小学	5.62	5.62	—	—	—
	南城县徐家镇中心小学	60.56	60.56	—	—	—
	江西省南城县凤凰学校	28.01	28.01	—	—	—
	南城县建昌（城南）小学	302.7	295.7	7	—	—
	南城县洪门镇初级中学	12.6	12.6	—	—	—
	南城县株良镇第二初级中学	9.11	9.11	—	—	—
	南城县浔溪乡初级中学	7.47	7.47	—	—	—
	南城县沙洲镇初级中学	19.21	19.21	—	—	—
	南城县株良镇第一初级中学	42.45	42.45	—	—	—
	南城县徐家镇初级中学	25.77	25.77	—	—	—
	南城县实验中学	115.73	25.73	90	—	—

续表 19

项目类别	学校名称	专项资金（万元）				
		小计	中央	省	市	县
抚财教指〔2020〕30 号——关于下达 2020 年教育救灾资金的通知（实验中学 25 万元）	小计	25	0	25	0	0
	实验中学	25	—	25	—	—
赣财教指〔2020〕16 号——关于下达 2020 年省级基础教育专项资金（第一批）的通知	小计	121	0	121	0	0
	万坊岳口小学附属幼儿园（改造 20 万）	50	—	50	—	—
	建昌镇中心小学附属幼儿园（改造 10 万）	26	—	26	—	—
	上唐镇中心幼儿园（改造 5 万）	16	—	16	—	—
赣财教指〔2020〕16 号——关于下达 2020 年省级基础教育专项资金（第一批）的通知	浔溪乡中心幼儿园	2	—	2	—	—
	株良镇湖边小学附属幼儿园	24.38	—	2.6	—	—
	株良镇古竹小学附属幼儿园		—	4.6	—	—
	株良镇尧村小学附属幼儿园		—	0.88	—	—
	株良镇泷油小学附属幼儿园		—	3	—	—
	株良镇株良中心小学附属幼儿园		—	6.3	—	—
	株良镇路东小学附属幼儿园		—	7	—	—
	蓝天精品幼儿园	0.58	—	0.58	—	—
	黄波保育院	0.19	—	0.19	—	—
	建昌幼儿园	0.88	—	0.88	—	—
	童心幼儿园三园	0.24	—	0.24	—	—
	凤凰幼儿园	0.46	—	0.46	—	—
	株良镇熊孩子幼儿园	0.27	—	0.27	—	—
赣财教指〔2020〕25 号中的中央高中资金	小计	85	85	0	0	0
	南城二中（校史馆）	85	85	—	—	—
赣财教指〔2020〕27 号中的 2020 年中央财政支持学前教育发展资金	小计	233.2	233.2	0	0	0
	城西幼儿园	233.2	233.2	—	—	—

【教育装备和信息化建设】 投入 203 万元为县建昌小学等 3 所学校购置 96769 册图书。投入 208.9520 万元为全县中小学采购仪器设备。投入 700 余万元，采购触摸一体机 335 台、计算机 506 台；为全县所有班级多媒体设备加装集控软件，班级多媒体设备达到江西省教育厅规定的高质量班班通建设标准。开展智慧作业和教师“教学通 2.0”培训，完成全县所有教师的信息技术应用能力测试工作。继续组织教师参加江西省电教馆举办的各项能力提升活动，网上报送课件、论文、微课、课例等作品 294 件，6 人获得省级奖。

教育教学

【立德树人】 开展“垃圾分类”“学传统文化·立中国品格”“传承红色文化·筑牢爱国基石”“追寻红色足迹·弘扬民族精神”“新时代好少年·红心向党”主题征文活动；根据相应时间节点及相关文件要求组织开展“学雷锋月”“清明祭英烈”、六一慰问活动等一系列德育教育活动。

【艺术教育】 积极组织学校教师参加了全省中小学戏曲骨干教师培训和中小学艺术（合唱指挥）骨干教师培训。组织师生参加了江西省第十届“艺德杯”大中小学师生艺术作品征集活动。

【心理健康教育】 2020年南城县教体局联合县红十字会组织了2次100人以上的心理教师培训。积极组织学校24名有心理咨询师证的教师参加红十字会组织的心理教师培训。各学校利用微信、校刊、橱窗、黑板报、班会课等载体向学生宣传普及心理健康有关知识，教育引导学生合理使用手机和电脑，预防因沉迷网络诱发的心理问题。学校合理应用心理健康咨询室对留守学生和问题学生开展心理健康辅导。

【卫生教育】 通过开展知识讲座、主题班队会、手抄报、黑板报、知识竞赛等方式加强新型冠状病毒肺炎疫情的防控和教育工作，提高学生的防控意识，培养学生防控能力。开展了中医药进校园活动。组织学校开展禁毒、预防艾滋病、近视预防、“使用公筷·健康你我”等宣传教育活动。积极做好春秋季学校开学校园食品安全和传染病防控以及生活垃圾分类教育工作。

【教育科研】 为实现江西省防疫期间“停课不停学”计划，大力推进线上课程资源建设，促使湖北和江西学生享受优质教学资源，4月，完成了江西省教育厅安排的小学一、二年级26节数学线上课程的授课和录制任务。10月，完成了江西省教育厅、抚州市教研室安排的71节小学数学线上课程的录制工作。获得江西省线上课程优质课评比特等奖1名、一等奖1名、二等奖5名、市级线上课程一等奖3名、二等奖2名。10月19日，举办了南城县小学数学“单元教学”教学观摩研讨活动。11月20日，江西省教育厅教研室深入南城县开展了“名师走赣鄱送教送研”活动，全县700名教师相聚名师课堂，参与了观摩学习。11月，组织本县特级教师和省市县学科带头人开展了“点菜式”送教下乡活动。12月，组织开展了南城县“梦想课堂”展示课交流活动。组织师生参加2020年江西省中小学红色、绿色和古色文化教育活动，5篇作品获奖。继续做好了省级课题的实施管理，认真进行课题实施的阶段性调研总结，教研室课题组立项通过10个（其中有一个重点课题），省教科所立项通过2个，市级课题立项通过39个。精心组织完成全县中小学幼儿园第五批骨干教师和第六批学科带头人评选工作，共评选出县级学科带头人30人、县级骨干教师110人。出台了《南城县“名师工作室”建设与管理办法》，加强“名师工作室”的申报、建设和管理，建成了9个线上线下同步实体“名师工作室”。盱江小学剪纸特色课程入选江西省第一批“五个一百美育工程学校名单”。上唐中学、徐家中学被评为抚州市绿色学校。

【一年一主题活动】 把2020年作为“德育建设年”，制定了《南城县学校“德育建设年”实施方案》，制订了《南城县中小学德育课程内容一体化图谱》《南城县中小学德育活动一体化图谱》，构建了各学段德育课程和活动一体化体系。组织开展“传承红色文化·筑牢爱国基石”“战役主题征文”“清明网上祭英烈”“向国旗敬礼”等一系列德育教育活动。县“五老”关爱报告团深入学校开展了50余场次宣讲活动。

招生考试

【概况】 2020年，全县参加中考学生4594人，录取普通高中学生2300人。完成了30名定向师范生的录取工作，其中男生12名，女生18名。完成了4次高中学业水平考试。高考文理科一本上线人数共434人，上线率19.87%，一本上线人数连续5年大幅提升，创造了南城教育史上的最好成绩。本科人数1131人，上线率 51.79%。一名考生以 699 分的佳绩夺得抚州市理科状元，被清华大学录取。

学生资助

【概况】 全面落实了各学段建档立卡贫困家庭学生教育扶贫政策。春季学期，资助各类贫困学生 5499 人，发放资助金 275.46 万元，其中资助建档立卡贫困学生 1319 人，发放资助金 62.94 万元；秋季学期，资助各类贫困学生 5983 人，发放资助金 377.66 万元，其中资助建档立卡贫困学生 1350 人，发放资助金 88.295 万元。为 1135 名贫困大学生办理了生源地信用助学贷款，贷款金额 918.415 万元。对义务教育阶段建档立卡贫困家庭学生实行“零收费”政策，减免各类费用 78.51 万元；为全县各类教育阶段建档立卡学生免除学杂费近 29.64 万元。2020 年，省、市、县关工委、株良校具协会、99 公益、“壹基金”等爱心企业、人士为全县各级各类学校捐资助学 125.8 万元，资助贫困学生 1297 人。

职业技术教育

【概况】 南城县职业中等专业学校的前身为“南城县高级职业中学”，2009 年，经江西省教育厅批准，正式更名为“南城县职业中等专业学校”。学校占地面积 38.6 亩，校舍建筑面积 13163 平方米，现校区在县金山口工业园区，设有教学区、生活区、运动区和实训基地。2020 年，南城职业中专的招生人数为 515 人，在校生数达 865 人。

学校开设了职教高考、汽车维修、学前教育、计算机应用等专业。与九江职业大学、抚州幼儿师范高等专科学校开展中高职对接联合办学；建立了云市窑工作室，重视保护非物质文化遗产。针对南城运输大县的实际情况，学校重点加强了汽车维修特色专业建设，先后与南城东兴、海车会、鼎丰、海旺、汇通等汽车修理厂企业进行校企合作，开展了长期订单培养服务。

2020 年，通过全省统一招聘为县职业中等专业学校补充教师 10 人，通过政府购买服务等方式招聘专业教师 13 人。在抚州市第十一届中等职业学校技能竞赛中，荣获汽车运用与维修专业电控发动机拆装团体二等奖，荣获导游技能竞赛个人三等奖。在 2020 年抚州市举行的中职学生“文明风采”大赛中参赛学生获 5 个一等奖，3 个二等奖，1 个三等奖。

2010 年以来，学校先后被评为“省级示范中等职业专业学校”、“江西省中等职业学校达标学校”、县“文明校园”、县社会综合治理先进单位。

成人教育

【自学考试】 自学考试是中国高等教育的重要组成部分，是个人自学、社会助学和国家考试相结合的、有中国特色的高等教育形式。1981 年，中国开始实行高等教育自学考试（以下简称“自学考试”）。自学考试在每年 4 月、10 月举行，考生考完专业考试计划规定的全部课目，并取得合格成绩，本科需完成毕业论文、毕业设计或其他实践考核，思想品德合格者，可获得江西省高等教育自考委员会颁发的相应专业的专科、本科毕业证书。

【成人高考】 成人高考属国民教育系列，列入国家招生计划，国家承认学历，参加全国招生统一考试，省考试院统一组织录取。成人高考有独特的继续教育特点和旺盛生命力，为构建学习型社会、多形式、多类型、完善的成人高等教育体系，为南城县经济发展和社会进步做出了突出贡献。

成人高等学历教育分为专科起点本科（简称专升本）、高中起点本科（简称高起本）和专科（高职）三种；在校学习形式分脱产、业余（包括半脱产、夜大学）、函授三种，脱产最短学习时间为：高起本四年、专升本和专科（高职）两年；业余和函授最短学习时间为：高起本五年、专升本和专科（高职）两年半。2020 年南城县成人高考有 1111 人报名，录 719 人。

教师队伍

【师德师风】 2020 年，教体系统以习近平新时代中国特色社会主义思想为指导，深入贯彻党的教育方针政策，按照“四有”好教师标准建设高素质、专业化教师队伍。师德师风建设常抓不懈。在 3 月的师德师风学习月中，组织全县教师开展形式多样的师德师风学习活动。动员师生每周五收看江西教育电视台《赣鄱师魂——新时代学生心中的好老师》栏目，激发广大教师教书育人的责任感和荣誉感，在全社会营造尊师重教的良好氛围。9月，刘春莲老师被评为抚州市“新时代学生心中的好老师”。在江西省教育信用体系信息系统（教师信用平台）完成教师优良信用信息和不良信用信息录入，建立全县教师信用体系，强化教师信用和师德考核结果在业绩考核、职称评聘、岗位聘用、评优评先的运用。

【“县管校聘”工作】 2020年6月，南城县被列为江西省义务教育学校教师“县管校聘”管理体制改革试点县。2020年7月，南城县出台了《关于进一步规范全县义务教育学校教师工作量的指导意见》（城教人字〔2020〕23号）。根据教师工作量、省定师生比（小学1∶19、初中1∶13.5、高中1∶12.5），结合班师比，核算各义务教育学校应配备教师数量，对教师编制进行动态调整，合理优化教师结构。根据调整后的教师编制，核定各义务教育学校的岗位设置。

【清理整治在编不在岗人员】 根据《县委办公室、县政府办公室关于在全县机关事业单位开展清理整治在编不在岗人员专项行动的通知》（城办发电〔2019〕20号）文件精神，教体系统共清理在编不在岗人员133人，其中辞聘87人、解聘46人。

【教师补充】 2020年，南城县通过全省统招、特岗计划招聘、“三支一扶”招募、定向培养师范生、直录研究生等多种渠道为中小学补充新教师223人，其中全省统招120人，特岗计划招聘35人，“三支一扶”招募6人，定向培养师范生安置58人，公费师范生安置2人，自主招聘研究生2人。通过乡村教师支持计划“绿色通道”接收13名南城籍外县教师回原籍任教。

【教师交流】 坚持把“县管校聘”管理改革与校长教师交流轮岗、完善学校治理结构等协同配套、联动实施，积极引导优秀教师、校长向农村学校、薄弱学校流动，推动乡村教育有效提升。2020年，县教体局根据生源变化情况、教师岗位现状，出台了《关于重新核定中小学教职工编制的通知》，在编制总量不变的情况下，灵活使用编制，对全县教师编制进行动态管理，有效推进教师交流。2020年，全县共交流校长教师86人。

【教师培训】 2020年，采取走出去、请进来、集中培训与网络研修、送教下乡等方式，构建多元化教师培训体系。组织2300人参加全员培训、县级自主网络研修2736人，组织200人参加“国培计划”红色资源教育远程培训，“国培计划”教师信息化素养提升网络研修培训200人，组织191名新教师、实习教师参加岗前培训、校本培训，组织240名中小学（幼儿园）思政教师、49名初中骨干教师、50名农村小学村小负责人及教导处主任参加集中培训，全年共培训6123人次。

【实行职称评聘制度】 按照深化事业单位人事制度改革和中小学教师职称制度改革的要求，中小学教师职称评审，在核定的岗位结构比例内进行，对超比例严重的学校10%以内的退二进一，10%以上的退三进一；注重向农村教师倾斜，艰苦边远地区农村学校任教满25年且仍在当地任教的可不受岗位限制超岗申报，改革完善乡村教师职称评审工作，完成了中小学教师岗位等级设置工作。截至2020年12月，全县共评聘正高级教师4人，中小学副高级教师573人，其中五级岗位聘任65人，六级岗位聘任145人，七级岗位聘任363人；评聘中小学一级教师1213人，其中八级岗位聘任358人，九级岗位聘任393人，十级岗位聘任462人；评聘中小学二级教师929人，其中十一级岗位聘任342人，十二级岗位聘任587人。

教育督导

【概况】 南城县人民政府教育督导室主要职责是组织协调实施教育督导工作，负责对本级人民政府的有关职能部门、下级人民政府及有关职能部门、全县教育系统所属学校和其他教育机构履职情况进行督导的方案拟订并组织实施；负责对南城县行政区域内各级各类学校办学方向、办学条件、办学质量和办学效益进行督导评估；负责对教育工作中热点、难点和重大问题进行调查研究和专项督导；并向县级人民政府和上级人民政府教育督导机构报告和反映情况，提出意见和建议。

【督导考评】 迎接了南城县2020年春季学期全省中小学校（幼儿园）、中职学校学生返校（园）有关工作省级专项督查。督促做好大班额化解、落实教师待遇、学前教育普及普惠等督导评估问题整改工作。先后完成省政府对县党政领导干部履行教育职责督导评价工作、教育高质量发展综合考核评价工作及市政府对县政府教育工作考评。对照考评目标，逐条梳理，层层分解，推动教育目标实施落实，切实履行所应承担的教育职责，督促学校规范办学行为，提高管理水平，满足群众对更加公平、更高质量的教育需求。在省政府对县党政领导干部履行教育职责督导评价工作中连续四年度获得“优秀”等次。

【实施学校目标管理考评】 根据《义务教育学校管理标准》《深化新时代教育评价改革总体方案》对南城县各级各类学校目标管理考评方案进行修订和完善。考评内容更加科学，落实立德树人根本任务，突出“五育并举”，注重学生全面发展，突出将德体美劳教育纳入评价体系；考评分值更加合理，增加了德体美劳教育考评权重，不断克服重分数轻素质、片面追求升学率倾向，进一步树立正确的育人导向。

【开展重点工作督查调研】 开展了疫情防控、学校“德育建设年”活动情况专项督查，做好义务教育优质均衡“一校一策”调研摸底工作。

【开展责任督学挂牌督导工作】 做好深化新时代教育督导体制机制改革，进一步完善责任督学挂牌督导工作机制，制定了2020年度责任督学工作要点，做到了学校挂牌督导工作全覆盖。完善了“江西省中小学校责任督学挂牌督导信息化平台”。

体　育

【概况】 南城县有全民健身中心室内体育场馆1个，802个体育场地，主要分布在学校、企事业单位、小区、广场、公园等。其中，全民健身路径257条、篮球场150个、羽毛球场103个、乒乓球场80个、排球场72个、小运动场29个、健身房24个、三人制篮球场23个、乒乓球馆18个、五人制足球场17个、羽毛球馆6个、门球场4个、步行道3条、小轮车场3个、十一人制足球场2个、网球场2个、登山步道2条、400米田径场2个、篮球馆1个、七人制足球场1个、游泳池1个、艺术体操馆1个、跆拳道馆1个、武术馆1个。新增气排球国家一级裁判员6名，篮球一级裁判员4名，足球二级裁判员6名。全县体育单项协会继续壮大。2020年增加1个篮球协会，全县体育协会总数达到20个，增加三级社会体育指导员60名、二级社会体育指导员4名、一级社会体育指导员2名。到年底为止，各级各类指导员总数达到412人。投入28万元新建了1个“五人制”足球场，1个“十一人制”足球场正在进行规划建设。

【体育活动】 南城县举办了各类群众体育活动10项，分别为气排球、象棋、围棋、太极拳、自行车、登山、长跑、篮球、足球、乒乓球，参加活动人数上万人。全县全民健身活动参加人数逐年增长，群众参与体育活动的热情逐年升温。积极组队参加省、市第六届全民运动会的8个项目，南城气排球队参加全市第六届全民运动会分别获得男子、女子组别的第二名，太极拳获得全市第一名，羽毛球获得男双冠军，围棋获得12岁年龄组的冠军。参加了阳光体育大赛，同时积极组队参加百县篮球、足球、田径比赛。组织学校全面实施阳光体育工程，组织开展了幼儿园足球赛、中学生足球赛等系列体育活动。

【体育彩票】 2020年度，全县体育彩票年销量1670万元，圆满完成了抚州市体彩中心下达的销量任务数，彩票销售稳中有进。

文化·传媒

概　况

南城县文广新旅局是政府工作部门、主管全县文化广电新闻出版旅游事业的行政主管部门。

2019 年 1 月组建县文广新旅局，将县文化广电新闻出版局、县旅游发展委员会的职责联合，组建县文广新旅局。不再保留县文化广电新闻出版局和县旅游发展委员会。县文广新旅局负责全县文化、文物博物、新闻出版、广播影视和旅游的主管部门行政执法工作，承办县委、县政府交办的其他事项。

县文广新旅局设行政编制 13 名，内设 5 个职能股室，即局办公室（行政审批股）、文化事业股、新闻出版广播电视事业股、旅游产业股、旅游市场促进股。现有在职人员 15 人，退休人员 22 人。

县文广新旅局下属事业单位有：县文化馆（副科级）、县文化市场综合执法大队（副科级）、县博物馆、县图书馆、县电影公司、县旅游质量监督管理所，其中县电影公司由自收自支事业单位改企转制为企业单位。

【文旅新局主要领导名单】

党委书记、局长：

孙国安（2020.1—2020.12）

党委委员 、副局长：

郑光明（2020.1—2020.12）

刘泉水（2020.1—2020.12）

周云鹏（2020.1—2020.12）

副局长：

梅建忠（2020.1—2020.12）

卢云峰（2020.1—2020.12）

【南城县文化馆 2020 年主要社会文化活动情况】 1 月：准备相关作品参加“第三届江西省文学艺术奖、理论成果奖、新闻奖”。

4 月：1. 将南城县优秀作品报送至江西省版权保护与服务网，申请版权，有作品《麻姑献寿》《最傲的花是我中华》《扫黑除恶主持词》、书法作品、小说等；2. 报送参加城宣发〔2020〕20 号关于开展“绽放战疫青春、坚定制度自信”主题演讲比赛人员名单，文化馆人员付威、章瑞仪两人积极参加。

5 月：1. 收到关于举办江西省抗疫主题美术作品展的通知，文化馆收集南城县相关美术作品，并积极鼓励创作抗疫主题美术作品，后报送；2. 收到关于转发中国文化馆协会开展 2020 年中国文化馆年会征文活动的通知，结合文件内容积极配合开展征文工作；3. 收到关于开展“决胜全面小康、决战脱贫攻坚”为主题的诗词、楹联和曲艺创作的通知，收集诗词、楹联和曲艺创作作品，并报送；4. 将馆内作品、资讯上传至江西文旅云平台。

7 月：1. 收到文化和旅游部办公厅关于印发《“庆祝中国共产党成立 100 周年舞台艺术精品创作工程”工作方案》的通知，报送节目《脱贫致富最康庄》参加活动；2. 收到抚州市第三届少数民族文化艺术节实施方案，协助县民宗局报送系列民族文化艺术内容；3. 收到关于征集参加第二十九届“东丽杯”梁斌小说评选活动作品的通知，征集南城县各位作家作品，并报送。

10 月：1. 收到关于举办“小康在身边——第三届江西青年美术家优秀作品展”的通知，报送青年美术家作品；2. 收到关于举办群众文艺创作与普及推广人才培育线上培训班的通知，报送馆内人员参加线上培训；3. 收到关于征集以“致敬扫黑英雄”为主题的扫黑除恶题材文艺作品的通知，报送相关作品。

11 月：2020 年是决胜全面建成小康社会、决战脱贫攻坚的收官之年，根据县委、县政府工作安排，结合县委宣传部、县文联宣传教育活动精神，南城县文广新旅局、南城县文化馆联合南城县建昌书画院举办 2020 年“决胜全面小康、决战脱贫攻坚”南城县书画作品展。

12 月：1. 积极响应上级领导交办的各项工作任务，并认真开展好工作；2. 加强自身业务学习，音乐、美术、摄影、舞蹈、音响等，紧跟时代主旋律，制作原创作品。

电影发行放映

2020 年南城县电影公司完成了转企改制工作，现有职工 18 人，退休员工 20 人，2021 年以来县电影公司的工作重点放在农村公益电影放映工程上，在省公司的正确指导和院线公司的积极配合，以及县局的正确领导和关心下，不断提高放映队伍的自身建设，高度重视农村电影和社区、广场公益电影放映工作。抓住放映的黄金季节，法制廉洁宣传科普爱国教育知识和群众喜闻乐见的电影。在乡、镇行政村流动电影放映做到统一安排，采取先难后易的放映原则，先边远山区后平川流动放映办法。做到全年全村、组每月至少一场的放映要求，保证每个村民能及时观看电影。该公司的放映方针得到了村民的认可和较好评价。截至 6 月份全县共完成送电影下乡场次 3000 余场，其中农村乡镇村组放映场次 1800 场，农村中小学电影 520 场次，县城社区、广场、工矿企业等放映 700 余场，完成了全年计划的放映任务，完成率达到 100%。

南城县图书馆

【概况】 南城县图书馆建筑面积 2560 平方米，设有外借室、少儿阅览室、报刊阅览室、电子阅览室、报告厅等读者服务窗口。特色文献资源建设有古籍书库、地方文献室。现有在编在职 9 人，公益岗 3 人，临时人员 1 人，其中专业技术人员 4 人，中级职称 3 人。截至 2020 年 12 月底，馆藏文献总量 13.4 万册，其中古籍文献 2313 册，数字资源 6TB。建有移动图书馆服务平台 1 个，微信公众服务平台 1 个，全年接待到馆读者 5.31 万人次，文献流通 6.02 万册次，年新增借书证 500 个。全年举办讲座 4 场、展览 6 期、座谈 2 场、演讲比赛 1 场，培训 1 场，累计服务读者 6000 余人次。在第六次全国县级以上公共图书馆评估定级中，被评为二级图书馆。2020 年获得荣誉有：被评为武警抚州市支队南城县中队“红色教育基地”，南城县新时代文明实践中心“全民悦读实践基地”被评为江西省图书馆“全民阅读，向抗疫一线英雄致敬”活动优秀组织单位，江西省“丹心润赣鄱 同绘家国情”少儿绘画优秀选送单位，王磊同志拍摄的“我们的图书室”入选农业农村部 2020 年全国“小康美景手机拍”优秀奖。

【主要工作】 一、坚持“读者至上，服务第一”的宗旨，优化基础服务。加快图书馆数字资源建设，丰富服务内容。2020 年，与超星、知网等公司合作，进一步加强馆藏数字资源的建设，完成了 5 台电子阅读机的资源更新与维护；结合古籍保护工作，着手馆藏珍贵古籍的数字化工作，完成近 10 部馆藏古籍的数字化工作，并开始服务读者；加强移动图书馆平台、微信公众、江西文化云平台的资源报送、更新和维护工作。重点围绕服务读者，方便快捷，高效运行这一宗旨和目标，着力推进数字文化服务余推广，开展数字阅读、实现网上预约、馆藏查询等多功能服务；改善阅读环境，创新阅读空间，打造了一个环境优美，功能齐全的面积约 200 平方米的少儿阅览室，可为少年儿童提供纸质图书的阅读、外借、亲子阅读互动体验、电子棋牌娱乐、数字阅读体验等服务；进行了图书馆自动化管理系统升级，完成了约 40000 册流通图书的 RFID（射频识别）电子标签加工，购买了 1 台自助借阅机，实现了自助借阅，大大提升了图书馆的业务管理水平和服务效能。

二、积极开展各类活动、发挥社会职能。通过“请进来、走出去”服务方式，吸引读者参与阅读。通过 4·23 世界读书日、图书馆服务宣传周、“全国科普日”等活动，把读者请到图书馆来，或把活动开展到社区、企业、学校等，让图书馆“进机关、进社区、进部队、进学校、进农村”，促进全民阅读活动的广泛开展，激发社会公众的阅读兴趣，推动全社会形成浓厚的书香氛围，培养“读书为乐”的生活方式和“读书为荣”的价值标准，形成尊重知识、文明知礼的价值追求，营造“读好书”活动的浓厚氛围，吸引广大人民群众了解图书馆、走进图书馆、利用图书馆，不断提升活动的认知度和影响力，从而更好地为读者服务；推进县图书馆总分管制建设。南城县文广新旅局，建昌镇政和县图书馆，共同打造城西社区图书馆分馆，打通公共文化服务“最后一公里”，推进城乡、社区公共文化服务资源整合和互联互通，提高现有公共文化设施和资源利用率，更好保障群众基本文化权益，有效提高图书流通率和借阅率，也促进了南城县城乡基本公共图书服务均等化；关注农村留守少年儿童的假期文化生活，引领更多的人享受阅读的快乐。以“决胜全面建成小康社会，决胜脱贫”为主题，深入徐家乡五帝山村小学开展科普进校园活动。开展了科普知识讲座、科普图书阅读，图书馆向学校赠送了200册社科图书，以满足孩子们课外阅读的需求，丰富孩子们的阅读生活。

【特色工作】 坚守服务品牌，创新服务方式。全民阅读的推广，图书馆发挥了重要的阵地作用，在读者与书之间架起了一座桥梁。图书馆在推进和实践全民阅读的工作中，不断摸索，不断创新，塑造了自己的服务品牌——图书流动创新服务，以点为基地，实现服务内容的多元化。2013年，图书馆在县武警中队创建了第一个流动服务点，业务只是进行单一定期送书服务。2014年，又创建了县消防大队流动服务点，并开始了互助合作服务。2015年创建了瓯锦集团流动服务点，通过这种方式，把图书馆搬到了企业，也通过举办多种读书活动，活跃了企业员工的精神文化生活。2017年，创建品香阁社区服务点，开创了社区读者服务的新起点。2020年，图书馆把流动服务延伸至旅游服务点，为文旅融合发展迈出了第一步。

南城县文化市场管理工作

一、全力抓好文化市场疫情防控工作

1月25日，根据省、市、县疫情防控指挥部的统一部署，临时关闭KTV、网吧、影院、游戏动漫等文化娱乐场所及景区景点旅行社等，县文化市场管理局根据上级要求，迅速召开会议，进行安排部署，制定工作方案，成立领导小组等。停业期间，所有执法人员分组分片对停业场所进行巡查，每天巡查情况拍照发到工作群。其间，抚州市文化市场管理局还派督察组对南城县疫情防控工作进行检查，县纪委监委驻局纪检组也对文化市场疫情防控期间停业场所进行检查。4月底，根据省厅文件精神，对KTV、网吧等娱乐场所有序复工复产，对复工场所要求制定应急方案，张贴《防控指南》，制作“赣服通健康码”，场所全面消毒，消毒液、口罩、测温枪等防疫物资准备充足。日常经营中，做到测温、扫码、登记、戴口罩及限流人员等措施。7月底，影院复工复产，还联合县卫生监督管理所对影院进行全面检查，指导影院疫情防控和消毒工作，确保文化场所疫情防控工作安全到位。

二、大力开展文化市场专项整治工作

主要围绕“两节、两会”“两考”及暑假、国庆等重要时间节点开展整治工作，每次整治行动，都制定工作方案，明确工作重点，成立工作小组，开展执法检查。在整治工作中，主要对经营单位检查疫情防控工作，依法依规经营情况，安全隐患排查及“扫黑除恶”“扫黄打非”等工作。

三、深入开展文化和旅游市场无证经营专项整治工作

根据省厅8部门赣文旅综执字〔2020〕13号文件要求，南城县召开会议，制定方案，成立领导小组，随后召开经营业主会议，学习有关文件，发放宣传资料，向社会公布举报电话等，开展以清查无证经营为主线，重点打击擅自开展网络文化、网吧、歌舞娱乐、游戏动漫、艺术考级、旅行社业务、导游业务，新闻出版业务等违法违规经营活动，经过专项检查，全县未发现无证经营现象。

四、积极开展文化市场综合执法法制宣传活动

根据省厅文件精神，在“南

城文旅”微信公众号中开展《江西省旅游者权益保障条例》的宣传。在文化经营场所利用LED屏滚动播放有关文化市场管理法规。12月3日，在全县开展“12·4”国家宪法宣传活动中，县文化市场管理局执法人员在活动现场向广大市民散发有关宣传资料并回答市民的有关提问。同时，县文化市场管理局在4月26日，5月19日及9月27日举行的旅游消费月活动中，都开展了法制宣传工作，并在南城之窗、南城发布等新媒体上宣传扫黄打非、版权保护等知识。

五、继续开展扫黑除恶线索摸排工作

2020年，县文化市场管理局接到县监察委监察建议书2份和县公安局风险提示函1份，为此，县文化市场管理局高度重视，组织人员再次对KTV、网吧等涉黑涉恶线索进行摸排，先后召开2次业主会议，对此项工作进行再动员再部署，根据省厅《关于做好与娱乐场所、网吧签订承诺书的通知》精神，与KTV、网吧都签订责任状。

六、全面开展景区景点、校园周边文化市场集中整治工作

4月初，在初中、高中复课前夕，全县对一中、二中、实中学校周边环境开展专项整治行动，主要是开展疫情防控宣传，日常消杀毒管理，疫情防控措施落实情况及人员信息台账管控等工作，8月底至9月初，又开展一次集中整治工作，对景区景点、校园周边文化市场进行整治，主要查缴非法出版物，坚决打击各种非法经营活动。

按照省厅有关文件要求，2020年还开展了营业性演出市场专项执法检查、网络表演市场专项执法检查、网络直播企业的摸查、违规网络音乐专项整治工作及侵权盗版及非法出版物集中销毁活动（销毁非法音像制品160盒、非法图书报刊1350份、非法宗教出版物230份，共1740本）。

南城县融媒体中心

【概况】 南城县融媒体中心为县委直属正科级全额拨款事业单位（对外加挂南城县广播电视台牌子），归口县委宣传部领导。主要担负贯彻执行党和国家关于新闻宣传、广播、电视影视事业的方针、政策；指导全县广播电视宣传，把握舆论导向；研究、指导、推动全县广播电视管理体制改革；监督管理广播电视节目、卫星电视节目收录、视频点播业务（乙种）和通过信息网络向公众传播的视听节目；指配广播电视频率和建立无线广播电视转播频道；转播中央和省、市的广播电视节目和省的调频广播节目，确保广播、电视节目安全播出；指导和组织全县广播电视队伍建设和业务建设，按照广播电视事业发展的需要，有计划多层次地培养各类专业人才等。做好广播电视和官方微信公众号、官方微博、客户端（两微一端）、新闻网的新闻采、编、播、发工作；做好报、网、台等传统媒体和新媒体的对外宣传新闻上稿工作；做好“新闻＋服务”等有关工作；做好融媒体资源运营推广工作。中心内设办公室、总编室、新闻采访部、播音制作技术部和市场推广部五个部门，核定事业编制33名，其中，主任1名，副主任2名，股级职数5名。

在加快县级融媒体中心建设中，南城县找寻自身建设发展路径，通过“两条腿”走路来实现良性发展。保持“党媒”的政治性，突出为地方经济、社会、发展大局服务不改变。作为抚州市首个独立客户端的南城融媒体APP新闻客户端以及南城TV公众号，标志着该县在推动县级媒体融合转型的发展道路上迈出实质性步伐。

2020年是“十三五”收官之年也是脱贫攻坚决战决胜年，在面临新冠肺炎疫情的不利影响面前，南城县融媒体中心坚持站稳立场，守稳阵地，稳扎稳打，在移动互联网环境下“最后一公里”的舆论引导主阵地发挥了积极作用，真正贯彻并实现了习近平总书记在全国宣传思想工作会议上提出的“要扎实抓好县级融媒体中心建设，更好引导群众、服务群众”要求，实现了融媒体的人才融造、产品融合、平台融动，各项工作齐头并进，传播力、影响力、公信力大幅提升。在全省县级融媒体考评中，以85.07分的综合成绩居全省第12名。在全省县级融媒体考核验收中又脱颖而出，荣获全省第10名的好成绩。

县融媒体中心坚持正确舆论导向，把宣传工作重点放在服务县委、县政府中心工作推

进上，积极策划和部署各项主题宣传报道，为各项重点工作舆论开道。传统媒体与新媒体统一发声、联合发力，在电视、网站、融媒APP客户端、微信公众号等相继开辟了《城管视点》《不文明行为　曝光台》《疫情防控　我们在行动》《脱贫之星》《信用南城》《“好人主义之害”解放思想大讨论》《重点项目建设专栏》《决战决胜脱贫攻坚》等专题、专栏节目。通过向下深挖新闻线索，向上输送“南城故事”，创作了一大批鲜活而又接地气的新闻作品，展现南城县各条战线涌现出来的先进典型。尤其是在重点项目建设报道和决战决胜脱贫攻坚报道方面共发稿22期，受到县主要领导的点赞。在此次疫情防控期间，融媒体中心第一时间反应，快速推出专栏《疫情防控　我们在行动》，根据疫情发展，主动安排记者放弃休假，深入一线采写了一大批鲜活的新闻报道作品，被人民网、新华网、《江西日报》、江西广播电视台转载。

南城融媒客户端方面：坚持移动优先，构建“台、网、微、屏、端”等可听、可看、可融、可转的新媒体传播矩阵，充分发挥“南城发布”微信公众号、南城微博、“南城融媒”APP等“两微一端”官方平台阵地，推动各类要素和生产资源向移动端汇聚，推出多种形态的移动端融合产品，实现了新闻从文字、图片到短视频转换升级，大大激活了融合媒体的传播优势。南城融媒客户端总下载量为83092，总发稿量70594篇，其中原创稿件15779篇。“南城发布”发布417次1668篇，总阅读量207.8万。“南城微博”粉丝数110067，发稿数11840篇，点赞数6653，评论数4650。抖音粉丝数17.2万，作品1833篇。快手粉丝数11.3万，作品393篇。以移动优先为特征的媒体融合发展新格局已初步形成。特别在疫情防控期间，融媒体中心发稿量呈现新高，共创作抖音作品360条，上省榜爆款产品8条，其中《春暖花开终会来临》直接观看视频达3784万，抖音粉丝数上涨了10倍；创作H5作品10多条，《南城县“新冠肺炎疫情防控”主题书法微展》H5入围省爆款作品榜。通过打通各个平台间壁垒，做到统一发声、统一管理。年底，客户端、电视、微信公众号、微博、今日头条号、抖音、快手等多个端口均实现了传播效果最大化。融媒体中心真正成为党在基层的宣传思想文化阵地，县委、县政府与当地群众之间政策传递与信息沟通的桥梁。电视传统媒体方面：坚持正确舆论导向和为人民服务宗旨，强化新闻管理，加大新闻策划力度，强化职能延伸，以开局就是决战、起步就是冲刺的姿态，积极与省市电视台对接，电视宣传有声有色。融媒体中心自办台中《南城新闻》共播出新闻稿件：1056条，共在中央及省、市发表新闻稿件369件（篇），其中：中央电视台新闻稿件4条，完成江西广播电视台《新闻联播》12条、抚州电视台《新闻联播》81条，省广播电台用稿170条，市广播电台102条。

同时按照围绕中心、服务大局的工作定位，坚持上大报、上大刊工作目标，按照贴近实际、贴近生活、贴近群众“三贴近”要求，唱响时代主旋律，打好宣传主动仗，党报党刊发稿实现了全面开花。共在省级以上报刊发表新闻稿件60余篇，含中央级6条，在市级党报党刊发稿200余篇，集中反映了干部群众干事创业的良好精神风貌。此外，从社会舆论多层结构出发，努力构建定位明确、特色鲜明、功能互补、覆盖广泛的舆论引导新格局，网络媒体宣传呈现铺天盖地之势，20多篇作品先后被《人民日报》客户端、新华网、新浪、腾讯、网易、江西新闻客户端等百余家网络媒体转载。50余篇稿件在“学习强国”APP平台刊发，为南城实现高质量发展营造了良好舆论氛围。

【南城县融媒体中心主要领导名单】

主任（台长）：
崔钟义（2020.1至今）
副主任：
彭国正（2020.1至今）
副主任：
潘志文（2020.1至今）

广播电视

【概况】 江西省广播电视网络传输有限公司南城县分公司负责规划建设全县节目传输、用户管理以及数字电视信息服务、视频点播、高清电视、双向互动电视等业务平台。通过数字化、宽带化、智能化，将有线电视网改造成为综合多媒体业务网络，使家家户户的电视机变为集公共传播、信息服务、文化娱乐、交流互动为一体的数字多媒体信息终端，成为新时期党委、政府联系群众不可或缺的纽带和桥梁。分公司开展的主要业务有：有线电视节目传送业务；数字电视业务；互联网宽带接入业务；电视电话会议业务；数据通道出租业务；并凭借自身的优势网络资源，采用多域视频联网监控技术，依托省、市、县三级监控平台，为政府、学校及企事业单位提供全方位的视频监控服务业务。同时还开展了智慧教育、智慧医疗、智慧城管、智慧旅游等智慧平台建设业务。2020 年 6 月 6 日，中国广电获得国家 5G 建设牌照，正式成为通信行业四大运营商之一。南城县分公司于 2003 年 1 月正式运作，现有城区有线电视用户 21096 户，乡镇用户约 31914 户，已全部完成数字整转 53010 户。截止到 2020 年 12 月 31 日系统在网数字电视基本用户 24192 户，宽带用户 3331 户，互动用户 1498 户。分公司下设综合业务部、行政财务部、技术部、农网部、新业务开发部。现有员工 73 人（其中 68 名正式员工，5 名临时员工）。有自办营业厅 1 个、乡镇广电维护站 11 个。本县行政村有线电视及宽带网络覆盖达 100%，自然村覆盖达 93% 以上。2018—2020 年，南城广电网络公司秉承“网聚人心，诚于服务”的服务理念，追求客户满意的经营宗旨和“创广电高清世界，做信息社会栋梁”的企业使命，成为一个网络覆盖广、服务质量高、业务品种丰富的网络专业化运营公司。有线电视及宽带信号实现对全县所有乡镇、国道、省道、铁路沿线以及风景名胜区的全覆盖，网络服务遍及各乡镇。

【网络运营水平保持优秀】 2018—2020 年，南城广电网络建成全面覆盖、技术先进、业务种类齐全的精品网络，特别是 2018 年以来，结合南城面积大、以农村人口为主的实际情况，提出对城区网络升级优化、农村网络光纤改造指导思想，对南城的有线电视及宽带网络进行光纤升级改造。宽带网络方面，自国家陆续发布“宽带中国”战略和“网络提速降费”指导意见以来，公司积极响应国家的号召，加快推进国家宽带战略布局。至 2020 年，已覆盖县城主要社区、街道及重点乡镇街圩和行政村。

【服务更用心】 注重细节，把控服务全过程，做好客户维系工作。公司重点推进落实转型、分级服务，通过改进服务短板，降低投诉，客户满意度不断提升。开展全方位服务质量检查、监督，不定期对有线电视及宽带安装修障满意率、营业厅业务办理满意率等项目进行服务质量提升督办，下达专项提升指标，严肃处理服务质量事件，及时通报服务案例，推动服务短板问题的深入整改。实行有线电视及宽带装机、移机、修障“880”服务承诺，安装和故障维修满意率上升至 97%。

【践行社会责任】 南城县分公司自 2018 以来，按照政府脱贫攻坚责任要求，挂点帮扶里塔镇谢坊村，并派出里塔镇广电维护站负责人担任驻村专职第一书记。自 2018 年以来，给予谢坊村 18 户挂点扶贫户，每年中秋、春节每人 200 元标准发放慰问金，共发放帮扶慰问金 21600 元，另每年中秋、春节进行逐户走访慰问，赠送食用油、大米、牛奶、月饼等费用 10800 元。此外，为支持挂点帮扶村发展产业，改善村容村貌，分公司每年拨付挂点村里 1 万—2 万元专项扶贫经费，历年来，共拨付村委会扶贫经费约 60000 元。

【南城县广电网络公司主要领导名单】

总经理：

黄曙琴（2017.12 至今）

图书发行

江西新华发行集团有限公司南城县分公司

【概况】 早在宋代，南城就有不少书屋、书楼、书斋，广藏书籍。有的还备版刊印书籍。明、清时期，市面流行的话本、启蒙书等，大部分为南城县木版印刷。民国时期，城内有冠中书局和益记、聚文堂、宝源等文具纸张店兼营图书发行。抗日战争时期，生活书店在南城设立分店，因经营进步书籍，不久被国民党政府查封。中华人民共和国成立后，设立国营南城书店，兼营文具、账簿等。1952 年，改名南城新华书店，经营图书、课本、年画及图片，有工作人员4人。1955年开始在区一级供销社设立图书发行专柜，1960年图书发行网点发展到17个。1966年“文化大革命”开始，大量文艺书籍被视为坏书，书店销毁书籍3152册，全年销售额仅6.7万元，亏损9000余元。1993年划归江西省出版总社管理。2000年年底职工人数增加到38人，2009年企业进行重组改制，精简人员。2010年1月1日正式启用“江西新华发行集团有限公司南城县分公司”名称，是南城县最大的图书发行国有控股企业。2011年底有职工19人。

建店初期，业务量小，人员少，图书销售码洋少。70年代末，开始设立办公室、财会室、业务组（兼管仓库、批发、代发）计划发行组、门市部等机构。1988年，设办公室、财务科、业务科、门市部、批发部、计划发行组、课本发行部等机构。2010年6月企业改制后内部各部门进行整合，设综合办公室、教材科、教辅营销科、门市部，实行报账制。门市部营业面积初为50平方米，现增加到200平方米。其中，1997年在黄家源新建课本仓库400平方米。交通运输方面，60年代仅有几辆农村流动供应用自行车，1991年购买一辆北京牌载重2.5吨运货汽车，1995年购置一辆五十铃双排座1.25吨两用车，2002年新购“庆铃”牌双排座车，2010年新购北京“现代”牌轿车作为工作用车至今。自1997年投入6万元购买电脑微机用于企业管理，之后每年追加投入，财务管理使用用友软件全省联网，教材报订软件系统全省联网，形成了财务管理、业务管理办公网络化。2003年南城县分公司加盟省新华书店直营连锁，进、销、存、退等业务环节均通过电脑操作。2020年年底，江西新华发行集团有限公司南城县分公司账面固定资产净值为10.64万元。

2018年获省新华书店颁发的“最佳收货店”称号。2018年被评为省新华书店系统政治读物发行先进单位，2018年被省新华书店评为双效益先进单位，2018年被省出版总社评为“最佳收货店”，2019年被江西新华发行集团有限公司评为双效益先进单位，2020年被江西新华发行集团教辅发行先进单位。

【发行类别】 多年来，南城县新华书店一直致力于教材和政治图书的发行，通过开展多种服务方式，大力提高服务质量，进一步加强企业内控和规范化管理，尤其在2009年转企业改制之后，精简人员，企业活力得到释放，发行工作效益得到提升，业绩逐年提高。2020年实现图书销售净收入1516万元，实现利润616万元。实现一般图书销售收入195万元，人均购买一般图书5.4元左右。

政治书籍 江西新华发行集团有限公司南城县分公司是党的政策重要宣传阵地，南城县分公司积极开展政治理论书籍发行业务，长年开设有党和国家重要文献及老一辈无产阶级革命家重要著作的销售专柜。2020年，南城县分公司发行《中国共产党简史》《论中国共产党历史》《毛泽东邓小平江泽民胡锦涛关于中国共产党历史论述摘编》《习近平新时代中国特色社会主义思想学习问答》《关于若干历史问题和建国以来党的若干问题的决议》等理论书籍，近7000套，28000册。

中小学教材 中小学教材发行工作是新华书店的主营业务，同时也是一项政治任务。新华书店多年来一直秉承“课前到书，人手一册”的发行宗旨，认真做好教材图书的发行工作。2020年全县发行中小学教材册数91.35万册，码洋616万元。20世纪90年代末期，新华书店对中小学校实行先发书后收款，开学一个月内收回书款，结清账目，学校对此非常满意。社会上的零星教材购买，分公司也准备足够的机动数量，放到门市部进行零售。随着教育改革的不断深入，教材发行也几经变革，教材教辅发行先后经执行“两免一补”“一费制”等政策。2019年春季江西省又先于全国提前实行了义务教育阶段免费提供教科书的政策。义务教育阶段书费由政府买单，高中阶段学校对教材仍实行预订，教辅读物通过市场化运作方式分发到学校、年级、班级再到学生手中，整个操作过程规范、服务周到。

一般图书 一般图书都在南城县分公司门市部进行，增加书架和新式书柜，设备渐趋完善。为广大读者选购图书营造优美环境和氛围。门市部图书陈列品种由20世纪50年代初仅有千种左右，增加到2020年的近万种。送书下乡是门市工作的一项重要内容，图书是精神食粮，是特殊商品，分公司在经营活动中，既要重视经济效益更要注重社会效益。2020年安排流动售书车，开展乡镇流动售书活动，积极做好“教育、科技、文化”三下乡活动，实现了全年12个乡镇流动售书的全覆盖，活动场所遍及学校、集镇、农村等，共计展销图书7000余册。

农家书屋工程 农家书屋是一项满足农民群众文化生活需求的民生大事，对于建成社会主义新农村具有重要的现实意义。2020年，分公司严格按照上级文件的工作要求，做好贴标，上架，填写签收单，发放配送清单，核对配送书目等系列工作，细化发行标准，规范配送流程，“标准化”开展农家书屋配送工作。同时，组织了农家书屋图书管理人员的培训工作，对图书的分类、陈列、借阅管理办法及相关知识进行培训。2020年为全县150家村委会农家书屋每个网点配送图书品种78种，金额156余元，总码洋36万元。

【新华书店南城分公司主要领导名单】

经理：

廖志华（2015.7至今）

科技·卫生

科技

【概况】2020年，南城县科技局紧紧围绕县委、县政府经济工作的总体部署及目标任务，坚持自主创新、重点跨越、支撑发展、引领未来的科技发展思路，突出重点，细化目标，在国家高新技术企业、科技型中小企业、R&D活动、科技合作、技术合同成交额等方面，不断开创科技工作新局面。

【主要工作】积极组织科技型中小企业的申报认定备案，全年入库国家科研型中小企业入库54家。新增高企24家，全县国家高新技术企业达51家。

南城县在2020年通过国家高新技术企业认定的24家企业名单：江西华盛教育装备集团有限公司、江西瓯锦实业有限公司、江西真诚校具实业有限公司、南城县晨风香料有限公司、江西德风广行新型材料有限公司、江西兴达校具有限公司、江西智慧星实业有限公司、江西省晶亮实业有限公司、江西博凯教学设备有限公司、江西麻姑食品科技有限公司、江西圣盛教育装备有限公司、江西同善堂中药饮片有限公司、江西坚德实业有限公司、江西文青园林古建工程有限公司、江西宏辉实业有限公司、江西恒昌教育装备集团有限公司、抚州天城职业技能培训学校有限公司、江西省南城县发华实业有限公司、江西珍材实业有限公司、江西瞻宇实业有限公司、江西圣大实业有限公司、南城华农恒青农牧有限公司、江西由校教育装备有限公司、江西领航新能源科技有限公司。其中，校具（教育装备）产业企业增长明显，正成为南城县科技创新的重要力量。

南城县的抚州市植物甾醇及维生素E提取技术创新中心、抚州市中药饮片技术创新中心、抚州市建昌帮中药大健康产品技术创新中心等3个科技创新平台载体被认定为2020年度市级科技创新平台载体《关于认定2020年度市级科技创新平台载体及创新团队的通知》（抚科计字〔2021〕5号）。

县政府与东华理工大学校长办公会研究同意共建东华理工大学南城研究院，并通过《东华理工大学南城研究院章程》。组织南城拓玛仕机电科技有限公司黄书烽博士、江西格雷特压缩机有限公司梅小云博士、江西同善堂中药饮片有限公司杜茂波博士、刘德文博士等4名高级人才申报江西省“双千计划”。发挥家禽、水产、中药材等3个省级科技特派团及1个县级科技特派团在各自领域的技术优势，通过开展培训、深入田间地头、一线指导、网络沟通等方式，广泛深入南城县农村地区开展服务科技服务，为南城县农业发展提供坚强的科技支撑。

【科技局主要领导名单】

局长：

黄亚平（2006.3至今）

卫计

【概况】2020年年底，南城县现有县直属公立医疗机构2个，为县人民医院和中医院；卫生健康机构5个，为县疾病预防控制中心、卫生计生综合监督执法局、妇幼保健计划生育服务中心、皮肤病防治院和卫生进修学校；民营医院6家，为南城第二医院、南城城北新区医院、南城第三医院、南城第五医院、南城精神病医院、南城昌大康复医疗中心；乡镇卫生院12所、村卫健室150个、诊所22家（城镇21家，乡镇1家）、门诊部3家、医务室1所。全县卫生健康机构共有编制数1133个，其中县级医疗机构编制846个，乡（镇）卫生院编制287个。设置有床位的医疗机构22个，共设置床位数1358张，其中，县级公立医院598张，乡镇卫生院386张，民营医院374张，每千常住人口医疗卫生机构床位数3.91张。全县在册在编人员1002人（县人民医院和中医院728人，乡镇卫生院274人），注册乡村医生495人，全县每千人医师数、注册护士数分别为1.9、2.14。

2020年，南城县卫生健康工作在县委、县政府的坚强领导下，在省、市卫健委的精心指导下，全县上下认真贯彻落实省、市卫生健康大会和卫生健康工作会议精神，紧紧围绕"健康南城"建设目标，以提高人民健康水平和促进人口均衡发展为重点，以深化医药卫生体制改革和改革完善计划生育服务管理为抓手，狠抓工作落实，出色完成各项卫生健康工作，取得可喜的成绩。

【重大民生工程】 全面实施贫困家庭重症精神病患者免费救治，建立健全"光明·微笑"工程、儿童"两病"和尿毒症免费血透救治等长效机制。2020年，贫困家庭重性精神病患者实施免费救治453人，完成172例白内障复明手术，救治2例儿童白血病、16例先天性心脏病，尿毒症免费血透救治完成224人，无偿献血量达1538单位，丙肝救助工作稳步持续推进。继续对城乡贫困人口罹患食管癌、胃癌、直肠癌等25种重大疾病的患者进行专项救治，2020年南城县实施重大疾病专项救治285例。

【公立医院改革】 一是落实政府举办责任。成立了以县政府主要负责人为主任的县级公立医院管理委员会，结合县情和卫生行业特点，先后制定了关于管理体制、人事薪酬、医保支付、分级诊疗、药品供应等方面共80多个具体文件，为全县医改提供了强力支撑。二是持续加大财政支持力度。县级公立医院按实际开放床位数与工作人员岗位控制比例1:(1.3—1.4）核定岗位总人数，将核定岗位总人数超出现有编制数的人员纳入备案编制管理，按核定岗位总人数总量落实财政补助，2020年按编制内人员补助比例的100%进行补助。三是医院收入结构得到优化。按照"总量控制、结构调整、有升有降、逐步到位"的原则，所有药品实施零差率销售，调整医疗服务性收费，使以药养医机制得到彻底改变，优化了医院收入结构。受新冠肺炎疫情影响，2020年全县公立医院医疗收入同比增长幅度为0.37%，药占比为30.15%，百元医疗收入消耗卫生材料费22.15元，医疗服务收入占医疗收入的31.53%。四是稳步推进医共体建设与发展。县域内医共体网格化布局全覆盖，将辖区划分为两个网格，即以县人民医院为龙头，与建昌镇等7家卫生院（含村卫生室）组成县人民医院医共体；以县中医院为龙头，与天井源乡等5家卫生院（含村卫生室）组成县中医院医共体，并签订医共体合作协议。2020年县级公立医院共派出19名业务骨干对全县12所乡镇卫生院进行对口帮扶；县人民医院急诊科团队对乡镇卫生院开展脑卒中培训200余人次。

【医疗服务能力建设】 一是推进医联体建设。以县级公立医院为龙头，以乡镇卫生院为网络的医共体，采取对口指导、团队帮扶模式，满足基本医疗服务需求。2020年，全县医疗卫生机构门急诊人次数为146.67万，其中基层医疗卫生机构门急诊人次数89.95万，占比为61.33%。与上级医院建立医联体。县人民医院与南昌大学一附院、南昌大学二附院建立专科联盟。县中医院与江西省中医院建立紧密型医联体。南城第二医院为江西省肿瘤防治专科联盟单位。增强全县医疗服务能力。二是提升县级公立医院服务能力。县人民医院建立综合性创伤中心，打造创伤专业化救治团队。建设卒中中心，采用快速、标准化的诊断方案对卒中患者提供更快和更准确的评估和诊疗。开展无痛分娩技术，从2017年12月1日开始，开展1672例，无痛分娩率逐年上升，达60%以上，镇痛满意率达93%，剖宫产率下降了8.8%。县中医院建立康复医学科，面积2140平方米，设置床位40余张，配备先进的康复医疗设备，能提供专业康复医学诊疗服务。引进南昌市洪都中医院范少勇博士，在县中医院建立博士工作室，不断提升中医服务能力。三是强化基层医疗机构服务能力。积极推进乡镇卫生院达标建设。2020年投入4300万专项债券项目资金对徐家镇、建昌镇、上唐镇、里塔镇、洪门镇、浔溪乡6家卫生院基础建设进行提升。投入1700余万元采购超声诊断仪、全自动生化仪、十二导联心电图机、DR等医疗设备。

【疾病预防控制】 一是加强免疫规划。全面实施扩大国家免疫规划，巩固并提高国家免疫规划疫苗接种率和服务质量，全县免疫规划疫苗接种率达99%以上。二是加强传染病防治。积极开展以艾滋病、结核病、霍乱、手足口病和鼠疫等为重点的传染病监测和防治工作。2020年全县累计报告96例艾滋病感染者/病人，其中已死亡13例，存活83例，接受抗病毒治疗67例。发现结核病人107例，其中，初治涂阳病人21例，复治涂阳病人0例，涂阴病人86例。检测外环境江河水样98份，海水产品140份，腹泻病人登记69人，检索腹泻病人12人，以上检测结果均未检出霍乱阳性结果。对手足口病开展常规监测并报告7例手足口病例。三是加强卫生应急工作。认真宣传贯彻落实《传染病防治法》《突发公共卫生事件应急条例》等法律法规，进一步加强突发公共卫生事件的应急处置能力建设。2020年报告了一起突发公共卫生事件（新冠肺炎疫情），南城县共报告2例新冠肺炎确诊病例，均为湖北输入病例。四是开展免疫规划精细年活动。全县各接种单位在疫苗管理、冷链设备管理、预防接种管理、入托入学儿童查验预防接种证、疑似异常反应监测、疫苗针对疾病监测、督导考核与评价、信息安全管理、健康教育及培训和例会、资料管理等方面按照精细化要求实施。五是推进疫苗查漏补种。各接种门诊按照《查漏补种流程》每月对0—6岁常住儿童进行一次查漏补种，在此基础上每季度对0—6岁流动儿童进行一次查漏补种，极大提高了各疫苗的接种率。六是加强麻疹、风疹、AFP（甲胎蛋白）及AEFI（预防接种异常反应）监测处置工作，积极开展主动监测。2020年上半年共报告18例疑似预防接种异常反应，其中15例为一般反应，5例为异常反应，及时报告率和及时调查率等工作指标均达到了国家的要求。

【农村饮用水水质卫生监测】 一是继续开展农村饮用水水质卫生现状及其变化趋势、评估防病改水效果和水质卫生监测。2020年完成12个乡镇农村饮水43个监测点43份水样和3个学校自备供水3份水样总计46份水样的卫生检测工作。二是为确保贫困人口饮水安全全覆盖，对全县的贫困人口饮水进行了采样检测。2020年共采水样464份，其中千吨万人工程9份，检测项目为106项，其他水样455份，检测项目为33项，经检测全部合格。

【新冠肺炎疫情防控】 一是加强组织建设。县委、县政府及时成立南城县新型冠状病毒感染的肺炎疫情防控应急指挥部，组建综合协调组、医疗防治组、舆情管控宣传组等6个工作小组，全面落实各自工作职责。制定《关于调整南城县新型冠状病毒感染的肺炎疫情防控应急指挥部及各工作组职责组成人员的通知》《关于成立新型冠状病毒感染的肺炎防控救治工作领导小组的通知》等文件，认真贯彻落实国家、省市新冠肺炎疫情防控应急指挥部下发通知文件精神，科学规划2个定点（1个后备）救治医疗机构、1个集中隔离医学观察点。县卫健委成立了新型冠状病毒感染的肺炎防治工作领导小组，组建医疗救治、流调、采样送检、消杀等6个工作组，迅速形成统一指挥、全面部署、立体防控的战略布局，按照“早发现、早报告、早诊断、早隔离、早治疗”的要求全力开展各项工作。压实属地、部门、单位、社区、个人“五方责任”，继续强化联防联控和“网格化”管理，做实做细从国内高、中风险地区及境外入境、陆路边境地区返乡人员等重点人群的排查登记和测体温、查验健康码等工作。制定了《南城县应对秋冬季疫情防控工作方案》《南城县应对2020年秋冬季新冠肺炎疫情应急预案》《2020年南城县流感、23价肺炎疫苗预防接种工作实施方案》等，分级分类组建疫情研判、流行病学调查、实验室检测、医疗救治、社区防控、物资调配、心理疏导和社会工作服务等专业防控队伍，积极培育壮大社区管理人员、志愿者、网格员等基层防控队伍，积极做好应对秋冬季疫情防控准备工作。加强对火车站、汽车站落实“两查一测”管理，由县交通运输局牵头，县卫健委、公安、交警、火车站、长运公司等部门配合，认真做好火车站、汽车站常态化值班值守防疫工作。二是强化发热门诊“哨点”作用。规范设置发热门诊。县人民医院在门急诊设置预检分诊，发热门诊设置“三区两通道”，其他医疗机构在门诊大厅设置预检分诊台，规范开展预检分诊工作。加强发热患者闭环管理。各医疗机构实行预检分诊和发热门诊工作一体化闭环管理，将预检分诊与发热门诊工作紧密衔接。规范和细化发热病人接诊、筛查、留观、转诊工作流程；落实首诊负责制。发热门诊严格落实首诊负责制，安排具有经验的医务人员出诊，做好发热病人基本身份信息登记，加强流行病学问诊，强化新冠肺炎临床症状早期识别；加强病例排查。发热门诊全部患者要进行新冠病毒核酸检测（必要时还可进行抗体检查），可疑患者应全部留观。三是提高核酸检测能力。按照“应检尽检”要求，通过购买服务的方式由南昌高新达安医学实验室在集中留观点（商城宾馆）每天对集中留观、看守所、精神病医院和工作医务者及高中风险、疫情重点地区返回人员等进行核酸检测。同时，完成县人民医院和县疾控中心核酸检测实验室建设，对发热门诊患者、新住院患者及陪护人员、医疗机构工作人员等重点人群全部进行核酸检测。四是落实院感防控和人员培训。各有关医疗机构牢固树立“院内零感染目标”，严格执行院感制度，加强重点科室、重点部门和重点环节的院感管理，指定专人负责院感防控工作专项操作，开展院感培训1300人。组织全县各医疗机构学习新冠核酸检测标本采集操作规范及相关知识，共培训900余人。五是加强救治体系建设。加快发热门诊升级改造。重点加强三区两通道、供氧、通风、供暖、污水污物处理等设施改造，加强物资和设备配备，确保满足满负荷收治患者相关要求。完善救治方案。确定县人民医院为新冠肺炎定点医院，县中医院作为后备医院，把南城宾馆、南城体育馆作为方舱医院设置场所。加强中医药预防和救治。组织县中医院和人民医院“盱江医学”“建昌帮”中医药专家，成立防治专家组，拟定了“玉屏风散加味”预防新冠肺炎中药方剂以及“建昌帮清金和少化浊汤”“建昌帮清降润肺化痰汤”等防治新冠肺炎中药方剂，积极参与新冠肺炎预防治疗。共发放预防新冠肺炎中药方剂“玉屏风散加味”31800余人次；共使用“建昌帮清金和少化浊汤”“建昌帮清降润肺化痰汤”中西医结合治疗医学留观患者20余人，均已痊愈出院。六是加强疫情防控物资储备。根据国家制定的监督采购和捐赠的防控物资的质量、技术等相关标准，由县卫健委研究提出全县各级医疗卫生机构防控紧缺物资的品种和数量，报县疫情防控指挥部审核，统筹安排N95医用级防护口罩、医用外科口罩、一次性医用口罩、医用防护服、隔离衣、乳胶手套、丁腈手套、防护面屏、护目镜、红外线测温仪、消杀药品等防护用品的采购和分配，县人民医院和县疾控中心及其他各医疗卫生机构均已储备满足30天满负荷运转疫情防控物资需求。七是开展新冠肺炎疫情防控工作督查。县卫监局对全县医疗机构、疾病控制机构、公共场所、供水单位、学校、火车站、汽车站、高速路口等重点单位和重点场所环节新型冠状病毒感染的肺炎疫情防控措施落实进行全面督导，共检查医疗机构262家，公共场所48家、学校22家、供水单位14家、工业企业30家，共下达各类卫生监督文书370余份。同时对全县宾馆、文化娱乐场所和工业企业复工和中小学校复课疫情防控落实情况进行现场督查和指导，助力全县正常复工复课。

【中医药服务能力建设】 一是继续提升中医药服务能力建设。全县基本建成以县中医院为主体，县人民医院、县妇保院等医疗机构中医药科室为骨干，乡镇卫生院中医馆为基础，中医门诊部和诊所为补充，覆盖城乡的中医医疗服务网络。二是继续推广热敏灸技术服务应用。成立了县热敏灸技术推广应用领导小组，制定了热敏灸技术推广应用实施方案，召开全县热敏灸推广动员大会。县财政先后投入资金200余万元用于设施建设、设备采购及人员培训等。三是推进智慧中药房先行先试工作。为传承发展“盱江医学”和“建昌帮”，实现中医药传承、创新及高质量发展，优化服务环节，为群众提供高质量的医疗服务，经省中医药管理局批准，同意在南城县建设智慧中药房并先行先试，打造“互联网+药事服务”模式。由江西同善堂中药饮片有限公司建设智慧中药房。为提升中医诊疗能力，邀请黄煌经方专家培训团队，对50名中医类别临床医师，进行为期3个多月的线上线下中医经方培训。

【健康扶贫工程】 一是确保贫困患者住院医疗费用报销补偿比例达到90%的适度要求。截至2020年年底，全县建档立卡贫困户住院报销（含一类门诊慢性病）累计为5834人次，住院总费用为2762.91万元，报销合计2505.51万元，其中基本医疗保险支付1620.73万元，大病保险报销支付229.36万元，医疗救助支付231.78万元。建档立卡贫困户个人自付金额为258.09万元，自付比例为9.34%。二是做好建档立卡贫困户精神病确认和慢性病办证工作。安排精神病医院医生入户对贫困户精神病认定，为全县未办证建档立卡对象免费体检，截至2020年年底，全县建档立卡贫困人员办理慢性病人数共计2088人，2020年新增办理人数376人。三是提高村卫健室门诊统筹使用率。全县所有村卫健室均已开通门诊统筹报销业务，有效地解决了建档立卡贫困户就诊报销难的问题。四是加强建档立卡对象数据比对力度。由各乡镇卫生院牵头，组织乡镇卫生院医务人员、乡村医生、村组干部，对“因病致贫、因病返贫”人员信息进行上门入户核实，2020年已对建档立卡对象2301户，6742人实行动态管理。五是落实家庭医生团队指导医生下乡履约工作。根据南城县《关于贫困人口家庭医生签约履约服务的通知》，细化履约具体工作内容，做到签约一人履约一人，乡医每两月一次对贫困户随访，促进履约服务做实。

【爱国卫生运动】 一是以第32个“爱国卫生宣传月”为契机，积极组织全民清扫活动，开展病媒生物防制和环境卫生集中整治和卫生死角清理。二是在第33个世界无烟日，开展以“保护青少年远离烟草产品和电子烟”为主题的宣传活动。三是围绕艾滋病、登革热和高血压、糖尿病等重大传染病和慢性病，利用媒体广泛传播健康知识，深入开展健康教育。

【推进“厕所革命”】 认真落实习近平总书记关于“厕所革命”重要指示精神，把“厕所革命”作为乡村振兴战略的一项具体工作来抓，作为城乡环境综合整治的一项重要工程来实施，全力推动厕所建设标准化，规范化。到2020年10月底，全县完成农户改厕698户。拥有无害化户厕数37687户，全县农村无害化厕所普及率达89.22%。

【基本公共卫生服务】 建立健全基本公共卫生服务绩效考核制度，完善考核评价体系和方法，将考核结果与资金安排挂钩，加强监督检查，确保国家基本公共卫生服务项目落实到位。全县已建电子健康档案298085份，电子建档率94.27%。

【基层卫生服务能力建设】 一是进一步落实乡村卫生服务一体化管理。全县所有公有产权村卫健室显著位置安装了执业服务公示牌，明确了上班人员信息，上班时间，监督人员信息及工作人员不在岗原因，对于常住人口较少的村根据实际情况采用每周不少于三天坐诊制度，24小时应诊，并通过多种形式对村卫生室在岗情况进行督查。二是村卫健室严格按照省、市“七有四无”政策及药房管理制度执行，对药品进行规范使用并在有效期内，所有村卫健室建立诊察登记本，督促村卫健室规范使用处方。三是推进优质服务基层行活动。围绕中央巡视组“回头看”指出的“贫困县医疗服务质量参差不齐”的问题，加大“优质服务基层行活动”工作力度。

【妇幼保健】 一是落实妇幼健康重大公共卫生服务项目。2020年婚检率为99.4%，孕前优生健康检查超额2%完成任务；全县农村乳腺癌超额5%

完成筛查任务、宫颈癌完成率84%；城镇贫困妇女“宫颈癌”免费筛查人数369例。二是加大对艾滋病、梅毒和乙肝母婴传播的宣教，及时对阳性病例进行跟踪与指导。三是积极开展世界母乳喂养宣传周活动，定期举办“孕妇学校”，传授孕期保健知识，加强对医护人员母乳喂养技术培训与理论考核，同时做好产后保健工作。四是开展0—6岁儿童眼保健和视力检查工作。

【老人优质医疗服务】 一是积极开展安宁疗护试点工作，确定南城第二医院为南城县安宁疗护试点单位，不断完善病房区内部设施。二是积极推行智慧医疗和健康养老有机结合。利用智慧医养健康移动物联服务平台为老人提供医疗服务。三是对本辖区内失能高风险贫困老年人进行核查工作，做到登记信息与国家健康扶贫动态管理系统互通共享，并组织基层工作人员通过全国健康扶贫动态管理系统对失能高风险贫困老年人开展失能评估。核实建档立卡老人1420人，通过大数据研判核准失能高风险贫困老年人266人，其中失能老人为57人。四是利用热敏灸中医技术为老年人搞好康复理疗服务。五是各医疗机构为老人开通就医绿色通道，优先在医疗机构就诊、检查、住院等医疗服务，使入住的老人能优先接待、优先检查、优先安排入院、优先安排手术等服务。六是积极发挥基层医疗资源开展社区和居家健康养老。依托乡镇卫生院和村卫生室、社区健康小屋智慧医疗为老人开展日常诊疗、慢性病管理、康复、健康教育、咨询及医生签约服务。

【放管服改革】 对照江西省事项管理系统认领的国标事项（依申请类事项）共计102项，已进驻大厅事项102项，进驻率100%；梳理出“一次不跑”政务服务事项1项，“只跑一次”政务服务事项30项；重新整合，与文广局、教体局、宗教局、档案局、烟草局设立社会综合服务窗口，实现“一链办理”。截止到2020年10月共计办理《生育服务卡》140件、《再生育证》89件，《独生子女父母光荣证》140件，“重大疾病免费救治”类102件，《公共场所卫生许可证》63件，《供水单位卫生许可》3件，《公共场所服务人员的健康合格证》326件，《非医学需要终止妊娠手术审批》6件等。

【扫黑除恶专项斗争】 一是收集线索，如实填报《扫黑除恶举报线索登记表》《扫黑除恶专项斗争线索流转处置统计表》，严格执行签字背书制度，将责任意识层层落实到全县卫健系统各个单位。二是加强行业整治，在医疗机构、采供血机构、公共场所、职业卫生、放射卫生、学校卫生、传染病防治、生活饮用水等领域进行行业治理监管，对在监督检查当中发现问题，责令其限期整改，如仍未整改到位，将依法依规给予行政处罚。

【食品安全】 一是加强食品安全宣传，向群众宣传平衡膳食、营养健康等营养知识，提高公众食品健康意识。二是组织开展食源性疾病监测工作，指导公立医院和乡（镇）卫生院网报食源性疾病病例，及时上报食源性疾病暴发事件。2020年共网报83例病例信息和1起食源性疾病暴发事件，无突发公共卫生事件。三是组织开展食品安全标准跟踪评价工作。

【职业病防治】 一是开展2020年《职业病防治法》宣传周活动，广泛宣传职业病防治法律法规和防病知识。二是开展尘肺病防治攻坚行动。按照上级部署和要求，在矿山、冶金、化工等行业领域对全县10家重点企业开展尘毒危害专项治理，纳入治理范围的10家用人单位粉尘危害申报率、粉尘浓度定期检测率、接尘劳动者在岗期间职业健康检查率、职业健康管理人培训率达到95%以上，完成了两年尘肺病防治攻坚行动任务。三是开展职业健康监测工作。完成对20余家企业750人进行职业健康体检、对154家企业进行职业危害因数现状调查、对20家企业工作场所现场危害因数检测。

【医养融合发展】 一是推进养老机构内设医疗机构模式，在南城县社会福利中心设置护理中心，开设床位20张，医生3名，护士2名，护理6名，2020年止为老人提供服务30人次。二是推进医养融合发展，积极推动久久祥和康养中心内设医疗机构为老年人提供康养服务。同时加快推进徐家镇与养老机构毗邻建设中心卫生院项目进度。

【人才队伍建设】 一是充分发挥人才在夺取疫情防控、经济社会发展双胜利和决战决胜脱贫攻坚中的重要作用。组建南城县突发公共卫生事件应急卫生救治等队伍，配备医护人员135名。组织院感、流调、医疗救治、核酸检测等知识培训2200余人次。二是实施本地特色人才工程和项目，引进培养急需紧缺优秀人才情况。推进建设智慧中药房并先行先试，打造“互联网+药事服务”模式，遴选50名中医类别临床医师进行为期3个多月的线上线下中医经方培训。县中医院建立博士工作室，依托南昌市洪都中医院的技术力量带动南城县中医院骨伤专科能力提升和共同发展。省人民医院眼科博士工作室落户南城第二医院。县政府与中国中医科学院中药研究所（中药资源中心）签订重大人才战略合作协议，撰写建昌帮历史文化研究的有关书籍。三是参与或组织赴省外引才工作，加强与在外南城籍人才联系及人才工作信息化建设等情况。8月23日，广东省内多家三甲医院的24名医学专家来南城县开展“爱心反哺家乡大型义诊公益活动”，在县人民医院坐诊、带教查房。

【党建】 一是积极主动作为，全力以赴参与疫情防控。自新冠肺炎疫情发生以来，县卫健委党委迅速部署、履行职责，卫健系统广大党员积极响应号召，投身疫情防控一线，让党旗始终飘扬在一线，共建立临时党支部3个，200余名党员干部坚守在疫情防控一线，广大党员踊跃捐款共38580元，为坚决打赢疫情防控阻击战提供了坚强组织保障。二是深入推进基层党建“三化”建设。成立了以党委书记为组长的党建“三化”建设领导小组，做到了书记带头抓，对各党支部书记明确了工作任务，形成了“书记抓、抓书记”、齐抓共管工作新局面。先后组织开展了党建“三化”工作3次培训会和6次专项督查，促进党建“三化”建设实打实推进，全县卫健系统各基层党组织全部完成市委组织验收。三是深入开展公立医院党建改革。加大公立医院领导班子和干部队伍建设力度，推动公立医院实行院级党组织书记、院长分设。强化考核检查，推动县级公立医院进一步完善“两个议事规则”和医院章程等制度建设，规范内部管理，着力体现院级党组织的领导核心作用。四是压实主体责任，抓好作风建设。制定《关于做好2019年度基层党支部书记抓党建述职评议考核工作的通知》，组织卫健系统基层党组织书记抓党建工作述职述评。认真贯彻落实《党委（党组）落实全面从严治党主体责任规定》，持之以恒落实中央八项规定精神，继续深化“显微镜”专项行动，抓住元旦、春节、“五一”等重要时间节点，组织进行专项督察和明察暗访，从严肃工作纪律抓起，严格查处顶风违纪行为，严防“四风”问题反弹。

【南城县卫生健康委员会主要领导名单】

党委书记、主任：
吴毛仔（2019.1 至今）

南城县人民医院

【概况】 南城县人民医院创建于1931年，是全县唯一集医疗、教学、科研、急救、预防、保健为一体的二级甲等国有综合性医院。医院占地面积2.76万平方米（41.4亩），建筑面积4.36万平方米，医疗用房面积3.8万平方米。

现编制人数333名，在编在岗253人，备案聘用307人，实际在岗人数594人，退休人员214人。其中在职职工中，高级职称59人（含正高4人）、中级职称189人、初级职称266人，专业技术人员占全院人员比例为86.5%。开放床位480张，较合理地调整科室的设置和布局。

住院部设有：内一科（中毒抢救、肾内）、内二科（消化、肿瘤）、内三科（传染病）、内五科（神经内科）、内六科（心血管、呼吸）、外一科（脑外、泌尿外科）、外二科（普外、胸外）、外三科（骨科、烧创伤外科）、产科（产科急救中心）、妇科、麻醉科手术室、新生儿科、普通儿科、急诊科、重症监护室（ICU）、血透室。

门诊部设有：内科、外科、妇产科、眼科、耳鼻喉科、口腔科、中医科、骨伤肛肠科、皮肤性病科、心理卫生门诊、康复科。

功能科室有：放射、CT、核磁共振、检验、病理、超声心电图、内窥镜、消毒供应室、药剂、预防保健科。

一、总体收入增加，业务目标得到提升

2020年门急诊人次数301259人次，出院人数20096人次，病床使用率80.6%。全年总收入21792.56万元。总支出21806.47万元。

二、继续深化公立医院改革

全院上下积极投身县级公立医院医疗改革。争取政府加大财政投入积极支持公立医院建设，完善公立医院薪酬和绩效管理，推进人事制度改革，推行编制备案制，落实公立医院用人自主权。医院在巩固已经取得的改革成果基础上继续全面深化改革，取消医用耗材加成，严格执行提高诊查费、手术费、护理费等医疗技术服务价格和降低大型设备检查价格，推行医保支付方式改革，落实医保基金预付制度，提高医保基金使用效率，着力优化和控制医改监测指标，贯彻落实“两票制”，推动健康扶贫工程，各项改革工作正全面深入实施。

推进医疗联合体建设，积极“向上联盟”，与省人民医院、南大一附院、南大二附院、省儿童医院、抚州市第一人民医院成立专科联盟，将医院特色专科做大做强，切实解决群众看病远、看病难问题。全面“向下延伸”，与乡镇卫生院签订协议成立医共体，为开展分级诊疗工作奠定基础，有效提高县域内就诊率，让群众在家门口看得上病、看得好病。

根据医改文件精神，按照“两个允许”（允许医疗卫生机构突破现行事业单位工资调控水平，允许医疗服务收入扣除成本并按规定提取各项基金后主要用于人员奖励）要求，2020年医院制定的绩效分配考核方案，确定医务人员全年绩效奖，提高了全院职工的平均绩效水平，并在分配上加大改革力度，绩效水平向临床一线医务人员明显倾斜，按照临床一线、医技、职能、后勤等不同岗位设置绩效核算比例。

三、提高医疗质量，在内涵建设上取得新突破

1. 医疗、护理工作是医院的中心工作，也是医院的永恒主题。人民医院根据“三好一满意”“创建平安医院”等活动的要求，结合医院工作实际，把此项工作牢牢抓住不放。

抓医疗质量不放松。加强自身建设和医疗管理制度建设，建立健全各种医疗质量管理标准与措施，加强科室质量与安全管理，促进科室管理逐步规范化，加强医疗技术管理，开展新技术、新项目，强化“三基三严”培训和继续医学教育，加强并完善电子病历系统应用水平分级、病案首页的填写和疾病诊断相关分组数据采集、统计分析工作，从而提高了医务人员的业务水平。

2. 抓护理质量不放松。深入开展优质护理服务，为患者实施病情观察、治疗和护理措施、生活护理、康复和健康指导等全程化护理服务。修订和完善护理质量考核和评分标准，充分发挥护理部—护士长—质控护士三级质控网络作用。加强护理考核常态化，进一步提升护理质量和水平。2020年组织护理理论专题讲座15次，参加人数达1098余人次；护理技能操作考核12次，参加人数达1848人次，合格率99.7%。

3. 抓院感质量不放松。加强医院感染监测，开展全院环境卫生、消毒灭菌、院感质控等方面监测；有计划地对重点科室开展了医院感染目标性监测；及时修订和完善医院感染管理制度及措施并监督落实执行情况，进行院感相关内容的培训，提高了医务人员的防感染知识和监测诊断水平。

4. 抓医疗安全不放松。严格执行医院各项规章制度、诊疗规范和常规。继续抓好医疗安全教育及相关法律法规学习，依法规范行医，严格执行医务人员准入及技术准入。加强医疗安全防范，严格执行《医疗纠纷、医疗事故处理及责任追究制度》，不定期召开医疗安全会议，通报医疗安全事件及医疗纠纷的处理情况，进行责任追究，吸取经验、教训。2020年医务科共接待并处理了各类投诉65余起、纠纷17起。

四、优化人才队伍建设，核心竞争力进一步提升

1. 做好人才引进工作。根据医院业务发展需求，除常规招录急需的医技与护理人员外，重点也是最难招录的临床医生方面2020年取得了一些突破，2020年医院通过江西人事考试网公开招聘医师18名，经县政府批准通过备案制招聘护理人员12名，医院内自主聘用医务、医技、护理人

员11名，为医院的发展及学科团队的构建提供了重要的人才储备。

2. 充实中层干部队伍。中层干部是医院发展的中坚力量，为建设好中层干部队伍，医院严格按照《干部任用条例》规定的原则及《干部管理办法》选拔任用干部，树立“德才兼备、以德为先”的选人、用人导向，坚持把“德”的考核结果作为中层干部选拔任用、培养教育和评先评优的重要依据，对有德行、有能力、有技术的职工重点培养，让想做事的有机会，能做事的有舞台。2020年提任了9名中层干部，为医院的长期发展打下了基础。

五、继续医学教育、科教工作等开展得有声有色

2020年举办医、护各类业务讲座50余场次。主要涉及医疗安全管理与医疗质量控制、医疗法律法规、艾滋病健康教育、食源性疾病监测培训、传染病相关知识讲座、新冠肺炎诊疗培训、内外科常见病的治疗常识及新进展、心肺复苏、手卫生培训、新生儿复苏、麻醉药品和抗菌药物规范应用、消防安全知识培训、医院院感管理知识等内容。医务科、护理部坚持开展“三基”理论考试、操作培训及考核。

2020年医院派出医疗技术人员参加各类短期学习班、研讨会及学术会30余次；派出10余名医师、20余名护理人员到省级医院进修学习，为医院引进新技术、新方法和新经验，全面提升医务人员的业务素质。

2020年规范实习、转科、进修人员的登记和管理，安排好实习及进修医生的带教工作及转科时程，及时检查带教效果。共接收了医学、护理、检验实习生和进修生50余人。

六、落实重点专科建设、加大设备投入

落实重点专科建设，增加基础建设、医疗设备的投入。新建康复科，改扩建发热门诊、传染病区及独立的CT机房，加快创伤中心、卒中中心的建设。中央预算内投资1100万元，购置多排螺旋CT机、有创呼吸机、移动DR、负压型救护车等设备，提升救治能力。移动医师、护士工作站全面铺开，完善LIS、PACS系统，提升服务效率，提高诊疗水平。

七、全力做好新冠肺炎疫情防控工作

疫情就是命令，防控就是责任！南城县人民医院第一时间贯彻落实各级政府及卫生主管部门的安排部署，切实把人民群众生命安全和身体健康放在第一位，全力开展疫情防控工作，从组织保障、工作机制、防控措施、技术培训、物资储备、宣传引导等多方面强化措施，为有效应对新型冠状病毒疫情有力地构筑起了健康屏障。迅速建立工作机制。2020年1月16日，该院制订了《南城县人民医院新型冠状病毒肺炎防控应急处理预案》，并成立了以院长为组长、分管院长为副组长的新型冠状病毒肺炎疫情防控领导组及医疗救治专家组。1月17日以来，每月召开疫情防控工作会议，传达上级精神、听取疫情防控工作情况，研究、协调、调度全院疫情防控工作，严格落实防治措施。

1. 强化发热门诊“哨点”作用。在门诊入口设立预检分诊处，对所有进入门诊的患者及其家属要求出示抚州市防疫电子通行证并测量体温，根据发热，疾病症状，流行病学史等情况对患者进行分诊，分类引导至门诊，急诊或发热门诊就诊。按照“三区两通道”的要求规范设置发热门诊，扩建改造诊察室、咽拭子采样室、输液抢救室、缓冲室等，加强发热患者闭环管理，规范和细化发热病人接诊、筛查、留观、转诊工作流程。落实首诊负责制。发热门诊严格落实首诊负责制，安排具有呼吸道传染病或感染性疾病诊疗经验的医务人员出诊，做好发热病人基本身份信息登记，加强流行病学问诊，强化新冠肺炎临床症状早期识别。加强病例排查。发热门诊全部患者要进行新冠病毒核酸和血常规检测（必要时还可进行抗体、CT等检查），可疑患者全部留观，按照2小时报告疑似和确诊病例，4—6小时报核酸检测结果，24小时完成流行病学调查要求，对可疑患者进行排查。发热门诊执行24小时值班制。

2. 进一步提高核酸检测能力。医院核酸实验室通过省级验收，于8月10日开始运行，按照“应检尽检”要求，对发热门诊患者、新住院患者及陪护人员、医疗机构工作人员等重点人群全部进行核酸检测；对其他人群要主动提供服务，

确保“愿检尽检”。

3. 加强医院感染控制。医院牢固树立“院内零感染目标”，严格执行院感制度，加强重点科室、重点部门和重点环节的院感管理，指定专人负责院感防控工作。要开展院感防控全员培训，进一步提高医务人员院感防控意识和能力。

4. 全力做好医疗救治。按照“集中患者、集中专家、集中资源、集中救治”原则，加强组织协调、医疗力量调配和医疗设备配备，对新冠肺炎患者实行定点集中治疗，确保“应收尽收”“应治尽治”。

5. 加强医疗资源储备。医院配足配齐急救、抢救、重症救治、监护、检测等仪器设备，做好医用耗材、药品、防护装备、消毒用品等储备工作，建立物资储备清单，实行物资设备动态储备，物资药品储备量满足医院 30 天满负荷运转需求。

6. 加强医务人员培训和技术演练。医院加强新冠肺炎防控和救治知识培训及技术演练，围绕新冠肺炎病例发现、报告、隔离、规范化诊疗以及核酸检测、院感防控、医务个人防护等开展全员培训，重点科室还要针对新冠肺炎相关特殊医疗技术组织开展专项培训。

7. 从严落实防控要求。医院严格加强本机构医务人员流动管理，严格执行江西省疫情防控的“两个尽量”“两个严禁”要求，落实本医疗机构医务人员坚持非必要不出差，尤其不要前往国内中高风险地区；尽量减少人员流动，尽量控制人员聚集，严禁无防控措施的人员流动，严禁无防控措施的人员聚集。

8. 强化正面宣传引导。利用微信、门诊电子屏、健康教育宣传栏等渠道普及疫情防护知识，引导群众做好防护、安全有序就医。正确引导群众科学认识疫情，提高防控意识和能力。

八、多措并举惠民生，在医院公益性上树立新形象

1. 加强院科综合治理，维护医疗秩序稳定，创建和谐平安医院

加强医院、科室综合治理，签订院科综合治理目标管理责任状，落实综合治理目标管理任务。为维护广大人民群众的利益，保证医疗质量安全，着力构建和谐社会，针对当前医患纠纷较突出的新形势和新情况，医院紧紧围绕和谐平安这根主弦，开展和谐平安医院创建活动，制定一系列的管理、防范措施和处理机制，保卫科实行 24 小时值班制，不定期对门诊部、住院部等重点部门进行巡逻，发现问题及时解决。重视消防安全和安全生产工作，坚持消防安全每日巡查制度，不定期对全院职工进行消防知识培训。

2. 积极配合政府工作，完成卫生重大民生工程任务

继续落实健康扶贫政策，按医院床位总数的 5% 设立扶贫病床，完善“一站式”服务窗口，先诊疗后付费，共计为贫困户报销补贴 449 万余元。积极开展“光明·微笑”工程、城乡贫困家庭妇女“两癌”免费救治及儿童“两病”的筛查分诊工作；做好尿毒症患者的免费血透工作。派出 30 多名医务人员为县委、县政府等大型活动进行医疗保障，完成高招体检 2000 余人次。

开展送温暖、帮扶活动。2020 年该院完成县委、县政府挂点包村进社区扶贫、四进四联四帮连心小分队等活动，资助款 6.4 万余元。为特殊困难职工发放补助款 2.42 万元。8 月 23 日，诚邀 24 名广东赣籍医学专家开展“不忘初心，难忘桑梓”爱心反哺家乡义诊活动，受到南城老百姓热烈欢迎、高度好评。

九、加强党建工作，增强班子凝聚力

1. 实施“三化”建设以来，医院对照新要求，严抓党建工作，严格按照《抚州市党支部规范化操作手册》，落实好“十六字”方针，突出政治标准，规范发展程序，优化队伍结构；该院将医疗专家、学科带头人、优秀青年医务人员等“高知”发展成党员，把党员培养成医疗、教学、科研、管理骨干的“双培养”机制。近几年来，共发展党员 5 名，全部是一线的年轻骨干，其中 3 名培养成科室主任。医院高级职称 45 名，其中党员 18 名，占 40%。

2. 全面推行“党员活动日”，将每月 15 日固定为“主题党日”在“主题党日”期间组织党员开展理论学习、过政治生日、交纳党费、主题教育、开展志愿服务、技能比赛等；落实“三会一课”、领导干部双重组织生活会，谈心谈话活动。“三化”建设以来，医院党委领导定期为基层党员讲党

课7次。通过政治生日，重温入党誓词等仪式教育坚定党员入党初心，举办党员进社区志愿服务活动、红歌合唱、演讲比赛等活动，大大增强活动吸引力，提升党员参与度。

3. 严格执行党委领导下的院长负责制，落实把党建工作要求写入医院章程，通过制定《南城县人民医院党委2020年重点工作任务清单和完成情况》，结合党建工作推进会、巡视整改工作推进会、主题教育推进会等，推动责任落实到位。

【南城县人民医院主要领导名单】
党委书记、院长：
邱晓峰（2020.1—2020.12）
党委副书记、副院长：
胡克堂（2020.1—2020.12）
崔　敏（2020.1—2020.12）
副院长：
杨丽萍（2020.1—2020.12）
党委委员、工会主席：
陈国胜（2020.1—2020.12）
党委委员、副院长：
黄国民（2020.1—2020.12）

中医药

【概况】 南城自古以来就是中医药发展重镇，是“建昌帮”药业的发祥地，有着五千多年的悠久历史，是中国南方古药帮和中药炮制的重要流派之一。2020年南城县紧紧围绕打造“十亿企业、百亿产业”的中医药产业发展目标，着力实施“建昌帮”和“盱江医学”重振计划，扎实开展中医药产业“提速进位、争创一流、三年倍增”大会战。全县拥有建昌帮药业、同善堂、百神昌诺等中药材加工企业10余家；全县中药材种植面积5.2万亩。

【高标准建设中药材良种繁育基地】 进一步加强与中国中医科学院中药资源中心合作，积极在徐家镇推进600亩中药材良种繁育基地建设。收集全国的枳壳、钩藤、黄精种质资源，建立中药材种质资源圃。开展种质资源的指纹图谱研究，利用悬浮“365”智能化立体繁育、渗调、包衣等国内先进现代化技术，建立中药材DUS测试基地，培育枳壳、钩藤、黄精3个新品种，从源头上确保中药材药效、药性。

【先行先试打造智慧中药房】 积极争取省市卫健委支持，推动同善堂与中科院、中医科学院深入合作，先行先试打造智慧中药房，生产能力能达到日产约1000立方米。该项目是一个全流程信息化管理系统，在现代数字经济的基础上，用互联网的技术和现代经济的手段，提升传统药房的功能。在南城县试点成功的基础上，积极推动智慧中药房在抚州市及全省先行先试推广。

【推进中药饮片规范化】 积极对接省药监局，制定建昌帮中药饮片炮制规范。2020年公布的第一批《江西省中药饮片炮制规范》修订项目立项计划汇总表中，南城县建昌帮31个、同善堂5个名列其中。

【制定《南城“建昌帮”中医药振兴发展2020年度行动方案》】 重点明确了全年着重抓好五大工程，即一是做响品牌。1. 编撰“一书”，2. 兴建“一馆”，3. 筹建“一院”，4. 开发“一方”。二是做精种植。1. 推进中药材规范化种植，2. 打造中药材良种繁育基地。三是做强产业。1. 打造“建昌帮”中医药产业园，2. 加大中医药全产业链招商，3. 推进现有企业转型升级，4. 加强“建昌帮”区域品牌建设。四是做实平台。1. 建设线上线下交易平台，2. 建设中药材检验检测平台，3. 搭建国际交流合作平台，4. 搭建文化交流平台。五是做活康养。1. 创建中医药健康旅游示范区，2. 打造中医药特色旅游线路，3. 延伸中医药康养产业链。

【加强中药材种植技术指导和培训】 为进一步做好枳壳的种植管理工作，县中心技术人员与省林科院森林药材与食品研究所专家团队，深入各乡镇种植基地现场指导枳壳种植、管理技术，大大提高药农的种植管理水平。2020年8月，中药材种植科技特派团聘请国内外知名专家，在南城县成功举办了南城县中药材种植培训班，对中药材市场行情分析、中药材扶持有关政策、林下仿生种植和中药材有机种植等进行系统培训。专家团队多次深入田间地头进行手把手的技术指导。通过培训和指导，大大提高了种植公司和药农的种植管理水平。

【县中医药产业发展服务中心主要领导名单】
李洪斌（2018.6—2019.6）
李应龙（2019.6 至今）

南城县红十字会

【概况】2020 年，南城县红十字会在县委、县政府的坚强领导下，在省、市红十字会的精心指导下，始终坚持以习近平新时代中国特色社会主义思想为指导，认真履行《中华人民共和国红十字会法》赋予的各项职责，围绕中心，服务大局，改革创新，担当实干，团结拼搏，攻坚克难，工作取得显著成效。抚州市南城县建昌镇城东路社区红十字会获全国红十字模范单位称号。2020 年度，南城县红十字会获江西省先进县级红十字会、“9·9”公益日县（市区）红十字会网络众筹先进单位一等奖；抚州市基层基础建设工作先进单位、“三救工作”先进单位、心理援助工作先进单位、人道救助优秀组织奖等称号。南城县红十字会常务副会长余琳娜荣获全省先进县级红十字工作者、抚州市先进工作者称号。

坚定信念，坚决做到“两个维护”。南城县红十字会始终坚持以习近平新时代中国特色社会主义思想与指导，深入学习贯彻党的十九届五中全会精神，增强“四个意识”，坚定“四个自信”，坚决做到“两个维护”，不折不扣完成上级红会和县委、县政府下达的目标任务，各项工作取得新突破。

奋战一线，疫情防控成效显著。2020 年新冠肺炎疫情发生以来，南城县红十字会高度重视，迅速响应，成立了疫情防控工作领导小组，研究制定募捐方案，累计接收捐赠款物 532.6 万元，依法依规向社会发布捐赠公示 31 次，主动接受纪检、审计等部门和社会公众监督；积极开展疫情防控志愿服务，组织志愿者到高速值守、搭建帐篷、开展防疫消杀、2 名红十字志愿者主动请缨驰援武汉，在疫情防控一线整整服务了 21 天；开通专业心理救援热线，全天 24 小时为广大干部群众开展心理疏导服务。累计动员志愿者 740 人次，志愿服务时长达 9248 小时。

深化改革，组织建设稳步发展。在全市率先出台《南城县红十字会改革实施方案》，胜利召开第一次会员代表大会，成立了党组。全年新增实现“六有”红十字会基层组织 12 个，制定《南城县乡镇、学校、医院红十字会工作实施方案和绩效管理考评工作方案》进一步夯实了基层基础，健全工作机制，新增个人会员 274 人。组建了南丁格尔志愿服务队、红十字蓝天救援队和红十字阳光心理救援队三支专业志愿服务队伍，新增注册志愿者 43 名，开展了志愿服务活动 292 次，志愿服务时长达 20543 小时。

聚焦主业，“三救三献”成绩斐然。一是救灾备灾有成效。根据全县受灾情况向上级红十字会争取价值 5.1 万元救灾物资；争取到“一家一个救生圈”项目，为滨水居住群众发放价值 3 万元救生设备；第一时间组织救援队赶赴灾区，协助鄱阳抗洪抢险，搜救被困群众 50 多人；2020 年完成 176 起水上、山地救援等任务。二是救护培训提高。积极作为将应急救护培训工作纳入县级文明单位及综治考评体系。全县完成培训救护员 678 名、普及培训 11120 人次；开办养老介护培训 2 期，心理健康公益讲座 4 期；选送 5 人参加国家、省、市红十字救护员师资培训；启动“心灵阳光工程”，为在校师生开展心理疏导，受益超 5000 余人，联合县教体局制定实施《生命健康安全教育活动试点方案》，推动青少年生命健康安全教育和心理健康教育。三是人道救助有作为。积极拓宽人道资源动员渠道，开展“博爱送万家”活动，募集款物 85.46 万元，走访慰问贫困户和困难群众 3000 余人。四是“三献”工作有突破。开展“三献”宣传动员活动 3 场，发放资料 5000 余份；15 名志愿者主动参与造血干细胞采集，加入中华骨髓库；成功实现遗体器官捐献 1 例，发展遗体器官捐献志愿者 98 人。

狠抓项目，建好阵地服务民生。在上级红十字会和县委县政府的关心支持下，采取“三个一点”的筹资模式：“社会捐一点、上级给一点、政府帮一点”，积极筹集资金整合项目，将红十字应急救护培训基地、生命健康安全体验教室、社区红十字博爱家园整合建设，打造红十字文化综合体。总投入 136 万元，面积约 1200 平方米。11 月 23 日，南城县红十字生命健康安全体验馆正式启动运营。为保证项目基地规范化运营，在管理运行上做到“三个到位”一是完善制度确保规范运行到位。制定系统的运营管理方案，设立基地管理办公室，明确责任人；设置岗位及工作职责，明确分工；制定财务管理、物资管理、师资管理、体验管理等管理办法。二是建立工作团队确保服务到位。在基地建立常态化值班值守制度，建立负责基地运行管理的工作团队，有专兼职注册师资4名，讲解员3名和3支专业的志愿服务队伍，保障基地运营人员需求。三是争取多方支持确保运行经费到位。争取县财政及镇政府每年安排专项经费；争取爱心人士、爱心企业等社会捐赠支持场馆运营。

打造特色，品牌服务亮点纷呈。打造了“泳”安计划、跟我回家、老有所依、“救”在身边、心灵氧吧五个志愿服务品牌项目，以特色志愿服务助力县委、县政府工作。特别是“泳”安计划启动以来，南城县未发生一起青少年溺水事故，“泳”安计划百日巡河期间累计劝阻野泳、野钓群众500余人，其中劝离青少年野泳108人次。

注重宣传，红十字精神广泛传播。紧密结合各大纪念日，开展红十字主题宣传活动，传播红十字文化，弘扬红十字精神；充分发挥微信公众号、抖音等新媒体作用，大力普及红十字运动知识，广泛传播红十字人道理念。一年来，各级主流媒体和网站宣传报道县红十字会工作279篇次。

强化制度，依法治会取得新成效。建立信息公开制度，做到资金募集、财务管理、招标采购、分配使用等捐赠信息公开透明，切实保障捐赠人和社会公众的知情权、监督权。坚持依法治会兴会，依法履职尽责，制定了《南城县红十字会接收捐赠款物管理办法》，成立监事会，探索完善综合监督体系。新冠肺炎疫情防控期间，依法依规向社会发布捐赠公示31篇次，主动接受纪检、审计等部门和社会公众监督，打造公开、透明红十字会。

认真履职，正风肃纪效果明显。一是认真履行全面从严治党的主体责任。牢固树立“不抓党风廉政建设就是失职”的理念，切实履行第一责任人责任，严格落实“一岗双责”。全面落实领导干部个人收入申报和重大事项报告制度，规范领导干部的从政行为，时刻教育干部在工作中正确用权，廉洁从政。二是加强作风建设。积极开展“好人主义之害”解放思想大讨论活动，通过学习不断提高干部能力，增强干部依法履职能力、学习研究能力、狠抓落实能力、群众工作能力、风险处置能力，勇于担当作为，增强责任意识，弘扬奉献精神，形成开拓创新、争创一流的浓厚氛围。保持清正廉洁，持之以恒正风肃纪，加强纪律教育，强化纪律执行。三是加强廉政风险防控工作。围绕中央八项规定及坚决纠正“四风”要求，结合社会募捐工作、加强内部建设，对重点岗位，如救灾物资管理、捐赠款物管理、项目工作管理等的内控制度和监督机制，完善了备灾救灾物资及募捐款项的管理办法，建立健全监督约束机制，做到募捐款物管理的公开、透明，积极接受社会的监督，不断提高风险防范和廉洁自律意识，努力筑牢思想道德防线，切实增强拒腐防变能力。四是加强项目建设监督管理。建立健全各项制度，通过制度管理规范化、细节精细化、工作阳光化、决策集体化，防微杜渐，有效杜绝腐败。南城县红十字生命健康安全体验馆项目建设过程中，严格按照规定办理立项及各项建设许可，执行招标、监理程序；“三重一大”事项均通过班子会、执委会研究决定，款物使用科学合理、公开透明，该项目高标准通过中国红十字总会验收。

强化责任，意识形态工作有新变化。认真落实意识形态责任制，扎实履行好“一岗双责”。立足人道工作职责，注重挖掘、培育、宣传人道博爱典型，充分发挥典型在倡导人道理念、引领城市文明、激发社会爱心方面的积极作用，在全社会营造向善向上的浓厚氛围。一是扎实开展宣传日活动。利用5·8世界红十字会日、6·14世界献血日等重要日子开展集中宣传活动，围绕红十字会的宗旨和义务，制作宣传展板，向广大群众发放宣传折页、宣传单10000余份，传播国际人道主义，宣讲人道救助精神。二是发挥新媒体的宣传作用。利用微信公众号发布工作动态，传播红十字文化，让更多的公众及时了解到红十字的工作，取得了良好的社会效果。三是狠抓上稿工作。积极与县融媒体中心、文明办、中国红十字网和上级宣传平台进行交流沟通，及时将志愿者捐献者的感人事迹和工作动态上报各类宣传载体。

【南城县红十字会第一届领导名单】

名誉会长：汪华辉（县委书记兼）

名誉副会长：游庆龙（县人大副主任兼）、王淑晖

会长：万国辉（常务副县长兼）

常务副会长：余琳娜

专职副会长：汤　晨

挂职副会长：陈锦华

秘书长：文盼玉

兼职监事长：欧阳建明

专职副监事长：尧哲

兼职监事：吴志红、廖文辉

南城县医疗保障局

【概况】 南城县医疗保障局成立于2019年2月，是县政府工作部门，为正科级。主要职能为贯彻落实全市统一的城镇职工和城乡居民医疗保险、生育保险、医疗救助等政策，包括参保筹资和待遇保障政策、统一的药品、医用耗材、医疗服务项目、医疗服务设施等医保目录和支付标准；拟订完善全县医疗保障基金监督管理办法，建立健全医疗保障基金安全防控机制，推进医疗保障基金支付方式改革；负责医疗保障经办管理、公共服务体系和信息化建设，贯彻落实异地就医管理和费用结算政策、医疗保障关系转移接续制度；制定全县定点医药机构协议和支付管理办法，监督管理定点医药机构的医疗服务行为、医疗费用和医药价格，依法查处医疗保障领域违法违规行为；贯彻执行省、市制定的统一的基本医疗保险制度和大病保险制度，建立健全覆盖全民、城乡统筹的多层次医疗保障体系，不断提高医疗保障水平，确保医保基金合理使用、安全可控，推进医疗、医保、医药“三医联动”改革，更好保障全县人民群众就医需求，减轻医药费用负担等。内设机构3个，分别为办公室、综合业务股、基金监管股。现有在编在岗行政人员2人。

南城县医疗保障服务中心为南城县医疗保障局下属股级单位，2021年4月由原南城县医疗保险事业管理局事业单位改革更名而来，负责贯彻落实国家和省市有关医疗保障工作的方针政策、法律法规，以及县委、县政府关于医疗保障工作的决策部署，在县医疗保障局的统一领导下，对全县医疗保障业务经办工作进行指导，承担县本级医疗保障业务经办工作。现有在编事业人员20人。

【全民医保目标基本实现】 截止到2020年年底，全县参加基本医疗保险人数约为306823人，参保率稳定在95%以上，全民医保目标基本实现。

按照国务院、省医保局关于城镇职工基本医疗保险和生育保险合并实施的决策部署，经及时研究部署，统筹各方资源，优化服务流程，全县从2020年起实行两账合一，全面完成制度整合，实现城镇职工医疗保险与生育保险合并实施。

【基本医疗保障体系逐步完善】 提高参保人员的医疗待遇水平。自2017年城乡居民医保整合后，城乡居民住院起付标准为一级医疗机构100元，二级医疗机构400元，三级医疗机构600元，报销比例为一级医疗机构90%，二级医疗机构80%，三级医疗机构60%；（其中在二级、三级定点和非定点医疗机构比原新农合分别提高了30%、10%和5%）城乡居民基本医疗保险统筹基金年度内每人每年最高累计支付限额均为10万元。大病保险基金最高支付限额为25万元，与城乡居民基本医疗保险合并计算年度累计最高支付限额为35万元。

增加门诊特殊慢性病种类。2020年新增慢性支气管炎为门诊特殊慢性病病种，纳入城乡居民基本医疗门诊特殊慢性病的疾病种类由原本的39种增至40种。在定点医疗机构就诊属门诊特殊慢性病范围内的门诊检查、诊疗、用药按起付线300元，一级医疗机构统筹基金支付比例70%，二级医疗机构统筹基金支付比例60%，三级医疗机构统筹基金支付比例50%进行支付。一类门诊特殊慢性病执行住院医疗起付标准和报销比例。对尿毒症患者实行按月限定10次内的血透费用全部由基金支付，免除个人负担。

落实药品集中带量采购政策。根据省、市医保部门要求，全县辖区内12所乡镇卫生院和县人民医院、县中医院和妇幼保健院已按时按要求开始实行药品集中带量采购政策。南城县15家公立医院实行药品集中带量采购以来，涉及的集

中采购药品价格大幅下降，多为慢性病用药、抗肿瘤靶向药及化疗药，老百姓获得了真正的实惠，很大程度减轻了人民群众看病贵的问题。

执行新版国家医保药品目录。根据《2020年国家医保药品目录调整工作方案》，2020版国家医保药品目录，共119种药品被调入，29种药品被调出，最终目录内药品3692种，其中西药1426种、中成药1374种、中药饮片892种，全部纳入江西省医保支付范围，使城乡居民的用药范围大大拓展，让南城县百姓切切实实享受到了医保政策带来的福利。

【健康扶贫卓有成效】 参保缴费倾斜。全县建档立卡贫困人口均由财政全额补助纳入城乡居民基本医疗保险保障范围，可享受各项医疗保险待遇，确保实现应保尽保。

医疗待遇倾斜。住院报销坚持基本医保、大病保险、医疗救助“一站式”结算，方便群众。建档立卡贫困人员凭身份证、户口簿、社会保障卡及贫困户登记证到县域内定点医疗机构住院即可享受“先看病、后付费”政策，只需在出院结算时负担个人需承担的自付费用，个人自付费用严格控制在医疗总费用的10%以内，确保农村建档立卡贫困人员住院和一类慢性病门诊的报销比例稳在90%左右的适度要求。①在一级、二级定点医疗机构住院不设起付线，在政策范围内的医疗费用一级医疗机构报销比例为90%，二级医疗机构报销比例为80%，三级医疗机构报销比例为60%，年度内医保基金最高支付10万元；②贫困人口大病保险起付线降低50%（即抚州市上年度城乡居民人均可支配收入的25%为6051.5元），报销比例提高5个百分点（即65%）。贫困人口大病保险不设封顶线；③将贫困人口全部纳入医疗救助范围，贫困人员中的特困供养人员政策范围内医疗费用，予以全额救助；低保对象政策范围内医疗费用，在现行救助比例的基础上，提高5个百分点予以救助（按75%），年度封顶线3万元；将五保、低保对象以外的建档立卡贫困户，纳入支出型大病救助范围予以救助；④按照省卫健委、省民政厅、省扶贫办、省医保局和省监管局《关于增加城乡贫困人口专项救治病种的通知》（赣卫办医字〔2020〕9号）文件要求，将膀胱癌、卵巢癌、风湿性心脏病、肾癌四种疾病纳入全县城乡贫困人口重大疾病专项救治病种，将原有的21种重大疾病专项救治病种扩大至25种。

【医保基金运行较为平稳】 加强医保基金监督管理。基金支出执行严格的审核监督制度，收支两条线管理，严格执行《抚州市医疗保险经办机构内部控制实施细则》，不断完善内部管理措施，规范医保基金工作程序，严格管理医保基金支出，切实把好住院、审查、复查、结算各个重要环节，严防医保基金流失。

实施医疗保险总额控费。每年年初，与各定点医疗机构和定点零售药店签订医疗服务协议，根据当年筹资等情况，结合上一年度的基金运行情况及全县各定点医疗机构的数据，合理确定当年各定点医疗机构城乡居民基本医疗保险预付总额。同时严格控制各级医疗机构参保患者次均住院费用、日均费用、大检大治、目录外药品和诊疗项目费用所占比例等指标，通过定期考核和日常监管，评价定点医疗机构在入院、住院、出院和检查、治疗、用药等方面的真实性、规范性、合理性、有效性，作为预算和结算依据。

开展打击欺诈骗保稽核行动。针对不同监管对象多发、高发的违规行为特点，聚焦重点，分类打击，对应施策。重点查处医药机构虚构医疗服务、挂床住院、串换药品、耗材和诊疗项目等行为，通过南城县政府网站通报查处的打击欺诈骗保典型案例，震慑欺诈骗保的行为，保持打击欺诈骗保的高压态势，在全社会形成“不敢骗、不能骗、不愿骗”的舆论氛围。

深入推进驻院巡查管理。对南城县人民医院、中医院、第二医院开展医保驻院巡查，派驻人员进行巡查，深入病区认真核对参保住院患者身份、入院时间及病情，针对是否真实入院、冒名顶替入院、挂床住院和低标准入院等四个方面进行仔细核查，严防冒名顶替及挂床住院、小病大治、不合理治疗等违规违法情况的发生，不断规范全县医疗服务行为。

【医保服务水平不断提高】 为适应新形势下医保工作的需要，不断提高医保经办能力，提升医保服务水平，努力为参保人员提供方便快捷的服务。

加强医保队伍建设。根据南城县医疗保障工作实际情况对相关工作人员加强业务培训，增强工作人员服务意识，提高业务水平和技能，让工作人员做到业务范围内的事能说清楚，群众咨询的政策能讲清楚，对办事流程能一次性告知清楚，使服务工作步入了正规化、规范化轨道，切切实实为群众提供便利服务。

持续推进"一窗办理"。摒弃按业务设置窗口的格局，革新实行"前台综合受理、后台分类审批、统一窗口出件"集成服务模式，打破以往医保窗口业务办理的局限性，解决窗口业务分配不均衡导致的堵塞现象，避免办事群众因不了解自己所办业务对应窗口或想同时办理多个医保业务而造成的取错号、多取号、反复排队的问题，有效提高办事效率，提升服务水平，使群众获得良好的办事体验。

创新服务形式和载体。推广应用医保电子凭证，大力推进医疗保障业务"网上办""掌上办"等非接触办理方式，积极倡导办事群众"不见面办"、"零跑腿"，确保参保人员及时享受到各项医保待遇，促进经办服务水平更大的提升。

实行医疗费用即时结算。不断升级医保信息管理系统，建立以医保信息管理服务系统为中心，连接医保信息网，网络辐射全县各个定点医药机构，参保人员医疗费用实现凭社保卡在定点医疗机构和定点零售药店即时结算，只需支付"个人应付费用"，不再需垫付现金，也不用再到医保经办机构报销费用。

优化业务经办流程。针对全县基本医疗保险参保人员享受门诊特殊慢性病病种待遇认定办理时间过长，群众准备相关的材料需往返医保与医院之间多次，费时费力的问题，南城县积极与县人民医院、县中医院和县第二医院三家县级医疗机构沟通协作，进一步优化办证流程，新增定点医疗机构办理渠道，需由医疗机构出具的资料，由医疗机构一次性受理完成，再到医保窗口直接审批登记。慢性病审批时间由20多天变为1天，一次就能办好。

民　　政

综　述

南城县民政局为南城县人民政府主管有关社会行政事务的工作部门，主要承担社会救助、养老服务、儿童福利、流浪乞讨救助、未成年人保护、基层政权与社区建设、地名区划、婚姻登记、收养登记、殡葬管理、民间组织管理、社会工作人才队伍建设、慈善捐赠等数十项社会行政事务。内设职能股室有办公室（行政审批股）、社会事务和专项行政管理、社会福利和养老服务等3个股室；下辖县备灾减灾中心（暂未划转县应急局）、县民间组织管理办公室、县最低生活保障办公室、县“双拥”办（暂未划转县退役军人事务局）、县救助站、县福利中心等6个正股级全额拨款事业单位。局机关核定行政编制8名、事业编制11名，2020年末有干部职工25名。

2020年以来，县民政局紧紧围绕“保民生、保稳定、保发展”的目标要求，恪守“民政为民、民政爱民”的工作理念，为构建和谐平安南城，促进南城经济又好又快发展做出了积极贡献，多次获得上级部门表彰。2020年被评为全省文明单位、全市重点开发区民政工作第二名等荣誉称号。

以城乡最低生活保障制度为核心的社会救助体系进一步完善各项救助标准和水平进一步提升，困难群众基本生活得到有效保障。2020年，城市低保保障标准比2019年增长8.51%；农村低保保障标准比2019年增长8.88%；县福利中心城镇“三无”特困群众供养标准也提高到995元/人·月，机构孤儿养育标准达1600元/人·月，散居孤儿及事实孤儿标准达1200元/人·月。同时进一步落实了社会救助和保障标准与物价上涨挂钩联动机制，使低收入人群能够享受较好的保障。

社会福利事业加速发展。全县社会福利基础设施建设成效明显，引进民间资本1.6亿元兴建久久祥和养老中心已完成土建工程，株良镇区域性敬老院正在建设中，徐家镇区域性敬老院正在启动招标程序。

城乡社区建设稳步推进。积极推进村务公开民主管理治理工作。积极拓宽社区服务领域，丰富社区服务内容，创新社区服务形式，和谐社区创建取得显著成效。通过政府购买公益性岗位，开展社区居家养老服务试点，有效推动了政府公共服务的延伸。

专项社会事务管理更趋规范。完成了与临川等县（区）界联检工作，广泛开展了平安边界创建活动。优化婚姻登记机关设置，在全县11个乡镇设立婚姻登记机关。南城县婚姻登记规范化建设全覆盖，并且全部实现电脑办公，民政局2020年全县共办理婚姻登记业务3322件，其中结婚登记1639件，离婚登记664件，补领婚姻登记证976件，补发离婚证43件，其他15件。在局领导的关心支持下，为预防冒名顶替、使用假证等违法现象的发生，县婚姻登记处先后添置了身份证识别仪和人脸识别仪，使民政局婚姻登记规范化建设上了一个新台阶。2020年加强部门协作配合，共同做好街头乞讨人员尤其是流浪未成年人、精神病人、危重病人和老年人的救助工作，共救助流浪乞讨人员158人次，使用救助金近7万元，使符合救助条件的救助人员得到及时救助，促进南城县城市文明建设。并持续开展了政府购买社会服务，为全县未成年人开展各类活动，较好地完成全国第二批未成年人试点县工作。大力推进殡葬改革，建立困难群众遗体免费火化制度，建成农村公益性墓地 34 个，把推进殡葬改革列入新农村建设总体规划，开展“三沿六区”乱埋乱葬综合治理，禁止二次棺葬。县回归园开展“情系丧户·优质服务”活动，服务质量和水平明显提升。

民政队伍建设同步加强。2020 年以队伍建设为根本保障，不断推动民政干部队伍思想作风建设、素质能力建设，保持了民政部门的良好形象。围绕“民政为民、民政爱民”的主题，扎实开展“好人主义之害”主题教育，完善投诉受理和效能监察机制，组织了“入户倾听、上门服务”活动，对群众反映的突出问题进行整改，做到岗位职责明确、工作流程清晰、责任落实到位。广泛开展廉洁自律岗位教育、腐败风险预警防控，党风廉政建设责任制得到认真落实。

【民政局领导名单】
党组书记、局长：
游安辉（2017.9 至今）
局党组成员、副局长：
邓文锋（2017.9 至今）
局党组成员、副局长：
饶庆良（2019.2 至今）

社会福利

【概况】 2020 年以来，民政局坚持以“不忘初心、牢记使命”教育活动为契机，努力践行“民政为民、民政爱民”工作理念，深入贯彻落实上级有关文件精神，积极应对人口老龄化，在社会福利方面做了一系列的工作，制定社会养老服务体系建设目标和项目规划，稳步推进城乡养老项目建设，切实保障孤儿和残疾人等困难群体的基本生活和权益。

【制定了南城县 2019—2021 年社会养老服务体系建设发展三年行动计划】 为积极应对人口老龄化趋势，努力满足南城县养老服务需求，提高社会养老服务能力，提升老年人生活质量为目标，优先发展社会养老服务，完善体制机制，创新发展模式，加大扶持力度，加快推动养老服务工作，建立以居家为基础、社区为依托、机构为支撑，具有南城特色、与人口老龄化进程相适应、与经济社会发展相协调的社会养老服务体系，南城县制定了 2019—2021 年社会养老服务体系建设发展三年行动计划，力争到 2021 年全县新增有效供给床位 1200 张以上，居家养老服务设施 150 个，社区嵌入式养老院 5 个，特困失能人员集中供养率达到 35% 以上，养老服务市场全面放开，社会力量运营的养老床位占比超过 50%。

【稳步推进城乡养老项目建设】（完成了县社会福利中心三号楼建设，新增床位 56 张，对福利中心消防设备进行改造更新，已全面实行集中照护）；完成 55 个农村养老服务站的建设；先后对上唐、沙洲、里塔等多所敬老院进行升级改造，全县各养老机构开展养老服务质量提升工作，同时加强硬件和内部管理规范化管理工作；加快推进了社区和农村养老建设工作，已完成全县养老服务机构智慧平台安装，促成建昌镇城东路、城西路、秋水园社区居家养老服务中心正式投入使用；为提高失能老年人护理水平，南城县按照不低于省定最低标准为符合条件对象发放服务补贴和护理补贴，共为 318 名高龄失能老年人发放两项补贴资金 23.08 万元。

【切实做好孤儿基本生活保障工作】 根据省政府办公厅关于加强孤儿保障工作的实施意见及相关文件精神要求，城乡机构供养孤儿基本生活费从 2020 年起提高到 1600 元 / 人·月，城乡散居孤儿及事实无人抚养儿童基本生活费标准为 1200 元 / 人·月。为切实保障这部分弱势群体的基本生活，南城县严格按照标准实行“一卡通”社会化发放，保障了他们的基本生活，2020 年共发放孤儿补助金 25 余万元。

【切实做好残疾人“两补”工作】 为逐步解决残疾人特殊生活困难和长期照护困难，改善残疾人生活质量，根据江西省和抚州市困难残疾人生活补贴和重度残疾人护理补贴制度实施办法和细则相关规定，从 2016 年起实行政府领导，民政牵头，残联配合、部门协作的工作机制，民政局精心部署，认真摸底，严格按照个人申请，乡镇、残联审核，民政部门审批的程序，本着客观、公平、阳光透明的原则，对全部符合条件的残疾人建档逐级上报，2020年年底，全县有困难残疾人生活补贴对象3593人，重度残疾人护理补贴对象2277人。根据上级文件要求，统一城乡困难残疾人生活补贴和重度残疾人护理补贴，困难残疾人生活补贴每人每月60元和重度残疾人护理补贴标准每人每月70元。根据以上标准2020年共为3593人发放困难残疾人生活补贴，为2277人发放重度残疾人护理补贴，共发放资金543.194万元，有力地保障了残疾人的权益，彰显了社会主义优越性。

社会救助

【概况】 社会救助工作分为城乡居民最低生活保障、临时救助、五保供养、60年代精简退职人员生活补助等五大项六小项内容，城乡低保户、农村五保户等是社会救助的主要对象。2020年以来，南城县城乡社会救助工作按照施救标准科学化、操作程序规范化、监督管理民主化、工作手段现代化、服务方式社会化的工作目标，深化城市低保管理、全面建立农村低保制度，基本建立起以城乡最低生活保障、农村五保供养、城镇“三无”特困群众供养、孤儿基本生活保障等为基础，临时救助为补充，最低生活保障、专项救助、社会互助等制度相配套的城乡社会救助体系。覆盖人群逐步扩大，城乡差距逐步缩小。近年来，持续加大城市低保动态管理力度，通过第三方评估及时清退不再符合条件的人员，城市低保户从6527人降低至2193人，降幅比例为66.4%；农村低保户从11143人降低至11335人，降幅比例为1.72%；农村五保供养人数从794人降低至477人，降幅比例为39.92%；2020年年底，城市低保覆盖占非农人口的1.86%，农村低保覆盖占农村人口的4.27%，基本实现“应保尽保”“应救尽救”。发放五保供养资金744.32万元，477名五保老人得到妥善供养。2020年以来，筹集资金312万元，为城乡低保、农村五保等对象发放临时物价补贴。这些民生政策的落实，有效保障了困难群众的基本生活，向实现“困有所助”的目标迈出坚实的步伐，有力地维护了社会和谐稳定。

（陈春莲）

老龄工作

【概况】 由于机构体制改革，老龄办转隶卫健委，原老龄办工作职责中70周岁老年人意外保险工作和高龄津贴发放工作转交民政局。

【老龄工作扎实推进】 一是高龄补贴发放及时到位准确，2019年民政局按80—89岁每人每月60元，90—99岁每人每月120元，100岁及以上老人每人每月700元的标准，共发放高龄补贴376.57万元。二是为70周岁以上老年人、60周岁以上重点优抚对象、60周岁城乡特困人员办理了意外伤害保险。根据省财政、省老龄办文件精神，南城县为18573位70周岁老年人、554位60周岁以上城乡特困老人、1268位重点优抚对象办理了意外伤害保险，共缴纳保费7.4万元，全部为县级负担部分。

（卢明霞）

区划、地名和边界管理

【概况】 2020年，第二次全国地名普查成果转化工作持续推；依法完成道路、桥梁的命名和设标工作；县、乡（镇）两级行政区域界线的联合检查工作稳步推进；加强了边界管理，全面落实了平安边界创建工作。

【地名普查成果转化工作持续推进】 2020年，对2019年公开招标的《南城县地名故事集》完成了二审二校，对《南城县地名志》的初稿进行了认真审核，并提出了修改意见，同时通过“竞争性谈判”确定了《南城县地名词典》的编写出版工作，并签订了合同；制作拍摄了地名宣传片《除却麻姑更有谁》并成功上榜“学习强国”栏目。

【依法完成道路 桥梁的命名和设标工作】 2020年6月县政府批准了41条县城区新增道路和县校产业园道路以及县城区内10座桥梁的命名工作，同时对县城区14条道路进行更名进；12月份，完成了县城区新增道路和新命名桥梁地名标志牌的设置。

【加强边界管理全面落实了平安边界创建工作】 2020年，

继续与周边相邻6个县区签订了《平安边界创建协议书》和《边界应急处置预案》，每个季度都与邻县区开展了形式多样的“平安边界”联谊座谈会，交流了创建工作经验。

2020年牵头完成了临（川）南（城）行政区域界线的联合检查工作，同时启动了第二轮乡镇级行政区域界线联合检查工作,并完成了建（昌）洪（门)、建（昌）天（井源)、建（昌）徐（家)、新（丰街）天（井源)、株（良）新（丰街）5条乡镇级行政区域界线的联合检查工作。

基层政权和社区建设

【概况】 2020年，全面落实了基层政权各项政策，制定出台了几个明事、减负文件，夯实了基层民主、法治建设，提升了基层综合服务功能；社区建设和试点创建工作得到进一步推进，继续开展了农村社区建设试点工作和“绿色社区 美丽家园”的创建活动，积极推进了城市社区标准化建设。

【全面落实基层政权各项政策，夯实了基层民主、法治建设】 2020年，6月份前，配合县委组织部门指导好了村（居）委会书记、主任“一岗双责”，主任的补选工作；6月底与县委组织部门一起对全县村（居）委会书记、主任上岗进行了业务培训，并作了题为《新形势下如何做好村务公开、民主管理、民主监督工作》的授课；先后出台了《关于推行村级小微权力清单制度的通知》《关于改进和规范全县基层群众性自治组织开具证明工作的实施方案》《南城县民政局关于大力推动城乡社区民政服务元素融合提升社区治理水平工作实施方案》几个重要文件；7月份与县委宣传部和县农业农村局联合开展了优秀“村规民约”的遴选推介活动。

【社区建设和试点创建工作得到进一步推进】 2020年，结合城乡社区治理工作，继续抓好了9个农村社区建设试点和3个“绿色社区 美丽家园”的创建工作，同时完成5个城市社区标准化建设工作。在农村社区试点建设中，做到了五个统一，即：统一悬挂“中国社区”标志，统一制作背景墙，统一设计一站式服务平台，统一管理制度，统一办事流程。在“绿色社区 美丽家园”的创建中，紧紧抓住“社区是我家，美化靠大家”的创建宗旨，集思广益，充分发挥社区居民的联动力，把美化环境、文明礼让，互助互爱的理念传播到了社区的每个家庭中。

（危建友）

社工人才管理

【概况】 2019年，南城县认真落实民政部关于社会工作人才队伍建设的要求，把推进社会工作人才队伍建设作为一项关系民生的重要工作来抓，根据《江西省人才队伍建设中长期规划纲要》精神，从全面建成小康社会和构建社会主义和谐社会的全局出发，大力实施人才强区战略，初步建设了一支“社会工作专业人才＋社会工作从业人员＋志愿者”、专业与非专业结合的人才队伍，充分发挥了社会工作人才在服务科学发展、构建和谐社会中的积极作用。成立县社会工作人才队伍建设领导小组，在乡（镇)、民政事业单位和城乡社区均设立了社会工作相关机构，招聘社工开展各项社会工作服务。2020年，南城县共有30多人参加了全国社会工作者职业水平考试，这些主要是民政干部、民政事业单位从业人员，社区工作者，以及来自相关部门的工作人员和在校大学生，他们成为南城县第一批专业社会工作者，有力提高了南城县社会工作人员的整体专业水平。开发设置了民政系统社会工作专职岗位。南城县民政系统事业单位根据需要设置社会工作岗位，把社会工作岗位配齐配足，从政策层面推动社工，民政局通过购买省家乐社工协会的有偿服务，以项目为支撑，以南城县慈善总会、县盱江社工协会为依托，分别在沙州镇中心小学、洪门镇中心小学实施了心语心愿、暖心计划等关爱农村困境留守儿童试点服务项目，以点带面，稳步推进，逐步推广关爱困难留守儿童新观念、新方法、新模式，收效明显。

（卢明霞）

民间组织管理

【概况】 2020年，县民政局大力培育和发展社会组织，推进社会组织改革，加强管理，落实强化社会组织党的建设，健全社会组织党工委的机构，至2020年年底南城县现有依法登记的社会团体108个，民办非企业32个。民间组织监管日益规范，根据《社会团体登记管理条例》《民办非企业单位登记管理暂行条例》有关规定，新增登记社会团体8个、民办非企业2个，注销社会团体53个，民办非企业34个，登记、注销合格率达100%。

【依法执行社会组织登记及年检工作】 依法开展对社会组织年度检查工作，加强社区社会组织备案登记；认真贯彻《江西省行业协会管理办法》，深化社会组织登记管理体制改革，推行公益慈善、社会福利、社会服务等组织的培育，会同业务主管单位依法监管。

【加强社会组织党建工作】 深入贯彻落实中办《关于加强社会组织党的建设工作意见（试行）》，不断强化社会组织党的建设，建立健全各级社会组织党工委机构，派驻党建指导员建立社会组织党支部，（联合支部）。进一步扩大党在社会组织中的党建机构，进一步扩大党组织在社会组织中的覆盖面，发挥社会组织党建引领作用，引导社会组织积极参与社会治理。

（张华林）

殡葬管理

【强化作风建设规范服务】 深入推进殡葬行业行风建设，继续抓好殡葬系统“红包”治理专项活动，进一步改进服务方式，改进工作作风，实行24小时服务承诺，设立公开栏，公开服务项目、收费标准、办事程序、监督电话。加强殡葬基础设施建设，推行殡葬服务单位“一条龙”惠民服务措施，提升殡葬服务水平。

【加大殡葬改革宣传力度】 为确保绿色殡葬改革工作稳步推进，充分利用有线电视、宣传车、发放宣传单、发送手机短信、横幅、永久性标语、宣传栏等多渠道，在全县市民中广泛宣传深化绿色殡葬改革的相关惠民政策，多角度、全方位、不留死角，做到家喻户晓，人人皆知；强化党员领导干部带头作用，清明节期间，围绕“绿色殡葬、文明祭扫”为主题，采取祭品换鲜花等优质殡葬服务，大力倡导文明祭扫，树立殡葬改革新风尚，移风易俗，推动丧葬陋习和乱埋乱葬综合治理。

【落实政策打造惠民殡葬】 强化资金保障，对不享受国家丧葬补贴的城乡居民亡故人员在县殡仪馆火化后直接减免1600元基本火化费用，2020年度共火化1638具，符合减免1385具，共减免资金221.6万元，为方便群众，实现了民政局与社保局、殡仪馆与社保局同网办公，简化办事程序，深受群众好评。

（陶贯仂）

居民生活·计划生育

国家统计局南城调查队

【概况】 国家统计局南城调查队是国家统计局的派出机构，属于参照国家公务员制度管理具有行政职能的正科级事业单位，编制数为8人。该单位既是政府统计调查机构，也是统计执法机构，依法独立行使统计调查、统计监督的职权，独立向国家统计局上报调查结果，并对上报的调查资料的真实性负责。

该单位业务范围包括：组织实施国家统计快速反应制度；组织开展经济社会重大问题和经济发展新动能专项调查；及时报告本地区的突发性经济事件和重大社会经济问题等方面信息；参与组织实施国家有关普查项目；根据国家统计局的授权，管理和公布有关统计调查数据；依法查处其组织实施的统计调查活动中发生的统计违法行为；组织开展统计信息化的有关工作；接受各级政府委托，开展统计调查和提供经济分析研究、统计信息咨询服务；完成国家统计局交办的其他事项。

该单位2018年度被评为国家统计局江西调查队系统"调查先锋"选树学活动先进基层党组织。2009年被评为国家统计局江西调查系统统计基层基础建设工作（2007—2009）先进集体。2006年至2020年连续15年被评为全省调查系统先进集体。

【调查任务】 南城调查队按照国家统计局及江西调查总队的布置及要求，开展常规调查和专项调查，具体包括五大类16项常规调查，以及其他专项调查、普查任务。

一、价格调查

居民消费价格调查：居民消费价格调查的任务是调查、搜集和整理这些商品和服务项目的价格，并编制居民消费价格指数（英文缩写为：CPI），以反映一定时期内居民所消费商品及服务项目的价格水平变动趋势和程度。居民消费价格调查按用途分为8大类、268个基本分类，南城调查队对1200多个规格品的价格进行长期跟踪调查，通过调查计算出居民消费价格指数（CPI）。2020年采价点200个。

农产品生产者价格调查：开展农产品生产者价格调查是为了全面收集农产品生产者价格资料，客观反映农产品生产价格水平和结构变动情况，满足农业与国民经济核算需要，为各级政府制定农业保护与农产品流通政策提供决策依据，向社会各界提供优质的农产品价格信息服务。该项调查共有26个网点，分布在7个乡镇，以记账户填写价格调查台账方式收集数据，按季度上报数据。

集贸市场农产品价格调查：开展农产品集贸市场价格调查旨在收集农产品集贸市场价格资料，准确把握全国大宗农产品在主产区的成交价格走势，为提高中国农产品主产区的区域优势和市场竞争力服务。该项调查网点只有1个集贸市场，主要任务就是采集主要农产品价格，按月度上报数据。

二、城乡住户调查

城乡居民收支与生活状况调查：该调查是以城乡居民家庭及个人为调查对象，通过抽样调查方法收集资料，了解城镇居民家庭人口、就业、收入、消费等情况和农村居民收入、消费、生产、积累和社会活动情况，协助国家和各级地方政府及时掌握人民生活状况，监测农村摆脱贫困和全面建成小康的进程，解决生活中的困难，改善生活水平，制定相关政策提供依据的统计调查，通过调查分别计算出城镇居民可支配收入和农村居民可支配收入。2020年，该项调查样本为110个，其中采用手机记账的电子记账102户，采用人工记账的8户。

农民工监测调查：全县共8个调查网点，分布在7个乡镇（村），主要调查农民工从业情况，按季度上报数据。

贫困村监测调查：全县所有10个“十三五”省级贫困村为调查网点。每年4月份调查一次，反映贫困村的生产生活状况以及扶贫资金的使用情况。

三、劳动力调查

劳动力调查：劳动力调查是为及时、准确地反映全国城乡劳动力资源、就业和失业人口的总量、结构和分布情况，为政府准确判断就业形势，制定和调整就业政策，改善宏观调控，加强就业服务提供依据进行的一项重要的国情国力调查。2020年，南城调查队月度劳动力调查样本共48个。

四、农业调查

县级粮食产量全面统计：开展分乡镇由村级（或生产经营单位）起报的全面统计方式（根据国家统计局要求，从2020年开始，粮食畜牧业全面统计归口到调查队管理），使用报表方式采集全县所有12个乡镇、150个行政村的粮食作物播种面积和产量。

县级农作物单位面积产量抽样调查：是推算、核定南城县粮食单产和总产量的法定数据（国家各项粮食补贴、奖励政策以此为依据）。全县共15个网点，涉及8个乡镇15个村，对稻谷单位面积产量，采取抽样调查的方法；对其他如小麦、玉米、大豆等小品种粮食作物和产量利用小区域估计等方法进行估算，最终推算出粮食生产大县各品种粮食作物产量。调查全程必须由县队的同志直接参与、直接调查。

（1）早稻、中稻及一晚、二晚稻踏田估产与实割实测，调查队的人员都必须亲自下田参与操作（高温作业），正值农忙时节。

（2）其他粮食作物和其他农作物播面与产量调查，除12月、1月、2月没有调查报表上报外，其他每月均有调查报表需上报。

县级农作物面积遥感测量和对地抽样调查：是推算、核定全县粮食播面的法定数据（国家各项粮食补贴、奖励政策以此为依据）。全县共15个网点，涉及8个乡镇15个村。调查队工作人员在春播、夏播、秋冬播时对所有调查网点选取样方内进行野外无人机航拍，之后人工处理合成照片、识别农作物品种，计算出样方内各品种粮食作物面积，最终推算出粮食生产大县各品种粮食作物播种面积。

畜牧业全面统计：开展分乡镇由村级（或生产经营单位）起报的全面统计方式（根据国家统计局要求，从2020年开始，粮食畜牧业全面统计归口到调查队管理），使用报表方式采集全县所有12个乡镇、150个行政村的生猪、牛、羊、家禽等存、出栏情况及肉蛋等产品产量，每季度报送一次。

畜禽监测调查：调查全县所有畜禽大、中型养殖规模户。其中：生猪养殖大户25家，中型养殖户4家；羊养殖大户1家、家禽养殖大户1家。建立每月台账，每季调查一次。

主要农产品中间消耗调查：用于核算农业生产总值，每半年报送一次。

农户固定资产投资调查：调查网点分布在8个乡镇8个村，每季调查一次。

五、商业投资与服务业调查

新设立小微企业和个体经营户跟踪调查：全县共抽中1家，每季度调查一次，调查工作人员网上直报。

服务零售结构调查：全县共抽中2家企业，年底调查一次，调查工作人员网上直报。

六、其他专项调查、普查

专项调查：国家局和总队布置的专项调查、普查、一次性调查等。

委托调查：文明城市测评、党风廉政建设民意调查、精准扶贫第三方评估调查以及其他委托调查。由国家统计局或江西调查总队统一抽调各国家点调查队人员进行统一部署开展调查。

【国家统计局南城调查队主要领导名单】

队长：

吴光华（2007.11至今）

农村居民收支对比分析

2020年，南城县农村居民人均可支配收入为19646元，同比增加1307元，增长7.1%。农村居民消费支出为15207元，同比增加1025元，增长7.2%。

一、农村居民总收入构成

（一）农村居民工资性收入为13178元，同比增加2746元，增长26%，占农村居民人均可支配收入的比例为67%，是农村居民收入的主要来源。农村居民工资性收入，即职工从单位得到的劳动报酬（工资、奖金、补贴等）是农村居民工资性收入增加的主要原因。

（二）农村居民经营净收入为4179元，同比减少2615元，下降38%，占农村居民人均可支配收入的比例为21%。主要是2020年受新冠肺炎疫情影响，生产经营活动受创，因此经营净收入有所降低。

（三）农村居民财产净收入为123元，同比增加129元。所谓财产性收入，一般是指家庭拥有的动产和不动产所获得的收入。包括出让财产使用权所获得的利息、租金、专利收入以及财产营运所获得的红利收入、财产增值收益等。财产性收入的增加主要来自其他财产性收入的增加。

（四）农村居民转移净收入为2411元，同比增加1047元，增长76%，占农村居民人均可支配收入的比例为12%。转移性收入就是指国家、单位、社会团体对居民家庭的各种转移支付和居民家庭间的收入转移。包括政府对个人收入转移的离退休金、失业救济金、赔偿等；单位对个人收入转移的辞退金、保险索赔、住房公积金、家庭间的赠送和赡养等。转移性收入的增加主要是养老金或离退休金以及家庭间的赠送和赡养收入的增加。

二、农村居民消费支出构成

农村居民消费支出呈“三增五降”，居民消费支出水平受疫情影响。

（一）农村居民食品烟酒消费支出为5403元，增加394元，增长7.9%。占农村居民家庭消费支出的比例为35%。

（二）农村居民衣着消费支出为888元，减少73元，下降7.6%。占农村居民家庭总支出的比例为5.8%。

（三）农村居民居住消费支出为4198元，增加427元，增长11%。占农村居民家庭消费支出的比例为27%。

（四）农村居民生活用品及服务消费支出为517元，减少58元，下降10%。占农村居民家庭消费支出的比例为3.3%。

（五）农村居民医疗保健消费支出为1891元，增加1096元，增长1.38倍。占农村居民家庭消费支出的比例为12%。

（六）农村居民交通通信消费支出为1068元，减少109元，下降9.3%。占农村居民家庭消费支出的比例为7%。

（七）农村居民教育文化娱乐服务消费支出为1143元，减少514元，下降31%。占农村居民家庭消费支出的比例为7.5%。

（八）农村居民其他商品和服务消费支出为98元，减少137元，下降58%。占农村居民家庭消费支出的比例为0.6%。

城镇居民收支对比分析

2020年，南城县城镇居民人均可支配收入为39009元，同比增加2173元，增长5.9%。城镇居民消费支出为21164元，同比减少893元，下降4%。

一、城镇居民总收入构成

（一）城镇居民工资性收入为18105元，同比增加1790元，增长11%，占城镇居民人均可支配收入的比例为46.4%，是城镇居民收入的主要来源。城镇居民工资性收入，即职工从单位得到的劳动报酬（工资、奖金、补贴等）是城镇居民工资性收入增加的主要原因。

（二）城镇居民经营净收入为8737元，同比减少1640元，下降15%，占城镇居民人均可支配收入的比例为22%。主要是2020年受新冠肺炎疫情影响，生产经营活动受创，因此经营净收入有所降低。

（三）城镇居民财产净收入为2794元，同比减少4.29元，下降0.15%，占城镇居民人均可支配收入的比例为7%。所谓财产性收入，一般是指家庭拥有的动产和不动产所获得的收入。它包括出让财产使用权所获得的利息、租金、专利收入以及财产营运所获得的红利收入、财产增值收益等。财产性收入的增加主要来自其他财产性收入的增加。

（四）城镇居民转移净收入为9372元，同比增加2028

元，增长 27.6%，占城镇居民人均可支配收入的比例为 24%。转移性收入就是指国家、单位、社会团体对居民家庭的各种转移支付和居民家庭间的收入转移。包括政府对个人收入转移的离退休金、失业救济金、赔偿等；单位对个人收入转移的辞退金、保险索赔、住房公积金、家庭间的赠送和赡养等。转移性收入的增加主要是养老金或离退休金以及家庭间的赠送和赡养收入的增加。

二、城镇居民消费支出构成

城镇居民消费支出呈“二增六降”，居民消费支出水平受疫情影响。

（一）城镇居民食品烟酒消费支出为 7732 元，增加 336 元，增长 4.5%。占城镇居民家庭消费支出的比例为 36%。

（二）城镇居民衣着消费支出为 1423 元，减少 235 元，下降 14%。占城镇居民家庭总支出的比例为 6.7%。

（三）城镇居民居住消费支出为 4626 元，增加 111 元，增长 2.7%。占城镇居民家庭消费支出的比例为 22%。

（四）城镇居民生活用品及服务消费支出为 879 元，减少 128 元，下降 12.6%。占城镇居民家庭消费支出的比例为 4.1%。

（五）城镇居民医疗保健消费支出为 1664 元，减少 252 元，下降 13%。占城镇居民家庭消费支出的比例为 7.8%。

（六）城镇居民交通通信消费支出为 3074 元，减少 132 元，下降 4.1%。占城镇居民家庭消费支出的比例为 14.5%。

（七）城镇居民教育文化娱乐服务消费支出为 1478 元，减少 388 元，下降 20.1%。占城镇居民家庭消费支出的比例为 6.9%。

（八）城镇居民其他商品和服务消费支出为 287 元，减少 205 元，下降 41.7%。占城镇居民家庭消费支出的比例为 1.3%。

住房公积金

【概况】 抚州市住房公积金管理中心南城县办事处职责：一、认真贯彻执行党的路线、方针、政策，遵守国家法律法规，按照市中心内部授权和统一制定的住房公积金各项管理制度及业务规范开展工作。二、负责编制本地住房公积金管理的各项工作计划及计划执行情况的报告。三、认真组织实施市中心研究制定并经管委会审议批准的年度住房公积金各项工作计划，坚决执行市中心主任办公会议做出的决策，确保住房公积金各项工作落到实处。四、积极争取当地政府和有关部门的支持配合，参与当地党委政府组织开展的中心工作。五、接受市中心职能科室的业务指导，及时准确完成各项资料数据的统计、汇总和上报。六、认真接受市中心和财政、审计部门稽核检查，受理回复当地群众来信来访，对存在问题及时整改，同时做好调研，积极提出建议意见，探索工作新方法、新路径。七、加强对本机构员工的党风廉政和遵纪守法教育，开展细致的思想政治工作，注重学习培训，改进提升服务水平，严格风险防控，做到优质服务、资金安全。八、组织实施本机构的年度考评，激发全体员工的工作热情，倡导和形成团结、务实、廉洁、创新、争优的工作氛围。九、及时承办和完成市中心交办的其他各项工作。设主任 1 名，大厅主管 1 名，在编人员 4 名，聘用人员 2 名。

【住房公积金归集缴存】 2020 年全年归集 1.65 亿元，归集总额 11.05 亿元，归集余额 6.79 亿元。

【住房公积金贷款发放】 2020 年全年发放个人住房贷款 257 笔、金额 1.11 亿元，贷款余额 5.29 亿元，个贷率达 77.9%。

【住房公积金扩面】 深入推进住房公积金制度改革，扩大住房公积金的覆盖率和政策受惠面，2020 年新增 31 个企事业单位开户，新增企事业单位缴存人数 756 人，新增个体工商户及雇佣人员 131 人。

【抚州市住房公积金管理中心南城县办事处主要领导名单】

主任：

熊　江（2017.7 至今）

妇女儿童

【抓理论学习，深化对妇女思想引领工作】 围绕“好人主义之害”开展解放思想大讨论活动，深入拓展“不忘初心、牢记使命”主题教育成果，深入学习贯彻习近平关于妇女儿童和妇联工作论述摘编，切实把习近平新时代中国特色社会主义思想融会到思想中、贯彻到工作中、体现到行动中。

【城乡妇女工作统筹推进】县妇联和各乡镇、县直单位妇联认真按照上级的部署要求，高度重视，周密部署，积极开展新型冠状病毒感染的肺炎疫情防控工作，落细落实各项防控措施。积极引导返乡滞留人员、农村转移劳动力、农村贫困劳动力、大中专毕业生、城镇登记失业人员和下岗失业人员等群体就近就地转移就业，南城县工业园区管委会、县妇联联合举办送岗下乡暨就业扶贫流动现场招聘会，切实为广大市民搭建就业平台。各乡镇妇联主席、副主席、执委积极参与到招聘活动中，大力宣传，发动广大妇女参与应聘，鼓励她们要不断适应市场新形势和就业岗位新变化，走出女性就业创业的新路子。实施好妇女儿童受益项目，一是按照省妇联关于对省妇儿专项资金项目和“两癌”救助专项资金使用进行督查通知的精神要求，对照自查内容，县妇联对 2019 年度省妇儿专项资金项目及近三年以来江西省农村“两癌”贫困妇女救助专项资金的使用情况进行了认真的自查。通过自查没有发现任何私分、侵占、挪用现象。做到了项目资金实行专账管理，独立核算，没有与其他资金混合管理使用；二是继续做好农村妇女两癌推荐和救助工作。1 月 17 日，举行了“贫困母亲两癌求助”中央专项彩票公益金（中国福利彩票、中国体育彩票）资金发放仪式。给 5 名“两癌”农村贫困妇女每人发放 1 万元专项救助金，在这个寒冷的季节里为这些患病贫困妇女送上党和政府的温暖。4 月 10 日，举行了城镇“贫困母亲两癌求助”资金发放仪式，为 1 名城镇贫困“两癌”妇女发放 1 万元省级专项福利彩票公益金。5 月底前将符合条件的“两癌”贫困妇女，特别是建档立卡中的患病妇女全部录入全国妇联“两癌”系统，共推荐申报了 27 名两癌农村贫困妇女。畅通网上联系妇女渠道。发挥“南城县妇女联合会”微信号公众平台和县直各单位、各乡（镇）妇联公众号共同形成的微信矩阵作用，直接听取妇女群众意见建议和需求，提供政策、法律、咨询等服务，在线上组织各级妇联妇女干部听取妇联系统各级各类事迹报告会 6 场，线上线下受益妇女达 3000 余人，形成上下联动效应。

【开展评模范立典型活动】开展南城县“巾帼脱贫攻坚模范”评选表彰活动。县委宣传部、县妇联、县扶贫办组织开展了“巾帼脱贫攻坚模范”评选活动。表彰脱贫群众示范户 6 户、致富带头先进个人 2 名、在脱贫攻坚工作中业绩突出群众反响好的乡（镇）干部 3 名及村委会干部 3 名、在脱贫攻坚工作中业绩突出群众反响好的驻村干部 2 名及第一书记 1 名。开展县“三八红旗手标兵、三八红旗手、三八红旗先进集体”的评选活动。授予南城县新冠肺炎疫情防控表现突出的女性医护人员以及全县各条战线上涌现出的优秀女性“南城县三八红旗手”荣誉称号 86 名，“南城县三八红旗手标兵”荣誉称号 7 名，授予南城县红十字会等 5 个单位“南城县三八红旗集体”荣誉称号。抓先进典型评选活动，促模范引领。推荐评选省抗击疫情最美家庭 1 户（刘莉家庭），省最美家庭 3 户（脱贫攻坚类范小英家庭、绿色清洁类邓才珍家庭、综合类陈锦华家庭）。

【主要领导名单】
主席：
邬甜甜（2020.1 至今）

青 年

【坚持贴近青年需求，提升扩展服务内涵】落实好《江西省中长期青年发展规划（2018—2025）》。9 月 4 日，南城县召开青年工作联席会议第一次全体会议，会议传达学习了《江西省中长期青年发展规划（2018—2025）》实施工作厅际联席会议第一次和第二次全体会议纪要精神、抚州市青年工作联席会议第一次全体会议精神，审议通过了《南城县贯彻落实〈江西省中长期青年发展规划（2018—2025 年）2020 年工作任务〉》，研究部署全县青年工作的具体举措，形成责任压实、分工明确的工作格局，推进全县青年工作高质量发展。

【坚持聚焦主责主业，夯实基层组织建设】

1. 大抓基层建设。一是扩大“两新”组织团的覆盖面。

在巩固传统领域的同时，积极延伸共青团的工作手臂，重点聚焦非公企业、两新组织等青年群体，补漏洞、除盲区，加大组织及工作覆盖。2020年新建非公企业团支部12个，社会组织团支部5个，互联网企业团支部2个，真正构建起纵横交织的网络化组织体系。二是夯实学校团建基础。持续推进学校团组织按期换届，2020年共完成一所学校团组织新建，七所学校团组织换届工作。8月17日在南城二中举办了全县“微团课”大赛，组织团员青年集中接受党团教育、听团课，不断扩大“微团课”大赛覆盖面和影响力，推动在团干部中逐步形成“上好团课并不难”的共识。推动建立中学团校，重点联系学校建设。2020年共完成五所中学团校建设，南城一中被确定为全省首批中学中职共青团“重点联系校”。三是加强团员队伍建设，做好团组织关系转接。将思政考评结果（含个人信仰情况）、8学时团前教育、年度20小时志愿服务时长作为入团必要条件，严格落实发展团员“十程序、三公示、九环节”，按照年初下发团员发展号段严格发展团员，全年共发展团员850名。加强学社衔接、升学衔接工作，破解学生团员“毕业即失联”“口袋团员”等问题，利用好“智慧团建”系统，及时做好团员组织关系转接工作。全年共完成团组织关系转接3149人次，“学社衔接”率、“升学衔接”率均达到99.9%。四是推进“一站两联”制度建设。团县委积极搭建团代表的“履职平台”及对普通团员青年的“联系平台”，建立“两联”工作机制，努力推动全县团的代表大会及其委员会发挥政治功能和示范引领作用。盱江幼儿园团支部被评为“全国五四红旗团支部”；中医院团支部被评为“全省五四红旗团支部”，建昌镇卢美娟、南城一小罗鑫云评选为“全省优秀共青团干部”；建昌镇团委、南城一中学团委被评为“全市五四红旗团委”，南城一小团支部、实验中学教工团支部被评为“全市五四红旗团支部”，3名同志被评为“全市优秀共青团干部”，4名同志被评为“全市优秀共青团员”。

2. 促进少先队改革。团县委不断深化改革少先队机制体制，积极探索符合低年龄段少年儿童身心特点的分批入队工作机制，通过规范化的队前教育、标准化的入队程序、入队仪式，有组织、分批次地吸收适龄儿童加入少先队，从源头上培养少先队员的光荣感和组织归属感，成为全市的试点。10月12日，全市少先队分批入队示范活动暨分批入队工作交流会在南城县召开。会上，团县委书记蒋闵倩介绍了全县少先队改革工作和分批入队工作试点情况，县第一小学、第二小学、徐家镇中心小学等学校分别就相关工作进行了交流发言，获得了参会的团市委领导和兄弟县区、学校的高度肯定。

【主要领导名单】
蒋闵倩（2017.1至今）

老龄工作

【概况】 由于机构体制改革，老龄办转隶卫健委，原老龄办工作职责中70周岁老年人意外保险工作和高龄津贴发放工作转交民政局。

【老龄工作扎实推进】 一是高龄补贴发放及时到位准确，2019年民政局按80—89岁每人每月60元，90—99岁每人每月120元，100岁及以上老人每人每月700元的标准，共发放高龄补贴376.57万元。二是为70周岁以上老年人、60周岁以上重点优抚对象、60周岁城乡特困人员办理了意外伤害保险。根据省财政、省老龄办文件精神，南城县为18573位70周岁老年人、554位60周岁以上城乡特困老人、1268位重点优抚对象办理了意外伤害保险，共缴纳保费7.4万元，全部为县级负担部分。

（卢明霞）

计划生育

【计划生育服务管理】 一是做好计划生育奖励扶助工作。2020年确认全县农村计划生育家庭奖励扶助对象746人，计划生育家庭特别扶助对象149人，阳光助学资助对象187人，城镇居民独生子女父母奖励对象3127人（其中无业居民1893人，单位1234人），独生子女死亡的计划生育特殊家庭一次性抚慰金对象16人。二是继续做好计划生育特殊家庭扶助关怀工作。指导乡镇结合精准扶贫、公共卫生服务，为计划生育特殊家庭落实有关扶助关怀政策。健全计划生育特殊家庭信息档案，落实联系人制度、就医“绿色通道”和家庭医生签约服务，认真组织开展特殊家庭“三个全覆盖”专项行动；继续开展免费体检，全年有 149 人可享受免费体检服务。三是做好人口监测工作。协调卫健系统内部信息互通，及时采集出生、医学证明等信息；加强与民政、公安、教体等部门信息共享，及时掌握婚姻、新生儿上户信息及死亡等信息。确保全员人口信息变动更及时、更完整；积极配合做好“七人普”工作。2020 年度全县出生 2573 人，出生婴儿性别比 113.70，出生上报及时率为 93.03%；计生办证办结数 1947，及时办结率为 99.13%，其中外网登记完成数 1130，占 58.04%。及时完成人口区划与民政区划代码维护，变更明细达 372 条。四是做好托育机构工作。出台了《关于成立南城县 3 岁以下婴幼儿照护服务发展工作领导小组的通知》《关于促进 3 岁以下婴幼儿照护服务发展的实施方案》。对全县托育机构进行摸底，年底已完成备案 4 家。同时联合县卫监、妇保、疾控等部门对全县 20 余家托育机构开展了新冠疫情防控监督检查。

乡　镇

建昌镇

【概况】　建昌镇地处盱江河畔，麻姑山麓，是南城县人民政府所在地，系全县政治、经济、文化、交通中心，京福高速公路、昌厦一级公路和206国道穿境而过，交通十分便利。全镇地域总面积124.73平方公里，辖建国路、体育路、拥护路、胜利路、解放路、交通路、生产路、城东路、跃进路、临江路、北门外路、凤凰路、城西路等13个居委会，辖新桥、光塔、黄家围、骆家坪、秋水园、姚家巷、庙前、义仓上、花楼下、邱坊、万年桥、五里庄、宋家排、尧家边、杨龙湾、麻源、麻姑山等17个村委会，全镇常住人口20余万人，耕地面积1600公顷。

2020年，全镇实现生产总值41.3亿元，同比增长2.9%；财税总收入6907.61万元（其中财政完成374.44万元，税务完成6533.17万元），同比增长3.5%；工业总产值21.6亿元，同比增长3.4%；工业上缴利税2940万元，同比增长3.7%；固定资产投资6.32亿元，同比增长5.3%；农民人均纯收入20014元，同比增长7.3%。

2020年，在县委、县政府和镇党委的坚强领导下，在镇人大的监督支持下，镇政府坚持以习近平新时代中国特色社会主义思想为指导，深入贯彻落实中共十九大及十九届四中、五中全会精神，牢牢把握稳中求进工作总基调，统筹兼顾疫情防控和经济社会发展，扎实做好“六稳”工作，全面落实“六保”任务，全镇经济社会发展稳步向前。

表20
2020年建昌镇国民经济主要指标

指标名称	金额
生产总值（万元）	413000
工业总产值（万元）	216000
财政收入（万元）	6907
固定资产投资（万元）	63200
农民人均纯收入（元）	20014

【夯实基层党建基础】　一是强化主体责任。切实把党风廉政建设贯穿于一切工作的始终，对重点任务和工作责任分解细化、责任到人，形成横向到边、纵向到底、覆盖完整、责任落实的完整体系。规范制度建设，严格落实《党委会议议事规则》《党委中心组学习制度》《领导班子及成员绩效考核管理办法》等规则制度，加强规范管理，强化干部责任，切实把规矩和纪律挺在前面。班子成员率先垂范，积极履行“一岗双责”，明确既抓业务工作，又抓党风廉政建设的双重责任，带动镇村（社区）两级牢固树立“四个意识”，坚定“四个自信”，坚决落实“两个维护”，确保政令畅通、令行禁止，始终在思想上政治上行动上同以习近平同志为核心的党中央保持高度一致。二是重视党建工作。党建工作随提随议，全年共研究党建工作27次，围绕党员发展、“三化”建设、“好人主义之害”解放思想大讨论活动等工作进行部署，同时明确要求班子成员挂点基层党组织督导党建工作，参与每季度党建督查工作，帮助督促整改落实到位，确保基层党组织党建工作存在的问题及早发现、尽快整改；组织3次集中党建业务知识培训，要求基层党组织负责人参加，切实提升

基层党组织的党建业务能力；成立3个党建工作指导站，共配备3名镇党委委员及3名熟悉党内业务的同志，分片区随时对村（社区）党组织党建工作进行指导，保障党建工作顺利开展；镇党委每季度一次对基层党组织党建工作进行督查排名，层层传导压力，让基层党组织负责人思想上重抓党建、业务上真抓党建。三是加强基层党组织建设。把基层党组织“标准化、规范化、信息化”建设作为2020年的“一号工程”“书记工程”来抓，主要领导亲自挂帅，现场办公，严格对照“四个方面定标准、六个方面立规范、一张网络联整体”的要求指导改造提升，及时解决实际问题，推进工作进度，年底已完成31个基层党组织的“三化”建设。推动落实党对所有工作的领导，严格按照选举程序，在规定时间内圆满实现全镇13个社区、17个村党组织书记、主任一肩挑目标。严把党员发展质量关，坚持把政治标准放在首位，吸收思想先进、行动积极并得到群众公认的优秀积极分子，对其档案、纪检和公检法部门的意见、信访举报等方面进行严格核实，切实保障基层党组织的纯洁性和先进性，共发展积极分子17人，预备党员6人，正式党员26人。大力发展村级集体经济，继续紧紧依托区位优势和资源优势，主动作为、积极探索，因地制宜发展壮大村集体经济，同时对尧家边、新桥、麻源、宋家排、万年、骆坪、杨龙湾、麻姑山等集体经济发展动力不足的行政村，针对性制定集体经济发展实施方案，合理配置资源、加强规范管理、争取政策扶持，做到早部署、早谋划、早落实。2020年，14个行政村集体经济收入均达10万元以上，达到预期目标。

【狠抓党风廉政建设】 一是推进廉政文化建设。始终坚持把党风廉政教育作为一项基础性工作来抓，开展廉政文化建设，着力引导党员干部牢固树立理想信念和宗旨观念，努力增强全体党员干部的思想道德素质和廉洁自律意识。坚持把党风廉政学习教育与“好人主义之害”解放思想大讨论活动相结合，纳入党委中心组学习计划；及时通过党委会、班子会、晨例会等会议传达通报上级纪检部门对于违反中央八项规定、扶贫工作纪律、防疫工作制度案例35次，以案为鉴，警醒全镇干部把握底线，筑牢廉洁自律思想防线。充分发挥镇机关大院廉政文化宣传长廊、姚家巷麻岭下廉政文化教育基地、廉政文化教育室、廉政书屋的作用，定期组织纪律讲堂，弘扬廉政文化，树立清风正气。二是支持镇纪委履职尽责。大力支持镇纪委履行职责，组织完成全镇党员、干部、公职人员（含监察对象）等1830人的基本信息及家庭、主要社会关系情况登记，建立健全468人廉政档案，夯实执纪监督基础。督促镇纪委对建昌镇各村（社区）疫情防控工作、农村脱贫攻坚工作、城镇居民脱贫解困工作、“六稳”“六保”落实情况、贯彻落实勤俭节约情况进行专项监督检查，确保重点工作顺利推进。督促镇纪委加强对农村“三资”的监督管理，完善村级财务制度，防止村干部贪污挪用公款和救灾救济款，侵占集体财物，促使基层干部思想纯正、作风过硬。全年约谈、谈话函询、提醒谈话12人次，共立案14起，结案14件，给予党内警告处分1人，给予党内严重警告11人，给予开除党籍2人；查处违反中央八项规定精神0人。三是抓好干部作风建设。严格执行《机关干部管理制度》《绩效考核实施方案》，实行上下班点名打卡制度，规范请销假手续、审批权限和缺勤处罚标准，建立健全公车管理、公务接待等机关各项工作制度，以制度约束干部，以制度强化管理，切实严肃干部上班纪律；紧盯年节假期重要时间节点，及时传达学习上级部门关于节假日期间“十严禁”文件要求，下发通知，做到节前教育提醒、节后自查自纠，抓细节、抓具体，锲而不舍，常抓不懈，要求全镇机关干部填写遵守“十严禁”自查自纠表274份；大力开展“五型”政府建设，贯彻落实《容错免责办法》，倡导敢于碰硬、敢于担当精神，以督查镇、村（社区）两级服务中心窗口服务态度、服务水平、人员在位情况为抓手，切实改进干部作风，提升行政效率。

【脱贫攻坚推进扎实有效】 一是抓好中央脱贫攻坚专项巡视“回头看”整改工作，对认领的25个问题全部整改到位并长期坚持，提高全镇脱贫攻坚工作质量。二是着力解决“两不愁、三保障”存在的突出问题，压实责任，严格要求各村负责人、第一书记、帮扶干部深入贫困户家中摸排梳理，切实把解决贫困户的实际问题放在心上、落实到行动上，确保扶贫政策“不漏一户、不少一人”。全年完成2户危旧房改造、6户道路硬化、1户自来水安装，出具101户贫困户饮用水安全报告，资助101名贫困学生，帮助6户贫困户办理残疾证、慢性病证，增加38人贫困户低保。三是大力发展产业、就业扶贫，激发贫困户自主脱贫的积极性，增加贫困户劳动收入，降低返贫风险，实现稳定脱贫。全年吸纳115名贫困户为合作社社员，落实75名贫困户合作社工作岗位，及时发放60余名外出务工贫困户交通补贴，帮助9名贫困户落实产业扶贫小额信贷。四是高效推动扶贫项目，对全镇17个扶贫项目紧跟时间节点，督促工程进度，严把审核关卡，全部完成验收并按时拨付资金，充分发挥产业发展带动作用，改善生产生活环境。全镇101户361名贫困户已全部实现脱贫，圆满完成脱贫任务。

【疫情防控严格压实责任】 面对突如其来的新冠肺炎疫情，从2019年除夕夜起，全镇领导干部以高度的政治责任感和使命感，在镇党委的领导下，全面开展了宣传、摸排、体测、监管、隔离等各项防控措施，筑牢疫情防控的城墙。一是完成常住人口的摸底排查及健康信息登记工作。严格按照上级防疫指挥部的工作部署，划分片区，上门入户，在规定时间节点内完成了全镇范围内在家人员的信息摸排和130795人的健康信息登记工作。二是做好辖区内人员的流动管理。针对辖区内34个无物业小区和17个行政村，动员1000余人在每个进出口设置卡点，安排人员三班倒值班对进出人员及车辆实行体温检测、扫码通行、信息登记、限制出行等，切实降低疫情扩散概率。三是抓好重点返乡人员的闭环管理。对900余名重点区域返乡人员详细确认行程信息，建立管理台账，一对一实行跟踪管理，严格按照工作要求，做好集中隔离、医学观察及健康监测等有效措施，严格落实防控要求。四是确保疫情防控政策宣传到位。及时传达上级指挥部防控指挥令，持续做好辖区内群众政策解释和引导工作，营造常抓防疫不懈怠的浓厚氛围，打牢防控工作基础。五是全力保障复工复产。联合市监局、卫健委、应急管理局、环保局等部门对辖区内120余家小型作坊企业的生产安全和防疫准备情况进行检查和专项整治，条件合格的批准生产，对条件不合格的坚决予以关停并限期整改，杜绝重大生产事故发生，切实做到疫情防控和经济发展“两手抓、两不误”。2020年，建昌镇获得省委、省政府颁发的“江西省抗疫先进集体”荣誉称号。

【经济社会发展稳步推进】 一是助力完成武汉云创旅科技有限公司签订总投资8亿元兴办的乡村旅游项目；积极做好园区企业招工工作，围绕镇400人的招工任务，专题召开会议进行研究部署，制定方案，加大宣传，明确任务，落实责任，切实解决企业用工难问题，助力实体经济发展。二是全力稳定粮食增产增收。积极策应省、市、县关于保障粮食安全的决策部署，做到早谋划、早部署、早动员、早落实。按照时间节点，迅速动员部署，结合各村实际，明确各村种植任务，确保责任落实到位，共落实早稻种植面积4060.71亩、中稻种植面积5214.35亩、晚稻种植面积3353.65亩。三是积极引导和鼓励农民巩固发展特色现代农业，加快农业产业结构调整，其中中药材种植2885亩；蔬菜、西瓜种植3000余亩，果园12000余亩，白莲种植6000余亩，产业结构调整再上新台阶。四是第三产业进一步繁荣，依托麻姑山国家4A级风景旅游区、麻岭下省5A级乡村旅游点的成功创建，休闲观光旅游产业、淘宝电商业蓬勃发展，餐饮、超市等个体工商业持续增长。

【生态环境整治持续开展】 一是深入推进农村人居环境整治及厕所革命。针对农村乱堆乱放、杂草丛生、建筑垃圾囤积等卫生乱象及废旧猪牛栏、水沟水渠等卫生死角，开展集中整治清理，同时大力开展厕所革命，农村旱厕一律拆除到位，不符合标准的厕所一律改造到位，共完成700余户厕所改造工程，切实提升农村人居环境水平。二是加强水域环境治理，落实“河长制”责任。强化小（2）型水库的日常巡逻及退养工作，严格保护麻源水库水源地周边环境，发现情况及时清理，并梳理源头解决隐患；全面排查入河入湖排污口，确保盱江河1公里范围内排污口全部关闭；对盱江河两岸、麻港河、乌珠河两岸的乱堆乱放、乱搭乱建、群众栽菜及乱倒乱扔垃圾现象开展集中整治，改善沿河环境。三是重点推进禁捕退捕工作。深入贯彻习近平总书记关于“共抓大保护、不搞大开发”的重要指示精神，与水产场135户249人签订协议，收取渔船162只，渔网12350斤，全面完成退捕任务；签订“四清四无”目标管理责任书，层层压实责任，强化政策宣传工作，集中三个月时间重点清理禁捕水域，常态化开展巡查和文明劝导工作，确保禁捕到位。四是坚持做好秸秆禁烧工作。加大禁烧宣传和群众动员工作，成立专业巡逻队定期对重点区域、重点时段开展巡查，杜绝焚烧秸秆、田埂等行为，切实减少大气污染，提高空气质量。

【“两违”防控成效显著】 始终把“两违”整治作为一项中心工作，坚定不移持续推进，坚持“零容忍，全覆盖”，以铁的手腕，坚决打击“两违”违法行为，有效遏制了“两违”蔓延趋势，切实规范了土地管理秩序。一是镇村（居）两级干部进村入户宣传“两违”的违法行为，表明政府的鲜明态度，形成浓厚的氛围；二是加大“两违”的巡查和拆除力度，综合执法大队不分节假日全天候进行巡查，做到不留死角、全覆盖，对抢建、偷建现象不留余地，坚决拆除到位，累计拆除“两违”面积4000余平方米，制止“两违”行为20余起；三是全力开展农村占用耕地建房情况摸排工作，针对相关部门反馈的疑似图斑点，明确工作内容和纪律，分解任务，细化责任，秉着实事求是的原则，圆满完成核查整改工作；四是切实规范农民建房，坚持疏堵相结合的政策，严格建房条件，严把农民建房用地申请、审查关，严格做到审查上报“五个不受理”；五是扎实开展农房一体确权登记及发证工作，严格按照工作部署，上门入户宣传到位，准确把握登记、发证标准，有序推进不动产登记体系，维护农民权益，已登记并发放不动产登记证5842本。

【服务“四区”成绩斐然】 全镇上下发扬担当实干、攻坚克难的优良作风，以片为单位和重点项目推进组为主体，落实班子成员挂点重点项目制度，实行一个项目、一套班子、一支队伍、一个方案、一天一汇报，每周一调度。坚持公开、公平、公正的操作原则，严格把准政策界限，依法依规开展征地拆迁工作，镇村两级干部深入基层一线，加强调查摸底，做好群众思想工作，同时对少数无理取闹、漫天要价的思想不正人员甚至强买强卖、强揽工程的不法分子进行坚决制止和果断打击。已推进麻姑山旅游开发、黄家围养老服务中心、姚家巷麻岭下改造提升、城西幼儿园建设、东方红小学新建、东方红幼儿园建设、城市功能品质提升等20余个重点工程项目，共完成征地1300余亩，涉及人数400余户，确保了县“四区”项目建设的顺利推进。

【社会环境平稳有序】 一是畅通群众诉求渠道，切实化解各类矛盾纠纷，发扬“马上办、快速办、立即办”的作风，梳理解决历史遗留问题，上访人数和上访批次均呈现大幅度下降；二是常态化开展扫黑除恶专项斗争，深入发动群众举报涉黑涉恶线索；三是全面落实安全生产责任制，对重点行业、重点领域、重点区域安全进行大检查和专项整治，杜绝了重特大安全事故发生；四是切实做好防火防汛工作，制定森林防火应急预案，成立应急抢险队伍，确保了群众生命财产安全。

【社会事务进一步提升】 一是完成18个新农村建设项目，持续提升农村基础设施建设。二是深入推进绿色殡葬改革。常态化上门入户做好政策解释及劝导工作，同时抓好清明祭扫工作，针对辖区内6个祭扫点，抽调80余名党员干部设置卡点，摆设宣传牌10余个，免费提供鲜花3000余束，倡导鲜花祭祀，切实做到文明祭扫。三是扎实完成全国第七次人口普查工作，严格按照工作要求登记213421人信息。四是强化禁燃宣传工作。通过各种形式广泛宣传，全天候加强巡逻防控，营造禁燃的浓厚氛围。五是大力开展城市功能与品质提升行动。整治环境顽疾、解决基础设施建设问题，开展绿化提升行动，建设“美画宜居、整洁文明”城市。

此外，军事、劳保、农医保、卫计、老龄、应急、共青团、工会等各项工作也取得了新的进步和工作成效，为全镇经济建设和社会发展作出了积极贡献。

【建昌镇主要领导名单】

党委书记：

陶建华（2016.6—2020.4）

镇长：

吴建明（2016.6 至今）

【建昌镇 2020 年受市厅级以上表彰的先进集体汇总表】

江西省抗击新冠疫情先进集体

全省先进基层党组织

【建昌镇 2020 年人物与荣誉资料表】

吴建明（2020 年抚州市信访工作先进个人）

万坊镇

【概况】 万坊镇介于北纬 27° 34′—27° 43′、东经 116° 29′—116° 39′之间，位于南城县的西北部，距县城仅 7 公里。全镇面积为 168.9 平方公里，其中耕地面积 32223.7 亩，可养殖水面面积 12000 亩，山林面积 16 万亩。总人口 29666 人，7343 户；辖 14 个村委会、1 个居委会；129 个自然村、146 个村小组。全镇干部职工 78 名，中小学教师 223 名。有党支部 25 个，党总支 5 个，党委 1 个，党员 862 人。主要农作物为水稻、茶籽、西瓜等。特色产业主要有家禽饲养、水产养殖、池蝶蚌等。

按照县委、县政府的决策部署，扎实推进万坊各项工作，抓好重点、打造亮点、突破难点，全面促进各项事业和谐、稳定、快速发展。坚持以习近平新时代中国特色社会主义思想为指导，立足“一核中心区”定位，牢牢把握稳中求进工作总基调，深入贯彻新发展理念，落实高质量发展要求，务实担当、奋力争先，全镇经济社会迈出了转型跨越发展的坚实步伐，2020 年全镇实现国民生产总值 4.91 亿元，同比增加 0.5 亿元；农民人均纯收入达到 14988 元，同比增加 1290 元。进一步推动脱贫攻坚、环境整治、扫黑除恶、作风建设、感恩奋进教育、五型政府建设等工作，实现全镇经济社会同步协调发展。

【疫情防控工作】 坚持人民至上、生命至上，在全省启动重大突发公共卫生事件Ⅰ级响应后，万坊党政领导沉稳应对，认真落实上级各项防疫措施，带领镇村干部、广大党员进村入户广泛宣传，做到防疫知识人人知晓，形成了防疫工作人人参与的工作局面。全镇张贴通告共 5000 余张，发放宣传单 30000 余张，利用电子屏幕滚动播放宣传标语 130 条，悬挂横幅 520 条，播放喇叭 200 多小时、出动宣传车 140 多趟次，收缴麻将机 43 台，封存 416 台，处理聚众赌博人员 10 名，群众自发取消红喜事 160 多起。有效提升广大群众的知晓率、支持力、参与率，凝聚起疫情防控的强大合力。

【脱贫攻坚工作】 深入学习贯彻习近平总书记关于扶贫工作的重要论述，特别是在听取脱贫攻坚专项巡视“回头看”和成效考核汇报时的重要讲话精神、在决战决胜脱贫攻坚座谈会上的重要讲话精神，对标对表中央反馈意见，从严从实落实整改措施，不折不扣抓好整改工作，以整改的实际成效，确保全镇脱贫攻坚质量高、成色足、可持续，坚决打赢脱贫攻坚收官之战。万坊镇共有建档立卡贫困户 301 户 880 人，边缘户 4 户 12 人，已全部脱贫，其中因病致贫 134 户，因残致贫 114 户，缺劳力 45 户，其他原因 8 户。该镇东港村是“十三五”省级贫困村，2017 年贫困村摘帽，现共有建档立卡贫困户 15 户，已脱贫 15 户。上半年批复 2020 年度的五个专项扶贫项目 168 万元：万坊镇南坑产业基地厂棚及路面硬化、万坊镇邓家边村农产品加工厂房设施建设、万坊镇上湖村岭下组筷子厂房扩建、万坊镇上岭村干粉砂浆厂房及场地水泥硬化、万坊镇东港村岳口至孙家岭公路护坡已全部竣工，并已投入使用。2020 年实现 18 万余元的资产性收入，已对 40 余户贫困户发放资产性分红收益 32997 元。下半年批复 2020 年度省、市级财政专项扶贫资金项目 6 个 157 万元已全部竣工。2020 年是脱贫攻坚决战决胜之年，致力脱贫攻坚，打好基本民生保障主动仗。圆满完成了脱贫攻坚国家普查，该镇决胜脱贫攻坚任务全面完成。

【环境整治工作】 2020年万坊镇综合执法队整治全镇的环境卫生、乱搭乱建、乱堆乱摆、乱停乱放、乱贴乱画、乱扔乱倒，共拆除乱搭乱建1000余平方米、清理乱堆乱放500余处。共拆除破旧空心房、旱厕、猪牛栏共计30000余平方米，进行厕所革命整村推进，对农户进行改厕，全面完成县下达万坊镇改厕任务。

【工作作风建设情况】 万坊镇开展“好人主义之害”解放思想大讨论活动。紧紧围绕习近平新时代中国特色社会主义思想、习近平总书记重要指示批示精神和党中央决策部署，积极开展以“好人主义之害”为主要内容的新一轮解放思想大讨论活动，引导全镇党员干部对照“好人主义”的主要表现及危害，以务实管用的举措坚决整治和力戒“好人主义”，进一步增强“四个意识”、坚定“四个自信”、做到“两个维护”，增强事业心、责任感和敬业精神。通过调研工作，查找并逐步解决镇村两级存在的热点、难点问题，进一步推动镇村两级政治建设、组织建设、思想建设、作风建设和制度建设上台阶，努力实现万坊社会经济跨越式发展。

坚持向镇人大主席团报告工作，主动接受镇人大的法律监督和工作监督。定期在政府门户网站以及公开栏更新工作动态，并在网站专栏、政府宣传栏主动公开政务信息。2020年更新工作动态以及政务信息150多条次，公共权力运行更加阳光透明。

深入贯彻落实中央八项规定精神和省、市、县相关规定，加强干部管理，切实转变工作作风。对违纪问题严肃查处，2020年共立案5起，查处5人，开展纪律约谈17人次，查办案件3件，给予党纪处分3人。同时，不断加大对重点信访件办理力度，有效发挥了信访监督工作的及时提醒、及早预防、纠错整改及案源主渠道作用。

【基础设施建设情况】 2020年万坊镇引进重大开发项目2个。一是县农业农村局投资8000万元对全镇2.53万亩良田进行了高标准改造。二是县水利局投资3000万元在钟家边杨家渡等地兴建了大型节水灌溉工程，解决了钟家边等6村因库汊拆迁后农田无水灌溉问题。

【特色产业发展情况】 特色农业初具规模。在做好水稻广面、增产的同时，2020年引进竹荪菇、香菇、白莲、小龙虾、牛蛙等一批特色农业，建立示范基地，形成一村一品格局，拓展农民增收渠道。

【落实禁捕退捕工作】 全面落实盱江河禁捕退捕工作，该镇成立三支巡防队不分日夜、不分工作日、节假日，全天候巡防，共收缴鱼竿60余根，捕捞排、船16只，收缴捕鱼网23副，禁捕退捕成效明显。

【扫黑除恶工作】 万坊镇结合党员固定活动日、扶贫大走访等活动，集中开展了舆论宣传，组织大宣传5次，发放各类宣传册（单）12400份，张贴通告500张，悬挂条幅480条，树立大型户外广告牌4块，配齐宣传车2辆，第一时间公布了举报电话、信箱、邮箱，积极动员群众参与到检举揭发、指证涉黑涉恶势力专项斗争中来。同时，该镇把扫黑除恶与惩治基层腐败结合起来，紧盯基层党员干部涉黑涉腐问题，2020年以来万坊镇共问责党员14人，给予7人诫勉谈话、党内警告等处分；同时，该镇坚持主动出击找线索与广泛发动群众举报线索相结合，分别对近三年的社区矫正人员64名、65件信访件以及79件派出所重要案件重点进行分析研判，并采取发放问卷调查和随机电话访谈的形式对党员群众进行明察暗访、线索摸排，以“零容忍”态度，出重拳、下重手。2020年以来，该镇共收集问题线索65条，摸排线索56条，完成核查并上报县“扫黑办”28条。

【军事工作】 一是做好征兵宣传。二是组织民兵进行防汛、森林防火等训练，打造一支朝气蓬勃、充满战斗力的民兵队伍。三是对基干民兵进行潜力调查，调整基干民兵组织结构，编强编实基干民兵队伍，并组织基干民兵整组点验。四是组织民兵参与疫情防控工作：卡点盘查、消毒、入户摸排。五是清明期间组织民兵开展文明祭扫宣传活动，并到公益性墓地维持秩序和野外防火。六是组织民兵深入各水库、堤坝、地质灾害点进行勘察，做好防汛工作。

【卫生健康工作】 完成万坊镇农村改厕摸底统计及实施工作；做好了健康教育工作，完成对万坊镇妇女开展两癌筛查工作以及完成孕前优生健康检查任务。

【人社工作】 万坊镇着力抓好城镇居民养老保险扩面征缴工作，已全面完成参保缴费任务。为切实做好全镇返乡人员及农村富余劳动力创业就业需求，春节前后组织400余人参加南城县2020年工业园区企业用工招聘活动，为企业输送了优秀的人才。组织了贫困户及种养殖大户、回乡青年等120人，进行国家电子商务进农村暨电商扶贫培训。

【万坊镇党政主要领导名单】
党委书记：
刘　凯（2016.6—2020.8）
镇长：
周建军（2016.6至今）

株良镇

【概况】 株良镇位于南城县中南部，镇政府驻地株良村，距县城11公里，镇域面积184.71平方公里，总人口43741人，昌厦公路（原206国道）、京福高速公路、向莆铁路穿境而过，交通区位优势显著。株良镇先后被评为“全国重点镇”“江西省特色小镇”“全国经济发达镇”等。南城县株良镇已形成较为完备的校具研发、生产、销售产业链，校具同类产品占全国1/3以上，是全国闻名的“校具之乡”；镇村教育、医疗体系逐步完善，现有2所初级中学，1所镇中心小学，9所村完全小学，1所中心卫生院，22所村级卫健室，6所村级卫生室，1所文化站。

【精准推进，脱贫攻坚扎实有效】 通过精准识别、精准帮扶，288户820人稳定脱贫，贫困村基础设施条件和公共服务水平明显改善，贫困群众获得感、幸福感持续提升。积极拓宽贫困户就业路径，因户因人精准施策，加大就业岗位的统筹拓展和落实，并建立贫困户就业务工监测系统，安排了贫困劳动力从事各类公益性岗位84个；全面铺开“合作社+贫困户”模式，将贫困农户全面链接到合作组织产业链条上，搭建农民专业合作社共19个，累计分红7万余元，从光伏产业中发放公益性工资、劳务费用支出及各类奖励、补助资金累计达9.6万元；实施专项扶贫项目14个，总资金达326万元；统筹整合财政涉农项目14个，资金223.14万元。

【主动作为，疫情防控常态推进】 认真贯彻落实中央、省、市和县关于疫情防控的各项决策部署，坚持全面防控，做到“内防扩散”“外防输入”，落实镇村干部分包村组责任制，实行镇执法队、派出所、市监等部门开展联合巡防工作，建立人员监测台账，做到实时分析、精准防控，积极推进疫情防控常态化管理。实行对复工复产企业、复建项目定人定责工作机制。每名镇村干部挂点帮扶对接一家企业，共计结对帮扶139家企业，指导企业落实各项防控措施，深入复工生产企业一线摸底排查，千方百计帮助企业解决用工难、防疫物资紧缺等困难和问题。

【提质稳进，镇域产业齐头并进】 进一步深化农村改革，扩大农业投入力度，完善农业支持政策，巩固农业生产基础地位。积极推进农业标准化生产，建成1.79万亩高标准农田，惠及了15个村。大力推进现代农业产业体系，实施种植产业调整，发展600余亩食用菌种植，构建1000余亩的猕猴桃种植基地，在南丰蜜橘栽种的基础上实行金秋砂糖橘、蜜广等品种高接换种1500亩；充分发掘自身条件优势，结合校具产业资源，整合可以利用的山林土地，积极开展招商引资，全镇22个村集体经济收入突破10万元，其中5个村突破50万元，泷油村更是突破百万元大关，株良镇村级集体经济整体迈上了新台阶；通过“三请三回”“双返双创”等方式，围绕“建设标准化、经营集团化、产品智能化、服务优质化”的理念，耗资40亿元打造1500亩的高标准教育装备产业园，依托中欧班列，突出“互联网+校具”，融入“一带一路”，对接国际市场，带动校具产业走出国门、走向世界。现已拥有加工及配套企业308家，主营业务收入上亿元的企业9家，拥有自主品牌的企业33家，获江西省著名商标的7家，江西省名牌产品的7家，拥有发明专利2项，实用新型及外观设计专利39项。2020年校具产业实现总产值161.2亿元，税收1.1亿元。

【统筹规划，城乡面貌日新月异】 在全镇卫生保洁常效管护的基础上，探索和创新农村环境整治工作，建立有效的监管机制，积极动员群众参与，持续改善城乡人居环境，逐步实现“村庄整洁、堆放有序、环境清洁、管理长效”的目标；切实落实“林长制”，继续推进森林资源保护，扎实做好松材线虫病防治工作，严厉惩治破坏林地资源和生态环境行为；完成26个新农村建设点，总投资1830万元；完成双湖村污水处理厂建设、集镇休闲广场建设、株良村13组休闲广场建设，推动镇养老院新建工程、镇卫生院新建工程等一批民生工程，启动集镇主街提升改造工程，持续优化集镇发展环境；全镇共拆除旱厕110个、猪牛栏26350平方米，拆除乱搭乱建105处、空心房75000平方米，清理臭水沟18000米、杂草45000平方米。

【聚焦民生，社会大局和谐稳定】 开展外出务工回流人员对接工作，结合县工业园区和本镇校具产业用工需求，举办劳动力就业培训3场次，专场招聘会2次，帮助解决就业300余人；落实应补尽补政策，为1005户共1333人办理最低生活保障救助，每月救助43.4290万元；建成留守儿童关爱中心2处，彻底为这些困难群众解决了生活所需；立足加强社会治安综合治理，确保全镇社会政治大局稳定；深入开展扫黑除恶专项斗争，并结合“七五”普法，着力推进培养农村“法律明白人”6760人，大力推进“雪亮工程”建设，新增天网摄像头67个，在主要出入口新增摄像头100个，力促“雪亮工程”与平安乡镇建设有机融合，建设智慧化综治监管指挥中心。

【株良镇主要领导名单】
党委书记：
陶志诚（2016.6至今）
镇长：
黄　晖（2016.6至今）

（尧　腾）

里塔镇

【概况】 里塔镇介于北纬27° 17'05"—27° 924'30"，东经116° 23'50"—116° 34'10" 之间，位于南城县西南部，距县城27公里，与本县新丰街镇、株良镇、南丰县琴城镇、宜黄县圳口乡接壤，全镇国土面积156.63平方公里，耕地面积35535亩，水田面积27027亩，人均占有耕地1.9亩；林地面积16万亩，森林覆盖率68%。辖12个行政村，1个居委会，118个村小组。截至年底，辖区总户数5429户，总人数19340人，其中农业户数4714户，农业人口17877人，居民户数715户，居民人数1463人。

新中国成立前夕属四区称里塔乡，新中国成立初期属三区称里塔镇，1956年属株良区称里塔乡，1958年属株良公社称里塔管理区，1961年称里塔公社，1966年与水南农场合并称向阳公社，其中1967年水南农场从向阳公社划出，由县农业局直管。1967年复称里塔公社，1968年属株良公社，1970年从株良公社划出仍称里塔公社，1984年5月改为里塔乡，1994年7月乡改镇称里塔镇。2000年5月，里塔镇人民政府所在地由里塔镇新街村搬迁至里塔镇渔良村大乐村小组。距县城31千米。

1985年以后，里塔镇集市贸易业十分繁荣。根据农历历法，每月“逢双”日均为集日，民间传统说法为“赶集日”，镇内村民将自己生产的农作物产品、手工艺制品等商品拿到集镇上进行交易；每年农历五月十二日、八月十二日、十月十二日、十一月十二、十二月十二日这5天为庙会，即传统说法上的“赶会日”，里塔的庙会在全县较为有名，特别是八月十二日和十二月十二日这两个庙会日，时间恰好在中秋节、春节前夕，农作物收成之后，吸引了附近县、乡从商人员来镇进行交易，日交易额数十万元。

2020年是全面建成小康社会和“十三五”规划收官之年，在县委、县政府及镇党委的坚强领导下，在镇人大的监督和关心下，镇政府团结带领全镇人民，顽强拼搏，疫情防控取得重大成果，脱贫攻坚战取得全面胜利，决胜全面建成小康社会取得决定性成就，交出了一份人民满意、经得起历史检验的答卷。

过去的一年是极不平凡的一年，在艰辛的抗疫历程中，镇党委、政府始终秉承人民至上、生命至上，围绕“外防输入、内防扩散”要求，坚持群防群控、联防联控，健全常态化防控机制，在各方持续努力下，不断巩固防控成果，为恢复生产生活秩序创造必要条件。过去的一年是极具挑战的一年，为如期实现目标，镇政府坚持稳中求进工作总基调，坚定不移落实新发展理念和高质量发展要求，紧扣全面建成小康社会目标任务，努力克服新冠肺炎疫情带来的不利影响，统筹推进疫情防控和经济社会发展，扎实做好“六稳”工作，全面落实“六保”任务，经济社会实现平稳有序发展。2020年，全镇财政收入完成2173.44万元，同比增长5.7%。其中税务部门完成1975.62万元，同比增长6.1%，财政完成197.82万元，同比增长1.9%。

【一心一意谋发展】 始终坚持以招商引资为中心，突出“生态＋健康”产业的招商方向，采取以商招商、以企联商的方式，充分利用现有企业、商会及在外乡贤等资源，吸纳实力企业、集团入驻。坚持完善基础设施配套建设，强化企业服务，优化营商环境，打造营商环境“妈妈式”品牌，从而强化招商成效。2020年共成功引进10亿重大项目1个，华能江西清洁能源有限责任公司光伏发电项目正在建设中，预计可上缴税收1200万元；成功引进重点招商5000万项目1个，南城县路路鑫工程有限公司沥青搅拌项目，占地面积50亩，现已投入生产；引进1600万元企业1家，江西强剑工贸有限公司正在建设中，预计可上缴税收300万元；引进注册资金5188万元的江西晶辰教育设备集团有限公司正在建设中。截至2020年年底，全镇共有53家企业，其中规模企业3家，工业经济持续向好，全镇完成企业总产值52854.34万元，同比增长7%。其中完成工业总产值45883.4万元，同比增长7.2%。实现工业主营收入43588万元，同比增长7.1%。

【稳中求进促农业】 始终坚持以农业工作为基础，不断推动农村经济社会发展。一是大力发展传统产业。以超常规举措狠抓粮食生产，足额完成双稻种植面积任务，实现栽种面积2万余亩。持续发展壮大蜜橘首位产业，因势利导，通过引导农户种植品质和价格更好的红美人、橘柚、柑平等蜜橘品种，保证农户农产品增收。二是大力发展特色产业。不断提高中药材枳壳的种植面积，全镇枳壳种植面积达3000亩，利用“企业＋合作社＋农户”发展方式，带动324户农户实现增收，产量不断攀升，总产值突破900万元，实现了“一村一品”向“一镇一业”发展。三是大力发展村集体经济。全面完成农村集体产权制度改革，以村为单位成立了12个村办公司，积极谋划村级集体经济项目，2020年全镇村级集体经济收入总量达到110.74万元，超过2019年全年集体经济收入。四是全力抓好松材线虫病防治工作。截至年底砍伐焚烧了松材线虫枯疫木5000余株，圆满完成该年任务。

【扎扎实实夯基础】 坚持以跑项争资为抓手，坚定不移地实施项目带动发展。一是抓稳基础设施建设。推动建设完成里塔村至厚源村、欧坊村至谢坊村、徐兰村至昆塘村等3条共计9.4公里的道路扩面延伸工程，不断提高农村路网通畅深度，进一步补齐农村公路“末梢路”短板，打通产业循环路。投资100余万元对若岭水库进行改造，作为备用水水源地，有效解决了水源不足和备用水源问题。二是抓好重点项目建设。投资1630万元的渔良堤除险加固县级重点工程建设、总投资1.456亿元的南城（里塔段）—宜黄公路升级改造工程均如期完工。三是抓实秀美乡村建设，加快2020年全镇新农村建设点的验收工作。

【大刀阔斧整环境】 始终坚持绿水青山为根本，不断提升人居环境。一是打造“洁”家园。常态化开展农村人居环境整治，健全长效管护机制，2020年共清理陈年垃圾4500余吨，整治乱堆乱放380处、清理污水沟20千米、清理杂草3.9万平方米，拆除空心房、猪牛栏、破旧房屋、临建违建共360处（栋）、面积达6.66万平方米，新建公厕5个，为农户新增卫生厕所220个，改厕580个，切实改善全镇村民居住环境。二是打造“好”风气。深入开展乡风文明行动，建成新时代文明实践站13个，大力移风易俗，倡导低价彩礼、孝老爱亲、绿色殡葬等文明新风。三是打造“美”环境。围绕“蓝天、碧水、净土”目标，认真落实“河长制”“湖长制”“林长制”“路长制”等责任体系，深入开展野生动物保护专项整治行动，严格落实长江流域禁捕退捕工作，加大河道采砂、小（2）型水库退养、畜禽养殖、秸秆焚烧等整治力度，生态环境质量持续改善。四是打造“优”企业。扎实做好各级环保督察整改工作，杜绝问题反弹。对群众来信、来访的环保问题，均及时有效予以处理或答复。对镇内环保不合格的企业，该关停的关停，该整顿的整顿，该取缔的取缔，绝不姑息手软，2020年共下发整改文书4份，关停不达标企业2家。

【精中求细助扶贫】　稳步推进“抗疫情、补短板、促攻坚”工作，围绕“两不愁三保障”，补短板、强弱项、抓整改，圆满完成全镇建档立卡贫困户222户609人、1个“十三五”省级贫困村（昆塘村）退出的脱贫攻坚工作任务。一是住房饮水更安全。开展住房安全、饮水安全清零行动，整改55户贫困户住房问题（修缮加固54户，新建房屋1户），并投资48万元建设完成镇自来水厂饮水安全提升工程，完成部分村组智能水表的安装，进一步改善了水质，提高居民用水质量。二是“两业”力度更强力。产业方面，成立了7个扶贫产业合作社，为91户贫困户发放合作社盈利分红19.33万元，全镇222户贫困户及5户边缘易致贫户产业覆盖率达83.3%。就业方面，共提供62个公益性岗位并设立1个扶贫车间，实现有劳动力除务农外就业率达100%。三是项目建设更规范。2020年全镇有扶贫项目8个，项目资金共计224万元，项目已全部竣工，已拨付资金224万元，拨付率为100%；统筹整合项目10个，项目资金共计164.5万元，项目已全部完工，已拨付资金164.5万元，拨付率100%。四是政策落实更精准。2020年落实各年级助学补贴共16.04万元。开展贫困户爱心义诊活动16次，免费为贫困户体检1686人次，办理基本医疗保险609人，共计17.108万元，报销贫困人员医疗费用3242人次，共计225.3343万元。办理扶贫小额信贷到户46户152.62万元。五是巩固措施更完善。在上门上户深入摸排和返贫责任险全覆盖的基础上，完善预警监测机制，建立工作台账，有针对性地提供一对一帮扶措施，全镇对5户边缘户、1户脱贫监测户制定了一对一帮扶举措。2020年，该镇以“零漏评、零错退、高满意度”的好成绩顺利通过了脱贫攻坚国家普查。

【统筹协调提质量】　坚持以民生为本，不断提高群众生活质量。一是用心打造群众“保障线”。扎实推进新农合、新农保工作，全镇参加农村新型医疗保险率达97%，参加农村养老保险率达95.6%。2020年全镇低保、特困人员共1122人，共计发放保障金4156.4万元。积极开展退役军人及优抚对象“大走访”活动，全年共发放重点优抚对象优待金296万元。高标准提升教育事业，不断强化服务意识，切实帮助学校解决实际困难和问题，真正把提升教育质量各项工作抓实抓细抓出成效。进一步完善居家养老服务，通过阵地资源整合，将新文明实践站（所）、党群服务中心、颐养之家结合，在集镇设立1个居家养老服务站，在廖坊、新街、里塔设立3个居家养老服务点。二是用力筑牢群众“安全线”。深入开展扫黑除恶专项斗争。坚持“有黑扫黑、有恶除恶、有乱治乱”，严厉打击黄赌毒等各类违法犯罪及非法金融活动，发放法律宣传手册3000余份，使扫黑除恶工作进村入户。深入开展安全生产专项整治三年行动，把“安全生产月”及“安全生产万里行”等活动纳入常态化工作中，深入企业排查风险隐患、督促企业落实整改，有效预防和遏制各类安全事故发生。全力以赴做好“平安里塔”建设，利用集市、广播等形式普法宣传，发放宣传资料3000余份，解答法律咨询50余次，成功化解信访积案1件，调解矛盾纠纷45件。三是用情撰写群众“便捷线”。坚持为人民服务的宗旨，不断改进工作方式。深入推进“放管服”改革，加强镇便民服务中心和村级便民服务站标准化建设，完善延时错时预约服务机制，推广“赣服通”应用，提高办事效率，改变“找人难、办事慢”的局面，打通与群众间的“最后一公里”。不断深化政务公开，保障人民群众知情权、参与权、表达权、监督权，2020年公开政务信息95条，办理“12345”热线群众诉求64件，办理人大意见18条。

（严瑶　刘雪华）

【里塔镇主要领导名单】

党委书记：

欧　明（2016.6至今）

镇长：

黄文标（2019.6至今）

新丰街镇

【概况】 新丰街镇位于南城南部，盱江东侧，距离县城16公里。全镇总面积53.7平方公里，其中耕地19955.4亩，山地46000亩，可养殖水面2600亩。总人口11389人，其中非农业人口542人。下辖1个居委会，6个村委会，79个村民小组。常驻镇属单位11个，共有中共党员384名，其中镇政府机关党员38名。

新丰街镇交通相对不够发达，横跨盱江河上的新丰大桥、鲤湖大桥、林坊大桥是对外的主要通道。属农业镇，以水稻为主，兼营西瓜、玉米、柑橘等经济作物，以校具为主的乡镇工业悄然兴起，水资源丰富，境内有盱江河、彭武水两大水系，大小支流10余条，小（1）型水库2座，小（2）型5座，10000立方米以上的山塘88座、提灌站7座、陂坝7处。

现有初级中学1所，中心小学1所，幼儿园1所，初中适龄人口入学率100%，小学升初中升学率100%，九年义务教育覆盖率100%，教育质量在全县排名前列；镇卫生院1所，村级卫生室5个。镇村文化室7个，其中镇1个、村6个。有邮政网点1个，乡村通邮率100%，移动电话和有线电视普及。

2020年实现财税收入1618.52万元，其中税收收入1562.04万元，财政收入56.48万元；实现国民生产总值23460万元，同比增长1%，农民人均纯收入19445元，同比增长7.8%。

1. 全力以赴抗疫情，人民安全得到有力保障。疫情就是战情，防控就是责任！在“战疫”打响之初，全镇便全力以赴动员广大干群共阻疫情，有力保障人民群众生命健康安全。一是联防联控织密疫情防控安全网。该镇充分发挥基层自治，构建疫情防控大网格7个、小网格53个，固定网格化管理员63人，动员党员干部和志愿者10000余人次共同参与到联防联控中，散发各类传单12000余份，逐一摸排全镇户籍人口10045人、常住人口7039人，全镇消杀面积50000余平方米，构建了严密的疫情防控网。二是创新防控工作方法。村干部对10余户留家观察人员送粮送油送菜，送去了生活物资保障，也送去了“困难面前一家亲”的党的温暖。三是加强机关管理。在疫情防控期间全镇每天消杀一次办公场地、测量一次体温、喝一碗抗病毒汤剂，要求镇村干部做好个人卫生和防护，切实保障自身安全。

2. 多措并举稳增长，经济发展活力得到有效释放。受疫情影响，该镇企业年初面临招工、复工、销售等难题。针对此情况，镇党委、政府多措并举帮扶企业复工复产，激发释放了企业发展活力。一是“一对一”结对帮扶。镇派驻领导干部“一对一”入驻企业充当联络员，及时协助企业复工复产。3月底，镇辖区内27家企业便全部满荷复工，其中圣盛、珍材、祥山校具等5家规上企业经过一年努力共纳税852.4万，带动500余人就业。二是牵线搭桥助招工。镇年初分三批次共组织140余人前往园区企业应聘，现场达成意向就业近50人，为企业复工解决燃眉之急，为群众家门口就业搭建信息平台。三是大力支持企业创新升级。镇召集校具企业负责人一同观摩南城县校具产业园课桌椅全自动作业流水线，鼓励镇校具企业通过装备升级、技术升级、管理升级进一步优化企业生产效率，提高产品品质，提升企业核心竞争力。

3. 持之以恒抓建设，基础设施得到进一步夯实。2020年，镇依托规划，结合现有优势，全力推进项目建设再上台阶，基础设施进一步完善。一是及时完善水利基础设施。2020年完成了松源水库、沙窠水库清沟3000米，抢修山塘水库2座，有效保障了农田用水安全。二是持续深化新农村建设。2020年深入推进杨桥村丁家陂村小组和林坊村塘坊村小组2个新农村建设点，农村基础建设进一步巩固。三是大力推进重大项目建设。新池线、新丰沿河堤坝全面竣工，新丰大桥年底正在铺设桥面，新桥建成后将有效保障镇西大门出行安全。四是积极对接通用航空产业园项目。为响应省委、省政府“航空强省”发展战略，该镇大力配合县政府和有关部门开展选址、勘察、修建作业便道等工作，机场初步选址于新丰大坑村小组。

4. 拆临拆违治村貌，镇村环境得到极大改善。2020 年是全镇农村人居环境整治三年行动收官之年，该镇采取重点突击、以点带面、环环相扣等方式稳步推进，农村面貌焕然一新。一是组织有保障。全镇召开专题工作布置会，研究成立了新丰街镇农村人居环境整治三年行动领导小组，明确职责分工。二是实施有方法。制定并落实人居环境整治方案、制度，结合“爱国创卫”活动集中开展专项整治行动，集中精悍力量拆临拆违；抓好常态化管护工作，及时清运垃圾，有效维护休闲设施。2020 年全镇共拆临拆违近 13000 平方米，农村改厕 300 多座，清理清除覆盖全镇 57 个自然村，涉及水沟、水塘、卫生死角、乱搭乱建、乱张乱贴等，共清运垃圾 3500 吨。三是督查有职责。该镇每季度对各村（居）环境整治工作考核评比，纳入日常绩效考核，压实职责，通过示范引领逐步实现人居环境整治常态化。

5. 常抓不懈保三农，产业结构得到合理优化。一是保障粮食“两稳”。通过发放《给农民的一封信》、与种粮大户一对一政策宣讲等方式加大宣传力度，积极扩大早稻种植面积，有效做好粮食“两稳”工作。二是合理调整农业结构：有序发展玳玳花茶、枳壳、何首乌等中药材种植 2000 余亩，发展白莲 1100 余亩、莲鱼混养 300 亩，槟榔芋 600 余亩，新增蜜橘高位嫁接 600 亩，农业制种 1000 余亩。三是大力发展农村集体经济。2020 年全镇 4 个村通过村集体经济 10 万元验收，其余 2 个村均超 5 万元，其中镇林坊村流转土地示范基地、汾水甲鱼养殖基地、田东湖羊养殖基地多次受到市、县两级主要领导考察和肯定。四是做好动植物疫情防控工作。严密做好非洲猪瘟、禽流感、结节性皮肤病、松材线虫病等动植物疫情摸排防治工作，积极推进生猪复产至 300 余头，砍伐疫木 2 万余棵，组织飞机播药防控柑橘黄龙病 1000 余亩。

6. 千方百计惠民生，群众福祉得到持续增进。一是全力打赢脱贫攻坚收官战。新丰街镇共有贫困户 103 户 295 人，经过几年的精准帮扶，新丰街镇从政策扶贫、就业扶贫、产业扶贫等多渠道不断提高贫困户收入水平和生活质量，2020 年 8 月顺利通过脱贫攻坚国家普查，2020 年年底 103 户 295 贫困户全部脱贫，脱贫攻坚工作圆满收官。二是构筑了坚实的社会保障体系。2020 年全镇居民社保参保率 92.3%，医保参保率 98.5%，享受低保 400 人、五保 42 人、残疾人两项补贴 149 人、高龄老人补贴 188 人，镇脱贫解困户 15 户 18 人，发放临时救助资金 104961 元。三是优化养老服务。在梅溪、汾水、田东共设立 3 个居家养老服务点，在集镇设立 1 个居家养老服务站。四是深入开展安全生产 3 年专项整治行动，落实安全生产责任制，加大防汛抗旱、防火等巡逻执法力度，有效提升社会治理水平。五是大力开展“法律明白人”和普法工作，积极提供法律援助，不断提高农民法治意识。六是大力维护社会稳定，及时化解上级交办的信访 12 件，自我排查化解纠纷 22 起，开展扫黑除恶集中宣传 8 次，开展非法采砂整治 4 次，摸排上报县扫黑办线索 1 条，营造良好平安和谐社会氛围。

7. 果敢担当转作风，“五型”政府建设得到纵深推进。一是大力开展“好人主义之害”解放思想大讨论活动。2020 年该镇对照“五个类型 22 种表现”，在全镇党员干部中坚决开展“怕、慢、假、庸、散”等不良作风专项整治行动，通过学习教育、调查研究、检视问题、狠抓整改等措施确保活动扎实有效推进。二是深入推进机构改革。该镇 2020 年成立公益类事业单位 2 个，承接赋权 95 项，精简办事流程，转变工作作风，全力打造群众满意“五型政府”。三是持续推动政府廉政工作。2020 年镇政府全力配合镇纪委，大力开展专项纪律督查：2020 年共查处单位 1 个，问题 15 个 18 人次，通报 6 起 9 人，诫勉谈话 1 人，谈话提醒 2 人。

【新丰街镇主要领导名单】
党委书记：
陈红继（2019.9 至今）
镇长：
吴 娓（2016.6 至今）

上唐镇

【概况】上唐镇位于南城县南部，距县城 22 公里，在南城、南丰、黎川三县交界。全镇总面积 176.2 平方公里，其中耕地面积 52545 亩（水田 37741 亩，旱地 14804 亩），山林面积 143455.8 亩，森林覆盖率 95 %；辖 1 个居民委员会、17 个村民委员会，172 个村民小组，8796 户，30221 人（农业人口 28061 人，占全镇人口 92.85%，非农业人口 2160 人）。

2020 年实现财政总收入 3331.54 万元（其中，财政 308.89 元，税收 3022.65 万元），固定资产投资 2.6 亿元，同比增长 9.4%；农民纯人均收入 16874 元，增 9.02%。

【主要工作及主要成绩】

一、疫情防控科学精准，生命安全有效保障

2020 年注定是不平凡的一年，新冠疫情突如其来！镇党委、镇政府贯彻以人民为中心的发展思想，始终把人民群众生命安全和身体健康放在第一位，毫不放松做好疫情防控重点工作。建立上下贯通、左右联动的战时指挥体系，明确责任，细化分工，严格按照中央、省、市、县安排部署，充分发挥各村动员能力，统筹全镇做好疫情防控工作。强化网格管理，将全镇 18 个村（居）分为 182 个网格，紧盯重点地区、重点人员，严控人员出入，形成联防联控、群防群治局面。加大对传染病防治法和防控知识的宣传教育，引导全镇党员领导干部依法防控，引导群众正确理性看待疫情，增强自我防范意识和防护能力。深入宣传党中央决策部署，宣传医务人员等奋战在一线的党员干部感人事迹，宣传一方有难、八方支援的大爱精神，凝聚起全镇打赢疫情防控人民战争的强大正能量。

二、脱贫攻坚全面胜利，人民群众获得感显著增强

始终坚持以脱贫攻坚统揽经济社会发展全局，紧扣“两不愁三保障”脱贫基本要求和核心指标，着力解决突出问题，全面巩固提升脱贫成果。一是抓好突出问题整改，推进扶贫工作落实。2020 年六大问题整改，包括中央专项巡视“回头看”问题整改、主题教育检视问题、关于 2019 年成效考核发现问题、2019 年省脱贫攻坚成效考核反馈问题，对照整改工作清单、举一反三做好脱贫攻坚共性问题对照整改工作清单、关于 2020 年国家脱贫攻坚督查发现问题，反馈问题共 167 个，全镇结合实际，自查出 42 个为本镇不存在的问题，具体认领问题 125 个。为将问题整改到位，该镇成立问题整改领导小组，做到一周一通报，一月一调度，全力做好问题整改并销号。截至年底 125 个问题已完成佐证资料收集，并已销号。二是强化基础设施建设，打通脱贫攻坚“最后一公里”。农村危改完成率、住房安全性评定覆盖率、老旧住房透风漏雨整治完成率均达 100 %，农村居住环境进一步改善；扎实开展农村饮水安全大排查，镇扶贫站、镇防保站、镇水利站对全镇贫困户饮水进行抽样检测，集中供水点增加缓释消毒剂，保证贫困户用水安全。三是聚焦惠农政策落实，兜牢脱贫攻坚民生底线。全年发放“特惠贷”37.88 万元，实施扶贫项目 15 个，项目资金 460 万元，均开工建设中，完成后将进一步完善扶贫基础设施建设；联合镇教办、各村，全面排查贫困户教育扶贫政策落实情况，排查异地就学贫困户情况，确保建档立卡贫困家庭学生享受资助全覆盖；鼓励引导贫困户返乡入园就近就业，提前发放贫困户县外的交通补助费，已经发放交通补贴 66500 元。全镇 2020 年脱贫退出 24 户 52 人，如期实现剩余贫困人口脱贫“清零”目标，2020 年 7 月顺利通过了国家脱贫攻坚普查。同时持续夯实城镇脱贫解困帮扶工作，2020 年 9 月也顺利通过了第三方评估验收。

三、招商引资做大做强，经济发展更加有力

加大“六稳”力度，落实“六保三促”任务，扎实开展“重点工作攻坚年”“重大项目突破年”活动，始终把招商引资作为硬任务、硬要求，坚持“项目为王”，落实“要素跟着好项目走”机制，让投资持续发挥效益，加大对现有企业的培植力度，深入宣传相关扶持政策，收集企业资金、土地、人才等要素需求，以供会议研讨决策，夯实全镇工业基

础。进一步加大招商引资力度，充分利用互联网渠道收集信息资源，主动联系成功人士宣传本地营商环境及相关政策，特别是引导本土人才回乡创业。2020年，全镇大力引导发展物流、服装、电子、木材加工等各类企业，现有物流企业11家，年纳税1600万元；各类工业企业29家，年纳税1300万元。其中规模以上企业有4家，3家为2020年新增，年纳税额5877万元。

四、工业产业量质齐升，现代农业加快步伐

大力培育农业龙头企业、农民合作社、家庭农场、种养大户等新型经营主体，积极引导工商资本发展现代农业，促进规模化种植、专业化经营、标准化生产、融合化发展。该镇把粮食“两稳”纳入乡村振兴考核范围，把各村粮食生产及早稻种植列入2020年各村年终考评之一，推进实施“优质粮食工程”，恢复双季稻种植，全镇水稻两季种植面积8万亩，产量3.6万吨，夏、秋制种面积约1.2万亩，产值3600万元。在农业结构调整“九大工程”方面，紧紧围绕农业结构调整九大产业发展，根据本地实际，确立以水果发展为重点，分别新建一个以砂糖橘集中连片100亩以上的标准水果基地、新建一个集中连片50亩葡萄高效设施基地和新建一个集中连片500亩以上的高接换种标准化改造提升基地。现正在新建秸秆收集处理厂，建后可充分合理利用，同时有效控制森林火灾的发生；在农产品加工“七大行动”方面，投资260万元新建一个占地42余亩的蜜橘交易市场，建成后将极大方便上唐镇0.75亿公斤蜜橘流通交易，解决果农蜜橘销售难题。在“菜篮子”工程上，大力支持上唐村太平村村民新建集中连片50亩以上的蔬菜大棚基地；在推进生猪复产增养方面，该镇大力减少散户养殖，发展规模养殖，着重扶持三大养猪公司（南城融鑫南生态农牧有限公司、南城永盛生态农业种养殖有限公司、南城辉隆农业有限公司），存栏母猪4124头，仔猪存栏24410头，育肥猪存栏13145头。2020年10月该镇成功接受了全市农业农村大巡查，得到各级领导的好评和认可。

五、环境整治持续推进，村镇面貌焕然一新

（一）持续推进集镇综合整治。一是开展集镇环境卫生专项整治。镇综合执法大队与商户、村（居）民签订《门前三包》责任书；与永昊公司对接，更换了一批新的垃圾桶，并加强保洁人员清扫力度，做到随脏随扫，全天保洁；对农贸市场进行一次彻底清扫并消毒到位。二是开展集镇出店经营、占道经营、乱停乱放专项整治。邀请县城管局、县交警大队现场指导，在主次街道、公共场所严禁占道经营，门面一律以墙为界，不得出店经营或摆放物品；村（居）民设在街道两旁买卖农副产品及早点等临时摊点，必须在每天上午8:30之前移至农贸市场或店内；机动车辆必须停放在停车线内，摩托车、电动车不得停放在路边，以保障道路畅通；对集镇线路乱挂乱接进行了集中统一整治，市监分局也进一步加强了市场管理。三是开展集镇乱堆乱放专项整治。对高速入口、街道两旁乱堆乱放的钢筋、轮胎、生产生活用品、建筑材料及建筑垃圾等进行了全面清理，对地面污渍进行了冲洗，告诫经营户做到经营规范有序。

（二）持续推进人居环境整治建设。持续优化农村环境，以建设美丽宜居乡村为目标，全面推进农村生活垃圾处理、农村厕所革命、农村污水处理、村庄清洁四项行动，加快补齐农村人居环境短板。全镇现已拆除空心危房12000平方米，猪牛栏破旧房7245平方米，完成改厕215户，兴建公厕6座，人居环境明显改善；加大投入完善环卫基础设施，形成“村收集，镇转运”的农村垃圾处理机制；投资1000余万元在源头、余公头、上乌石等6个村建设污水处理厂，现已基本完工。

（三）持续推进水域环境治理。继续完善工作机制，进一步明确责任职责，细化库、塘、河等水域管理措施，严格落实河长制，加快水库退养工作，强化水质监测，全面杜绝水污染事件发生。镇政府自行采购一台水质检测设备，随时可对所有水库水质进行抽测。长屋脊、直坑、狗狼坑、大山背、担石源等多座水库已全面完成水库退养工作。同时，加大对河道疏浚清理，严厉打击非法偷盗采砂行为；加强对养殖业、工业企业排污的规范整治，坚决取缔污染严重企业。

（四）持续推进生态环境治理。加强对森林防火的监管、加大对滥伐林木的打击力度，坚决做到发现一起，打击一起；突出抓好土壤污染防治，抓好农村生活垃圾污染管控，强化秸秆、垃圾焚烧管控，实行干部分片包保，形成长效管理机制，依法依规严肃查处破坏生态环境事件；加大对企业环保管理，环保先行为新进企业必要条件，对已存企业根据国家环保要求进行整治，未达标企业坚决关、停、拆。该镇三家制砖厂（双福、应福、鑫友）根据上级有关要求进行了拆除，有效提升了企业的环保意识。同时，加大集镇道路清洗保洁力度、加强对餐饮油烟、工地扬尘的治理，并强化集镇店面门前三包制度，实现环境空气质量全面提升。

六、社会事业保障有力，民生福祉不断增进

始终不渝在发展中保障和改善民生，让群众有更多获得感、幸福感、安全感。启动城乡居民基本医疗保险制度整合工作，加快城乡一体的社会保障制度建设，完善社会救助体系，稳步提高最低生活保障补助水平，2020 年实现新型农村养老保险参保 16868 人，参保率达 97％，新型农村合作医疗参保农民 25856 人，参保率 96%。改造农村危旧房面积 540 余平方米，受益农户 9 户。加快秀美乡村点建设，全镇实施了棠下等 9 个点的建设，涉及项目资金 630 万元；进一步全面改善农村义务教育薄弱学校办学条件，推进文化、卫生事业发展。加强文化队伍建设，不断活跃文化活动，丰富群众的精神生活。全面提升镇医疗卫生服务水平，落实村级卫生室的工作人员，让老百姓享受到便利的医疗服务。巩固提升殡葬改革成果，倡导绿色殡葬，推进移风易俗。建好用好党群服务中心、新时代文明实践站、居家养老服务中心等基层阵地，打造群众易进入、可参与、能共享的温馨家园。在原中心小学投资约 20 万元建成了上唐镇居家养老服务中心，在各村（居）实施了居家养老站、点建设。

七、风险防范更加有力，社会治理再上台阶

持续抓好综治维稳和“扫黑除恶”工作，确保政治稳定，社会安定。提高综治工作队伍素质，实现维稳关口前移，把不稳定因素消除在萌芽状态，引导群众合法、合理表达利益诉求。进一步强化综合治理领导责任制和考核机制，继续开展重大不稳定因素排摸和重大节点排查机制，按照“发现得早，化解得了，控制得住，处置得好”的要求，对各类不稳定因素早准备、早化解，进一步提升群众社会安全感和满意度。2020 年妥善处理矛盾纠纷 16 件，调处成功 15 件；严格落实信访工作责任制，受理信访案件 8 件，得到群众满意答复。加大普法力度，引导广大群众增强法治意识，进一步发挥好司法所、“一村（社区）一法律顾问”的作用，打造诚实守信的社会环境，加强信用体系建设，建立以“双随机、一公开”监管为手段、重点监管为补充、信用监管为基础的新型监管体系。深入开展以道路交通、森林防火、建筑施工、社会消防、烟花爆竹、农月物资、食品安全为主的安全生产大检查和重点行业领域专项整治行动，实现全镇安全生产事故“双零”目标。

八、自身建设全面加强，初心使命更加坚定

一是行政效能不断提高。始终把加强自身建设作为党的建设首要任务，作为推进政府工作的关键来抓，旗帜鲜明讲政治，全面加强干部作风和行政效能建设，切实增强“四个意识”、坚定“四个自信”、做到“两个维护”，自觉在思想上政治上行动上同以习近平同志为核心的党中央保持高度一致。二是服务水平不断提升。加强便民服务中心建设，承接乡镇赋权事项，加快构建“审批更少、流程更优、体制更顺、机制更活、效率更高、服务更好”的营商环境，打造便捷高效的政务环境，让“跑一次”为上限、“不用跑”为常态，让企业和群众少跑腿、办事不求人，深化“放管服”改革，推进“一窗受理、一网通办”。全面落实各级意识形态和党风廉政工作部署，坚持全面从严治党，严格执行中央八项规定精神及其实施细则和省、市、县有关规定，驰而不息纠“四风”，作风建设不断加强。三是理论学习更加深入。扎实开展围绕“好人主义之害”开展解放思想大讨论活动，结合“不忘初心、牢记使命”主题教育，全面系统学、深入思考学、联系实际学，善于用理论指导实践、推动工作。

【特色和亮点】

一、在“优化便民服务”上下功夫，努力拉近党群距离

镇党委统筹下拨各村（居）资金3万元，打造村级“一站式”服务场所，全镇18个村（居）全部取消村、居干部单独办公用房，实行柜台式集中办公，并建立值班轮班制度，极大方便了群众办事，拉近了党群距离。

二、在“产业结构调整”上下功夫，努力推动乡村振兴

大力培育农业龙头企业、农民合作社、家庭农场、种养大户等新型经营主体，积极引导工商资本发展现代农业，促进规模化种植、专业化经营、标准化生产、融合化发展。上唐镇依托建成的2.81万亩高标准农田，选择在太平村、东湖村开展大规模流转土地试点，主动采取上门上户耐心做工作的方式，全力将东湖、太平等村集中连片土地1.02万亩以平均每亩400元的价格全部统一流转承包给丰明合作社或者制种大户，方便制种大户实现规模化、机械化生产经营。

【上唐镇主要领导名单】

书记：

叶　俊（2020.1至今）

镇长：

官志勇（2020.1至今）

天井源乡

【概况】 天井源乡地处南城县东南部，距离县城建昌镇3.5公里。区域面积75.4平方公里，耕地面积2.3万亩，林地56000亩。全乡辖1个居民委员会，13个村民委员会，122个村小组，89个自然村。

2020年，财政总收入3147.99万元，农民人均纯收入12348元。

服务四区建设取得新成绩。依托“四区”建设，带动重点项目落地。城区建设中，完成了新职业高中、工业大道两侧500余亩征地工作。积极主动协调解决蔡王殿、港下园征地拆迁历史遗留问题，确定了初步安置方案，已完成蔡王殿、港下园安置建设用地征地350余亩，安置房建设已完成项目用地报批、初步设计、地质勘测等前期工作，项目按计划顺利推进。保障了新一中红绿灯道路改造施工，对港下园村道实施了改道，保障了村民出行安全。园区建设中，在短短一个月时间内完成了周坊三堡边53户整体搬迁。妥善处理了一批征地拆迁历史遗留问题，解决了良湖村冷井、黄家垅拆迁安置问题和征地款分配问题，妥善处理良湖、曹坊等村园区规划内零星土地征用，园区新征土地1335亩，为良湖5、6、7组符合条件村民新增社保51人，分配征地款2368万余元，清除了园区向南拓展中的一些实质性问题，园区储备征收用地5000余亩。周家堡安置公寓房项目正在如火如荼建设，主体工程预计6月竣工，年底有望交付使用，建成后能够解决周家堡、三堡边等自然村的拆迁户安置问题。

全乡发展取得新突破。一是工业经济发展有条不紊。在统筹疫情防控工作的同时，着眼于经济发展这一要务，及时调度分析乡经济面临的困境，对物流企业进一步加强沟通交流，消除顾虑，对工业企业加大帮扶力度。如对广瑞企业的用水和道路路线问题，政府在第一现场帮助解决。为进一步促进产业升级转型，在周坊村清源村小组设计建造占地500余亩的校具聚集区。二是农业产业稳步推进。加强宣传工作，全力保障粮食安全。对天井源村山石嵊组、罗坊村里源组40亩抛荒已全部复垦；对田螺石村港坪组实施两个土地开发项目，新增耕地90亩。通过“绿色通道”改造，全乡共改造460亩耕地；通过政策扶持，鼓励大户种植双季稻；全面加强水利设施建设，乡政府出资，由各村组织人员对河垅、天井源、新建、南源部分沟渠进行了清理。对全乡部分重点山塘水库进行维修，新建灌溉井6座，有效提升农田灌溉能力。同时加快发展现代农业，鼓励农业产业化专业化，全乡有1家淮山种植基地、2家中药材种植基地、3家竹荪菇种植基地。三是村集体经济日益壮大。充分利用已征土地进行土地流转、土地增减挂、光伏发电、招商引资企业税收分享等方式提高村集体收入。2020年村集体经济收入全面超过5万元，过10万的行政村有7个。

生态环境保护取得新成效。一是林长制工作稳扎稳打。2020年以来完成了造林面积98亩，并对森林资源督查小班整改复绿20亩、对高速沿线裸露山场复绿15亩；联合县林业局查处了3起非法占用林地案件，有效震慑了非法占

用林地的行为，保护了全乡森林资源。做好森林病虫害防治工作，督促施工方对疑似松材线虫病枯死木，采取发现一株清除一株。全年共清理枯死木15900株，并全力配合做好枯死木清理的检查及验收工作。二是严格防控水源污染。严格遵守“河长制”巡查制度，对河道进行长效管控，对13座小（2）型以上水库经营权全部收回统一承包给深圳益尔康公司，消除水质污染隐患，确保水资源治理的常态化、长效化。2020年在罗坊村、河垅村实施农村污水处理项目，年底已完成总工程量的90%，建成后将进一步提高乡农村污水处理能力。三是退捕禁捕工作成效显著。摸排到全乡有“三无”渔船24只，由县农业农村局全部进行回收，现场销毁渔船22只，剩余2只留作防洪备用。现场收缴丝网371公斤，全部就地销毁。24只回收渔船及渔网资金44368.4元已全部拨付农户。同时加大禁捕巡逻，乡执法队每天对重点水域进行巡逻，严禁钓鱼、炸鱼、毒鱼、电鱼以及渔网捕鱼行为，清理地笼180余个，收缴销毁鱼竿64根。

社会管理取得新进展。一是常态化坚持疫情防控。疫情初期，围绕“外防输入、内防扩散”要求，全面加强疫情防控宣传，落实疫情网格化管理，组织党员干部上门上户进行健康人员信息登记，累计摸排9000余人，形成联防联控、群防群治局面。积极协调解决各类问题，在防疫物资紧缺的情况下，妥善调度各村资源。加强对企业的摸排，解决企业物资不足的困难，助力复工复产。在常态化防控期间，重点关注重点区域返乡人员的摸排、管控。2020年全乡有8人接触山东涉疫奶枣，乡执法队和乡卫生院果断行动，第一时间安排车辆把相关涉及人员送至商城宾馆进行隔离，8人核酸检测均呈阴性，进一步巩固疫情防控成效。二是确保脱贫攻坚显成效。2020年全乡181户488人贫困人员实现全面脱贫。稳收入方面：面对突如其来的新冠肺炎，该乡紧抓贫困户收入这根弦，多方式拓宽贫困户就业收入渠道，全乡拥有劳力贫困户157户276人，无劳力家庭24户，2020年增设28个贫困户公益性岗位，县乡村三级针对贫困户开发的公益性岗位有87个，覆盖81户贫困户。安全住房方面：为进一步保障贫困户住房用房安全，该乡对于达到安全住房标准但存在漏风漏雨、线路老化，厕所无灯、厨房不安全等情况，开展内部提升改造，涉及44户贫困户，改造资金15.1万元，已全部完成。保障饮水和改厕方面：联合县水利部门、卫健委对全乡所有贫困户水质进行检测，其中对全乡102户散户饮水抽取了36个监测点水样，79户集中供水抽取集中供水点10个水样，委托第三方进行检测，检测水质均达合格标准，并出具了饮水安全鉴定表。对一格式、两格式未达到卫生标准的厕所进行全面整治，实施改厕90户，新建1个公共厕所已投入使用。三是持续推进民生工程。2020年实施新农村建设2个点，资金共计160万，项目已竣工验收；实施移民项目11个，涉及农村基础设施和大米加工厂房产业建设，共计123.64万元；实施扶贫项目7个，涉及农村基础设施和光伏产业建设，共计167.5万元。四是坚决维护社会稳定。时刻绷紧社会稳定这根弦，牢固树立抓早、抓小的理念，在全国“两会”、十九届五中全会等特殊时期，做到矛盾纠纷排查好，重点人员稳控好，突发情况处理好。加强基层矛盾纠纷摸排工作，排查调处矛盾纠纷22起，调解成功率达98%。受理信访件12件，已办理10件。关注重点信访案件，对全乡信访案件进行梳理，梳理出重点信访案件8件，进行了专题研究部署，明确具体包案人员和稳控措施。化解了一批信访积案，尤其是因征地拆迁形成的一些积案，基本上得到化解，全乡信访态势较为平稳。五是持续开展好扫黑除恶工作。结合扫黑除恶、反邪教、公众安全感和群众满意度，法律宣传等多项工作，做到共同宣传、共同布置，通过开展大宣传、大走访，积极主动解决人民群众实际问题，营造浓厚氛围。进一步巩固扫黑除恶成果，定期开展好线索排查，开展黄赌毒、非法囤砂等方面的专项整治，建立健全长效机制。严把换届纪律关，换届期间审查村（社区）“两委”委员候选人145人次，经联审被取消村（社区）支部委员候选人资格17人。对新进入“两委”的人员一律先进行乡初审，再报县组织部开展联审，确保了村两委干部的纯洁性。

五型政府建设取得新改

革。一是进一步优化营商环境。持续深化“放管服”改革，积极对接工业园区用工企业，搭建劳务信息平台，组织有意向的务工人员到企业实地参观，为村民提供全面的务工信息，解决企业用工难题。在疫情防控期间摸排企业复工复产面临的困难，及时协助解决企业防疫物资短缺的问题，在复工复产阶段确保所有企业实现复工复产。2020年共组织5次400余人参加园区企业现场招工。二是全力承接行政赋权。2020年该乡新承接了18个县直部门94项县级审批服务执法权限，进一步完善了办事公开制度，全乡13个村均已实现帮办，村民可委托村干部办理有关事项，乡各口子也及时与各村对接，规范了便民服务管理，提高了服务办事效率。三是严抓干部作风。经常性地开展干部作风督查。开展干部作风督查12次，乡纪检口形成通报批评7次，批评对象37人次。将乡、村干部日常表现作为绩效考核的主要导向，按照日考勤、月对账、年考核考评、确定考核等次的流程进行。并在此基础上研究制定了《2020年度南城县天井源乡干部绩效考核工作方案》，坚持年度绩效考核与经济待遇、政治待遇“两挂钩”，运用正反面激励机制，在一定程度上提高了干部工作效率和行政效能。

（分管领导危冬发 编纂人员黄楠）

【天井源乡党政主要领导名单】

党委书记：
邓晓峰（2019.7至今）

乡长：
邓志胜（2019.9至今）

洪门镇

【概况】 洪门镇的前身硝石镇，是西汉高祖五年（前202年）南城始设县所在地，历史上曾是“八方重镇，入闽咽喉”之地及南城县政治文化活动中心，县治在此维持了482年，可谓名副其实的千年古镇。中华人民共和国成立前夕属二区，中华人民共和国成立初期属六区。1958年称洪门公社，1968年并入龙湖公社称红湖公社，1972年划出，仍称洪门公社，1984年5月12日改公社建制为乡建制，划出包坊、李敖、上乌石三个大队与上唐公社划出的棠下、姑余、坊头三个大队成立包坊乡。1985年3月15日，改成洪门镇。

洪门镇（北纬27°25′47″—27°36′34″，东经116°38′28″—116°48′21″）位于县城东南部，东邻龙湖镇，南界上塘镇，西邻天井源乡，北与徐家镇、浔溪乡接壤，辖8个村委会1个居委会，86个村民小组，全镇3660户人口14390人，属库区移民大镇，移民人口达7000余人。全镇面积155.13平方公里，其中耕地地力保护面积19942亩，果园7200亩（其中柑橘面积1500亩），林地147705亩，水面20000亩，森林覆盖率达70.4%。下辖15个党支部，党员480名（其中农村党员348名）；2020年实现社会总产值5.61亿元，财政收入2338万元。全镇在编在岗干部67人：其中公务员19人，事业干部职工48人。

交通便捷，区位优越。鹰瑞高速穿境而过，南城东高速进出口设在本镇付前村，省道黎城线由西到东贯穿全镇，渡口、付前两村与县城隔河相望，杨林渡、圭峰两座大桥直接与县中心城区跨河相连。镇政府距离县城13公里，全镇村组公路全面通水泥路。

产业聚集，创业佳园。沙坪电站、洪门水力发电厂坐落本镇，年发电量1.42亿度。依托优势，年底已有光伏发电、冠海物流、明强搅拌、龙辉建材、识博机械等30余家企业落户洪电、沙坪创业园；占地800亩全市最大的物流园与汽配服务中心是即将嵌入黎滩河畔的一颗耀眼的明珠。

历史悠久，旅游胜地。两千年之久的硝石古镇位于洪门境内，自西汉高祖五年起南城县治在此设置达483年。素有“赣东千岛湖”之称的洪门湖水域面积70余平方公里，库容量12.16亿立方米，形态各异大小岛屿1056个。硝石千年古镇中的江南吊脚楼、邓氏家庙、张王庙、将军殿、明代摩崖石佛、天主教堂等历史人文景观静静地沉浸在1958年修建的洪门水库里，水下探摸旅游开发价值非常高。明代益藩王共世袭7代八个益王，延续时间长达149年，明益藩王墓区于2013年列为全国重点文物保护单位。据省史学家考证，洪门镇是洪门（天地会）发源地，总坛在洪门镇曹源村华林峰华光寺。中国致公党、海外洪门与洪门（天地会）有深厚渊源。城内有第五次反围剿浴血奋战的硝石战役遗址、自然景观鸬鹚铺雪、鬼斧神工醉仙岩、湖光山色洪门湖，既是爱国教育基地，又是风景迷人景区。特有的交通、资源、优越地理位置和独有的历史景观将使洪门成为全县乃至全市最具发展潜力的乡镇之一。

【各村（居）基本情况】

1. 上片 4 个村

庄上村：辖 15 个村小组，2293 人、612 户，现任支部书记、主任邓有祥。主导产业：木、竹、水稻。

徐田村：辖 16 个村小组，2324 人、613 户，现任支部书记、主任严建波。主导产业：水稻、黄花梨、稻鱼养殖。

曹源村：辖 6 村小组，805 人、227 户，现任支部书记、主任熊国平。主导产业：水稻、板栗、水产养殖。

红岭村：辖 9 个村小组，1404 人、390 户，现任支部书记、主任吴才旺。主导产业：水稻、槟榔芋、香榧。

2. 下片 4 个村

沙坪村：辖 11 个村小组，2186 人、555 户，现任支部书记、主任杨金华。主导产业：水稻、反季节西瓜、赤松茸菇。

付前村：辖 9 个村小组，1522 人、404 户，现任支部书记、主任刘云平。主导产业：水稻、蔬菜。

渡口村：辖 8 个村小组，1623 人、439 户，现任支部书记、主任周道清。主导产业：水稻、槟榔芋。

大源村：辖 11 个村小组，1757 人、450 户，现任支部书记、主任李新国。主导产业：水稻。

居委会：628 人、316 户，现任支部书记、主任谭红江。

【主要工作】 2020 年是全面建成小康社会和“十三五”规划收官之年，是洪门镇历史上极不平凡的一年。面对突如其来的新冠肺炎疫情，全镇人民在县委、县政府和镇党委的正确领导下，始终坚持以习近平新时代中国特色社会主义思想为指导，深入学习贯彻中共十九大精神和习近平总书记视察江西重要讲话精神，统筹推进疫情防控和经济社会发展，迎难而上，锐意进取，各项工作取得可喜成绩。全面筑牢疫情管控防线，落实和完善常态化疫情防控举措，坚持必要的人员管控和健康监测措施，督促指导企业、各类公共场所和景区景点落实防控要求。时刻绷紧“疫情防控”这根弦，严格落实主体责任，克服厌倦情绪，对从中、高风险地区，边防陆路口岸省、重点地区返城人员进行排查、对接、信息报送、台账建立、社区（村）网络化管理、集中（居家）留观及相关检测等工作，疫情防控和经济社会发展取得双胜利。2020 年，全镇实现社会总产值 5.61 亿元，同比增长 9%；财政收入完成 2338 万元（其中：财政完成 618.04 万元、税务完成 1719.96 万元），完成全年预算任务的 98.2%，居全县第六位；固定资产投资 1.63 亿元以上；农民人均收入达 17548 元，增长 9%。

一年来，重点抓了以下几个方面的工作：

1. 聚焦“六稳”工作，着力释放发展潜能。全镇坚持“两手硬、两战赢”，以转型激活新经济，以创新培育新动能，筑牢经济发展着力点，稳住经济基本盘。项目推进稳中见效。致力绿色发展，优化产业结构，推进经济发展由规模速度型向质量效应型转变。瞄准浙江、广东、福建等重点地区，大力实施“工业优先”战略，把招商引资作为经济发展的重中之重来抓，成功引进投资 2000 万元的江西亿瑞恒工程机械有限公司，已实际进资 800 万元。深入开展降成本优环境行动和“五宣一帮”活动，全面落实减税降费政策，扎实推动服务企业纾困解难，高质量做好招商、安商、稳商，为江西联益电子科技有限公司、江西旭日鸿宇新材料有限公司等企业落实招工任务，帮助企业渡过难关、健康发展。产业体系加快构建。积极发展高效优质农业，促进粮菜畜禽等产业发展，取得良好效益。组织镇村干部进组入户，大力宣传中央和省委两个一号文件精神，激发全镇农民种粮积极性，早稻种植面积达 9700 亩，中稻达 5700 亩，其中优质稻种植面积占总面积的 98%，发展 50 亩以上的种粮大户 81 家。积极实施特色农业战略，新增农民合作社 2 家，“三品一标”基地 2 个；香榧、中药材、特种养殖和水产养殖面积持续扩大，松材线虫病和柑橘黄龙病有效控制；以洪门“鳙鱼”有机鱼为主的农业品牌不断做大做强。新增商品蔬菜种植面积 500 亩，渡口村、红岭村槟榔芋种植面积约120亩，红岭村种植香榧基地约600亩，沙坪赤松茸菇100亩和反季节西瓜100亩。

2. 围绕城乡统筹，竭力提升镇村品质。面对融合发展趋势，全镇立足实际强基础、提能级、促振兴，着力打造“宜居宜业”样板。城镇格局加速蜕变。完成《洪门镇总体规划修编（2017—2030年）》编制评审，集镇建设布局进一步优化。5月22日在交易中心公开招标，招标金额为1658万余元。工程建设合同在县重点办通过审核，并签订工程监理合同。2020年共完成集镇房屋征收197户，拆除房屋1.73万平方米，棚户区拆迁安置保障性住房工程建设稳步推进。乡村面貌实现蝶变。建立健全镇村组三级“河长制”“湖长制”“路长制”“林长制”组织体系，扎实做好中央环保督察“回头看”、长江经济带“共抓大保护”等反馈问题的整改，深入开展河道采砂整治、工业污染源全面达标排放、工业区环保违法违规专项排查、集中式饮用水水源地保护和水库退养专项检查、“散乱污”专项排查整治、矿山企业专项整治、秸秆禁烧专项督查等系列行动，开展限量化肥使用和响应使用有机肥行动，全面实施封山育林，有效促进山林可持续发展。清理河道垃圾4吨，完成低效林改造200亩，封山育林面积1万亩，实现农村人居环境整治纵深化、持续化、常态化。移风易俗树立新风。大力弘扬社会主义核心价值观。以深化绿色殡葬改革为契机，镇域三个公益性墓地建成并投入使用。积极传播正能量，坚决抵制恶俗低俗，形成倡文明、树新风的良好社会新风尚。

3. 落实“六保”任务，致力增进民生福祉。全镇致力于以民生聚民心，一以贯之尊重民意、关注民情、致力民生，使改革发展成果更多更好更公平惠及人民。紧密把握社会事业主线。完成庄上、大源、徐田危桥维修；村组公路、农田沟渠、机耕道、陂坝、水库维修等进一步稳固，高标准农田建设工程正稳步推进。开通“一站式”医保结算平台，推进镇卫生院和7个村卫计室联办一体化管理模式，改善了全镇医疗、防疫、卫计保健条件。镇文化站和8个村党群服务中心硬件设施全部更新到位，文化教育事业有了新发展。实施丰德线付前段、沙坪段、红岭段、徐田段部分绿化、亮化、美化提升工程。持续扩大养老、失业、医疗、工伤、生育保险覆盖面，做到应保尽保；大力促进就业创业，全镇新增就业人数206人；开展农民工实名制、信息化管理工作，农民工工资得到有效保障；社会保障不断完善。新农村建设点和4个扶贫项目建设完成。天然气西气东输工程洪门镇境内的铺设工作基本完成。全力兜住民生保障底线。聚焦目标任务，全面消除贫困，完成剩余未脱贫的4户贫困户、6名贫困人员，严格对照“两不愁、三保障”标准，精准落实低保医保、养老保险、临时救助等兜底政策，切实压实主体责任、监督责任和帮扶责任，已实现脱贫。为防止出现疫情造成部分已脱贫贫困户返贫现象，该镇组织镇村干部全面开展排查，密切关注贫困户动态，帮助贫困户销售滞销农产品，为贫困户安排就业，并由帮扶单位与92户贫困户签订内生动力激励帮扶协议，尽最大努力将疫情对贫困户的影响降到最低。牢固坚守安全稳定红线。落实领导信访包案制，14名网格员坚持巡查巡防，2020年共化解矛盾纠纷12件，全镇社会治安井然有序。深入开展扫黑除恶专项斗争，其中社区戒毒5人。依法打击非法营运、无牌无证、交通违法等行为，道路交通状况明显改观。深入推进安全生产九大专项整治行动，强化洪门湖船只非法营运整治，开展了镇综合执法队协同县直相关部门定期开展水上巡逻执法行动，有效遏制了重特大安全事故发生。

4. 突出自身建设，全力激发行政效能。以“勤政是硬要求，廉政是硬任务，优政是硬道理”为指导，高效为民、廉洁为民、执政为民，全面增强改革发展新优势。忠诚于党，站稳政治立场。坚决把党的领导贯穿到政府工作各领域、各环节，深入学习习近平新时代中国特色社会主义思想和习近平总书记在江西考察时的重要讲话精神，思考检视、讨论交流、实践落实，进一步增强“四个意识”，坚定“四个自信”，做到“两个维护”，有效提升基层治理能力。担当于事，提升服务效能。大力推进便民服务中心建设，开展错时延时和预约服务，实现“一站式服务”。大力推进简政、减负、减支，推进管理、服务、结果全过程公开。持续开展作风纪律督查整顿，抓好三个民生领域突出问题的专项治理，加强村级事务、财务等公开情况检查，加大村级财务审计力度。围绕基层党建、精准扶贫、“慢怕假庸散”等方面先后开展明察暗访 10 余次，下发通报 2 期。干净于位，严守廉洁底线。以“好人主义之害”解放思想大讨论活动为抓手，深入开展党风党纪和廉洁从政教育，观看警示教育片 4 次。坚持定期分析研判干部队伍作风建设形势和问题，扎实开展扶贫领域专项治理，各类监督检查发现问题整改，及时解决发生在群众身边的“四风”和微腐败问题。严格执行中央八项规定精神及省市县有关规定，坚决整治“怕、慢、假、庸、散”等作风顽症，干部作风进一步好转。

【特色工作】 在全镇各村细化党员日常教育管理，充分发挥党员先锋模范作用。

建立党员教育管理积分制度，并予以细化与量化，使抽象的党员教育监督管理看得见摸得着，使党员教育监督管理有了切实可行的抓手与载体；“三会一课”，参与一次加 2 分；“主题党日”，参与一次加 1 分；组织生活会，参与一次加 5 分；民主评议党员会，参加一次加 5 分；党员先锋引领作为，参与志愿、公益、帮扶、好人好事等活动，支委会根据情况、取得效果进行每次加 1—5 分；党员对支部各项中心工作的支持、建言献策的主动作为，支委会可根据情况每次加 1—5 分；党员连续三个月不参加组织生活会，长期失联，不足额交纳党费，不配合组织工作，甚至公开唱反调性质恶劣影响极坏等各种情况，支委会可酌情扣分，每次扣 1—10 分；满 15 分为合格，满 20 分为良好，满 30 分为优秀，合格党员可享受组织给予本年度的党员学习激励奖，良好、优秀党员可获组织年度奖励，15 分以下的为差评党员，支委会可按得分酌情减少或不予本年度奖励发放；以上组织活动的参与可以异地，线上线下进行，由支委会根据情况认定，积分管理以年为周期，不结转下年度。

通过学习教育，增强了党员党的意识、组织意识和党员意识，村党员的主人翁意识先锋模范意识得以持续照进，党员的在党为党、在党言党、在党忧党意识浓厚，先进模范带动效应产生了裂变之效，党风引领了民风成果累累，有效地促进了基层治理。

【主要领导名单】

党委书记：

邓一鸣（2020.1 至今）

党委副书记、镇长：

李百花（2020.1 至今）

龙湖镇

【概况】 龙湖镇位于南城县东南部，东北界临资溪县乌石镇，东南隅毗黎川县河源乡，西与本县洪门镇、浔溪乡接壤。全镇总面积 270.5 平方千米，是南城县境内版图面积最大的乡镇，镇政府所在地距县城 40 千米。辖 1 居 13 村，2 个居民定居点。133 个村小组，116 个自然村。全镇有库区移民 9114 人，是全市最大的移民乡（镇），2020 年获评为江西省卫生乡镇。

中华人民共和国成立前夕属孟扩乡，中华人民共和国成立初期属六区，1958 年成立龙湖公社，1961 年严和划出，1965 年并入，1966 年冬改称洪湖公社，1973 年复称龙湖公社，1978 年冬严和再次划出，2001 年重新并入龙湖镇。

2020 年年末，辖区内户数达 6186 户，总人口 21776 人，其中，农村人口 21064 人，城镇人口 712 人。总人口中，男性 11591 人，占 53.2%，女性 10185 人，占 46.8%，以汉族为主。人口出生率 7.48‰，人口死亡率 5.02‰，人口自然增长率 2.46‰。

龙湖镇境内地势北高南低，多为山地丘陵地带，地势复杂，北有紫云岩、金鸡峰，南有席家嵊、葫芦嵊等高山，北部最高峰甑盖峰海拔 700 米。龙湖河、小竺河及风洲河、严和河分由南、西流入洪门水库，竺由、王坪、五角口、蔡坊等 10 个村属洪门水库区域。属亚热带季风性湿润气候，春夏秋冬四季分明，雨量充沛，日照充足，无霜期较长，年平均气温 17.8℃，地下资源有萤石矿及花岗岩等矿藏。

全镇每年有 4 个集市物质交易会，其中龙湖集镇在农历七月十六，严和集镇在农历七月二十一，小竺集市在农历八月初四，案科集市在农历八月二十五。

2020年，在县委、县政府和镇党委的正确领导下，在镇人大主席团的监督支持下，全镇上下坚持以习近平新时代中国特色社会主义思想为指导，深入贯彻习近平总书记视察江西重要讲话精神，把握稳中求进工作总基调，落实新发展理念和高质量发展要求，克服化解新冠肺炎疫情带来的不利影响，统筹推进疫情防控和经济社会发展，扎实做好“六稳”工作，全面落实“六保”任务，经济社会实现平稳有序发展。2020年，全镇实现财政总收入2572.3万元，其中财政完成506.19万元，税务收入2066.11万元。

【凝心聚力抗击疫情，迎难而上彰显担当】 面对突如其来的新冠肺炎疫情，镇党委、镇政府始终坚持人民至上、生命至上，迅速打响疫情防控人民战争、总体战、阻击战。及时成立了疫情防控工作小组，制定了实施方案，明确工作职责，多次召开疫情防控调度部署会，不断完善各项防控措施。在案科、竺由设置劝返点，领导干部带头包点驻村，24小时值班值守。落实常态化疫情防控措施，全方位抓好外防输入工作，加强重点人员排查、健康监测，建立好人员监测台账，做到实时分析、精准防控。抓好舆论引导，确保群众认识到位。通过微信群、悬挂横幅标语、发放宣传单、宣传车等形式，广泛宣传疫情防控知识，教育引导群众正确认识疫情，劝导群众取消聚会，不走亲访友，不随意出入人员密集场所，共计悬挂横幅60余条，下发倡议书、海报等8500余份，在龙湖发布等平台发布疫情信息29篇。全镇未发生一起新冠疫情病例。坚决打赢复工复产攻坚战。制定实施“六稳”“六保”工作方案，加速推进企业复工复产，为企业解决复工复产等各类问题，2020年帮助园区企业招工222人。

【精准施策补齐短板，决战决胜脱贫攻坚】 始终把脱贫攻坚作为最大的政治责任，紧紧围绕“两不愁三保障”，抓好医疗、教育、安居等政策落实，进一步巩固脱贫成效基础。一是扎实做好落实问题整改，全面排查整改落实中央巡查、考核，省级考核及各级暗访督导发现问题共47个，落实措施137项，对账销号制度，做到整改一件、销号一件，已全部完成整改销号。二是扎实开展脱贫攻坚“十大清零”行动，排查出贫困户农产品销售等74个问题，并全部清零。三是落实保障扶贫政策。实施危房改造项目7户，其中维修3户，新建4户，已全部完工。加强对慢性病办证，2020年办理慢性病证300人，筛查出符合慢性病症的办证率100%。2020年春、秋两季共发放学前教育、义务教育寄宿生补贴、高中教育补助、中职（一、二年级）教育等各类补助金14.9375万元；向24名中职贫困学生发放雨计划补助金7.2万元。全镇318户贫困全部建立了安全饮水台账，出具安全饮水鉴定表，落实率100%，保障饮水安全。四是紧抓“两业”扶贫，夯实扶贫基础。立足本村自然资源优势，助推产业发展。结合各地特色资源发展产业，如五角口村借助秀美乡村建设资金发展甲鱼养殖，风洲村引进了食用菌生产项目，蔡坊结合水稻制种产业、王坪结合水果种植产业分别建成了烘干厂房、猕猴桃果园建设项目。鼓励村干部和能人带头以“一领办三参与”、合作社+贫困户模式发展产业带动贫困户。全镇318户贫困户加入合作社141户（其中加入麻姑米县级层面合作社40户），全年向县农业局申报散户种养殖补贴134户17.643万元。五是狠抓扶贫项目建设。2020年扶贫项目18个，总金额412万元，已全部完成建设，进一步巩固脱贫成效。六是强化扶贫扶志教育，鼓励广大贫困户自我发展产业，深入开展了感恩奋进主题教育活动，组织了“听党话、感党恩、跟党走”文艺演出，开展脱贫攻坚巡回报告会，激发贫困户内生动力。全镇建档立卡贫困户318户945人，已全部实现脱贫，脱贫攻坚任务全面完成。

【着力做强乡村振兴，发展实力持续增强】 一是抓好新农村建设。坚持高标准、高起点、高品位推进新农村建设，为群众幸福“加码”。2020年投入资金180万元打造5个新农村建设点，已全部完工，夯实了乡村振兴基础。

二是抓好粮食安全。全力以赴抓好早稻生产工作，加强旱稻生产服务力度、解决群众面临的实际问题，充分发挥农业合作社作用，做好种子、化肥、农药等农资供应调度，确保不误农时，按时完成早稻生产任务，全年累计发放耕地力补贴、农机补贴585.36万元。同时做好高标准农田建设准备工作。通过完善田网、渠网等田间地头工程，有效提高水资源和耕地利用率，改善农田生产环境，为农业增产增收打下良好基础。

三是抓好村集体经济发展。充分利用土地流转、增减挂、水库出租等项目政策，提高自然资源使用率，持续推进“一村一品”产业，大力推广竺由村村集体经济发展模式，不断拓宽服务项目和范围。2020年，全镇13个行政村集体经济收入突破10万元并通过验收，其中竺由村村集体经济收入突破100万元，黄源村村集体经济收入突破50万元。

四是抓好农业合作社发展。加强对农民专业合作社的指导，落实好各项扶持和优惠政策，帮助解决农民专业合作社创办、发展中遇到的困难和问题，扩大生产规模，提高经济效益。2020年龙品种养殖专业合作社新增礼品西瓜50亩，浙赣农业种植合作社新增木耳10万棒，牛犇犇综合养殖合作社新增肉牛15头。

【统筹推进环境整治，镇村面貌不断改善】 一是抓好组织领导，工作谋划精细务实。镇政府把该项工作纳入日常工作议程，先后17次组织召开工作布置会议，研究人居环境整治工作出现的新情况，解决新问题。对人居环境整治工作进行督查，并将各村进展情况及时通报，实行奖罚制度，有力推动了各项整治任务的落实。

二是深入推进农村“厕所革命”。2020年是厕所革命三年行动计划的收官之年，坚持好字当头、稳步推进、分类指导、注重实效，对一格式、两格式未达到卫生标准的厕所进行全面整治，实施拆除旱厕357座，拆除猪栏683间，拆旧面积1.5万平方米，填旱厕391个，改厕436户。对公共卫生厕所，提前谋划、加快建设，新建公共厕所10个。

三是践行绿色发展理念，全面开展生态治理。全面落实“河长制”“林长制”，常态化开展镇、村两级河长林长巡河林，发放公益林补助108.9万元。深入开展大气污染治理，严厉打击秸秆焚烧行为，以源头治理守护蓝天白云。着力改善水环境质量，推进水资源、水环境、水生态统筹治理，8座小（2）型水库全面完成水库退养工作。四是加大宣传力度，提高广大群众环保意识，变“要我干”为“我要干”。通过召开村民大会、广播宣传、龙湖发布等形式，使农村环境整治政策家喻户晓，让村民亲身感受村庄整治的变化和好处，激发广大村民内生动力。同时结合移风易俗、主题党日、“文明卫生家庭”评选等活动，发挥广大党员干部的带头作用，广泛发动身边的人树立生态环保意识，摒弃不文明、不卫生行为。2020年龙湖镇荣获江西省卫生乡镇。

【社会事业全面进步，民生保障更有温度】 一是全面提高保障水平。全年动态调整农村低保，清退44人，新增65人，现有农村低保927人，五保供养对象42人，共发放农村低保金、五保金465.2万元。及时解决困难户生活困难问题，发放临时救助金93.7万元。办理残疾证62人，发放残疾补贴28.7万元。

二是维护社会大局和谐稳定。突出矛盾纠纷的排查化解，狠抓“源头防控、源头调解”，着力打造共建共治共享的社会治理新格局。调解各类矛盾纠纷62条，受理网上信访事件38件，已办结38件，办结率100%。

三是安全生产形势平稳。压实“一岗双责”责任，完善应急预案体系，制定安全生产工作要点，开展安全生产月活动，与各村签订安全责任书，统筹推进防火防汛、地质灾害点、道路交通、在建工程的安全隐患排查，有效预防和遏制各类安全事故发生。组织开展防溺水知识宣传活动，通过举办专项讲座、发放防溺水知识宣传手册、悬挂防溺水宣传标语等多种形式广泛宣传，提高安全防范意识，保障龙湖镇人民群众的生命安全。

【优化政务服务环境，行政效能全面提高】 一是始终坚定理想信念。深入学习贯彻习近平新时代中国特色社会主义思想和党的十九届五中全会精神，牢固树立“四个意识”，坚定“四个自信”，做到“两个维护”，不断提高政治判断力、政治领悟力、政治执行力。

二是始终坚持依法行政。积极开展“七五”普法、《民法典》、《野生动物保护法》宣讲等活动，牢固树立法治观念，引导干部学法用法。严格按照法定权限和程序行使权利，履行职责。自觉接受人大监督，推进政务公开，全年主动公开政务信息 143 条。

三是始终强化作风建设。以开展“好人主义之害”思想解放大讨论活动为契机，持续整治“假、慢、怕、慵、散”作风顽疾，纵深推进“放管服”改革。严格遵守中央八项规定精神及实施细则，严格把控“三公”经费等一般性支出，带头过“紧日子”，营造风清气正的政治生态。

【红色革命的摇篮】 龙湖镇地处南城、黎川、资溪三县交界，是解放前赣闽两省交通线上的主要卡点。土地革命战争时期，毛泽东、周恩来、朱德、彭德怀等老一辈无产阶级革命家率领中央红军主力多次转战南城，取得了“南城战役”、黄狮渡、长源庙等战斗的重大胜利，第五次反围剿中著名的“硝石战役”就发生在南城县的硝石镇（今龙湖镇）。

现今的龙湖镇境内留存有：红军标语 15 条，革命遗址 9 处［分别是王坪建东县遗址、周忙伢红军墓、风洲兵工厂、盐厂、小竺红军野战医院、石下硝石区委遗址、硝石战役遗址、竺由老戏台（建东县妇女部长夏细惠牺牲地旧址，现已迁往县烈士纪念馆）、严和村（红军第一号布告张贴地遗址）］、碉堡遗迹 8 处、战壕遗迹若干。具体分布情况如下：

北源村：红军标语（村委会附近）；

小竺村：红军标语、碉堡遗迹 2 处（村小学后面王家山上、村委会对面“碉堡”山上）；

竺由村：建东县妇女部长夏细惠牺牲地旧址（现已拆毁）；

王坪村：红军周忙芽烈士墓、苏维埃建东县遗址、碉堡遗迹 1 处（村小学叶沅山上）、战壕遗迹 1 处（周家边村小组遮山）；

风洲村：原风洲兵工厂（位于风洲湾）；

五角口村：碉堡遗迹 3 处（墰市竹山、墰市人头嵊、下甫前渔场附近）；

严和村：碉堡遗迹 1 处（虎亭山）、战壕遗迹若干；

蔡坊村：战壕遗迹（玄山上）；

池源村：碉堡遗迹 1 处（玉山，与黎川县资福桥村交界处）、战壕遗迹。

【龙湖镇主要领导名单】

党委书记：

夏给平（2016.7 至今）

镇长：

曾洪辉（2019.8 至今）

徐家镇

【概况】 徐家镇位于南城县东北郊，距县城 12.5 公里，全镇国土面积 128.11 平方公里，辖 13 个村 1 个居委会，131 个村小组，6665 户，26388 人，（其中非农人口 520 人，农业人口 25868 人）人口密度为每平方千米 117.40 人。2020 年，全镇有耕地面积 3.3 万亩，林地面积 10.8 万亩，水陆交通便利，206 国道、济广高速穿境而过，河盱江自南向北迤逦而行，直达昌抚。

徐家镇属丘陵地区，土质大部分为红壤土、紫色土、冲积土为主。该镇北有郭仙峰、高嵊，南有芙蓉山、大塅山、各公山等。七宝峰主峰海拔 363 米，为境内最高点。西部一带为盱江冲积平原，中部为江家水、山坳水等形成的河谷平原。盱江傍徐家镇以西而过，江家水、山坳水、厚坪水均由东向西汇入邹家港，再注入盱江。该镇现有小（1）型水库 2 座（石溪、山坳），小（2）型水库 11 座。盱江沿岸的八宝堤，全长 9.5 千米，是堤内近万亩农田和万余人口的防洪屏障。

【招强引优做大做强，各项产业量质齐升】 充分依托镇地理和产业优势，积极向上争、全力向外引，力促一、二、三产业融合发展。一是推动现代农业挖潜增效。积极争取上级项目资金 605 万元用于山坳水库南渠整治，从根本上解决多年来南渠沿线农田灌溉和排涝问题。严格落实中央和省、市、县相关惠农政策，保护农户种粮积极性，鼓励和引导农户栽种双季稻，有效稳定粮食生产。结合农业产业结构调整，引进山东客商打造 250 亩高效水果基地，携手中国中医科学院与江西同善堂药业有限公司全力打造 600 亩中药材良种繁育基地，为徐家中药材特色小镇建设添上浓墨重彩的一笔。二是推动工业经济提档升级。通过“腾笼换鸟”、加大“空心村”和闲置土地处置力度等措施，积极争取上级支持，成功将圳上村徐家岭片区纳入县校具集聚区规划，引进百益实业、博洋教育装备等校具企业入驻徐家镇。三是推动第三产业蓬勃发展。一方面，深入开展“双返双创”“三请三回”等活动，积极争取专项财税扶持政策，着力打造建筑切割行业总部经济。年底已有5家建筑公司在镇内注册，并实现当年新增税收200余万元。另一方面，密切关注新兴产业和平台经济，加大招商引资力度，成功引进浙江客商创办中达物联有限公司，实现南城县无车承运平台发展新突破。企业当年6月份上线以来，与12家公司、742位司机、740辆车辆签约，仅半年纳税达650万余元。

【环境整治持续推进，青山绿水宜居宜业】 以建设美丽宜居试点乡镇为契机，建立健全农村环境整治管护长效机制，持续巩固环保督察反馈问题整改成果，镇村环境明显改善。一是抓好人居环境整治。按照新时代“五美”乡村要求，投入390万元，新建6个新农村建设点。扎实开展“厕所革命”，投入270余万元，整村推进排头村杨家坊组改厕工程，安装887个三格式无害化化粪池，切实解决群上众“卫生厕”问题。争取上级增减挂政策，加大拆临拆违力度，共拆除旱厕677户，拆除空心房、猪牛栏3.64万平方米。二是抓好禁捕退捕工作。坚决贯彻落实习近平总书记关于长江流域重点水域禁捕退捕工作的重大决策部署，做好77名兼业渔民转产安置和渔具、网具资产处置等工作。同时，加大综合执法力度，对沿江垂钓、置放地笼、非法电毒炸鱼等行为进行严厉打击，禁捕退捕工作取得阶段性胜利。三是抓好环境污染管控。在加大松材线虫病疫木处理力度的同时，加强森林防火监管。严格按照属地管理原则，加大秸秆焚烧巡逻惩治力度。依法关停黄波养殖场，规范畜禽养殖粪污和废弃物资源化利用，全面杜绝水污染事件发生。四是抓好环境长效管护。明确工作职责，聘请第三方对全镇范围内建筑垃圾、生产垃圾进行清理，避免出现与永昊公司互相推诿现象；对排头、湖东、白洲、严家等重点村庄和206国道沿线的绿化、亮化、净化工作进行常年管护，努力打造美丽宜居的精致徐家镇。

【社会事业保障有力，民生福祉不断增进】 按照“尽力而为、量力而行”的原则，关注关切群众关心的热点、难点问题，加大民生支出投入，人民群众获得感、幸福感和安全感明显提升。一是脱贫攻坚取得全面胜利。坚持“两不愁、三保障”，持续筑牢教育、医疗、住房、饮水安全保障，加大“两业”扶贫力度，顺利通过国家脱贫攻坚普查，全镇建档立卡贫困户206户617人全部摘帽退出、无一人掉队。二是民生事业持续全面推进。全年通过“一卡通”发放农村居民最低生活保障751户1237人，共发放530.67万元；城镇居民最低生活保障10户14人，共发放15.65万元；共发放五保户生活保障23.95万元，发放现役军人优抚资金23.29万元。适龄就学学生就学率达100%，贫困学生教育补助金已全部发放到位，并对11名符合享受“雨露计划”的贫困学生发放补贴5.3万元。对因灾、因病导致生活困难群众发放补助65万余元，实现应发尽发。三是社会局势保持全面稳定。深入开展“安全生产九大专项行动”“安全生产万里行”等专项行动，组织相关部门开展联合执法，共排查各类安全隐患92条，已整改91条，整改率98.5%，全年无重大安全生产事故发生。按照“大事不出乡、小事不出村”的要求，严格落实属地责任，坚持底线思维，加大不稳定因素摸排力度，把矛盾纠纷化解在萌芽状态。以扫黑除恶专项行动为抓手，对全镇范围内偷砂、贩砂、阻工闹事、破坏治安等行为进行严厉打击，切实营造良好的社会治安氛围。

【徐家镇主要领导名单】
党委书记：
熊枝星（2017.10—2020.12）
镇长：
尧小毅（2017.9至今）

沙洲镇

【概况】 沙洲镇地处南城、金溪、资溪三县交界处，曾是金南县苏维埃政权所在地，拥有多个红色教育基地，辖区总面积95.31平方千米，耕地面积2.7万亩，山地面积10.7万亩，其中有林面积9.7万亩。辖8个行政村，1个居委会，82个村小组，3883户，总人口16841人，其中农业人口16035人。

沙洲原名珀玕，唐天祐元年（904年），饶文彬由鄱阳白干迁此，仍用原名白干，逐渐演变为珀玕；后因地名改革，为区别东乡县珀玕公社，而改名为沙洲。解放前夕属六区，中华人民共和国成立初期属五区，1958年属徐家公社，1961年从徐家公社划出成立珀玕公社，1968年和徐家、浔溪公社合并称红旗公社，1970年从中划出恢复原称。1983年改名沙洲公社，1984年设乡，1994年乡改镇。

沙洲镇位于北纬27°40′4″—27°47′6″，东经116°43′56″—116°52′55″，地处江西省抚州市南城县东北部，位于南城、金溪、资溪三县交界处，东邻资溪县高田镇、石峡乡，南与本县浔溪乡、徐家镇接壤，西靠本县徐家镇，北与资溪县高田镇、金溪县左坊镇相连。镇人民政府驻沙洲村塘家墩村小组，电话区号0794，邮政编码344708，距南城县行政中心33千米。

沙洲镇属丘陵地区。东有山居峰，北有傅家山，西部有高嵊、鸡公石等山峰，南部黄泥尖，主峰海拔504.6米，为全镇最高点。芦河从东南面入境，流经东北部边缘地区。属于亚热带季风气候，其特点是夏季多雨。多年平均气温17.2℃。

2020年是全面建成小康社会和“十三五”规划收官之年，面对突如其来的新冠肺炎疫情和各类风险挑战，沙洲镇党委、政府坚持以习近平新时代中国特色社会主义思想为指导，深入贯彻落实中共十九大和十九届二中、三中、四中、五中全会精神，积极应对疫情防控和经济下行压力等各种不利因素的影响和挑战，锐意进取、开拓创新、扎实工作，扎实做好“六稳”工作，全面落实“六保”任务，大力推进乡村振兴，经济社会事业持续健康发展，社会大局和谐稳定，圆满完成了年初制定的各项任务目标。2020年全镇累计完成农业生产总值15119万元；财政总收入2994万元，同比增长41.4%；固定资产投资8100万元，2020年农民人均纯收入达到15608.68元。

【疫情防控取得阶段性胜利】 在江西省启动重大突发公共卫生事件Ⅰ级响应后，沙洲镇围绕“外防输入、内防扩散”要求，建立疫情联防联控工作机制，扎实做好疫情防控工作。落实关闭公共集聚性场所、实行交通检疫、宣传疫情防控知识、储备疫情防控物资、摸排监测湖北武汉等重点地区返乡人员等一系列措施。在疫情形势平稳后，统筹推进疫情防控和经济社会发展。一方面，坚持常态化疫情防控，强化宣传教育，引导群众正确认识疫情防控工作，抓好境外和国内中高风险地区返城人员“闭环”管理，确保疫情不反弹，2020年沙洲镇无确诊和疑似病例报告；另一方面，扎实做好“六稳”工作、落实“六保”任务，精准解决复工复产中的各类问题，聚焦重点领域补短板、强弱项，2020年全镇工业企业复工率达到100%。

【全面小康取得决定性成就】 一是脱贫攻坚圆满收官。坚持“两不愁三保障”，强化就业扶贫、产业扶贫、消费扶贫、易地扶贫搬迁后续帮扶，实施饮水安全大排查。聚焦内生动力不足，抓好扶智扶志，开展感恩奋进“三讲一评”活动，激发社会正能量。2020年全镇扶贫项目9个，资金总量313万元，已经全部竣工，资金拨付率100%，高质量通过了国家脱贫攻坚普查，全镇剩余贫困人口10户29人全部摘帽退出，圆满完成脱贫攻坚任务。二是污染防治成效明显。瞄准“蓝天、碧水、净土”目标，全面落实“河长制”“林长制”“路长制”等责任体系，常态化开展镇、村两级河长林长巡河巡林，极大保护了生态环境。大力开展秸秆禁烧宣传，深入推进野生动物保护专项整治，做好松材线虫病防治工作；着力推进水资源、水环境、水生态统筹治理，落实集中式饮用水水源地保护和水库退养政策，加强河流巡防，严禁用毒、电、地笼网等方式捕鱼，全面铺开禁捕工作，做到“四清”“四无”，确保完成长江流域“十年禁渔”任务。三是风险化解有条不紊。积极开源节流、开创财流，严打网上金融诈骗，建立健全矛盾纠纷排查化解机制，经济、社会等领域风险化解取得阶段性成效。

【产业发展活力进一步释放】一是工业发展步伐加快。坚持优化投资环境，扎实推进“三请三回”活动，鼓励支持沙洲籍在外企业家等返乡创业发展。成功引进一家建筑总承包二级资质企业卓业工程建设有限公司。全镇工业税收实现372万元，同比增长133%。二是农业结构持续优化。紧紧围绕粮食生产安全这一目标任务，加强领导、压实责任、精准施策，全面完成粮食生产任务，累计发放耕地力补贴308.56万元，完成了10510亩的高标准农田建设项目立项，招聘高标准农田管护人员16人，确保粮食安全、稳产。三是第三产业蓄势待发。瞄准临坊村中国传统古村落传统文化以及黄狮渡大捷指挥部遗址等丰富的红色文化资源，积极为开发沙洲文化旅游产业跑项争资。

【社会民生福祉持续改善】一是基础设施建设稳步推进。一年来，一批民生项目如期开工建设。南城县芦河水黄狮渡河段治理项目资金1700万元；争取水口村中桥拱桥等扶贫项目9个，项目资金共计313万元；路面硬化、路灯亮化等移民项目11个，项目资金191.94万元；投入农村公益性墓地资金68.2万元，农村居家养老服务中心建设资金15万元。二是民生保障持续强化。2020年完成城镇医保筹资364.2万元；拨付农村（含城镇）低保补助358万元，五保户补助46万元，抚恤优抚87万元等各项惠农资金共计1013万元。加大计划生育政策宣传力度，提高全镇妇女健康意识，全年“两孩”生育登记106例、农村妇女“两癌”检查98例、免费孕前优生健康检查182例。三是社会事业快速发展。完成退役军人优抚对象信息核查和年度民兵整组工作，选拔优秀大学生光荣入伍。推进义务教育均衡发展，通过开展法制和安全知识进课堂活动，增强儿童自我防范和避险意识，全年未发生校园安全事故。四是社会治理扎实有效。统筹推进“平安家庭”创建、“扫黑除恶”专项斗争、防范非法集资、反邪教等工作，不断加大矛盾调处力度，排查和成功化解矛盾纠纷44起，受理省市信访平台、“12345”热线来信来访32件，做到件件有着落，事事有回音。深化“群防群治”建设，加强“法律明白人”培训，保证全镇人民群众生命和财产安全，全力维护社会稳定。

（牛家栋　金　磊）

【沙洲镇主要领导名单】
党委书记：
杨渊飚（2016.6 至今）
镇长：
付利伟（2016.6 至今）

浔溪乡

【概况】浔溪乡位于南城县东北方向，东与资溪县石峡乡交界，南接本县龙湖镇和洪门镇，西通徐家镇，北邻沙洲镇。区域总面积101.38平方公里，辖7个村委会，55个村民小组，2060户，7618人，常住人口不足2000人。乡政府设在浔溪村墩上自然村，距县城30公里，海拔高度平均600米，四季分明，气候宜人，年平均气温15℃，年降雨量约700毫米。

浔溪乡属于典型的资源型山区乡，素有“毛竹之乡”之美誉，境内山清水秀、林木葱郁，森林覆盖率达90%以上，全乡耕地面积0.76万亩，山林面积13.9万亩，活立木蓄积量达40万立方米，活立竹蓄积量达600多万根，年产杉木、松杂木3000立方米，原竹80多万根，冬笋约15万公斤，笋干约1万公斤。

【各村基本情况】大竺村村位于浔溪乡东北方向，全村辖12个村民组，人口465户1911人，全村土地面积16.65平方千米，林地面积18600亩，耕地面积2286亩。农作物以水稻为主，经济作物是毛竹、香菇，村民经济收入以种植水稻和养殖鸡、鸭及外出务工为主。

敖家湾村位于浔溪乡大门口，全村辖5个村民小组，人口138户583人，全村土地面积8.93平方千米，林地面积12000亩，耕地面积570亩，农作物以水稻为主，经济作物有香菇、笋干、中草药材等，在家村民收入主要来源于种植水稻、毛竹及养猪、鸡、鸭、鹅、鱼等，外出人员有创业、经商、务工等。

高岭村位于浔溪乡东北方向，辖3个自然村4个村民小组，人口159户651人，土地面积9.16平方千米，林地面积12666亩，耕地面积870亩。农作物主要以种植水稻为主，经济作物有香菇，咸笋干、闽笋干及小山竹笋干等。在家村民收入主要来源于种植水稻、出售毛竹及养猪、鸡、鸭等，外出青壮年收入有创业、经商及务工等。

浔溪村位于浔溪乡东南方向，辖9个村民小组，人口312户1192人，林地面积18000亩，耕地面积1132亩。农作物主要以种植水稻为主，经济作物有香菇，咸笋干、闽笋干及小山竹笋干等。在家村民收入主要来源于种植水稻、出售毛竹及养猪、鸡、鸭等，外出青壮年收入有创业、经商及务工等。

石璜村位于南城县东北部，离县城15公里，距乡政府10公里，2003年由原李家巷和原石璜村合并而成，组成新石璜村驻地为上石璜小组，辖有10个村民小组，368户，人口1326人。全村土地面积12平方千米，林地面积23000亩，耕地面积1509亩。农作物以水稻为主，经济作物有香菇、竹笋、中草药材。村民主要收入来源于种植水稻，出售毛竹及外出务工等。

太坪村位于浔溪乡东面，全村辖7个村民小组，人口241户963人；全村土地面积3.3万亩，林地面积28125亩，耕地面积1010亩；农作物以水稻为主，经济作物以毛竹为主，村民经济收入主要是靠种田、卖毛竹和养殖牛、羊、猪、鸡及外出务工为主。

墩头村位于浔溪乡西北部，北部与徐家镇相邻，西南与本乡石磺村及洪门镇相接，距离乡人民政府所在地6公里，离县城30公里，是个高寒山区村。有8个自然村小组，共有250户，村总人口数992人，村有党员39名，村支两委成员5人，人均年收入有12600元整，村耕地面积1127.54亩，人均耕地1.2亩，林地覆盖面积14433.9亩。山林资源保护较好，水源涵养丰富，其间小溪终年不断流。

【名优特产及名胜古迹】

（一）名优特产

1. 毛竹：浔溪乡毛竹资源丰富，毛竹种植面积8万余亩，辖内有毛竹拉丝厂2家，檀香厂1家，但生产规模较小，还未形成主导产业。

2. 竹笋：浔溪乡平均年产冬笋15万公斤，丰收年每斤卖价4元左右，产量低的年份卖价10元左右，冬笋是农民增收一条重要途径。每年清明后，农民将挖出来的春笋，经洗、榨、晒、蒸等工序后做成咸笋干、明笋干，每公斤价格约为25元。此外，浔溪还盛产小竹笋，可做成清甜可口的竹笋干。

3. 五黑鸡：五黑鸡是浔溪乡特色珍禽，起源于太坪村桃木坞，具有黑冠、黑羽、黑皮、黑肉、黑骨“五黑”特征，是国内现今保存下来具有代表性的地方名优鸡种，自古以来被誉为“鸡中珍品”“中国黑宝”，营养及药用价值极高，现有1300多年的养殖历史，在《本草纲目》中亦有记载。五黑鸡肉质细嫩，味道鲜美，黑色素具有药用价值，并含有大量的卵磷脂、维生素和微量元素。

浔溪五黑鸡是完全生态散养，是吃稻谷、草、昆虫等长大。购买五黑鸡的买家也多是以滋补为主要目的，这样完全生态散养的方式很少有，只有在江西特有的山林环境中才得以实现。浔溪乡太坪村、高岭村、浔溪村等地均有散养五黑鸡，养殖者大多为留守老人和贫困户。

4. 香菇：浔溪乡独特的自然环境为香菇培育提供了良好条件，香菇培育盛于20世纪80年代，由于浔溪乡常住人口较少，现培育规模逐渐缩小，野生香菇更是非常稀少，浔溪还在用原始方法培育香菇的有10余家。在山里居住的农民用干枯的树木培育菌菇，放到大山里自然生长，每年大概农历10月份开始收菇，然后自然风干，不添加任何防腐剂。由于产量少，浔溪里山香菇价格现在要卖到每公斤80—90元。

5. 猕猴桃：浔溪乡盛产野生猕猴桃，由于浔溪山区气候土壤特别适合野生猕猴桃生长，因此野生猕猴桃在各村几乎都有分布。每年中秋节前后，村民开始上山采摘猕猴桃，用于食用或浸酒，价格约为每斤5元，浔溪野生猕猴桃年产量为2500—4000公斤。

（二）名胜古迹

1. 红色教育基地：宁元勋革命烈士纪念碑，位于敖家湾村砖库组。宁元勋革命烈士是南城县浔溪乡敖家湾砖库组人士，1908年出生，1927年加入中国共产党，担任中共南城县第一个党支部书记和临川县书记等职务，是南城县党组织创建人，于1928年7月23日11时由于叛徒出卖被捕，英勇牺牲，年仅20岁。为了纪念宁元勋革命烈士，2005年浔溪乡人民政府筹集资金6万元，在宁元勋革命烈士的故乡敖家湾村砖库组，建立了宁元勋革命烈士纪念碑。据不完全统计，每年到宁元勋革命烈士教育基地进行参观、瞻仰并进行爱国主义教育活动的达2万余人次。

2. 古树群：浔溪乡零散分布着银杏、红豆杉等古树，比较有名的是高岭村古树群，位于高岭村委会旁，海拔600余米，有古树群两宗，有银杏、红豆杉、豹皮樟、槐树等十余棵，有六百余年历史。据当地村民介绍，这些树是他们的先祖定居于此，为了防止自然灾害，他们在村子的两个关山口种上了银杏、红豆杉等树，寓有遮风挡雨、祈福平安之意。

在距离高岭村委会1.5公里处的羊西坑组也有银杏树两棵,有“青皮枫”“望春花”“槁树”等20余棵，均有600余年历史。另外，太坪村半山、蔡家山、里洋也有银杏、红豆杉等国家保护树种。

3. 庙宇

八蛮庙：八蛮庙位于高岭村银杏古树群旁，据当地村民介绍，该庙宇好早以前就有，2012年当地村民对其进行重修，里面供奉的神像为道教神仙。八蛮，指的是“南八”，是唐朝平定“安史之乱”屡建奇功的南霁云，后被宋太宗封为“秦州慧音山昭佑嘉泽二龙神君”，至于为何在高岭村会有这样的庙宇，还不得而知。

三仙嵊：“三仙嵊”位于太坪村里洋组东北面海拔500米的山顶，据传有600年历史，每年农历七月初七，太坪村及附近的一些村民都会上山祭奠、许愿。“三仙嵊”其实不像一座庙宇，更像是一个仙洞，仙洞两边的墙壁上幸存几幅壁画，图像神态各异。据传，仙洞供奉的是雷公电母，壁上画的是天兵天将。仙洞四周幽静，草木葱郁，到此颇有置身仙境之感。

【主要工作】

一、疫情防控

一是严格部署落实县委、县政府对疫情防控的部署要求。二是利用LED电子屏、标语、横幅、微信群等方式全覆盖、无缝隙宣传新冠肺炎防控知识。三是坚持全天值班值守，落实戴口罩、测体温、扫健康码和外来人员登记制度。四是落实村组属地管理责任，加大对省外来乡返乡人员的排查力度，及时登记造册、健康监测、追踪随访等，确保“不漏一人”。

二、财税工作

2020年，全乡财政收入指导性计划2362万元，全年实际完成1684万元，完成率71.3%。

三、产业发展

一是加快提升水稻种植的机械化程度，积极鼓励种粮大户种粮，全乡共有种粮大户14户，水稻种植面积达6344亩，其中大竺村发展了早稻杂交育种85亩。二是太坪生态养殖专业合作社注册了“太坪五黑”商标，引入“互联网+”思维，利用微信公众号、抖音等新媒体扩大农产品宣传面。浔溪本地五黑鸡蛋已供不应求，合作社准备逐步扩大养殖规模以应对市场需求。

四、环境整治

经过新农村建设和环境整治工作，全乡居民居住环境有了很大改善。以前的浔溪人居环境较差，旱厕、破旧的房屋随处可见。经整治后，环境变美了、水变清了、土地的利用率也提高了，村容村貌也有了极大改善。

五、乡风文明

一是立破并举，一手抓管理约束、一手抓服务引导，注重发挥村民议事会、红白理事会等群众自治组织作用，大力倡导移风易俗，树立文明新风。二是乡文化站及7个村级综合文化服务中心硬件设施升级换代，农家书屋书籍发放到位。浔溪乡养老服务中心建设工程完工并投入使用。

六、乡村振兴

一是脱贫任务顺利完成。精准扶贫“规划到户，责任到人”，通过发展产业、鼓励就业提高贫困人口的自我发展能力，全乡建档立卡贫困户74户240人已全部脱贫。二是基础设施日趋完善。圳浔公路浔溪段路面已完成硬化，配套设施基本完善。各村组公路也有较大改善，交通条件有所提升。三是社会稳定持续向好。加大矛盾调处力度，维护大局稳定。在做好排查和“零报告”的前提下，认真做好工作预案，确保了重大时期的社会稳定。社会治安和谐稳定，群众“安全感”显著提升。

【特色工作】 浔溪乡地处南城县东北，是典型的山区乡镇，交通不便，经济基础较薄弱，当地村民大多进城谋生。浔溪乡党委在开展“我为群众办实事”实践活动中，了解到进城村民存在办事“两不管”“两头跑”的难题。乡党委决定在县城设立党群服务驿站，为群众提供“一站式”服务，变“群众跑”为“干部跑”，打通服务群众“最后一公里”。全面服务“聚人心”。驿站总面积240平方，上下两层。按照“三化”建设标准进行规范化建设，涵盖便民服务站、文化活动中心、党员活动室、党史学习教育站、村民议事室五大分区。驿站还设有学雷锋服务站，能提供便民饮水、应急药箱、应急充电、应急工具箱等便民服务事项；设在驿站二楼的党员活动室，能够容纳60人开展组织活动，极大地方便了村级党组织在城区开展主题党日、党员大会等活动。高效服务“暖人心”。驿站以“便民、规范、廉洁、高效”为服务宗旨，规范办事标准、简化办事程序、压缩办事期限、提高办事效率，实现“最多跑一次”。便民服务站分别设有民政、计生、医保、农保4个服务窗口，还设有村级综合服务岗，进城村民们现在不用为了办一件事来回折腾大半天，在驿站里不到10分钟就能把事一次性办完。驿站推行“一次性告知”并设立便民咨询台，为每一位前来咨询的群众热情的讲解办事流程和相关政策，同时在显眼位置张贴办事指南，前来办事的群众都感觉到比以前方便了很多。上门服务“贴人心”。结合驿站的阵地服务，浔溪乡还建立起一支党员志愿服务队，这个“移动驿站”由各村书记组成，服务队将联系方式张贴在建昌镇各个社区党群服务中心公示栏中，方便浔溪村民能够随时联系，服务队在接到村民的咨询求助电话后能第一时间及时受理并回复。

【浔溪乡主要领导名单】
书记：
吴忠良（2020.1 至今）
乡长：
邓国强（2020.11 至今）